LA VIE FACILE

DERNIERS TITRES PARUS DANS LA MÊME COLLECTION

14. Frédérique WOERTHER, *L'èthos aristotélicien. Genèse d'une notion rhétorique*, 2007, 368 pages.
15. Emmanuel BERMON, *La signification et l'enseignement*, 2007, 610 pages.
16. Henri HUGONNARD-ROCHE, *L'enseignement supérieur dans les mondes antiques et médiévaux. Aspects institutionnels, juridiques et pédagogiques*, 2008, 368 pages.
17. Gwenaëlle AUBRY et Frédérique ILDEFONSE (éd.), *Le moi et l'intériorité*, 2008, 384 pages.
18. Charles GUÉRIN, *Persona. L'élaboration d'une notion rhétorique au Ier siècle av. J.-C.* : volume I. – *Antécédents grecs et première rhétorique latine*, 2009, 431 pages.
19. IBN BĀĞĞA (Avempace), *La conduite de l'isolé et deux autres épîtres*, introduction, édition critique du texte arabe, traduction et commentaire par Charles GENEQUAND, 2010, X-420 pages.
20. Luc BRISSON, Pierre CHIRON (éd.), *Rhetorica philosophans. Mélanges offerts à Michel Patillon*, 2010, 404 pages.
21. Charles GUÉRIN, *Persona. L'élaboration d'une notion rhétorique au Ier siècle av. J.-C.* : volume II. – *Théorisation cicéronienne de la* persona *oratoire*, 2010, 474 pages.
22. Marie-Odile GOULET-CAZÉ (éd.), *Études sur la théorie stoïcienne de l'action*, 2011, XII-544 pages.
23. Jean LALLOT, *Études sur la grammaire alexandrine*, 2012, 392 pages.
24. Charlotte MURGIER, *Éthiques en dialogue. Aristote lecteur de Platon*, 2013, 352 pages.
25. Camille RAMBOURG, *Topos. Les premières méthodes d'argumentation dans la rhétorique grecque des Ve-IVe siècles*, 2014, 400 pages.
26. Marie-Odile GOULET-CAZÉ, *Cynisme et christianisme dans l'Antiquité*, 2014, 256 pages.
27. Gweltaz GUYOMARC'H, *L'unité de la métaphysique selon Alexandre d'Aphrodise*, 2015, 352 pages.
28. Wilhelm KROLL, *Discours sur les oracles chaldaïques*, (traduction par Henri Dominique SAFFREY), 2016, XII-126 pages.
29. Marie-Odile GOULET-CAZÉ, *Le cynisme, une philosophie antique*, 2017, 702 pages.
30. Pierre CHIRON, *Rhétorique, philologie, herméneutique*, (travaux choisis, édités et mis à jour par Charles GUÉRIN et Frédérique WOERTHER), 2019, 378 pages.
31. Nicolas D'ANDRÈS, *Socrate néoplatonicien. Une science de l'amour dans le commentaire de Proclus sur le* premier Alcibiade, 2020, 303 pages.
32. APOLLONIUS DYSCOLE, *Traité des adverbes*, introduction générale, édition critique, traduction française et commentaire par Lionel DUMARTY, 2021, 688 pages.

TEXTES ET TRADITIONS

Collection dirigée par

Marie-Odile GOULET-CAZÉ   Richard GOULET   Philippe HOFFMANN

33

Olimar FLORES-JÚNIOR

LA VIE FACILE

UNE LECTURE DU CYNISME ANCIEN

Ouvrage publié avec le concours
du Centre national du livre

PARIS
LIBRAIRIE PHILOSOPHIQUE J. VRIN
6, Place de la Sorbonne, V^{e}
—
2021

TEXTES ET TRADITIONS

Couverture : Vase du peintre Douris
© *Bildarchiv Preußischer Kulturbesitz* (Staatliche Museen zu Berlin, Antikensammlung. Kat./Inv.-Nr. : F2285)
Photographie : Johannes Laurentius

ISSN 1630-5736
ISBN 978-2-7116-3019-6

www.vrin.fr

À mes parents, Olimar (in memoriam) *et Castorina*

À qui lui disait : « tu ne sais rien et tu philosophes »,
il dit : « même si je simule la sagesse, cela aussi c'est philosopher ».

Diogène Laërce, *Vies et doctrines des philosophes illustres.*

C'est une chimère que de donner pour loi à l'homme : conforme-toi à la nature. Cette nature nous ne savons pas ce qu'elle est.

J.-M. Guyau, *Esquisses d'une morale sans obligation ni sanction.*

AVANT-PROPOS

C'est Aristote qui nous le dit : le point de départ de la connaissance est le *thaumazein*[1]. Ce principe trouve confirmation encore aujourd'hui dans le monde objectivement codifié de nos institutions universitaires et de nos organismes de recherche : tout travail scientifique, s'il n'est pas motivé par une nécessité immédiate, présuppose d'abord un certain étonnement personnel et subjectif, un certain respect, sinon de l'admiration, pour son objet. Qu'on étudie les orchidées sauvages, la doctrine marxiste, l'histoire du capitalisme, l'étiologie d'un mal incurable, la vie et l'œuvre d'un poète ou les exactions d'un dictateur sanguinaire, ce principe au fond n'est pas altéré : comme le montrait déjà Cioran, les formes de l'admiration sont multiples[2], et le fait de prendre une personne, une tradition littéraire ou philosophique, ou un phénomène quelconque pour l'élever au rang d'objet d'étude en est déjà une. Néanmoins, dans ce contexte, l'admiration et l'étonnement n'impliquent nécessairement ni l'approbation ni l'adhésion d'une part, ni la condamnation ni le refus d'autre part (dans les cas où cela puisse en principe se produire), de même que les préférences personnelles et les jugements moraux, exercés *a priori*, ne sont pas de bonne méthode, dans la mesure où ils atteignent de plein fouet l'objectivité indispensable à tout discours scientifique. Quoi qu'il en soit, d'Aristote à Cioran, force est de conclure qu'il n'est guère possible qu'on se penche longtemps, au fil de longues années, sur un sujet donné si l'on n'éprouve à son égard qu'indifférence ou mépris. En fait, entre le scientifique et l'objet de sa science se tisse, à partir d'un intérêt plus ou moins justifié, plus ou moins circonstancié, une forme de *sympathie*. C'est particulièrement vrai pour la philosophie, car on pourrait affirmer, avec Fichte, que « ce que l'on choisit comme philosophie dépend ainsi de l'homme que l'on est ; un système philosophique n'est pas, en effet, un instrument mort, que l'on pourrait

1. Cf. Aristote, *Métaphysique* A 2, 982b 11-17 ; A 2, 983a 12-21 ; *id, Rhétorique* I 2, 1371a 31-34 ; I 2, 1371b 4-10.

2. Cf. E. M. Cioran, *Exercices d'admiration*, 1986.

prendre ou rejeter selon son bon plaisir ; mais il est animé par l'esprit de l'homme qui le possède »[1].

Ensuite, on s'attend à retrouver, dans l'exécution proprement dite du travail que suppose la connaissance scientifique, une certaine organisation et une méthodologie précise : en partant d'une hypothèse préalable, on collecte les faits, on les trie, on les classe, on les analyse, on établit des liens, pour, à la fin, en tirer des conclusions, confirmer ou corriger l'hypothèse posée au départ (ou simplement l'abandonner) et avancer une interprétation d'ensemble cohérente ou une *théorie* à propos de l'objet choisi, en suivant les règles propres à son domaine.

Le sujet du présent livre est le cynisme ancien. D'emblée, les pages qui suivront sont, au regard de ce que je viens d'affirmer, le fruit d'une aporie car, dans ce cas précis, l'effort pour s'acquitter de la seconde condition d'un travail scientifique revient en quelque sorte à trahir la nature même de l'objet d'étude choisi. Mais soyons clairs sur ce point : il va de soi que la décision de consacrer une étude au cynisme prouve déjà mon admiration pour ce courant philosophique, une admiration derrière laquelle gît une forme de sympathie, selon les termes évoqués plus haut. Il s'agit pourtant d'un type de sympathie, celle du chercheur – assez différente de celle de l'adepte –, dont les limites sont évidentes. En effet, on ne demande pas à quelqu'un qui travaille sur le cynisme de vivre en cynique, tout comme on ne demande pas à quelqu'un qui travaille sur le platonisme ou sur Aristote de vivre en platonicien ou en péripatéticien. Mais c'est justement en regardant de près les termes de ce parallèle qu'on peut mieux cerner la trahison dont il est question ici, car il semble que l'on ne peut plus de nos jours se prétendre cynique (au moins au sens où l'entendaient les disciples de Diogène), alors que l'on peut très bien se dire encore aujourd'hui platonicien ou aristotélicien. La mauvaise presse des cyniques d'antan, cachée comme un héritage sous la charge négative du mot « cynique », y joue sans doute son rôle[2]. On peut toutefois en dire plus : cette « proscription » du cynisme, qui le met en dehors de l'horizon des philosophies respectables auxquelles on pourrait légitimement souscrire tient moins à une quelconque insuffisance doctrinale ou à l'invalidation de leurs principes de base qu'à un manque de courage, devenu le symptôme majeur de l'exercice philosophique moderne. La philosophie n'est plus une affaire de vie – pas plus d'ailleurs que la littérature –, il n'y a plus guère de philosophes – sinon des professeurs de philosophie – et, d'habitude, lorsqu'on s'inscrit dans un

1. J. G. Fichte, *Œuvres choisies de philosophie première. Doctrine de la science (1794-1797)*, traduction par A. Philonenko, 1990, p. 253.

2. Sur le virage conceptuel du mot « cynique », on consultera H. Niehues-Pröbsting, *Der Kynismus des Diogenes und der Begriff des Zynismus*, 1979 ; D. Mazella, *The Making of Modern Cynicism*, 2007 ; L. Shea, *The Cynic Enlightenment. Diogenes in the Salon*, 2010 ; et K. Hayes, *Résurgence et transformation du cynisme au XVIIIe siècle : la réception de Diogène dans les Lumières françaises*, 2016. On se reportera également à l'ouvrage de P. Sloterdijk, *Kritik der zynischen Vernunft*, 1983.

cours de philosophie à l'université – fût-ce un cours d'éthique –, on ne cherche plus à savoir si le professeur en charge est un bon citoyen, un bon mari et un bon père pour ses enfants. Et il fallait peut-être dire, au nom de l'égalité, une égalité qui est elle-même une marque de plus des temps modernes – dans ce cas un changement sans doute opportun – qu'il en irait de même si le professeur en question était une femme, citoyenne, épouse et mère.

La philosophie occidentale, devenue discipline certifiée par les diplômes de nos institutions d'enseignement, n'est aujourd'hui qu'un savoir parmi d'autres et son insertion dans le quotidien des hommes ne se fait que de façon épisodique, partielle et fragmentaire. Autrefois, à ses origines, elle semble s'être constituée comme l'accomplissement d'un choix personnel, comme l'adhésion volontaire à une certaine manière de vivre et comme une vision d'ensemble de l'univers[1]. Le cynisme, « une philosophie antique », comme l'a si bien réaffirmé tout récemment M.-O. Goulet-Cazé[2], parce qu'il est désormais un « fossile » culturel, n'est que le paroxysme de ce nouvel ordre de la philosophie : alors qu'aujourd'hui nous pouvons admettre la permanence et l'actualisation du platonisme et de l'aristotélisme (comme celles d'autres écoles antiques) en les faisant « fonctionner » à l'intérieur des doctrines modernes, sans être obligés de prendre en compte ce que furent les hommes Platon et Aristote, il est malaisé de concevoir la pensée de Diogène en la coupant de la biographie et de l'exemple moral de l'homme que fut Diogène. L'idéal cynique, pris à la lettre, comme l'ont vécu au quotidien Diogène de Sinope ou Cratès de Thèbes, n'est peut-être plus envisageable. Mais, s'il nous fallait tout de même chercher des cyniques de nos jours, le dernier endroit où l'on risquerait de les trouver, ce serait sans doute les universités ou les centres de recherche. Et il en va ainsi pour la pensée cynique elle-même : si on la trouve aujourd'hui exposée sur les étagères des librairies et des bibliothèques, côtoyant, sur un pied d'égalité et suivant le même schéma de disposition, les ouvrages de et

1. Bien entendu, ces affirmations n'ont de valeur que dans leur généralité. En effet, on imagine mal que Socrate et Aristote eurent le même rapport « personnel » à leurs savoirs respectifs. D'autre part, l'engagement politique et l'exemplarité de certains philosophes contemporains, comme Michel Foucault, montrent le danger des généralisations. Sur ce sujet, aussi complexe que passionnant, on trouvera des éléments de réflexion dans la vaste production de P. Hadot, dont je ne cite que quelques titres : *Exercices spirituels et philosophie antique*, 1993 ; *Qu'est-ce que la philosophie antique ?*, 1995 ; *Études de philosophie ancienne*, 1998 (notamment la section « La philosophie antique : une éthique ou une pratique ? », p. 207-232) ; *La philosophie comme manière de vivre*, 2001. Voir également M. Chase, S. R. L. Clark, M. McGhee (édit.), *Philosophy as way of life : ancients and moderns. Essays in honor of Pierre Hadot*, 2013. Il est quand même curieux de constater le silence quasi total sous lequel Pierre Hadot passe le cynisme au long de ses œuvres, alors même que le « mode de vie » cynique se fonde entièrement sur des exercices qui, s'ils ne sont pas, à proprement parler, « spirituels », ont une finalité morale évidente (sur ce sujet, voir M.-O. Goulet-Cazé, *L'ascèse cynique*, 1986). Voir aussi A. Nehamas, *The art of living*, 1998.

2. M.-O. Goulet-Cazé, *Le cynisme, une philosophie antique*, 2017.

sur Platon ou Aristote, la raison n'en est autre que l'inertie de nos habitudes et la force de la standardisation académique.

Le cynisme n'est pas une « philosophie du livre ». Même si ses représentants ont vraisemblablement tous exercé une activité littéraire, il est avant tout un acte d'affirmation de la volonté, qui a *volontairement* renoncé à la spéculation théorique et aux systèmes de pensée. Son terrain est la vie immédiate et sensible ; son essence est le geste, intempestif et improvisé, posé sur le champ en réponse à des situations concrètes de la vie, un geste qui constitue certes la manifestation visible d'une raison souveraine, mais qui voit le jour selon d'autres codes et non par le développement d'arguments abstraits. Au goût des cyniques, l'affaire de la philosophie n'est pas seulement la vie, mais la vie bonne, égale à la bonne vie, qui est à leurs yeux la vie facile et qui est enfin la vie que l'on doit vivre, en suivant cependant les principes d'une ascèse originelle[1]. En ce sens, par choix et par décision, ils ont apparemment délesté leur message de ce qui, selon certains – y compris déjà un bon nombre de leurs contemporains[2] –, est seul susceptible de donner un prix à l'entreprise philosophique : « il n'y a pas beaucoup à dire sur les cyniques, car ils n'ont pas vraiment imprimé un développement à la philosophie et ils n'ont pas créé un système des sciences ». Tel est le verdict bien connu que Hegel a rendu à propos de l'école cynique dans ses *Leçons sur l'histoire de la Philosophie*[3]. En conséquence, écrire un livre sur le cynisme pourrait sembler en

1. Cf. D. L. VI 65. Voir à ce propos les considérations de M.-O. Goulet-Cazé, *Cynisme et Christianisme dans l'Antiquité*, 2014, p. 37-49.

2. Voir sur ce sujet, les analyses de M.-O. Goulet-Cazé, « Le cynisme est-il une philosophie ? », 1993, p. 273-313 (repris dans M.-O. Goulet-Cazé, *Le Cynisme,* 2017, p. 387-419) ; voir aussi quelques éléments de réflexion (surtout en ce qui concerne la réception moderne du cynisme) apportés par H. Niehues-Pröbsting, « Die Kynismus-Rezeption der Moderne : Diogenes in der Aufklärung », 1993, p. 519-555 (version anglaise : « The Modern Reception of Cynicism : Diogenes in the Enlightenment », 1996, p. 329-365).

3. En parfaite continuité avec l'avis de Hegel, qui considérait tout de même Antisthène comme un homme cultivé, K. von Fritz, « Antistene e Diogene. Le loro relazioni reciproche e la loro importanza per la setta cinica », 1927, p. 61, a écrit : « Antistene è innanzi tutto pensatore, se pure è lecito discutere il valore di questo suo pensiero. Diogene non ha quale pensatore nessuna importanza : proprio quel poco che con qualche probabilità si può considerare come resto di riflessioni teoretiche contenute in scritti suoi, mostra quanto poco egli fosse pensatore : davvero egli si contenta degli avanzi di ciò che la filosofia popolare precedente aveva prodotto in fato di pensieri e di riflessioni ». P. Sloterdijk, *Kritik der zynischen Vernunft,* 1983, t. I, p. 303, a répondu de la façon suivante à ce type de verdict : « Vor allem Hegel war blind für den theoretischen Gehalt einer Philosophie, die der Weisheit letzten Schluß darin finde, für die entscheidenden Dinge des Lebens eben keine Theorie zu haben, sondern lehrt, das Wagnis der Existenz wach und heiter auf sich zu nehmen ». Dans ce passage, il faut sans doute comprendre que le « contenu théorétique » (der theoretische Gehalt) dont parle Sloterdijk correspond au verbe grec θεάομαι qui souvent introduit les apophtegmes relatifs à Diogène, car la seule *théorie* vraiment pratiquée par le cynique est l'observation des faits qui lui inspirent la vertu. On pourrait encore citer la justification donnée, plus récemment, par A. A. Long et D. N. Sedley pour l'exclusion du cynisme (et d'autres courants) de leurs deux volumes consacrés à philosophie

principe paradoxal : parce que l'on ramène sur le plan théorique une philosophie qui a préféré exister en pratique et que l'on « corrige » de la sorte la « faute » commise par les cyniques, on finit par accepter les termes du jugement de Hegel, tout en voulant le contester. En d'autres mots, le moindre effort pour mettre le cynisme sur les rails de la philosophie « traditionnelle » ou *standard* et pour lui prêter l'organicité et la cohérence d'un système, fait courir le risque de passer à côté de sa signification la plus profonde. Ce serait donc comme une trahison à l'égard de ses démarches fondatrices.

Dans ce cas pourquoi produire une telle étude et la publier sous la forme d'un livre ? – pourrait s'exclamer légitimement le lecteur. Heureusement, le travail académique, s'il doit se soumettre à un certain protocole et à certaines règles et exigences, n'a pas proprement à fournir une raison « ontologique » qui le fonde. Le désir de connaissance qui l'anime peut suffire à le justifier. Néanmoins, puisqu'on accepte de « jouer le jeu » académique avec les règles qui lui sont propres et que, comme on l'a vu, le compromis du chercheur avec son objet d'étude a ses limites, on pourrait tout de même évoquer quelques raisons, plus « pratiques » et objectives : un nombre important de travaux académiques – livres, articles, thèses, collections d'études[1] – ont été publiés sur le cynisme au cours des deux derniers siècles ; rien de comparable, certes, d'un point de vue strictement quantitatif, aux dizaines de milliers de publications qui ont été consacrées à Platon ou à Aristote pour la même période, mais rien de négligeable non plus. Notre travail prétend ainsi s'inscrire dans une lignée qui depuis longtemps figê sur du papier une sagesse qui se voulait geste et mouvement. En fait, depuis que les cyniques ont conquis, sans doute malgré eux et malgré la polémique que leur simple présence suscitait, le droit d'occuper tout un chapitre du seul ouvrage complet d'histoire de la philosophie antique qui nous soit parvenu, celui de Diogène Laërce, ils ont subi le même sort que n'importe quelle autre école philosophique. Dès lors, les cyniques offrent à la philosophie professionnelle universitaire, qui s'est irrémédiablement séparée des pratiques philosophiques de l'Antiquité, un chantier de travail où sans doute s'exercent l'érudition et la compétence, mais dont les leçons réelles de vertu souvent nous échappent. Que le

hellénistique : « Again, we have had to be ruthlessly selective about 'non-standard' Hellenistic philosophers. Ideally we would have devoted much space to Cynics, Cyrenaics, Megarians, Dialecticians, and others who exerted a formative influence on Hellenistic philosophy (...) » (A. A. Long et D. N. Sedley, *The Hellenistic Philosophers*, 1987, t. I, p. XII. Cette exclusion, qui exprime déjà une histoire de la philosophie « canonique », n'aurait pas forcément déplu à Diogène.

1. Pour s'en faire une idée, voir L. E. Navia, *The philosophy of Cynicism. An annotated bibliography*, 1995. Cet ouvrage qui répertorie plus de 700 livres et articles sur le cynisme ancien n'est pourtant pas exhaustif. On s'étonnera par exemple du fait que, publié pour la première fois en 1995, il ne mentionne pas les *Socratis et Socraticorum Reliquiae* de G. Giannantoni, paru d'abord à Rome de 1983 à 1985 et ensuite, dans une édition revue et augmentée, à Naples en 1990.

présent travail, tout en refusant la diction de l'apologète, puisse au moins fournir une description et une analyse vraisemblables du phénomène qu'il s'est donné pour matière d'étude ! Cette description, aussi objective qu'elle puisse être, ne se privera pourtant pas de laisser entrevoir aussi souvent que possible les formes d'évolution et d'actualisation d'une philosophie dont les germes ont été plantés il y a 2500 ans, et ce sera, si l'on veut, un effort pour faire revivre les hommes qui les ont plantés. Il s'agit donc de raisonner sur ce qu'a été le cynisme, ainsi que, de façon plus incidente, sur ce qu'il pourrait être, ici et maintenant.

Il faut dire, au terme de ce bref avant-propos, que si c'est *avec* toute une tradition d'interprètes du cynisme que je justifie ma « trahison », c'est *contre* cette même tradition que je définis ma démarche précise. Il me semble qu'il existe, malgré les différences plus ou moins importantes qui séparent les divers interprètes s'inscrivant dans cette tradition, un fil qui les unit, outre le thème commun. Ce fil, pour le dire brièvement, est l'idée largement répandue selon laquelle le cynisme serait un mouvement philosophique sans doute très diversifié mais marqué dans toutes ses formes et dans toutes ses expressions par un « désir de nature » : les cyniques auraient voulu rompre avec les valeurs de la civilisation et auraient proposé aux hommes, comme remède à tous leurs maux, un « retour à la nature », une vie *kata phusin*. Autrement dit, le cynisme constituerait un « courant antiprométhéen ». En définissant de la sorte ce qu'*a été* le cynisme, un phénomène en soi-même complexe, à partir d'un concept également complexe et, pour une part, obscur, on le transforme, pour ainsi dire, en une pièce de plus du vaste musée philosophique, mais on l'assoit sur un socle fragile. Or, si dans l'Antiquité même la nature était déjà une réalité voilée[1], de nos jours, où la conscience objective de la nature non seulement exclut l'homme mais semble empêcher tout retour en arrière[2], la nature est devenue un rêve improbable. Un « retour à la nature » ne serait aujourd'hui qu'une utopie inspiratrice. C'est cette idée, dans le contexte précis de la tradition cynique, que j'ai décidé de remettre en cause.

Il ne s'agit pourtant pas de raisonner en voulant substituer du vrai au faux, car on sait bien que sur des sujets aussi difficiles auxquels on accède par des voies sinueuses et peu éclairées, comme c'est le cas du cynisme, les affirmations péremptoires ne sont pas les bienvenues. Qu'il me soit permis néanmoins d'entrouvrir une fenêtre nouvelle qui permette de contempler autrement ce phénomène complexe. Si ma proposition est bonne, le cynisme, en tant qu'élan philosophique légitime, sera à nouveau une réalité non seulement possible, mais désirable.

***

1. Voir à ce propos, P. Hadot, *Le voile d'Isis*, 2004.

2. Voir à ce propos, Ph. Descola, *Par-delà nature et société*, 2005 (voir surtout le sous-chapitre « Le grand partage », p. 91-131).

La recherche d'où est issu ce livre a pu bénéficier, de façons diverses et à des moments divers, du concours d'institutions et de personnes que je tiens à remercier. Du côté institutionnel, je remercie la Faculté de Lettres de l'Université Fédérale de Minas (Brésil) pour son soutien professionnel et académique ; le Centre Jean Pépin (UPR 76 du CNRS), ainsi que la Bibliothèque de l'Institut des Traditions Textuelles à Villejuif pour l'accueil qu'ils m'ont accordé au cours de séjours de recherche et pour les conditions de travail excellentes que j'y ai trouvées.

Ma plus chaleureuse reconnaissance va à Madame Marie-Odile Goulet-Cazé, qui a dirigé ma thèse de doctorat (dont plusieurs sections ont été reprises ici avec des modifications plus ou moins importantes), qui a relu l'ensemble de ces pages et dont les remarques ont été pour moi d'une valeur inestimable. Alliant savoir et générosité, Madame Goulet-Cazé n'a jamais cessé de m'encourager sur la voie de mes propres idées, alors même que nous n'étions pas toujours d'accord sur la façon de lire et d'interpréter les textes qui font l'objet de cette étude. Cet exemple d'honnêteté intellectuelle et de plein exercice de la *philosophie* fut pour moi une des plus belles leçons que j'ai tirées de ses enseignements.

Je remercie Monsieur Richard Goulet qui a aussi relu ces pages, qui les a annotées d'importantes suggestions, et dont les connaissances hors norme dans le domaine de l'Antiquité et de l'informatique m'ont apporté un secours précieux.

Que soient également assurés de ma gratitude les membres de mon jury de thèse, Madame Suzanne Husson, Messieurs Luc Brisson, Tiziano Dorandi, Pedro Pablo Fuentes González et Pierre Marie-Morel, dont les observations et les critiques formulées à l'occasion de la soutenance et dans le rapport de thèse m'ont été très utiles pour la préparation de ce travail.

J'ai plaisir à rappeler encore le nom de quelques collègues qui, par leurs connaissances, par leur soutien ou par leur simple présence, m'ont aidé dans le long parcours de mes recherches dont ce livre est un fruit : Jacyntho Lins Brandão, Maria das Graças de Moraes Augusto, Teodoro Rennó Assunção, Antônio Orlando Dourado Lopes, Tereza Virgínia Barbosa, Matheus Trevizam, Juliana Gambogi, Sandra Bianchet, Rui Rothe-Neves, Ernesto Perini, Tunico Hirsch, Markus Figueira et Étienne Helmer.

Il va sans dire que, malgré toute l'aide que j'ai pu avoir, ce travail n'est sans doute pas exempt d'imperfections et d'erreurs ; celles-ci pourtant ne reviennent qu'à moi-même.

Je remercie enfin la maison d'édition Vrin qui accepte de publier ce livre dans sa collection « Textes et Traditions ».

INTRODUCTION

Naturalisme, animalisme, primitivisme. Ces trois termes, intimement liés entre eux par leur signifié respectif, sont, en quelque sorte et à des degrés variables, omniprésents dans les analyses modernes du cynisme ancien. Sous le signe de l'expression grecque *kata phusin*, on a fait de Diogène de Sinope (et parfois déjà d'Antisthène, selon la tradition des *diadochai*[1]) et de ses disciples les promoteurs d'une philosophie ou d'un mode de vie original qui cherche à soustraire les hommes à tous les malheurs suscités par l'emprise néfaste que la civilisation exerce sur eux dans la mesure où elle inculque dans leur esprit de faux désirs et de fausses peurs, ainsi que de fausses opinions dans leur raisonnement. Ces philosophes, a-t-on cru, ont montré que la seule voie que l'homme peut emprunter en direction de la vertu – et donc du bonheur – est celle de l'insouciance des animaux, qui en toutes circonstances savent garder la vie « selon la nature », ou celle de la simplicité des premiers hommes, ceux d'un « âge d'or » qui ont mené leur existence dans la paix et dans l'harmonie sous le patronage des dieux[2].

1. La question de l'inclusion ou non d'Antisthène parmi les cyniques et du rôle qu'il a joué dans la formation du mouvement a fait couler beaucoup d'encre. Pour une présentation des principales voix dans ce débat, cf. G. Giannantoni, *SSR* t. IV, n. 24, p. 223-233, auquel il faut ajouter G. Giannantoni, « Antistene fondatore della scuola cinica ? », 1993, p. 15-34 ; P. P. Fuentes González, « En defensa del encuentro entre dos *Perros*, Antístenes y Diógenes : historia de una tensa amistad », 2013, p. 225-267 (repris avec des modifications dans V. Suvák [édit.], *Antisthenica Cynica Socratica*, 2014, p. 11-71) ; V. Suvák, « Antisthenes between Diogenes and Socrates », 2014, p. 72-120 ; M.-O. Goulet-Cazé, « Les origines du mouvement cynique », 2017, p. 607-630 (qui complète *ead.*, « Le cynisme est-il une philosophie ? », 1993, p. 273-313, et *ead.*, « Who was the first Dog ? », 1996, p. 414-415).

2. À propos du prétendu « naturalisme » cynique, dans ses diverses acceptions et nuances, on peut consulter les ouvrages suivants (la liste n'est pas exhaustive) : G. Grote, *Plato and Other Companions of Sokrates*, 1865 ; E. Zeller, *Grundriss der Geschichte der griechischen Philosophie*, 1883 ; G. A. Gerhard, « Zur Legende vom Kyniker Diogenes », 1912 ; D. R. Dudley, *A History of Cynicism*, 1937 ; A. O. Lovejoy et G. Boas, *Primitivism and related ideas in Antiquity*, 1935 ; F. Sayre, *Greek Cynicism and the Sources of Cynicism*, 1948 ; A. N. M. Rich, « The Cynic Conception of ΑΥΤΑΡΚΕΙΑ », 1956 ; R. Vischer, *Das einfache Lebe. Wort- und motivgeschichtliche Untersuchungen zu einem Wertbegriff der antiken Literatur*, 1965 ; J. E. Gill, « Theriophily in Antiquity : a supplementary account », 1969 ; U. Dierauer, *Tier und*

La présente étude vise à réexaminer cette vision générale du cynisme ancien. Puisque je soupçonne qu'il est possible d'envisager différemment le sens des idées-forces de Diogène, je me propose de soumettre à l'épreuve des textes cette conception largement répandue à propos de la pensée cynique, et d'en dégager les conséquences sur le plan éthique et politique dans le contexte de l'histoire de la philosophie.

Afin de rouvrir le débat concernant l'idée d'un retour à la nature, base commune du naturalisme, de l'animalisme et du primitivisme qui sont prétendument les trois caractéristiques majeures du programme philosophique des cyniques, j'entends entamer un parcours en trois étapes. Dans la première (« Le cynisme à l'épreuve de l'histoire : brève réflexion sur la nature de la littérature cynique »), j'aborde un sujet qui est en quelque sorte un passage obligé pour toute étude sur le cynisme ancien, à savoir le problème des sources. Cette obligation à laquelle il faut se plier consiste à expliquer d'une part quelle crédibilité peut avoir un travail de reconstruction historique d'une pensée dont les sources sont apparemment si peu fiables, trop dispersées et souvent contradictoires pour restituer la doctrine qu'elles sont censées transmettre, et d'autre part comment on peut s'y prendre[1]. En fait, cette suspicion est analogue à celle qui porte sur la validité philosophique de l'école des Chiens : elle s'accompagne d'une exigence de « rigueur méthodologique », alors que parler d'« école » dans le cas des cyniques est déjà une preuve de témérité. En outre, dans ce problème des sources, on attend de l'exégète du cynisme ancien qu'il nous explique comment il compte introduire la pensée de Diogène là où Diogène lui-même n'a pas voulu qu'elle habite. En ce sens, le cynisme représente pour celui qui se livre à son examen un défi à la fois philosophique et philologique. Aussi évoquerai-je préalablement,

Mensch im Denken der Antike : Studien zur Tierpsychologie, Anthropologie und Ethik, 1977 ; M. Detienne, « Ronger la tête de ses parents », 1977 ; H. Schulz-Falkenthal, « *Kata phusin*. Bemerkungen zum Ideal des naturgemässen Lebens bei den älteren Kynikern », 1977 ; H. D. Rankin, *Sophists, Socratics and Cynics*, 1983 ; M. Foucault, *Le courage de la vérité. Le gouvernement de soi et des autres II. Cours au Collège de France, 1984*, 2009 ; M.-O. Goulet-Cazé, *L'ascèse cynique*, 1986 ; *ead.*, « Les premiers cyniques et la religion », 1993 ; *ead.*, « Le cynisme est-il une philosophie ? », 1993 ; *ead.*, « La contestation de la loi dans le cynisme ancien », 2008 (repris dans *ead.*, *Le cynisme*, 2017, p. 485-509) ; J. Moles, « Le cosmopolitisme cynique », 1993 ; *id.*, « The Cynics and politics », 1995 ; P. Hadot, *Qu'est-ce que la philosophie antique ?*, 1995 ; *id.*, *Le voile d'Isis*, 2004 ; L. E. Navia, *Classical Cynicism*, 1996 ; *id.*, *Diogenes the Cynic*, 2005 ; R. B. Branham et M.-O. Goulet-Cazé, « Introduction » dans *id.* (édit), *The Cynics*, 1996, p. 1-27 ; A. A. Long, « The Socratic Tradition : Diogenes, Crates and Hellenistic Ethics », 1996 ; R. B. Branham, « Defacing the Currency : Diogenes' Rhetoric and the Invention of Cynicism », 1996 ; *id.*, « Exile on Main Street : Citizen Diogenes », 2007 ; A. Brancacci, « Le modèle animal chez Antisthène », 1997 ; T. W. Martin, « The Chronos Myth in Cynic Philosophy », 1997 ; L. Brisson, « Le cynisme », 1998 ; F. Kalouche, « The Cynic Way of Life », 2003 ; W. D. Desmond, *Cynics*, 2006 ; S. Husson, *La* République *de Diogène*, 2011 ; E. Brown, « Cynics », 2014.

1. Voir à ce propos M.-O. Goulet-Cazé, *L'ascèse cynique*, 1986, p. 12-14.

avant d'examiner le naturalisme cynique, la façon dont je traite le problème des sources, car ce problème détermine les moyens par lesquels on peut théoriser une doctrine qui se voulait pratique.

Le deuxième chapitre de mon étude (« Les mirages du naturalisme ») est consacré à l'examen proprement dit de l'idée du naturalisme des cyniques. Il s'agit d'abord de comprendre si et dans quelle mesure nous devons accepter l'idée selon laquelle le cynisme est « traversé par tout un courant antiprométhéen ». Ainsi, pour apprécier s'il est correct de définir le cynisme à partir d'un élément de la mythologie traditionnelle, j'adopterai la méthode qui m'a semblé à la fois la plus simple et la plus efficace : analyser comment le mythe de Prométhée apparaît dans la littérature cynique et quelle compréhension pouvaient en avoir les cyniques eux-mêmes. Cette démarche m'amène alors à prendre comme fil conducteur – ou plutôt comme point de départ – de mon exposé le *Discours VI, Diogène ou La tyrannie* de Dion Chrysostome. La raison de ce choix est simple : ce texte constitue indéniablement la source la plus importante suggérant un rapprochement entre la pensée de Diogène et le mythe du titan « bienfaiteur de l'humanité » ; Prométhée y est explicitement évoqué à deux reprises.

Ensuite, il me faudra analyser la notion qui, d'une certaine manière, constitue une seconde version du naturalisme des cyniques, à savoir la notion d'« animalisme » (ou d'« animalité ») ou encore de « thériophilie ». Le naturalisme en effet se confond avec le primitivisme dans la mesure où, comme le veut le sens commun, les hommes dits « primitifs » menaient une vie plus « naturelle » et, par là même, plus proche de celle des animaux. Par conséquent, le naturalisme, tout en faisant intervenir l'animalité, contribue à donner du cynisme l'image d'un « courant antiprométhéen ». De fait, on a constamment identifié l'éthique cynique, réduite alors à un mode de vie, avec la proposition d'une « animalisation » de l'homme comme voie d'accès au vrai bonheur, ce que prouverait déjà le nom de l'école lui-même. Cette identification de la « voie cynique » avec la vie animale a joué un rôle de premier plan dans la transmission de la pensée et de la morale diogéniennes, car elle a servi non seulement, semble-t-il, à la défense de la vertu de la part de ses adeptes (par la reconnaissance de la « vertu » dans le comportement de certains animaux), mais aussi aux attaques de ses détracteurs qui accusaient Diogène et ses disciples de rabaisser la condition humaine et de proposer ce rabaissement comme le moyen d'atteindre la vraie nature de l'homme. Puisqu'il est possible de déceler à l'intérieur même de la tradition cynique des divergences autour de ce « point de doctrine »[1], il m'a paru utile de me demander si et dans quelle mesure on peut considérer – ce que font la plupart des critiques modernes – que les cyniques ont élu les animaux comme modèles positifs (ou négatifs) de la vertu. Il s'agit alors de se demander si, dans la perspective cynique, « faire le chien » est réellement le signe d'une « thériophilie » inconditionnelle et

1. Cf. Lucien, *Vie de Démonax* 21.

absolue. Pour examiner ce point je prendrai appui sur le petit dialogue connu sous le titre *Le cynique*, qui a été attribué – par erreur croit-on – à Lucien de Samosate[1] : dans cette défense très éloquente du cynisme la question de l'*apparence* animalière du cynique, ainsi que celle de ses choix de vie, constituent l'axe autour duquel se déroule la conversation entre les deux seuls personnages en scène, un cynique non identifié et Lycinos, la principale *persona* littéraire de Lucien. Lycinos est de fait le nom de celui qui, dans les autres œuvres de l'écrivain de Samosate où il apparaît, semble jouer le rôle de son porte-parole.

Il faut en outre attirer l'attention sur le fait que ces deux textes qui servent de fondement à mon analyse dans cette deuxième partie ont une caractéristique commune qui les rapproche l'un de l'autre et qui, d'une certaine façon corrobore mes choix. Ce sont – au même titre que les *Lettres pseudépigraphes* qui me paraissent aussi de première utilité et auxquelles je ferai très souvent appel au cours de cette étude – des *textes suivis* qui traitent du cynisme. En ce sens, non seulement ils confirment, d'une façon générale, certains aspects de la pensée cynique que l'on trouve dans la littérature anecdotique, dans les *chries* et dans les apophtegmes (présents par exemple dans les *Vies* de Diogène Laërce, auxquelles, évidemment, je fais aussi appel), mais, en enchaînant ces mêmes aspects dans un exposé argumenté, ils donnent, pour ainsi dire, raison aux anecdotes et rendent explicite ce que celles-ci permettent seulement d'entrevoir. Ainsi, face à ce genre de composition, face à ces textes suivis plus ou moins « romancés » *sur* le cynisme, la question n'est pas tant de savoir s'ils se sont inspirés d'une *littérature* cynique authentique (l'idée d'une *littérature* cynique est d'ailleurs toujours sujette à caution) – même si, dans une perspective historique, ce point présente un réel intérêt –, mais plutôt de constater qu'ils se sont inspirés d'une *pensée* cynique authentique. Le fait que leurs auteurs ne soient pas des cyniques au sens où Diogène ou Cratès ont pu l'être, ne remet pas en cause la valeur « cynique » de leurs ouvrages, car le cynisme, en tant que philosophie qui s'est exprimée plutôt par l'action et par une certaine *tenue* que par la parole théorique, a fourni, pour ainsi dire, même à ceux qui ne se sont pas personnellement (ou pas complètement) engagés sur la voie cynique, des ressources imagées et dramatiques pour illustrer certaines opinions[2]. Autrement dit, le discours poétique et le discours rhétorique

1. La question de l'authenticité n'a guère d'importance ici. Que ce dialogue soit ou non de Lucien, n'enlève pas grand-chose à sa valeur comme source importante d'information sur le cynisme. La critique moderne considère généralement qu'il s'agit d'un faux : un cynique anonyme l'aurait écrit pour défendre son école contre les attaques de Lucien qui la prenait souvent pour cible. Je ne suis pas tout à fait convaincu par cette hypothèse : cf. O. Flores-Júnior, « Em torno d'*O cínico* », 1998/1999. Cf. également, J. Bridge, « On authorship of the *Cynicus* of Lucian », 1888.

2. Il ne serait pourtant pas difficile de déceler chez les deux auteurs en question un rapport « plus personnel » au cynisme. Pour Dion Chrysostome, cela s'explique peut-être par un accident biographique : condamné à l'exil il aurait trouvé dans l'exemple de Diogène une sorte de consolation (sur le sujet, consulter H. von Arnim, *Leben und Werke des Dion von Prusa*, 2004 ;

se sont emparés de la *performance* des cyniques sans forcément amoindrir son efficacité originale, ou, si amoindrissement il y a, ce sera plutôt l'amoindrissement intrinsèque et inévitable lié au passage, dans un tel contexte, des gestes aux mots : en principe, le récit ou la description verbale – c'est-à-dire sous la forme d'un *texte* – d'une action ou d'une apparence seront toujours moins exacts et moins complets que l'action et l'apparence elles-mêmes censées être décrites par ce texte. Pour cette raison, et en considérant que la pensée cynique a été essentiellement conservée et transmise par ce genre de *littérature* descriptive (ou narrative), je pense que le problème de l'idéalisation ne se pose pas, et que la diversité des intentions qui peuvent être à la base de ces récits (du plus bref et du plus concis au plus développé) ne change pas ce principe. Or, dans cette perspective, tout le *corpus* cynique revêt la forme d'une idéalisation et, par conséquent, vouloir lui imposer une hiérarchie entre texte doxographique, anecdotique et « fictionnel » fondée sur un critère d'authenticité ou de fidélité n'a guère de sens. J'y reviendrai. Pour l'instant, il faut dire que si je commets, à l'égard de Diogène, un crime de « lèse-philosophie »[1] (un crime qu'a commis Diogène lui-même à l'égard de la philosophie « traditionnelle »), lorsque je « mets de l'ordre » – un ordre *textuel* – dans sa pensée, Dion de Pruse, (le Pseudo- ?) Lucien et les auteurs des lettres pseudépigraphes seront mes complices.

L'analyse des textes de Dion Chrysostome et de (du Pseudo- ?) Lucien, comme on le verra, suggère une nouvelle configuration des rapports entre *nomos* et *phusis* dans le contexte de la tradition cynique. Il a donc fallu, dans un troisième temps (« Falsifier la monnaie, faciliter la vie »), « appliquer » à d'autres fragments du *corpus* ces nouveaux rapports entre l'ordre de la civilisation et l'ordre de la nature. Plus précisément, il s'agissait de comprendre comment les concepts-clés de la doctrine cynique – l'*eleutheria*, l'*autarkei*a et l'*askesis* –, ainsi que le principe de la *paracharaxis tou nomismatos* (la « falsification de la monnaie »), s'articulent avec le binôme loi/nature. On verra que chez les cyniques, ce binôme tend même à se dissoudre au nom d'un pragmatisme novateur dont le but est une « vie facile », une vie *kat'euteleian*[2]. On verra en outre, dans le cours de ma démonstration,

A. Brancacci, « Le orazioni diogeniane di Dione Crisostomo », 1977 ; *id.*, « Tradizione cinica e problemi de datazione nelle orazioni diogeniane di Dione di Prusa », 1980 ; *id.*, *Retorica philosophousa : Dione Crisostomo nella cultura antica e bizantina*, 1985 ; J. Moles, « The career and conversion of Dio Chrysostom », 1978 ; F. Jouan, « Le Diogène de Dion Chrysostome », 1993). En ce qui concerne Lucien, j'ai essayé de montrer ailleurs qu'entre lui et le cynisme il y a une forme de « sympathie » qui fonde chez l'écrivain de Samosate un type particulier d'admiration pour la tradition cynique : cf. O. Flores-Júnior, « Luciano e o cinismo : o caso Alcidamas », 2013.

1. Cette formule est employée par M.-O. Goulet-Cazé dans son avant-propos à L. Paquet, *Les cyniques grecs. Fragments et témoignages*, 1992, p. 5-29, plus précisément à la p. 9.

2. Sans vouloir trop anticiper, signalons d'ores et déjà que la traduction que nous donnons pour le terme εὐτέλεια est plutôt inhabituelle. Compris d'ordinaire au sens de « frugalité » ou de « simplicité », il semble désigner en contexte cynique, conformément à son étymologie, « la

comment cette « vie facile » m'a amené à dégager l'idée d'une « éthique du minimum »[1] qui se manifeste par la thématique récurrente de l'alimentation. On constate en effet que le cynisme était spécialement concerné par le problème de l'alimentation qui, d'un certain point de vue, est le fondement ultime de la vie même. Ainsi, le végétarisme, l'anthropophagie et, d'une façon plus générale, la suppression, dans le domaine de l'alimentation (comme ailleurs), de tous les interdits d'ordre moral ou religieux dont fait état la littérature cynique sont tour à tour évoqués comme preuves du refus cynique de la civilisation. Or, puisque l'idée même de civilisation se fonde sur un système alimentaire plus ou moins défini, la subversion de ce système peut être perçue comme une remise en cause de la civilisation elle-même[2]. S'il est vrai que l'éthique du cynisme est dans cette perspective une *diététique*, il reste à vérifier si cette diététique représente réellement une remise en cause de la civilisation.

bonne fin », « le bon accomplissement », c'est-à-dire *la façon la plus simple et la plus économe d'accomplir une action nécessaire et d'arriver à sa fin*. Il va de soi que cette « facilité » rejoint sur plusieurs aspects l'idée de frugalité ou celle de naturalité, mais ne s'identifie pas entièrement avec elles.

1. O. Flores-Júnior, « Cratès, la fourmi et l'escarbot : les cyniques et l'exemple animal », 2005 ; *id.*, « *Khortos gasteri* ou le bonheur est dans le pré : éthique et politiques cyniques dans un poème de Cratès de Thèbes », 2006. Même si l'idée d'une « éthique du minimum » chez les cyniques me paraît aujourd'hui encore pleinement défendable, j'invite le lecteur à prendre ces deux articles avec les réserves que j'ai moi-même émises à leur propos quelques années plus tard : cf. O. Flores-Júnior, « Husson, Suzanne. *La* République *de Diogène. Une cité en quête de la nature*. Paris : Vrin, 2011 (Histoire des Doctrines de l'Antiquité Classique, 40) », 2011 (voir notamment la note 86 à la p. 173). En guise de définition, on pourrait considérer que l'« éthique du minimum » chez les cyniques se fonde sur une démarche à long terme, entamée par une ascèse continuelle, consistant à réduire les désirs au nécessaire et le nécessaire au minimum.

2. En un sens on pourrait voir dans cet aspect du cynisme un lien avec la figure de Prométhée. Dans le monde grec, c'est précisément le mythe de Prométhée qui, selon la tradition la plus répandue, fonde les modes de nutrition qui conviennent à l'humanité dans le cadre de la séparation rituelle entre les hommes et les dieux d'un côté et entre les hommes et les animaux de l'autre. Sur ce sujet, l'ouvrage de référence reste celui de M. Detienne et J.-P. Vernant, *La cuisine du sacrifice en pays grec*, 1979. Voir également F. Notario, « Food and Counter-cultural Identity in Ancient Cynicism », 2015. Pour un aperçu de ce thème, voir M. Onfray, *Le ventre des philosophes*, 1989, et E. Telfer, *Food for Thought*, 1996.

CHAPITRE PREMIER

LE CYNISME À L'ÉPREUVE DE L'HISTOIRE

BRÈVE RÉFLEXION SUR LA NATURE DE LA LITTÉRATURE CYNIQUE

L'œuvre de Platon fait partie sans aucun doute des textes les mieux préservés que l'Antiquité grecque nous a transmis. Que sa « vraie » pensée n'y soit pas entièrement exposée, est un autre problème. En tout cas, voici ce que Diogène de Sinope, le chien philosophe, disait à propos du personnage :

> τί δαὶ ὄφελος ἡμῖν ἀνδρός, ὅς πολὺν ἤδη χρόνον φιλοσοφῶν οὐδένα λελύπηκεν ;
>
> Quelle utilité peut avoir pour nous un homme qui, en philosophant depuis fort longtemps, n'a jamais dérangé personne ?[1]

D'un simple point de vue philologique, Diogène est pour nous tout ce que Platon n'est pas. À l'inverse de l'assurance et d'un certain « repos » que ce dernier nous offre, Diogène ne cesse de nous déranger, car de sa pensée il ne nous reste que de maigres vestiges éparpillés : s'il revient au spécialiste de Platon d'interpréter sa pensée, celui qui s'aventure du côté de Diogène doit d'abord trouver de quoi en reconstruire une, non à partir de ses textes, mais à partit de bribes rescapées d'une biographie perdue et « non autorisée ». Ce sont des dits brefs, des maximes ou sentences, des aphorismes, des récits plus ou moins fantaisistes, plus ou moins « romancés », tout ce qui, relevant du registre biographique, constitue le genre plus vaste et plus imprécis de l'anecdote. L'historien de la philosophie ne peut qu'être déçu. Face à cette situation de « disette théorique », deux solutions sont d'ordinaire envisagées : l'une, la *solution du renoncement*, l'autre que nous pourrions appeler la *solution résignée*. La première consiste évidemment à résoudre le problème par l'abandon, par le silence : puisque rien de sûr ne peut être dit, c'est-à-dire rien qui puisse être confirmé par un *texte* cohérent et raisonné, il vaut mieux se taire. Le choix du silence se trouve parfois assorti d'un jugement, un peu comme si l'on étendait la brièveté des formes littéraires au contenu dont elles sont

1. Thémistios, *Sur la vertu*, *apud* Stobée III 13, 68 (*SSR* V B 61).

porteuses : puisque rien de sûr ne peut être dit à partir d'une telle documentation, c'est sans doute parce qu'elle ne contient rien qui vaille la peine d'être dit. Et qui plus est, à la fragmentation et à la dispersion de ce *corpus* vient s'ajouter son caractère risible. Donald R. Dudley lui-même, qui écrivit la première histoire moderne du cynisme ancien, a reconnu que les histoires racontées (par Diogène Laërce) à propos de Diogène étaient plus drôles (*funnier*) que celles qu'il raconte à propos d'autres philosophes, et qu'elles seraient mieux rangées dans une anthologie de l'humour grec que dans un ouvrage traitant de philosophie[1]. Et d'habitude on considère que ce qui provoque le rire ne doit pas être pris au sérieux.

La seconde attitude, que j'ai appelée « résignée », consiste à ne pas renoncer, tout en reconnaissant la difficulté de la tâche. On décide alors, pour ainsi dire, de récolter les pièces détachées d'une mosaïque que l'on considère perdue, pour en recomposer ne serait-ce qu'un petit bout qui nous permette d'envisager, même hypothétiquement, le tout. Comparée à la première solution, celle-ci me semble, pour des raisons obvies, sans aucun doute la meilleure. C'est elle qui est, par exemple, à la base des efforts de la *Quellenforschung*. Pourtant cette façon de prendre le problème peut cacher un danger : puisqu'on envisage la possibilité du faux, en admettant que certaines pièces de la mosaïque à reconstituer puissent être fausses, on s'empresse de comparer les morceaux pour en tester la cohérence ; on est alors amené à éliminer les contradictions et les inconsistances historiques : on cherche des *faits* et on travaille toujours avec l'idée d'*authenticité* à l'esprit. On songe même à retrouver les ouvrages originaux de Diogène. Tout se passe comme si, face à un jeu difficile, on décidait quand même de le jouer, en adoptant des règles qui ne sont pas les siennes.

Mais doit-on pour autant se plaindre du fait que le cynisme ait été préservé surtout dans une littérature de caractère anecdotico-biographique ? Quelle valeur les anecdotes philosophiques peuvent-elles avoir concernant le cynisme ?

1. De l'anecdote philosophique à la littérature cynique

Pour comprendre ce qu'est une anecdote philosophique[2] et quelle valeur on peut lui attribuer à l'intérieur de la tradition cynique[3], il faut d'abord essayer de comprendre ce qu'est une anecdote.

Le terme *anecdote* vient du grec ἀνέκδοτος, forme dérivée de la juxtaposition du préfixe de négation ἀν– à l'adjectif ἔκδοτος qui vient à son tour du verbe ἐκδιδόναι, *donner (vers le dehors), livrer, rendre publique*. Ἀνέκδοτος se dit

1. D. R. Dudley, *A History of Cynicism*, 1937, p. 29.

2. Pour un traitement différent de ce problème, voir H. Niehues-Pröbsting, « Anekdote als Philosophiegeschichtliches Medium », 1983.

3. J'ai traité de ce sujet dans O. Flores-Júnior, « As artes do discurso e o 'naturalismo' cínico : tema e variações de uma anedota filosófica », 2015.

donc, d'abord, de ce qui n'a pas été livré : une femme *anecdotos*, par exemple, est une femme célibataire, qui n'a pas été *donnée* en mariage, qui n'a pas été *livrée* : ἀνέκδοτος ἔνδον καταγηράσκειν, « vieillir à la maison *sans mari* »[1] ; ce terme en vient alors à signifier *ce qui n'a pas été publié, inédit*, comme dans αἱ βίβλοι μέχρι τοῦ νῦν ἀνέκδοτοι τυγχάνουσιν οὖσαι, « les livres qui restent jusqu'à présent inédits »[2] ; il peut se référer aussi aux propriétés non divulguées ou secrètes d'une drogue : ἀνέκδοτος δύναμις, « propriété secrète »[3]. Enfin, *Anecdota*, c'est-à-dire « des anecdotes », traduit soit par *Histoires inédites* soit par *Histoire Secrète* (cf. l'expression latine *Historia Arcana*), est le titre d'un ouvrage attribué à Procope de Césarée, un historien byzantin qui a servi à la cour de l'empereur Justinien ; le contenu de cet ouvrage était manifestement hostile à ce dernier, ce qui expliquait la nécessité, finalement contournée, de sa non publication et de son secret.

Dans son acception moderne courante, une anecdote désigne « une particularité historique, petit fait curieux dont le récit peut éclairer le dessous des choses, la psychologie des hommes », « récit d'un fait curieux ou pittoresque, historiette » (*Le Robert*) ; une anecdote indique aussi « le détail ou l'aspect secondaire, sans généralisation et sans portée » (*idem*). En laissant de côté des nuances éventuelles, ce qu'on doit retenir des caractéristiques d'une anecdote, ce sont sa brièveté et son caractère accessoire, illustratif et souvent drôle ou plaisant ; on remarquera en outre que, tout en pouvant révéler la psychologie des hommes, une anecdote reste, pour ainsi dire, figée dans le domaine du particulier et de l'accidentel et n'a guère de portée généralisatrice.

Toutefois, lorsque l'on veut chercher la portée philosophique des anecdotes cyniques, on bute sur un problème apparemment simple à résoudre – faudrait-il changer la nomenclature ? – mais qui n'est pas le moindre, car c'est la nature même du mouvement et la façon dont ses idées ont été préservées et transmises qui s'y voient impliquées. En effet, du point de vue de la terminologie, faire référence au *corpus* relatif au cynisme comme à une littérature à caractère éminemment anecdotique serait déjà une inflexion moderne du phénomène antique : les récits des dits et des agissements d'Antisthène, de Diogène, de Cratès et des autres cyniques ne sont jamais appelés « anecdotes » par les auteurs antiques. Ainsi, par exemple, chez Diogène Laërce, notre principale source sur le cynisme ancien, ce terme n'apparaît qu'une seule fois, à propos des livres *non publiés* (τὰ ἀνέκδοτα)

1. Hypéride, *Pour Lycophron* 11 (comparer à *ibid.* 10). Cf. également Lysias, *Contre Agoratos* 45 ; Démosthène, *Contre Stéphanos 1*, 75 ; Plutarque, *Vie d'Aristide* I 1.

2. Diodore de Sicile, *Bibliothèque Historique* I 4, 6 ; cf. également D. L. V 73. À ce propos, voir T. Dorandi, *Le stylet et la tablette*, 2000 (notamment les p. 103-128).

3. Philoumène Médecin, *De venenatis animalibus eorumque remediis* X 9.

de Lycon de Troade[1], un des successeurs d'Aristote à la tête du *Péripatos* ; ce Lycon, dans son testament, léguait à Callinos (d'Hermione)[2] ses *anecdotes*, c'est-à-dire ses inédits, afin qu'il en préparât l'édition[3].

Par ailleurs, si par souci de rigueur on refuse le terme « anecdote », c'est aux mots ἀπόφθεγμα et χρεία (et dans une moindre mesure au mot ἀπομνημόνευμα[4]), puisés chez les anciens, que l'on fait d'habitude appel pour désigner le véhicule de diffusion de la sagesse des cyniques. Ici encore, cette terminologie ne va pas de soi. Le premier terme, un déverbal lié à ἀποφθέγγεσθαι, est normalement traduit par « sentence », « maxime » ou « précepte » ; encore une fois, en dépit des usages modernes[5], ce terme n'est pas celui qui d'ordinaire introduit les « sentences » cyniques[6]. Le second, lié au verbe χρῆσθαι, dont la signification

1. Cf. *DPhA*, t. IV, *s.v.* « Lycon d'Alexandrie (?) de Troade » L 83, p. 197-200 (J.-P. Schneider).

2. Cf. *DPhA*, t. II, *s.v.* « Callinos d'Hermione » C 27, p. 175 (R. Goulet).

3. Cf. D. L. V 73.

4. On sait que Favorinos d'Arles (cf. *DPhA*, t. III, *s.v.* F 10, p. 418-422 [S. Follet]) avait consacré au moins une partie de ses *Apomnemoneumata* à Cratès de Thèbes (cf. D. L. VI 89) et que l'on attribuait à Zénon de Citium un ouvrage homonyme à propos du même philosophe dont il avait été le disciple (cf. D. L. VII 4). On trouve par ailleurs, mais sans la précision du personnage concerné, des *Apomnemoneumata* en trois livres dans le catalogue des œuvres d'Ariston de Chios, un stoïcien proche des cyniques (cf. D. L. VII 163 ; *DPhA*, t. I, *s.v.* A 397, p. 400-403 [C. Guérard]). Enfin, il est intéressant de rappeler que, selon Diogène Laërce, la conversion de Zénon à la philosophie s'est faite grâce à la lecture des *Apomnemoneumata* – les *Mémorables* (de Socrate – de Xénophon, qui l'amena à devenir l'auditeur de Cratès (cf. D. L. VII 2-3). Sur ces trois genres « mineurs » de la littérature philosophique, ἀπόφθεγμα, χρεία et ἀπομνημόνευμα, voir O. Flores-Júnior, « As artes do discurso e o 'naturalismo' cínico », 2015, p. 18-19, n. 1. Cf. également G. Giannantoni, *SSR*, t. IV, p. 466-474. Sur la composition du livre VI de Diogène Laërce, je renvoie à M.-O. Goulet-Cazé, « Le livre VI de Diogène Laërce : analyse de sa structure et réflexions méthodologiques », 1992 (repris dans *ead.*, *Le cynisme*, 2017, p. 41-193.

5. Cf. R. Giannattasio Andria, « Diogene cinico e il furto della coppa : nota a D. L. 6.45 », 1996.

6. Chez Diogène Laërce, parmi les onze occurrences (substantif et verbe confondus), sept se trouvent dans le livre I, trois dans le livre V et une dans le livre IV. Aucune ne figure dans le livre VI ni ne fait jamais référence à un cynique, à l'exception de Bion de Borysthène (D. L. IV 47), dont l'appartenance au cynisme est sujette à caution et que Diogène Laërce range parmi les académiciens (cf. *DPhA*, t. II, *s.v.* « Bion de Borysthène » B 32, p. 108-112 [J. F. Kindstrand]). L'analyse de ces occurrences nous permet de conclure qu'un apophtegme, tel que l'emploient les sources grecques, est en général une sentence ou maxime au contenu plus « théorique », qui a la prétention d'une validité universelle et dont l'annonce, d'avantage que la *chrie*, semble pouvoir se passer de tout cadre dramatique. En ce sens, on dirait que l'apophtegme reste à mi-chemin entre l'expression d'un raisonnement philosophique et la révélation d'une vérité « transcendante » de type oraculaire – le verbe ἀποφθέγγεσθαι signifie aussi « rendre un oracle » –, ce qui expliquerait d'ailleurs son emploi récurrent dans le livre I, où la distinction entre « sage » et « philosophe » n'est pas toujours très nette (cf. Stobée III 1, 172 ; III 21, 12 ; voir à ce propos R. Goulet, « Des sages parmi les philosophes », 2001). On ne peut pourtant pas exclure l'idée d'un usage « pratique » et plus circonstancié de l'apophtegme, qui exprimerait, dans un contexte

inclut, parmi d'autres nuances, le fait de *s'approprier ou de faire usage de quelque chose*, indique de façon générale *ce dont on fait usage* (avec également des nuances diverses[1]) et, dans le domaine plus spécifique de la communication, *la sentence ou la phrase dont on fait usage ou que l'on peut mettre à profit dans un contexte précis* ; une *chrie* désigne alors la *phrase d'effet* ou le *bon mot* (comprenant souvent un calembour, une boutade ou un jeux de langage[2]) prononcé souvent (mais apparemment pas toujours[3]) dans le cadre d'une situation de vie concrète (d'où son contenu « biographique » et sa portée dramatique qui la distinguent de la simple citation) et qui est sensé exprimer une forme quelconque de sagesse. Parmi ces termes, désignant alors des genres « mineurs » (selon une perspective, disons, « hégélienne ») du discours philosophique, c'est sans doute la *chrie* qui trouve la faveur des sources antiques lorsqu'il s'agit de transmettre la pensée d'un cynique, même si elle n'est pas une exclusivité du cynisme. Parmi les *chries* attribuées à Hécaton de Rhodes[4], par exemple, il y en a qui concernent Antisthène[5], Diogène[6] et Métroclès[7], mais également Zénon de Citium[8] et Cléanthe[9]. De même, des *chries* à propos de Diogène, qui a été, selon la tradition

philosophique, la pensée non écrite d'un philosophe, fonctionnant ainsi comme une sorte de complément accessoire ou de prolongement à son œuvre théorique (cf. D. L. V 34, à propos d'Aristote) ; l'apophtegme se rapproche alors de la *chrie*, comme le prouve l'expression ἀποφθέγματα χρειώδη que l'on trouve dans D. L. V 39, encore une fois à propos d'Aristote, et dans D. L. IV 47 (ἀποφθέγματα χρειώδη πραγματείαν περιέχοντα), concernant Bion. Sur ce sujet, on lira J. F. Kindstrand, « Diogenes Laertius and the *chreia* tradition », 1986, qui considère qu'il y a deux types principaux d'apophtegmes, définis par leur emploi : l'un, qu'il assimile aux γνῶμαι, normalement associées aux Sept Sages, et l'autre, identifié au *dictum* latin (cf. Cicéron, *De officiis* I 29, 104), qui inclurait des indications de situation, et que l'on trouve dans certains titres de collections préservées sous le nom de Plutarque (p. 221-222). Concernant la *chrie*, tout en observant que ce terme n'offre aucune indication précise de forme, il suggère qu'il pouvait s'agir d'un « short philosophical treatise, probably shorter but perhaps not too different in character from those called διατριβαί » (p. 223). Quoi qu'il en soit, son étude montre à quel point cette terminologie est complexe, en raison de l'usage peu systématique qu'en faisaient les auteurs anciens. Sur la façon dont ces termes se présentent dans le livre VI de Diogène Laërce, voir M.-O. Goulet-Cazé, « Le livre VI de Diogène Laërce », 1992 (repris dans *ead. Le cynisme,* 2017, p. 41-193) ; voir surtout les p. 3978-3997 (p. 134-152). Voir enfin, l'étude récente de D. M. Searby, « The Fossilized Meaning of *Chreia* as Anecdote », 2019.

1. Cf., par exemple, D. L. IV 49.

2. La *chrie* peut être le jeu lui-même : cf. D. L. VI 18 qui raconte la *chrie* « de la figue » à laquelle Diogène invite Aristote. Cf. également D. L. II 118, où ce jeu se déroule entre Cratès et Stilpon.

3. Cf. D. L. VII 19.

4. Cf. *DPhA*, t. III, *s.v.* H 13, p. 526-527 (R. Goulet).

5. Cf. D. L. VI 4.

6. Cf. D. L. VI 32.

7. Cf. D. L. VI 95.

8. Cf. D. L. VII 26.

9. Cf. D. L. VII 172.

la plus répandue, le professeur de Cratès[1], sont attribuées à Métroclès, élève du même Cratès[2] ; d'autres, à propos de Cratès, sont attribuées à Zénon[3], qui a été lui aussi l'élève de Cratès[4] et qui reconnaissait bien la force et l'importance de ces réparties verbales[5].

On trouve d'ailleurs, dans un des catalogues des œuvres de Diogène, conservé par Diogène Laërce qui l'attribue à Sotion, le titre *Χρεῖαι*[6]. Ce titre, avec le mot au pluriel, que l'on doit considérer comme correspondant à un ouvrage *à propos* de Diogène et non *de* Diogène, était sans doute une anthologie de petits récits et d'« anecdotes » composées – mieux : recueillies, car il s'agissait vraisemblablement d'une collection de phrases plus ou moins circonstanciées – par quelqu'un d'autre, mais dont le cynique était le protagoniste ; par la suite, ce même titre, sans plus de précision, a dû être ajouté par erreur ou par maladresse des bibliothécaires au catalogue des œuvres de Diogène (à moins que l'hypothèse de l'« erreur » ou de la « maladresse des bibliothécaires » ne soit le fruit d'un jugement – dans ce cas vraiment maladroit – qui découle de nos habitudes critiques trop attachées aux notions d'« autorité » et de « propriété intellectuelle »). Cette confusion entre l'« auteur » des *chries* et le sujet qui les a prononcées est compréhensible principalement dans le cadre des rapports d'école, au sens large, au sein duquel un disciple avait tout intérêt à consigner dans un volume, lequel devait fonctionner comme une sorte de manuel de sagesse, tout ce qu'avait dit ou fait son maître. Le phénomène de la *chrie* est fréquemment attesté dans les mouvances socratiques, où la portée éthique de l'enseignement, que l'on testait par la pratique quotidienne, et l'exemplarité du maître étaient d'ordinaire mis en évidence[7]. En effet, la pensée de Socrate lui-même n'a survécu que dans les récits de ce qu'il a fait et dit.

1. Cf. D. L. VI 85.
2. Cf. D. L. VI 33.
3. Cf. D. L. VI 91.
4. Cf. D. L. VII 2-4.
5. Cf. D. L. VII 22. Ailleurs, Diogène Laërce (D. L. VII 19) rappelle qu'une fois le même Zénon, lorsqu'il discutait avec quelqu'un, « a sorti une *chrie* de Sophocle » (χρείαν Σοφοκλέους προενεγκάμενος, que Wilamowitz proposait de corriger en χρείαν ὑπ'Ἀντισθένους προενεγκάμενος). Ce passage montre que les *chries* n'étaient pas réservées aux seuls philosophes, tandis que la correction proposée par Wilamowitz semble justement trahir l'idée selon laquelle la *chrie* était un « artefact » philosophique intimement lié à la tradition cynico-stoïcienne.
6. Cf. D. L. VI 80.
7. Ce processus a dû se produire pour les *Chries* (en trois livres) d'Aristippe figurant dans le catalogue de Sotion à la suite immédiate de ses *Six livres de diatribes* (cf. D. L. II 85) et qui pourraient d'ailleurs être les mêmes que celles qu'Arcésilas avait la coutume de citer (cf. D. L. IV 40) ; la présence de trois *chries*, l'une adressée à Denys (*Χρεία πρὸς Διονύσιον*), l'autre sur la statue (*Ἄλλη ἐπὶ τῆς εἰκόνος*) et l'autre encore sur la fille de Denys (*Ἄλλη ἐπὶ τῆς Διονυσίου θυγατρός*), dans l'autre catalogue (sans précision d'origine) donné par Diogène Laërce (D. L. II 84) n'aide pas à démêler les usages de ce terme. On s'attendrait par ailleurs à trouver des *chries*

Étant donné que la littérature cynique ne se résume pas, de façon exclusive, à ces formes « mineures », dont la *chrie* est sans doute la principale, nous pourrions considérer que celles-ci composent un ensemble que je nommerais, faute d'une expression plus juste, « sources de premier degré » du cynisme ancien. À cet ensemble, il faudrait ajouter des « sources de second degré », celles qui semblent, en quelque sorte, développer et amplifier les premières et qui peuvent se présenter sous des formes diverses, allant de l'exposé narratif plus ou moins « romancé » à la prédication morale (très fréquente chez les cyniques de l'époque impériale) typifiée par les genres de l'homélie ou de la diatribe[1], et pouvant encore revêtir le style plus théorique et plus interprétatif – et moins « personnel » – de la doxographie. Au premier groupe appartiendraient, par exemple, la plus grande partie du matériau laërtien[2] ainsi que les maximes cyniques que l'on peut trouver dans les anthologies byzantines, comme celles de Jean Stobée et celles des *gnomologia*. Les discours diogéniens de Dion Chrysostome, les opuscules « cyniques » de Lucien, les lettres cyniques pseudépigraphes, les extraits des diatribes de Télès ainsi que le *De Stoicis* de Philodème de Gadara feraient partie du second groupe. On ne saurait donc voir dans cette typologie l'expression d'une quelconque hiérarchie historique ou « ontologique » selon laquelle les sources de premier degré seraient comprises comme celles qui sont plus proches du temps et de l'esprit « authentique » des cyniques ; en réalité, la différence réside plutôt dans les formes littéraires, les *chries* gardant au mieux la *manière* dont chaque performance des cyniques a pu être repérée dans le vif de sa « première édition ». Par conséquent, étant donné que le processus de transmission de ce genre de littérature n'est ni linéaire ni absolument continu, on doit également abandonner l'exclusivité du critère de confirmation réciproque entre une « anecdote » et un texte narratif lorsque l'on veut déterminer l'authenticité d'un point de doctrine : l'analogie entre le contenu d'une *chrie* et celui du texte plus développé d'un discours ou d'un dialogue peut témoigner de l'importance d'un thème à l'intérieur du mouvement, mais son absence ne suffit pas à fonder le refus d'un fragment ni à conforter le scepticisme à l'égard du message dont il est porteur. On peut certes songer à des erreurs et à des fabrications de toute sorte, mais dans une perspective

dans des cercles épicuriens, mais les lettres et les maximes qu'avait laissées Épicure lui-même étaient déjà des « manuels de sagesse » à disposition de ses disciples. On remarquera sans surprise que les termes χρεία, ἀπόφθεγμα et ἀπομνημόνευμα ne figurent pas dans le livre X de Diogène Laërce.

1. Sur la diatribe, voir P. P. Fuentes González, *Les diatribes de Télès*, 1998 (surtout le chapitre VI « Le genre littéraire : la question de la 'diatribe' », p. 44-78) et *id.*, « La diatribe est-elle une notion utile pour l'histoire de la philosophie et de la littérature antiques ? », 2015. Il est intéressant de rappeler que, selon Théopompe de Chios (Athénée XI, 508 C-D), la plupart des dialogues de Platon étaient inutiles (ἀχρεῖοι) et mensongers et qu'il en avait emprunté la matière aux diatribes d'Aristippe, d'Antisthène et de Bryson d'Héraclée.

2. Sur la composition du livre VI de Diogène Laërce, on consultera M.-O. Goulet-Cazé, « Le livre VI de Diogène Laërce », déjà cité.

philosophique il serait plus productif de miser sur un « sens caché » dans les textes, qui exigera un effort supplémentaire de l'interprète, que sur l'ineptie et la négligence des copistes ou sur la mauvaise fois arbitraire et gratuite des auteurs antiques. Autrement dit, l'athétèse d'un fragment aussi bien que l'expédient qui consiste à qualifier d'« idéalisation » un texte suivi, en relativisant ainsi sa portée cynique (ce qui ne reviendrait qu'à substituer à une identité doctrinale possible l'idéal d'une « authenticité historique »), sera la dernière et ultime ressource pour garder la cohérence philosophique de l'ensemble du cynisme.

Enfin, il ne faut pas non plus méconnaître l'influence que les ouvrages écrits par les cyniques (tous aujourd'hui perdus) ont dû exercer pendant l'Antiquité sur ces deux groupes de textes. Comme on le verra par la suite, les cyniques se sont sans doute consacrés à l'écriture, mais cela n'était pas leur but principal. Chez ces philosophes, l'écriture, en consonance avec leur conception même de la philosophie, reste une activité plus ou moins marginale, soit parce qu'ils s'y consacrent de façon épisodique, presque « dilettante » pourrait-on dire, soit parce qu'ils la cultivent au contre-pied de la littérature savante traditionnelle, en suivant le commandement de la « falsification de la monnaie »[1]. On doit pourtant noter que cette marginalité suppose une forme de rupture qui se réalise « au dedans » de la culture, s'exerçant paradoxalement à l'intérieur même des traditions littéraires grecques, comme le prouvent les titres des œuvres attribuées à Diogène[2], les nombreuses parodies de Cratès qui nous sont signalées[3] (et la parodie est peut-être l'exemple le plus achevé de la « falsification de la monnaie » dans le domaine de la littérature), ainsi que des satires, caractérisées par un ingénieux mélange de genres et par la corrosivité du *spoudogeloion*, qui se sont développées autour des noms de Monime de Syracuse[4], Méléagre de Gadara[5] et surtout Ménippe de Gadara[6].

1. À ce propos voir O. Flores-Júnior, « Paradoxes cyniques : l'activité littéraire d'Antisthène et de Diogène de Sinope », 2017 ; *id.*, « Lire et écrire dans les marges. Activité littéraire et mendicité chez les cyniques grecs », 2020. Le cas d'Antisthène reste naturellement un cas particulier. Sur l'importance de la « falsification de la monnaie » dans la pensée cynique, voir M.-O. Goulet-Cazé, « Les cyniques et la 'falsification de la monnaie' », 1992.

2. Cf. *SSR* V B 117-136.

3. Cf. *SSR* V H 66-87.

4. Cf. D. L. VI 83 ; *DPhA*, t. IV, *s.v.* « Monime de Syracuse » M 190, p. 549-552 (M.-O. Goulet-Cazé). Voir également, M.-O. Goulet-Cazé, « Le cynisme est-il une philosophie ? », 1993, p. 273-275 ; 311-312 (repris dans *ead.*, *Le cynisme*, 2017 ; voir les p. 387-389 ; 418-419).

5. Cf. *DPhA*, t. IV, *s.v.* M 90, p. 384-388 (M.-O. Goulet-Cazé).

6. Cf. D. L. VI 99-101 ; *DPhA*, t. IV, *s.v.* « Ménippe de Gadara » M 129, p. 467-475 (M.-O. Goulet-Cazé). Les *Satires Ménippées* (titre d'un ouvrage de Varron), dont on a conservé la trace notamment à travers Lucien de Samosate, sont à l'origine d'un véritable « style » de composition qui a eu une longue histoire dans la tradition littéraire de l'Occident. Sur ce sujet, voir par exemple H. K. Riikonen, *Menippean satire as a literary genre with special reference to Seneca's*

Face à la complexité de cette ébauche de classement passablement arbitraire et approximative de ce que nous appelons le «*corpus* cynique», l'emploi du terme «anecdote» pour désigner sa partie la plus importante ne me semble guère inapproprié, car, malgré son anachronisme et ses limites évidentes, il sert à «fédérer» les formes littéraires sous lesquelles la pensée qui unifie ce *corpus* se matérialise; il sert en outre à anticiper les effets parénétiques du rire (dans les pratiques modernes «anecdote» est presque un synonyme de «blague»), ce rire critique et mordant qui n'est pas un élément accidentel de la tradition cynique et que les philosophes cyniques maniaient avec beaucoup d'habilité, encore que le mouvement cynique lui-même, tout au long de son histoire jusqu'à sa réception moderne, en ait fait les frais au prix de la méfiance à l'égard de sa validité philosophique et du sérieux de son message[1]. Par ailleurs, vu que notre tâche est de comprendre le cynisme ancien *aujourd'hui* tout en étant conscients que ce n'est que dans la modernité que l'on considère la littérature cynique comme un vaste répertoire d'anecdotes, on doit remarquer qu'une caractéristique très importante de l'anecdote moderne est nettement observable dans les usages de l'ancienne *chrie*: il s'agit dans un cas comme dans l'autre de formes très brèves marquées à la fois par une concision historique maximale et une expansibilité littéraire infinie. Comme on l'a vu, ce sont des récits dramatiques très courts qui peuvent non seulement être développés dans des textes suivis (comme dans les lettres pseudépigraphes des cyniques), mais qui peuvent aussi, combinés les uns avec les autres, entrer dans la composition d'un tissu narratif plus large (ce serait le cas des discours diogéniens de Dion Chrysostome). Néanmoins, comme preuve du fait que dans l'évolution des formes littéraires les points d'inflexion, les changements de perspective et les nouveaux usages ne tombent pas du ciel et ne découlent pas de choix autonomes, on repérera cette expansibilité potentielle que l'anecdote moderne partage avec la *chrie* ancienne dans le pluriel du titre de l'œuvre déjà mentionnée de Procope de Césarée, celui qui passe pour avoir transformé l'anecdote en genre littéraire: Τὰ Ἀνέκδοτα – *Les anecdotes* – sont en réalité un ensemble d'anecdotes, c'est-à-dire des épisodes biographiques – au départ «impubliables» (concernant Justinien, Bélisaire et leurs épouses respectives, Théodora et Antonina), et finalement publiés – réunis et agencés selon une *raison politique*. On assiste à un processus analogue dans la transmission de la pensée

Apocolocyntosis, 1987; J. C. Relihan, *Ancient Menippean satire*, 1993; *id.*, «Menippus in antiquity and the Renaissance», 1996.

1. Voir M.-O. Goulet-Cazé, «Le cynisme est-il une philosophie?», cité ci-dessus. Il faut donc se garder de prendre Diogène et ses disciples pour de simples «bouffons», et même la façon cynique de manier la dérision doit être comprise dans un contexte spécifique: cf. D. VI 54; 58. À titre de simple suggestion, j'avancerais l'hypothèse que le rire souvent suscité par la littérature cynique est, pour ainsi dire, un rire *spéculaire*: dans une perspective bergsonienne, ce qui nous amuse chez Diogène, et qui nous fait rire, c'est au fond l'automatisme irréfléchi de nos comportements à nous.

cynique : une action imprévue et improvisée, encore que délibérément théâtralisée, se fait enregistrer comme un « instantané de vie », dont la *raison philosophique* sous-jacente n'est mise en lumière qu'après coup, sous la plume d'un tiers.

Quoi qu'il en soit, accepter la légitimité et l'intérêt du terme « anecdote » pour faire mention de la littérature cynique, moyennant, certes, les réserves qui s'imposent, ne doit pas faire oublier l'originalité et la force avec lesquelles, dans le cas du cynisme, il pénètre le terrain philosophique. Là où la philosophie traditionnelle, celle des traités théoriques, de l'écriture argumentative et de l'abstraction, ne trouve que limites et insuffisance, voire de l'impossibilité, le cynisme reconnaît une richesse. Si ailleurs l'anecdote est le registre du secret, dans la tradition cynique elle est la mémoire du scandale, qui secoue les hommes et les font bouger ; si l'anecdote est le livre qui n'a pas été publié, dans la tradition cynique elle est le véhicule du geste qui pose la vertu par la force et qui, précisément, efface les frontières entre le public et le privé ; si elle ne contient que l'accessoire et l'illustratif, en présupposant évidemment ce qu'elle est invitée à illustrer – une anecdote peut certes comparaître dans le discours philosophique traditionnel, mais elle exigera toujours le fond théorique qui lui donnera du sens –, dans la tradition cynique elle occupe seule toute la scène, elle n'illustre qu'elle-même[1] ; enfin, si l'anecdote est la forme même du particulier et de l'épisodique et si, par conséquent, elle ne débouche pas sur la généralisation, laquelle constitue, d'une certaine façon, une des exigences de la philosophie « canonique », toujours à la recherche de lois immuables et d'universalité, elle devient, à l'intérieur de la tradition cynique, l'instrument idéal pour transmettre une sagesse qui consiste justement à prendre la vie même, sensible et finie, comme le seul objet véritablement philosophique et comme l'espace du transitoire et de l'accidentel, où les généralisations ne sont guère possibles.

On doit alors conclure que la forme littéraire dans laquelle le cynisme a été conservé et transmis s'oppose terme à terme à la forme du discours philosophique traditionnel. Par conséquent, si l'on admet que l'aspect formel définit réellement la portée d'un discours et sa participation à un genre déterminé, il nous faut admettre que c'est par la voie d'une *falsification* que le cynisme a pris part à la tradition philosophique de l'Occident : en choisissant d'abandonner la parole raisonnante pour l'action raisonnée et souveraine, instantanée et éphémère, les cyniques ont revendiqué le droit de philosopher *autrement*[2].

1. Cet aspect de la tradition cynique est une des raisons qui font la particularité – la richesse, pourrait-on dire – du livre VI de Diogène Laërce. Tandis que pour les autres philosophes les anecdotes racontées par le biographe – dont la valeur est pleinement illustrative – renvoient souvent à des ouvrages « vraiment » philosophiques à partir desquels on peut, d'une certaine manière, les contrôler, avec les cyniques les anecdotes ne renvoient qu'à elles-mêmes.

2. Cf. M.-O. Goulet-Cazé, « Le cynisme ancien : entre authenticité et contrefaçon », 2015.

Néanmoins, on parle ici du cynisme comme tradition déjà constituée par un *corpus* (dé)fini et plus ou moins bien cadré à l'intérieur d'une histoire de la philosophie qui a, d'une certaine manière, organisé un phénomène en lui enlevant ses propres caractéristiques : maintenant que les vrais cyniques ont déserté, apparemment à jamais, la place publique, il ne nous reste qu'à *lire* le cynisme. Dès lors, il faut se demander ce que les cyniques eux-mêmes pensaient de la philosophie et de ses formes d'énonciation, et comment ils voyaient leur propre activité. Autrement dit, nous devons, pour « théoriser » le cynisme, demander aux anecdotes de rendre compte d'elles-mêmes.

2. Diogène et les figues

Il s'agit de chercher, dans les anecdotes cyniques elles-mêmes, la valeur philosophique d'une anecdote, selon la façon dont les cyniques concevaient la philosophie. Pour ce faire, on prendra appui sur un passage bien connu du livre VI des *Vies* de Diogène Laërce :

Ἡγησίου παρακαλοῦντος χρῆσαί τι αὐτῷ τῶν συγγραμμάτων, 'Μάταιος', ἔφη, 'τυγχάνεις, ὦ Ἡγησία, ὅς ἰσχάδας μὲν γραπτὰς οὐχ αἱρῇ, ἀλλὰ τὰς ἀληθινάς· ἄσκησιν δὲ παριδὼν τὴν ἀληθινὴν ἐπὶ τὴν γεγραμμένην ὁρμᾷς'.

À Hégésias qui le priait de lui prêter un de ses ouvrages, Diogène répondit : « Pauvre sot que tu es, Hégésias ! Les figues sèches, tu n'en prends pas des peintes, mais des vraies, alors que pour l'ascèse, tu négliges la vraie et tu te précipites sur celle qu'on trouve dans les livres »[1].

Cette répartie de Diogène, comme c'est souvent le cas chez les cyniques, pourrait se passer de tout commentaire, puisque tout commentaire est déjà une forme de spéculation : un mot d'esprit, s'il en est vraiment un, n'a pas à être expliqué pour la simple raison qu'il s'explique tout seul. Il faut pourtant commenter certains de ses éléments. Au premier abord, puisqu'il s'agit d'une critique de l'écriture en tant que véhicule de la sagesse, l'opinion de Diogène n'est pas tout à fait originale. Avant lui, Antisthène et surtout Socrate, avaient déjà fait part de leur méfiance à l'égard des textes écrits considérés comme réservoir de sagesse et de vertu. En revanche, parmi ces trois philosophes, Socrate, qui a exercé une intense activité pédagogique, malgré lui d'ailleurs puisqu'il refusait d'être traité de maître[2], est le seul dont le refus de l'écriture comme forme de transmission de sa pensée n'a guère suscité de controverses[3]. Antisthène avait, quant à lui, laissé un nombre si impressionnant d'ouvrages que Timon de Phlionte le traitait de « bavard qui produit n'importe quoi » (παντοφυὴς φλέδων)[4]. Concernant

1. D. L. VI 48 (à défaut d'autre indication, toutes les traductions du livre VI de Diogène Laërce sont empruntées à M.-O. Goulet-Cazé, dans *ead.* (édit), *Diogène Laërce. Vies*, 1999).

2. Cf. à ce propos ce qu'il dit chez Platon, dans l'*Apologie* 33a. Sur ce sujet, voir les considérations de F. Wolff, « Être disciple de Socrate », 1997.

3. À l'exception de celle autour d'un péan et d'une fable à la manière d'Ésope, « pas très réussie », qu'il aurait composés : cf. D. L. II 42.

4. D. L. VI 18.

Diogène, les deux catalogues d'ouvrages écrits fournis par Diogène Laërce, à côté du témoignage de Sosicrate et de Satyros, selon qui le cynique n'aurait rien écrit[1], laissent entrevoir une véritable polémique autour de son activité littéraire, dans laquelle tout un courant du stoïcisme aurait joué un rôle décisif[2]. Quoi qu'il en soit, je ne pense pas que l'athétèse d'ensemble des ouvrages de Diogène doit l'emporter, ni que nous devons nous plier entièrement au paradoxe : chez les cyniques – et Antisthène, sur ce point particulier, trouverait sa place parmi eux (au moins dans la phase finale de sa carrière, après sa rencontre avec Socrate) –, il ne s'agit pas de refuser l'écriture de façon radicale et catégorique, mais de lui rendre sa juste valeur et de hiérarchiser son usage : les livres – qu'on les écrive ou qu'on les lise – ne sont pas en soi inutiles, mais on ne saurait les substituer au geste qui actualise la vertu et la rend effective. De toute façon, ce bref entretien entre Diogène et Hégésias prouve que le cynique n'était pas entièrement indifférent à l'écriture, puisqu'il s'en était servi, soit en écrivant des livres, soit en les lisant (au cas, sans doute moins probable, où l'expression τι (…) τῶν συγγραμμάτων fasse référence non aux livres qu'il avait écrits, mais aux livres qu'il avait en sa possession).

Regardons d'un peu plus près le problème. Dans une page célèbre du *Phèdre*, Platon met dans la bouche de Socrate le mythe de Teuth, le dieu qui a découvert, parmi d'autres sciences, celle de l'écriture, qu'il a, par la suite, voulu enseigner aux Égyptiens[3]. Socrate s'approprie l'opinion de Thamous, le roi d'Égypte à qui Teuth propose sa nouveauté, mais qui la refuse en la jugeant inutile : l'écriture est l'art qui *peint* (cf. le verbe γραφεῖν, à la fois « peindre » et « écrire ») sur du papier (ou sur du papyrus), ce qui devrait être *inscrit sur l'âme*, et même, en tant qu'instrument pour aider la mémoire, elle est « un pouvoir qui est le contraire de celui qu'elle possède » (275a), car elle sape chez l'homme le chemin de la réminiscence qui conduit ce qu'on apprend vers l'âme. C'est le même raisonnement qui est derrière le reproche qu'Antisthène adresse à un des ses élèves,

1. Cf. D. L. VI 80.

2. Cf. sur ce sujet K. von Fritz, *Quellen-Untersuchungen zu Leben und Philosophie des Diogenes von Sinope*, 1926 (notamment les p. 54-60) ; M.-O. Goulet-Cazé, *L'ascèse cynique*, 1986, p. 85-90 ; *ead.*, *Les* Kynika *du stoïcisme*, 2003, p. 13-24 ; S. Husson, *La* République *de Diogène*, 2011, p. 185-189.

3. Platon, *Phèdre* 274b-275b. Sur ce mythe, voir les considérations de L. Brisson, *Platon. Phèdre*, 1989, p. 59-60. S'il est vrai que « la critique de l'écriture par Platon dans le *Phèdre* n'instaure pas une opposition radicale entre discours parlé et discours écrit », et qu'« elle rappelle une distinction qui depuis est devenue une vérité d'évidence : la distinction entre information et connaissance », nous pouvons admettre qu'elle n'est pas très éloignée de celle des cyniques. À propos de l'écriture chez Platon, voir, contre l'hypothèse des « doctrines non-écrites », G. Vlastos, « On Plato's oral doctrine », 1981.

lorsque celui-ci se plaint d'avoir perdu ses notes de cours : « il aurait fallu en effet, inscrire ces notes dans ton âme (ἐν τῇ ψυχῇ) et non sur des feuilles »[1].

Le teneur de ce que Diogène apprend à Hégésias présente, selon moi, un changement de perspective, subtil certes, mais important : d'une certaine manière, il ne s'agit plus du *lieu vers où* va la sagesse, mais du *lieu d'où* elle vient. On parle donc de l'origine de la sagesse et de la façon dont elle se constitue chez l'homme. Chez Socrate (selon Platon) et chez Antisthène, tout ce qui est matière de connaissance doit être inscrit sur l'âme, mais pour Diogène cela va de soi : le sujet qui a un savoir quelconque ou une vertu quelconque les a forcément en son âme, car les avoir ailleurs revient à ne pas les avoir. Et, puisque le cynique ne détache pas l'âme de son corps, avoir une vertu inscrite sur son âme signifie l'*actualiser* avec son corps, signifie la mettre en pratique : que l'on ait des préceptes moraux écrits sur une feuille ou qu'on les ait dans la mémoire et que l'on puisse par conséquent les réciter à pleine voix (pour, par exemple, les apprendre à autrui), n'a aucune valeur si on ne les met pas en acte, cela ne vaut rien et c'est même une imposture. Cette « épistémologie » calquée entièrement sur l'éthique fonde d'ailleurs la critique que Diogène adresse à Antisthène lorsqu'il le compare à une trompette : celle-ci « parle » fort, mais ne s'écoute pas[2]. Ainsi, pour le cynique, le fait que la sagesse doit absolument être inscrite sur l'âme serait une évidence. La question serait alors de savoir d'où doit venir la sagesse pour l'homme, où il doit la chercher.

Dans sa réplique à Hégésias, Diogène parle explicitement de l'ascèse. On sait que l'ascèse est la clé de voûte de toute la philosophie cynique[3]. Par ailleurs, on sait aussi, toujours dans la perspective cynique, que la philosophie est le seul instrument, le seul chemin pour atteindre le « bien vivre »[4] : l'homme qui aspire au bonheur doit obligatoirement philosopher et, par conséquent, il doit pratiquer l'ascèse. Il faut en fait philosopher autant que l'on respire, voire davantage, car il est plus important de bien vivre que de vivre tout court[5]. La leçon que Diogène donne à Hégésias complète le raisonnement : si la philosophie sert à la vie, elle doit aussi venir de la vraie vie, *réelle et sensible* (ce qui implique alors le corps), et non d'une *idée* de vie ou d'une « théorie » sur la vie inscrite sur l'âme. Tout se joue, selon Diogène, autour d'un choix (cf. le verbe αἱρεῖν) et de tout ce vers quoi on doit s'élancer (cf. le verbe ὁρμᾶν). En ce sens, l'opposition entre ce qui est peint (γραπτός ; on est ici dans le même registre du double sens de γράφειν, à la fois « peindre » et « écrire ») et ce qui est vrai (ἀληθινός) apparaît renforcée par l'image des figues, qui n'est pas anodine. Diogène aurait très bien pu se servir

1. D. L. VI 5.
2. Cf. Dion Chrysostome, *Discours VIII, Diogène ou Sur la vertu* 3.
3. Cf. D. L VI 71.
4. Cf. D. L. VI 65.
5. Cf. Pseudo-Cratès, *Lettre VI, à ses disciples*.

d'autres images comme exemples – un bateau peint, une maison peinte, des chaussures peintes –, mais il a pris l'image des figues. Pourquoi donc ? Parce que les figues évoquent l'univers de la nourriture[1], et que la nourriture constitue le fondement ultime de la vie, de la vie sensible et immédiate ; le besoin alimentaire donne substance et réalité à l'existence de l'homme, en définissant ses limites essentielles et permanentes. Dès lors, vivre bien signifie, d'une certaine manière, s'*exercer* à la « bonne nourriture » – c'est-à-dire aux bons principes de vie – et seules les figues réelles que l'on cueille dans le monde réel sont utiles dans cette perspective. Puisqu'il semble évident que les figues, les figues réelles, représentent tout ce qui est nécessaire à la vie et tout ce qui est à la base d'une « éthique du minimum », nous pouvons affirmer que les « figues » permettent de vivre, mais que le cynique ne se contente pas de vivre, il veut bien vivre[2] ; il fonde alors une *diététique* dont nous analyserons plus loin les principes : il s'agit, en somme, de savoir manger les figues réelles que le monde réel nous offre. Pour l'instant, il faut retenir que si toute la sagesse cynique se destine à une « bonne vie » – à une *vie facile* –, les éléments qui la constituent doivent venir aussi de la vie, de la vie *en mouvement* et non de la « vie » que l'on pourrait figer en la peignant sur des feuilles.

Ainsi, la sagesse du cynique lui est conférée par l'expérience sensible du monde qui l'entoure, un monde auquel il est toujours attentif et dans lequel il puise sa vertu. Le cynique fonde alors une « théorie » originale – rappelons que les anecdotes cyniques sont souvent introduites par le participe θεασάμενος[3] : il observe les faits qui se produisent devant ses yeux non pour en dégager, après généralisation, des lois universelles et constantes en vue d'une *théorie* abstraite, mais pour trouver des exemples – positifs et négatifs – auxquels il applique son

1. La figue est un aliment qui est assez souvent convoqué dans les repas du cynique : cf., par exemple, D. L. VI 25 et 26. On remarquera d'ailleurs que la figue est aussi le gage d'un jeu de questions auquel les cyniques apparemment aimaient jouer. Ce jeu (cf. la note de M.-O. Goulet-Cazé dans D. L. II 118 et celle de M. Narcy dans D. L. V 18) consiste à poser une question à quelqu'un en lui tendant une figue ; si la personne donne la réponse correcte, elle mange la figue. Mais on doit noter que, lorsque Diogène Laërce évoque à deux reprises des cyniques en train de jouer à ce jeu – en D. L. II 118, Cratès et Stilpon et en D. L. V 18, Diogène et Aristote – le cynique est le perdant : il tend la figue et l'autre la mange sans avoir répondu à la question (lorsqu'en D. L. II 118 Cratès se plaint d'avoir perdu la figue, Stilpon lui dit : « pas seulement la figue, mais aussi la question dont la figue était le gage »). Nous dirions, à titre de simple suggestion, que ces deux anecdotes retournent contre les cyniques la doctrine qu'ils pratiquent : Stilpon et Aristote prennent un *raccourci* pour récupérer la figue, qui est ce qui les intéresse ; en outre, ils *falsifient* le jeu, car ils mangent la figue sans avoir répondu à la question.

2. Cf. D. L. VI 55.

3. Sur les vingt occurrences de cette forme verbale chez Diogène Laërce, dix-sept se trouvent dans le livre VI.

ascèse, en l'adaptant à la conjoncture du moment, afin d'actualiser et de réaliser en soi-même la vertu[1].

Compte tenu de ce que nous venons d'exposer, et dans le but de comprendre la valeur de l'anecdote dans la tradition cynique, ce qui nous permettra de mieux appréhender le type de philosophie qu'elle peut contenir, nous allons essayer de répondre à la question suivante : si c'est dans la vie même que l'on doit pratiquer l'ascèse et si la vie sensible est à la fois but et origine de la sagesse, comment doit-on comprendre la pédagogie cynique ? En effet le cynique, chez qui l'action de θεᾶσθαι se double du rôle de κατάσκοπος[2], devient alors « libérateur des hommes » (ἐλευθερωτὴς τῶν ἀνθρώπων), « médecin des passions » (ἰατρὸς τῶν παθῶν) et « prophète de vérité et de franchise » (ἀληθείας καὶ παρρησίας προφήτης)[3]. Alors, par quel moyen Diogène compte-t-il apprendre la sagesse aux hommes afin de les guérir et de les libérer de leurs passions ? S'il faut choisir plutôt les figues réelles – c'est-à-dire la vie même – comme terrain de l'ascèse, comment doit-on comprendre la mission du cynique ?

3. Une pantomime philosophique

À la question que l'on vient de poser, la réponse est apparemment banale : c'est en vivant que le cynique enseigne l'art de vivre. C'est donc surtout par son *exemple personnel* que le cynique accomplit sa mission.

On pourrait certes arguer que certains titres des ouvrages des cyniques ont été préservés (ainsi que quelques fragments plus ou moins douteux), ce qui en principe prouve qu'ils ne se sont pas limités à l'action, mais qu'ils ont aussi exercé une activité littéraire (c'est ce que prouve aussi le bref dialogue entre Diogène et Hégésias cité plus haut). Mais comme je l'avais déjà suggéré, le choix des cyniques de privilégier l'action ne signifie pas le refus total de l'écriture : il s'agirait en fait d'une hiérarchie où l'action, le geste posé sur la place publique, occupe, pour l'exercice de la philosophie, le haut de l'échelle. En outre, on peut se demander si ces ouvrages écrits visaient vraiment l'exposition d'une « théorie » : comme les cyniques remettaient en cause certaines valeurs traditionnelles tout en participant, d'une certaine façon – à leur façon –, à la tradition (la critique se fait de l'inté-

1. En anticipant un peu les termes de ma démonstration, j'avancerais l'affirmation suivante : puisque la vie et le monde sensible, soumis à l'ascèse, sont pour le cynique une source de bonheur et de vertu, et puisque le monde du cynique est le monde de la cité, qu'il n'abandonne pas, son bonheur et sa vertu ne peuvent pas venir uniquement de la nature (si la nature s'oppose à la civilisation) : le cynique peut certes s'inspirer du comportement d'une souris (cf. D. L. VI 22), mais ce sont plutôt ses incursions sur la place publique qui lui apportent des traits de sagesse (cf. Pseudo-Diogène, *Lettre VI, à Cratès*).

2. Cf. les textes rassemblés dans *SSR* V B 27 ; 264 ; 265 et commentés dans *SSR*, t. IV, p. 507-512.

3. Cf. Lucien, *Philosophes à l'encan* 8.

rieur), il n'est pas impossible que leurs écrits, en suivant le même principe, aient visé la remise en cause de la « culture de l'écriture » des Grecs. Le goût des appropriations et des parodies des auteurs traditionnels va plutôt en ce sens. L'activité littéraire des cyniques semble donc obéir, comme d'ailleurs toutes leurs actions, au principe de la *falsification*[1].

Par ailleurs, nous pouvons reconnaître dans l'action pédagogique des cyniques un élément proprement discursif, à savoir la *parrhesia*. Mais la *parrhesia* cynique a une particularité importante qui la différencie d'autres types de *parrhesia*, par exemple de la *parrhesia* comme instrument de participation individuelle dans les régimes démocratiques ou encore de celle pratiquée à un niveau privé, entre maître et disciples, dans les cercles épicuriens[2]. Chez les cyniques, cette franchise extrême, toujours publique, est à la fois parole et action, car c'est sa vie entière que le philosophe donne comme gage de ce qu'il avance : le cynique expose publiquement la vérité de sa « vie autre » en s'exposant soi-même[3]. Ainsi, dans ce contexte, la biographie du philosophe n'est plus un élément accessoire ou illustratif de sa philosophie, elle en constitue la matière même. L'« éthique du minimum », si elle peut dériver d'une « théorie » mise au service de l'ascèse et « travaillée » par elle, ne reste pas, à l'instar des figues peintes, comme lettre morte sur les feuilles d'un traité : elle devient geste et le geste est pour le cynique son principal instrument didactique. Ce n'est pas tant que le cynique privilégie l'action par rapport au discours ; en fait, il fait converger les deux domaines : parce qu'il offre son geste, sa vie même tout entière aux yeux de tous et parce qu'il associe le

1. Quitte à tomber dans l'excès de spéculation, on pourrait s'imaginer que Diogène n'était pas très soucieux de la mise en circulation de ses écrits : est-ce qu'Hégésias aurait pu se procurer ailleurs les écrits de Diogène ?

2. Cf. A. Olivieri (édit.), *Philodemi Περὶ παρρησίας libellus*, 1914, et, plus récemment, D. Konstan *et al.*, *Philodemus. On frank criticism*, introduction, 1998. Sur ce sujet, voir M. Gigante, « Philodème : Sur la liberté de parole », 1969 ; *id.*, « Œuvres morales de Philodème : *La liberté de parole* », 1987. Pour un traitement d'ensemble sur la *parrhesia* et la liberté de parole dans le monde antique, on consultera M. Radin, « Freedom of speech in Ancient Athens », 1927 ; G. Scarpat, *Parrhesia : storia del termine e delle sue traduzioni in latino*, 1964 ; *id.*, *Parrhesia greca, parrhesia cristiana*, 2001 ; A. Momigliano, « Freedom of speech in Antiquity », 1973-1974 ; P. Miquel, « Parrhèsia (παρρησία) », 1983 ; R. M. Rosen et I. Sluiter (édit.), *Free Speech in Classical Antiquity*, 2004 ; A. W. Saxonhouse, *Free Speech and Democracy in Ancient Athens*, 2006 ; A. Camerotto, « Parrhesia. Una parola per i 'Classici contro' », 2012.

3. Cf. M. Foucault, *Le courage de la vérité*, 2009. Voir également, *id.*, *Discourse and truth : the problematization of parrhesia*, 1985 ; *id.*, *Fearless Speech*, 2001. J'ai consacré quelques pages aux analyses de Foucault dans O. Flores-Júnior, « Tersites esquecido (nota sobre a parrésia segundo Michel Foucault) », 2009-2010. À propos de l'interprétation du cynisme ancien et de la *parrhesia* par Foucault, on verra C. Lévy, « Foucault et la parrhesia », 2011 ; F. Gros, « Platon et les cyniques chez Foucault. Du souci de soi au gouvernement du monde », 2011 ; et D. Lorenzini, « Foucault, il cinismo et la 'vera vita' », 2011 ; M.-O. Goulet-Cazé, « Michel Foucault et sa vision du cynisme dans *Le courage de la vérité* », 2013, (repris dans *ead.*, *Le cynisme,* 2017, p. 527-544).

geste à la parole, il convertit l'action en théorie. Il ne suffit pas que le cynique prêche une vie autre, il faut qu'il vive autrement et il faut qu'il vive autrement au vu et au su de tout le monde. S'il crie à pleine voix que la vie des hommes devrait être facile, il doit en faire la démonstration : il *regarde* un enfant buvant dans ses mains et, en reconnaissant dans cette scène une leçon de facilité, il jette son gobelet, mais il faut en plus qu'il soit *regardé* tandis qu'il jette son gobelet.

La philosophie des cyniques est donc, pour l'essentiel, une performance. On entre ainsi dans une logique théâtrale : le cynique joue son rôle dans une cité devenue sa scène et il transforme en public ses concitoyens – et c'est tout son corps, toute sa vie qu'il engage dans la prestation[1]. Plutarque nous rappelle le théâtre de Diogène, même si c'est pour le tourner en dérision (une dérision dont on a souvent « gratifié » le geste cynique), lorsque celui-ci a pris le risque d'apprendre aux hommes les avantages de l'omophagie (non point au nom d'une vie naturelle, comme on le verra, mais au nom d'une vie facile) :

Διογένης δ' ὠμὸν φαγεῖν ἐτόλμησεν, ἵνα τὴν διὰ τοῦ πυρὸς ἐκβάλῃ κατεργασίαν τῶν κρεῶν· καὶ πολλῶν περιεστώτων αὐτὸν ἀνθρώπων ἐγκαλυψάμενος τῷ τρίβωνι καὶ τῷ στόματι προσφέρων τὸ κρέας 'ὑπὲρ ὑμῶν' φησίν 'ἐγὼ παραβάλλομαι καὶ προκινδυνεύω'.

Diogène *osa* manger un poulpe cru afin de se dispenser du tracas de la préparation des viandes par le feu. Et *comme une foule d'hommes l'encerclait*, il se ceignit de son manteau et, en portant la viande à sa bouche, il dit : « *c'est pour vous que je prends ce risque, que je relève le défi* »[2].

Diogène met ici en scène la possibilité d'un autre régime alimentaire, plus simple et libéré des complications habituelles. En fait, le cynique met toujours en scène le spectacle de la *vie autre* au beau milieu de la vie ordinaire que la plupart des hommes, par peur ou par paresse, s'obstinent à mener.

Cependant le « drame cynique » a des caractéristiques que l'on doit préciser. Quand on pense à une pièce de théâtre, disons « classique », on pense généralement à un scénario, plus ou moins défini, que l'on pourrait en principe répéter, plus ou moins à l'identique (sauf dans une perspective héraclitéenne), autant de fois qu'on le souhaite : d'ordinaire, le théâtre impacte et peut influencer la vie, mais, sauf dans les expérimentations modernes, il ne se confond pas avec elle ; le théâtre, même le plus réaliste, reste le domaine de la fiction et la conscience de la fiction est sa condition de possibilité : le théâtre reproduit la vie, mais il n'est pas lui-même la vie. Ainsi, en tant que spectateur, on peut ressentir, sans la ressentir, la souffrance d'autrui, car justement la scène sépare la vie réelle d'une vie

1. Cf. O. Flores-Júnior, « Tersites esquecido », *cit.*, p. 107.

2. Plutarque, *Sur la consommation des viandes* I 6, 995d (*SSR* V B 93). Le participe ἐγκαλυψάμενος pose problème, car sa signification première – « s'envelopper pour se cacher (en étant souvent mu par la honte) » – semble incompatible avec l'attitude cynique. Je pense qu'ici ce verbe a le sens, non de se cacher, mais de « se vêtir », de « relever », d'« ajuster son vêtement », en l'occurrence son *tribôn*. Diogène donne ainsi une portée solennelle à son geste et montre qu'il n'agit pas en animal, mais en homme civilisé – un homme bien vêtu.

possible. En ce sens, la fiction du théâtre permet une *compréhension* que le vécu ne permet pas. Tel est, en bref, tout l'enjeu du plaisir théâtral.

On verra plus loin que l'éthique cynique, par le moyen de l'ascèse, consiste, en partie, à renverser ce principe, en effaçant, d'une certaine manière, les frontières du théâtre, c'est-à-dire en brouillant les limites entre la vie, la vraie, et une vie possible, une *vie autre*. Les références assez constantes aux tragédies et aux poètes tragiques dans le corpus cynique seraient déjà un symptôme de ce renversement. Pour l'instant, il est intéressant de remarquer que le « théâtre » du cynique n'a pas de scénario et qu'il ne dispose pas non plus pour sa représentation d'un espace déterminé, isolé. Or, si la matière de sa mise-en-scène est la vie et si la vie, selon l'entendement du cynique lui-même, est l'empire de l'incertitude, du transitoire et de l'accidentel, sa prestation ne peut qu'être une *improvisation*. En effet, en considérant que le principal avantage qu'il tire de sa philosophie est d'être prêt à toute éventualité, le cynique reconnaît et accepte l'imminence même de l'éventualité. Son action consiste alors à s'adapter à ce que la Fortune lui présente. Dans le contexte de la logique théâtrale, le cynique improvise une sorte de *pantomime* sur les données réelles, sur sa situation présente. Le cynisme serait, dans cette perspective, une *pantomime philosophique*.

C'est à partir de cette conception du cynisme comme pantomime philosophique que je propose de comprendre l'essence de la littérature cynique, et *a fortiori* des anecdotes cyniques.

4. Le corpus cynique comme didascalie

Puisque le cynique exécute une pantomime improvisée à la vue de tous – ἐν τῷ μέσῳ ou φανερῶς –, son geste exige du spectateur, avant tout effort pour deviner la raison qui le meut, une réaction immédiate, intempestive, une réaction proprement *esthétique*. Or, une réaction esthétique a toujours un composant subjectif : d'une certaine façon, face à un spectacle quelconque, avant de raisonner pour se former une opinion, on aime ou on n'aime pas. Autrement dit, à la base d'une expérience esthétique gît un élément subjectif sur lequel on bâtit une interprétation : dans ce contexte, tout raisonnement dérive, d'une certaine manière, d'un noyau subjectif, qui pourtant repose sur une vérité de principe objective, comme on le verra ci-après. Ensuite, il faut considérer que toute subjectivité est,

1. Cf. Pseudo-Diogène, *Lettre XXII, à Agésilas*.

2. Cf. D. L. VI 63.

3. Notons en guise de simple curiosité que *Le Robert* illustre sa définition de « pantomime » par un extrait du *Neveu de Rameau* de D. Diderot, un ouvrage que l'on considère souvent comme une de plus hautes manifestations du cynisme moderne : « Pantomime. Mimique dont on accompagne un texte, des paroles. '(...) *tandis que je lui tenais ce discours, il en exécutait la pantomime*' (Diderot) ». Le très célèbre épisode du « plaisir solitaire » de Diogène serait un bon exemple de cette association entre geste et parole : cf. D. L. VI 46 ; 69.

pourrions-nous dire, traversée par la conjoncture : la subjectivité d'un sujet est en principe déterminée par les conditions réelles auxquelles ce sujet est soumis dans sa situation présente.

Le cynique semble parfaitement conscient de cette « différentiation subjective » qui détermine la compréhension de sa pantomime :

Μιμεῖσθαι ἔλεγε τοὺς χοροδιδασκάλους· καὶ γὰρ ἐκείνους ὑπὲρ τόνον ἐνδίδοναι ἕνεκα τοῦ τοὺς λοιποὺς ἅψασθαι τοῦ προσήκοντος τόνου.

Il disait [Diogène] qu'il imitait les maîtres de chœur. Ceux-ci en effet donnent le ton un ton plus haut afin que les autres prennent le ton qu'il faut[1].

La métaphore que Diogène utilise confirme la logique théâtrale qui gouverne la transmission de sa pensée : il s'agit de *mimesis* (cf. le verbe μιμεῖσθαι) et de maîtres de chœur (χοροδιδασκάλους). Mais le cynisme n'est pas seulement une affaire de *mimesis*[2]. Il s'agit aussi – et principalement – d'*atteindre le ton convenable* (ἅψασθαι τοῦ προσήκοντος τόνου). En ce sens, le cynique, qui pratique l'ascèse à un « haut niveau » reconnaît que chacun doit la pratiquer selon sa propre réalité et en fonction de ce qu'il est. Néanmoins, la métaphore a ses limites. En fait, il n'est pas vraisemblable que Diogène envisage une seule et unique façon de pratiquer l'ascèse qui conviendrait à tout le monde au même degré. Or, comme on le verra plus loin, pour le cynique la « nature » des êtres est, d'une certaine manière, variable, et si l'ascèse vise à tirer, dans un domaine quelconque, les potentialités maximales d'un être, elle sera forcément variable. Ainsi, l'ascèse non seulement vise à l'adaptation – aux circonstances, aux « plaisanteries et soûleries de la Fortune » (l'expression était utilisée par Diogène et par Cratès)[3] – mais elle est déjà elle-même adaptation, car la Fortune ne frappe pas tous les hommes de la même manière et tous les hommes n'ont pas exactement les mêmes possibilités à l'égard des coups de la Fortune. En conséquence, Diogène ne pouvait pas espérer la même réponse de tous ceux qui regardaient sa pantomime, car, dans le contexte de l'ascèse, le ton convenable, le « ton qu'il faut » ne correspond pas entièrement à l'unisson des chœurs, à moins de considérer que cet unisson puisse être comparé à l'effort maximal que tout un chacun doit faire, selon sa propre réalité, en vue d'atteindre la vertu et le bonheur.

1. D. L. VI 35 (traduction de M.-O. Goulet-Cazé modifiée). D'un point de vue strictement musical, la pratique attribuée par Diogène aux maîtres de chœur semble peu vraisemblable. Faudrait-il raisonner en termes de « volume » plutôt qu'en termes de « ton »? Quoi qu'il en soit, en tant que métaphore, le dit de Diogène est parfaitement compréhensible.

2. C'est ce que notaient déjà R. Bracht Branham et M.-O. Goulet-Cazé : « Cynic philosophers did not give classes in a specific place, not do we find among them any scholars succeeding each other at the head of an institution. Then philosophy was less a matter of classes or lectures than of mimesis – the imitation in action of exemplary figures » (« Introduction », dans R. Bracht Branham et M.-O. Goulet-Cazé [édit.], *The Cynics*, 1996, p. 2).

3. Cf. Julien, *Or.* IX [IV], 18, 201a (*SSR* V B 264).

Dès lors, si l'on entreprend de faire une *archéologie imaginaire* de la littérature cynique – « imaginaire » parce qu'elle ne peut pas compter sur des évidences textuelles prouvant sa constitution, ce qui n'empêche pas qu'elle me semble tout à fait raisonnable –, on trouvera, à l'origine de tout, la conscience qu'avait Diogène que sa parole et son action ne pouvaient être ni préservées ni transmises comme un message univoque, car leur « registre » pouvait varier au même titre que variait la perception des gens qui les regardaient. Et je prends le risque de dire que Diogène avait tout intérêt à ce qu'il en fût ainsi, car cette variation au niveau du registre de ses pantomimes correspond en quelque sorte à l'adaptation de son message qu'il a lui-même prévue. Nous pourrions alors proposer qu'en suivant la logique théâtrale qui préside à l'activité du cynique dans la cité, la matrice littéraire du cynisme consiste dans une espèce de *didascalie*, mais d'un type spécial, car, à la différence des didascalies traditionnelles du théâtre, elle ne viendrait pas de l'auteur de la pièce lui-même. Il s'agirait plutôt d'un compte rendu, d'un « registre d'impressions », en soi-même interprétatif, de chaque prestation : autour de *chaque pantomime* du cynique s'accumulerait un nombre indéfini de « didascalies » différentes, voire divergentes. Mais la complexité du processus réside dans un autre aspect, à savoir dans le fait que l'action du cynique, en tant que geste improvisé et épisodique – même si certains de ces gestes se produisent à plusieurs reprises[1] –, n'a guère de registre « objectif » possible (d'habitude, le cynique n'écrit pas l'œuvre de ses performances[2]), comme pouvait l'avoir un scénario théâtral *écrit* ; ainsi, les didascalies qui le concernent ne peuvent pas être confrontées à l'objet dont elles sont sensées garder une impression : dans un tel contexte, une didascalie ne peut être confrontée qu'à une autre didascalie *d'égale valeur*. Cela garantirait enfin à l'ensemble du *corpus* cynique la constitution d'une unité minimale : malgré la diversité immense des « fragments » nous pouvons accepter qu'il existe une ligne de continuité traversant *tous* les fragments et permettant précisément que l'on puisse parler d'une « tradition cynique ». Ainsi, je comprends qu'il serait non seulement vain, mais également incohérent avec la pensée et la méthode cyniques, de vouloir séparer, parmi les διάφοροι λόγοι qui entourent – mieux : qui *véritablement* composent – la biographie de Diogène[3], le « Diogène historique » de la *so-called Diogenes legend*, car Diogène a lui-même décidé – et c'est probablement la seule chose que l'on puisse attribuer avec certitude au « Diogène historique » – d'effacer les faits au profit de leurs différentes versions. Pour la compréhension du cynisme – de ce qu'il a été et de ce qu'il peut encore

1. Cf. dans le livre VI de Diogène Laërce quelques occurrences de l'adverbe συνεχές : D. L. VI 3 ; 24 ; 61 ; 69 ; et de l'adverbe πολλάκις : D. L. VI 44 ; 88.

2. En fait, dans D. L. VI 20 nous lisons : « Il faut ajouter que Diogène lui-même dit, sur son propre compte, dans le *Pordalos*, qu'il falsifia la monnaie ». Pourtant, on pourrait spéculer que l'intention de Diogène n'était pas d'éclaircir un malentendu, mais plutôt d'en « ajouter une couche ».

3. Cf. D. L. VI 76 ; cf. également D. L. VI 20-21 ; 69.

être – je pense qu'il vaut mieux mettre au clair un *Diogène possible* que de raisonner sur l'ombre d'un « Diogène de fait »[1].

D'autre part, pour les mêmes raisons, on doit admettre que ce n'est pas uniquement aux défaillances de la transmission matérielle des textes ou aux hasards de l'histoire que l'on doit attribuer la disparition des œuvres cyniques (et je ne pense pas que le fait d'accepter l'authenticité de ces œuvres remette en cause le point de vue que je soutiens ici), mais au choix des cyniques eux-mêmes de faire prévaloir le geste sur l'écriture, un geste dont la réalité est toujours épisodique et « volatile », mais qui a été élevé au rang de véhicule d'une exposition philosophique légitime. Autrement dit, la question de la littérature cynique ne se résume pas dans l'option des cyniques eux-mêmes pour le geste au détriment de l'écriture : dans la présentation de leur pensée ils ont également choisi le transitoire contre le permanent et l'improvisation contre le dogme. Ils ont ainsi décidé d'être les protagonistes d'une longue série de « pantomimes philosophiques » dont nous n'avons que les registres, des petits compte rendus, travaillés et retravaillés par l'histoire, formant une « didascalie » originale sortie d'une véritable expérience esthétique suffisamment cohérente pour composer une tradition. Dans ce cadre, l'anecdote est la forme littéraire que revêt la didascalie des pantomimes philosophiques des cyniques : elle tend alors à se substituer à la doxographie proprement dite, et impose, d'une certaine manière, des limites à l'idée même de fragment, à partir de laquelle on comprend d'habitude la constitution du *corpus* cynique. La doxographie en tant que transmission raisonnée d'une opinion, devient secondaire et, pour ainsi dire, accessoire, à l'égard du souvenir d'une performance ; de même, si nous parlons de fragments, il faut avoir à l'esprit qu'il ne s'agit pas, sauf dans des cas rares et controversés, des morceaux incomplets d'une doctrine ou d'un dogme prétendant à une validité universelle, mais des *fragments de vie,* dont la vérité réside, par essence, dans le particulier et non dans l'universel et dont la valeur éthique n'est pas celle de l'argument abstraitement développé mais celle de l'exemple et de la suggestion d'une possibilité concrète. Enfin, quel moyen pourrait le mieux se prêter à saisir la dynamique fugace d'un geste, d'un bon-mot qui naît à l'improviste de la raison, pour en garder l'élan ? Quel genre littéraire peut réellement fixer l'instant précis où la vertu se fait action ?

Ainsi, celui qui se lance dans l'étude du cynisme ne doit pas trop se plaindre de la disparition des ouvrages cyniques « authentiques », ni considérer, en proie à une résignation quelque peu nostalgique, que le travail sur un répertoire d'anecdotes vides de théorie est tout ce qu'il reste à faire, faute de mieux. Il ne s'agit donc pas de combler un trou avec les moyens du bord, mais de reconnaître dans le

1. Nous adoptons donc, pour cet aspect précis, un point de vue à l'opposé de celui adopté par R. Höistad, *Cynic Hero and the Cynic King*, 1948, qui prévient son lecteur : « Besides the evidence of the doxographies we should also regard as primary material pure quotations *which have no anecdote character* » (p. 17 ; italiques de l'auteur).

matériau disponible une tradition qui est le fruit d'un choix à la fois philosophique et littéraire. En effet, si le contraire s'était produit, si les ouvrages perdus des cyniques s'étaient substitués aux anecdotes, on aurait bien raison de se plaindre, car, dans ce cas, ce serait en partie l'originalité du cynisme lui-même qui nous ferait défaut.

À partir de ces considérations, je peux essayer d'établir de manière plus explicite et plus directe la façon dont je compte approcher la littérature cynique.

5. Le cynisme possible : ce qu'a dit Diogène et ce qu'il aurait pu dire (principes d'une approche)

Admettons, comme on l'a vu plus haut, qu'il existe, à la base de toute la littérature cynique, une expérience esthétique. Nous partons alors de la constatation suivante : dans l'expression verbale (ou textuelle) d'une expérience esthétique, un sujet peut dire *tout ce qu'est* l'objet qu'il contemple, mais il ne dira pas *ce que cet objet n'est pas*. Il existe donc au fond de toute expérience esthétique un *principe de vérité objective*, sur laquelle s'exerce, comme on l'a dit, une subjectivité quelconque[1]. À partir de cette constatation j'annonce, sous forme d'axiomes, les trois principes de base qui doivent guider mon approche des textes :

(1) *Le cynisme se constitue dans l'histoire de sa réception et de sa transmission*[2]. Ce qui, en principe, serait une évidence, valable d'ailleurs pour toute tradition philosophique de l'Antiquité, a une portée particulière dans le cas de la tradition cynique. Pensé à partir d'une « expérience esthétique » originelle, le

1. Prenons en guise d'exemple le détour suivant : face à *La Joconde* peinte par Léonard de Vinci on peut dire beaucoup de choses, prendre plusieurs attitudes et avoir des réactions diverses. On peut, par exemple, affirmer l'identité de son modèle, décrire la technique du *sfumato*, interpréter la signification du paysage derrière la figure humaine ou expliquer la symbolique de chaque élément de la scène ; on peut essayer de percer le mystère de son sourire ou même assortir son visage d'une moustache pour le rendre plus énigmatique (ou, selon le goût des surréalistes, plus gracieux). On peut également soumettre ce tableau aux rigueurs de la science : après l'avoir passé au scanner et l'avoir fait traiter par un logiciel sophistiqué, on a pu, par exemple, diagnostiquer que la jeune fille en question (s'il ne s'agit pas d'un jeune garçon ou d'un autoportrait travesti) était, au moment où elle fut représentée, quatre-vingt-trois pour cent heureuse, neuf pour cent triste, six pour cent craintive et deux pour cent agacée (ce sont les conclusions tirées d'une étude menée par Nicu Sebe à l'Université d'Amsterdam, selon la revue *The New Scientist*, n° 2530, 2005 ; si cette comparaison laisse entendre une critique de certains procédés des analyses textuelles, il faut dire que si critique il y a, elle vise plutôt certains usages que l'on peut faire des techniques modernes de recherche et de l'« interdisciplinarité » dans le domaine des sciences ; voir, en guise d'exemple, l'article de R. C. Simms, « The missing bones of Thersites : a note on *Iliad* 2.212-19 », 2005, qui diagnostique chez le personnage homérique les symptômes de la dysplasie cléido-cranienne). En regardant *La Joconde* on peut effectivement en dire beaucoup de choses, mais on ne pourra jamais s'exclamer : « oh, quel bateau magnifique ! ».

2. Cf. Niehues-Pröbsting, *Der Kynismus des Diogenes und der Begriff des Zynismus*, 1979, p. 13.

cynisme ne se résume pas à elle seule, car il va de soi que les fragments cyniques ne reproduisent pas tous « en direct » les impressions d'un observateur à l'égard d'une performance quelconque. Il s'agirait plutôt d'une construction historique formée par le dépôt progressif, circulaire et concentrique, d'une série de faits et d'épisodes « biographiques » plus ou moins fictifs, plus ou moins vraisemblables, autour d'une biographie « réelle » à partir des réactions et des impressions que cette biographie « réelle » a pu susciter. Dans ce processus, le lien historique entre *la biographie réelle,* correspondant à la vie « biologique » d'*un homme*, et les *biographies possibles d'un personnage*, élaborées selon des intérêts et des critères divers, cède progressivement la place à un lien proprement *philosophique*, qui confère légitimité et cohérence à l'ensemble. Ainsi, par exemple, on devrait ajouter à l'idée de Donald R. Dudley, selon laquelle les anecdotes cyniques auraient davantage leur place dans la rubrique « humour » que dans la rubrique « philosophie », la précision suivante : il y a sans doute de l'humour chez les cyniques, mais pas n'importe quel humour. La réputation de Diogène pouvait certes servir d'aimant pour attirer une bonne histoire[1], mais on ne pourrait sans doute pas coller sur Diogène *toute* bonne histoire. Dans la tradition cynique, entre la vérité historique et l'élaboration fictionnelle se tisse une continuité proprement philosophique. Cela nous amène à la proposition du second principe méthodologique.

(2) *Le cynisme est le produit de toutes ses sources.* Lorsqu'on veut saisir la « vraie » pensée diogénienne, aucune raison ne justifie que l'on sélectionne au préalable les témoignages afin de les classer selon une échelle de fiabilité. On n'a pas à faire appel à l'histoire pour rétablir ce qu'elle a elle-même décidé d'effacer : la « vraie pensée diogénienne », par décision de Diogène lui-même, n'a existé que le temps du geste qui l'a mise au jour. Une fois que ce geste, en tant que tel, a disparu à jamais, toutes les voix qui l'évoquent sont légitimes et peuvent s'éclairer mutuellement. Par conséquent, face à chaque témoignage, on devrait raisonner moins en termes d'un cynisme « authentique », forcément hypothétique et improbable, mais plutôt en termes d'un *cynisme possible.* Il ne s'agit pourtant pas de désavouer le travail de reconstruction du substrat historique de la pensée cynique ; il s'agit plutôt de s'efforcer de comprendre *historiquement* le processus de formation de cette construction qu'est le cynisme : la « réalité » des faits que l'histoire détermine, par l'exclusion du « faux » et du soi-disant contradictoire, ne peut pas être conviée comme pierre de touche de la validité philosophique du cynisme. En ce sens, nous ne devons pas, par exemple, reléguer au second plan les lettres pseudépigraphes attribuées aux cyniques simplement parce que l'on sait qu'elles ne sont pas authentiques. De même, tous les témoignages manifestement hostiles – et ils sont légion – ne peuvent pas être écartés sous prétexte qu'ils déforment la « vraie » pensée cynique. Ils déforment sans doute, mais ils n'inventent rien qui ne

1. Cf. D. R. Dudley, *A History of Cynicism*, 1937, p. 29, n. 2 : « (...) no doubt his reputation served as a magnet which would attract to itself a good story ».

conserve au moins une étincelle de la verve diogénienne. En outre, Antisthène déjà avait compris que « c'est le fait d'un roi de bien agir et d'entendre dire du mal de soi »[1], et Diogène, de tout évidence, ne l'a pas ignoré. Un cynique ne peut que se féliciter des attaques d'un Philodème de Gadara ou d'un Théophile d'Antioche, des gens bien installés dans leur *doxa*, dont la rage ou le mépris manifestés à l'égard des αἰσχρά et de l'ἀναίδεια des Chiens ont en fait tonifié et donné un brillant accru au cynisme : tout comme les déformations malveillantes, les portraits prétendument enjolivés – les « idéalisations » – apportent aussi à la philosophie cynique une couche de vérité. Dans un cas comme dans l'autre, on ne saurait dire qu'un « mauvais cynique » qui s'écarte d'un Diogène « idéalisé » et qui est plus « sublime » ou plus « pervers » que lui, ne serait pas un cynique de plein droit, au même titre qu'un « mauvais poète » n'est pas moins poète parce qu'il n'a pas le même talent qu'Homère : si un auteur comme Lucien semble opposer un cynisme « vrai » à un cynisme « corrompu », nous ne sommes pas obligés, tout en acceptant son témoignage, de suivre sa démarche. Toute reconstruction historique du cynisme se doit d'éviter, parce qu'on risque toujours de partir de prémisses discutables, de forger des images hémiplégiques du philosophe cynique. Par conséquent, peut-être faut-il admettre que la complexité du phénomène en question vient précisément de ce que le cynisme, étant une forme de *mimesis* – et la *mimesis* est un concept en lui-même complexe, qui combine imitation, improvisation et adaptation – se confond entièrement avec sa réception et sa transmission.

Pareillement, les répétitions d'un même thème dans des *chries* – ou dans les anecdotes – d'une grande diversité ainsi que les doubles attributions ne sont pas un indice d'inconsistance de la tradition ni une raison pour les refuser. Nous ne devons pas, sous l'effet d'un goût moderne et en suivant un critère littéraire, c'est-à-dire textuel, qui tacitement tend à banaliser les tournures répétées, mal comprendre certains thèmes dont l'importance est attestée justement par leur récurrence et par l'obstination de leur présence à l'intérieur du *corpus* conservé. Les doubles attributions, plutôt que de prouver l'hésitation des sources, montrent en fait que le cynisme, quelque particulier que soit ce mouvement parmi les courants philosophiques de l'Antiquité, n'était pas isolé. Ces doubles attributions suggèrent plutôt qu'entre le cynisme et les autres écoles il pouvait y avoir des points d'intersection[2]. Dès lors, puisque la diversité fait partie de l'essence même du cynisme,

1. D. L. VI 3. Cf. également D. L. VI 5 ; 8 ; *Gnomologium Vaticanum* 743, n° 9 (*SSR* V B 88).

2. L'attribution d'une même anecdote à Antisthène et à Diogène ne semble pas poser de vrai problème, car les deux philosophes appartiennent, selon la tradition la plus répandue, à la même mouvance : comparer Élias, *In Porphyrii isagogen et Aristotelis categorias* p. 109, 18-22 Busse (*SSR* V A 159) et D. L. VI 39. Les choses semblent en principe se compliquer lorsque, comme l'a remarqué G. Giannantoni, *SSR*, t. IV, p. 4, ce qui dans le *Gnomologium Vaticanum* 743, n° 6 (*SSR* V B 166), est attribué à Antisthène, l'est dans D. L. II 69, à Aristippe et, inversement, lorsque ce qui dans le *Gnomologium Vaticanum* 743, n° 37 (*SSR* IV A 106), est mis sur le

aucun témoignage ne devra être rejeté tant qu'on n'aura pas épuisé tous les moyens pour justifier sa place dans le corpus conservé et pour trouver sa « raison cynique ». Pour ce faire, il est impératif de reconnaître que l'ordre historique ne coïncide pas toujours avec l'ordre philosophique. Le troisième et dernier principe de méthode peut donc être énoncé sans plus d'explications.

(3) *Toutes* les sources sur le cynisme, dans l'état de leur préservation matérielle, disent, virtuellement, du vrai. Si nous admettons que la tradition cynique se fonde sur la logique du théâtre, alors c'est à Aristote que je fais appel pour rendre plus claire ma démarche : « la poésie est plus philosophique et plus élevée que l'histoire ; la poésie traite du général, l'histoire du particulier. Le 'général', c'est le type de chose qu'un certain homme peut faire ou dire vraisemblablement ou nécessairement. C'est le but que poursuit la poésie, tout en attribuant des noms aux personnages. Le 'particulier', c'est ce qu'a fait Alcibiade ou ce qui lui est arrivé »[1]. La pensée de Diogène, en partant du geste particulier et éphémère d'un homme, touche au « général » non pas en proposant des lois universelles et inflexibles, mais en suggérant l'image vraisemblable ou nécessaire d'une sagesse toujours possible. La force du cynisme vient non de ce qu'a « vraiment » dit Diogène, mais de ce qu'il aurait vraisemblablement ou nécessairement pu dire.

Le cynisme fait ainsi du θεασάμενος l'axe de sa dynamique[2] : Diogène a observé quelqu'un qui lui a inspiré une réflexion qu'il pose sur le champ, et quelqu'un qui l'observait a cueilli sa note de sagesse et l'a retransmise. Et nous, comme les derniers maillons d'une très longue chaîne, nous *lisons* la scène comme ceux qui regardent les multiples cercles concentriques que forme sur la surface de l'eau un objet à jamais submergé et dont on n'a pas pu regarder la chute. Nous sommes donc les derniers auditeurs en date, la dernière audience d'un récit dont le « degré zéro » d'historicité est irrémédiablement perdu. Dans le vertige de ce processus, que le cynique semble manier consciemment lorsqu'il

compte d'Aristippe, est mis en D. L. VI 6 sur celui d'Antisthène. La difficulté de cet exemple découle de l'opinion, appuyée par la *Souda*, s.v. Ἀρίστιππος, n° 3909, selon laquelle la philosophie d'Antisthène divergeait profondément de la pensée d'Aristippe. Déjà G. A. Gerhard, « Zur Legende vom Kyniker Diogenes », 1912, remarquait la même confusion et observait par ailleurs, comme l'ont observé plus tard K. von Fritz, *Quellen-Untersuchungen zu Leben und Philosophie des Diogenes von Sinope*, 1926 (cf. notamment les p. 42-46) et R. Höistad, *Cynic hero and Cynic king*, 1948 (cf. les p. 118-123 ; 131-138), que, surtout à partir de Diogène, l'image du cynique oscillait entre l'ascèse rigoriste et un hédonisme relâché. Le problème – qui de mon point de vue n'en est pas vraiment un – a connu des solutions différentes : G. A. Gerhard, *op. cit.*, p. 392, affirme que l'hédonisme diogénien est en fait une invention, qui ne contient rien d'historique ; R. Höistad, *op. cit.*, 131, parle d'un authentique « ascétisme hédoniste ». En fait, la symétrie de l'inversion suggère que derrière l'équivoque des anthologies se cache peut-être une raison « philosophique » et que les deux philosophes n'étaient pas autant en désaccord qu'on le pense d'habitude.

1. Aristote, *Poétique* IX, 1451b 6-9 (traduction de R. Dupont-Roc et J. Lallot, modifiée).
2. D. L. VI 7, 22, 37, 45, 46, 47, 50, 57, 58, 62.

improvise sa performance sur la place publique, la seule « théorie » possible vient non du *theorein*, mais plutôt du *theasthai* : ce que l'on voit au fond de la tradition cynique c'est une forme absolument originale de propédeutique philosophique, bien plus proche de la scène théâtrale que des cahiers d'école.

CHAPITRE II

LES MIRAGES DU NATURALISME :

DEUX SYNTHÈSES LITTÉRAIRES DU CYNISME
(DION CHRYSOSTOME ET [LE PSEUDO- ?] LUCIEN)

Dans un chapitre d'un ouvrage très influent publié dans sa forme définitive en 1977, dont le thème est l'ensemble des pratiques religieuses liées ou analogues au culte du dieu Dionysos, parmi lesquelles figure l'anthropophagie, Marcel Detienne soutient la thèse selon laquelle le mouvement cynique de l'Antiquité représentait, à côté de l'orphisme, du pythagorisme et du dionysisme lui-même, une des formes de transgression du sacrifice traditionnel, fondateur et garant du système alimentaire de l'homme civilisé, centré sur la consommation des chairs cuites d'un animal domestique. Cet auteur observe, à travers la comparaison des sources portant sur ces quatre mouvements religieux-philosophiques, une curieuse symétrie dans leur rapport respectif à la cité : en proposant une diète déviante, soit sous la forme spécifique du culte soit dans les pratiques inscrites dans un communautarisme marginal, ils formaient, par paires, deux « ouvertures » de sortie du monde civilisé, « l'une par le haut, l'autre par le bas ». Ainsi, le végétarisme préconisé par les orphiques et par les pythagoriciens représentait la sortie par le haut, tandis que l'omophagie, voire l'anthropophagie, pratiquée ou imaginée par les bacchantes dans leur culte extatique et par les adeptes du cynisme montrait la sortie de la cité par le chemin d'en bas. Après avoir rappelé que, selon le mythe, l'homologie de ces deux ouvertures symétriques a pour médiateur la figure de Prométhée, le dieu qui, en ouvrant la route de la civilisation par le sacrifice fondateur et par le don du feu, avait arraché l'humanité à la vie sauvage et aux pratiques bestiales[1], Detienne écrit : « en effet, le cynisme est traversé par tout un

1. Les versions les plus anciennes et les plus développés de ce mythe, on les retrouve chez Hésiode (cf. *Théogonie* 535-616 ; *Les travaux et les jours* 42-105) et chez Eschyle (cf. *Prométhée enchainé*). Voir aussi Platon, *Protagoras* 320 c-322 d.

courant antiprométhéen, dirigé contre l'invention du feu technique et civilisateur»[1].

De son point de vue, les cyniques cherchaient, d'un côté, à dénigrer la vie dans la cité, en refusant en bloc les biens matériels produits par la civilisation et, de l'autre, ils voulaient retrouver la vie simple des premiers hommes qui buvaient l'eau des sources et se nourrissaient des fruits et des plantes qu'ils ramassaient au hasard, étrangers qu'ils étaient à toute forme de travail agricole. En cherchant le retour à un état de vie sauvage et à une existence κατὰ φύσιν, les cyniques se seraient servi de deux modèles: «les peuples sauvages [correspondant à un état primitif de l'humanité] qui ont gardé ce genre de vie inaltéré, et les animaux qui n'ont jamais été contaminés par le feu de Prométhée». Et plus loin: «Le retour à la sauvagerie [proposée par les cyniques] passe par la critique de Prométhée, non plus le sacrificateur responsable de la séparation des dieux et des hommes, mais le titan civilisateur de l'anthropologie culturelle, le médiateur coupable d'avoir tiré l'humanité de l'état sauvage en lui faisant le cadeau empoisonné du feu». Cette même voie avait déjà été empruntée par Pierre Vidal-Naquet, selon lequel «l'ennemi des cyniques était le héros d'Eschyle et de Protagoras, Prométhée»[2]. Plus récemment, Marie-Odile Goulet-Cazé appuie la même lecture lorsqu'elle affirme, dans un des chapitres de son livre *L'ascèse cynique*, intitulé précisément «Le retour à la vie *kata phusin*», que «la volonté d'un retour à la nature est profondément ancrée dans le cynisme» et que Diogène «rend Prométhée responsable [de la situation malheureuse de l'homme civilisé], lui qui, en donnant le feu aux hommes, leur a permis de dominer la nature et de s'engager sur la voie de la civilisation»[3].

On comprend dès lors que l'image d'un Prométhée «ennemi» des cyniques dépend du raisonnement – auquel souscrivent, semble-t-il, la plupart des commentateurs modernes – qui fait du cynisme «une critique généralisée de l'état civilisé» et une philosophie qui propose un retour radical à la vie selon la nature

1. M. Detienne, «Ronger la tête de ses parents», 1988 (1re éd. 1977), p. 133-160 (cf. surtout les p. 153 et ss.). Une première version de cet essai a paru dans un numéro consacré aux *Destins du cannibalisme* de la *Nouvelle Revue de Psychanalyse* 6, 1972, p. 231-246.

2. Cf. P. Vidal-Naquet, «Plato's myth of the *Statesman*: the Ambiguities of the Golden Age and of History», 1978; p. 135 pour la citation (1re version, en français, dans J. Kristeva, J.-C. Milner et N. Ruwet [édit]), *Langue, discours, société. Pour Émile Benveniste*, 1975, p. 347-391).

3. M.-O. Goulet-Cazé, *L'ascèse cynique*, 1986, p. 56-57. Dans ce passage, une note fait remonter le débat à l'affirmation de M. Detienne citée plus haut. Pour illustrer son point de vue, l'auteur s'appuie en outre sur D. L. VI 44, qu'elle traduit ainsi: «Diogène répétait à cor et à cri que la vie accordée aux hommes par les Dieux est une vie facile, mais que cette facilité leur est cachée, du fait qu'ils recherchent gâteaux de miel, parfums et autres raffinements du même genre». En fait ce texte n'exprime pas forcément la nostalgie d'une vie *kata phusin*, mais bien plutôt l'éloge d'une vie *facile, simple* ou *frugale* («*kat' euteleian*»). On y reviendra plus loin.

compris dans le sens du rétablissement d'une « sauvagerie primitive »[1]. Le dieu bienfaiteur de l'humanité qui, avec le don du feu, a appris aux hommes toutes les techniques, serait aux yeux des cyniques le responsable de la corruption du monde civilisé. La pensée de Diogène aurait donc fondé une philosophie « naturaliste » dont le but était de récupérer l'animalité que l'homme civilisé, par l'effet même de la civilisation, semble vouloir refuser. Sur le plan politique cette doctrine aurait eu des conséquences importantes : elle expliquerait le rejet de la loi et de l'engagement politique et donnerait au cosmopolitisme de Diogène un sens négatif qui signifierait alors un refus radical de la cité et de toutes ses institutions[2].

Or, il me paraît que cette conception du cynisme doit être revue, car l'ensemble de la littérature cynique que l'Antiquité nous a transmise, dans son immense diversité et malgré le caractère fragmentaire ou anecdotico-biographique qui est le sien, comme on l'a vu plus haut, autorise une autre lecture de la pensée de Diogène. Effectivement, il importe dès le départ de constater tout simplement que les cyniques, au nom d'une vie « naturelle », n'ont jamais abandonné la cité pour se retirer au fin fond des bois ou s'exiler dans le désert[3]. En raison même de la

1. Dans son article, P. Vidal-Naquet rappelle l'expression ἐλευθερία ἡ ἐπὶ Κρόνου qui apparaît chez le Pseudo-Diogène, *Lettre XXXII, à Aristippe* (*SSR* V B 563).

2. Cf. M.-O. Goulet-Cazé, « La contestation de la loi dans le cynisme ancien », 2008 (repris dans *ead.*, *Le cynisme,* 2017, p. 485-509). Dans cette étude, l'auteur introduit des nuances importantes par rapport à son ouvrage *L'ascèse cynique* : tout en gardant l'idée de base selon laquelle il y a chez les cyniques un « rejet du politique » et « une quête viscérale de la nature et la volonté de revenir à un état originel, antérieur à toute civilisation », elle précise, par exemple, que « les cyniques ne demandent point à l'homme de régresser à l'état animal, ce qui de toute façon serait impossible puisque la nature humaine se caractérise par le λόγος que l'animal ne possède pas. Les cyniques d'ailleurs revendiquent leur statut d'être rationnel » (p. 412).

3. En ce sens, le béotien Sostrate, surnommé Héraclès par ses concitoyens, qui vivait en plein air sur le Parnasse, couchait sur la dure et se nourrissait de ce qu'il pouvait trouver dans les montagnes, fait figure d'exception, s'il est vrai qu'il était bien un adepte du cynisme. En tout cas, sa "philanthropie" – il éliminait des brigands, frayait la route en des endroits impraticables et jetait des ponts sur des passes difficiles – fait, d'une certaine manière, un contrepoids à son prétendu abandon de la cité : cf. Lucien, *Vie de Démonax* 1. Sur ce personnage, voir M.-O. Goulet-Cazé, *L'ascèse cynique*, 1986, p. 244, et *DPhA*, t. I, 1989, *s.v.* « Agathion (ou Sostratus) » A 35, p. 66-67 (J. F. Kindstrand). De toute façon, une des images de Diogène de Sinope les plus chères à la tradition est celle du philosophe qui, lanterne à la main en plein jour, cherche un homme au milieu de la foule : cf. D. L. VI 41 (voir à ce propos, I. Chouinard, « Cynisme et falsification du langage », 2016). En revanche, on pourrait objecter que les cyniques n'ont pas déserté les villes tout simplement parce que leur mission, qui consistait à admonester les gens pour les remettre dans le bon chemin, exigeait leur présence là où il y avait le plus de monde (cf. Dion Chrysostome, *Discours VIII, Diogène ou Sur la vertu* 5 = *SSR* V B 584). Contre cette objection, nous pouvons répliquer tout aussi simplement qu'une fois finie sa prédication, le cynique pourrait se retirer dans une grotte ou dans les forêts, ce qu'il ne fait pas. Au contraire, en bon mendiant, il fait des édifices publics de la cité sa demeure : cf. D. L. VI 22. Pour expliquer la démarche cynique, S. Husson, « La *Politeia* de Diogène le Cynique », 2001, fait justement appel à la vertu du cynique qui, comme toute vertu, ne peut pas exister en dehors de l'espace humain, c'est-à-dire, la cité : « (...) la connaissance de sa propre valeur morale ne saurait être le fait d'une

difficulté qu'il y a à bien préciser le sens et la portée des termes *phusis* et *natura* chez les anciens (ce qui vaut aussi pour le sens et la portée du terme « nature » chez les modernes, qui n'est pas la simple extension des usages grecs et latins) et, par conséquent, du caractère quelque peu « énigmatique » de l'expression *kata phusin*, cette constatation n'est certes pas suffisante pour désavouer de façon péremptoire les interprétations du cynisme qu'on a faites par le passé, mais elle sert à justifier la reprise du thème. Pour ce faire, il faudra montrer que les sources anciennes, à commencer par l'appropriation du mythe de Prométhée par les cyniques, dont font état ces sources, sont susceptibles d'une lecture différente de ce que voulaient dire Diogène et ses disciples. Ensuite, il faudra essayer de comprendre, dans une nouvelle perspective, si et dans quelle mesure la vie *kata phusin* définit correctement et suffisamment le cynisme ancien, ou si l'idée d'une vie *kat'euteleian*, comme je le soutiens, ne s'y prête pas mieux, au moins dans certains contextes. Autrement dit, pour remettre en cause cette interprétation majoritaire du cynisme basée sur la figure de Prométhée et sur le mythe dont il est le protagoniste, il me semble logique de prendre comme point de départ l'examen de ce qu'en pensaient les cyniques eux-mêmes d'après les sources antiques.

A. DIOGÈNE FACE À PROMÉTHÉE

Prométhée est explicitement nommé dans le *corpus* cynique quatre fois[1], dont trois chez Dion Chrysostome qui renvoie toujours à Diogène le Cynique, et une

certitude solipsiste. La vertu, pour être connue, a besoin de sa manifestation pour autrui (…) » (p. 429). Néanmoins, ce qui confère à l'exercice cynique de la vertu sa spécificité est peut-être sa portée pédagogique : cette mission que le cynique s'arroge, puisqu'elle est exercée selon le principe de l'exemple et qu'elle vise la vie elle-même, est continue et touche chaque moment de l'existence du philosophe (cf. Dion Chrysostome, *Discours VIII, Diogène ou Sur la vertu* 15). Il y a d'autre part, dans le comportement du cynique, quelque chose qui pouvait apparaître comme une ambiguïté aux yeux de l'observateur commun. C'est ce que Lucien met en lumière dans sa satire *Philosophes à l'encan*, où le cynique annonce son projet philosophique à celui qui souhaitera « acheter » son mode de vie : « Tu dois rechercher les lieux les plus fréquentés et t'y tenir précisément pour réclamer d'être seul, sans contact, ne laissant approcher ami ni étranger, car c'est la ruine de l'autorité que de tels procédés » (Lucien, *Philosophes à l'encan* 10), traduction de Th. Beaupère dans *ead.*, *Lucien. Philosophes à l'encan*, 1967. Dans son commentaire, Beaupère, *op. cit.*, t. II, p. 52, n. 100, observe : « La contradiction entre l'enseignement donné et la vie menée décèle souvent l'hypocrisie qui s'assortirait ici d'une ostentation calculatrice : les Cyniques seraient des Tartufes qui prêchent la retraite au milieu de la cour ». En tout cas, cette contradiction apparente correspond, encore une fois, aux particularités de la pédagogie cynique et non pas au désir feint de s'isoler au nom d'une vie « naturelle » ou sauvage. Sur l'expression κατάλυσις τῆς ἀρχῆς qui apparaît à la fin de la citation de Lucien, voir la suite du commentaire de Beaupère, *op. cit.*, t. II, p. 53, n. 101.

1. Selon l'index donné par G. Giannantoni (cf. *SSR*, t. IV, p. 291) : *SSR* V A 96 ; *SSR* V B 583 (25 ; 29) ; 584.

chez Thémistios, dans un passage qui semble être une citation d'un traité perdu d'Antisthène[1].

Bien que dans un corpus de fragments les statistiques lexicales n'aient pas une importance décisive, ce maigre répertoire d'occurrences suggère, à première vue, que, d'une façon générale, les cyniques ne se sont pas spécialement intéressés au mythe de Prométhée. Le fait qu'il n'y ait aucune référence à ce titan dans le livre VI de Diogène Laërce, une de nos sources principales sur le cynisme ancien – si ce n'est la principale – va dans le même sens. Ce relatif désintérêt des cyniques pour le titan devient encore plus évident si l'on compare sa situation avec celle d'Héraclès qui joue un rôle important dans l'histoire de Prométhée et qui, de plus, était le héros et le saint des cyniques[2], voire le réel inspirateur de la secte[3]. À la différence de Prométhée, Héraclès est mentionné à maintes reprises dans la littérature cynique, plus précisément trente-neuf fois, dont huit dans le livre VI de Diogène Laërce ; son nom figure par ailleurs dans le titre de trois ouvrages d'Antisthène et dans celui d'une tragédie attribuée à Diogène de Sinope[4]. En tout cas, le rôle qu'a apparemment joué le mythe de Prométhée chez les cyniques s'harmonise avec le peu d'intérêt qu'il a suscité dans d'autres milieux philosophiques – et cela malgré ses implications anthropologiques : le nom de Prométhée, tout comme celui de son frère Épiméthée, n'apparaît pas chez Diogène

1. Je signale d'autres occurrences du nom de Prométhée que l'on pourrait ajouter à ce répertoire mais qui sont nettement moins importantes pour ce dont il est question ici et qui par conséquent seront laissées de côté : Plutarque, *Sur l'utilité comparée de l'eau et du feu* 2, 956 b 2 (*SSR* V B 93), où les noms de Diogène et de Prométhée sont mentionnés, mais sans qu'il y ait appropriation de l'un par l'autre, ni de jugement de l'un sur l'autre, un jugement de Prométhée à propos de Diogène étant imaginable dans un contexte littéraire ; Giannantoni ne retient qu'une partie de ce passage, celle où figure le nom de Diogène, en excluant du fragment le morceau où le nom de Prométhée apparaît. Chez Plutarque, *Sur l'E de Delphes* 387d, Prométhée et Héraclès sont mentionnés dans un contexte qui rappelle le discours de Thémistios indiqué plus haut, mais qui ne contient aucune référence explicite au cynisme. Enfin, Julien mentionne Prométhée à deux reprises dans un passage de son *Discours IX, Contre les cyniques ignorants* (3, 182 c-d), sans qu'il y ait non plus à proprement parler un « avis » cynique à son propos.

2. Cf. D. L. VI 71.

3. Cf. Julien, *Discours IX, Contre les cyniques ignorant*s 8, 187 b-c (*SSR* V B 8), qui affirme en citant le cynique Oinomaos de Gadara, que le cynisme n'est ni « antisthénisme » ni « diogénisme », mais que c'était Héraclès qui a le premier enseigné ce genre de vie.

4. Dans le catalogue des œuvres d'Antisthène que donne D. L. VI 16-18, on trouve les titres suivants concernant Héraclès : *Héraclès majeur ou Sur la force*, *Héraclès et Midas*, et *Héraclès ou Sur la sagesse et sur la force*, et en D. L. II 61 on trouve un *Héraclès mineur* attribué aussi à Antisthène. On considère normalement, surtout à partir de A. Patzer, *Antisthenes der Sokratiker*, 1970, qu'à cause d'une confusion dans la transmission de ce catalogue, un des titres se serait dédoublé, mais qu'à l'origine, il n'y avait que deux ouvrages où figurait le nom d'Héraclès, et qu'ils se présentaient de la façon suivante : *Héraclès majeur ou Sur la sagesse et la force*, et *Héraclès mineur ou Héraclès et Midas*. Cf. F. Decleva Caizzi, *Antisthenis fragmenta*, 1966, p. 94-97 ; Giannantoni, *SSR*, t. IV, n. 32, p. 309-322 ; et les notes *ad. loc.* de M.-O. Goulet-Cazé à sa traduction du livre VI de Diogène Laërce.

Laërce et, parmi les Socratiques, exception faite pour Platon (qui, à part le *Protagoras*, ne mentionne Prométhée que quatre fois : dans le *Politique*, le *Philèbe*, le *Gorgias* et la *Lettre II*) et pour Xénophon (deux occurrences, dont une fait référence aux fêtes en l'honneur de Prométhée, les Προμήθεια), il semble que les cyniques aient été les seuls à s'en occuper, même si ce n'était que de façon assez discrète[1]. Encore une fois une simple comptabilité d'occurrences ne clôt pas la question ; il faut regarder ce que disent les textes.

Parmi les trois références à Prométhée chez Dion Chrysostome, deux se trouvent dans le *Discours VI : Diogène ou Sur la tyrannie* et une dans le *Discours VIII : Diogène ou Sur la vertu*[2]. Ces deux ouvrages ont en commun le fait que Dion les a composés selon toute vraisemblance au cours de son exil et qu'il prend Diogène comme porte-parole[3]. Pour l'auditeur de ces lectures publiques – car ces textes étaient apparemment destinés à l'exposition orale – il n'était sans doute pas difficile de reconnaître dans la figure du cynique les projections des vicissitudes par lesquelles Dion lui-même passait et auxquelles il devait se résigner. La situation personnelle de Dion semble donc avoir favorisé sa sympathie pour le cynisme, mais l'idée d'une conversion à la philosophie, ou à la philosophie cynique en particulier, ne peut pas être avancée sans réserve. Il faut avant tout être attentif à la façon dont culture littéraire, inspiration philosophique et action idéologique s'articulent dans l'œuvre de Dion, qu'on caractérise commodément

1. En réalité, mis à part les poèmes d'Hésiode et la trilogie d'Eschyle, qui suggèrent le contraire, en ce qui concerne les aspects religieux proprement dits, les cultes de Prométhée dans les cités grecques ne semblent pas avoir été particulièrement importants : Lucien, *Prométhée* 14, présente le dieu lui-même comme se plaignant à Hermès du mépris des hommes à son égard : "On voit partout des temples de Zeus, d'Apollon et de toi-même, Hermès, mais de Prométhée, nulle part". On sait néanmoins, grâce à Pausanias II 19, 8, qu'il y avait un autel de Prométhée dans l'Académie d'Athènes, d'où partait une lampadédromie (voir l'annexe « Académie » dans *DPhA* t. I, 1989, p. 766 et ss. [M.-F. Billot]). Quoi qu'il en soit, même dans le cadre des lampadédromies annuelles d'Athènes, en l'honneur des divinités du feu et des arts du feu, qui avaient lieu au Céramique, le quartier des potiers et des céramistes – ceux-ci étaient d'ailleurs appelés « les prométhées » (cf. Lucien, *Tu es un Prométhée dans tes discours* 2) –, les fêtes de Prométhée, les Προμήθεια, étaient concurrencées par celles d'Athéna et par celles d'Héphaïstos, tous les deux associés aussi au domaine du feu. Cf., sur le sujet, L. Séchan, *Le mythe de Prométhée*, 1985 (1re éd. 1951), p. 1-4.

2. Ces deux textes sont d'ailleurs très importants parce qu'ils sont évoqués pour appuyer la thèse d'un retour à la nature chez les cyniques grecs : cf. M.-O. Goulet-Cazé, *L'ascèse cynique*, 1986, p. 55, n. 127 ; 58-59 ; 62-64 ; 70-71 ; 74 ; S. Husson, *La* République *de Diogène*, 2011, p. 96-101, qui tout en niant l'idée d'un primitivisme cynique, garde en revanche celle de l'adoption d'une vie « selon la nature » caractérisée par une vision « antiprométhéenne » du bonheur. Un certain « état de nature » demeure donc, selon S. Husson, comme l'objectif majeur du cynisme. En distinguant, chez les cyniques, le naturel de l'originaire, elle conclut : « La nature n'est pas à l'origine, mais au bout du *ponos* et de l'effort du cynique pour y parvenir » (p. 100).

3. Les deux discours s'ouvrent en effet en rappelant l'exil de Diogène : cf. *Discours VI* 1 : Διογένης ὁ Σινωπεύς, ὅτε ἔφυγεν ἐκ Σινώπης (...) ; *Discours VIII* 1 : Διογένης ὁ Σινωπεύς ἐκπεσὼν ἐκ τῆς πατρίδος (...).

par la formule grecque *rhetorike philosophousa*, une « rhétorique 'philosophante' »[1]. En ce sens, le recours au nom de Diogène correspond à l'élection d'un modèle philosophique très riche par ses possibilités littéraires : ainsi, une large part de ce que Diogène dit chez Dion est probablement tirée des œuvres d'Antisthène, mais l'image de Diogène était d'un point de vue littéraire – et symboliquement – plus efficace. Diogène, comme Socrate dans d'autres discours du même Dion, donne corps et voix à une philosophie fondée sur l'exemple et sur l'effort personnel dans laquelle les notions de καρτερία (fermeté, force morale ou de caractère) et d'ἰσχύς (vigueur) sont les valeurs dominantes[2].

En tout cas, en ce qui concerne la valeur du témoignage de Dion pour la reconstruction de la pensée de Diogène, je suis globalement l'opinion d'A. Brancacci pour qui il est hors de doute que les discours de Dion doivent être comptés parmi les fragments cyniques et qu'ils ont, à ce titre, une importance capitale[3]. Il est pourtant vraisemblable – et cela nous invite encore une fois à la

1. À ce propos, voir A. Brancacci, *Rhetorike philosophousa*, 1985 ; *DPhA*, t. II, 1994, *s.v.* « Dion Cocceianus de Pruse dit Chrysostome » D 166, p. 841-856 (P. Desideri).

2. Cf. A. Brancacci, « Le orazioni Diogeniane di Dione Crisostomo », 1977, selon qui Socrate et Diogène sont, chez Dion, deux figures d'une certaine façon équivalentes, qui expriment, toutes les deux, une philosophie de vie et une critique des idées reçues. En effet, le cynisme, en tant que « philosophie en acte », se construit à partir de l'image de Diogène, qui construit à son tour – et rétrospectivement – l'image de Socrate. Le même Brancacci, *op. cit.*, p. 142-143, n. 5, cite l'étude de L. François, *Essai sur Dion Chrysostome*, 1921, p. 120, qui écrit : « Les saints, pour Dion Chrysostome, c'est d'abord Diogène et Socrate. Celui-ci est le père de celui-là (...) [le premier] est, dans le cynisme, un peu le père du second. C'est à Diogène, le Socrate en folie, qu'on ramenait Socrate le sage (...) ». Cf. aussi A. Brancacci, « Tradizioni cinici e problemi di datazione nelle orazioni diogeniane di Dione Crisostomo », 1980 ; *id.*, « Dio, Socrates, and Cynicism », 2000 ; et F. Jouan, « Le Diogène de Dion Chrysostome », 1993.

3. Cf. A. Brancacci, « Le orazioni Diogeniane di Dione Crisostomo », 1977, p. 169 : « che le orazioni diogeniane debbano essere incluse in una raccolta dei Cinici è fuori dubbio, qualificandosi esse come documento di massimo rilievo, anche sul puro e semplice piano dell'estensione, sia in quanto interpretazione di esso e documento della fortuna del filosofo di Sinope ». Et encore, à la p. 170 : « Il problema della loro collocazione all'interno di una raccolta non può tuttavia non tenere conto del fatto che Dione non solo non cita mai le sue fonti, ma anzi rielabora il più delle volte le sue informazioni in un insieme unitario caratterizzato dalla presenza di motivazioni artistiche non meno che di esigenze e preoccupazioni di carattere personale ». En revanche, l'identification du Περὶ ἀρετῆς de Diogène (cf. D. L. VI 80) comme source principale de Dion (pour la composition de son *Discours VI*) proposée par cet auteur nous inspire une certaine réserve. Son argument en faveur de cette identification repose sur le rapprochement entre le texte de Dion et D. L. VI 70-71, à partir duquel il détermine quatre éléments essentiels de la pensée diogénienne : la valeur positive du πόνος et son utilité pour atteindre l'εὐδαιμονία ; la distinction entre πόνοι non nécessaires et πόνοι κατὰ φύσιν ; le mépris du νόμος en faveur de la reconnaissance du rôle central de la φύσις, avec la théorisation du παραχαράττειν ; et, finalement, le traitement du concept d'ἡδονή. Or, s'il est vrai que nous sommes en face des composants fondamentaux de la philosophie cynique, il serait arbitraire de les rapporter à un ouvrage précis. D'autre part, en acceptant sans réserve la paternité diogénienne du passage chez Diogène Laërce, A. Brancacci prend le parti de D. Dudley, *A History of Cynicism*, 1937, p. 216 et ss.,

prudence au moment de traiter ces textes – que Dion, en raison de l'effet même qu'un discours de ce genre vise à produire, soumet le matériau philosophique ou plus spécifiquement cynique aux injonctions de la rhétorique. Cela se manifeste, comme nous le verrons, dans le cas de l'appropriation du mythe de Prométhée et de sa mise en rapport avec le cynisme diogénien.

1. Les vacances du cynique : un éloge de la civilisation

Dans son *Discours* VI, *Diogène ou Sur la Tyrannie*, Dion s'efforce de donner à son propre exil, conséquence du pouvoir tyrannique de Rome, une valeur positive. Il suggère implicitement que les tribulations de sa vie errante étaient comparables à celles du philosophe cynique, déjà célèbre, Diogène de Sinope, entre Athènes et Corinthe, après qu'il eut été exilé de sa ville natale. En suivant ce plan de base, Dion veut en fait montrer que la vie de Diogène était beaucoup plus agréable que celle du Roi des Perses. Dans le jeu rhétorique des parallélismes, de la même manière que Diogène pouvait représenter Dion lui-même, il n'est pas difficile de reconnaître dans la figure du Grand Roi une allusion à Domitien, celui qui fut le responsable de l'expulsion de Dion hors de sa cité d'origine, Pruse, et peut-être de la province de Bithynie (mais non de Rome ni de l'Italie)[1]. Selon Dion, Diogène disait imiter (μιμεῖσθαι) le Roi des Perses, car, comme le Roi, il changeait de résidence selon les saisons de l'année, allant d'une ville à l'autre pour trouver un climat plus doux. Mais les chemins qu'il parcourait étaient plus courts et il pouvait voyager à pied ; en plus, il arrivait à des endroits beaucoup plus agréables que ceux fréquentés d'ordinaire par le Roi :

πολὺ δὲ καλλίονος ὑπάρχειν τὰς πόλεις ταύτας Ἐκβατάνων καὶ Βαβυλῶνος, καὶ πολὺ ἄμεινον κατεσκευάσθαι τῶν ἐκεῖ βασιλείων τό τε Κράνειον καὶ τὴν Ἀθήνεσιν ἀκρόπολιν καὶ τὰ προπύλαια, μεγέθει δὲ λείπεσθαι μόνον· (...) ὥστε τὸ ἥμιου ἔχειεν Ἀθήνας Βαβυλῶνος, εἰ τυγχάνει ἀληθῆ, λεγόμενα περὶ τῶν ἐκεῖ. καὶ μὲν τό γε τῶν λιμένων κάλλος, ἔτι δὲ ἀνδριάντας καὶ γραφὰς καὶ κρυσόν τε καὶ ἄργυρον καὶ χαλκόν, τό τε νόμισμα καὶ τὰ ἔπιπλα, καὶ τὴν τῶν οἰκιῶν κατασκευήν, ὑπερβάλλειν μὲν τὰ ἐνθαῦτα. πλὴν αὐτῷ γε οὐ πολὺ μέλειν τῶν τοιούτων.

[Diogène disait que] ces cités [Athènes et Corinthe] sont plus belles que Babylone et Ecbatane, et que le Cranéïon, l'Acropole, et les Propylées d'Athènes sont beaucoup mieux disposés que les palais royaux qu'on trouve là-bas – en fait, ils ne leur cèdent qu'en dimensions (...). Athènes est à moitié aussi vaste que Babylone, si ce qu'on dit de cette dernière est exact. Mais à Athènes la beauté des ports, des statues, des peintures, la quantité de l'or, de l'argent et

contre K. von Fritz, *Quellen-Untersuchungen zu Leben und Philosophie des Diogenes von Sinope*, 1926, p. 55 et ss., qui, lui, a vu des éléments stoïciens dans ce passage. Postérieurement, M.-O. Goulet-Cazé, « Un syllogisme stoïcien sur la loi dans la doxographie de Diogène le Cynique. À propos de Diogène Laërce VI 72 », 1982 (cf. également *ead. L'ascèse cynique*, 1986, p. 195 et ss.), a en effet montré de façon convaincante l'interférence du stoïcisme dans la constitution de ce texte.

1. Cf. P. Desideri, *Dione di Prusa. Un intellettuale greco nell'impero romano*, 1978, p. 192-194 ; *DPhA*, t. II, 1994, *s.v.* « Dion Cocceianus de Pruse dit Chrysostome », D 166, p. 841-856 [P. Desideri] ; cf. surtout les p. 841-846.

du bronze, la monnaie, ses meubles, la disposition des maisons sont de loin supérieurs. Mais ce sont là des choses dont il se souciait bien peu[1].

Notons d'emblée que la confrontation entre le mode de vie de Diogène et celui du Grand Roi ne consiste pas à opposer nature et civilisation, puisque Diogène lui-même, en transitant d'une ville à l'autre, occupe, à sa façon certes, un espace civilisé. Bien que l'opulence d'Athènes n'importât guère à Diogène (πλὴν αὐτῷ γε οὐ πολὺ μέλειν τῶν τοιούτων), il était tout à fait admiratif à son égard. Le texte est clair sur ce point : tout ce que le cynique admire dans la ville d'Athènes – ses ports, ses statues, ses peintres, son ornementation en or, en argent et en bronze, ses meubles et ses bâtiments – recouvre, d'une façon ou d'autre, des produits de la technique, des produits qui viennent donc de l'art du feu et qui par là-même sont les marques non seulement de la civilisation, mais d'une civilisation extrêmement raffinée. Dion prend même la peine de préciser – et cela est symboliquement très significatif – que Diogène allait jusqu'à admirer la monnaie (νόμισμα) d'Athènes. On ne saurait, par conséquent, se faire, à partir de ce passage, l'image d'un Diogène qui refuse ou condamne purement et simplement ce qui est propre à la civilisation et qui, en dernière analyse, évoque l'héritage de Prométhée[2]. Le texte se poursuit de la façon suivante :

Τὸ δὲ τῆς ὁδοῦ μῆκος ἐκείνῳ μὲν ὥστε μεταβῆναι πάμπολυ γίγνεσθαι· σχεδὸν γοῦν αὐτὸν ἐν ὁδῷ διάγειν τοῦ χειμῶνος καὶ τοῦ θέρους το πλέον· αὐτὸν δὲ πλησίον καταλύσαντα Μεγάρων Ἀθήνασιν γενέσθαι τῇ ὑστεραίᾳ πάνυ ῥᾳδίως ἤ, εἰ μὲν βούλοιτο, ἐπ' Ἐλευσῖνος· εἰ δὲ μή, βραχυτέραν διὰ Σαλαμῖνος – μὴ δι' ἐρήμων σταθμῶν πορευόμενον· ὥστε πλεονεκτεῖν βασιλέως καὶ μᾶλλον τρυφᾶν· ἄμεινον γὰρ κατεσκευάσθαι τὴν οἴκησιν, ταῦτα δὲ εἰώθει μὲν παίζων λέγειν· ὅμως δὲ ἐνεδείκνυτο τοῖς θαυμάζουσι τὸν πλοῦτον τοῦ Πέρσου καὶ τὴν λεγομένην εὐδαιμονίαν ὅτι οὐδέν ἐστι τῶν ἐκείνου πραγμάτων οἷον νομίζουσιν. τῶν μὲν γὰρ οὐδὲν ὄφελος εἶναι, τὰ δὲ καὶ σφόδρα πένησιν ἐξεῖναι ποιεῖν.

L'un [*scil.* le Roi] avait en outre un très long chemin à parcourir pour changer de résidence : il passait presque tout l'hiver et tout l'été en voyage. Tandis que l'autre [*scil.* Diogène], au contraire, pouvait être le lendemain à Athènes, en passant la nuit près de Mégare, ou, s'il le voulait, à Éleusis ; sinon, il pouvait encore prendre un raccourci par Salamine – sans avoir à traverser de région déserte. Il l'emportait ainsi sur le Roi et vivait avec davantage de commodités, car ses demeures étaient beaucoup mieux rangées. Voilà le genre de choses que Diogène avait l'habitude de dire en plaisantant. Par là-même, il montrait à ceux qui admiraient la richesse du Perse et son prétendu bonheur que rien dans ses affaires n'était tel qu'ils le croyaient. Car les unes n'étaient point utiles, et les autres étaient à portée de main même des plus pauvres[3].

1. Dion Chrysostome, *Discours VI, Diogène ou De la tyrannie* 4-5 (*SSR* V B 583). Si ce n'est pas explicitement signalé, toutes les traductions sont de ma propre responsabilité.

2. On remarque avec un certain étonnement que A. Brancacci, « Le orazioni diogeniane di Dione Crisostomo », 1977, pour démontrer que ce discours « svolge il tema del κατὰ φύσιν ζῆν » (p. 156), ne prend pas suffisamment en considération les paragraphes 1 à 7 du texte de Dion (cf. les p. 164 et ss.).

3. Dion Chrysostome, *Discours VI, Diogène ou De la tyrannie* 4-5.

Ce que Dion souligne ici ce sont les idéaux de *facilité*, de *simplicité* et de *frugalité* évoqués par l'adverbe ῥᾳδίως[1] (intensifié en l'occurrence par πάνυ) – mais qui, dans d'autres contextes, peut être rendu par des termes tels que εὐτέλεια[2] ou λιτότης[3] –, et également d'utilité (ὄφελος)[4], qui orientent l'éthique du cynisme. L'exemple de Diogène est cher à Dion précisément parce que chez le cynique l'exil, la philosophie et la frugalité sont assimilés et apparaissent même en quelque sorte comme les conditions d'une vie heureuse. Comparons en ce sens les deux passages suivants de Diogène Laërce avec la description de Dion :

(...) καὶ ἅτε φυγὰς ὢν ὥρμησεν ἐπὶ τὸν εὐτελῆ βίον.

(...) et, comme il [*scil.* Diogène] était exilé, il se lança dans la vie frugale[5].

Et plus loin :

Πρός τε τὸν ὀνειδίσαντα αὐτῷ τὴν φυγήν, « ἀλλὰ τοῦ τούτου γ' ἕνεκεν », εἶπεν, « ὦ κακόδαιμον, ἐφιλοσόφησα ».

A qui lui avait fait grief de son exil, il [*scil.* Diogène] rétorqua : « Mais c'est à cause de cet exil, malheureux, que je me suis mis à philosopher ! »[6].

Ces deux passages expriment d'abord un véritable rapport de causalité entre exil et philosophie, en rappelant l'idée cynique selon laquelle l'adversité est une source spontanée de sagesse et de vertu[7]. Ensuite, en raison du caractère logique des énoncés, on doit conclure que pour Diogène la pratique de la philosophie correspondait entièrement à l'adoption d'un mode de vie commandé par la frugalité et par la simplicité. On pourrait, en guise d'illustration, en tirer le syllogisme suivant : l'exil de Diogène l'amène à la philosophie ; or, à cause de ce même exil, il se lança dans une vie frugale ; donc, la philosophie rejoint la vie frugale. D'après Dion, ce qui, en premier lieu, caractérise l'attitude philosophique de

1. Cf. D. L. VI 44 ; 70.

2. Cf., par exemple, D. L. VI 21 ; 37.

3. Cf., par exemple, D. L. VI 31 ; 105 ; Pseudo-Diogène, *Lettre XV, à Antipater*. Chez Télès, les trois concepts sont assimilés : καὶ τί ἔχει δυσχερὲς ἢ ἐπίπονον ἡ πενία ; ἢ οὐ Κράτης καὶ Διογένης πένητες ἦσαν; καὶ πῶς ῥᾳδίως διεξήγαγον ; ἄτυφοι γενόμενοι καὶ ἐπαῖται καὶ διαίτῃ εὐτελεῖ καὶ λιτῇ δυνάμενοι χρῆσθαι (...). « Et qu'a donc de difficile et de pénible la pauvreté ? Cratès et Diogène n'étaient-ils pas pauvres ? – Et comment ont-ils passé leur vie aisément ? – En s'étant faits sobres et mendiants, capables d'adopter un régime de vie facile et frugal (...) » (Télès, fr. II, *Sur l'autarcie*, *apud* Stobée III 1, 98 = *SSR* V B 245 ; V H 73 ; traduction de P. P. Fuentes González, *Les diatribes de Télès*, 1998, légèrement modifiée ; cf. le commentaire détaillé de ce passage que donne Fuentes González aux p. 233-235 de son ouvrage).

4. Cf. D. L. VI 57 ; 70. Pour la même idée (avec l'adjectif χρήσιμον), D. L. VI 104.

5. D. L. VI 21.

6. D. L. VI 49. Cf. aussi Plutarque, *Sur la tranquillité de l'âme* 6, 467c (*SSR* V B 14).

7. Cf. Stobée IV 31, 88 (*SSR* V B 221) ; IV 32,11 (*SSR* V B 223) ; IV 32,12 (*SSR* V B 224) ; IV 32, 19 (*SSR* V B 223) ; IV 33, 26 (*SSR* V B 225). La même idée apparaît chez le philosophe académicien Arcésilas dans un fragment du *Sur la richesse* de Plutarque (fr. 152 Sandbach) : cf. M.-O. Goulet-Cazé, *L'ascèse cynique*, 1986, p. 66, n. 162.

Diogène n'est donc pas l'adoption d'une vie κατὰ φύσιν, mais le choix de vivre *facilement*.

En ce sens, il n'est pas anodin que dans ce discours Dion utilise le terme ῥᾳδίως (ou ῥᾳδίον) à neuf reprises – dont sept évoquent clairement l'orientation de la philosophie de Diogène en opposition au comportement du Grand Roi et de la plupart des hommes[1] – contre deux occurrences du mot φύσις, qui ne semblent pas exprimer la fin de la philosophie de Diogène[2]. D'une part, ces sept occurrences de ῥᾳδίως (ou de ῥᾳδίον) nous apprennent que (1) Diogène changeait de résidence à chaque saison et que, ce faisant, il ne menait pas une vie plus « naturelle », plus « κατὰ φύσιν », que celle du Grand Roi qui, lui, en faisait autant en poursuivant les mêmes objectifs ; la différence c'est que le cynique y parvenait très facilement (πάνυ ῥᾳδίως), tandis que le Roi, parce qu'il se donnait trop de soucis, ne pouvait en tirer aucune satisfaction[3] ; que (2) Diogène supportait facilement (ῥᾳδίως) les intempéries avec son seul manteau élimé, tandis que les hommes les plus riches, affrontant les mêmes événements, ont beaucoup de problèmes (πλεῖστα πράγματα ἔχουσιν)[4] ; que (3) Diogène refuse les choses coûteuses et qui exigent beaucoup d'attention et de préoccupation (πολυδάπανα καὶ δεόμενα πραγματείας καὶ ταλαιπωρίας), tout en montrant à ceux qui les utilisent le caractère nuisible de ces choses (βλαβερά), et qu'il choisit ce que l'on obtient facilement et sans tracas (ῥᾳδίως καὶ ἀπραγμόνως)[5] ; que (4) Diogène choisit de vivre facilement (ῥᾳδίως ζῆν), tandis que la plupart des hommes vivent péniblement et difficilement (ἐπιπόνως και χαλεπῶς βιούντων)[6] ; que (5) le Grand Roi, à l'opposé de Diogène, ne passe pas une seule journée facilement (μηδεμίαν δὲ ἡμέραν διάγειν ῥᾳδίως)[7] ; et, finalement, que (6) le tyran, l'antipode de Diogène, possède une richesse acquise injustement (μὴ δικαίως) et qu'il est le plus malheureux des hommes (ἐπιφθονώτατος ἁπάντων), lui dont l'effort pour concilier un bonheur impossible avec le maintien de son pouvoir – un effort en vue de se conserver soi-même – dépend de toute une série d'expédients qui ne sont pas faciles (οὐ ῥᾴδιον) et qui à la fin se révèlent toujours comme des expédients inutiles[8], car (7) pour le tyran, les difficultés (τὰ χαλεπά) ne font qu'augmenter, et il n'est pas facile (οὐ ῥᾴδιον) pour lui d'atteindre un âge avancé[9].

1. Dion Chrysostome, *Discours VI, Diogène ou De la tyrannie* 6 ; 14 ; 30 ; 31 ; 36 ; 41 ; 50. Les emplois de ῥᾴδιον en 23 et de ῥᾳδίως en 56 n'offrent pas d'intérêt pour ce qui m'occupe ici.
2. Cf. *ibid.*, 11 ; 22.
3. *Ibid.*, 6.
4. *Ibid.* 14-16.
5. *Ibid.*, 30.
6. *Ibid.*, 31.
7. *Ibid.*, 36.
8. *Ibid.*, 50.
9. *Ibid.*, 41.

Signalons par ailleurs que la première des deux occurrences de φύσις apparaît précisément dans l'expression κατὰ φύσιν. Mais, évidemment sans le poids qui lui a été acquis par la réception moderne du cynisme, cette expression est employée dans la caractérisation des gens qui, en se donnant trop de soucis pour satisfaire les besoins les plus simples – les plus « naturels » –, perdent de vue les vrais plaisirs : en effet, Diogène rappelait que beaucoup, à force de ne boire que du vin, n'ont plus l'expérience d'une soif naturelle (ἄπειροι τοῦ διψῆν κατὰ φύσιν)[1]. Cela n'indique cependant pas qu'il prônait une vie κατὰ φύσιν comme fin de sa doctrine. Le cynique ne condamne pas le vin en soi parce qu'il est un produit de la civilisation, au nom de l'eau, en vue d'une satisfaction « plus naturelle » de la soif ; ce qu'il déplore ce sont les gens qui, sous prétexte que le vin existe et qu'il est possible (ἔξεστιν) d'en trouver, se donnent du mal en cherchant du vin. C'est pourquoi « Diogène se moquait (κατεγέλα) des gens qui, quand ils ont soif, passent à côté des sources (τὰς κρήνας) sans s'arrêter (παρερχομένων) et cherchent par tous les moyens (ζητούντων πάντως) où ils pourront acheter du vin de Chios ou de Lesbos »[2]. Bien que l'on puisse déceler ici une opposition entre l'élément naturel – l'eau des sources – et le produit spécialement sophistiqué de la civilisation – le vin de Chios ou de Lesbos[3] –, il ne s'agit pas, à proprement parler, de faire l'éloge du premier et de blâmer le second : la critique de Diogène se dirige en fait vers l'effort qui consiste à chercher (ζητεῖν) – à *chercher par tous les moyens* (ζητεῖν πάντως), c'est-à-dire, à *chercher avidement* - ailleurs ce que l'on a déjà à portée de main, un effort non nécessaire et illogique, puisqu'on s'efforce d'obtenir ce qui nous a été déjà donné[4].

1. *Ibid.*, 11.

2. *Ibid.* 13 (trad. de M.-O. Goulet-Cazé, *L'ascèse cynique*, 1986, p. 64).

3. Ces vins étaient sans doute d'une qualité exceptionnelle. Les cyniques les évoquent souvent comme symboles du luxe, de la sophistication et d'un train de vie dispendieux et recherché : cf. Xénophon, *Banquet* IV 41 (Antisthène parle du vin de Thasos). Dion Chrysostome, dans le même discours, avait déjà mentionné le vin de Thasos (*Discours VI, Diogène ou De la tyrannie* 13) ; Télès, *Sur l'autarcie* 8. (fr. II Fuentes González). Dans ce dernier passage les manuscrits ont χιόνα, que Fuentes González conserve, mais que Hense, à la suite de Nauck, avait corrigé en Χῖον (Chios). Quoi qu'il en soit, il faut noter que ce texte suggère que le cynisme était une philosophie fondée non sur l'idée de « naturel », mais plutôt sur l'idée de frugalité, de ce qui se trouve *à portée de la main* : « N'est-ce pas celui qui a faim qui mange avec le plus d'agrément et qui a le moins besoins d'assaisonnement ? Et celui qui a soif qui boit avec le plus d'agrément et qui aspire le moins à la boisson qu'il n'a pas sous la main (καὶ ἥκιστα τὸ μὴ παρὸν ποτὸν ἀναμένει) ? Est-ce qu'on a faim d'une pâtisserie ou est-ce qu'on a soif de neige (χιόνα) ? [ou : est-ce qu'on a soif d'un vin de Chios (Χῖον) ?] ». Traduction de P. P. Fuentes González, dans *id., Les diatribes de Télès*, 1998, p. 137.

4. Qu'il me soit permis de spéculer : Diogène se serait également moqué des gens qui, en ayant soif et en ayant à ce moment-là l'occasion de goûter un bon vin, le laisseraient de côté pour aller chercher une source d'eau naturelle. Il n'est pas étonnant que Diogène n'ait pas envisagé cette possibilité, car il est évidemment toujours plus facile d'obtenir de l'eau qu'un vin cher : cf. Maxime de Tyr, *Dissertation* XXXVI 5 : « (...) les sources, filles de la terre, dont le flot est

2. La « vie facile » de Diogène : les rigueurs de la voie cynique

Le témoignage de Dion s'harmonise parfaitement avec ce que Diogène Laërce met sur le compte de Diogène le Cynique :

Ἐβόα πολλάκις λέγων τὸν τῶν ἀνθρώπων βίον ῥᾴδιον ὑπὸ τῶν θεῶν δεδόσθαι, ἀποκεκρύφθαι δ' αὐτῶν ζητούντων μελίπηκτα καὶ μύρα καὶ τὰ παραπλήσια.

[Diogène] criait souvent pour dire que la vie des hommes a été donnée par les dieux pour être facile, mais que cette facilité leur est cachée du fait qu'ils recherchent gâteaux de miel, parfums et autres choses du même genre[1].

La façon dont le biographe introduit ce morceau – « Diogène *criait souvent pour dire* (ἐβόα πολλάκις λέγων) » – exprime l'insistance avec laquelle le cynique faisait passer ce message ; cela nous suggère qu'il s'agissait en fait d'un élément doctrinal très important de sa philosophie. Au premier abord, nous sommes tentés d'identifier à la base du raisonnement de Diogène une opposition entre nature et civilisation, la première assimilée à ce qui est donné par les dieux (ὑπὸ τῶν θεῶν δεδόσθαι) et la seconde assimilée aux raffinements produits par l'art et par les techniques de l'homme, que symbolisent les gâteaux de miel et les parfums. Or, les cyniques n'ont jamais développé de façon systématique – ou « dogmatique » – ce qu'ils entendaient par « nature » ; ils n'ont jamais élaboré formellement un concept de nature (φύσις)[2]. En plus, l'identification de la nature comme « cadeau des dieux » fait aux hommes ou encore comme le dieu lui-même, est une idée qui remonte plutôt aux stoïciens[3] ; en effet, l'existence même des

plus généreux que celui de n'importe quelle boisson de Lesbos ou de Chios (καὶ κρῆναι γῆς ἔγγονοι, παντὸς Λεσβίου καὶ Χίου πώματος δαψιλέστεραι) ». L'idée d'une philosophie fondée sur la notion de *facilité* peut être décelée dans l'anecdote que l'on lit en D. L. VI 54 : « Comme on lui avait demandé quel était son vin préféré, il répondit : 'celui des autres' ». On serait tenté d'y voir la marque d'une interprétation malveillante de la pensée de Diogène. Ce n'est pourtant pas sûr. En tout cas, l'anecdote qui suit immédiatement ne doit peut-être pas au hasard son emplacement : « A qui lui disait ; 'beaucoup de gens te tournent en dérision (σου καταγελῶσιν)', il répondit : 'eh bien, moi, je ne me tourne pas moi-même en dérision (οὐ καταγελῶμαι)' » (D. L. VI 54 ; cf. D. L. VI 58).

1. D. L. VI 44.

2. L'absence d'un ensemble de dogmes bien définis est une des caractéristiques du mouvement cynique et un des arguments qui servaient à mettre en doute sa valeur philosophique. De même, la préoccupation d'établir un *telos* pour leur doctrine était étrangère à Diogène et à ses disciples – et, peut-être, étrangère même à Antisthène. Les définitions du *telos* cynique que l'on trouve dans la littérature antique reviennent sans doute aux auteurs postérieurs, désireux qu'ils étaient de trouver des éléments permettant de caractériser les écoles philosophiques les unes par rapport aux autres : cf. sur le sujet, M.-O Goulet-Cazé, *L'ascèse cynique*, 1986, p. 28-42, et *ead.*, « Le Cynisme est-il une philosophie ? », 1993.

3. Cf., par exemple, Plutarque, *Sur les contradictions des stoïciens* 34, 1049f (*SVF* II 937) ; Alexandre d'Aphrodise, *Sur le destin* 22, p. 191, 30 Bruns (*SVF* II 945) ; Sextus Empiricus, *Contre les professeurs* IX 78 (*SVF* II 1013) ; Lactance, *Institutions divines* VIII 3 (*SVF* II 1041) ; *id, Sur la colère de Dieu* XI (*SVF* I 164), qui assimile l'opinion de Zénon à celle d'Antisthène ;

dieux était quelque chose qui n'intéressait guère les cyniques, comme l'a démontré M.-O. Goulet-Cazé : « Quant à Diogène, ce serait une erreur de lui faire porter le poids d'un athéisme qui est certainement une invention de ses ennemis. Que les dieux existent ou qu'ils n'existent pas, ce n'est pas son problème et, à la limite, la question ne l'intéresse pas. Il professe sur le chapitre un agnosticisme de bon aloi. En revanche, ce qui l'intéresse passionnément, c'est d'être heureux (...) »[1]. Par conséquent, si Diogène parle des dieux, c'est pour parler la langue de tout le monde et, en ce sens, sa « théologie » n'a qu'une valeur rhétorique. Nous pouvons alors nous demander si sa vision de la nature n'est pas analogue à sa vision de la divinité : au-delà de ses effets, qu'il est capable de sentir – la faim, le froid, le désir sexuel – et des menaces qu'elle lui impose – la maladie, la mort – il ne sait pas ce qu'est au juste la nature (comme prétendaient le savoir, par exemple, les présocratiques) et cela ne l'intéresse pas : Diogène ne veut pas vivre « selon la nature », mais il veut passionnément vivre heureux « selon la facilité » ou « selon la frugalité », et vivre de la sorte n'a, en principe, rien à voir avec un quelconque « naturalisme »[2].

En outre, la lettre du texte ne nous permet pas de restreindre ce qu'ont donné les dieux à la condition originelle de l'humanité, comme si la « vie facile » était un cadeau fait à l'homme primitif et que les hommes qui lui ont succédé, les hommes civilisés, avaient par la suite gâché ce cadeau à cause de leur intempérance : pour le cynique la « vie facile » a été donnée – *est* donnée[3] – à tous les hommes, à ceux

Philodème, *Sur la piété* 11 (*SVF* II 1076) ; Cicéron, *Sur la nature des dieux* I 15, 39 (*SVF* II 1077) ; D. L. VII 88 ; 148.

1. M.-O. Goulet-Cazé, « Les premiers cyniques et la religion », 1993 (cf. les p. 157-158 pour la citation), repris dans *ead.*, *Le cynisme*, 2017, p. 421-455 (p. 454-455 pour la citation).

2. Pour une interprétation différente, voir T. W. Martin, « The Chronos myth in Cynic Philosophy », 1997, qui soutient que chez les cyniques l'usage du mythe remplace le développement conceptuel de la notion de « nature ».

3. Le sens du parfait grec (en l'occurrence les infinitifs passifs δεδόσθαι et ἀποκεκρύφθαι), dans la mesure où il exprime le résultat *présent* d'une action réalisée, sert à confirmer cette interprétation. D'ailleurs, on notera que l'agent de la forme passive ὑπὸ τῶν θεῶν, lié explicitement à δεδόσθαι, ne peut être étendu à ἀποκεκρύφθαι qu'implicitement. Le texte n'est pas explicite sur ce point et ne répète pas l'agent de la forme passive pour le second verbe. L'effet produit est de rehausser la valeur du génitif absolu αὐτῶν ζητούντων qui n'est pas, bien entendu, la « cause efficiente » de l'action verbale, mais qui est tout de même sa véritable raison. Diogène prend ainsi, conformément à la façon cynique, le contre-pied du mythe traditionnel qui voit dans les labeurs nécessaires à l'homme pour vivre un châtiment des dieux : cf. Hésiode, *Théogonie* 535-616 ; *Les travaux et les jours* 42-130 (il s'agit précisément du mythe de Prométhée) ; et Strabon XV 1, 64 (il s'agit du mythe raconté par Calanos à Onésicrite, cité plus bas). Or, le cynique, en tant que sage, est ami des dieux (cf. D. L. VI 37 ; 72) et, par conséquent, il ne peut concevoir aucun châtiment venant d'eux. Le cadeau des dieux est toujours là – il n'y a donc pas lieu de songer à un retour en arrière –, et si les hommes n'en profitent pas pour être heureux, c'est parce qu'ils sont aveuglés par le luxe et par l'opulence qui demandent toujours plus d'efforts pour être obtenus. Le malheur de l'homme n'a pour cause que l'homme lui-même : cf. Télès, fr. II (extrait du traité *Sur l'autarcie*) 8-10 Fuentes González.

d'autrefois comme à ceux du présent ; cette « vie facile » est un cadeau permanent et intemporel dans la mesure où elle peut être atteinte par le *logos* (ou par la *dianoia*) qui est, lui, le véritable atout naturel de l'homme et qui le distingue supérieurement des autres animaux[1]. Ce serait peut-être le seul sens possible de l'expression κατὰ φύσιν chez les cyniques. Donc, pas de « naturalisme » chez les cyniques, pas de « primitivisme » non plus.

Par conséquent, dans cette perspective, nous devons admettre que si les gâteaux de miel et les parfums, tout comme les vins de Chios ou de Lesbos, sont condamnés, ce n'est pas parce que ce ne sont pas des produits naturels, ni parce qu'ils sont étrangers à l'« âge d'or » de l'humanité, ou parce que ce sont des raffinements auxquels les animaux ne s'intéressent pas[2] et que les hommes primitifs ne connaissaient pas[3]. La véritable opposition que ce texte, tout comme le discours de Dion, met en évidence se situe entre d'une part la facilité d'une vie frugale et d'autre part les tracas et les tribulations que la recherche du luxe entraîne (cf. l'emploi récurrent du verbe ζητεῖν), mais cette opposition ne range pas forcément la nature et la nostalgie d'un bonheur primitif du côté de la frugalité, ni la civilisation en soi du côté de la difficulté.

1. Cf. Dion Chrysostome, *Discours X* 16.

2. Nous pourrions légitimement douter de cette affirmation. Les animaux sont-ils toujours si « rigoristes » ? En effet, l'« austérité » que l'on déduit du comportement des animaux peut n'être que le fruit d'une idéalisation.

3. Nous avons par ailleurs chez Strabon un texte qui, en décrivant la vie de l'homme des origines, semble brouiller les différences entre un état de nature et l'état civilisé, technique et « artificiel ». Ce n'est pas à proprement parler un témoignage cynique mais il peut avoir subi une certaine influence du cynisme, dans la mesure où il est mis dans la bouche d'un cynique. Il s'agit d'un passage qui transmet ce qu'Onésicrite, disciple de Diogène et un des généraux d'Alexandre, disait avoir entendu d'un des sages de l'Inde nommé Calanos. Voici ce texte : « Autrefois tout était plein de farine d'orge (ἀλφίτων) et de farine de froment (ἀλεύρων), de même que maintenant tout est plein de poussière. Des sources (κρῆναι) coulaient : les unes d'eau (ὕδατος), d'autres de lait (γάλακτος) et aussi de miel (μέλιτος), de vin (οἴνου) et quelques-unes d'huile (ἐλαίου). Mais à cause de leur besoin de satiété (ὑπὸ πλησμονῆς) et de luxe (τρυφῆς), les hommes tombèrent dans la démesure (εἰς ὕβριν ἐξέπεσον). Zeus, épris de colère, fit tout disparaître et produisit la vie selon l'effort (διὰ πόνου τὸν βίον) » (Strabon XV 1, 64 ; cf. M.-O. Goulet-Cazé, *L'ascèse cynique*, 1986, p. 59-60, n. 136). L'imaginaire qui est derrière ce récit mythique n'identifie pas la « vie facile » qui existait avant la « vie selon l'effort » à une vie « naturelle » – la frugalité primitive n'est pas une frugalité naturelle au sens moderne –, car la subsistance que l'homme trouvait sans peine à sa disposition est représentée par des éléments qui sont, pour ainsi dire, des éléments de la civilisation projetés rétrospectivement sur un « âge d'or » : les farines, le vin et l'huile, qui ne sont pas produits directement par la nature, sont mis sur le même plan que l'eau et le miel, tandis que le lait évoque le travail agricole de l'homme déjà organisé dans des sociétés « civilisées » tout autant et pas plus que la farine, le vin et l'huile. Sur les convergences possibles entre le cynisme et certaines traditions indiennes, notamment celles les gymnosophistes, voir les études de C. Muckensturm, « Les gymnosophistes étaient-ils des cyniques modèles ? », 1993, et M. Hulin, « Doctrines et comportements 'cyniques' dans certaines sectes hindoues, anciennes et contemporaines », 1993.

3. *Des hommes et des bêtes : une hiérarchie réaffirmée*

Revenons au *Discours VI : Diogène ou Sur la tyrannie* de Dion. La seconde et dernière occurrence du terme φύσις dans ce discours peut-elle s'harmoniser avec notre remise en question du « naturalisme » cynique selon les arguments jusqu'ici évoqués ? Voici d'abord le passage en question :

Τὰ μὲν οὖν τοιαῦτα ἐνίοτε τῶν ἀνθρώπων καταγελῶν ἔλεγεν τῶν τετυφωμένων καὶ ἀνοήτων· μάλιστα δὲ ὕβριζε τοὺς σοφιστὰς τοὺς σεμνοὺς εἶναι θέλοντας καὶ πλέον τι τῶν ἄλλων εἰδέναι οἰομέμους. ἔλεγε δὲ διὰ τὴν μαλακίαν τοὺς ἀνθρώπους ἀθλιώτερον ζῆν τῶν θηρίων. ἐκεῖνα γὰρ ὕδατι μὲν ποτῷ χρώμενα, τροφῇ δὲ βοτάνῃ, τὰ πολλὰ δὲ αὐτῶν γυμνὰ ὄντα δι' ἔτους, εἰς οἰκίαν δὲ οὐδέποτε εἰσίοντα, πυρὶ δὲ οὐδὲν χρώμενα, ζῆν μὲν ὁπόσον ἡ φύσις ἑκάστοις ἔταξε χρόνον, ἐὰν μηδεὶς ἀναιρῇ· ἰσχυρὰ δὲ καὶ ὑγιαίνοντα διάγειν ὁμοίως ἅπαντα, δεῖσθαι δὲ μηδὲν ἰατρῶν μηδὲ φαρμάκων. τοὺς δὲ ἀνθρώπους οὕτως μὲν πάνυ φιλοζῴους ὄντας, τοσαῦτα δὲ μηχανωμένους πρὸς ἀναβολὴν τοῦ θανάτου, τοὺς μὲν πολλοὺς αὐτῶν μηδὲ εἰς γῆρας ἀφικενεῖσθαι, ζῆν δὲ νοσημάτων γέμοντας ἃ μηδὲ ὀνομάσαι ῥᾴδιον, τὴν δὲ γῆν αὐτοῖς μὴ ἐξαρκεῖν παρέχουσαν φάρμακα, δεῖσθαι δὲ καὶ σιδήρου καὶ πυρός. καὶ μήτε Χείρωνος μήτε Ἀσκληπιαδῶν ἰωμένων μηδὲν αὐτοῖς ὄφελος εἶναι διὰ τὴν αὐτῶν ἀκολασίαν καὶ πονηρίαν, μηδὲ μάντεων μαντευομένων μηδὲ ἱερέων καθαιρόντων.

[Diogène] disait quelquefois des choses pour ridiculiser l'infatuation et la stupidité des hommes, et il attaquait principalement les sophistes, ces gens qui se voulaient importants et qui pensaient savoir plus que les autres. Il disait ainsi qu'à cause de leur mollesse les hommes vivent plus malheureusement que les bêtes, car celles-ci se servent de l'eau comme breuvage, des herbes comme nourriture ; et il disait encore que beaucoup d'entre elles sont nues pendant toute l'année, n'entrent jamais dans des maisons, et ne se servent jamais de feu. Il disait que la nature prescrit à toutes les bêtes de vivre leur temps, si personne ne les tue, et qu'elles, toutes indistinctement, sont fortes et en bonne santé pendant toute leur existence, sans avoir besoin de médicaments ni de médecins. Quant aux hommes, en revanche – disait-il –, tout attachés qu'ils sont à la vie et s'inventant toutes sortes d'expédients pour écarter la mort, la plupart d'entre eux n'arrivent pas à la vieillesse et vivent sous l'emprise de tant de maladies qu'il ne serait pas facile de les nommer toutes ; si bien que la terre ne suffit pas à leur fournir tous les remèdes dont ils ont besoin et ils ont alors recours au fer et au feu. À cause de leur intempérance et de leur perversité, le secours qui vient de Chiron ou des disciples d'Asclépios n'est pour eux d'aucune utilité, pas plus que les divinations des devins ou les rites purificatoires des prêtres[1].

Le point principal que Dion/Diogène affirme ici c'est que la nature (φύσις) accorde à chaque animal (θηρίον) de vivre le plus longtemps possible, tandis que beaucoup d'hommes (πολλοὺς ἄνθρωπους), attachés qu'ils sont à préserver leur vie et s'inventant toutes sortes d'expédients pour retarder leur mort (que pourtant ils savent être certaine), n'arrivent pas au seuil de la vieillesse. Comme nous l'avons vu plus haut dans le cas du tyran qui difficilement atteint un âge avancé[2], la longévité chez Dion est de toute évidence un critère permettant de mesurer la qualité d'une existence. En fait, sur ce point, Dion ne se démarque pas de la perception courante dans l'Antiquité, et la doxographie philosophique, chez Diogène Laërce, par exemple, suggère que la longévité était un critère attestant de

1. Dion Chrysostome, *Discours VI* 21-24.
2. Cf. *ibid.*, 41.

l'excellence d'une doctrine, c'est-à-dire que la longévité d'un philosophe témoignerait, d'une certaine manière, des vertus de sa philosophie, de même qu'il y a toujours eu un rapport étroit entre vieillesse et sagesse.

La comparaison entre l'homme et l'animal qui ressort du passage prouverait donc la supériorité de celui-ci sur celui-là et amènerait à conclure que le cynique propose le mode de vie animal comme modèle positif d'une vie longue, juste et heureuse[1]. Autrement dit, la prétendue frugalité animale devrait être assumée par l'homme en vue d'une hygiène de vie qui, parce qu'elle est plus austère, serait plus saine et plus équilibrée et dont le résultat serait justement une vie plus longue. Pourtant, Dion/Diogène n'établit pas clairement un rapport de cause à effet entre le mode de vie des bêtes et leur longévité, ce qui serait le cas s'il voulait vraiment prescrire le programme d'un certain régime. Il se limite, en fait, à énumérer les aspects de ce mode de vie parmi lesquels figure une longévité convenable (notons dans le texte grec l'économie des particules) : les bêtes trouvent dans l'eau leur breuvage (ὕδατι μὲν ποτῷ χρώμενα) et dans l'herbe leur nourriture (τροφῇ δὲ βοτάνῃ) ; la plupart d'entre elles (τὰ δὲ πολλὰ αὐτῶν) sont nues pendant toute l'année ; elles n'entrent jamais dans des maisons (εἰς οἰκίαν δὲ οὐδέποτε εἰσίοντα) ; et – fait très important (notons que la répétition du verbe semble renforcer l'affirmation) – elles ne se servent point de feu (πυρὶ δὲ οὐδὲν χρώμενα). Ensuite, dans une autre série – introduite par un nouveau μέν et sans qu'intervienne aucune consécution, Dion/Diogène dit que la nature établit ou dispose (ἔταξε) le temps de vie qu'il convient à chaque animal de vivre, « si personne ne le tue ». La disjonction – renforcée par l'absence d'un élément exprimant un rapport de causalité (il s'agirait donc d'une parataxe) – entre la première série descriptive où l'ensemble des animaux (ἐκεῖνα) est le sujet des verbes et la seconde série où la nature (φύσις) est, dans la phrase d'ouverture, le sujet du verbe principal, suggère plutôt que ce n'est pas *parce que* les animaux agissent ainsi qu'ils vivent aussi longtemps qu'ils vivent tout en étant forts et en bonne santé. Le texte de Dion montre en fait, bien que de façon subtile, que ce qui régit la vie et le « bonheur » des animaux ce sont l'automatisme et une certaine « gratuité » ; en outre, l'ajout de la conditionnelle – « si personne ne les tue » – aide à préciser que toute transformation possible dans la vie des bêtes vient de l'extérieur, leur « intérieur » étant préalablement ou « naturellement » déterminé : les animaux ne boivent que de l'eau et ne mangent que de l'herbe[2], parce qu'ils ne

1. Le problème du modèle animal et celui de la diététique chez les cyniques seront examinés dans les sections suivantes. Cela dit, puisque ces deux problèmes sont indissociables l'un de l'autre et de celui du prétendu caractère antiprométhéen du cynisme, il est inévitable de les aborder ici préalablement.

2. L'affirmation de Dion, qui exclut par exemple les animaux carnivores, montre bien que l'exemple animal n'a qu'une valeur rhétorique dans le discours cynique et qu'il milite non en faveur d'un « naturalisme », mais en faveur d'une vie austère et *facile* qui n'est pourtant pas comparable à la vie « naturelle » des animaux.

peuvent boire que de l'eau et qu'ils ne peuvent manger que de l'herbe ; et s'ils vivent le temps qu'ils vivent, précisons-le, ils n'y sont vraiment pour rien. Livrés inéluctablement (et inconsciemment), chacun à sa propre « nature », les animaux ne peuvent jamais vivre *autrement* ; ils ne peuvent pas (au niveau de l'individu) s'adapter aux circonstances ; ils ne peuvent pas faire ni plus ni moins que ce que la nature leur assigne de faire ; enfin, *ils ne peuvent pas pratiquer l'ascèse*.

Bien que cette constatation semble pouvoir se passer de tout commentaire, nous devons, en tout cas, anticiper l'objection suivante : l'ascèse est précisément le moyen que le cynique met en œuvre pour vivre au plus près possible du mode de vie des animaux. Or, l'ascèse cynique, entièrement dépendante – comme toute ascèse – de la raison, ne vise pas le mode de vie des animaux ; en poussant la frugalité jusqu'au paroxysme, elle vise en réalité un mode de vie qui dépasse de loin le mode de vie des animaux, que les animaux n'ont jamais atteint et qu'ils ne pourront jamais atteindre. L'animal, dont la vie peut sans doute, en tant qu'exemple et en tant que suggestion, inspirer aux hommes l'austérité et une certaine spontanéité « naturelle », ne peut pas vraiment s'entraîner aux privations ni reconfigurer ses impressions sur le monde ; il est donc toujours et irrémédiablement soumis à ce qui lui est imposé de l'extérieur et condamné, pour ainsi dire, à répéter indéfiniment les gestes ancestraux propres à son espèce. L'homme, au contraire, parce qu'il possède le *logos*, peut, s'il le veut, *faire à chaque fois autrement*. En puisant avec force dans cette capacité exclusivement humaine qui lui permet de pratiquer l'ascèse, le cynique désire, autant que faire se peut, se prémunir contre tout ce qui le contraint, que ce soient les conventions du monde civilisé ou les prescriptions de la nature. L'ascèse rigoriste préconisée par Diogène, qui est, comme on sait, la clé de voûte de sa philosophie[1], est l'instrument par lequel il restreint le plus possible sa dépendance – et donc sa sujétion – à l'égard du monde extérieur[2] et qui l'aide à fonder une « éthique du minimum ». Son ascèse est d'une certaine manière un *exercice réflexif*, c'est-à-dire un travail que le sujet fait sur soi-même afin de résister aux contraintes de la nature ; ce travail, les animaux ne peuvent point le faire.

Nous pouvons alors considérer que, d'une part, l'ascèse cynique, qui n'est pas contemplative (parce qu'elle implique – mais sans supposer aucun dualisme profond – que l'âme et le corps de l'homme, en tant que catégories plus ou moins impossibles à distinguer, forment un ensemble indivisible[3]), a pour but une

1. Pour s'en rendre compte, voir l'analyse de M.-O. Goulet-Cazé, *L'ascèse cynique*, 1986, surtout les p. 195-230.

2. Cf., par exemple, *Gnomologium Vaticanum* 743, n° 180 (*SSR* V B 241) : « Interrogé à propos de qui serait riche (πλούσιος) parmi les hommes, il [*scil.* Diogène] a dit : 'celui qui se suffit à soi-même' (ὁ αὐτάρκης) ».

3. Ce que nous lisons chez le Pseudo-Diogène, *Lettre XXXIX, à Monime* 1, et qui apparemment contredit cette affirmation, doit probablement être interprété à partir de la volonté

autarcie radicale, et que, d'autre part, elle a une finalité exclusivement morale ; ainsi, cette autarcie, en tant que projet et intention et en tant que processus continu (le cynique s'« entraîne » pendant tout sa vie), ne vise pas à reproduire ou à imiter la vie des animaux. L'autarcie cynique sous la forme d'un désir intransigeant va en fait beaucoup plus loin et son radicalisme n'est pas « naturel » : Diogène ne désire pas seulement manger aussi frugalement que les bêtes et se contenter d'une poignée d'herbes fraîches ou d'un poulpe cru – il ne s'arrête pas là ; il aimerait, rappelons-le, faire cesser la faim simplement en se frottant le ventre[1]. On ne saurait par conséquent définir le cynisme comme la proposition d'un « retour à la nature », car l'objectif qu'il se donne c'est d'aller *au-delà la nature*. L'homme que Diogène appelle de ses vœux (et que, certes, il ne trouvera pas même en le cherchant au plein jour avec une lanterne à la main) n'est pas un être qui serait comme les animaux, entièrement « collé » à la nature : le cynique s'est inventé, aux limites du possible, un homme plus fort que la nature[2]. En ce sens, le cynisme n'est pas un « naturalisme philosophique » ; il est, en ce sens, une philosophie foncièrement *antinaturaliste*. Dans son « éthique du minimum », le minimum n'est pas un point figé ancré sur une notion préalable de « nature », lequel, une fois atteint, pourrait stabiliser l'action ; l'« éthique du minimum » chez les cyniques, tout en étant réalisée dans le présent, vise toujours un dépassement qui est au fond le but de l'ascèse, mais qui n'est pas pour autant un « projet pour le futur ».

Néanmoins, en reprenant le texte de Dion dans ses détails, on pourrait formuler une autre objection à mon hypothèse : si les animaux ne sont pas à proprement parler des modèles pour le cynique, quel sens peut avoir la conjonction γάρ dans la proposition : « Il [Diogène] disait ainsi qu'à cause de leur mollesse, les hommes

de l'auteur de la lettre d'harmoniser le cynisme avec l'ensemble des traditions socratiques (cf. l'expression οἱ περὶ Σωκράτη). Je reviendrai sur ce texte plus loin.

1. Cf. D. L. VI 46 ; 69. Ce n'est peut-être pas un hasard ou une duplication sans importance si le biographe mentionne à deux reprises ce geste de Diogène et qu'en 69 il soit renforcé par l'adverbe συνεχές, « constamment ». La masturbation de Diogène, en raison de la réflexion qui l'accompagne, avait de toute évidence une valeur paradigmatique aux yeux du cynique. D'autre part, si cette anecdote illustre la disposition du cynique à *transgresser* la nature en ce qui concerne la conservation de la vie – il veut, au nom d'une autarcie radicale, supprimer tout besoin de ce qui lui est, pour ainsi dire, « étranger » (dans ce cas, l'aliment) –, en ce qui concerne la cessation de la vie, il n'agit pas différemment ; en effet, le cynique peut se suicider dès qu'il comprend qu'il n'est plus capable de pourvoir par lui-même à ses besoins. Sur la vieillesse et la mort de Diogène, voir les textes rassemblés dans *SSR* V B 81-116 et le commentaire dans *SSR*, t. IV, p. 437-440. Voir également, E. Livrea, « La morte di Diogene cinico », 1987. Pour une vision générale sur les morts de philosophes dans l'Antiquité, voir L. Jerphagnon, « Les mille et une morts des philosophes antiques ; essai de typologie », 1981 et, spécifiquement sur le suicide dans le cynisme, K. von Fritz, *Quellen-Untersuchungen zu Leben und Philosophie des Diogenes von Sinope*, 1926 (voir les p. 30-31), et G. Giangrande, « Cercidas et le suicide de Diogène », 1995. Pour un aperçu d'ensemble sur le thème du suicide dans l'Antiquité, on lira P. P. Fuentes González, *Les diatribes de Télès*, 1998, p. 239-242, qui donne une vaste bibliographie.

2. Cf. M.-O. Goulet-Cazé, *L'ascèse cynique*, 1986, p. 66-71.

vivaient plus malheureusement que les bêtes, *car* (γάρ) celles-ci se servent de l'eau comme breuvage, des herbes comme nourriture (...)» ? Pour essayer d'y apporter une réponse, je reprends mon analyse dès le début mais d'un autre point de vue.

La description de Dion, qui n'a évidemment pas de valeur proprement « biologique », l'immense diversité des animaux n'entrant pas entièrement dans cette typologie (par exemple : toutes les bêtes ne mangent pas que des herbes), a l'air, à première vue, de fonctionner comme une sorte d'injonction morale adressée aux hommes : on sera d'autant plus heureux qu'on s'approchera du mode de vie des animaux. Autrement dit, pour atteindre le vrai bonheur, l'homme devrait, en s'éloignant de la civilisation, imiter le plus possible la vie des bêtes. Mais il se trouve que la phrase qui précisément ouvre la période vient par anticipation troubler cette conclusion : « Il [Diogène] disait ainsi que, à cause de leur mollesse (διὰ τὴν μαλακίαν) *les hommes vivent de façon plus malheureuse que les bêtes* (τοὺς ἀνθρώπους ἀθλιώτερον ζῆν τῶν θηρίων) »[1]. Or, cette comparaison n'a pas de sens si l'on comprend que la vie des bêtes offre un modèle positif pour la conduite de l'homme. Le message de Diogène est vraisemblablement bien différent : il veut en fait montrer que les hommes qui cèdent à la mollesse sont tellement malheureux que *même les bêtes*, qui sont apparemment très malheureuses, sont moins malheureuses qu'eux[2]. La comparaison ne garde son effet que si l'on refuse à son terme comparant – la vie que vivent les bêtes – la valeur d'un idéal. En fait, les bêtes ne peuvent pas être un modèle positif pour l'homme, car, justement, elles représentent, dans l'échelle des modes de vie, un niveau très bas ; c'est ce qui va permettre qu'elles soient prises comme le seuil au-dessous duquel se trouvent les

1. Dion Chrysostome, *Discours VI, Diogène ou De la tyrannie* 21.

2. Je risque l'exemple suivant : si l'on considère qu'une intelligence supérieure se manifeste chez Einstein et que celui-ci est, par rapport à l'intelligence, un modèle auquel toute l'humanité devrait idéalement aspirer, et si l'on voulait par ailleurs dire que « Paul » est vraiment très stupide, on ne dirait jamais : « Paul est plus stupide qu'Einstein ». Ainsi, il est probable que Diogène n'aurait pas souscrit à l'opinion de F. Nietzsche lorsque celui-ci affirme : « So hat vielleicht kein Philosoph mehr Recht als der Zyniker : das Glück des Tieres, als des vollendeten Zynikers ist der lebendige Beweis für das Recht des Zynismus », « Aucun philosophe n'a peut-être davantage raison que le cynique : car le bonheur de la bête, en tant que bonheur du cynique accompli, est la preuve vivante de la légitimité du cynisme » (*Considérations intempestives II, Œuvres Complètes*, 1988, p. 77 ; cité par S. Husson, *La* République *de Diogène*, 2011, p. 69, n. 1). Sur Nietzsche et le cynisme, on pourra consulter H. Niehues-Pröbsting, « Die Kynismus-Rezeption der Moderne : Diogenes in der Aufklärung », 1993 (voir les p. 551-555) ; R. Bracht Branham, « Nietzsche's Cynicism : uppercase or lowercase ? », 2004, et A. K. Jensen, « Nietzsche's unpublished fragments on Ancient Cynicism : the first night of Diogenes », 2004. Voir également les considérations de M.-O. Goulet-Cazé, « La contestation de la loi dans le cynisme ancien », 2008, p. 405-433 (voir l'annexe « De la falsification cynique à l''Umwertung der Werthe' nietzschéenne », p. 429-430) ; et *ead.*, « Le cynisme ancien et sa postérité », 2017 (voir surtout les p. 257-258).

hommes stupides, qui sont, selon Diogène, « beaucoup plus insensés que les bêtes des pâturages"[1]. C'est précisément l'idée que l'on trouve chez le Pseudo-Cratès :

Ἀσκεῖτε ὀλίγων δεηθῆναι (τοῦτο γὰρ ἐγγυτάτω θεοῦ, τὸ δ' ἐναντίον μακροτάτω), καὶ ὑμῖν ἐξέσται μέσοις γενομένοις θεῶν καὶ ἀλόγων ζῴων τῷ κρείττονι γένει καὶ μὴ τῷ χείρονι ὁμοίους γενέσθαι.

Exercez-vous à avoir besoin de peu – car c'est cela qui rapproche le plus des dieux, tandis que le contraire est ce qui en éloigne le plus – et vous pourrez, occupant une place intermédiaire entre les dieux et les bêtes, vous rendre semblables aux dieux, la meilleure de ces races, et non pas aux bêtes, la pire[2].

1. Dion Chrysostome, *Discours VI, Diogène ou De la tyrannie* 13. Sur la question de la hiérarchie des êtres, que le cynique aurait renversée, voir les considérations de M.-O. Goulet-Cazé, « Les premiers cyniques et la religion », 1993 (voir surtout les p. 134-139) ; *ead.*, « Le Cynisme est-il une philosophie ? », 1993 (voir les p. 296-297), et de S. Husson, *La* Politeia *de Diogène*, p. 47-53. M.-O. Goulet-Cazé (à la p. 135 de l'article « Les premiers cyniques et la religion ») évoque, par exemple, un passage important chez Philodème de Gadara (Περὶ θεῶν I, col. XV, li. 17 [*PHerc.* 26], édité par H. Diels, « Philodemos. Über die Götter », *APAW, Philosophisch-historische Klasse* 1. Buch, Jg. 1915 [7. Abh.], Berlin, 1916, p. 26), dans lequel l'épicurien affirme que « beaucoup estiment bienheureux les animaux (πολλῶν ζῷα μακαριζόντων) à cause des conditions misérables de toute leur existence (ἐπὶ ταλαιπωρισμῷ τοῦ παντὸς αὐτῶν βίου), notamment à cause du fait qu'ils ne connaissent même pas les dieux (κατὰ τἄλλα καὶ κατὰ τὸ μηδὲ γιγνώσκειν θεοὺς), ces dieux qui, par nature, nous inspirent tant d'effroi ». Même s'il est correct d'identifier les adversaires de Philodème aux cyniques, comme l'a suggéré H. Diels (que M.-O. Goulet-Cazé suit), ce passage ne semble pas appuyer l'idée d'un renversement d'une hiérarchie « ontologique » des êtres, car si les animaux évidemment ne connaissent pas les dieux, il n'en va pas de même pour les hommes : il y en a qui les connaissent, il y en a qui ne les connaissent pas (sauf, peut-être, si l'on comprend que l'idée de connaître les dieux signifie non seulement la croyance aux dieux, mais aussi la capacité à les concevoir, ce qui relève de la raison ; dans ce cas, les animaux seraient heureux tout simplement parce qu'ils ne possèdent pas la raison). En tout cas, le contexte de ce passage est sans doute polémique (comme l'a observé M.-O. Goulet-Cazé, à la p. 136, n. 90 de son article) : les opinions de Philodème à propos du cynisme (et du stoïcisme) inspirent beaucoup de prudence, comme le prouve aussi son traité *Sur les stoïciens*. Toujours à propos de la hiérarchie des êtres, nous rappelons que, selon Philon d'Alexandrie, Diogène de Sinope considérait l'homme comme le meilleur des animaux (ζῴων δὲ τὸ ἄριστον, ἄνθρωπον) : cf. Philon d'Alexandrie, *Quod omnis probus liber sit* 121 (*SSR* V B 74). En revanche, lorsqu'ils cèdent à l'intempérance, les hommes s'approchent des animaux, « car pour ce qui est de posséder plus, de manger plus, de boire plus et d'avoir plus de relations sexuelles, tous les méchants sont compagnons même des bêtes sans raison » (περὶ γὰρ τοῦ πλείονα ἔχειν καὶ ἐσθίειν καὶ πίνειν καὶ ἀφροδισιάζειν οἱ πάντες φαῦλοι εἰσι καὶ τοῖς ἀλόγοις σύμφοροι) : Pseudo-Diogène, *Lettre XXXIX, à Monime* 4 (traduction de F. Junqua, *Lettres de cyniques*, 2000).

2. Pseudo-Cratès, *Lettre XI, aux compagnons* (traduction de F. Junqua). Ce conseil du Pseudo-Cratès trouve écho dans un dit de Diogène transmis par la tradition arabe : « Abandon the ways of beasts and being like those who have them (...) » (*Muntaḫab Ṣiwān al-ḥikma*, Diogenes 14 [Dunlop II, 1104-1106], *apud* D. Gutas, « Sayings by Diogenes Preseverd in Arabic », 1993, p. 513). Sur la littérature cynique préservée en arabe, voir aussi O. Overwien, *Die Sprüche des Kynikers Diogenes in der griechschen und arabischen Überlieferung*, 2005.

Il serait d'ailleurs surprenant que celui qui « ne cessait de répéter (συνεχὲς ἔλεγεν) que, si l'on veut être équipé pour vivre (τὸν βίον παρεσκευάσθαι), il faut de la raison (λόγον) ou une corde »[1], ait pu élire comme modèle de vie excellente la vie des êtres dont la caractéristique majeure est précisément d'être ἄλογα. Encore une fois, on ne trouve dans les paroles de Dion elles-mêmes rien qui prouve un naturalisme cynique dirigé vers l'animalité, même si les bêtes y foisonnent en tant qu'exemples illustrant la *bêtise* des hommes.

La question peut tout de même revenir sous une forme plus élargie : comment comprendre la comparaison entre les hommes et les animaux autour de laquelle Dion organise son discours ? En fait, il est probable que l'*exemple* des animaux (positif, dans ce cas) n'ait – chez lui comme dans tout le mouvement cynique – d'autre fonction que celle de rehausser l'incohérence des actions des hommes dont l'origine est non la raison en soi (ni la participation à la civilisation), mais le mauvais usage de la raison (ou du monde civilisé). Dion entreprend en réalité de faire s'opposer, pour en souligner la portée, la stupidité du seul être rationnel avec la bonhommie « mécanique » et irréfléchie des bêtes. Cela ne veut pourtant nullement dire qu'il conseille aux hommes de vivre comme les animaux ; il ne propose pas de substituer à la stupidité des hommes qui ne font pas un bon usage de la raison un autre type de « stupidité », celle des animaux qui ne font aucun usage de la raison, parce que, simplement, ils ne la possèdent pas. On voit donc que, pour le cynique, puisque la raison de l'homme n'est pas, en elle-même, un mal, les produits que la raison de l'homme engendre (c'est-à-dire, l'ensemble du monde civilisé) ne sont pas non plus, en eux-mêmes, des maux. Tout se joue manifestement dans l'usage que l'on en fait.

Nous devons ainsi nous garder du risque de faire dire au texte de Dion plus qu'il ne dit : Diogène ne condamne pas – ce sont les exemples que l'orateur choisit, parmi d'autres possibilités, pour illustrer les ressources du monde civilisé – l'appel aux médecins (ἰατροί), l'usage des médicaments (φάρμακα) et de tous les artifices qui servent à écarter la mort (τοσαῦτα μηχανωμένους πρὸς ἀναβολὴν τοῦ θανάτου) et préserver l'individu dans de bonnes conditions[2]. Cela serait contradictoire avec sa décision de *ne s'abstenir de rien* (οὐ παρέπεμπεν οὐδέν) *qui pouvait, facilement et sans tracas* (ῥᾳδίως καὶ ἀπραγμόνως), *aider son corps* (ἐπικουρεῖν τῷ σώματι) à supporter tout ce qu'autrement il ne peut pas supporter

1. D. L. VI 24. Le même mot est attribué à Antisthène (cf. Plutarque, *Sur les contradictions des stoïciens* 14, 1039 e-f = *SVF* III 167) et à Cratès (cf. *Gnomologium Vaticanum* 743, n° 386 = *SSR* V H 79). Il est intéressant d'observer que cette idée traverse toute la première phase du cynisme, ce qui semble attester son importance. Cf. aussi, pour l'importance du λόγος chez les cyniques, Pseudo-Cratès, *Lettre XXXI, à Hipparchia*.

2. Dans la *Lettre XVII, aux compagnons*, attribuée à Cratès, Diogène compare la consultation des médecins (ἰατροὶ) à l'aumône (αἰτεῖν), et les pilules (καταπότιον) au pain (μᾶζαν) : selon lui, ni l'un ni l'autre ne seraient déshonorants ou honteux (ἄδοξον ; αἰσχρόν).

ou éviter[1]. Certes, dès l'instant où la vie « selon la facilité » se définit dans la perspective de l'autarcie – la vie sera d'autant plus « facile » et heureuse qu'elle dépendra le moins possible de ce qui est extérieur à l'individu (la facilité, en ce sens, est indissociable de la liberté, ou, plus précisément, d'une forme de libération[2]) –, on pourrait objecter que recourir aux médecins et aux médicaments, qui sont bien évidemment extérieurs à l'individu, signifierait, pour le cynique, une façon de transiger sur les principes de sa propre doctrine. Néanmoins, encore qu'elle invite à un rigorisme très poussé, l'idée d'une « vie facile » chez les cyniques n'est pas un absolu universel, valable sous une forme unique pour tous les hommes : il s'agit – c'est Diogène lui-même qui le rappelle[3] – d'un concept que chacun doit progressivement et continuellement adapter à ses conditions concrètes. Il n'est donc pas vraisemblable que Diogène ait prescrit le refus total de la médecine et de la pharmacie en vue de rapprocher le monde des hommes du monde des bêtes qui ne connaissent pas l'usage des médicaments, mais qui, d'autre part, ne peuvent procéder à aucune adaptation, à aucune altération de leur *ethos*. Encore une fois, nous ne devons pas surenchérir sur le texte de Dion : selon Diogène, les médecins et les médicaments ne sont évidemment pas les responsables des maladies et de la mort prématurée des hommes ; les vrais responsables en sont, le plus souvent, leur propre comportement démesuré (διὰ τὴν αὑτῶν ἀκολασίαν) et leur propre perversité (καὶ πονηρίαν). La contradiction réside donc dans le fait que les hommes, en voulant préserver leur santé le plus longtemps possible, trouvent ou s'inventent d'innombrables moyens pour y parvenir, mais en même temps rendent ces moyens inutiles à cause de leur propre intempérance qui va dans le sens contraire de la santé et de la préservation de la vie qu'ils recherchent : καὶ μήτε Χείρωνος μήτε Ἀσκληπιαδῶν ἰωμένων μηδὲν αὐτοῖς ὄφελος εἶναι διὰ τὴν αὑτῶν ἀκολασίαν καὶ πονηρίαν. Et Dion lui-même observe que les hommes insensés arrivent à cette situation absurde, à savoir qu'ils ont besoin, en même temps, et de glace et du feu : δέονται δὲ ὁμοῦ χιόνος καὶ πυρός. Ainsi, à ses yeux, l'incohérence dans les actions rend inutiles non seulement l'aide que les remèdes peuvent apporter mais aussi l'aide des dieux à laquelle ces mêmes hommes font souvent appel :

> 'Εκίνει δ' αὐτὸν καὶ τὸ θύειν μὲν τοῖς θεοῖς ὑπὲρ ὑγιείας, ἐν αὐτῇ δὲ τῇ θυσίᾳ κατα τῆς ὑγιείας δειπνεῖν.

1. Cf. Dion Chrysostome, *Discours VI, Diogène ou De la tyrannie* 30.

2. J'hésiterais à identifier la liberté cynique à une « liberté négative » dans le sens que donne I. Berlin, « Two concepts of Liberty », 1969, à cette expression (cf., l'« Introduction » de R. Bracht Branham et M.-O. Goulet-Cazé dans *id.* [édit.], *The cynics*, 1996, p. 9). En fait, il ne sera peut-être pas facile de séparer, dans le cynisme, une « liberté de » d'une « liberté pour ». En ce sens, pour les cyniques, le concept de liberté serait analogue à celui de cosmopolitisme.

3. Cf. D. L. VI 35 : « Il [Diogène] disait qu'il imitait les maîtres de chœur. Ceux-ci en effet donnent le ton plus haut afin que les autres trouvent le ton convenable » (trad. de M.-O. Goulet-Cazé, légèrement modifiée).

Il [Diogène] était hors de lui quand les gens sacrifiaient aux dieux pour leur santé et, au cours même du sacrifice, mangeaient au détriment de cette même santé[1].

Par conséquent, les hommes – les hommes stupides, bien entendu – mènent une vie non seulement plus difficile, mais une vie deux fois plus difficile, dans la mesure où, en désirant parvenir à un certain objectif, ils annulent un effort par un autre. Il paraît alors évident que le recours aux médecins et aux médicaments n'est pas en principe illégitime ; bien au contraire, si l'on admet que les médecins et les médicaments figurent parmi « les choses qui peuvent aider le corps », leur utilisation est tout à fait légitime, à condition qu'elle soit en harmonie avec un comportement convenable : le bon usage de la science médicale et des procédures thérapeutiques est ainsi déterminé par le « comment » et par le « combien ». En ce sens, il n'est probablement pas fortuit que Dion prenne l'exemple des drogues que les animaux n'ont jamais fabriquées, pour illustrer les dérives et les mauvais usages des produits de la civilisation, car un φάρμακον, entre drogue salutaire et drogue malfaisante, entre remède et poison, en agissant sur la vie « biologique », se définit en quelque sorte par la manière dont on s'en sert et par le dosage qu'on applique. En évoquant le φάρμακον, qui désigne en fait « toute substance au moyen de laquelle on *altère la nature* d'un corps », Dion peut vouloir suggérer que, par rapport au « monde naturel », Diogène n'est pas un « gardien du temple » et qu'il est, en bon « falsificateur », toujours prêt à altérer les choses – celles imposées par la nature ainsi que celles accordées par la civilisation – au nom d'une autarcie progressive qui est pour lui le seul chemin permettant de parvenir à la vie la plus « facile » possible. Pour le cynique il ne serait pas plus condamnable de prendre un médicament *dans certaines conditions* que de se frotter une partie du corps pour se libérer des désirs et des besoins qui, d'une certaine façon, concernent cette partie du corps. Pour reprendre les images mythologiques dont Dion/Diogène lui-même se sert, nous pourrions dire que les inventions de Chiron et d'Asclépios ne valent pas moins que celles d'Hermès et de Pan[2].

D'autres aspects du discours de Dion renforcent l'idée que l'« animalité cynique » n'existe qu'en apparence, à la surface de son récit. Selon le diagnostic de Diogène rapporté par l'orateur de Pruse, une autre cause du malheur des hommes, à laquelle s'ajoutent les actions incohérentes issues de leur intempérance et de leur perversité, réside dans leur mollesse et leur indolence : ἔλεγε δὲ διὰ τὴν μαλακίαν τοὺς ἀνθρώπους ἀθλιώτερον ζῆν τῶν θηρίων[3]. L'expression διὰ τὴν μαλακίαν anticipe donc l'expression διὰ τὴν ἀκολασίαν καὶ πονηρίαν à la fin

1. D. L. VI 28. Cf. aussi Stobée III 6, 35 : « Les gens demandent aux dieux la santé, mais la plupart font tout ce qui est contraire à la santé » (la même idée est attribuée à Démocrite dans Stobée III 18, 30).

2. Cf. Dion Chrysostome, *Discours VI, Diogène ou De la tyrannie* 20 ; Pseudo-Diogène, *Lettre XLIV, à Métroclès*.

3. Dion Chrysostome, *Discours VI, Diogène ou De la tyrannie* 21.

du paragraphe. Notons qu'à aucun moment Dion/Diogène ne dit que le malheur des hommes advient du fait (διά) qu'ils ne vivent pas – ou qu'ils ne vivent plus – comme des animaux. Certes, les animaux, si on les compare aux hommes, semblent faire montre d'endurance et de résistance face aux intempéries et aux privations. Mais en ce sens, cette endurance et cette résistance ne constituent qu'un *motif* à partir duquel le cynique construit son argument : ce que, dans une perspective humaine, les hommes projettent sur le monde animal sert à Diogène d'inspiration et d'exemple rhétorique, et non de justification philosophique. D'ailleurs, on peut légitimement soupçonner qu'en prenant l'exemple des animaux Diogène ne fait que renverser l'opinion que les gens devaient se faire en regardant son style de vie[1]. C'est Dion lui-même qui précise : « Puisque certains disaient (ἔλεγον τινες) que l'homme n'est pas capable de vivre comme les autres animaux (οὐ δυνατὸν εἶναι ζῆν τὸν ἄνθρωπον ὁμοίως τοῖς ἄλλοις ζῴοις), (...) contre ce genre de chose (πρὸς ταῦτα), [Diogène] répondait (ἀντέλεγεν) que les hommes sont aussi fragiles en raison de leur mode de vie (διὰ τὴν δίαιταν) »[2]. Ces gens-là (τινες) sont peut-être les mêmes insensés (ἔνιοι τῶν ἀφρόνων) qui jugeaient (ἐνόμιζον) le cynique trop négligent par rapport à son corps[3] ; mais nulle part dans le texte, il ne dit que ces gens réagissaient à un conseil de Diogène : ils réagissaient simplement à leurs propres impressions. Autrement dit, le rapprochement entre le mode de vie de Diogène et le mode de vie des animaux ne serait probablement que le fait des gens qui l'observaient et qui, d'après les apparences, s'étaient formé une opinion à son propos et, par conséquent, à propos de sa philosophie. Or, il n'en était rien : Diogène n'était pas négligent par rapport à son corps et n'avait pas conseillé aux hommes de vivre comme les autres animaux (ὁμοίως τοῖς ἄλλοις ζῴοις). Néanmoins, il ne refuse pas ouvertement le rapprochement entre son mode de vie et le mode d'existence des bêtes, il s'en sert rhétoriquement pour faire passer son message. Sur ce point, le texte de Dion est encore une fois suffisamment clair : pour réfuter les gens qui croyaient que l'homme est trop fragile pour vivre comme les animaux, il n'affirme pas le contraire, c'est-à-dire, il n'affirme pas que les hommes peuvent (ou doivent) vivre tout à fait comme les animaux ; puisqu'il considère que la cause de la fragilité des hommes est leur régime de vie trop mou, son argument invite évidemment à un changement des habitudes. Dion parle, par exemple, de l'exposition au soleil et au froid, mais nous savons qu'il ne s'agissait pas seulement d'une sorte de « communion avec la nature », comme celle que les animaux pratiquent (sans avoir pourtant choisi de la pratiquer) : le cynique va bien plus loin ; il ne se contente pas seulement de s'exposer au soleil et au froid :

1. C'est ce que laisse entendre aussi le petit dialogue *Le Cynique* du (Pseudo- ?) Lucien que j'examinerai plus loin.

2. Dion Chrysostome, *Discours VI, Diogène ou De la tyrannie* 26-27.

3. *Ibid.*, 8.

Καὶ θέρους μὲν ἐπὶ ψάμμου ζεστῆς ἐκυλινδεῖτο, χειμῶνος δὲ ἀνδρίαντας κεχιονισμένους περιλάμβανε, πανταχόθεν ἑαυτὸν συνασκῶν.

L'été, il se roulait sur du sable brûlant, tandis que l'hiver, il étreignait les statues couvertes de neige, tirant ainsi profit de tout pour s'exercer[1].

La solution de Diogène au malheur des hommes n'est donc pas de renouer avec un état de nature par la (re)conversion à une « vie animale » : il ne s'agit pas de vivre « selon la nature », mais de pratiquer l'ascèse, une ascèse très rigoureuse, à la limite du vraisemblable. Dès lors, deux choses me semblent évidentes : d'une part, aucune ascèse n'est accessible à l'animal, et, d'autre part, l'ascèse que prône Diogène ne ressemble en rien au comportement des animaux : en effet, on n'a jamais vu des lions, des chevaux ou des chiens s'exposer volontairement au froid ou à la chaleur pour augmenter leurs capacités à affronter l'adversité. Il me paraît donc difficile de dégager des idées de Diogène que Dion transmet une quelconque proposition qui ferait du monde naturel représenté par les animaux un modèle de bonheur pour l'homme. À en croire le raisonnement de Diogène conservé chez Diogène Laërce, ce n'est point sur le modèle des animaux que les cyniques construisent leur « éthique du minimum », mais bien plutôt sur celui des dieux :

Ἀρέσκει δ' αὐτοῖς καὶ λιτῶς βιοῦν, αὐτάρκεσι χρωμένοις σιτίοις καὶ τρίβωσι μόνοις, πλούτου καὶ δόξης καὶ εὐγενείας καταφρονοῦσιν. ἔνιοι γοῦν καὶ βοτάναις καὶ παντάπασιν ὕδατι χρῶνται ψυχρῷ σκέπαις τε ταῖς τυχούσαις καὶ πίθοις, καθάπερ Διογένης, ὃς ἔφασκε θεῶν μὲν ἴδιον εἶναι μηδενὸς δεῖσθαι, τῶν δὲ θεοῖς ὁμοίων τὸ ὀλίγων χρῄζειν.

Ils soutiennent encore qu'il faut vivre frugalement, en se contentant de la nourriture qu'on peu se procurer pour soi-même et du seul manteau élimé, en méprisant richesse, réputation et bonne naissance. En tout cas il y en a parmi eux qui se satisfont d'herbes, d'eau toute fraîche et d'abris de fortune ou de tonneaux, comme Diogène qui disait toujours que le propre des dieux est de n'avoir besoin de rien, et que le propre des gens semblables aux dieux est le fait d'user de peu[2].

Ce passage a en effet une importance particulière parce qu'il vient à la toute fin du livre VI de Diogène Laërce et que par conséquent il fait partie de ce qu'on a convenu d'appeler la « doxographie cynique générale » et qui rassemble, selon le biographe lui-même, les doctrines communes aux philosophes cyniques (τὰ κοινῇ ἀρέσκοντα αὐτοῖς)[3]. Toutefois, on doit noter que cette unité doctrinale n'est pas à proprement parler « dogmatique », car elle n'exclut pas une certaine « pluralité » des pratiques, ce qui n'irait pas sans surprise si l'on considérait que la proposition d'une vie *kata phusin* a nécessairement une portée universelle. Or, ce ne sont que quelques-uns (ἔνιοι) parmi les philosophes cyniques qui adoptent une diète

1. D. L. VI 23. Il n'est peut-être pas sans importance que le texte parle de « statues (d'hommes ou de figures humaines) » : cela prouve bien que l'ascèse cynique se réalise dans l'espace de la cité, c'est-à-dire à l'intérieur du monde civilisé ; elle n'est pas, en ce sens non plus, une « communion avec la nature ». Ce passage est très important, car il montre bien le type d'ascèse que pratiquait Diogène. J'y reviendrai plus loin.

2. D. L. VI 105 (traduction de M.-O. Goulet-Cazé, modifiée).

3. Cf. D. L. VI 103. Voir à ce sujet, A. Brancacci, « I κοινῇ ἀρέσκοντα dei Cinici e la κοινωνία tra cinismo e stoicismo nel libro VI (103-105) delle *Vite* di Diogene Laerzio », 1992.

végétarienne, et cette information que donne le biographe doit être mise en perspective avec l'aide de deux faits obvies : que les animaux ne sont pas tous végétariens et que l'on ne trouve aucune référence à une quelconque restriction alimentaire dans la littérature cynique, comme c'est le cas par exemple chez les pythagoriciens. Quoi qu'il en soit, force est d'admettre que si les dieux sont explicitement évoqués dans ce passage, l'idée d'une exemplarité animale n'est qu'une inférence que le texte ne confirme pas de façon nécessaire. Autrement dit, il serait abusif de vouloir identifier le peu auquel le cynique a recours à l'idée d'une prescription de la nature ; de même, voir l'ombre des animaux derrière ceux qui ont peu de besoins ne serait que combler arbitrairement un silence du texte[1].

4. Manger à sa faim et « déguster sa faim »

On pourrait tout de même objecter que cette hypothèse qui, prenant appui ici sur le témoignage de Dion Chrysostome, refuse au monde naturel le rôle de modèle dans le cynisme et qui affirme que les cyniques n'ont jamais proposé un retour à la nature ou à une vie « selon la nature », étant donné que leur vie dépend entièrement de la notion d'ascèse (au sens que lui prêtait Diogène), se heurte à un détail philologique qui n'est pas dénué d'importance : dans son *Discours VI*, comme dans tous ses autres discours « diogéniens », Dion n'utilise jamais le terme ἄσκησις, qui était pourtant, selon toute évidence, central dans la philosophie de Diogène. Celui-ci disait, en effet, que « rien, absolument rien, ne réussit dans la vie sans ascèse », et que « celle-ci est capable, en revanche, de triompher de tout »[2]. Cependant, puisque la mention explicite d'un concept n'est pas, à la rigueur, indispensable pour transmettre l'idée qui lui est propre, je dirais que, selon le texte de Dion, l'ascèse est bel et bien le véritable « remède » que Diogène propose pour extirper de l'homme sa mollesse (qui d'ailleurs n'est pas « naturelle »), et pour le guérir de son intempérance et de sa perversité. Et ce « remède » n'est pas à proprement parler un remède « naturel ». En ce sens, pour mieux rendre compte de l'originalité de l'ascèse diogénienne, dont le but à atteindre – nous l'avons dit – n'est probablement pas la « vie selon la nature », nous pouvons

1. On pourrait légitimement spéculer sur les raisons qui ont amené le biographe à employer des verbes différents pour parler des besoins des dieux (ou plutôt de l'absence de besoins chez les dieux) et des nécessités de ceux qui sont semblables aux dieux : le propre des dieux est de n'avoir besoin (δεῖσθαι) de rien, tandis que le propre des gens qui leur sont semblables c'est le fait d'user (τὸ χρῄζειν) de peu. Mis dans la même phrase, le verbe δεῖσθαι semble indiquer un besoin « absolu », alors que χρῄζειν (substantivé par l'article) prête quelque chose de « relatif » à l'affirmation. Ce dernier est en effet un dénominatif de χρή, au même titre que χράομαι (« se servir ou faire usage de », construit normalement avec un datif, tandis que χρῄζειν se construit d'ordinaire avec un génitif) : cf. P. Chantraine, *Dictionnaire étymologique de la langue grecque*, 1999 (1re éd. 1968), s.v. χρή, p. 1272-1275. On dirait que dans ce passage τὸ χρῄζειν laisse entendre que l'usage des choses peut être au-delà des besoins, ainsi que, idéalement, en-deçà.

2. D. L. VI 71 : Οὐδὲν γε μὴν ἔλεγε τὸ παράπαν ἐν τῷ βίῳ χωρὶς ἀσκήσεως κατορθοῦσαι, δυνατὴν δὲ ταύτην πᾶν ἐκνικῆσαι (trad. de M.-O. Goulet-Cazé).

évoquer une affirmation du discours de Dion qui, me semble-t-il, en exprime sans équivoque la portée, bien que de façon subtile :

Ὁ δὲ λιμῷ μὲν ἐχρῆτο καὶ δίψει πρὸ τῆς τροφῆς ἑκάστοτε, καὶ ἐνόμιζε ταῦτα ἱκανώτατον καὶ δριμύτατον τῶν ὄψων[1].

L. Paquet, dans son recueil des fragments des cyniques grecs[2], à la suite de la traduction de J. W. Cohoon pour la *Loeb Classical Library*[3], a rendu cette phrase ainsi :

Diogène, lui, attendait toujours d'avoir faim et soif avant de prendre quelque nourriture : il jugeait en effet que la faim était l'apéritif le plus piquant et le plus efficace[4].

Cette façon de traduire la phrase (et de rendre le message qu'elle contient), tout en gardant l'idée d'une frugalité fondée sur l'observation stricte des désirs et des besoins naturels, dans la mesure où elle cache certains détails de vocabulaire, finit par fausser l'esprit qui probablement animait la philosophie de Diogène. En effet, « attendre toujours d'avoir faim et soif avant de manger et boire » serait peut-être agir « selon la nature », puisque cela signifie que l'on ne mangera pas si l'on n'a pas faim et que l'on ne boira pas si l'on n'a pas soif. On agirait ainsi comme les animaux – ou plus exactement selon la vision plus ou moins idéalisée que nous avons des animaux –, qui ne mangent pas s'ils n'ont pas vraiment faim et qui ne boivent pas s'ils n'ont pas vraiment soif (ce qui – c'est l'expérience qui nous le montre – n'est certainement pas tout à fait vrai). En outre, le plaisir que l'on en tirerait serait un plaisir « naturel » issu de la simple satisfaction d'un besoin, un plaisir que l'on pourrait qualifier de « délivrance par assouvissement ». Or, le verbe χρῶμαι (en l'occurrence à l'imparfait) – qui est, selon moi, la clé de tout ce passage – ne peut être traduit par « attendre » que de façon assez approximative, car son sens premier, avec un datif (normalement de valeur instrumentale), est « se servir de », « utiliser (quelque chose ou quelqu'un) » ou « mettre (quelque chose ou quelqu'un) à profit ». Ce détail du texte est loin d'être anodin ; en effet, traduire ce verbe par « attendre » peut certes donner une « version » naturaliste du geste de Diogène, mais, en supprimant la suggestion d'une « instrumentalisation » des besoins naturels, cette traduction ne rend pas compte de la radicalité de son ascèse. Cette précision lexicale nous révèle ainsi un aspect important des idées-forces du cynisme diogénien, des idées qui sont sans doute paradoxales, voire choquantes, qui se présentent souvent teintées d'humour, mais qui dépassent toute forme de naturalisme : sur le chapitre de la nourriture, Diogène

1. Dion Chrysostome, *Discours VI, Diogène ou De la tyrannie* 12.

2. L. Paquet, *Les cyniques grecs*, 1988 (1re éd. 1975) : cf. la p. 190.

3. J. W. Cohoon, *Dio Chrysostom. Discourses* 1-11, 2002 (1re éd. 1932) : « Diogenes, however, always waited until he was hungry or thirsty before he partook of nourishment, and he thought that hunger was the most satisfactory and pungent appetizers » (p. 257).

4. Cf. aussi la traduction donnée par M.-O. Goulet-Cazé, *L'ascèse cynique*, 1986, p. 55, n. 127 : « Diogène attendait toujours d'avoir faim et soif avant de prendre de la nourriture et il estimait que c'était là le plus satisfaisant et le plus piquant des assaisonnements ».

se servait de la faim et de la soif[1]. Et puisque Diogène compare la faim et la soif à une sorte de friandise (ὄψον), je prends le risque de reformuler ainsi la description de son attitude : sur le chapitre de la nourriture, Diogène *dégustait sa faim et sa soif*[2].

1. Il nous paraît légitime de supposer que la compréhension courante du fragment de Diogène prend appui sur le passage du *Banquet* de Xénophon où Antisthène soutient des idées similaires : « Ai-je en effet, le désir de me régaler, je n'achète pas au marché des denrées de premier choix, – cela revient trop cher –, mais c'est dans mon appétit (ἐκ τῆς ψυχῆς) que je les trouve. Et mon plaisir est bien plus grand (πολὺ πλέον διαφέρει πρὸς ἡδονήν) lorsque j'attends pour manger ou boire d'en éprouver le besoin (ὅταν ἀναμείνας τὸ δεηθῆναι προσφέρωμαι), que lorsque j'absorbe quelque chose de coûteux (ὅταν τινὶ τῶν τιμίων χρῶμαι), comme par exemple maintenant ce vin de Thasos que l'on nous sert et que je bois sans avoir soif. J'ajoute qu'ils sont plus honnêtes (πολὺ διακαιοτέρους) – et c'est naturel (εἰκός) – ceux qui recherchent la simplicité (εὐτέλειαν) de préférence à l'abondance (πολυχρηματίαν) ; car plus on se contente de ce que l'on a, et moins on convoite le bien d'autrui. Il vaut aussi la peine de remarquer qu'une richesse de ce genre rend généreux (ἐλευθερίους) » (Xénophon, *Banquet* IV 41-43 ; traduction de F. Ollier, dans *Xénophon. Banquet*, 1994, p. 82-83). Or, même si bon nombre des idées que Dion prête à Diogène étaient tirées des ouvrages d'Antisthène, il n'est pas exclu qu'il pouvait très bien départager ce qui revenait à chacun. En outre, si ce qui justifie cette manœuvre – prêter à Diogène les idées d'Antisthène – consiste dans le fait que le nom de Diogène était d'une certaine manière plus « riche » en ce qui concerne ses possibilités dramatiques et symboliques, nous devons admettre que cette « richesse » devait avoir bien sûr ses motivations, et ce sont peut-être ces motivations que Dion met en évidence lorsqu'il évoque la radicalité du cynisme diogénien. Autrement dit, Dion se sert, *à sa façon*, des idées et des thèses qui ont fait la réputation de Diogène. Ainsi, s'il est vrai qu'Antisthène recommande la modération et soutient des idéaux de frugalité, de simplicité et de facilité (εὐτέλειαν), contre l'ostentation et l'abondance (πολυχρηματίαν) et au nom de la liberté (ἐλευθερίους), et qu'il puise dans son âme (ἐκ τῆς ψυχῆς) la force de maîtriser ses désirs, son plaisir, bien qu'il soit intensifié par l'attente, reste toujours en quelque sorte le plaisir de l'assouvissement. À cet égard, les idées d'Antisthène ne sont pas très différentes de celles d'Épicure : cf., par exemple, D. L. X 11 et tout l'argument de la *Lettre à Ménécée*, en D. L. X 122-135 (pour le rapprochement entre cynisme et épicurisme, voir M. Gigante, « Cinismo e Epicureismo », 1993). Antisthène, pour augmenter le plaisir qu'il tire de la nourriture et de la boisson, préfère « attendre patiemment » (ἀναμείνας) la faim et la soif avant de boire et de manger, que de « se servir de quelque chose de dispendieux » (τινὶ τῶν τιμίων χρῶμαι). De son côté, en ce qui concerne ces mêmes besoins naturels, Diogène *se servait de la faim et de la soif* (λιμῷ ἐχρῆτο καὶ δίψει) : pour plus surprenant que cela puisse paraître, Diogène suggère que c'est dans la privation en soi qu'il trouve son plaisir. On s'aperçoit donc que du cynisme d'Antisthène – s'il est correct de le considérer comme un cynique – au cynisme de Diogène, il y a une nette évolution qui va dans le sens du radicalisme et qui porte précisément sur la notion et la pratique de l'ascèse. Pour l'ascèse antisthénienne, voir M.-O. Goulet-Cazé, *L'ascèse cynique*, 1986, p. 141-150.

2. D'une certaine manière, Diogène radicalise ce que, dans la tradition cynique elle-même, on prêtait déjà à Socrate, qui « tirait son apéritif non pas des jardins, ni des cuisines, mais de la gymnastique » (ὄψον δὲ οὐκ ἐκ τῶν κήπων φέροντος οὐδ' ἐκ τῶν μαγειρείων, ἀλλ' ἀπο τῶν γυμνασίων) : Pseudo-Diogène, *Lettre XXXII, à Aristippe* 1. Cette lettre pseudépigraphe fait évidemment état d'une polémique avec la pensée d'Aristippe. Serait-il légitime de voir dans le génitif *κήπων* une allusion à Épicure ?

En outre, Dion/Diogène semble aussi jouer sur les différents sens possibles de la préposition πρό construite avec le génitif : exprimant l'idée de temps, elle signifie « avant » ; avec une valeur plus ou moins figurée, issue de l'idée de lieu, on peut la rendre par « devant » ou « en face de » ; et, finalement, elle exprime des rapports divers qui, en l'occurrence, pourraient être traduits par « de préférence à » ou encore « au lieu de », « à la place de ». À cela s'ajoutent les nuances qu'à l'intérieur d'un champ sémantique assez large nous pouvons prêter à τροφή ; en effet, ce substantif peut signifier, parmi d'autres possibilités, l'action de nourrir (*nourishment*), la nourriture elle-même, ou encore la façon dont on se nourrit, d'où le mode de vie. Mais étant donné les artifices et les ressources stylistiques qu'un texte de ce type peut présenter et le goût des jeux de mots, des calembours et des parodies que les cyniques eux-mêmes manifestaient et qui sont, d'une certaine manière, les formes sous lesquelles se manifeste une sorte de « falsification » du langage (poétique ou commun)[1], nous pouvons considérer que les différentes nuances que les termes du passage en question nous suggèrent ne s'éliminent pas mutuellement et que, par conséquent, nous ne sommes pas obligés de faire un choix dans leur compréhension (un principe qui ne peut pas fonctionner lorsqu'il s'agit de *traduire* les textes)[2] : en fait, tout en pointant toujours dans la même direction, le message de Dion/Diogène paraît être volontairement polysémique (ce qui ne facilite sans doute pas la tâche du traducteur)[3]. Ainsi, on pourrait envisager les deux nuances principales du geste de Diogène amalgamés dans le passage : (1) dans un sens pratique, c'est-à-dire, dans le sens de ce qu'il pouvait réellement faire : à chaque fois ou toujours (ἑκάστοτε), avant de se nourrir, Diogène *utilisait* la faim et la soif ; cela veut dire en fait non que Diogène « attendait patiemment » que la faim et la soif arrivent, mais qu'il ne mangeait qu'après avoir essayé de

1. Voir à ce propos, I. Chouinard, « Cynisme et falsification du langage : à propos de Diogène cherchant un homme », 2016.

2. C'est la jonction de ces deux aspects – la rhétorique et le style de Dion, d'une part, et le *kynikos tropos*, de l'autre –, dans un seul document, qui nous permet de parler, au niveau de la forme et de certains éléments philosophiques, d'un « Dion/Diogène ».

3. En tant que pièce oratoire visant une prestation publique, le tissu des discours de Dion est assez complexe : d'une certaine manière, il « organise » des références multiples à des degrés divers du texte. En ce sens, nous pouvons admettre que dans son *Discours VI*, Dion croise ses propres informations sur le cynisme (ses lectures des ouvrages cyniques originaux ?) avec ce que son public en pouvait savoir et les impressions qu'il pouvait en avoir. De même, l'éloge cynique de la privation, probablement difficile à comprendre par ce même public, se faisait accompagner, souvent sous le voile de l'humour, par l'éloge « plus acceptable » de l'austérité et de la modération. Autrement dit, il est possible que Dion « cache » dans des « couches » plus profondes de son texte les aspects plus polémiques ou plus redoutables du cynisme, surtout en ce qui concerne l'ascèse. Par ailleurs, il serait légitime de se demander quelle était sa véritable opinion sur la philosophie de Diogène. Approuva-t-il *sincèrement*, fût-ce pendant une période plus ou moins courte de sa vie, les rigueurs de l'ascèse cynique ? Pour quelques éléments de réflexion à ce sujet, voir l'article de F. Brenk, « Dio on the simple and self-sufficient life », 2000. Je reviendrai plus loin sur l'hypothèse d'une « polysémie grammaticale » dans les textes cyniques.

pousser la faim et la soif jusqu'à un point qu'il pouvait supporter ; la faim et la soif sont, dans ce cas, les instruments de son ascèse ; autrement dit, il « instrumentalise » les données de la nature afin de mieux résister à ses contraintes ; (2) dans un sens hypothétique, c'est-à-dire, dans le sens de ce à quoi Diogène idéalement aspirait : à chaque fois ou partout (ἑκάστοτε), il *se servait* de la faim et de la soif et non seulement de la nourriture pour avoir du plaisir (d'une certaine façon, la privation et la satisfaction « travaillent » ensemble) ; pour étonnant que cela puisse paraître, force est de constater que, pour Diogène, même la privation, qu'il contrôle et qu'il instrumentalise, peut procurer du plaisir[1]. Il serait peut-être exagéré de penser que Diogène, même dans une perspective strictement « théorique », aurait pu trouver plus agréable d'avoir faim que de manger, simplement parce que la faim est quelque chose de « plus autarcique », dans la mesure où elle se produit spontanément dans le sujet, sans avoir recours à rien d'extérieur[2]. En

1. Il ne faut pas confondre le geste de Diogène avec ceux d'un *fakir*, dans le cadre plus vaste des tentatives de rapprocher le cynisme de certaines sectes orientales : l'ascèse de Diogène, réalisée avec le corps et sur le corps, a un objectif strictement moral ; elle n'est pas « métaphysique » et ne vise pas à transcender le corps ou à abdiquer face à lui. L'ascèse de Diogène, parce qu'il souligne toujours le plaisir qu'elle procure – le cynique s'adonne aux épreuves et aux privations avec une certaine gaîté – rappelle ces jeux d'enfant qui consistent à s'imposer volontairement des épreuves, comme par exemple retenir sa respiration : gagne celui qui reste le plus longtemps sans respirer. Dans ce contexte, il n'est peut-être pas sans intérêt d'évoquer les *Méliambes* de Cercidas de Mégalopolis, où le poète qualifie Diogène comme αἰθεριβόσκας (cf. D. L. VI 76). La plupart des traducteurs et des commentateurs du texte laërtien comprennent ce terme (d'ailleurs très rare dans la littérature grecque) au sens de « celui qui mange ou vit en plein air ». On aurait donc, encore une fois, le cynisme présenté comme une forme de naturalisme, une conception que nous voulons précisément remettre en cause. Or, il ne serait peut-être pas impossible que ce terme, qui exprime le désir d'une frugalité et d'une autarcie extrêmes et qui est en harmonie avec le suicide par la rétention de la respiration (une manifestation majeure de l'autarcie, même si elle est douteuse d'un point de vue pratique) mentionné quelques vers plus bas dans le même poème (cf. dans D. L. VI 77 l'expression τὸ πνεῦμα συνδακών), soit compris au sens de « celui qui *mange de l'air* » : c'est précisément l'interprétation qu'en donne G. Giangrande, « Cercidas et le suicide de Diogène », 1995 (cf. aussi *id.*, « Cercidas, fr. 1 Powell », 1984). Sur les poèmes de Cercidas, voir J. L. López Cruces, *Les* Méliambes *de Cercidas de Mégalopolis*, 1995 (cf. les p. 236-241). Voir enfin, *DPhA*, t. II, 1994, *s.v.* « Cercidas de Mégalopolis » C 83, p. 269-281 (M.-O. Goulet-Cazé et J. L. López Cruces).

2. C'est peut-être en ce sens qu'il faut comprendre l'affirmation de Diogène selon laquelle « le ventre est la Charybde de la vie » (D. L. VI 51 : τὴν γαστέρα Χάρυβδιν ἔλεγε τοῦ βίου). Puisque Diogène ne précise pas qu'il s'agit des ventres des gloutons qui, parce qu'ils mangent trop, diminuent leurs chances d'une vie longue (c'est l'interprétation que M.-O. Goulet-Cazé donne du passage dans une note [p. 725, n. 5] à sa traduction du livre VI de Diogène Laërce), on pourrait envisager qu'il s'agisse de *tous* les ventres, car pour tous ceux qui ont un ventre – c'est-à-dire, tous les mortels –, la nécessité incontournable de manger est une source constante de tracas et d'embarras : même si les hommes ne sont pas obligés d'être « seulement des ventres » (γαστέρες οἶον : c'est l'expression avec laquelle Hésiode, *Théogonie* 26, invective les « rudes pasteurs » [ποιμένες ἄγραυλοι]), ils ne peuvent pas fuir la nécessité de « remplir leur ventre ». La thématisation de cette contrainte que la nature impose à l'homme apparaît donc déjà dans la poésie traditionnelle : cf., par exemple, la référence au mythe de Niobè, dans l'*Iliade* XXIV 602

tout cas, puisque la nécessité de l'alimentation est une contrainte naturelle pour l'homme, le cynique s'exerce à la satisfaire de la façon la plus simple possible ; c'est pourquoi il prenait du plaisir dans une nourriture sobre qu'il mangeait après s'être exercé à la faim. Quoi qu'il en soit, Diogène ne dissocie pas de son geste le plaisir, car la faim et la soif sont elles-mêmes comparées à la nourriture la plus convenable et la plus piquante (ἱκανώτατον καὶ δριμύτατον τῶν ὄψων), dont il se sert à titre d'« apéritif ». Enfin nous pouvons accepter – et cela n'est sans doute pas exagéré – que, d'une certaine manière et jusqu'à un certain point, la privation soit un élément constitutif du plaisir du cynique.

Mais alors comment peut-on comprendre au juste le message de Diogène ? Il me paraît que le double volet de ce message que nous venons d'esquisser, suggère d'abord que l'ascèse prônée par le cynique vise à atteindre un état maximal d'autarcie qui permettrait de se dégager de toute contrainte venant du « dehors », y compris celles qui découlent des prescriptions de la nature (la nourriture, la boisson), et qui pourrait par conséquent garantir une « vie facile », au sens que cette expression acquiert dans le cynisme. Si nous interprétons le passage de Dion à la lumière de la réflexion qui accompagnait l'onanisme répété de Diogène[1], nous devons accepter que l'horizon idéal de l'autarcie visée par son ascèse soit non

et ss. (repris par le Pseudo-Cratès, *Lettre XXXIV, à Métroclès* 3) ; et, dans l'*Odyssée* VII 216-217, les paroles d'Ulysse qui se plaint : « Est-il rien de plus chien que ce ventre odieux ? (οὐ γάρ τι στυγερῇ ἐπὶ γαστέρι κύντερον ἄλλο ἔπλετο) toujours il nous excite et toujours nous oblige à ne pas l'oublier, même au plus fort de nos chagrins, de nos angoisses ! Quand j'ai le deuil au cœur, il veut manger et boire ; il commande et je dois oublier tous mes maux : il réclame son plein !... » (traduction de V. Bérard ; voir à propos T. R. Assunção, « Nota sobre o γαστήρ funesto e ultra-cão na *Odisseia* », 2003/2004). Ce passage de l'Odyssée – surtout en raison du comparatif κύντερον (de κύων) – nous indique que l'image qu'il évoque a très probablement exercé une influence importante sur l'opinion des Grecs concernant la pensée de Diogène. Nous pouvons alors considérer que les cyniques ont donné une dimension proprement philosophique à un des aspects majeurs de la condition humaine qui voit son aspiration à une morale « sublime » et à une « métaphysique » attachée irrémédiablement à ce « ventre très chien » ; et nous pouvons considérer aussi qu'ils ont apporté une réponse philosophique tout à fait originale aux impasses issues de cette condition, une réponse qui vient sous la forme de l'ascèse (cf., par exemple, la parodie d'une élégie de Solon composée par Cratès de Thèbes, *apud* Julien, *Discours VII* 9, 213a-214a [*SSR* V H 84 = *Supplementum hellenisticum* 359]) : ce n'est pas en niant son ventre que l'homme pourra approcher les dieux, mais, bien au contraire, en l'acceptant et en « travaillant » sur lui ; autrement dit, chez les cyniques, le « ventre très chien » est, d'une certaine manière, le propre de la philosophie. Les cyniques ont ainsi anticipé certains éléments de la pensée de F. Nietzsche – lui-même, à maints égards, un « proche » des « chiens » (sur ce sujet, nous renvoyons, encore une fois, aux remarques de M.-O. Goulet-Cazé, « La contestation de la loi dans le cynisme ancien », 2008 [voir l'annexe « De la falsification cynique à l''Umwertung der Werthe' nietzschéenne », p. 429-430]) – lequel affirme : « Ganz anders interessiert mich eine Frage, an der mehr das 'Heil der Menschheit' hängt, als an irgendeiner Theologen-Curiosität : die Frage der Ernährung » (F. Nietzsche, *Ecce homo* dans *Sämtliche Werke*, 1999, t. VI, p. 279).

1. Cf. D. L. VI 46 ; 69.

point la suppression totale des besoins naturels de l'homme, mais la possibilité de les satisfaire sans aucune interférence des éléments du monde extérieur.

En outre, avec ce message, Diogène semble vouloir renverser l'idée selon laquelle la satisfaction des désirs – que ce soient des désirs naturels (les vrais besoins) ou non – produit une forme de plaisir. Diogène croit que pour ceux qui s'entraînent aux privations, ce sont les privations elles-mêmes qui procurent le plaisir : c'est donc la notion même de privation qui se trouve renversée. Le discours de Dion ne fait que confirmer le témoignage de Diogène Laërce sur ce fondement de l'ascèse diogénienne :

Καὶ γὰρ αὐτῆς τῆς ἡδονῆς ἡ καταφρόνησις ἡδυτάτη προμελετηθεῖσα, καὶ ὥσπερ οἱ συνεθισθέντες ἡδέως ζῆν, ἀηδῶς ἐπὶ τοὐναντίον μετίασιν, οὕτως οἱ τοὐναντίον ἀσκηθέντες ἥδιον αὐτῶν τῶν ἡδονῶν καταφρονοῦσι.

Et de fait, du plaisir lui-même le mépris est des plus doux, à condition de s'y être exercé au préalable. Tout comme les gens qui se sont accoutumés à une vie de plaisir trouvent déplaisant de passer au style de vie opposé, de même ceux qui se sont exercés au style de vie opposé, éprouvent à mépriser les plaisirs un plaisir plus grand que ces plaisirs eux-mêmes[1].

L'ascèse de Diogène consiste en fait à « manipuler » les commandements de la nature pour mieux s'y opposer. On voit enfin à quelle distance la proposition du cynique se trouve du comportement des animaux ou de toute philosophie inspirée par l'idée d'une vie « selon la nature ». Il est clair que les animaux ne peuvent pas agir sur leur propre nature, qu'ils ne peuvent pas « manipuler » ou « instrumentaliser » leurs instincts et qu'ils ne sont pas capables de réduire consciemment leurs propres besoins en vue d'un plaisir accru : l'ascèse cynique n'est pas accessible en dehors d'un usage rigoureux et implacable de la raison. De même, on ne saurait dire que le cynique vise à retrouver, par l'usage de la raison, le bonheur d'êtres – un bonheur qui, si l'on veut, était aussi à une époque mythique originelle, le bonheur des hommes – qui ne semble exister qu'en fonction de l'absence même, chez eux, de la raison. Or, le bonheur auquel le cynique aspire n'est imaginable pour aucune forme de vie du monde dit « naturel » ; en effet, les animaux n'éprouveront jamais du plaisir dans la privation. Enfin, alors que pour le philosophe naturaliste la vertu et le bonheur véritable résident dans l'observation attentive des prescriptions et des besoins naturels, légitimant ainsi la modération et l'équilibre (ce serait là par exemple le point de vue du philosophe stoïcien, qui voyait dans la nature une loi commune et une raison universelle émanant d'un dieu, ou encore celui de Platon qui soutenait, contre les pratiques παρὰ φύσιν, l'institution des lois κατὰ φύσιν, ou enfin celui d'Épicure qui recommandait toujours une frugalité « naturelle »), le cynique pour sa part s'oppose à la nature, non par l'excès qu'il refuse, mais par l'abstinence qu'il transforme en plaisir et en

1. D. L. VI 71. M.-O. Goulet-Cazé observe, dans une note *ad loc.* à sa traduction, que Diogène « falsifie » ici la notion de plaisir. En effet, dans la suite immédiate du texte, le biographe affirme : Τοιαῦτα διελέγετο καὶ ποιῶν ἐφαίνετο, ὄντως νόμισμα παραχαράττων (...).

mode de vie. Si le naturaliste, pour vivre κατὰ φύσιν, ne demande rien de plus que manger à sa faim, le cynique « déguste sa faim ». En refusant sans doute de vivre παρὰ φύσιν, il n'adhère pas non plus à une vie κατὰ φύσιν ; pour pouvoir vivre κατ'εὐτέλειαν, le cynique, en prétendant aller au-delà de *la nature*, fonde idéalement une éthique μετὰ φύσιν, selon une perspective tout à fait novatrice.

Il faut donc conclure que, même s'il ne le dit pas explicitement, c'est bien la possibilité de l'ascèse qui, chez Dion, sépare la vie des animaux de celle que propose et mène Diogène.

Une objection peut cependant être soulevée, car on pourrait légitimement soupçonner que cette interprétation que je donne de l'ascèse de Diogène frappe sa pensée d'une contradiction « théorique » : si le cynique trouve son plaisir dans la privation, comment peut-il, ne fût-ce qu'à titre hypothétique, songer à l'élimination de tout besoin ? Pour y répondre, nous devons d'abord réaffirmer une précision importante : le cynique ne plaide pas en faveur de la suppression des besoins et des désirs ; il songe en fait à la possibilité de trouver en soi-même les ressources pour satisfaire tous ses besoins et tous ses désirs légitimes. Envisager la possibilité de pourvoir à ses besoins de façon absolument autarcique, ce n'est pas tout à fait la même chose que de vouloir ne plus avoir de besoins (même si c'est le cas idéalement). L'exemple de la masturbation que Diogène pratique – et qu'il érige, d'une certaine façon, en paradigme de la satisfaction idéale de toute nécessité naturelle – donne bien la mesure de son projet : ne satisfaire ses désirs que *sur soi-même* et *avec soi-même*, sans avoir à recourir à rien qui soit extérieur au sujet même du désir. Cela reste pour le cynique le projet idéal d'une vie réellement facile[1].

On pourrait toutefois insister sur ce point : vouloir être absolument autarcique et indépendant tend à supprimer l'idée même de privation ; le résultat est, à nouveau, l'amoindrissement de l'espérance du plaisir, car, pour le cynique, la privation est un élément constitutif de son plaisir. Autrement dit, au bout du compte, la logique impliquée dans le cynisme aboutit à une formule paradoxale : plus on est autarcique et libre, moins on pourra avoir l'expérience du plaisir. Or, cette contradiction interne à la pensée cynique – s'il s'agit en fait d'une contradiction,

1. On peut dégager du cynisme une certaine indifférence ou un certain refus à l'égard du monde extérieur qui relève, d'une part, de la contestation des valeurs normalement admises, c'est-à-dire de la *doxa*, et, d'autre part, d'une réduction des éléments nécessaires à la conservation de la vie : « Ayez souci de votre âme ; de votre corps, pas plus qu'il n'est nécessaire (ὅσον ἀνάγκη) ; des choses extérieures (τῶν ἔξωθεν), sans même aller jusque-là (μηδ' ὅσον), car le bonheur n'est pas le plaisir qui exige la participation des choses extérieures (δι' ἣν τῶν ἐκτὸς χρεία), mais la vertu dont l'accomplissement ne dépend de rien d'extérieur (μετ' οὐδενὸς τῶν ἐκτὸς τελεία) » (Pseudo-Cratès, *Lettre III, aux compagnons*). Cf. aussi Pseudo-Diogène, *Lettre XVII, à Antalcide* ; *Lettre XXXVII, à Monime* 4. Comme on le verra plus loin, l'indifférence à l'égard du monde extérieur n'empêche pas, chez les cyniques, la manifestation d'une forme de philanthropie.

elle existe et est bien là – ne fait que confirmer la façon dont Diogène organise rhétoriquement la vie qu'il propose et qu'il mène lui-même. L'ascèse qu'il pratique, puisqu'elle se fonde, d'une certaine manière, sur la manipulation de sa propre nature, en vue d'abord du rétrécissement maximal de ses besoins et de ses désirs, et en vue ensuite de leur satisfaction autarcique, d'où découle l'idée d'un plaisir venant de la privation, éloigne Diogène du mode de vie que l'on attribue normalement aux animaux. Dans le même mouvement, cette ascèse le rapproche de l'existence de dieux, c'est-à-dire du mode de vie que l'on attribue normalement aux dieux, qui sont, comme l'affirmait Diogène, ses vrais modèles[1]. Or, les dieux, piégés eux-mêmes dans une semblable contradiction, se sont inventé le nectar et l'ambroisie dont ils n'ont nullement besoin.

5. Le fauve dans la ville : nomos *et* phusis *I*

Suivons encore un moment les pas de Dion. Dans un passage où l'on trouve deux des cinq occurrences importantes de l'adverbe ῥᾳδίως, l'orateur de Pruse évoque la façon de vivre que Diogène personnellement avait choisie. Son récit reprend, presque point par point, les aspects de la vie animale qu'il avait déjà énumérés, comme si son intention était précisément de comparer les deux modes de vie, celui des bêtes et celui de Diogène. Dion explique – nous l'avons vu – que le cynique évitait les choses coûteuses, qui exigent beaucoup d'attention et de préoccupation (πολυδάπανα καὶ δεόμενα πραγματείας καὶ ταλαιπωρίας), et choisissait ce que l'on obtient facilement et sans tracas (ῥᾳδίως καὶ ἀπραγμόνως), mais qu'il *ne s'abstenait* (οὐ παρέπεμπεν) *de rien qui pouvait aider son corps* à supporter l'hiver et la faim, et satisfaire ses autres besoins[2]. Ainsi, il choisissait, comme demeure, des endroits (τόπους) sains (ὑγιεινούς) et appropriés à chaque saison (προσφόρους ἑκάστῃ ὥρᾳ). En changeant de résidence selon les mois de l'année, il agissait, certes, comme les animaux – comme les cigognes, *par exemple*[3]–, mais également comme le Grand Roi. Sous cet angle, il n'est ni plus ni moins « naturel » que les animaux ou que les hommes (mêmes les plus insensés, comme le Roi des Perses). Néanmoins, pour le cynique, conformément à ses critères, les demeures les plus belles et les plus saines (οἰκίας τὰς καλλίστας καὶ ὑγιεινοτάτας) n'étaient pas – ce à quoi on s'attendrait de la part de quelqu'un qui prône une « vie animale » – un creux dans un arbre ou un coin dans un ravin, mais, au contraire, celles qu'on trouve ouvertes (ἀναπεπταμένας) dans toutes les villes (ἐν ἁπάσαις ταῖς πόλεσιν), à savoir les temples (τὰ ἱερά) et les gymnases (τὰ γυμνάσια)[4]. Ainsi, tandis que les animaux « n'entrent jamais dans des maisons

1. Dion Chrysostome, *Discours VI* 31-32 ; D. L. VI 37 ; 51 ; 105.
2. Cf. Dion Chrysostome, *Discours VI, Diogène ou De la tyrannie* 30.
3. Cf. *ibid.*, 32.
4. Cf. *ibid.*, 14.

(εἰς οἰκίαν δὲ οὐδέποτε εἰσίοντα) »[1], Diogène, lui, habite, à l'intérieur de la ville – de n'importe quelle ville –, dans des édifices qui sont, non seulement des produits de la technique, mais aussi, d'une certaine manière, des emblèmes de la vie civilisée de l'homme politique.

En effet, la question du logement, à en juger par le nombre de témoignages qui la mettent en avant, est symboliquement très importante pour les cyniques de l'Antiquité[2]. Ce que Dion nous transmet comme étant le choix de Diogène coïncide d'ailleurs exactement avec ce que Diogène Laërce dit à propos de l'homme de Sinope :

> (...) καὶ τοὺς Ἀθηναίους ἔφασκε, δεικνὺς τὴν τοῦ Διὸς στοὰν καὶ τὸ Πομπεῖον, αὐτῷ κατεσκευακέναι ἐνδιαιτᾶσθαι.
>
> (...) et il disait, en montrant le Portique de Zeus et le Pompéion, que les Athéniens les avaient construits à son intention, afin qu'il y demeurât[3].

Il ne nous aura pas échappé que Diogène – et c'est un très bel exemple du *kynikos tropos* – revêt d'humour son choix de la facilité et de la simplicité, mais que son message n'est pas dénué de sérieux : c'est le corps civique des citoyens – les Athéniens – qui, selon Diogène, lui a accordé les monuments les plus importants de la cité afin qu'il y demeure. Bien qu'il semble, en raison de sa frugalité, rejoindre certains aspects de la manière de vivre des animaux, le cynique, quand il prône une « vie facile », n'est point un « transfuge » de la civilisation ; sa « vie facile » ne le conduit pas vers la « nature » ou vers une « sauvagerie primitive » ; bien au contraire, elle se réalise *à l'intérieur même de l'espace civilisé* et avec ses instruments les plus chers, les plus somptueux et les plus emblématiques. En fait, la façon de faire du cynique nous met en face – on le devine déjà – du plein exercice de la *falsification de la monnaie* : Diogène occupe les édifices d'Athènes – le Portique de Zeus, le Pompéion, le Parthénon, ses temples, ses gymnases, ses bains[4] – qui sont à la fois des produits très achevés de l'art de l'homme (lequel lui vient, selon le mythe, de Prométhée) et de très hauts symboles du mode de vie civilisé, mais il en détourne – il en *falsifie* – l'usage. Il fréquente les édifices d'Athènes comme n'importe quel citoyen athénien, mais il y exerce sa citoyenneté

1. *Ibid.*, 22.

2. Ce n'est pas un hasard si les appropriations modernes de la « légende » de Diogène mettent souvent en scène le « philosophe au tonneau » : cf. par exemple, l'illustration d'Honoré Daumier, « Le cynique (propriétaires et locataires) », sous-titré : « il est un peu dur d'être obligé de loger dans un tonneau quand on n'est pas né pour être cynique » (*apud* D. Clay, « Picturing Diogenes », 1996, p. 374, avec la photographie de J. S. Clay).

3. D. L. VI 22.

4. Cf. Télès, fr. II 8 Fuentes González (*SSR* V B 468), qui reprend la même idée que nous trouvons chez Dion. Selon ces deux auteurs, Diogène pouvait choisir les « maisons » les plus adaptées pour chaque saison de l'année : les bains (dont l'eau devait réchauffer l'air ambiant) pendant l'hiver et, pendant l'été, les temples, notamment le Parthénon, « bien aéré et somptueux ».

autrement, car il est en fait un *cosmopolite*. Le cynique ne va pas dans les temples pour porter ses offrandes ou pour prier – d'ailleurs, puisque les dieux (et le cynique doutera volontiers de leur existence) ne sont pas sourds, ils peuvent sans doute entendre ses prières de n'importe où[1] –, mais il y mange, il y dort, il y discute ; il ne va pas dans les gymnases pour – ou seulement pour[2] – faire de la gymnastique, mais il y mange, il y dort, il y discute, selon ses envies et ses besoins[3].

Ainsi, le geste de simplification de Diogène prête à rire non seulement parce qu'il le réalise en *falsifiant* l'usage « normal » des bâtiments publics mais aussi parce qu'il justifie ce geste en disant que ces bâtiments étaient là pour lui, pour qu'il en dispose selon son seul désir[4]. En renversant le sens du rapport de l'homme aux choses et aux idées que l'homme lui-même s'invente, au lieu de simplement se plier à elles ou, à l'opposé, de les condamner, il les « transforme » à sa guise, et cette « transformation » ou *falsification* est l'instrument qui lui permet de *faciliter* sa vie. Le cynique n'abandonne pas la civilisation ; il détourne ses éléments vers un nouvel usage, un usage qui soit pour lui vraiment utile : il convertit un temple en hôtel, tout comme il se sert de la théorie physique d'Anaxagore pour justifier un éventuel geste de cannibalisme[5], ou de l'autorité d'Homère pour faire des dieux les modèles d'une « vie facile »[6]. Enfin, c'est ce même principe qui lui fournit les critères pour juger de l'esprit industrieux des

1. Cf. Lucien, *Vie de Démonax* 27.

2. Cf. D. L. VI 91-92.

3. Cf. D. L. VI 22 ; 58 ; 66 ; 69 ; *Gnomologium Vaticanum* 743, n.° 196 (= *SSR* V B 187).

4. On a vu, dans la note précédente, que Diogène dénonce un certain « automatisme » dans le comportement des hommes de la cité. Si l'on examine le geste de Diogène à la lumière de la théorie bergsonienne du rire, on sera obligé de conclure que ce n'est pas Diogène qui est risible, mais nous-mêmes (à noter en ce sens les deux occurrences du verbe καταγελῶ dans le *Discours VI* de Dion, en 13, καταγέλα, et, en 21, καταγελῶν) : cf. H. Bergson, *Le rire*, 1993 (1re éd. 1900), p. 7-8. D'ailleurs, si le cynique était, comme le dit Stobée III 13, 44 (*SSR* V B 149), un chien qui mord ses amis, selon Lucien, *Double accusation* 33, il les mord en riant (γελῶν ἅμα ἔδακνεν). Enfin, à en croire l'« impression personnelle » de D. R. Dudley, selon laquelle « the stories about Diogenes are decidedly funnier than those Diogenes Laertius tells about other philosophers » (D. R. Dubley, *A History of Cynicism*, 1937, p. 29, n. 2) et « they belong rather to an anthology of Greek humour than a discussion of philosophy » (*ibid.*, p. 29), on ne pourra qu'être étonné du fait que des ouvrages importants sur le rire et le comique chez les grecs, publiés récemment, ne fassent quasiment pas de la place à Diogène ou aux cyniques, même lorsqu'ils prennent en considération le contexte philosophique comme espace de manifestation du rire : cf., par exemple, D. Arnould, *Le rire et les larmes dans la littérature grecque d'Homère à Platon*, 1990 ; M. Trédé et Ph. Hoffmann (édit.), *Le rire des anciens*, 1998 ; M.-L. Desclos (édit.), *Le rire des Grecs. Anthropologie du rire en Grèce ancienne*, 2000. Nous trouvons, en revanche, quelques pages consacrées à Diogène dans G. Minois, *L'histoire du rire et de la dérision*, 2000. Pour une analyse de l'humour cynique, voir aussi l'étude de L. Ucciani, *Ironie et dérision : de l'ironie socratique à la dérision cynique*, 1993.

5. Cf. D. L. VI 73 ; pour Anaxagore, DK 59 B 4.

6. Cf. Dion Chrysostome, *Discours VI, Diogène ou De la tyrannie* 31.

hommes : « à quelqu'un qui lui montrait une horloge, Diogène dit : 'l'instrument est utile (χρήσιμον) pour ne pas être en retard aux repas' »[1]. Il ne tourne pas le dos à la science et à ses produits, mais il les remet à leur place – au moins, à ce qui devrait être leur place –, en rappelant tout simplement, contre ceux qui en exhibent les magnificences, l'importance de « ne pas rater le repas »[2] : au bout du compte, ce qui nous fait vivre c'est ce qui est bon à manger[3]. Le cynisme nous apprend ainsi que pour ceux qui savent s'en servir la culture n'est pas un mal[4].

Ce n'est donc pas en opposition à la civilisation – c'est-à-dire pour la supprimer ou pour relancer l'état primitif de l'homme – que Diogène conçoit son « naturalisme » ; il le réalise, je l'ai dit, *dans* la civilisation. Le cynique découvre la nature – non point cette Nature qui transcende l'homme, mais la « nature » qui, parce qu'il ne peut pas s'en échapper, lui convient parfaitement – à l'intérieur même de la cité et, ce faisant, il donne corps à toute une séquence d'oxymores : le cynique est un excentrique qui vit au beau milieu de la place publique ; il est un exotique qui agit au vu et au su de tous ; il est enfin un type rare qui ne se fait pas rare[5].

6. Ceci n'est pas un tonneau : nomos *et* phusis *II*

En évoquant les « maisons » que Diogène occupait de préférence, Dion ne mentionne pourtant pas celle qui, parmi tant d'idiosyncrasies, a rendu le cynique célèbre : le tonneau[6]. Néanmoins, le donné qui manque au texte de Dion et que

1. D. L. VI 104.

2. Cf. D. L. VI 40 : « A qui lui demandait à quelle heure il faut déjeuner, il répondit : 'si tu es riche, quand tu veux ; si tu es pauvre, quand tu peux' ».

3. Le même Diogène qui, chez Dion, était capable d'admirer les statues de la cité (cf. Dion Chrysostome, *Discours VI, Diogène ou De la tyrannie* 5), reconnaît : « 'Ce qui a beaucoup de valeur', disait-il, 'se vend pour rien et inversement. En tout cas une statue se vend pour trois mille drachmes, alors que pour deux sous de cuivre on a une chénice de farine' » (D. L. VI 35).

4. C'est probablement ainsi qu'il faut comprendre le fait que les cyniques se sont eux aussi, à leur façon, consacrés à l'écriture, mettant la culture au service de leur projet philosophique « contre-culturel ». À ce propos voir O. Flores-Júnior, « Paradoxes cyniques », 2017 et *id.*, « Lire et écrire dans les marges », 2020.

5. Mais Diogène ne se voit pas comme un exotique : il ne veut pas être perçu comme un « type bizarre » (τύπος ξένος : cf. Pseudo-Diogène, *Lettre XXIII, à Lacydès*) et il ne se trouve pas lui-même ridicule (cf. D. L. VI 54 ; 58). Voir en ce sens R. B. Branham, « Exile on Main Street : Citizen Diogenes », 2007.

6. Le πίθος (ou *dolium*) dont il s'agit était un récipient normalement fait en terre cuite que l'on utilisait pour entreposer du vin ou de l'huile, voire des matières sèches (cf., par exemple, Lucien, *Hermotime* 61). Il pouvait encore servir à contenir des archives, comme à Délos et, probablement, à Athènes (ainsi ont été également conservés certains manuscrits de la Mer Morte) : c'était peut-être le cas pour le *pithos* du Métrôon que Diogène emprunta (cf. Th. Beaupère, *Lucien. Philosophes à l'encan*, 1967, t. II, p. 45-46, n. 90). Ces grandes jarres pouvaient en effet présenter des dimensions telles qu'un homme pouvait y entrer – toujours selon T. Beaupère, *loc. cit.*, on trouve à Olympie des vases portant l'image d'Eurysthée lequel, effrayé

nous trouvons dans d'autres sources (littéraires et iconographiques[1]) ne contredit pas les informations que celui-ci nous transmet ; au contraire, ce donné ne fait que confirmer l'idée d'une vie régie par la facilité à laquelle conduit une sorte de « falsification » et qui se produit non à l'écart de la civilisation, mais à l'intérieur de celle-ci et avec ses propres instruments. On devine alors dans le cynisme une cohérence doctrinale que l'immense diversité de la littérature qui en témoigne semble, au premier abord, désavouer. Après avoir mentionné le Portique de Zeus et le Pompéion, Diogène Laërce écrit :

> Ἐπιστείλας δέ τινι οἰκίδιον αὐτῷ προνοήσασθαι, καὶ <αὐτοῦ> βραδύνοντος, τὸν ἐν τῷ Μητρῴῳ πίθον ἔσχεν οἰκίαν, ὡς καὶ αὐτὸς ἐν ταῖς ἐπιστολαῖς διασαφεῖ.

> Alors qu'il avait demandé par lettre à quelqu'un de lui prévoir une petite maison et que la personne tardait [à répondre], il élut domicile dans le tonneau qui se trouvait au Métrôon, comme lui-même l'explique clairement dans ses *Lettres*[2].

Voyons brièvement quelques détails de ce passage. D'abord Diogène écrit une lettre pour *demander* (ἐπιστείλας) : le geste de demander peut être une façon d'obtenir quelque chose sans effort ; son geste entre pourtant dans la logique de la mendicité que les cyniques pratiquaient sans complexe et qui, bien entendu, suscitait les reproches dont ils étaient souvent la cible[3]. Mais la mendicité cynique, tout

par le sanglier d'Érymanthe, s'était caché dans un *pithos* – et, à la limite, y vivre. Si l'on veut sacrifier à une tradition bien établie, on peut continuer à rendre ce terme par 'tonneau' : cf. M.-O. Goulet-Cazé, *Diogène Laërce. Vies*, 1999 p. 707, n. 3. Apparemment, l'idée de prendre ce type de jarre comme demeure ne revient pas originellement à Diogène : à en juger par Aristophane, *Les cavaliers* 792, un *pithos* pouvait servir d'abri aux pauvres gens : ὁρῶν τοῦτον [τὸν δῆμον] οἰκοῦντ' ἐν ταῖς πιθνάκαισιν. En tout cas, la « vie facile » que Diogène cherche passe évidement par l'adoption volontaire de la pauvreté. Préciser que Diogène n'a pas été le premier à prendre un tonneau comme abri est important, car cette information nous aide à mieux comprendre la nature de son originalité : Diogène est un « original » non parce qu'il a fait certaines choses pour la première fois, mais parce qu'il a fait *autrement* des choses que les gens faisaient déjà ou parce qu'il a donné un autre sens ou une autre justification à ce qu'on avait l'habitude de faire. Encore une fois, nous devons avoir présente à l'esprit la portée particulière de la « falsification » diogénienne.

1. Pour les premières, cf. D. L. VI 23 ; 43 ; 60 ; 103 ; Sénèque, *Lettre à Lucilius* 90, 14 (*SSR* V B 159) ; Jérôme, *Contre Jovinianus* II 14 (*SSR* V B 175) ; Maxime de Tyr, *Dissertations* XXXII 9 (*SSR* V B 298) ; Pseudo-Diogène, *Lettre XVI, à Apolexis* (*SSR* V B 546) ; Juvénal, *Satire XIV* 308-312 (*SSR* V B 42) ; Lucien, *Comment doit-on écrire l'histoire* 3 (*SSR* V B 52) ; *id., Philosophes à l'encan* 9 (*SSR* V B 80) ; en revanche aucune trace du « tonneau » chez Plutarque, Cicéron et Épictète. Pour les sources iconographiques, cf. D. Clay, « Picturing Diogenes », 1996 ; L. A. Scatozza Höricht, *Il volto dei filosofi antichi*, 1986.

2. D. L. VI 23.

3. Cf. D. L. VI 46 ; 56 ; 59 ; 60 ; 67 ; Julien, *Discours VII, Contre Héracleios le Cynique* 18, 223c et ss. La mendicité était une des caractéristiques du mode de vie des cyniques, et le κυνίζειν semble avoir été intimement associé au πτωχεύειν : cf. D. L. X 119. Sur le thème de la mendicité cynique, cf. les textes rassemblés par G. Giannantoni, *SSR* V B 247-263. Voir à ce propos le commentaire à un passage du traité *Sur l'autarcie* de Télès donné par P. P. Fuentes González, *Les diatribes de Télès*, 1998, p. 233-235. Voir également J. L. López Cruces, « La mendicidad de Diógenes y el tonel de Zeus », 2000, et É. Helmer, *Le dernier des hommes*, 2015

en étant un moyen facile d'obtenir les ressources nécessaires pour vivre, a aussi une autre implication importante. Elle est une humiliation que le cynique s'impose volontairement, mais à laquelle il donne une certaine noblesse[1] : le cynique a le sentiment qu'il ne mendie pas (οὐκ αἰτεῖν), mais qu'il demande son dû (ἀπαιτεῖν)[2], car à ses yeux il est un sage et toutes les choses appartiennent aux sages[3] ; le cynique décide aussi, à sa manière, de prendre part à la polémique concernant le μισθός du philosophe[4], puisqu'il exige légitimement un paiement pour l'exemple de sagesse qu'il offre sur la place publique. Encore une fois, l'action cynique peut être ramenée à une sorte de « falsification », car au nom d'une « vie facile », le cynique subvertit, non sans une bonne dose d'humour, l'idée d'humiliation liée à la mendicité, ainsi que le statut social du véritable philosophe. Le philosophe cynique en fait s'imagine engagé comme conseiller ou professeur non par des particuliers (comme c'était le cas le plus courant) mais par la cité entière. Par conséquent, la philosophie qu'il pratique est un « service public » – elle est en ce sens une activité *politique* - qui doit être reconnue et rémunérée en tant que telle. L'attitude du cynique rappelle ainsi celle de Socrate proposant d'être logé au Prytanée, selon l'*Apologie* de Platon.

Le geste de Diogène n'est pourtant pas un signe d'hypocrisie, car il reste fidèle à sa frugalité : il ne demande même pas une maison, mais une « maisonnette » (οἰκίδιον), et lorsque sa requête échoue[5], il trouve, probablement plus content que résigné, son *pithos*. Nous sommes donc en présence, dans ce passage, d'un cynique qui va du simple au très simple, au radicalement simple. D'ailleurs, ce tonneau transformé en maison est le symbole même de la simplicité extrême du cynique : « Diogène, en raison de sa *simplicité extrême* (δι' ὑπερβάλλουσαν εὐτέλειαν) habitait dans un tonneau (πίθον) »[6]. Pourtant, à aucun moment il n'abandonne le milieu civilisé. Il ne substitue pas à la maison qu'il ne parvient pas à obtenir une demeure « naturelle » ; il prend comme abri un tonneau (ou plus précisément une jarre) – un objet qu'on ne peut produire sans le feu de Prométhée

(spécialement la section V, « Les cyniques : le mendiant ou l'homme retrouvé », p. 119-129). Je reviendrai sur le problème de la mendicité cynique plus loin.

1. Cf. Pseudo-Diogène, *Lettre XXXIV, à Olympias* 1.

2. Cf. D. L. VI 46.

3. Cf. D. L. VI 37 et la note de M.-O. Goulet-Cazé *ad loc*. Cf. également D. L. VI 72.

4. Cf., par exemple, D. L. II 65 ; 72 ; 74 ; Xénophon, *Mémorables* I 2, 60. Sur le sujet, consulter G. Giannantoni, *SSR*, t. IV, n. 14, p. 141-145.

5. Ce à quoi il s'était déjà entraîné : « Un jour il demandait l'aumône à une statue. Comme on l'interrogeait sur la raison qui le poussait à agir ainsi : 'je m'exerce', dit-il, 'à essuyer des échecs' » (D. L. VI 49).

6. Origène, *Contre Celse* II 41 (*SSR* V B 170). Dans ce passage, pour défendre la valeur de la pauvreté de Jésus, Origène cherche, parmi les Grecs qui se sont rendus célèbres par leur vertu et par leur sagesse, des exemples de détachement et de simplicité. Origène évoque donc les noms de Socrate, de Démocrite et de Cratès, mais le point culminant de ses exemples est Diogène, le dernier qu'il cite.

– mais, en suivant toujours la logique de la falsification, il le marque d'une autre empreinte : son tonneau n'est plus un récipient pour stocker du vin ou de l'huile ; il est, de plein droit, sa maison[1]. En outre, le cynique n'occupe pas n'importe quel tonneau ; il occupe celui « qui se trouvait au Métrôon (ἐν τῷ Μητρῴῳ) ». Il faut alors se demander la raison qui explique cette précision donnée par Diogène Laërce ou, autrement dit, quel sens nous pouvons prêter à cette information. Le Métrôon, situé du côté ouest de l'agora d'Athènes, à côté du *Bouleuterion*, était l'édifice qui abritait le temple de Cybèle, la mère des dieux (d'où son nom), et où les archives publiques étaient déposées[2]. Il s'agissait donc d'un endroit d'importance capitale dans la vie politique de la cité. Ainsi, nous pouvons considérer que Diogène choisit d'occuper, à l'intérieur de la civilisation, le cœur même de la cité. On pourrait d'ailleurs insister ici sur l'idée de « falsification » comprise dans son geste : le cynique ne fréquente pas cet endroit sporadiquement, comme n'importe quel citoyen, pour régler ses affaires (d'autant plus que ses « affaires », qu'il ne règle pas de la façon habituelle, ne sont pas les mêmes que celles de l'homme du commun) : il y élit domicile. Le fait que le biographe ait trouvé bon de ne pas omettre d'indiquer où se trouvait le tonneau de Diogène – qui pouvait être n'importe où et qui pouvait éventuellement être déplacé – est très significatif : la mention du Métrôon semble confirmer que l'indication de l'endroit précis où était placé ce tonneau n'est pas un détail accessoire sans importance ; il montre que le cynique est sans doute un marginal, mais d'un type particulier ; même s'il déménage souvent, selon ses envies – il occupait probablement à la ronde les gymnases, le Portique de Zeus, le Pompéion, un tonneau –, il ne se voit pas comme un « *sdf* », car son cosmopolitisme, qui n'est pas un refus de la cité – qui n'est pas « négatif » (ni d'ailleurs « positif »)[3] – lui permet d'exercer sa citoyenneté autrement[1].

1. Cette analyse peut être poussée encore plus loin : un objet qui, selon l'usage « normal », sert à stocker des provisions – c'est-à-dire à accumuler préventivement l'aliment – ne pouvait pas trouver grâce aux yeux des cyniques, ces philosophes qui pratiquaient la mendicité et vivaient au jour le jour (cf. D. L. VI 38). Le philosophe cynique et poète, Cratès de Thèbes, en parodiant une élégie de Solon, s'insurge contre le comportement avare qu'ont certains animaux, tels que la fourmi et l'escarbot, qui consiste à entasser leur nourriture (cf. *SSR* V H 84). Sur ce poème de Cratès, voir O. Flores-Júnior, « Cratès, la fourmi et l'escarbot », 2005 et *id.*, « *Khortos gasteri* ou le bonheur est dans le pré », 2006.

2. Dans le Métrôon était inscrite, par exemple, sur le testament d'Épicure, la donation du philosophe à Amynomaque et à Timocrate (cf. D. L. X 16). C'était là aussi que, selon Favorinus, les termes de l'accusation intentée contre Socrate par Mélétos avaient été déposés (cf. D. L. II 40).

3. Se demander si le cosmopolitisme cynique est positif ou négatif, c'est peut-être mal poser ou fausser la question. En tout cas, parmi les auteurs qui penchent pour le caractère négatif du cosmopolitisme cynique, on lira : G. Rudberg, « Zum Diogenes-Typus », 1936 (voir les p. 12-13) ; D. Dudley, *A History of Cynicism*, 1937 (voir la p. 34) ; M. Hadas, « From nationalism to cosmopolitanism in the Graeco-Roman world », 1943 ; H. C. Baldry, *The Unity of Mankind in Greek Thought*, 1965 (voir les p. 105-112) ; G. Giannantoni, *SSR*, t. IV, p. 537-547 ; M. Schofield, *The Stoic Idea of the City*, 1991 (voir les p. 141-145) ; M.-O. Goulet-Cazé, « Un

syllogisme stoïcien sur la loi dans la doxographie de Diogène le Cynique», 1982 (voir les p. 229-231) ; *ead.*, «Cynisme», 1996 (voir le p. 914). Si l'on trouve déjà l'idée d'un cosmopolitisme positif chez les cyniques dans M. H. Fisch, «Alexander and the Stoics», 1937 (voir la p. 144), R. Höistad, *Cynic Hero and Cynic King*, 1948 (voir les p. 141-143), M. Buora, «L'incontro tra Alessandro e Diogene : tradizione e significato», 1973-1974 (voir la p. 247) et R. Giannattasio, «Diogene Cinico nei papiri ercolanesi», 1980 (voir le p. 148), celui qui l'a soutenue avec plus de force a été J. Moles, «Le cosmopolitisme cynique», 1993 (voir également *id.*, «The Cynics and politics», 1995), suivi par Ph. Bosman, «Citizenship of the world – the Cynic way», 2007, D. Pons Olivares, «D. L. VI 93 : Crates 'ciudadano de Diógenes' : una revisión del cosmopolitismo cínico», 2009 ; et Ch. Turner, «Cosmopolis : Towards a Positive Conception of Cynic Political Philosophy», 2015. E. Brown, «The Emergence of Natural Law and Cosmopolis», 2009, reprend, contre l'opinion de J. Moles, l'interprétation négativiste de M. Schofield. Par ailleurs, S. Husson, *La* République *de Diogène*, 2011, p. 159-163, a aussi avancé des critiques pertinentes aux arguments de Moles ; elle affirme néanmoins qu'il serait «abusif de qualifier le cosmopolitisme de Diogène de 'négatif'» (p. 162). Son point de vue rend très bien la complexité de la question, mais nous ne la suivons pas, pour les raisons ici exposées, lorsqu'elle écrit : «Le cosmopolitisme de Diogène reposait donc sur une condamnation des cités existantes» (p. 163). Tout récemment, É. Helmer, *Diogène le Cynique*, 2017, a repris à nouveaux frais la critique de l'interprétation négativiste du cosmopolitisme diogénien : «Le cosmopolitisme de Diogène n'est pas la négation des cités et de leurs particularités, et pas davantage dépassement de leurs frontières et projection dans une communauté pensée à l'échelle de l'univers. (...) En d'autres termes ce cosmopolitisme consiste à savoir comment faire monde localement, comment atteindre ici et maintenant la liberté par la vertu et par la vie simple, non pas en niant les contingences liées aux circonstances et à la relativité des valeurs et des usages locaux mais, tout au contraire, en en prenant acte» (p. 131).

1. Le cynique n'est point du tout comparable à un «hippie» avant la lettre qui part vivre dans des communautés alternatives ; il vit *alternativement dans la cité, avec tout ce qui est propre à la cité*. Sur ce rapprochement, voir E. Shmueli, «Modern hippies and ancient Cynics : a comparison of philosophical and political developments and its lessons», 1970. D'ailleurs, la «falsification» que le cynique impose à la cité et qui lui permet de vivre autrement ne se restreint pas aux choses «concrètes», c'est-à-dire, aux appareils urbains – les bâtiments publics, par exemple –, mais elle s'étend aussi à ses institutions symboliques. Un très bon exemple en ce sens est le mariage des philosophes cyniques Cratès de Thèbes et Hipparchia de Maronée (une femme qui philosophe n'est pas une exclusivité du cynisme, mais c'était quelque chose de rare à l'époque ; d'ailleurs, Hipparchia est la seule femme à qui Diogène Laërce dédie une section de ses *Vies*). Il s'agit d'un mariage très spécial : la femme prend l'initiative et brave l'opposition de ses parents ; l'homme ne cède qu'après avoir tout fait pour s'y refuser ; il n'y a pas de dot et la mariée confirme son choix quand le marié se met totalement nu devant elle ; les noces ainsi «célébrées», homme et femme portent le même vêtement ; ils s'unissent en public (ἐν τῷ φανερῷ) ; plus tard, donnant une suite à cette «révolution», ils donnent leur fille en mariage, à l'essai, pour trente jours. Il s'agit tout de même d'un mariage : l'époux et l'épouse participent à la vie de la cité et se rendent aux banquets (ἐπὶ τὰ δεῖπνα). Cf. D. L. VI 93 ; 96-97. Sur cet épisode, on lira W. Lapini, «Ipparchia desnuda», 2003. Michel Foucault, *Le courage de la* vérité, 2009, dans son dernier cours au Collège de France, nous a donné une très belle analyse du dénuement cynique, qu'il illustre précisément avec le mariage de Cratès, et qu'il met en rapport avec la *parrhesia* et avec le désir d'une «vie autre». Sur cet ouvrage de Foucault, voir quelques réflexions dans mon article O. Flores-Júnior, «Tersites esquecido (nota sobre a parrésia segundo Michel Foucault)», 2009-2010, p. 91-108. Pour une analyse d'ensemble sur l'interprétation par

Il est intéressant d'observer aussi qu'un autre passage chez Diogène Laërce, où ce tonneau est encore une fois évoqué, suggère que le mode de vie de Diogène, qui n'a jamais renoncé à son cosmopolitisme, était très bien intégré dans le paysage urbain : lorsqu'un jeune homme brisa son tonneau, les citoyens athéniens – il n'est peut-être pas sans importance que le texte parle de l'ensemble des citoyens athéniens (Ἀθηναῖοι), et non d'un individu particulier – châtièrent le malfrat ; ils appliquèrent donc, au bénéfice du cynique, un principe de la justice de la cité et ils ne l'abandonnèrent pas à son sort (comme on l'aurait peut-être fait avec un animal) : ils mirent à sa disposition non une maison, mais un *autre tonneau* (ἄλλον)[1].

Nous pouvons par conséquent considérer que la simplicité prônée par Diogène confère un sens nouveau et spécial à l'idée de « vie selon la nature », car l'état de nature qu'il conçoit ne s'oppose pas à l'état civilisé ; bien au contraire, il s'y manifeste. C'est enfin ce que, toujours sur le chapitre du logement (on y trouve à nouveau le *pithos* du Métrôon), met explicitement en avant une lettre pseudépigraphe attribuée à Diogène et adressée à un certain Apolexis :

> ’Ενέτυχόν σοι περὶ οἰκήσεως, καὶ χάρις ὑποσχομένῳ, κοχλίαν δὲ θεασάμενος ηὗρον οἴκησιν ἀλεξάνεμον τὸν ἐν τῷ Μητρῴω πίθον. Ἀπολέλυσο οὖν τῆς ὑπηρεσίας ταύτης καὶ σύγχαιρε ἡμῖν τὴν φύσιν ἀνευρίσκουσιν.

> Je t'avais interpellé à propos d'un logement, et je te suis reconnaissant de t'y être engagé. Mais après avoir contemplé un limaçon, j'ai découvert dans un tonneau au Métroon la maison qui m'abritera du vent. Libère-toi de ce service et réjouis-toi avec nous qui découvrons la nature[2].

Il n'est pas exclu que la comparaison du logement du cynique avec un limaçon ne soit qu'une projection rétrospective à finalité rhétorique ; dans ce cas, elle ne remonterait probablement pas à Diogène lui-même : puisque cette lettre n'est pas authentique, c'est peut-être son auteur qui a fait correspondre au mode de vie de Diogène celui du limaçon et il a pu utiliser cette correspondance dans un « exercice de style » qui pourtant ne trahit pas la pensée diogénienne[3]. Néanmoins, il n'est pas non plus exclu que Diogène lui-même ait utilisé rhétoriquement cette comparaison ; ce ne serait point étranger à sa façon de faire. Quoi qu'il en soit, elle ne prouve pas le désir d'un retour à la nature sauvage : en observant (θεασάμενος) le limaçon – il s'agit donc d'un geste *théorique* – Diogène trouve un *exemple* qui lui inspire un moyen de faciliter la satisfaction d'un besoin, mais le limaçon n'est pas à proprement parler un *modèle* ; le cynique ne peut pas l'imiter,

M. Foucault du cynisme antique, je rappelle l'étude de M.-O. Goulet-Cazé, « Michel Foucault et sa vision du cynisme dans *Le courage de la vérité* », 2013, déjà citée.

1. Cf. D. L. VI 43.

2. Pseudo-Diogène, *Lettre XVI, à Apolexis* (*SSR* V B 546).

3. Cette lettre n'est certainement pas à identifier à celle mentionnée dans le passage de Diogène Laërce cité plus haut, qui doit être une de ces lettres auxquelles fait allusion un des catalogues des ouvrages du cynique transmis par le même Diogène Laërce (cf. D. L. VI 80).

car ce serait tout simplement impossible. En revanche, tout comme le limaçon se sert de ce que la « nature » lui a donné – une « maison » sur le dos –, le cynique, lui aussi, peut se servir de son « instrument naturel », c'est-à-dire de son *logos*, qui lui permet de vivre bien, bien mieux que les bêtes[1].

Diogène *découvre* donc la nature; il *la met au clair* (cf. l'expression τὴν φύσιν ἀνευρίσκουσιν). Notons le bien pourtant: il ne *découvrit* pas la nature. Le jeu des temps verbaux mérite d'être souligné: Diogène *a trouvé* (ηὗρον) son tonneau. D'une part, l'aspect ponctuel de l'aoriste introduit un changement de situation, en l'occurrence il désigne l'interruption de la recherche d'une maison: c'est parce qu'il a trouvé le tonneau que la demande d'une maisonnette n'est plus utile; il marque également le caractère épisodique et hasardeux de la trouvaille, en totale harmonie avec l'option cynique de vivre au jour le jour et d'improviser selon l'occasion. D'autre part, l'emploi du présent, c'est-à-dire d'un duratif, dans l'expression τὴν φύσιν ἀνευρίσκουσιν, suggère que pour Diogène et ses amis ou ses disciples (le verbe est au pluriel, ce qui signifie peut-être qu'il s'agissait d'une pratique collective de l'ensemble des adeptes du mouvement, une pratique qui avait donc un caractère doctrinal), la nature n'est pas quelque chose que l'on découvre une fois pour toutes, ce qui lui permettrait sans doute de vivre moralement « en accord avec la nature » (car il saurait déjà ce qu'elle est). La découverte de la nature chez les cyniques, puisqu'elle se confond avec l'adoption d'une « vie facile », est un processus qui se déroule tout au long de la vie du philosophe et qui l'amène précisément à pratiquer l'ascèse et à s'adapter aux circonstances. En outre, dans cette lettre, la différence (sémantique) entre les verbes εὑρίσκω et ἀνευρίσκω est tout aussi significative. Le premier signifie, d'une manière générale, « découvrir », tandis que le second, modifié par le préfixe, peut aussi être employé au sens d'« inventer ». Cette distinction suggère que les cyniques, plutôt que de découvrir la nature, *l'inventent*. Ou encore, dit de façon plus radicale: les cyniques *s'inventent une nature*. En reprenant le slogan majeur du cynisme, on pourrait dire que l'idée de « falsification » visée par ces philosophes veut – et avec quelle force ! – atteindre la notion de nature elle-même.

Ainsi, la découverte de Diogène ne le conduit pas en dehors de la cité: il découvre la nature par le biais d'un tonneau, un objet fabriqué par l'homme et qui en l'occurrence se trouvait au Métrôon, un centre d'affaires politiques important

1. Parce que, comme on le verra plus loin, le cynique vit heureux. En outre, toujours à la différence des animaux, le cynique veut consciemment promouvoir son bonheur ainsi que celui des autres, et ce bonheur découle précisément du fait qu'en se libérant des tracas et des complications, il en libère les autres: cf. dans la lettre, les expressions à l'impératif ἀπολέλυσο τῆς ὑπηρεσίας ταύτης et σύγχαιρε ἡμῖν. Nous pourrions voir, dans ce passage, se manifester en filigrane la philanthropie cynique: cf., par exemple, Plutarque, *Comment il faut écouter les poètes* 4, 21 e; *id.*, *Comment tirer profit de ses ennemis* 4, 88 a; *Gnomologium Vaticanum* 743, n° 187 (*SSR* V B 421); (Pseudo-?) Lucien, *Le cynique* 6-8. Voir quelques aspects de cette thématique dans O. Flores-Júnior, « *Khortos gasteri*: le bonheur est dans le pré », 2006.

de la cité. Force est donc de constater qu'en fait il découvre la nature *dans la civilisation*. En radicalisant un peu les choses et à l'opposé de ce que l'on admet généralement, nous dirions que le propos de Diogène est de montrer que, pour l'homme, il n'y a pas de nature – ou, à la limite, *il n'y a plus* de nature – en dehors de la civilisation : inutile de vouloir l'abandonner, inutile de songer à un « retour à la nature ». La seule manière d'être à la fois heureux et vertueux à la portée de l'homme est de « simplifier » et de « faciliter » la vie ; pour ce faire il doit mettre la raison, son « outil naturel », au profit d'une réévaluation – non de l'élimination – du monde civilisé. Le cynisme montre que la nature de l'homme n'est pas seulement l'héritage immuable de son histoire biologique ; elle est aussi un fait social et politique posé par l'action de l'homme lui-même.

7. Les armes du combat : nomos *et* phusis *III*

Selon le discours de Dion Chrysostome, Diogène applique à ses autres besoins la même logique qu'il met en œuvre à propos du logement. À la différence des animaux, « qui n'entrent jamais dans des maisons » (εἰς οἰκίαν οὐδέποτε εἰσιόντα)[1], Diogène trouvait, à son besoin d'abri, une sortie tantôt vers le « haut » – les bâtiments de la cité construits par l'homme, souvent en l'honneur des dieux, mais que le cynique affirmait être là à son intention – tantôt vers le « bas » – un vieux tonneau désaffecté dont se serait très bien satisfait une souris ou un chien[2]. Mais, en allant vers le « haut » ou vers le « bas », il n'abandonne pas la cité, il n'ensauvage pas sa vie et il ne se soustrait pas à la civilisation. Dion marque par la suite le même genre d'opposition entre la vie de Diogène et la manière de vivre des animaux, lorsqu'il s'agit du vêtement : tandis que les animaux – en tout cas, la plupart d'entre eux (τὰ πολλὰ αὐτῶν) – sont nus pendant toute l'année[3], Diogène tâchait de trouver aussi facilement que possible un vêtement convenable (ὅπως εὐπορήσει καὶ ἐσθῆτος τῆς μετρίας)[4]. D'ailleurs, pour montrer que l'homme n'est pas si délicat qu'on le pense d'habitude, au motif qu'il n'est pas couvert de plumes ou d'une peau épaisse, Diogène avait déjà évoqué l'exemple des « grenouilles et de bien d'autres animaux beaucoup plus délicats que les hommes, et bien plus démunis » (τοὺς τε βατράχους καὶ ἄλλα οὐκ ὀλίγα ζῷα πολὺ ἁπαλώτερα ἀνθρώπου, πολὺ δὲ ψιλότερα)[5]. En effet, certains de ces animaux – c'est toujours Dion qui l'explique – supportent très bien le froid, puisqu'ils passent l'hiver dans l'eau glacée. Il va sans dire – là, c'est moi qui conclus – que

1. Cf. Dion Chrysostome, *Discours VI, Diogène ou De la tyrannie* 22.

2. C'est à dessein que je reprends ici la terminologie – le « haut » et le « bas » – utilisée par M. Detienne, « Ronger la tête de ses parents », 1988 (1re éd. 1977), p. 139 ; 142 et ss., pour désigner « les deux ouvertures symétriques » grâce auxquelles Pythagorisme, Orphisme, Dionysisme et Cynisme refusent les pratiques communes de la cité.

3. Cf. Dion Chrysostome, *Discours VI, Diogène ou De la tyrannie* 22.

4. *Ibid.* 31.

5. *Ibid.* 27.

Diogène ne croyait pas que les hommes puissent en faire autant, et qu'il ne leur recommandait pas pareil genre de vie. Ce que de toute évidence Diogène veut faire, c'est adresser un reproche aux gens qui s'adonnent au luxe en prenant pour excuse une invraisemblable fragilité de l'homme. Il ne dit pas que l'homme peut vivre comme les autres animaux, mais simplement que tout en ayant besoin, par exemple, de vêtements dans certaines conditions – la nuance est importante –, l'homme n'est pas aussi fragile qu'on le pense souvent ou que les interprétations traditionnelles du mythe de Prométhée le font croire. En disant que la fragilité de l'homme est en quelque sorte « fabriquée » par l'homme lui-même, en raison du genre de vie qu'il mène, le cynique glisse dans l'argument l'importance de l'ascèse : pour prouver que l'homme n'est pas *par nature* aussi fragile, il faut s'entraîner – il faut entraîner et le corps et l'âme[1] – pour pouvoir mieux résister aux épreuves que la nature lui impose. Par ailleurs, s'il prend l'exemple des grenouilles, c'est sans doute uniquement pour illustrer quelque chose qu'il constate : « d'une façon générale, aucun animal ne naît où il ne puisse pas vivre » (καθόλου δὲ ἐν μηδενὶ τόπῳ γίγνεσθαι ζῷον, ὃ μὴ δύναται ζῆν ἐν αὐτῷ)[2]. Or, les seuls hommes que Diogène effectivement connaît sont ceux qui naissent dans les cités. Ils peuvent et doivent par conséquent vivre dans les cités et ils peuvent y être à la fois vertueux et heureux, à la seule condition de mettre à profit leur raison. En ce sens, lorsque, dans la suite immédiate du discours, Dion/Diogène évoque les « premiers hommes » (οἱ πρῶτοι ἄνθρωποι), il ne fait que donner une version « anthropologique » de son exemple : rien dans le texte ne permet de dire que Diogène ait invité les hommes à faire marche-arrière vers un état primitif de l'humanité, ce qui de toute façon serait impossible. Sous peine de fausser la pensée cynique, nous ne devons pas oblitérer les nuances du texte : Diogène disait que ces premiers hommes n'avaient ni feu ni maison ni vêtement ni d'autre nourriture que celle qui poussait spontanément (μήτε πυρὸς ὄντος μήτε οἰκιῶν μήτε ἐσθῆτος μήτε ἄλλης τροφῆς ἢ τῆς αὐτομάτου)[3] ; et, pourtant lui-même, Diogène, se servait du feu, encore que rarement (σπανίως)[4] ; il avait sa maison, fût-ce un temple ou un tonneau ; il avait son manteau élimé et un peu crasseux,

1. L'idée d'une « double ascèse » subordonnant le corps à l'âme dans la méthode philosophique de Diogène reste problématique. M.-O. Goulet-Cazé, *L'ascèse cynique*, 1986, p. 210-213, écrit : « (...) il semble bien (...) que la distinction entre le corps et l'âme n'ait guère joué de rôle dans la réflexion de Diogène sur l'ascèse. Pour ce dernier, en fait, c'est tout l'être humain qui globalement s'entraîne à la vertu quand il affronte le froid, le chaud, la soif, la faim ou la maladie (...). La perspective de Diogène (...) [est] d'habituer le corps à supporter les *ponoi* pour qu'il ne constitue pas un obstacle aux décisions morales de la personne » (p. 212-213 pour la citation). Je reviendrai sur ce problème dans la troisième partie de cette étude.

2. *Ibid.* 28.

3. *Ibid.* 28.

4. Cf. *ibid.* 10.

certes, et plié en deux[1], mais qui était un vêtement à la juste mesure de ses besoins (ἐσθὴς ἡ μετρία)[2] ; et il mangeait joyeusement son petit pain d'orge qui est une nourriture frugale et sans apprêts mais qui ne pousse pas dans des arbres[3]. Pour

1. D. L. VI 22. Le vocabulaire qui désigne le vêtement typique du philosophe cynique est assez varié : τρίβων (D. L. VI 8 ; 13 ; 22 ; 76 ; 91 ; 93 ; 105 ; Plutarque, *Si le vice suffit pour rendre l'homme malheureux* 3, 499c-d = *SSR* V B 153), τριβώνιον (D. L. VI 66 ; *Anthologie Palatine* IX 145 = *SSR* V B 116), τριβωνάριον (Épictète III 22, 47 = *SSR* V B 263), *tribon* (Ausonius, *épigramme XXIX* = *SSR* V B 157), ἱμάτιον (D. L. VI 7 ; 13 ; 62 ; 76 ; 87 ; 97) *pallium* (Plaute, *Le Perse* 120-128 = *SSR* V B 162), mais aussi χλαῖνα, (*Anthologie Palatine* XVI 333 = *SSR* V B 156), ἐξωμίς (Sextus Empiricus, *Esquisses pyrrhoniennes* I 14, 153 = *SSR* V B 164). Le terme χίτων ne désigne pas un vêtement cynique (D. L. VI 102) ; le cynique est plutôt un ἀχίτων (D. L. VI 6 ; 31). Le terme le plus fréquent, τρίβων, employé comme adjectif, indique « ce qu'on porte sans cesse », d'où « manteau grossier » ou plus proprement « manteau élimé » ; comme substantif, il désigne le manteau ou, de façon plus générale, le vêtement des paysans et des pauvres ; le *tribôn* n'était donc pas un trait exclusif des cyniques qui, en plus, parmi les philosophes, n'étaient pas les seuls à le porter ; Socrate, par exemple, portait déjà le τρίβων : cf., par exemple, Platon, *Protagoras* 335 c-d. Ce qui en fait est caractéristique de l'habillement des cyniques est le « pliage en deux du manteau », un geste qui devient une sorte de symbole de l'adhésion au cynisme (D. L. VI 6-7 ; 13 ; 76 ; Philodème, *Sur les stoïciens,* col. XVII 10 Dorandi ; Pseudo-Diogène, *Lettre XV* ; *id.*, *Lettre XXX* 3) et qui, à ce titre, est évoqué dans le débat sur le vrai fondateur du mouvement : selon certains, Diogène de Sinope serait celui qui le premier « a plié le manteau » (D. L. VI 22 : τρίβωνα διπλώσας πρῶτος), mais selon Dioclès et Néanthe, la primeur reviendrait à Antisthène, tandis que Sosicrate affirmait que le premier à le faire fut Diodore d'Aspendos (D. L. VI 13). Ce τρίβωνα διπλοῦν est en effet normalement compris au sens d'un « pliage du manteau », ce que semble confirmer l'expression πτύξαι θοἰμάτιον dans D. L VI 6-7. Il n'est toutefois pas aisé d'imaginer concrètement ce « pliage du manteau » : s'il s'agit de plier le manteau pour qu'il serve aussi comme une sorte de drap de lit, de couchette ou de petit matelas, qu'on pourrait étendre par terre pour s'y coucher, il devrait forcément être assez long, de façon à ce que, même plié, il puisse couvrir un homme allongé ; avoir un tissu aussi long serait, en principe, contradictoire avec la frugalité cynique. Nous pourrions, à titre de pure hypothèse, avancer une autre possibilité d'interprétation : d'abord, il faut tenir compte de ce que l'emploi du verbe πτύσσω est tout à fait marginal lorsqu'il s'agit de désigner le geste cynique (et que le terme ἱμάτιον est, dans ce contexte, moins fréquent que le terme τρίβων) ; l'expression qui, d'un point de vue statistique, exprime le mieux l'adhésion au cynisme est, sans doute, τρίβωνα διπλοῦν. Or, le verbe διπλῶ, que l'on peut certes rendre par « plier », « plier en deux (parties) », a aussi le sens de « doubler », de « mettre en double ». On pourrait donc imaginer qu'en *doublant* son manteau, Diogène non seulement *plie* son manteau, mais qu'il *double* sa fonction : son vêtement pour la journée et son drap de lit pour la nuit ne font qu'une seule pièce (cf. D. L. VI 22 : διὰ τὸ ἀνάγκην ἔχειν καὶ ἐνεύδειν αὐτῷ). En renversant ironiquement l'idée même de simplification (comparer διπλῶ avec ἁπλῶ, les deux verbes étant liés par l'étymologie), le geste du cynique, tout à fait en harmonie avec sa doctrine, exprime une « falsification » du code vestimentaire des Grecs et en même temps il dénonce la « mathématique illogique » du luxe et de l'ostentation qui gouverne tant d'hommes : son seul manteau qui en vaut deux met au clair la stupidité de ceux qui ont plusieurs habits dont la fonction est finalement unique, à savoir couvrir le corps de l'homme – ou de la femme, parce que pour les cyniques il n'y a pas de raison pour que l'homme et la femme soient habillés différemment –, que ce soit la journée ou la nuit, l'hiver ou l'été (cf. [le pseudo- ?] Lucien, *Le cynique* 8-9 ; 11 ; 17).

2. Cf. Dion Chrysostome, *Discours VI* 31.

3. Cf. *ibid.* 12.

mieux rendre compte de la valeur de cette comparaison, nous devons avoir présent à l'esprit qu'une des caractéristiques majeures de la philosophie de Diogène était précisément la cohérence rigoureuse entre ce qu'on fait et ce qu'on dit : le cynisme est avant toute chose une « philosophie en acte »[1].

Dès lors, tout comme le πίθος est l'insigne du détachement de Diogène appliqué au logement, son manteau grossier, avec le bâton et la sacoche, l'est aussi en ce qui concerne le vêtement. Tout cela – le tonneau, le manteau (τρίβων, τριβώνιον, τριβωνάριον, *tribon*, *pallium*, χλαῖνα, ἐξωμίς), le bâton (ξύλον, βακτηρία, βάκτρον, ῥάβδος, σκίπων, *baculum* ou *baculus*, *clava*) et la sacoche ou besace (πήρα, *pera*, mais aussi θύλακος, θυλάκιον, οὐλάς ou θυλάς), qui sont tous des *objets non naturels, fabriqués par la main de l'homme* et *produits donc par la technique* (à l'exception peut-être du bâton qui pouvait sans doute n'être qu'un bout de bois plus ou moins droit recueilli dans la « nature » ; en revanche, le θύλακος, bien qu'il puisse désigner une sacoche faite de la peau vidée d'une bête, était évidemment un objet travaillé par l'art de l'homme) – tout cela donc forme l'accoutrement traditionnel par lequel le cynique s'est toujours fait (re)connaître[2]. Il s'agit des « instruments » ou, pour employer un terme qui revient dans les lettres cyniques pseudépigraphes, des « armes » (ὅπλα) avec lesquelles le cynique combat, au nom de la vertu et du bonheur qui découlent d'une « vie facile », les vices que cachent l'excès et le luxe[3].

1. Cf. D. L. VI 28 ; 64 ; 71.

2. Pour les sources antiques faisant état de la frugalité et des éléments de l'« armure » de Diogène, voir les textes réunis dans *SSR* V B 152-195 et, pour un commentaire de ces sources, voir la note 48 dans *SSR*, t. IV, p. 499-505.

3. Cf. Pseudo-Diogène, *Lettre XXXIV, à Olympias* 1 : τρίβων ; Pseudo-Cratès, *Lettre XXIII, à Ganymède* 15 : le τρίβων, la πήρα, la βακτηρία, la κόμη sont les Διογένεια ὅπλα ; il est intéressant d'observer que, dans cette description, le seul élément que l'on pourrait considérer comme un « élément naturel », la chevelure (κόμη), qui devait se présenter ébouriffée et pas très propre, ne figure que rarement parmi les « armes » du cynique (tout comme la peau de lion, qui fait toujours allusion à Héraclès, comme dans D. L. VI 45) : cf. (le Pseudo- ?) Lucien, *Le cynique* 1, où la chevelure s'associe à la barbe (πώγων), sans doute aussi hirsute et négligée que la chevelure, et au manteau court (τὸ τριβώνιον) qui se substitue à la tunique (χιτῶν) et qui était tellement crasseux qu'il pouvait provoquer une forte nausée (ὡς ἄσην πάμπολλον φέρειν). La réponse que ce cynique, personnage du dialogue, donne à son interlocuteur qui lui reproche précisément son apparence, est tout à fait significative : il ne se réclame ni d'un naturalisme ni d'un animalisme quelconques, mais il justifie son accoutrement par le souci d'une vie simple et facile, éloignée de toutes les complications : τοιοῦτον δὲ ὁποῖον [scil. ὁ τρίβων] ἂν ποριсθείη ῥᾷστα καὶ κτησαμένῳ πράγματα ὡς ἐλάχιστα παρέχον (*Le Cynique* 1). Enfin, le Pseudo-Cratès affirme que le τρίβων et la πήρα sont « les armes des dieux » (τὰ θεῶν ὅπλα) : cf. Pseudo-Cratès, *Lettre XVI, à ses compagnons*.

8. Le cynique et les hommes d'antan : les mirages du primitivisme

On a pu encore qualifier de « primitif » le mode de vie que Diogène propose[1]. Pourtant, Diogène n'adopte pas, nous l'avons vu plus haut, le mode de vie des « premiers hommes », ou, plus précisément, il n'adopte pas le mode de vie que lui-même (selon Dion) attribue aux « premiers hommes ». Sa sacoche et son bâton ne sont pas les ustensiles d'un nomade primitif et il n'est pas un vagabond des routes, tout au plus (ou tout au moins) un clochard bien citadin, qui d'ailleurs, à en juger par ses déplacements souvent dans les mêmes endroits, ne voyage que très peu, et encore selon le rythme prévisible des saisons[2] : en allant d'Athènes à Corinthe et de Corinthe à Athènes, il choisit les chemins les plus peuplés qui croisent d'autres villes, comme Mégare et Éleusis, en évitant les lieux déserts ; et tout en faisant comme les cigognes, il ne se réclame pas des bêtes ni des troglodytes d'hier, mais il évoque le plus raffiné des hommes de son temps, le Grand Roi, bien qu'il le

1. Cf. A. O. Lovejoy et G. Boas, *Primitivism and related ideas in Antiquity*, 1935 (voir les p. 117-152).

2. Ce que nous lisons en D. L. VI 23 semble affirmer le contraire : « Étant tombé malade, il s'appuyait sur un bâton (βακτηρίᾳ). Par la suite toutefois il prit l'habitude de porter ses affaires, non pas bien sûr en ville (οὐ μὴν ἐν ἄστει), mais sur les chemins (ἀλλὰ καθ' ὁδόν), au moyen de ce bâton et de sa besace (αὐτῇ τε καὶ τῇ πήρα) (...) » (traduction de M.-O. Goulet-Cazé, qui, *loc. cit.*, n. 5., éclaircit le passage : « Pendant qu'il était malade, le bâton l'aidait à marcher, mais par la suite il porta la besace au bout de son bâton et mit le bâton sur l'épaule »). Néanmoins, rien ne nous oblige à penser que la route dont il est question ici – au singulier, dans le texte grec – était autre que celle entre Athènes et Corinthe. Certes, la littérature antique fait état de quelques voyages que Diogène a faits, certainement après avoir quitté Sinope : à part Athènes et Corinthe (et les villes aux alentours de ces cités que Dion mentionne, comme Mégare, Salamine et Éleusis), Diogène s'est rendu à Olympie (D. L. VI 43 ; 60), à Delphes (D. L. VI 20 ; 21 ; 60) ou à Délos (D. L. VI 20), à Myndos (D. L. VI 57), à Sparte (D. L. VI 59) et, peut-être, à l'île de Samothrace (D. L. VI 59), mais il ne semble pas avoir porté un intérêt spécial aux voyages : cf. D. L. VI 25. En ce sens, les lettres pseudépigraphes attribuées à Diogène, qui évoquent d'autres voyages du cynique (cf., par exemple, les lettres XXXV, XXXVI et XXXVII), doivent être considérées à part, car, en raison de leur prosélytisme, elles avaient tout intérêt à composer une image d'un Diogène voyageur qui allait prêcher sa doctrine dans toutes les villes : l'épistolographie, un des genres littéraires préférés pour la propagande et pour la divulgation doctrinale, puisqu'elle suppose en principe l'éloignement, évoque assez souvent les voyages. Enfin, il paraît que Diogène a fait aussi un voyage à Égine. On raconte qu'au cours de cette navigation il s'est fait capturer par la bande du pirate Scirpalos (ou Skirtalos, selon la *Souda*, *s.v.* Διογένης, n° 1143 = *SSR* V B 71, ou Harpalus, selon Cicéron, *Sur la nature des dieux* III 34, 83 = *SSR* V B 335) et qu'il a été ensuite amené en Crète pour être vendu comme esclave (cf. D. L. VI 74). On notera d'ailleurs que, dans le cadre de la légende de la Διογένους πρᾶσις, le passage chez Diogène Laërce est le seul qui précise que Diogène fut capturé pendant un voyage vers l'île d'Égine, voisine d'Athènes (pour les sources antiques sur l'épisode de la vente de Diogène, voir les textes dans *SSR* V B 70-80 et la note 44 dans *SSR*, t. IV, p. 453-460). Quoi qu'il en soit, cet ensemble de données ne me semble pas suffisant pour encadrer un quelconque « désir d'évasion ». Enfin, la précision donnée en D. L. VI 23, selon laquelle Diogène portait son bâton et sa besace sur les routes, mais non en ville, suggère que le cynique avait en fait un « domicile fixe » – probablement son tonneau au Métrôon – où il pouvait déposer ses quelques affaires.

fasse pour expliquer que son propre genre de vie était tellement supérieur à celui du Roi que toute comparaison entre l'un et l'autre devenait inutile[1]. En outre, le tonneau où il vit est en soi-même un symbole de l'homme sédentaire, fixé dans les cités, qui ne recueille plus au hasard les fruits spontanés de la terre, mais qui doit en revanche stocker l'aliment que son travail produit. Placé au Métrôon, un centre d'activité politique très important, son tonneau évoque encore la vie organisée et réglée par les lois auxquelles les hommes, par convention et par accord, décident d'obéir. Mais accroupi à l'intérieur de ce tonneau stratégiquement localisé, Diogène peut mieux exercer la mission qu'il s'arroge, à savoir celle de surveiller et d'admonester les gens[2]. Sur le chapitre du vêtement, le cynique suit le même chemin : à la différence des animaux et des « premiers hommes » qui vont tout nus – les uns « sont nus pendant toute l'année » (γυμνὰ ὄντα δι' ἔτους)[3] et les autres ne connaissent pas le vêtement (μήτε ἐσθῆτος)[4] – il porte orgueilleux[5], le jour et la nuit, l'été et l'hiver, son seul manteau élimé qu'il plie en deux en en doublant ainsi l'usage, mais qui est pour lui un vêtement tout à fait suffisant et convenable (ἐσθὴς ἡ μετρία)[6]. Il en va de même pour la nourriture : en recueillant son aliment au hasard, Diogène *apparemment* agit comme les animaux[7] ou comme les premiers hommes, ces hommes dont Diogène ne peut imaginer l'existence que selon un exercice plus ou moins hypothétique d'« anthropologie culturelle » ou de « théorie de l'histoire de l'humanité », car les seuls hommes qu'il connaît effectivement et qu'il côtoie sont ceux qui vivent dans les cités[8]. Mais la frugalité de

1. Cf. Dion Chrysostome, *Discours VI, Diogène ou De la tyrannie* 35 ; cf. aussi *Gnomologium Vaticanum* 743, n° 201 ; Julien, *Or. IX* [VI] 14, 195b (*SSR* V B 263).

2. Sur la mission du cynique, voir G. Giannantoni, *SSR*, t. IV, p. 507-512.

3. Cf. Dion Chrysostome, *Discours VI, Diogène ou De la tyrannie* 22.

4. Cf. *ibid.* 28.

5. Cf. D. L. VI 8.

6. Cf. Dion Chrysostome, *Discours VI, Diogène ou De la tyrannie* 31.

7. Encore une fois, la « frugalité alimentaire » des animaux n'existe que d'un point de vue humain. En effet, la simple observation montre que beaucoup d'animaux, sauvages comme domestiques, sont *naturellement* très sélectifs en ce qui concerne la nourriture, et même les omnivores peuvent toujours avoir une pitance préférée et souffrir de sa privation. Cette sélection alimentaire, transformée en habitude, rappelle sans doute le cercle vicieux qui gouverne les hommes accoutumés au luxe et à l'abondance. Les bêtes des pâturages (cf. Dion Chrysostome, *Discours VI, Diogène ou De la tyrannie* 13) peuvent sans doute se contenter des feuilles tendres, mais pas les lions ni même les chiens.

8. S. Husson, *La* République *de Diogène*, p. 96 et ss., affirme que nous trouvons dans le *Discours VI* de Dion, précisément dans le passage qui évoque Prométhée (25-29), ce que nous ne trouvons ni chez Diogène Laërce ni dans les autres fragments relatifs à Diogène, à savoir une « théorie élaborée de l'histoire de l'humanité » dont le cynique se serait servi. Or, d'après ce que nous savons de son tempérament et de son caractère (qui se reflètent sans doute dans sa philosophie), on imagine mal que Diogène aurait pu être intéressé systématiquement par une telle théorie, même si c'est une erreur que de vouloir lui attribuer une incapacité intellectuelle quelconque. Chez lui, la « théorie de l'histoire de l'humanité » liée au mythe de Prométhée ne semble

Diogène ne coïncide ni avec celle des animaux ni avec celle des hommes primitifs, car le cynique « ne négligeait rien de ce qui pouvait *facilement et sans effort* (ῥᾳδίως καὶ ἀπραγμόνως) lui aider à assouvir les besoins de son corps »[1], y compris les aliments liés au monde de l'homme civilisé. Le cynique est donc capable de prendre comme nourriture suffisante ce qui est le plus facile à obtenir[2] et, de préférence, ce qu'on peut se procurer soi-même[3], que ce soit des herbes fraîches (βοτάναις)[4], « des pommes, les grains de millet, d'orge et de vesce, les légumes les plus simples (τὰ εὐτελέστατα), un gland cuit sous les cendres[5], une baie de cornouiller (dont Homère raconte que Circé régala les compagnons

avoir qu'une valeur rhétorique, car elle illustre – je dirais presque « enjolive », – l'adoption d'une « vie facile », tout comme la théorie physique d'Anaxagore (que Diogène semble bien connaître) illustre ou « enjolive » la justification de l'anthropophagie. Quoi qu'il en soit, on ne saurait dire que Diogène a élaboré sa doctrine après avoir bien examiné les possibilités et les vertus des hommes des origines. En revanche, S. Husson, écarte, selon moi légitimement (même s'il me paraît peu probable que Diogène ait détecté chez l'homme primitif les « germes de sa propre corruption »), l'idée d'un retour cynique à l'état originaire de l'humanité. À propos de la dimension politique du naturalisme diogénien, elle écrit : « La *République* cynique n'est donc pas le retour mais l'anticipation d'un état de nature jusqu'ici jamais atteint par l'humanité, et que peut-être elle n'atteindra jamais » (p. 100). Puisque je crois que la nature est bien à l'origine du *ponos* (c'est la nature qui invite le cynique à pratiquer l'ascèse, laquelle lui permet, jusqu'à un certain point, de « contrôler » le *ponos*), et que la nature (φύσις) est quelque chose qui naît (cf. le verbe φύω) *naturellement* chez les êtres, et qu'ils ne peuvent donc pas à proprement parler atteindre (la nature fait déjà partie des êtres), je dirais qu'entre ce que je propose et ce qu'elle soutient, il n'y a au fond qu'une différence de vocabulaire : là où elle voit l'effort pour conquérir une « nature » radicalisée, je comprends, pour ma part, qu'il s'agit de l'option, tout aussi radicale, pour une « vie facile » centrée sur l'autarcie. Autrement dit, le rapport du cynique à la nature a une portée « exploratoire », comme on le verra par la suite.

1. Dion Chrysostome, *Discours VI* 30.

2. Comparer l'expression τροφῆς ὅπως εὐπορήσει τῆς ἱκανῆς ἐπεμελεῖτο chez Dion Chrysostome, *Discours VI* 31, avec celle chez (le Pseudo- ?) Lucien, *Le Cynique* 15 : τροφὴν αἱρεῖσθαι τὴν ῥᾴστην πορισθῆναι.

3. Cf. D. L. VI 105 : Ἀρέσκει δ' αὐτοῖς καὶ λιτῶς βιοῦν, αὐτάρκεσι χρώμενοις σιτίοις (…).

4. Cf. D. L. VI 105.

5. Dans le cadre de l'appropriation du mythe de Prométhée par les cyniques, on pourrait donner au « gland cuit sous les cendres » (φηγὸς ὑπὸ τῇ τέφρᾳ) une valeur symbolique qui ne serait probablement pas étrangère à l'esprit du texte de Dion : si l'utilisation du feu caractérise la vie de l'homme civilisé, parce qu'elle permet, avant même l'introduction des arts et des techniques, de fonder un système alimentaire basé sur la cuisson de la nourriture, la subsistance du cynique serait, à son tour, donnée par ce qui, d'une certaine manière, dépasse la civilisation, mais qui, en tout état de cause, en dépend : les cendres ne sont pas le feu, mais elles n'existent pas sans le feu ; les cendres sont en effet les « vestiges » du feu, c'est-à-dire ce qui reste après que le feu s'est éteint – une sorte d'« après le feu ». Le cynisme ne représenterait pas un refus de la civilisation, mais un mouvement qui, en passant par la civilisation, semble aller au-delà de la civilisation, tout comme il passe, sans s'y arrêter, par le mode de vie des animaux dont il peut certes garder l'apparence. Dans toutes ses manifestations, le cynisme semble être l'exercice continuel d'un *dépassement*.

d'Ulysse et dont même les plus grands animaux peuvent se nourrir) »[1], ou un petit pain d'orge qui, nous l'avons dit, n'est pas une nourriture qui pousse spontanément dans la nature (τροφὴ αὐτόματος)[2], pas plus à l'époque de Diogène que du temps de l'homme ancestral. Certes, il est probable que cette μάζα que Diogène avait plus de plaisir à manger qu'en ont ceux qui mangent les mets les plus sophistiqués (ἢ οἱ ἄλλοι τὰ πολυτελέστατα τῶν σιτίων)[3], qui était un aliment très rustique et, par conséquent, bien différent de l'ἄρτος (plus fin et préparé normalement avec du blé)[4], constituait en fait une pâte non cuite que l'on pétrissait au moment de manger ; il s'agissait donc d'un pain simple à l'extrême que l'on pouvait fabriquer facilement sans l'utilisation directe du feu. Et pourtant cela ne le caractérise absolument pas comme un aliment « antiprométhéen » ou « naturel » : issu des farines de grains cultivés par l'homme, ce pain d'orge est évidemment un produit de la civilisation et, en symbolisant la satisfaction des nécessités essentielles des régimes les plus austères, il est sans doute un aliment simple, frugal, facile à trouver et bon-marché, mais qui n'existe que dans les cités[5].

Enfin, à côté de la nourriture, du logement et du vêtement, on doit évoquer le dernier élément qui permet à Dion de confronter la vie prônée par Diogène avec celle que l'on pourrait déceler chez les animaux ou chez les « hommes primitifs » : le feu, élément emblématique du mythe de Prométhée qui apparaît, d'une certaine manière, comme la condition de possibilité de la vie civilisée, déterminant même le code alimentaire de l'homme[6]. En déplorant la faiblesse des hommes, dont la cause, à son avis, ne serait pas leur nature fragile, mais leur propre mode de vie (δίαιτα), Diogène se demande : « comment les premiers hommes qui ont existé (οἱ πρῶτοι ἄνθρωποι γενόμενοι) se sont-ils sauvés (ἐσώθησαν), puisqu'il n'y avait ni feu (μήτε πυρὸς ὄντος), ni maisons, ni vêtement, ni d'autre aliment que celui qui pousse spontanément (μήτε ἄλλης τροφῆς ἢ τῆς αὐτομάτου) ? »[7]. Notons d'ailleurs que c'est le feu qui ouvre la séquence.

1. Cf. Dion Chrysostome, *Discours VI, Diogène ou De la tyrannie* 62. Dion se réfère ici au passage du chant X de l'*Odyssée* (cf. les vv. 237-243) où Circé transforme les compagnons d'Ulysse en porcs. Il n'est pas impossible que Dion/Diogène joue ici avec l'image que les gens se faisaient des philosophes cyniques : les compagnons d'Ulysse, transformés par Circé, avaient l'allure de porcs, mais ils avaient gardé à l'intérieur l'esprit et l'intelligence des hommes.

2. Cf. Dion Chrysostome, *Discours VI, Diogène ou De la tyrannie* 28.

3. *Ibid.* 12.

4. Mais l'ἄρτος pouvait être aussi un aliment frugal et, à ce titre, faisait aussi partie de la diète des cyniques : cf. Pseudo-Diogène, *Lettre XLIV, à Métroclès*.

5. À propos de la frugalité cynique qui ne semble pas coïncider avec une frugalité primitive ou sauvage, cf. Strabon XV 1, 64 (et la traduction qu'en donne M.-O. Goulet-Cazé, *L'ascèse cynique*, 1986, p. 59-60, n. 136) cité en note plus haut.

6. Cf. M. Detienne, « Pratiques culinaires et esprit de sacrifice » et J.-P. Vernant, « À la table des hommes. Mythe de fondation du sacrifice chez Hésiode », dans M. Detienne, J.-P. Vernant *et al.*, *La cuisine du sacrifice en pays Grec*, 1979, p. 7-35 et p. 37-132 respectivement.

7. Dion Chrysostome, *Discours VI, Diogène ou De la tyrannie* 23.

Il serait sans doute tentant de comprendre que Diogène lance ici une injonction aux hommes : « retournons en arrière et tâchons de nous sauver comme les premiers hommes se sont sauvés ; supprimons de nos vies le feu et tout ce qu'il a entraîné ! ». Or, dégager une telle injonction du discours de Dion serait le lire à moitié. En effet, quelques paragraphes auparavant, le même Dion nous apprend que Diogène – le même Diogène qui va toujours vêtu (et même bien vêtu, car il porte un vêtement tout à fait adapté à ses besoins), bien nourri de son petit pain, le plus sophistiqué des mets, et qui demeure dans les plus beaux édifices d'Athènes et de Corinthe – « rarement tirait parti du feu » (πυρὶ σπανίως ἐχρῆτο)[1]. Il ne faut donc pas ignorer les nuances et se méprendre sur la lettre du texte : l'adverbe employé est clair et n'indique pas le refus du feu, mais un usage modéré non seulement du feu, mais aussi de l'ombre (σκιᾷ) et d'un abri (σκέπῃ). Si l'accord rigoureux entre acte et parole est un impératif majeur chez les cyniques, il n'est pas vraisemblable que Diogène ait condamné catégoriquement l'usage du feu tout en l'utilisant de temps en temps. Nous pouvons alors admettre que ce que Diogène propose, c'est une nouvelle économie des ressources de la civilisation, et nous ajouterions que cette nouvelle économie est fondée non sur le refus radical du monde civilisé au nom d'une frugalité « primitive », mais plus précisément sur le refus de l'*anticipation* : « Diogène rarement tirait parti du feu, de l'ombre ou d'un abri *pour anticiper l'occasion* (προλαμβάνων τὸν καιρόν) »[2]. La force qui vient de l'entraînement et de l'exposition volontaire aux intempéries et aux adversités ne semble donc pas être destinée au futur, mais au présent.

Dans ce contexte, le souvenir des hommes primitifs, dont Diogène ne peut qu'imaginer le style de vie à partir des mythes traditionnels, n'est pas à proprement parler un modèle positif vers lequel le sage doit se tourner, de même que l'exemple des animaux ne l'est pas non plus. Encore une fois, il faut avoir à l'esprit la phrase qui précède la mention des premiers hommes et qui d'une certaine manière élimine l'idée d'une orientation « primitiviste » dans la pensée de Diogène : « d'une façon générale, aucun animal ne naît où il ne puisse pas vivre » (καθόλου δὲ ἐν μηδενὶ τόπῳ γίγνεσθαι ζῷον ὃ μὴ δύναται ζῆν ἐν αὐτῷ). La conclusion que l'on doit tirer de cette constatation indique la réelle teneur de la proposition du cynique : si l'homme naît dans des cités, il doit être capable d'y vivre – et, dans la perspective du cynique, d'y vivre heureux –, ce qui veut dire qu'il doit vivre avec les éléments de la vie civilisée dont il fera un usage raisonné. La vie des premiers hommes a donc la valeur d'une analogie et non d'un modèle : faire comme eux ne signifie pas « éteindre le feu » à jamais ni, en donnant raison aux imbéciles (ἔνιοι τῶν ἀφρόνων)[3], tourner le dos à ce qui peut *facilement* et

1. *Ibid.*, 10.
2. *Ibid.*, 10.
3. Cf. Dion Chrysostome, *Discours VI, Diogène ou De la tyrannie* 8.

sans tracas aider le corps à bien vivre[1]. La sagesse consiste alors à être capable de mener une *vie facile* dans notre monde à nous, urbain, civilisé et régi par le *nomos*, de la même façon que les hommes d'antan ont apparemment vécu dans le leur. En fait, il n'est pas vraisemblable que le cynique, en déclinant toute anticipation, ait voulu faire marche arrière vers un temps mythique et déjà révolu : le sage n'a à épuiser et à consommer sa vie présente ni au nom d'un futur qu'il ne peut qu'entrevoir ni au nom d'un passé hypothétique, fruit de mythes improbables ou d'une science spéculative. Pour l'homme du temps de Diogène, le monde des premiers hommes était tout aussi impénétrable que celui des animaux.

9. Le cynisme : un courant antiprométhéen ?

Jusqu'ici j'ai essayé de montrer, à partir principalement du témoignage de Dion Chrysostome, qu'il n'y a rien chez les cyniques qui prouve une « croisade » contre la civilisation : aucun primitivisme, aucune animalité ne semble annoncer le projet d'une vie *kata phusin*, si cela doit signifier un *retour à la nature* ou à un *mode de vie sauvage*. En réfutant l'idée d'un naturalisme cynique on a dans le même mouvement réfuté aussi l'idée du cynisme comme courant « antiprométhéen », car d'après le mythe le Titan est responsable d'avoir tiré l'homme de son milieu « naturel » et bienfaisant pour le lancer dans la dépravation des cités qui, sous le masque du plaisir et de la justice, accablent les hommes de toutes sortes de maux. Pourtant, on trouve chez le même Dion un passage – un des passages évoqués plus haut mentionnant explicitement Prométhée – qui semble remettre en cause mon hypothèse :

Εἰς τὰς πόλεις συνελθόντας, ὅπως ὑπὸ τῶν ἔξωθεν μὴ ἀδικῶνται, τοὐναντίον αὑτοὺς ἀδικεῖν καὶ τὰ δεινότατα πάντα ἐργάζεσθαι, ὥσπερ ἐπὶ τούτῳ ξυνεληλυθότας. Διὰ ταῦτα δὲ δοκεῖν αὐτῷ καὶ τὸν μῦθον λέγειν ὡς τὸν Προμηθέα κολάζοι ὁ Ζεὺς διὰ τὴν εὕρεσιν καὶ μετάδοσιν τοῦ πυρός, ὡς ἀρχὴν τοῦτο καὶ ἀφορμὴν τοῖς ἀνθρώποις μαλακίας καὶ τρυφῆς.

Réunis dans des cités afin de ne pas subir des injustices venant des gens du dehors, les hommes, à l'inverse, pratiquent contre eux-mêmes des injustices et accomplissent tous les pires forfaits, comme s'ils se trouvaient réunis à cet effet. C'est pourquoi, il lui semblait [à Diogène] que le mythe voulait dire que Zeus châtiait Prométhée pour avoir découvert et donné le feu, comme si celui-ci était pour les hommes le principe et l'origine de la mollesse et de la fragilité[2].

Ce que nous lisons ici c'est le résumé d'une hypothèse interprétative du mythe de Prométhée, qui fait écho d'ailleurs à la version donnée par Protagoras chez Platon : ce mythe fait le récit de la fondation de l'art politique chez les hommes, les hommes que Zeus ne hait pas car il leur a envoyé la Vergogne et la Justice précisément pour qu'ils ne périssent pas tous[3]. On remarquera pourtant, dans l'interprétation de Diogène transmise par Dion, que la situation présentée ne correspond pas tout à fait – ou ne correspond pas *littéralement* – à la conclusion

1. Cf. *ibid.*, 30.
2. Dion Chrysostome, *Discours VI, Diogène ou De la tyrannie* 25.
3. Cf. Platon, *Protagoras* 320c-322d.

qu'on en tire : quel serait au juste le rapport entre le fait que les hommes pratiquent l'injustice les uns envers les autres à l'intérieur des cités et le don du feu ?

Nous sommes probablement en face d'une interprétation allégorique du mythe, ce qui, comme on sait, n'était pas une démarche étrangère aux cyniques[1]. Le point que Diogène déplore ici n'est pas exactement la vie civilisée et ses composants, qui ont sans doute un rapport direct avec le feu technique, mais la contradiction des hommes (cf. l'expression adverbiale τοὐναντίον) : la faute n'est pas d'aller vivre dans des villes, mais d'agir dans le sens contraire de ce qu'ils désirent. On doit remarquer que cette première référence à Prométhée fait suite à un exemple important de la déraison des hommes : attachés qu'ils sont à la vie, mais à cause de leur propre intempérance, les hommes sont souvent malades et n'atteignent pas toujours la vieillesse ; ils rendent inutile pour eux-mêmes tout l'effort des médecins et des devins[2]. Dans ce contexte le feu semble constituer une métaphore de la déraison des hommes, une métaphore que Diogène présente sous la forme d'une (ré)interprétation du châtiment de Zeus raconté par le mythe. Ce n'est donc pas le feu en soi – c'est-à-dire la civilisation – qui est la cause des maux des hommes : le feu, puisqu'il est un *objet* extérieur à l'homme, ne peut pas être *objectivement* la cause efficiente de sa mollesse ou de sa fragilité, et donc de son malheur. « Personne d'autre n'est la cause de ce qui m'arrive, sinon moi-même », voilà ce que Diogène croyait entendre de la voix du vice[3]. Dans la perspective du cynique, rien ni personne ne peut déterminer le vice ou la vertu d'un sujet ; ce qui détermine le vice et la vertu d'un sujet est le sujet lui-même. Par conséquent, la valeur du feu et de toutes les techniques auxquelles il a donné lieu n'est pas décidée d'avance, mais dépend de l'usage qu'on en fait dans la vie pratique. On comprend mieux la perspective de la critique diogénienne du rôle de Prométhée dans le mythe comme facteur d'« explication » de la condition humaine en lisant, plus loin, la seconde occurrence du nom du Titan dans le discours de Dion :

Διώκοντας οὖν τὸ ἡδὺ ἐξ ἅπαντος ἀεὶ ζῆν ἀηδέστερον καὶ ἐπιπονώτερον, καὶ δοκοῦντας **προμηθεῖσθαι** σφῶν αὐτῶν κάκιστα ἀπόλλυσθαι διὰ τὴν πολλὴν ἐπιμέλειάν τε καὶ **προμήθειαν**. Καὶ οὕτως δὴ τὸν **Προμηθέα** δικαίως λέγεσθαι δεδεμένον ἐν πέτρᾳ κείρεσθαι τὸ ἧπαρ ὑπὸ τοῦ ἀετοῦ.

Les hommes, qui courent après le plaisir par tous les moyens, vivent toujours d'une façon particulièrement déplaisante et pénible, et, jugeant bon de prendre d'avance soin d'eux-mêmes,

1. Antisthène déjà interprétait allégoriquement les poèmes homériques. Sur le sujet voir J. Pépin, « Aspects de la lecture antisthénienne d'Homère », 1993. Pour orienter une lecture différente de l'exégèse antisthénienne, voir R. Goulet, « La méthode allégorique chez les stoïciens », 2005.

2. Cf. Dion Chrysostome, *Discours VI, Diogène ou De la tyrannie*, 23-24.

3. Télès, fr. II 8-10 Fuentes González (traduction P. P. Fuentes González). Cf. aussi Plutarque, *Sur la tranquillité de l'âme* 477a. Voir à ce propos P. P. Fuentes González, *Les diatribes de Télès*, 1998, p. 194-195.

ils périssent misérablement en raison de l'excès de souci et de prévision. C'est bien ainsi qu'on dit que Prométhée, attaché à un rocher, se fait dévorer le foie par un aigle[1].

Le jeu de mots que Dion met en avant semble confirmer l'interprétation allégorique du mythe : Prométhée n'est pas puni pour avoir donné à l'homme le feu, en soi une bonne chose (ou, au pire, une chose neutre, puisque sa valeur dépend totalement de l'usage qu'on en fait), dont Diogène lui-même se servait de temps en temps ; ce qui explique la punition du Titan c'est le fait qu'il a appris à l'homme la *pré-occupation*, qui se veut prévoyante mais qui, d'un point de vue cynique, ne serait que le symptôme d'une fragilité. C'est donc la capacité illusoire de prévoir l'avenir qui, à la limite, gère pour l'homme le plaisir et la souffrance : puisque l'assouvissement de la faim est un plaisir et puisqu'il sait que la faim qu'il ressent aujourd'hui il la ressentira demain, l'homme s'empresse de l'entourer de toutes sortes d'agréments pour la rendre plus agréable ; à force d'agir ainsi il devient de plus en plus dépendant de ce plaisir et finit par s'imposer à lui-même plus de besoins que ne lui impose la nature. D'autre part, puisqu'il sait que la mort est certaine et que la maladie et l'infortune sont des possibilités bien réelles qu'il ne peut pourtant qu'entrevoir de façon confuse et imprécise, l'homme s'invente mille expédients pour leur échapper ; ainsi, il vit dans l'attente de maux dont il ne peut pas être sûr par avance qu'ils se réaliseront. Dans ce contexte, avec l'exemple de la vie du tyran, que les insensés prennent comme un idéal de bonheur[2], Dion illustre de façon hyperbolique le comportement de la plupart des hommes, qui régissent leur vie non par le plaisir lui-même ou par la souffrance elle-même, mais par l'*expectative du plaisir*[3] ou par l'*expectative de la souffrance*[4]. Ainsi, dans la perspective cynique, l'homme insensé gaspille sa vie présente dans l'effort qui consiste à anticiper pour soi-même ou pour les siens[5] un futur qui n'est pas certain : il vit alors une « vie difficile ».

Entièrement dominé par le luxe et par le raffinement, convertis en nécessité, et incapable, en raison de sa propre faiblesse, de faire face aux souffrances et aux contraintes que la nature lui impose, l'homme se livre d'une part à l'effort vain de combler des désirs qu'il ne cesse lui-même de renouveler et d'autre part aux peurs déraisonnables de souffrances qu'il ne peut que pressentir. Aux *ponoi* inévitables – les *ponoi* utiles[6] – qui lui viennent de sa propre nature, auxquels il devrait s'exercer, l'homme ajoute d'autres *ponoi* innombrables, des *ponoi* inutiles qui sont encore plus difficiles à surmonter parce qu'ils viennent de la propre déraison de l'homme. Celui-ci tombe alors de son propre fait dans un cercle vicieux et

1. Cf. Dion Chrysostome, *Discours VI, Diogène ou De la tyrannie*, 29.
2. Cf. *ibid.*, 7.
3. Cf. *ibid.*, 11-12.
4. Cf. *ibid.* 35 ; 41-42 ; 44.
5. Cf. *ibid.* 34.
6. Cf. D. L. VI 71.

souffre, dans le bref délai de son existence mortelle, un supplice comparable à celui du Titan enchaîné.

La façon dont Diogène s'approprie le mythe de Prométhée et que Dion expose dans son *Discours VI* resurgit, sous une forme nouvelle, dans son *Discours VIII, Diogène ou De la vertu*. Cette fois la figure du Titan est confrontée à Héraclès, le héros majeur des cyniques[1] :

Τὸν δὲ Προμηθέα, σοφιστήν τινα, ἐμοὶ δοκεῖν, καταλαβὼν ὑπὸ δόξης ἀπολλύμενον, νῦν μὲν οἰδοῦντος αὐτῷ καὶ αὔξοντος τοῦ ἥπατος ὁπότε ἐπαινοῖτο, πάλιν δὲ φθίνοντος ὁπότε ψέγοιεν αὐτὸν, ἐλεήσας καὶ φοβήσας… ἔπαυσε τοῦ τύφου καὶ φιλονικίας· καὶ οὕτως ᾤχετο ὑγιᾶ ποιήσας.

[Héraclès] alors, qui avait compris que Prométhée (que je pense être une sorte de sophiste) était en train de périr sous les coups de l'opinion, car son foie tantôt s'enflait et grossissait lorsqu'on faisait son éloge, tantôt dégonflait lorsqu'on le blâmait, l'ayant pris en pitié et ayant craint […] le délivra de sa vanité et de son ambition. Et il s'en alla après avoir rétabli sa santé[2].

Ici, il n'est nulle question du don du feu ou de l'invention des techniques civilisatrices. Ce qu'Héraclès reproche à Prométhée, c'est le fait de se laisser guider par l'opinion, par la *doxa*, et de régler selon elle son bonheur et son malheur, c'est-à-dire de lui soumettre ses *humeurs*. On revient sur le même point : tout comme le feu n'est pas lui-même la cause du malheur des hommes, tandis que la façon dont on s'en sert peut l'être, ce n'est pas contre le *nomos* ou contre la civilisation que le sage doit mener son combat, mais contre l'emprise de la *doxa*[3].

Il reste à examiner une dernière référence à Prométhée dans le *corpus* cynique : un fragment d'un ouvrage d'Antisthène probablement à identifier avec un des ouvrages de celui-ci se rapportant à Héraclès selon le catalogue transmis par Diogène Laërce[4]. Ce fragment a été conservé par Thémistios dans la version syriaque de son traité *Sur la vertu* :

Si jamais vous voulez vraiment savoir comment la modération d'esprit est une noble chose, ne vous en remettez pas au témoignage de Platon ni d'Aristote, mais plutôt au sage Antisthène qui a enseigné ce genre de vie. Il s'exprimait en effet en ces termes : « Prométhée parle ainsi à Héraclès : 'ta manière d'agir est tout à fait méprisable : tu te soucies des choses humaines et tu prends bien soin de négliger l'important. Pourtant tu ne saurais être un homme accompli aussi long-

1. Cf., par exemple, D. L. VI 45. Sur ce sujet voir R. Höistad, *Cynic hero and Cynic* King, 1948, p. 22-73.

2. Dion Chrysostome, *Discours VIII, Diogène ou Sur la vertu* 33. Le texte présente une lacune après φοβήσας, que la plupart des éditeurs assument.

3. Voir sur ce thème les considérations de S. Husson, *La* République *de Diogène*, 2011, p. 153-159, qui affirme : « C'est pourquoi, dans une perspective cynique, ce n'est pas la loi ou la convention en elle-même qui enchaîne les hommes et les rend malheureux, mais son origine : la *doxa*. Il ne s'agit donc pas de dénoncer le *nomos* en lui-même, mais les hommes qui, aveuglés par la *doxa*, s'y enchaînent eux-mêmes » (p. 155). Je ne crois pourtant pas que l'on puisse dégager de la position cynique un quelconque pessimisme : la situation de l'homme n'est pas désespérée parce qu'il aura toujours à sa disposition, s'il en a vraiment l'envie et le courage, la pratique de l'ascèse.

4. Cf. D. L. VI 15-18. Voir la n. 4, p. 54 *supra*.

temps que tu n'auras pas appris ce qui dépasse l'homme, et quand tu l'auras appris, tu connaîtras du même coup ce qu'est l'humain. Quand au contraire tu ne t'instruis que du terrestre, tu t'égares comme les bêtes sauvages' ». En effet, celui qui place son intérêt dans les biens de ce monde et qui restreint la puissance de son intelligence et de sa sagesse à ces choses viles et finies, n'est pas un sage, au dire d'Antisthène, mais il ressemble aux bêtes qui se plaisent dans la boue[1].

Ce texte pose de nombreux problèmes aussi bien philologiques que philosophiques que je n'aborderai pas ici[2]. En effet, en transmettant les idées d'Antisthène, Thémistios parle de l'importance de « ce qui dépasse l'homme » et de l'erreur qui consiste à « ne s'instruire que du terrestre ». Cette spéculation à allure théologique serait sans doute éloignée du cynisme diogénien[3]. On remarquera pourtant qu'Antisthène affirme que l'homme – en tout cas l'homme « accompli » – sera toujours une créature supérieure aux « bêtes sauvages » et aux « bêtes qui se plaisent dans la boue », une opinion qui, comme nous voulons le démontrer, est aussi celle de Diogène et des cyniques postérieurs.

Un autre aspect de ce texte nous interpelle : la forme dialoguée de l'ouvrage d'Antisthène montre en fait, contrairement à ce à quoi on devrait s'attendre à partir de la lecture des discours de Dion, que c'est Prométhée qui prend en charge l'éducation d'Héraclès. Cette inversion réellement surprend, si bien que E. Weber supposa que le document syriaque présente une version corrompue du texte et que dans l'original antisthénien c'était Héraclès qui parlait à Prométhée[4]. Néanmoins, on pourrait peut-être comprendre cette inversion dans le contexte du *kynikos tropos* dont une des caractéristiques est de ne rien prendre – notamment les éléments de la culture commune, du culte traditionnel et de la religion – pour des valeurs « sacrées », et de ne pas soumettre la pensée qu'il veut transmettre à des hiérarchies trop figées ou à des dogmes immuables et universels. Nous rappelons en ce sens un texte du *corpus* cynique qui n'a guère attiré l'attention des commentateurs, mais qui suggère, avec les ressources même du mythe et l'humour propre des cyniques, que Diogène manifestait un respect assez particulier à l'égard de

1. Thémistios, *Sur la vertu*, p. 43 Mach (= Bücheler-Gildemeister, *Rheinisches Museum* 27, 1872, p. 450 et ss. ; fr. 27 Caizzi ; *SSR* V A 96), traduction de L. Paquet, *Les cyniques grecs*, 1988, p. 34-35, légèrement modifiée. À propos de ce texte, on consultera M. Conterno, *Temistio Orientale*, 2014 (voir surtout les p. 69-94). Voir également la traduction anglaise de A. Rigolio, dans J. Wilberding, J. Trompeter et A. Rigolio (édit.), *Michel of Ephesus : On Aristotle's Nichomachean Ethics 10. Themistius : On Virtue*, 2019, p. 207-275.

2. Je n'aborderai pas non plus, mais pour des raisons différentes, les deux références à Prométhée chez Julien, *Or.* IX [VI], *Contre les cyniques ignorants* 3, 182c-d. Même s'il s'agit d'un discours qui traite du cynisme, le passage en question ne présente pas un avis proprement « cynique » sur la figure de Prométhée.

3. Cf. S. Husson, *La* République *de Diogène*, 2011, p. 98, n. 1, qui suit l'opinion de A. Brancacci, « Le modèle animal chez Antisthène », 1997 (cf. la p. 220).

4. Cf. E. Weber, « De Dione Chrysostomo cynicorum sectatore », 1887, p. 240 ; F. Decleva Caizzi, *Antisthenis fragmenta*, 1966, p. 94-97. S. Husson, *op. cit.*, p. 98, n. 1, à la suite de Weber et traduit : « En effet, il [Antisthène] dit que Prométhée entendit d'Héraclès ceci : (…) ».

l'image d'Héraclès et qu'il n'était pas aussi réfractaire au feu de Prométhée et au confort qu'il pouvait lui procurer :

῞Οτι Διογένης ὁ φιλόσοφος, εἰς ναὸν Ἡρακλέους ἑσπέρας κατ<α>βάσης εἰσελθών, ἔλαβε τὸν Ἡρακλέα ἐκ τριχῶν κατεσκευασμένον καὶ χλευάζων, εἶπεν· “εἶα δή, ὦ Ἥρακλες, νῦν σοι ἤδη καιρός, ὥσπερ Εὐρυσθεῖ, ἀτὰρ δ<ὴ καὶ> ἡμῖν ὑπουργῆσαι τὸν τρισκαιδέκατον τοῦτον ἄθλον ἐκτελοῦσα καὶ τὴν ἐμὴν φακῆν ἕψοντα”. Καὶ τοῦτο εἰπὼν εἰς τὸ πῦρ αὐτὸν ἐνέθηκεν.

(…) la nuit étant tombée, le philosophe Diogène entra dans le temple d'Héraclès et ayant pris par les cheveux la statue d'Héraclès qu'on y avait placée, il dit en s'en moquant : « Allons-y, Héraclès, le moment est venu pour que toi, comme si c'était chez Eurysthée, tu accomplisses ton treizième travail en réchauffant ma gamelle de lentilles ». Il dit et jeta le dieu dans le feu[1].

Ces considérations nous permettent peut-être d'affirmer que si le cynisme est un mouvement « antiprométhéen », il ne l'est pas au sens où l'avaient compris M. Detienne et la plupart de la critique moderne, c'est-à-dire au sens d'un mouvement contre le « feu civilisateur ». En effet, si le mythe de Prométhée, tel qu'il se présente chez Hésiode et chez Eschyle, constitue, comme l'avait suggéré L. Séchan en renouvelant une hypothèse de Wilamowitz[2], l'amalgame de deux traditions distinctes, l'une d'un Prométhée ionico-attique, dieu des industries du feu, céramiste et métallurgique, et l'autre d'un Prométhée béotien-locrien, qui mena la révolte contre Zeus, on devrait assumer que la « croisade » cynique se fait plutôt contre le second. Les cyniques semblent ainsi viser non le dieu dont le nom viendrait du sanskrit védique *pramantha*, qui désigne le petit bâton qu'on faisait tourner entre les mains pour obtenir du feu[3], mais le dieu prévoyant dont le nom était lié à la racine indo-européenne *man-* et qui savait mettre à profit, par avance, les ressources de son intelligence, formant une paire antithétique avec son frère,

1. Χρησμοὶ τῶν Ἑλληνικῶν θεῶν 70, édité par H. Erbse (dans *id.* [édit], *Theosophorum Graecorum fragmenta*, 1995, p. 48 [1re éd. : *Fragmente griechischer Theosophien*, 1941, p. 184, n° 70] = *SSR* V B 131, qui donne le texte édité par K. Buresch, *Klaros.*, 1889). Sur la foi de Clément d'Alexandrie, *Protrepticus* II 24, 4, et d'Épiphane, *Ancoratus* 103, 8 (mais contre toute la tradition manuscrite), P. F. Beatrice, *Anonymi Monophysitae Theosophia*, 2001 (cf. la p. 35), est le seul éditeur du texte qui donne Διαγόρας à la place de Διογένης. On aurait probablement tort si l'on voulait raisonner autour de cette divergence en termes d'« originalité » ou d'« authenticité », en mettant sur le compte d'un copiste quelconque la confusion des noms. En fait, l'argument de ce bref récit cadre parfaitement avec les deux personnages et peut illustrer aussi bien l'athéisme de Diagoras, et sa prétendue hostilité à l'égard du culte (cf. *DPhA*, t. II, 1994, *s.v.* « Diagoras de Mélos » D 91, p. 750-757 [M. Aouad et L. Brisson]), que le pragmatisme iconoclaste de Diogène. Dans ce cas – comme dans beaucoup d'autres –, le fait biographique se soumet non plus à l'histoire au sens strict mais au *motif* dont il est porteur. Autrement dit, d'un point de vue philosophique, le personnage de cette anecdote n'est pas *soit* Diogène *soit* Diagoras ; c'est Diogènes *et* Diagoras *à la fois*.

2. L. Séchan, *Le mythe de Prométhée*, 1951. Cf. J.-P. Vernant, « Prométhée et la fonction technique », dans *id. Mythe et pensée chez les Grecs*, 1988, 249-257.

3. C'est l'étymologie – aujourd'hui abandonnée – proposée par Curtius et Kahn, *apud* J.-P. Vernant, *op. cit.*, p. 249.

l'irréfléchi et stupide Épiméthée, qui n'a la conscience des faits qu'après qu'ils se soient produits.

Aux yeux des cyniques les valeurs de la civilisation et le *nomos* en soi, à les regarder de près, ne sont rien en dehors du geste qui les actualise, et ils ne méritent même pas qu'on les combatte. En revanche, il faut renoncer avec force aux fausses illusions et aux vains espoirs qui, en ouvrant la voie à la *doxa*, produisent chez l'homme le *tuphos* du plaisir et de la souffrance. Puisque sa condition est marquée dès sa naissance par l'attente et par l'expectative, l'homme ne doit pas placer son bonheur dans la prévoyance, une prévoyance qui n'est, à vrai dire, rien de plus qu'un regard aveugle[1]. L'homme ne doit pas fatiguer sa vue en essayant de voir à l'horizon un avenir qui, quoi qu'il fasse, sera toujours incertain[2] : il lui revient en fait de s'adapter aux circonstances immédiates, d'improviser sur ce qu'elles lui offrent, d'y puiser son bien-être et d'y trouver sa « vie facile ». Si le cynisme était un « courant antiprométhéen », ce serait uniquement pour avoir, d'une certaine façon, réhabilité l'image d'Épiméthée, sans pourtant le mentionner : l'homme n'a pas à répéter le geste de Prométhée qui, en se trompant sur ses propres capacités, a pour un moment oublié que l'« on ne peut filouter Zeus, on ne peut l'esquiver »[3].

B. LE CYNIQUE FACE AU MONDE

Coller sur le cynisme l'étiquette d'un naturalisme fondé sur la volonté d'imiter les comportements animaux serait en fait prendre le parti contraire de ce que les cyniques eux-mêmes affirmaient et de ce à quoi ils ont cru : si l'on affirme que le cynique, en raison des *apparences* qu'il accepte et défend, mène une vie animale, on commet exactement le même type d'erreur qu'a commis Lycinos, personnage de (du Pseudo- ?) Lucien dans le petit dialogue intitulé *Le Cynique*[4].

1. C'est d'ailleurs ce que laisse entendre l'affirmation de H. Blumenberg, *Arbeit am Mythos*, 1979, p. 370 : « Die Demonstration gegen Prometheus weist Realisten der menschlichen Sache aus : der Mensch kann ohne das Feuer des Titanen existieren, das selbst nichts anderes als jene blinde Hoffnung ist, die die Wirklichkeit übersehen lässt ». Voir dans la troisième partie de cet ouvrage, intitulée « Die Entfrevelung des Feuerraubs », le chapitre « Sophisten und Kyniker : Antithetische Aspekte der Promethie » (p. 359-381).

2. C'est l'idée que l'on trouve déjà chez Antisthène (cf. D. L. VI 9) et, plus tard, chez le Pseudo-Diogène, *Lettre XXII, à Agésilas* (*SSR* V B 552).

3. Hésiode, *Théogonie* 613 (traduction de J. Backès). Cf. aussi *id., Les travaux et les jours* 105 : « il n'est donc pas possible d'esquiver ce que Zeus a en vue » (traduction de J. Backès).

4. Je ne discuterai pas ici le problème de l'authenticité de ce dialogue, auquel j'ai déjà consacré quelques pages dans O. Flores-Junior, « Luciano. *O Cínico* », 1997 ; et dans *id.*, « Em torno d'*O Cínico* : nota sobre as relações de Luciano com o cinismo », 1998/1999. Sur ce petit dialogue, qui n'a pas spécialement attiré l'attention des commentateurs, on verra J. Bridge, « On the authorship of the *Cynicus* of Lucian », 1888, et J. Bieler, *Über die Echtheit des Lucianischen Dialogs Cynicus*, 1891. Qu'il soit ou non l'œuvre de l'écrivain de Samosate, cela n'enlève rien à

En effet, cet opuscule nous offre des éléments importants de réflexion car il constitue un véritable éloge du cynisme, argumenté dans un dialogue suivi et construit précisément sur l'apparence du cynique que le sens commun ne peut pas en principe comprendre. En ce sens, même si l'on accepte l'hypothèse de F. V. Fritzsche, suivie au moins en partie par M. D. Macleod, selon laquelle ce dialogue n'est pas l'œuvre de Lucien, mais d'un cynique anonyme qui voulait défendre son école contre les attaques fréquentes dont elle était victime de la part de l'écrivain de Samosate (dans *Les fugitifs*, par exemple, ou, de façon plus « personnelle », dans *Sur la mort de Pérégrinus*[1]), cela ne change rien quant à la valeur de ce traité comme témoin légitime d'un cynisme authentique : *Le cynique* nous apprend en fait le point de vue des cyniques eux-mêmes non seulement sur leur propre pensée, mais aussi et principalement, sur la façon dont elle était perçue par le commun des gens. Ainsi, tandis que chez Dion Chrysostome, comme nous l'avons vu, la philosophie de Diogène est opposée au comportement insensé de la plupart des hommes, dont la vie du tyran n'est qu'un exemple hyperbolique, chez (le Pseudo- ?) Lucien, le cynisme se confronte à sa propre image et aux équivoques auxquelles celle-ci peut conduire ceux qui restent à la surface de leurs premières impressions. Autrement dit, si le discours de Dion montre les armes cyniques dans le combat contre la *doxa* en général, ce bref dialogue d'attribution incertaine montre le cynique réfutant, dans le vif d'un débat, la *doxa* à propos de sa propre personne. Dans ce dialogue, c'est la voix du cynique lui-même qui

sa valeur documentaire pour la reconstruction du cynisme ancien. En ce sens il doit être rapproché des lettres pseudépigraphes attribuées à Diogène et à Cratès (c'est pourquoi je pense que la date de composition doit être plus ancienne que la fourchette proposée par Fritzsche [*apud* M. D. Macleod, dans *Lucian*, 2001 (1re éd. 1967), p. 379] qui le place à l'époque de Julien). Sur les rapports très complexes qu'entretenait Lucien avec le cynisme, un problème qu'on a même considéré comme le déclencheur du débat moderne autour de sa poétique (cf. C. P. Jones, *Culture and society in Lucian*, 1986, p. 1), on consultera J. Bernays, *Lucian und die Kyniker*, 1879 ; R. Helm, *Lucian und Menipp*, 1906 ; B. P. McCarthy, « Lucian and Menippus », 1934 ; M.-O. Goulet-Cazé, « Le cynisme à l'époque impériale », 1990, (repris dans *id.*, *Le cynisme*, 2017, p. 265-360) ; voir notamment les p. 2763-2768 (= p. 305-311 dans la reprise) ; M. Billerbeck, « Le cynisme idéalisé d'Épictète à Julien », 1993 (voir surtout les p. 330-332) ; H. G. Nesselrath, « Lucien et le cynisme », 1998 ; P. P. Fuentes González, « Le *Démonax* de Lucien entre réalité et fiction », 2009 ; O. Flores-Júnior, « Luciano e o cinismo : o caso Alcidamas », 2013 ; et, avec la philosophie en général, R. Helm, « Lucian und die Philosophenschule », 1902 ; M. Caster, *Lucien et la pensée religieuse de son temps*, 1937 (voir surtout les p. 21-122) ; J. L. Brandão, « A sombra do asno : a filosofia e os filósofos em Luciano de Samósata », 1997 (repris dans *id.*, *A poética do Hipocentauro*, 2001, p. 51-64) ; *DPhA*, t. IV, 2005, *s.v.* « Lucien de Samosate » L 66, p. 131-160 ; surtout les p. 153-155 (P. P. Fuentes González).

1. Cf. D. Clay, « Lucian of Samosata : four philosophical lives. Nigrinus, Demonax, Peregrinus, Alexander Pseudomantis », 1990 ; spécifiquement sur Pérégrinus, voir H. M. Hornsby, « The cynicism of Peregrinus Proteus », 1991 ; C. P. Jones., « Cynisme et sagesse barbare : le cas de Pérégrinus Proteus », 1993 ; J. König, « The Cynic and Christian lives of Lucian's *Peregrinus* », 2006 ; *DPhA*, t. Va, 2012, *s.v.* « Peregrinus surnommé Proteus » P 79, p. 199-230 (M.-O. Goulet-Cazé).

d'une certaine manière s'élève contre un « naturalisme » à travers lequel on essaye de le définir.

1. Le cynique et les bêtes : les mirages de l'animalisme

Dans ce dialogue (le Pseudo- ?) Lucien met en scène Lycinos discutant avec un cynique anonyme à propos de la vie frugale. Aux yeux de Lycinos, le cynique confond délibérément frugalité et carence, parcimonie et pénurie, austérité et déraison ; enfin, il conclut que la vie du cynique est à ce point misérable et malheureuse qu'elle ne diffère quasiment en rien de la vie des bêtes. De son côté, le cynique essaie d'expliquer à son interlocuteur que l'« économie des besoins » affichée dans son apparence rude et négligée est en réalité le signe de son excellence :

κἄπειτα εἰ θηρίου βίον βραχέων δεόμενος καὶ ὀλίγοις χρώμενος δοκῶ σοι ζῆν, κινδυνεύουσιν οἱ θεοὶ καὶ τῶν θηρίων εἶναι χείροντες κατά γε τὸν σὸν λόγον· οὐδενὸς γὰρ δέονται. Ἵνα δὲ καταμάθῃς ἀκριβέστερον τό τε ὀλίγων καὶ τὸ πολλῶν δεῖσθαι ποῖόν τι ἑκάτερόν ἐστιν, ἐννόησον ὅτι δέονται πλειόνων οἱ μὲν παῖδες τῶν τελείων, αἱ δὲ γυναῖκες τῶν ἀνδρῶν, οἱ δὲ νοσοῦντες τῶν ὑγιαινόντων, καθόλου δὲ πανταχοῦ τὸ χεῖρον τοῦ κρείττονος πλειόνων δεῖται. Διὰ τοῦτο θεοὶ μὲν οὐδενός, οἱ δὲ ἔγγιστα θεοῖς ἐλαχίστων δέονται.

Si à tes yeux je vis une vie de bête, en ayant besoin de peu et en utilisant un petit nombre de choses, alors ce sont les dieux eux-mêmes qui risquent d'être pires que les bêtes, au moins selon ton discours. En effet, ils n'ont besoin de rien. Mais afin que tu saches plus exactement ce qu'est avoir besoin de peu et avoir besoin de beaucoup, en quoi consistent l'une et l'autre attitudes, songe que les enfants ont plus de besoins que les adultes, les femmes plus que les hommes, les malades plus que ceux qui sont en bonne santé et que d'une façon générale et partout le plus faible a plus de besoins que le plus fort. C'est pourquoi les dieux n'ont besoin de rien et ceux qui sont les plus proches des dieux ont besoin du moins de choses possible[1].

Il est clair, dans ce passage, que le cynique nie le rapprochement fait par Lycinos entre son mode de vie et celui des animaux : il réfute en réalité ce qui n'est qu'une erreur de la *doxa* (cf. le verbe δοκῶ au tout début de l'intervention du cynique), car le jugement de Lycinos se limite à regarder la surface des apparences et ne lui permet pas de comprendre la logique qui justifie un tel dénuement, ni la vertu qui s'y manifeste. J'insiste sur cette expression quelque peu redondante : Lycinos regarde la *surface des apparences*, qu'il juge selon la *doxa*, et non les apparences simplement. On rappellera que le dialogue s'ouvre sur la réprobation qu'il manifeste à l'égard de la barbe, des cheveux et des habits du cynique. Mais ce qu'il faut comprendre, c'est que le cynique ne déplore pas exactement le fait que Lycinos juge à partir des apparences, mais le fait qu'il ne fait pas le lien nécessaire entre son apparence et sa vertu. En effet, tout le dialogue prouve que la pensée cynique refuse l'opposition entre « essence » et « apparence » : le cynique n'est pas vertueux *malgré* son apparence, mais *grâce à elle*.

1. (Pseudo- ?) Lucien, *Le Cynique* 12.

L'argument du cynique est le même que celui que l'on retrouve chez Dion et chez Diogène Laërce ; c'est un argument simple, mais rhétoriquement très efficace : si la limitation drastique des besoins et des désirs jette l'homme du côté des animaux, parce que ceux-ci ont, croit-on, un nombre très réduit de besoins, comment alors comprendre le statut des dieux qui n'ont effectivement aucun besoin ? En fait, ce « tour de force » clôt une séquence, menée à la façon de l'*elenchos* socratique, dont le point de départ est la différence que le cynique établit entre la carence (τὸ ἐνδεές) et la suffisance (τὸ ἱκανόν)[1]. Son raisonnement est presque syllogistique : il y a carence lorsque quelqu'un a besoin de quelque chose ; il y a suffisance lorsque quelqu'un n'a besoin de rien ; or, puisqu'en refusant le luxe, l'abondance superflue et les plaisirs qui exigent trop d'efforts, le cynique est tout de même capable de pourvoir à chacun de ses besoins – ce que prouve son corps qui jouit d'une très bonne santé –, il n'y a pas de carence pour lui, mais de la suffisance. Par conséquent, il contredit l'avis de Lycinos qui lui reproche de vivre une vie misérable (τὸν βίον ἄθλιον)[2]. Le cynique affirme donc qu'il n'est pas misérable et qu'il ne fait pas l'animal. D'une certaine façon, le but de l'argumentation du cynique consiste à montrer que la première affirmation explique la seconde.

Nous devons admettre que dans cet ouvrage la question de l'ascèse (aussi bien que celle du plaisir qu'elle peut promouvoir) n'occupe pas le devant de la scène, même si plus loin le cynique mentionne sa capacité à supporter le froid et la chaleur extrêmes ainsi que les tours joués par les dieux, c'est-à-dire le hasard et la fortune[3]. On pourrait tout de même voir, dans le passage que l'on vient d'évoquer, l'ascèse se dessiner en filigrane derrière l'éloge de la frugalité intrinsèque aux êtres plus forts. Le message principal que ce dialogue transmet est en effet celui-ci : la frugalité est une façon sûre d'atteindre et de conserver la vertu ; et l'équation qui en découle est la suivante : les êtres les plus forts sont les plus frugaux – une chose menant à l'autre dans un mouvement circulaire – et sont, par conséquent, les plus justes. Cependant, il faut admettre que voir dans cette frugalité un principe inspiré par le comportement des animaux serait à la rigueur attribuer au texte quelque chose qu'il ne dit pas, car rien dans le discours du cynique ne permet une telle connexion. En ce sens, il ne faut pas imprimer sur le texte des conclusions prématurées auxquelles certaines comparaisons peuvent nous conduire. Ainsi, pour expliquer ce à quoi il aspire, le cynique affirme :

εὔχομαι δέ μοι τοὺς μὲν πόδας ὁπλῶν ἱππείων οὐδὲν διαφέρειν, ὥσπερ φασὶ τοὺς Χείρωνος, αὐτὸς δὲ μὴ δεῖσθαι στρωμάτων ὥσπερ οἱ λέοντες, οὐδὲ τροφῆς δεῖσθαι πολυτελοῦς μᾶλλον ἢ οἱ κύνες.

1. Cf. *Ibid.*, 3 et ss.

2. Rappelons que c'est avec ce même terme que Diogène, selon Dion, qualifiait les insensés : cf. Dion Chrysostome, *Discours VI, Diogène ou Sur la tyrannie* 21-22.

3. Cf. (le Pseudo- ?) Lucien, *Le cynique* 17.

Je souhaite que mes pieds ne soient point différents des sabots des chevaux – comme on dit qu'étaient ceux de Chiron –, que, comme les lions, je n'aie pas besoin de couvertures et que ma nourriture ne soit pas plus riche que celle des chiens[1].

Puisque ce qu'il affirme est *stricto sensu* absurde ou simplement impossible – il ne peut pas avoir des sabots au lieu de pieds et il n'est pas vraisemblable qu'il puisse vivre comme les lions ou les chiens –, l'énoncé du cynique n'a pas d'autre valeur que celle de la simple comparaison : il s'agit en effet d'un *simile*, et la valeur d'un *simile* est plutôt rhétorique (et non philosophique). Il sélectionne certaines caractéristiques de ces animaux ou de leur mode de vie *séparément* pour illustrer l'endurance et la frugalité auxquelles il aspire. Les animaux sont, dans son discours, de simples exemples et ils ne personnifient pas réellement un modèle ; en ce sens, la référence aux chevaux, aux lions et aux chiens ne vaut pas plus que la référence à Chiron. Il est donc intéressant d'observer que les animaux s'associent à l'élément mythologique pour composer la stratégie rhétorique de l'exposition d'un principe philosophique, mais cette stratégie ne peut évidemment pas être confondue avec le principe philosophique lui-même. Par conséquent, si la mythologie offre un répertoire d'images traditionnelles dans lequel le cynique peut puiser pour illustrer sa doctrine (ce que d'ailleurs les cyniques font souvent et de façon assez systématique[2]), la suggestion du monde animal en tant que recours rhétorique est donnée par son interlocuteur ; le cynique ne fait que profiter du contexte créé par Lycinos lui-même. On assiste donc – en conformité avec l'esprit de la « falsification » – au renversement d'un reproche en une forme d'éloge.

Dès lors, on peut soupçonner qu'il n'y a pas d'éléments suffisants pour affirmer que le cynique, personnage de (du Pseudo- ?) Lucien, plaide pour une forme de naturalisme qui s'oppose à un état civilisé. En ce sens, nous signalons – et ce n'est peut-être pas un hasard – qu'une des deux seules occurrences du terme φύσις dans tout le dialogue[3] est mise dans la bouche de Lycinos qui semble

1. *Ibid.*, 15.

2. Cf., par exemple, les titres des tragédies attribuées à Diogène dans D. L. VI 80, et la parodie d'Homère par Cratès dans D. L. VI 85.

3. L'autre apparaît plus loin dans l'expression παρὰ φύσιν prononcée par le cynique : cf. (le Pseudo- ?) Lucien, *Le cynique* 11. Il est vrai que là le cynique dit à Lycinos que les hommes prennent des attitudes *contre nature* ; pourtant, *le cynique* ne semble pas vouloir rétablir un comportement « selon la nature » : dans sa perspective, une attitude qui est « contre la nature » n'est condamnable que si elle va contre la « facilité ». En outre, dans ce même passage, le cynique condamne l'usage de la chair de certains mollusques dans la préparation de teintures pour du tissu. Contre l'argument de Lycinos selon lequel la chair de ces mollusques sert non seulement pour manger mais aussi pour colorer les vêtements (δύναται γὰρ βάπτειν, οὐκ ἐσθίεσθαι μόνον τὸ τῆς πορφύρας κρέας), le cynique s'écrie : « mais elle n'a pas été faite pour cela ! N'importe qui pourrait aussi forcer les choses et prendre une coupe pour une casserole, sauf qu'elle n'a pas été faite pour cela ! » (ἀλλ' οὐ πρὸς τοῦτο γέγονεν· ἐπεὶ καὶ τῷ κρατῆρι δύναιτ' ἄν τις βιαζόμενος ὥσπερ χύτρᾳ χρήσασθαι, πλὴν οὐ πρὸς τοῦτο γέγονεν). Le cynique semble ici entrer en contradiction avec le principe de la « falsification ». Le paradoxe est là. Pourtant, ce qui l'explique – et qui peut-être l'élimine – c'est le fait que pour le cynique la

curieusement suggérer que le cynique, tout en reconnaissant la valeur de la nature, agit à contre-courant de cette même nature. Lycinos explique alors pourquoi la vie du cynique est, selon lui, malheureuse :

῞Οτι, νὴ Δία, τῆς φύσεως, ἣν σὺ τιμᾷς, καὶ τῶν θεῶν γῆν ἐν μέσῳ κατατεθεικότων, ἐκ δὲ αὐτῆς ἀναδεδωκότων πολλὰ κἀγαθά, ὥστε ἔχειν ἡμᾶς πάντα ἄφθονα μὴ πρὸς τὴν χρείαν μόνον, ἀλλὰ καὶ πρὸς ἡδονήν, σὺ πάντων τούτων ἢ τῶν γε πλείστων ἄμοιρος εἶ καὶ οὐδενὸς μετέχεις αὐτῶν οὐδὲν μᾶλλον ἢ τὰ θηρία · πίνεις μὲν γὰρ ὕδωρ ὅπερ καὶ τὰ θηρία, σιτῇ δὲ ὅπερ ἂν εὑρίσκῃς, ὥσπερ οἱ κύνες, εὐνὴν δὲ οὐδὲν κρείττω τῶν κυνῶν ἔχεις · χόρτος γὰρ ἀρκεῖ σοι καθάπερ ἐκείνοις. Ἔτι δὲ ἱμάτιον φορεῖς ουδὲν ἐπιεικέστερον ἀκλήρου. Καίτοι εἰ σὺ τούτοις ἀρκούμενος ὀρθῶς φρονήσεις, ὁ θεὸς οὐκ ὀρθῶς ἐποίησε τοῦτο μὲν πρόβατα ποιήσας ἔμμαλλα, τοῦτο δ' ἀμπέλους ἡδυοίνους, τοῦτο δὲ τὴν ἄλλην παρασκευὴν θαυμαστῶς ποικίλην καὶ ἔλαιον καὶ μέλι καὶ τὰ ἄλλα, ὡς ἔχειν μὲν ἡμᾶς σιτία παντοδαπά, ἔχειν δὲ ποτὸν ἡδύ, ἔχειν δὲ χρήματα, ἔχειν δὲ εὐνὴν μαλακήν, ἔχειν δὲ οἰκίας καλὰς καὶ τὰ ἄλλα πάντα θαυμαστῶς κατεσκευασμένα · καὶ γὰρ αὖ τὰ τῶν τεχνῶν ἔργα δῶρα τῶν θεῶν ἐστι. Τὸ δὲ πάντων τούτων ζῆν ἀπεστερημένον ἄθλιον μέν, εἰ καὶ ὑπὸ ἄλλου τινὸς ἀπεστέρητο καθάπερ οἱ ἐν τοῖς δεσμωτηρίοις · πολὺ δὲ ἀθλιώτερον, εἴ τις αὐτὸς ἑαυτὸν ἀποστεροίη πάντων τῶν καλῶν, μανία ἤδη τοῦτό γε σαφής.

Par Zeus ! Alors que la nature que tu honores ainsi que les dieux laissent à notre disposition la terre entière et que c'est à partir de celle-ci qu'ils distribuent des quantités de bonnes choses afin que nous ayons tout en abondance, non seulement pour pourvoir à nos besoins, mais aussi pour le plaisir, tu ne prends pas ta part de ces choses (ou, au moins, de la plupart d'entre elles) et tu ne participes à aucune d'elles, pas plus que les bêtes. Tu bois de l'eau comme les bêtes, tu manges ce que tu peux trouver au hasard comme les chiens et ton lit n'est pas meilleur que celui des chiens, car le gazon te suffit comme il leur suffit. En plus, tu portes un manteau qui n'est en rien meilleur que celui des gens qui n'ont rien. Cependant, si tu penses convenable de te satisfaire de cela, alors c'est le dieu qui n'a pas fait correctement son travail en fabriquant des moutons qui donnent de la laine, des vignes qui donnent du bon vin et toutes sortes de merveilles, de l'huile, du miel, et bien d'autres choses de manière à ce que nous ayons toutes sortes de nourriture, à ce que nous ayons une boisson agréable, à ce que nous ayons des richesses, à ce que nous ayons des lits confortables, à ce que nous ayons des belles maisons, et toutes les choses admirables qui sont à notre disposition, car les produits de l'art sont aussi des cadeaux des dieux. Vivre privé de toutes ces choses c'est vivre malheureux, si l'on vit ainsi parce qu'on y a été contraint par quelqu'un d'autre, comme c'est le cas de ceux qui sont en prison. Mais c'est vivre beaucoup plus malheureux, si on se prive volontairement de toutes les bonnes choses ; voilà qui est une éclatante folie[1].

Lycinos cherche à montrer la contradiction – ou, plus exactement, l'« éclatante folie » (μανία σαφής) – du cynique qui, tout en honorant la nature (τῆς φύσεως, ἣν σὺ τιμᾷς), agit de façon non naturelle. Au premier abord, nous pourrions penser que c'est l'argument de Lycinos qui est lui-même contradictoire, car il affirme à la fois que le cynique mène une « existence inhumaine (cf. l'adjectif

« falsification » n'est un principe philosophique valable que lorsqu'elle sert à « faciliter » la vie : or une tunique n'accomplit pas mieux sa fonction si elle est bleue, rouge ou jaune. Comme on le verra par la suite, le principe de la « falsification » dépend de l'usage des représentations (χρῆσις φαντασιῶν).

1. (Pseudo- ?) Lucien, *Le Cynique* 5.

ἀπάνθρωπος, 'inhumaine', 'qui fuit les hommes', 'insociable') et animalière »[1] et qu'il agit contre la nature, qu'il vit à la fois *en dehors de la cité* et *en dehors de la nature*. Or, Lycinos n'est peut-être pas aussi borné qu'on le croit d'habitude[2]. D'une part, ce que l'on trouve à la base de son discours, même s'il ne le dit pas explicitement, c'est l'idée selon laquelle la nature de l'homme n'est pas – et ne peut pas devenir – la même que celle des animaux ; il essaye d'expliquer en fait qu'en raison de la diversité de leur nature, les hommes et les animaux ne peuvent pas vivre de la même façon parce que, en un sens, ils n'habitent pas dans le même « monde ». La différence essentielle entre les uns et les autres consiste dans le fait que pour l'homme « les produits de l'art sont aussi des cadeaux des dieux » (τὰ τῶν τεχνῶν ἔργα δῶρα τῶν θεῶν ἐστι). Il ne s'agit pas d'une opposition entre « civilisation » et « nature », mais d'une différence entre natures (nous pourrions alors affirmer : la civilisation est le propre de la nature de l'homme). Ce n'est pas à ce fondement que le cynique va s'opposer, car s'il refuse le dualisme état civilisé/état de nature, il n'ignore pas que les êtres sont différents les uns des autres.

D'autre part, le rapprochement entre la conclusion de Lycinos à la fin de la dernière citation – « vivre privé de toutes ces choses c'est vivre malheureux (τὸ πάντων τούτων ζῆν ἀπεστερημένον ἄθλιον), si l'on vit ainsi parce qu'on y a été contraint par quelqu'un d'autre, comme c'est le cas de ceux qui sont en prison. Mais c'est vivre beaucoup plus malheureux (πολὺ δὲ ἀθλιώτερον), si on se prive volontairement de toutes les bonnes choses ; voilà qui est une éclatante folie » – et l'affirmation de Diogène chez Dion (*Discours VI* 21-22), selon laquelle les hommes qui cèdent à la mollesse sont plus malheureux que les bêtes (διὰ τὴν μαλακίαν τοὺς ἀνθρώπους ἀθλιώτερον ζῆν τῶν θηρίων), permet de dégager une « hiérarchie des êtres » fondée sur la félicité et sur la satisfaction des désirs et des besoins : en haut de l'échelle, les êtres heureux, ceux qui ont satisfait tous leurs besoins ; ensuite, un degré plus bas, les êtres malheureux, ceux qui se trouvent *involontairement* privés de quelque chose ou de la satisfaction d'un désir, « comme c'est le cas de ceux qui sont en prison » ; en bas de l'échelle, dans une position inférieure, les êtres les plus malheureux, touchés par une sorte de folie qui serait en fait le paroxysme d'un comportement contradictoire[3], ceux qui se

1. Cf. (le Pseudo- ?) Lucien, *Le Cynique* 1.

2. Il s'agit en fait d'un des éléments qui, selon certains auteurs, prouve l'inauthenticité de ce dialogue : comparé avec le Lycinos des autres dialogues de Lucien, ce personnage réapparaît ici décoloré et sans vivacité intellectuelle, ce qui le caractérise ailleurs. On exige ainsi de l'ensemble des œuvres de Lucien une cohérence et une unité qui ne sont pas obligatoires.

3. Cf. (le Pseudo- ?) Lucien, *Le Cynique* 9, où le cynique parle de la folie (ἡ μανία) de la plupart des hommes ; et *ibid.* 18, où, pour illustrer le comportement de ceux qui se laissent guider par les plaisirs, le cynique élabore une comparaison avec le cheval fou : en cherchant toujours les plaisirs insensés, les hommes sont comme quelqu'un qui monte sur un cheval fou (ἵππον μαινόμενον), car ils ne savent jamais où ils vont. Il est intéressant d'observer ici l'usage d'un

privent des bonnes choses *volontairement*, alors qu'ils ont la capacité de faire autrement. Il paraît clair que le cynique ne s'oppose pas à cette hiérarchie en soi ; en ce qui concerne son critère de base, il rejoint en fait l'opinion de Lycinos qui, nous pouvons l'admettre, exprime chez (le Pseudo-?) Lucien l'opinion d'un certain « sens commun ». Ce qui fait l'originalité de la position du cynique c'est l'organisation « interne » qu'il établit pour cette hiérarchie : en haut, les dieux et les hommes sages, c'est-à-dire les cyniques, qui savent non seulement se suffire à eux-mêmes mais qui peuvent aussi trouver leur contentement dans la privation ; en bas, les animaux qui sont en principe autarciques, mais qui, en raison de leur comportement « trop figé » et de l'impossibilité où ils sont de « manipuler » leur « nature », vivent, d'une certaine façon, comme « ceux qui sont en prison » ; et, plus bas encore, les hommes stupides, « plus stupides que les bêtes des pâturages », qui, en raison de leur mollesse et de leur perversité, ne reconnaissent pas le véritable plaisir et sont eux-mêmes les auteurs de leur propre malheur. On constate alors que la hiérarchie à laquelle le cynique souscrit n'est pas une hiérarchie ontologique, mais une hiérarchie éthique : si la place des dieux et des animaux reste, quoi qu'ils fassent, inchangée, la place de l'homme dépend de la vie qu'il choisit d'adopter. Comme on l'a vu plus haut, chez le Pseudo-Cratès, l'ascèse est le moyen par lequel l'homme peut s'affranchir de son « animalité » (même s'il ne doit pas – car il ne peut pas – refuser cette « animalité » : il s'agit de faire « un pas outre » et non de dévier de son animalité) et d'approcher la vie des dieux[1]. Ainsi, même s'il accepte l'animalisme que Lycinos lui attribue – mais uniquement pour le renverser rhétoriquement –, l'argument du cynique ne consiste point à plaider les avantages d'une « vie selon la nature » ni, encore moins, à faire l'éloge d'une « sauvagerie primitive ». Il n'affirme pas non plus que Lycinos commet une erreur en ne reconnaissant pas que le cynisme est l'expression correcte de la civilité et qu'il peut fournir les bases d'une configuration nouvelle du *nomos*. Je me risquerai à dire que le cynique, en introduisant un autre ordre d'argument, tend en réalité à défaire le dualisme traditionnel *nomos*/*phusis*[2].

2. *La parabole de l'hôte généreux : vers une nouvelle « nature »*

Chez (le Pseudo-?) Lucien l'argument que le cynique met en œuvre, pour défaire l'opinion erronée de Lycinos – sa *doxa* – à propos de l'« existence inhumaine et animalière » (ἀπάνθρωπον βίον καὶ θηριώδη)[3], une existence qu'il

exemple animal pour illustrer non la tempérance, la parcimonie ou la vertu de l'autarcie, mais la stupidité et la démesure.

1. Cf. Pseudo-Cratès, *Lettre XI, aux compagnons*.

2. Pour une vision différente, voir les considérations de H. Niehues-Pröbsting, *Der Kynismus des Diogenes und der Begriff des Zynismus*, 1979 (voir surtout les p. 63-77). Selon cet auteur, l'antithèse loi/nature serait le leitmotiv le plus important de Diogène (« das wichtigste Leitmotiv des Diogenes » : p. 64).

3. Cf. (le Pseudo-?) Lucien, *Le Cynique* 1.

arbore avec fierté, ne se fonde pas sur la défense d'une « vie selon la nature » opposée à une « vie selon la loi de l'homme civilisé », bien qu'il construise l'image d'une « nature » tout à fait bienfaisante qui n'est pas celle des *ponoi* utiles[1]. La « nature » qu'il évoque n'est donc pas celle qui détermine, comme lot commun des hommes, des labeurs nécessaires – la nécessité de se nourrir ou de se couvrir, par exemple – et des malheurs aveuglément distribués – la maladie, la mort ; il s'agit au contraire d'une « nature » perçue comme l'origine de toute opulence, de toute richesse et variété, et qui justement permet à ces mêmes hommes de survivre. Le cynique, en prouvant l'attention qu'il donne aux instruments rhétoriques de transmission de sa doctrine, élabore alors une sorte de parabole (qui fonctionne – nous pourrions dire –, de la même façon que l'exemple des animaux, comme un *simile*), la parabole de l'« hôte généreux ». Voici le texte et sa traduction :

KYN. (...) ἐκεῖνο δέ μοι εἰπέ, εἴ τις ἀνδρὸς πλουσίου προθύμως καὶ φιλοφρόνως ἑστιῶντος καὶ ξενίζοντος πολλοὺς ἅμα καὶ παντοδαπούς, τοὺς μὲν ἀσθενεῖς, τοὺς δὲ ἐρρωμένους, κἄπειτα παραθέντος πολλὰ καὶ παντοδαπά, πάντα ἁρπάζοι καὶ πάντα ἐσθίοι, μὴ τὰ πλησίον μόνον, ἀλλὰ καὶ τὰ πόρρω τὰ τοῖς ἀσθενοῦσι παρεσκευασμένα ὑγιαίνων αὐτός, καὶ ταῦτα μίαν μὲν κοιλίαν ἔχων, ὀλίγων δὲ ὥστε τραφῆναι δεόμενος, ὑπὸ τῶν πολλῶν ἐπιτριβήσεσθαι μέλλων, οὗτος ὁ ἀνὴρ ποῖός τις δοκεῖ σοι εἶναι ; ἆρά γε φρόνιμος ;

ΛΥΚ. Οὐκ ἔμοιγε.

KYN. Τί δέ ; σώφρων ;

ΛΥΚ. Οὐδὲ τοῦτο.

KYN. Τί δέ ; εἴ τις μετέχων τῆς αὐτῆς ταύτης τραπέζης τῶν μὲν πολλῶν καὶ ποικίλων ἀμελεῖ, ἓν δὲ τῶν ἔγγιστα κειμένων ἐπιλεξάμενος, ἱκανῶς ἔχον πρὸς τὴν ἑαυτοῦ χρείαν, τοῦτο ἐσθίοι κοσμίως καὶ τούτῳ μόνῳ χρῷτο, τοῖς δὲ ἄλλοις οὐδὲ προσβλέποι, τοῦτον οὐχ ἡγῇ σωφρονέστερον καὶ ἀμείνω ἄνδρα ἐκείνου ;

ΛΥΚ. Ἔγωγε.

KYN. Πότερον οὖν συνίης, ἢ ἐμὲ δεῖ λέγειν ;

ΛΥΚ. Τὸ ποῖον ;

KYN. Ὅτι ὁ μὲν θεὸς τῷ ξενίζοντι καλῶς ἐκείνῳ ἔοικε παρατιθεὶς πολλὰ καὶ ποικίλα καὶ παντοδαπά, ὅπως ἔχωσιν ἁρμόζοντα, τὰ μὲν ὑγιαίνουσι, τὰ δὲ νοσοῦσι, καὶ τὰ μὲν ἰσχυροῖς, τὰ δὲ ἀσθενοῦσιν, οὐχ ἵνα χρώμεθα ἅπασι πάντες, ἀλλ' ἵνα τοῖς καθ' ἑαυτὸν ἕκαστος καὶ τῶν καθ' ἑαυτὸν ὅτουπερ ἂν τύχῃ μάλιστα δεόμενος.

CYN. (...) Dis-moi une chose. Imaginons qu'un homme riche invite des gens à sa table, avec empressement et bienveillance, et qu'il accueille en même temps beaucoup de gens qui sont dans des conditions différentes, les uns malades, les autres en bonne santé, et qu'il leur offre des mets variés en abondance. Si l'un de ces invités se jetait sur tout et s'il mangeait tout, non seulement ce qui est proche de lui, mais aussi ce qui est à distance et qui est réservé aux malades, alors que lui-même est en bonne santé, que pour tout cela il ne possède qu'un seul ventre et qu'il a besoin de peu pour se nourrir, s'il était sur le point de se laisser consumer par l'excès, comment jugerais-tu cet homme. Sensé, par hasard ?

LYC. Mais non !

1. Cf. D. L. VI 71.

CYN. Prudent, alors ?

LYC. Non plus !

CYN. Et si un autre convive à cette même table, s'abstenant de la quantité et de la variété, choisissait, parmi les plats servis, celui qui est le plus proche et qui suffit à pourvoir à ses besoins, s'il mangeait parcimonieusement de celui-ci et ne prenait que de ce seul plat, sans convoiter les autres, ne trouverais-tu pas que c'est un homme plus prudent et meilleur que le premier ?

LYC. Sans doute.

CYN. Par conséquent, est-ce que tu comprends ou me faut-il encore parler ?

LYC. Pour dire quoi ?

CYN. Que le dieu ressemble à cet hôte, car il a mis à notre disposition des quantités de choses très variées, de plusieurs sortes, de façon à ce que chacun ait ce qui lui convient le plus : certaines choses pour les malades, d'autres pour ceux qui sont en bonne santé, les unes pour les forts, les autres pour les plus faibles, et non pour que nous nous servions de tout ; à chacun ce qui lui convient et dans ce qui lui convient ce dont il a le plus besoin[1].

Il n'est peut-être pas sans importance que la description de la nature, assimilée encore une fois à un don des dieux[2], dépende ici de la composition d'une image qui reproduit une scène absolument civilisée, citadine et, pourrions-nous ajouter, sophistiquée : il s'agit en effet d'un repas en commun offert par un homme riche (ἀνδρὸς πλουσίου) qui suppose, de la part des invités, un comportement ordonné selon les règles de la politesse. On doit alors constater que, d'après ce texte, la conception cynique de la « nature » humaine ne s'oppose pas à la civilisation ni aux valeurs de la société conventionnelle. La conception cynique de la « nature » se manifeste, en quelque sorte, dans et avec la civilisation.

On doit aussi constater non seulement que le discours du cynique consiste en fait dans un éloge de la frugalité, mais aussi que cette frugalité est plutôt liée à l'idée de facilité, de simplicité et d'adéquation qu'à l'idée d'un accord avec une « nature transcendante ». Autrement dit, la seule « nature » que cette frugalité évoque est celle symbolisée par la scène décrite, qui rappelle la cité et la vie en société[3]. Dès lors, pour être juste et heureux, tout homme doit, selon le cynique, prendre dans le banquet qui lui est offert (et nous pourrions insister pour compléter le cadre : à l'intérieur de la cité), ce qui est le plus proche (τὰ πλησίον) de préférence à ce qui est plus éloigné (τὰ πόρρω), ce qui est facile à trouver (τὰ εὐτελῆ) de préférence à ce qui est exotique (τὰ ξενικά) et le plus simple (τὰ εὐπόριστα) de préférence au plus compliqué (τὰ δυσπόριστα) ; procéder diffé-

1. (Pseudo- ?) Lucien, *Le Cynique* 6-7.

2. Cf. *ibid.* 5 ; cf. également D. L. VI 44.

3. On pourrait objecter que (le Pseudo- ?) Lucien met ici en scène un « cynisme tardif » qui ne correspond pas tout à fait au cynisme ancien, celui de Diogène et de Cratès. Mon intention est précisément de suggérer qu'il est possible d'harmoniser les « deux cynismes » (qui ne font finalement qu'un) : c'est la *tradition cynique* qui m'intéresse – un *cynisme possible* – et dont je prétends montrer la cohérence.

remment signifierait en somme (καθόλου) choisir volontairement d'avoir des maux et des problèmes plutôt que de vivre sans problème (καθόλου δὲ πράγματα καὶ κακὰ ἔχειν μᾶλλον ἐθέλοντες ἢ ἄνευ πραγμάτων ζῆν)[1]. Dans les recommandations du cynique, l'expression ζῆν κατὰ φυσιν fait défaut.

Par ailleurs, pour établir l'idée de frugalité à laquelle il aspire, le cynique fait intervenir la nécessité d'une adéquation et d'une harmonie dans une perspective originelle : il faut se contenter de ce dont on a vraiment besoin (ὅτουπερ ἂν τύχῃ μάλιστα δεόμενος), et ce dont on a vraiment besoin doit coïncider avec ce qui convient (ἁρμόζοντα) à chacun et avec ce qui est suffisant aux besoins de chacun (ἱκανῶς ἔχον πρὸς τὴν ἑαυτοῦ χρείαν). On doit alors admettre que la proposition d'une vie « selon *la* nature » n'est pas compatible avec ce que soutient le cynique, car son critère de frugalité se fonde non sur le concept abstrait et universel d'une nature commune – de facture stoïcienne, pourrions-nous dire – ni même sur l'idée d'une « nature humaine », mais sur l'idée de *ce qui revient en propre à chacun*[2]. En ce sens, l'emploi cumulatif du pronom ἕκαστος et de la locution καθ'ἑαυτόν n'est évidemment pas fortuit. Pour le cynique, le dieu, qu'il assimile à une sorte d'« hôte généreux » – il ne parle jamais de « nature » – a disposé (παρασκευάζει ; παρέθηκε) des quantités de choses très diversifiées (πολλὰ καὶ παντοδαπά) pour un grand nombre d'« invités » également très diversifiés (πολλοὺς καὶ παντοδαπούς), afin que chacun prenne la part qui lui revient : ἕκαστος καὶ τῶν καθ' ἑαυτὸν ὅτουπερ ἂν τύχῃ μάλιστα δεόμενος. Le cynique reconnaît ainsi que la pluralité des choses et des situations dans ce monde – un monde que son expérience et ses sens peuvent appréhender –, se dédouble d'une autre pluralité, celle des individus qui y habitent.

Mais il y a plus. En prenant l'exemple des malades et de ceux qui sont en bonne santé pour illustrer les différents niveaux de nécessité auxquels chacun doit trouver un juste contentement, le cynique introduit dans son raisonnement un autre aspect qui semble le rendre encore moins compatible avec l'idée d'une « vie selon la nature ». La maladie et la santé n'indiquent pas la nature des êtres mais un état *accidentel* des êtres en sorte que, si la maladie et la santé sont prises comme des déterminants de différentes étapes de la frugalité, la frugalité n'est pas établie selon la nature : dans la perspective cynique, il n'y a pas de frugalité « en soi » déterminée par la nature, mais un régime fait d'un juste équilibre qui correspond à chacun des vivants considérés dans leur individualité et dans leurs conditions réelles et actuelles. Il faut donc conclure que le cynique propose une vie « selon la

1. *Ibid.* 8.

2. Il s'agit sans doute d'une idée proche de l'*oikeiôsis* stoïcienne, notamment de la théorie des « cercles concentriques » de Hiéroclès (cf. Stobée IV 27, 23 ; cf. *DPhA*, t. III, 200, *s.v.* « Hiéroclès » H 124, p. 686-688 [R. Goulet]), mais on doit remarquer chez les cyniques la centralité du principe de l'autarcie. Voir à ce propos, V. Laurand, *La politique stoïcienne*, 2005 (notamment les p. 9-58) et J. Klein, « The Stoic argument from *oikeiôsis* », 2016.

facilité » ou « selon la frugalité », mais que la facilité et la frugalité ne sont pas données *par nature*, mais *par conjoncture*. Il s'ensuit que, si, dans le cas du cynisme, il nous faut parler de « nature », nous devrons parler d'une « nature » individuelle, conjoncturelle et accidentelle (ce qui invalide la conception traditionnelle du terme). Le cynique semble en fait refuser toute ontologie (ce dont dépendrait une vie « selon la nature ») au nom d'une éthique suffisamment flexible pour s'ajuster à chaque situation, que ce soit une situation « externe » au sujet (préférer les choses qui sont à portée de main, par exemple) ou une situation « interne » au sujet (s'il est malade ou s'il est en bonne santé).

Le commandement qui oriente l'éthique du cynisme est, selon moi, la recherche d'une « vie facile ». Néanmoins, cette « vie facile », puisqu'elle n'est pas un absolu donné génériquement, mais un principe déterminé par le sujet selon les circonstances particulières qui sont les siennes, ne peut pas être assimilée à une vie « selon la nature ». Pour anticiper une partie de mes conclusions générales, je dirais que le cynisme est un « pragmatisme avant la lettre » et que, en tant que tel, il s'expose aux reproches réservés aux doctrines non dogmatiques, réfractaires qu'elles sont aux vérités immuables et éternelles, des reproches qui les accusent souvent de reposer sur des bases trop floues et, par conséquent, de tomber dans le subjectivisme et dans le relativisme[1].

3. La bête philanthrope : l'éthique du minimum ou l'humanité individualiste

Ce petit dialogue évoque encore un autre aspect important de la « vie facile » prônée par les cyniques, une vie qui ne semble pas pouvoir être entièrement assimilée à une « vie selon nature » et, plus précisément, à une proposition d'un « retour à la sauvagerie primitive », bien que ce genre d'assimilation ait servi, plus d'une fois, à qualifier et à définir le cynisme. Nous venons de voir que, dans la parabole de l'« hôte généreux », le « plan de table » que le cynique conçoit se fonde d'une part sur l'acceptation de la multiplicité constituante du cosmos, une multiplicité qui comprend aussi – et particulièrement – le « monde » des hommes ; et, d'autre part, sur l'adéquation stricte et très rigoureuse entre de vrais besoins et leur satisfaction. Cette forme de frugalité qui, dans la perspective du cynique, peut garantir le bonheur de l'individu, a une conséquence qui n'est ni accidentelle ni secondaire, à savoir le bénéfice d'autrui. L'« éthique du minimum » que le cynique établit débouche alors sur une sorte de « socialisme » radical (naïf, dira-t-on peut-être) dont le résultat (idéal, sans doute) est le suivant : puisque personne n'aura davantage que ce dont il a besoin, dans les conditions concrètes où il se trouve, personne ne devra manquer de rien, toujours selon ses conditions réelles d'existence. Formulée plus brièvement, l'idée serait : s'il n'y a personne qui vive au-dessus du minimum, il n'y en aura pas non plus qui vive au-dessous. Cela per-

1. Sur le « pragmatisme » des cyniques, voir l'article de R. Bracht Branham, « Defacing the Currency : Diogenes' Rhetoric and the Invention of Cynicism », 1996.

mettrait d'assurer le contentement de tous les hommes – et on pourrait ajouter : de tous les êtres – dans la perspective d'un cosmopolitisme positif qui, dans ce cas, revêt la forme de la philanthropie, dont le cynique va chercher le modèle du côté de la mythologie traditionnelle :

(...) ἢ νομίζεις τὸν Ἡρακλέα τὸν πάντων ἀνθρώπων ἄριστον, θεῖον δὲ ἄνδρα καὶ θεὸν ὀρθῶς νομισθέντα, διὰ κακοδαιμονίαν περινοστεῖν γυμνὸν δέρμα μόνον ἔχοντα καὶ μηδενὸς τῶν αὐτῶν ὑμῖν δεόμενον ; ἀλλ' οὐ κακοδαίμων ἦν ἐκεῖνος, ὃς καὶ τῶν ἄλλων ἀπήμυνε τὰ κακά, οὐδ' αὖ πένης, ὃς γῆς καὶ θαλάττης ἦρχεν· ἐφ' ὅ τι γὰρ ὁρμήσειεν, ἁπανταχοῦ πάντων ἐκράτει καὶ οὐδενὶ τῶν τότε ἐνέτυχεν ὁμοίῳ οὐδὲ κρείττονι ἑαυτοῦ, μέχριπερ ἐξ ἀνθρώπων ἀπῆλθεν. Ἦ σὺ δοκεῖς στρωμάτων καὶ ὑποδημάτων ἀπόρως ἔχειν καὶ διὰ τοῦτο περιιέναι τοιοῦτον ; οὐκ ἔστιν εἰπεῖν, ἀλλ' ἐγκρατὴς καὶ καρτερικὸς ἦν καὶ κρατεῖν ἤθελε καὶ τρυφᾶν οὐκ ἐβούλετο. Ὁ δὲ Θησεὺς ὁ τούτου μαθητὴς οὐ βασιλεὺς μὲν ἦν πάντων Ἀθηναίων, υἱὸς δὲ Ποσειδῶνος, ὥς φασιν, ἄριστος δὲ τῶν καθ' αὑτόν ;

Penses-tu alors qu'Héraclès, le meilleur de tous les hommes, un homme divin à juste titre considéré comme un dieu, déambulait nu, à cause d'une infortune, avec seulement une peau de bête, sans avoir besoin d'aucune de ces choses qui font votre richesse ? Il n'était point malheureux, celui qui avait délivré les autres de leurs maux ; et il n'était pas pauvre non plus, lui qui avait le pouvoir sur la terre et sur la mer. Dans tout ce vers quoi il se lançait, il maîtrisait partout toutes les choses et il n'a jamais trouvé quelqu'un qui de son temps le surpassât ou qui pût rivaliser avec lui en force, jusqu'au jour où il quitta les hommes. Crois-tu qu'il n'avait ni linges ni chaussures parce qu'il ne pouvait pas en avoir et que c'est pour cette raison qu'il se promenait comme cela ? Ce n'est pas le cas. En fait, il était maître de soi et endurant, mais il a pris la décision de l'emporter et il n'a pas voulu vivre dans la mollesse. Et Thésée, son disciple, n'était-il pas le roi de tous les Athéniens, fils de Poséidon, à ce qu'on dit, et excellent parmi les siens[1] ?

La philanthropie qui découle de l'éthique cynique ne peut en aucun cas être entièrement assimilée à une sorte de solidarité « assistentialiste », encore que le cynique puisse honorer la φιλία et manifester de l'amour pour ses proches et pour ses concitoyens[2]. Elle n'est pas en principe un « amour du prochain » qui nous recommande de venir au secours de nos semblables. En face de l'insistance du cynique sur la nécessité qu'il y a à se contenter toujours de ce qui est à portée de main (τὰ πλησίον μόνον)[3] et de se servir de ce qui ne relève que de nous (χρῆσθαι τοῖς παρ' ὑμῖν)[4] – d'où sa condamnation péremptoire de l'« importa-

1. (Pseudo- ?) Lucien, *Le cynique* 13. Sur Héraclès comme saint et héros des cyniques voir l'étude de R. Höistad, *Cynic Hero and Cynic King. Studies in the Cynic conception of man*, 1948 (voir surtout les p. 22-73).

2. Cf. D. L. VI 86 ; 105 ; Plutarque, *Comment tirer profit de ses ennemis* 4, 88a (*SSR* V B 421) ; *Gnomologium Vaticanum* 743, n° 187 (cf. *SSR* V B 421) ; Julien, *Or.* VII 9, 213a-214a ; *Or.* IX [VI] 17, 199c-200b (*SSR* V H 84). Sur l'amitié chez les cyniques, voir l'article de P. P. Fuentes González, « ¿Necesitaban de un amigo los cínicos antiguos ? », 2003. À propos d'autres aspects de la philanthropie cynique, je renvoie à mon article O. Flores-Júnior, « *Khortos gasteri* ou le bonheur est dans le pré », 2006 (voir surtout les p. 659-665), par rapport auquel – je tiens à le préciser – ma position concernant le « naturalisme » présent dans ce dialogue de (du Pseudo- ?) Lucien a, à plusieurs égards, beaucoup évolué.

3. Cf. (le Pseudo- ?) Lucien, *Le Cynique* 6.

4. Cf. *ibid.*, 8.

tion» des plaisirs (ἀπὸ περάτων γῆς ἐμπορευόμενοι τὰς ἡδονάς)[1], c'est-à-dire de la recherche des plaisirs «difficiles», qui sont pour l'homme (et pour les animaux, pourrions-nous ajouter[2]) cause de destruction et d'humiliations (comme on le verra plus bas) –, je me risquerais à dire que dans le cynisme le choix de ce qui est proche se substitue à l'«amour du prochain», mais le résultat est le même. Ainsi, la philanthropie liée à l'éthique prônée par les cyniques (qui est d'ailleurs coextensive à la philanthropie que l'on peut reconnaître dans la mission qu'ils revendiquent et qui consiste à admonester les hommes pour corriger leurs fautes[3]) ne signifie pas exactement que l'altruisme prend le dessus sur l'égoïsme (l'abnégation de type chrétien étant bien évidemment étrangère au cynisme), car en fait ces deux concepts qui expriment normalement les extrêmes entre lesquels on peut définir les rapports qu'un homme entretient avec d'autres hommes ne sont pas, chez les cyniques, des concepts opposés; chez eux, ces deux notions tendent en fait à converger: c'est parce qu'il connaît avec exactitude ses besoins réels et parce qu'il «travaille» sur soi-même – parce qu'il pratique l'ascèse – en vue de s'accommoder, en y trouvant son plaisir et sa richesse[4], des formes les plus simples et les plus autarciques de la satisfaction des besoins, voire de la privation, que le cynique a le souci des autres hommes[5]. Voilà encore une formule paradoxale qui aide à illustrer le comportement et la pensée des cyniques et qui prouve en outre leur tendance à défaire les dualismes de tous ordres, qu'ils n'ignorent pourtant pas: d'une certaine façon, c'est précisément parce qu'il est «égoïste» que le cynique est altruiste[6]. Par conséquent, nous pouvons dire que le type de

1. Cf. aussi Pseudo-Cratès, *Lettre III, aux compagnons*.

2. Le cynique semble accepter que l'on tue des animaux pour les manger, mais non pour alimenter des vanités et des ostentations inutiles: cf. (le Pseudo-?) Lucien, *Le Cynique* 11. Pour une vision générale sur ce thème voir E. de Fontenay, «La philanthropie à l'épreuve des bêtes», 1997.

3. Sur ce thème voir les textes rassemblés par G. Giannantoni dans *SSR* V B 264-271 et les commentaires du même auteur dans *SSR*, t. IV, p. 507-512. Et sur l'idéalisation du cynisme à partir de la «mission divine» du cynique, que l'on trouve surtout chez Épictète, voir M. Billerbeck, «Le cynisme idéalisé d'Épictète à Julien», 1993.

4. Cf. en ce sens l'expression πλοῦτος ἀσινής, «richesse qui ne cause pas de dommage» (ni à soi-même, ni à autrui), présente dans un poème parodique de Cratès (d'après Solon), selon une des citations qu'en donne Julien (*Or.* VII 9, 213a). Sur cette expression voir mon commentaire dans O. Flores-Júnior, «*Khortos gasteri* ou le bonheur est dans le pré: éthique et politique cyniques dans un poème de Cratès de Thèbes», 2006 (voir les p. 666-667).

5. Ce serait peut-être le sens à donner au lien qui unit le précepte delphique du «connais-toi toi-même» et la «falsification de la monnaie» que nous trouvons chez l'empereur Julien: cf. Julien, *Or.* IX [VI] 8, 188a-b; *ibid.* 18, 201c-d.

6. À ce propos j'avais déjà écrit: «(...) c'est bien sur un 'individualisme extrême' que le cynique bâtit sa doctrine politique: l'individualisme est d'une certaine manière la condition qui permet au cynique de dépasser précisément l'individuel vers le collectif et le particulier vers l'universel, constituant ainsi le fondement de son cosmopolitisme» (O. Flores-Júnior, «*Khortos gasteri* ou le bonheur est dans le pré», 2006, p. 666). En effet, la correspondance entre

philanthropie que le cynique pratique n'est pas une philanthropie « épisodique », à laquelle il s'adonne à l'occasion, selon les circonstances ; elle est en réalité une partie constituante et indissociable de son éthique. Ainsi, l'affirmation de Diogène selon laquelle « quand tu te préoccupes d'un autre, c'est là que tu te négliges toi-même »[1], doit être éclairée par cette conception particulière de la philanthropie : se préoccuper d'un autre signifie, en dernière analyse, céder à la *doxa*, tandis que se négliger soi-même c'est transiger sur l'ascèse. Le résultat de cette double erreur serait invariablement la retombée dans le cercle vicieux des passions infondées et inutiles, et, qui plus est, pernicieuses.

Il faut en outre noter que le texte de (du Pseudo- ?) Lucien, en décrivant les malheurs concrets auxquels conduit le comportement intempérant des hommes qui refusent de mener une « vie facile », illustre, par contraste, les vertus du cynique et, tout particulièrement, la dimension socio-politique de sa philanthropie. Les hommes qui n'acceptent pas les principes du cynisme agissent comme l'invité intempérant à la table de l'hôte généreux :

Ὑμεῖς δὲ τῷ δι' ἀπληστίαν τε καὶ ἀκρασίαν ἁρπάζοντι πάντα τούτῳ μάλιστα ἐοίκατε πᾶσι χρῆσθαι ἀξιοῦντες καὶ τοῖς ἁπανταχοῦ, μὴ τοῖς παρ' ὑμῖν μόνον, οὐ γῆν οὐ θάλατταν τὴν καθ' αὑτοὺς αὐταρκεῖν νομίζοντες, ἀλλ' ἀπὸ περάτων γῆς ἐμπορευόμενοι τὰς ἡδονὰς καὶ τὰ ξενικὰ τῶν ἐπιχωρίων ἀεὶ προτιμῶντες καὶ τὰ πολυτελῆ τῶν εὐτελῶν καὶ τὰ δυσπόριστα τῶν εὐποριστων, καθόλου δὲ πράγματα καὶ κακὰ ἔχειν μᾶλλον ἐθέλοντες ἢ ἄνευ πραγμάτων ζῆν· τὰ γὰρ δὴ πολλὰ καὶ τίμια καὶ εὐδαιμονικὰ παρασκευάσματα, ἐφ' οἷς ἀγάλλεσθε, διὰ πολλῆς ὑμῖν ταῦτα κακοδαιμονίας καὶ ταλαιπωρίας παραγίγνεται. Σκόπει γάρ, εἰ βούλει, τὸν πολύευκτον χρυσόν, σκόπει τὸν ἄργυρον, σκόπει τὰς οἰκίας τὰς πολυτελεῖς, σκόπει τὰς ἐσθῆτας τὰς ἐσπουδασμένας, σκόπει τὰ τούτοις ἀκόλουθα πάντα, πόσων πραγμάτων ἐστὶν ὤνια, πόσων πόνων, πόσων κινδύνων, μᾶλλον δὲ αἵματος καὶ θανάτου καὶ διαφθορᾶς ἀνθρώπων πόσης, οὐ μόνον ὅτι πλέοντες ἀπόλλυνται διὰ ταῦτα

l'individuel et le collectif, qui découle évidemment de la correspondance nécessaire entre le citoyen et la cité, est, d'une certaine façon, intrinsèque à la pensée politique des Grecs. Ainsi, pour Aristote la science politique est la suite nécessaire et naturelle de la recherche sur l'éthique (cf. Aristote, *Éthique à Nicomaque* X, 1181b 12-13), tandis que Platon, en proposant une analogie avec les petits et les grands caractères dans l'écriture, a entrepris de décrire d'abord la nature de la justice dans la cité pour mieux cerner la nature de la justice dans l'individu (cf. Platon, *République* II, 368c-369a). Néanmoins, si pour Platon et pour Aristote, on aboutit à la nécessité que l'individu, d'une certaine manière, « se plie » à la loi de la *polis* en vue du bien-être de la collectivité des citoyens, chez les cyniques le bien-être de toute l'humanité – et non seulement de la cité – « se résout » entièrement dans l'éthique individuelle : le sage cynique est, selon l'image créée par les cyniques eux-mêmes, sa propre cité. En ce sens, déjà Antisthène, dans une analogie évidente entre l'individu et la cité, disait qu'« il faut construire des remparts (τείχη) dans nos propres raisonnements afin de les rendre imprenables » (D. L. VI 13), et Cratès, dans sa célèbre parodie des vers homériques, appelait cité (πόλις) la sacoche (πήρα) que le cynique porte sur lui et qui symbolise les vertus de sa doctrine (cf. D. L. VI 85). En tout cas, bon nombre d'historiens ont refusé de reconnaître dans le cynisme une intention politique authentique : D. R. Dudley, *A History of Cynicism*, 1937, p. 37, par exemple, écrit : « It is the extreme of individualism. To call it a political system at all is doubtless a contradiction, unless we are prepared to admit with Blake the possibility of a benevolent anarchy ».

1. Stobée II 31, 61 (*SSR* V B 315).

πολλοὶ καὶ ζητοῦντες καὶ δημιουργοῦντες δεινὰ πάσχουσιν, ἀλλ' ὅτι καὶ πολυμάχητά ἐστι καὶ ἐπιβουλεύετε ἀλλήλοις διὰ ταῦτα καὶ φίλοις φίλοι καὶ πατράσι παῖδες καὶ γυναῖκες ἀνδράσιν. Οὕτως οἶμαι καὶ τὴν Ἐριφύλην διὰ τὸν χρυσὸν προδοῦναι τὸν ἄνδρα.

Vous, à cause de votre désir insatiable et de votre faiblesse, ressemblez beaucoup à l'invité qui s'empare de tout, en jugeant qu'il est correct de se servir de tout et de ce qui vient de partout, et non seulement de ce qui est proche de vous ; en considérant que la terre et la mer de chez nous ne vous suffisent pas, vous importez des plaisirs des confins du monde, en préférant toujours les choses exotiques à celles du pays, le coûteux au facile, le compliqué au simple ; en somme, vous choisissez plutôt d'avoir des problèmes et des tracas que de vivre sans problème. Toutes ces choses qui font votre bonheur, dont vous êtes si fiers et dont vous vous réjouissez, ce n'est qu'au prix de beaucoup de souffrances et de peines que vous les obtenez. Considère, si tu veux, l'or que tout le monde désire, considère l'argent, considère les maisons coûteuses, considère les vêtements confectionnés avec soin, considère tout ce qui s'ensuit. Au prix de quels troubles, de quels efforts, de quels dangers s'achètent-ils, ou plutôt de quel sang, de quelle mort, de quelle destruction pour l'humanité, non seulement parce que beaucoup d'hommes périssent en mer à cause d'eux, et souffrent des maux terribles, en leur courant après ou en les confectionnant, mais aussi, parce que, pour ces produits, on se bat, on complote les uns contre les autres, les amis contre les amis, les enfants contre leurs pères, les femmes contre leurs maris. Je pense que c'était bien à cause de l'or qu'Ériphyle a trahi son mari[1].

La société à laquelle le cynique songe dépend non d'un accord avec la nature mais d'une vie « sans problèmes et sans tracas » : c'est l'idée de simplicité qui apparaît au premier plan et qui domine tout son discours. Ainsi, il identifie cette simplicité ou cette facilité (εὐτέλεια) à la vertu (ἀρετή)[2] et, pour éviter non seulement les troubles, les efforts et les dangers, mais aussi les crimes, les meurtres et la destruction de l'humanité (διαφθορᾶς ἀνθρώπων), il prêche, en donnant son propre style de vie comme exemple, non exactement la satisfaction des besoins naturels, mais le choix du plus simple (εὐτελῶν)[3] et l'utilisation des choses qui sont les plus faciles à obtenir (τοῖς εὐτελεστάτοις χρώμενος)[4]. Cette simplicité permet donc de préserver l'humanité de la corruption, car la sophistication et le luxe sont non seulement inutiles – les maisons à toit d'or n'assurent pas une protection supérieure, les lits d'ivoire n'améliorent en rien le sommeil[5] – mais sont aussi la cause principale des guerres et des disputes. Selon le raisonnement du cynique le bénéfice de l'humanité ne se superpose pas à l'intérêt de l'individu, l'un et l'autre sont en dernière analyse indissociables[6]. Il donne en ce sens (encore

1. (Pseudo- ?) Lucien, *Le cynique* 8 (partiellement traduit par M.-O. Goulet-Cazé, « Le cynisme à l'époque impériale », 1993, p. 2762).

2. Cf. (le Pseudo- ?) Lucien, *Le cynique* 2.

3. Cf. *ibid.*, 8.

4. Cf. *ibid.*, 11.

5. Cf. *ibid.*, 9.

6. Cf. D. L. VI 57 : « Il [Diogène] s'approcha de l'orateur Anaximène qui était obèse et lui dit : 'donne-nous un morceau de ton ventre, à nous les mendiants. Toi, tu te sentiras plus léger et nous, tu nous rendras service' ».

une fois) l'exemple de la nourriture : les plats trop recherchés ne nourrissent pas davantage et, de plus, ils dérangent le corps et provoquent des maladies[1].

Dans la mesure où la facilité que le cynique prêche correspond entièrement à l'autarcie qu'il pratique, nous arrivons à l'équation suivante : plus on est autarcique, plus on vit une « vie facile » ; plus on « facilite » sa propre vie, plus on rend la vie d'autrui « facile » ; résultat : on garantit son propre bonheur et on ouvre la voie au bonheur collectif. On doit conclure que, selon la perspective du cynique, si le bonheur collectif ne se produit pas dans les faits et si les hommes persistent à être malheureux et à vivre misérablement (et à faire mourir et à faire souffrir), malgré son exemple et ses admonestations continues, la faute en revient exclusivement, nous l'avons vu, à la mollesse et à la perversité des hommes eux-mêmes. Ainsi, la simplicité extrême qui est à la base de l'« éthique du minimum » des cyniques – naïve peut-être, mais tout à fait cohérente – a une portée politique majeure, même si ce qu'elle envisage comme fin n'est pas la prise du pouvoir dans la cité ni la réforme de ses institutions traditionnelles, mais la préservation et le salut de l'ensemble des êtres ; il s'agit en fait d'une *cosmopolitique*. Dès lors, on voit que l'autarcie cynique, en tenant compte consciemment du bénéfice d'autrui – une philanthropie, au sens propre – ne peut pas être comparée à l'autarcie des animaux, et ne peut pas non plus être identifiée comme le fondement d'un projet naturaliste : l'idée même du respect individuel qui convient à l'égard des êtres plus faibles n'entre sans doute pas dans la composition de l'image que les Grecs (et nous-mêmes) pouvaient se faire d'une « vie selon la nature » ou d'une « sauvagerie primitive » qui, selon les mythes traditionnels, était autrefois marquée par l'ὕβρις et par l'absence de δίκη[2]. Il serait d'ailleurs opportun de rappeler que pour l'auteur d'une des lettres pseudépigraphes attribuées à Diogène de Sinope, les hommes mesurés (ἄνθρωποι μέτριοι) sont ceux qui se tiennent éloignés de la vie sauvage (τοῦ ἀγρίου βίου)[3].

1. Le cynique semble contester en même temps la tendance « naturelle » de l'homme à préférer le plus agréable au plus sain et au plus utile (attitude qu'illustre, par exemple, Isocrate, *Discours II, à Nicoclès* 45), et l'opinion traditionnelle selon laquelle en politique on doit choisir le meilleur plutôt que le plus facile (cf., par exemple, Démosthène, *Discours VII, Sur les affaires de Chersonèse* 72). Dans un cas comme dans l'autre, le cynique identifie ou fait correspondre les deux termes de l'opposition. Sur ce sujet voir K. J. Dover, *Greek Popular Morality in the time of Plato and Aristotle*, 1994 (1re éd. 1974), surtout les p. 79-81, qui pourtant ne font aucune place au cynisme ou aux cyniques (ce qui peut légitimement nous étonner).

2. Cf., par exemple, Hésiode, *Les travaux et les jours* 275-281. Sur le « primitivisme » des cyniques, qui auraient idéalisé la « liberté au temps de Cronos » (ἐλευθερία ἡ ἐπὶ Κρόνου : cf. Pseudo-Diogène, *Lettre XXXII, à Aristippe* 3), voir plus loin. Pour une approche différente de ce thème, voir T. W. Martin, « The Chronos myth in Cynic Philosophy », 1997.

3. Pseudo-Diogène, *Lettre XXXIX, à Monime* 4.

4. La bête cosmopolite ou de la double voie cynique : de l'éthique du minimum à la « plus haute politique »

Nous pouvons à présent affirmer que l'« éthique du minimum », qui est le fondement de la « vie facile », et la philanthropie sont, dans le cynisme, deux notions convergentes. Et nous pouvons admettre que cette convergence tend à effacer les tensions omniprésentes dans la pensée politique traditionnelle. Entre l'individuel et le collectif, entre le particulier et l'universel, entre le citoyen et la *polis* et entre le souci de soi-même et l'amour du prochain, le cynique ne voit que des oppositions non nécessaires et non naturelles issues de la *doxa* qui conduit, à son tour, à l'intempérance, à la corruption et, enfin, à la destruction. La base opérationnelle de tout ce raisonnement est, comme nous l'avons vu, l'autarcie, que le cynique, grâce à une ascèse progressive et continuelle, songe idéalement à rendre absolue, et dans laquelle il infuse son plaisir : en renversant l'ordre commun des passions et des désirs, selon lequel tout bonheur vient de l'abondance et de la profusion, le cynique a, d'une certaine manière, fondé une sorte de « plaisir de la privation ». La politique proposée par le cynique est donc, à tous ses niveaux et dans tous ses aspects, inséparable d'un projet éthique rigoureux et très cohérent, et ne dépend pas de l'accord consensuel d'un groupe d'hommes ni de l'institution d'un pouvoir contraignant (ce qui contredirait entièrement l'esprit du cynisme) ni d'un ensemble de lois positives. La législation cynique est d'un tout autre ordre, comme nous le montre la lettre du Pseudo-Ménippe, adressée à « ceux qui n'ont qu'une besace » (αὐτοπηρίταις) :

Ὀρθῶς ποιεῖτε πεινῶντες διψῶντες ῥιγῶντες χαμευνοῦντες· ταῦτα γὰρ διατάττει νόμος ὁ Διογένους (...).

Vous faites bien d'avoir faim, d'avoir soif, d'avoir froid et de coucher par terre. C'est là en effet ce qu'ordonne la loi de Diogène (...)[1].

La seule « loi » à laquelle le cynique doit réellement obéir est donc celle de l'ascèse prescrite par Diogène – non celle de la cité, ni celle de la « nature » ; et cette loi, nous l'avons vu chez (le Pseudo- ?) Lucien, n'est pas une loi (im)positive (c'est-à-dire, imposée de l'extérieur), dans la mesure où elle doit s'adapter aux besoins réels et aux situations particulières de chaque individu.

Il serait alors tentant de dénier à la pensée cynique une valeur proprement politique – en se méprenant sur ce que l'on attribue aux cyniques eux-mêmes[2] – pour la ramener entièrement au domaine de l'éthique[3] ; cependant, en réaffirmant

1. Pseudo-Ménippe, *Lettre à ceux qui n'ont qu'une besace*, éditée par R. Hercher, *Epistolographi Graeci*, 1873, p. 400 ; traduction de M.-O. Goulet-Cazé, *L'ascèse cynique*, 1986, p. 225, qui souligne d'ailleurs (*loc. cit.*, n. 91) l'absence de cette lettre dans le recueil de A. J. Malherbe, *The Cynic Epistles*, 1977.

2. Cf. D. L. VI 103.

3. C'est ce que font ceux qui considèrent que la politique de Diogène n'était rien de plus que sa façon de vivre. Ainsi, M. I. Finley, « Diogenes, the Cynic », 1968, déplore une certaine

avec force l'impossibilité de séparer éthique et politique, le cynisme ne fait que radicaliser un principe propre de la pensée antique (dans le stoïcisme, par exemple, la réflexion politique est intégrée au « lieu » éthique). D'autre part, puisque la « vie facile » que la morale diogénienne se donne comme but prévoit consciemment la préservation et le salut de l'ensemble des hommes dans leur immense diversité, et, de surcroît, établit les principes économiques d'une société idéale, en en lançant les règles fondamentales de production et de consommation – la primauté de la proximité (τὰ πλησίον) au détriment des produits « importés »[1] et l'abandon de l'esclavage[2], par exemple – il ne serait peut-être pas illégitime de parler d'une véritable politique cynique. En outre, l'action du cynique, qui prend la place de la prédication philosophique, se déroule toujours sous les yeux de toute la cité et joue, par conséquent, un rôle pédagogique. La convergence entre théorie et pratique serait encore un symptôme de plus du refus cynique des dualismes conventionnels : le cynique « n'enseigne pas la vérité, il témoigne pour elle », c'est ce que disait Sénèque à propos de Démétrius le Cynique[3]. Bien que le cynique ne dépende pas des autres pour vivre selon ses règles et ses principes, il ne fuit pas sa mission qui consiste à admonester, à corriger et à essayer de mettre les hommes sur le chemin de sa philosophie[4] : nous avons dit plus haut que la philanthropie

« inanition » de la pensée politique des cyniques : Diogène aurait dissocié l'idée d'« homme bon » de celle de « bon citoyen » et ne représenterait qu'une sorte d'échappatoire « inoffensive » pour les insatisfactions réprimées de ses concitoyens. Sa « politique » serait donc trop naïve pour être réellement appliquée. Quant à nous, notre but ici n'est pas d'établir l'« applicabilité » de la pensée de Diogène ni de déterminer si elle est « correcte » ou non, mais, plus modestement, d'essayer d'en comprendre la signification et la cohérence.

1. « Pendez-vous ! Car vous avez du lupin, des figues sèches, de l'eau et des tuniques de Mégare, et pourtant vous prenez la mer, vous faites cultiver de vastes terres, vous vous donnez de la peine, vous vous faites traîtres, tyrans, assassins, et tant d'autres choses de ce genre, alors qu'il faudrait rester en paix. Nous, nous vivons dans la paix absolue, libérés de tout mal par Diogène de Sinope, et, n'ayant rien, nous avons tout, tandis que vous, qui avez tout, vous n'avez rien, parce que vous êtes querelleurs, emplis d'envie, de crainte et d'amour de la gloire » (Pseudo-Cratès, *Lettre VII, aux riches* ; trad. de F. Junqua). Cf. l'idéal politique des cyniques que Cratès expose dans sa parodie d'Homère : D. L. VI 85. Sur les rapports entre le cynisme et la poésie d'Homère, voir F. Junqua, « Homère et le *kunikos tropos* », 2015.

2. Cf. (le Pseudo- ?) Lucien, *Le cynique* 10 ; D. L. VI 55 ; Télès, fr. IV A 41 Fuentes Gonzáles. Voir, sur ces deux derniers passages, qui mettent en scène l'esclave de Diogène, nommé Manès, les commentaires de P. P. Fuentes González, *Les diatribes de Télès*, 1998, p. 404-406, et l'article de J. García González, « Diógenes y el esclavo », 1981. Sur les différentes versions de l'épisode de Manès chez Diogène Laërce, voir M.-O. Goulet-Cazé, « Le livre VI de Diogène Laërce », 1992, p. 4037-4039.

3. Sénèque, *Lettre à Lucilius* 20, 9.

4. M.-O. Goulet-Cazé, *L'ascèse cynique*, 1986, p. 230, synthétise ainsi la vocation politique du philosophe cynique : « Mais si l'ascèse a pour fonction première d'assurer le bonheur et la vertu de qui la pratique, il ne faudrait pas sous-estimer sa portée pédagogique et sa valeur 'missionnaire'. Diogène en effet, malgré son individualisme et sa revendication d'une autarcie absolue, ne fuit pas la cité, comme si la misanthropie cynique avait besoin du contact de la

prévue par l'autarcie cynique est coextensive à la philanthropie de sa mission. Le cynisme met donc en avant, comme l'affirme Épictète, l'exercice d'une *politique majeure* (μείζων πολιτεία ; τηλικαύτη πολιτεία), au sens où il n'y aurait pas de politique supérieure à celle pratiquée par le cynique[1].

L'expression d'Épictète rend bien compte de l'originalité du projet politique du cynisme, car elle semble en fait exprimer l'extension concrète de son objectif : la politique de Diogène et de ses disciples est « plus haute » – ou, littéralement, « plus grande » – que n'importe quelle autre politique parce que, justement, elle dépasse la cité vers ce qui est plus grand que la cité, c'est-à-dire le monde entier, et parce qu'elle vise en réalité tous les hommes (πᾶσιν ἀνθρώποις), en reformant par conséquent le concept même de citoyenneté. Le cynique ne propose donc pas une politique, mais plutôt une *cosmopolitique* ; il est de plein droit un κοσμοπολίτης[2]. Bien que ce terme, que Diogène de Sinope lui-même a de toute évidence créé, n'apparaisse pas très souvent dans la littérature antique (ni dans la littérature cynique, en particulier), l'idée qu'il exprime revient avec insistance dans la tradition cynique et semble constituer un de ses motifs principaux[3]. Ainsi,

foule ». Sur la mission du cynique, voir les textes rassemblés par G. Giannantoni dans *SSR* V B 264-271 et les commentaires du même auteur dans *SSR*, t. IV, p. 507-512.

1. Cf. Épictète III 22, 83-85 : « Si c'est ton avis, demande-moi encore s'il doit faire de la politique. Imbécile, tu demandes une politique supérieure à celle qu'il pratique ? Préfères-tu qu'il aille à Athènes pour faire des discours sur les revenus et les ressources, lui qui doit s'entretenir avec tous les hommes, aussi bien à Corinthe et à Rome qu'à Athènes, non pas des ressources, des revenus, de la paix ou de la guerre, mais du bonheur et du malheur, de la chance et de la malchance, de l'esclavage et de la liberté ? Et c'est d'un homme pratiquant une si haute politique que tu demandes s'il doit faire de la politique ? Demande-moi aussi s'il doit être magistrat ; et à nouveau je te répondrai : fou, quelle plus haute magistrature, que celle qu'il détient ? » (traduction de É. Bréhier).

2. Cf. D. L. VI 63. En évoquant des villes historiques – Corinthe, Rome et Athènes –, le passage d'Épictète cité à la note précédente suggère que le cosmopolitisme cynique n'est pas un concept « abstrait », créé pour les seuls besoins d'une prédication morale populaire visant uniquement le salut « intérieur » des individus. Le cosmopolitisme cynique a une portée véritablement politique qui « falsifie », si j'ose dire, les formes de la pensée politique traditionnelle. Le caractère novateur que le cynisme empreint sur ce domaine semble en effet avoir déconcerté les Anciens tout comme il a continué de déconcerter les commentateurs modernes. Ainsi, Philodème profite du « trouble » introduit par les idées cyniques dans la philosophie politique traditionnelle pour ranger celle-ci parmi les impiétés et les turpitudes qu'il attribue à Diogène. Sans faire mention explicite du cosmopolitisme, l'épicurien condamne le cynique aussi parce qu'il avait soutenu qu'« il faut estimer que parmi celles que nous connaissons aucune cité n'en est une ni aucune loi » (Philodème, *Sur les stoïciens*, col. XX 4-5 Dorandi). Bien des siècles plus tard, W. W. Tarn, *Alexander the Great and the Unity of Mankind*, 1933, à propos du terme « cosmopolite », écrit : « a horrible word which he [Diogène] coined and which was not used again for centuries » (p. 75). Dans la même mouvance, M. I. Finley, « Diogenes, the Cynic », 1968, cité plus haut, ajoute : « Diogenes coined that word and thereby turned his back on centuries of Greek history (...) » (p. 93).

3. La phrase de Philodème citée à la note précédente donnerait en principe un caractère « négatif » au cosmopolitisme cynique. Il n'est pourtant pas certain que Philodème pensait réelle-

dans *Le Cynique* de (du Pseudo- ?) Lucien, qui conserve à bien des égards l'esprit authentique de la philosophie de Diogène[1], nous trouvons un passage qui, en associant les mots-clés de la morale cynique, montre de façon brève et concise le rapport étroit entre la singularité de l'individu et l'ensemble de l'univers, et fait de l'idée de « facilité » le fondement du cosmopolitisme :

εἴη δέ μοι γῆν μὲν ἅπασαν εὐνὴν αὐτάρκη ἔχειν, οἶκον δὲ τὸν κόσμον νομίζειν, τροφὴν δὲ αἱρεῖσθαι τὴν ῥᾴστην πορισθῆναι.

Que la terre entière me suffise comme lit, que je considère le monde comme ma maison et que je prenne comme nourriture celle qui est la plus facile à obtenir[2].

Les grands thèmes du cynisme apparaissent ici imbriqués : l'autarcie (αὐτάρκη), le cosmopolitisme (γῆν ἅπασαν; τὸν κόσμον), le principe de la « facilité » (τὴν ῥᾴστην πορισθῆναι), le rappel à la vertu individuelle (μοι) que l'on doit atteindre grâce à l'adoption d'une « éthique du minimum » symbolisée à son tour par les éléments essentiels de la vie des hommes (εὐνήν ; οἶκον ; τροφήν). L'autarcie, qui permet de vivre une « vie facile » et heureuse est, pour ainsi dire, le « pont » que l'ascèse construit pour unir le particulier – le « plus petit », c'est-à-dire l'individu – à l'universel – le « plus grand » : le cosmos, c'est-à dire le monde entier, dans son immense diversité, et l'ensemble des hommes et des autres êtres qui y vivent[3]. Et comme ce qui se passe le plus souvent dans les ponts, en ce qui

ment au cosmopolitisme lorsqu'il transmettait l'opinion de Diogène à propos de la légitimité des cités et des lois existantes. En outre, on sait que le témoignage de cet épicurien, par son intention clairement polémique, doit être considéré avec beaucoup de prudence. Nous pouvons alors nous demander si Diogène avait vraiment traité du cosmopolitisme dans sa *République*. En effet, le cosmopolitisme aurait pu ne pas être, dans le cynisme, un concept proprement politique, mais être plutôt un concept éthique avec des implications politiques. Sur la politique cynique dans ses différents aspects (y compris la notion de « cosmopolitisme ») ainsi que sur ses rapports avec la pensée stoïcienne, on consultera M.-O. Goulet-Cazé, « Un syllogisme stoïcien sur la loi dans la doxographie de Diogène Le Cynique. À propos de Diogène Laërce VI 72 », 1982, p. 214-240 (repris dans *ead.*, *Le cynisme,* 2017, p. 13-33) ; M. Schofield, *The Stoic idea of the city*, 1991, surtout les p. 141-145 ; T. Dorandi, « La *Politeia* de Diogène de Sinope et quelques remarques sur sa pensée politique », 1993 et J. Moles, « Le cosmopolitisme cynique », 1993 ; M.-O. Goulet-Cazé, *Les* kynika *du stoïcisme*, 2003 ; R. Bees, *Zenons* Politeia, 2011 (voir surtout les p. 261-294) ; S. Husson, *La* République *de* Diogène, 2011 ; M.-O. Goulet-Cazé, « De la *République* de Diogène à la *République* de Zénon », dans *ead.*, *Le cynisme, une philosophie antique*, 2017, p. 545-606. Pour d'autres références à ce sujet, voir la n. 3, p. 90 *supra*.

1. Comme l'a justement remarqué M.-O. Goulet-Cazé, *L'ascèse cynique*, 1986, p. 226-227.

2. (Pseudo- ?) Lucien, *Le Cynique* 15.

3. Je me risquerais à dire que le cynisme a découvert, avec des siècles d'avance, le principe majeur du « développement durable », dont la règle d'or est : l'action locale et la participation individuelle pour un résultat global. En fait, la croisade cynique contre les excès de la consommation et du luxe inutile est de toute actualité : curieusement, le cosmopolitisme à la manière cynique serait un « antidote » contre les dérives de la « mondialisation ». Sur ce sujet, on peut consulter, pour le contexte antique, le livre de A.-J. Festugière, *La vie spirituelle en Grèce à l'époque hellénistique ou Les besoins de l'esprit dans un monde raffiné*, 1977 (surtout le chapitre « Du sens de la voie de vie des cyniques », aux p. 131-156) ; E. Brown, *Stoic Cosmopolitanism*

concerne l'autarcie cynique, le « trafic » va dans les deux sens, et sur deux voies distinctes : d'un côté, cette autarcie, à laquelle le cynique parvient à travers l'ascèse, projette les conséquences de la vertu de l'individu sur les autres hommes et, donc, sur le monde entier ; ce serait la première « voie » du cosmopolitisme cynique que nous pouvons appeler la *voie politique*, une voie fondée sur la philanthropie qui représente, en dernière analyse, l'engagement cynique à l'égard du bien commun. De l'autre côté, l'autarcie signifie pour le cynique la réduction de ses besoins et de ses désirs au minimum et, dans le même mouvement et en même temps, l'ouverture maximale de son éventail de possibilités pour les satisfaire, toujours au nom d'une vie véritablement facile. Cette ouverture c'est ce qui va lui permettre de vivre chez lui partout dans le monde entier (encore qu'il choisisse souvent de ne pas trop bouger et de rester, par exemple, entre Athènes et Corinthe). Voilà donc la seconde « voie » du cosmopolitisme cynique, la *voie éthique*. Enfin, c'est en face de la multiplicité et de la variété du cosmos, qui comprend le monde des hommes et de tous les êtres, ainsi que tous les événements qui s'y produisent, que le cynique compose son « soi-même » à travers l'ascèse[1]. Entre le

and the Political Life, 1997 ; id., « The Emergence fo Natural Law and the *cosmopolis* », 2009 ; *id.*, *Stoic Cosmopolitism*, 2020. Pour le contexte moderne, M. Nussbaum *et al.*, *For love of country ?*, 1996 ; Ph. Cheah et B. Robbins (édit.), Cosmopolis : *Thinking and Feeling Beyond the Nation*, 1998 ; É. Tassin, *Un monde commun. Pour une cosmo-politique des conflits*, 2003 ; et, pour une histoire de l'idée de cosmopolitisme, P. Coulmas, *Weltbürger : Geschichte einer Menschheitssehnsucht*, 1990, qui, à mon avis, ne prend pas suffisamment en considération le rôle des cyniques, qu'il semble avoir entièrement « dilué » dans le stoïcisme dont les conquêtes d'Alexandre seraient un développement pratique. Enfin, nous pourrions dire, à titre de simple suggestion (qui dépend d'ailleurs de la différentiation entre éthique et politique que le cynisme propose de défaire), que si le cynisme anticipe, dans le domaine de l'éthique, le pragmatisme de la pensée américaine des deux derniers siècles (surtout celle de W. James et J. Dewey, selon la « révision » qu'en donne R. Rorty), dans le domaine de la pensée politique il se rapproche de certains aspects de l'existentialisme de J.-P. Sartre.

1. Il s'agirait sans doute d'une forme de convergence entre l'éthique et l'esthétique que certains auteurs ont mise en relief (voir, par exemple, M. Onfray, *Cynismes*, 1990, et, pour une perspective plus générale sur le sujet, *id.*, *La sculpture de soi*, 1993). Mais nous devons nous garder du risque qui consiste à exagérer le côté « esthétique » de l'action du cynique, car si son existence est, d'une certaine façon, une « œuvre d'art » publique, il faut accepter qu'il ne recherche pas seulement ce qui est « beau » ; il recherche ce qui est *moralement* – et *politiquement* – beau. Ainsi, même si l'on considère que tout art puisse toujours nous apprendre quelque chose, nous devons admettre que la portée pédagogique de l'action cynique n'est ni accidentelle ni secondaire ; elle en est un des composants majeurs : si Diogène donne le « spectacle » de la sagesse, il le fait pour être imité. Cette « exagération » du côté « esthétique », non seulement du cynisme, mais plus généralement de toute la philosophie antique, comprise comme une option pour un certain mode de vie, semble d'ailleurs être au fond des divergence entre M. Foucault et P. Hadot à propos de l'histoire de la philosophie. En effet, P. Hadot voit dans l'expression « esthétique de l'existence », avec laquelle Foucault cherchait à définir le rapport du sujet à la philosophie dans l'Antiquité, une formule qui réduit la « culture de soi » à un « souci de soi » purement esthétique, une « nouvelle forme de dandysme, version fin du XXe siècle » (cf. P. Hadot, « Réflexions sur la culture de soi », 1989 [cf. la p. 267, pour la citation] et *id.*, « Un

cosmos et l'individu, entre l'éthique et la politique, la pensée cynique propose une voie à double sens qui forme en réalité un parcours circulaire et continu très original qui justement remet en cause les dichotomies traditionnelles, dont la plus importante est sans doute celle donnée par la paire *nomos-phusis*. Sur la voie cynique on ne fait pas marche arrière, et *la* nature en tant que concept transcendant n'est pas le but ni le bout du voyage.

5. *Quelle nature ? Quelle raison ?*

Si nous comprenons qu'il existe chez les cyniques l'expression d'un certain type d'animalisme et, par conséquent, d'un désir de « retourner à la nature », nous pourrons légitimement être frappés du fait que les éléments caractérisant l'« apparition » de ces philosophes soient ceux qui relèvent surtout du logement et du vêtement, des catégories qui sont l'apanage exclusif du mode de vie de l'homme civilisé et que l'on ne trouve dans la nature qu'à partir d'une projection de l'univers propre à l'homme. En effet, si nous disons que la peau d'un lion ou les plumes d'un oiseau sont leurs habits, c'est évidemment avec nos yeux à nous et à partir de notre *expérience humaine* que nous le faisons : aucun animal ne *choisit* sa parure. Il en va de même en ce qui concerne le logement : on imagine avec quel souci et quel dévouement la petite fouine[1] creuse son terrier, mais c'est la même projection de l'univers humain sur son geste qui nous amène à dire qu'elle aménage sa « maison » ; les « maisons » que les fouines d'aujourd'hui préparent sont, d'une certaine manière, les mêmes que préparaient leurs ancêtres, les fouines d'il y a trois mille ans : la « maison » des animaux ne correspond qu'approximativement – mieux : que *métaphoriquement* – à la maison des hommes, qui est, elle, un produit de l'art et de la technique et qui a pu, par conséquent, évoluer[2]. Les animaux n'agissent que selon l'automatisme instinctif que

dialogue interrompu avec Michel Foucault », 2002). De même, R. Bracht Branham, « Defacing the Currency : Diogenes' Rhetoric and the Invention of Cynicism », 1996, en soutenant l'improvisation comme une des caractéristiques principales de la rhétorique de Diogène, affirme : « This lack of interest in foundations is another significant similarity between Diogenes' practice and that of rhetoricians » (p. 89). Or, la prestation « théâtrale » de Diogène repose sur des principes philosophiques très clairs (on dirait des principes « positifs », même si leur présentation peut être « négative ») et est animée d'un objectif politique évident.

1. La fouine (γαλέη) était un animal à l'égard duquel Diogène ne se montrait pas très complaisant : cf. Stobée III 6, 37 (*SSR* V B 195).

2. Ceux qui voulaient attaquer les cyniques voyaient dans leur recours métaphorique à l'exemple animal et dans la convergence *apparente* entre leur mode de vie et le mode de vie des animaux une sorte d'incohérence qui cachait en fait le charlatanisme et l'hypocrisie de ces philosophes. C'est dans cette perspective que Tatien invective Pérégrinus Proteus : « Qu'accomplissent donc de grand et d'extraordinaire vos philosophes ? En effet, ils laissent une de leurs épaules à découvert, ils portent une abondante chevelure, ils laissent croître leur barbe, ils produisent des ongles de fauve et, tout en affirmant qu'ils n'ont besoin de rien, en fait à l'exemple de Proteus, ils ont recours au corroyeur pour la besace, au tisserand pour le vêtement et pour le bâton au bûcheron, pour leur gloutonnerie au riche et au cuisinier. Ô homme qui jalouses le

leur attribue la nature[1]. Chez l'homme, au contraire, c'est le *logos*, l'outil dont il dispose, qui lui permet d'échapper au cercle perpétuel de cet automatisme, mais qui, en revanche le menace avec un autre type de cercle vicieux, celui des faux besoins, des plaisirs illusoires et des peurs infondées[2]. En effet, tout cela naît de la *doxa* et est alimenté par l'esprit industrieux des hommes, fruit de ce même *logos*[3]. Il serait alors absurde que Diogène, pour « sauver » l'homme d'un certain type d'automatisme qui est à la base d'un mode de vie irréfléchi et illogique[4], veuille le ramener à un autre type d'automatisme, sous prétexte que celui-ci est plus

chien, tu ne connais pas Dieu, et tu es passé à l'imitation des êtres sans raison. Toi qui as crié en public et obtenu la confiance, tu es ton propre vengeur et, si l'on ne te donne rien, tu injuries, et philosopher est pour toi l'art d'acquérir » (Tatien, *Discours aux Grecs* 25 ; traduction de G. Dorival, « L'image des cyniques chez les pères Grecs », 1993 [p. 424-425, pour la citation], qui reconnaît la difficulté du passage).

1. On me reprochera peut-être de ne débiter ici que des platitudes issues du sens commun le plus obvie. Je rétorquerai que c'est volontairement. Je voudrais ainsi suggérer qu'il n'est pas impossible que Diogène ait eu, avec les connaissances disponibles à son époque, cette intuition de la vie et du comportement des animaux et que, s'il rompt avec le sens commun, il ne le fait pas à cet égard. On me reprochera peut-être encore le fait de proposer une notion de « naturalisme » qui ne correspond pas à celle que la critique moderne a prêtée au cynisme ; on me reprochera ainsi de forcer le trait et d'exagérer la donne, sous prétexte qu'on n'a jamais soutenu (ce qui est probablement faux) que les cyniques imitaient « aveuglément » les animaux. Je me méfierais volontiers même d'une « imitation modérée » des animaux, mais mon intention, en « exagérant » le prétendu « naturalisme cynique » pour mieux le réfuter, est surtout d'affirmer que le cynisme ne propose pas un « retour à la nature » et ne nie pas la civilisation, mais qu'il propose une vie facile, simple, frugale qui peut en tout état de cause comprendre des éléments de la vie civilisée aussi bien que du monde dit « naturel ». Ce que voudrait mon interprétation du cynisme, c'est subordonner la notion de naturalisme, ainsi que celle de « falsification », à la notion de facilité ; celle-ci n'est pas une conséquence secondaire d'une vie « selon la nature », mais le vrai *telos* de la doctrine de Diogène. Je dirais enfin que je n'exagère pas les interprétations « naturalistes » de la pensée diogénienne pas plus que ces interprétations n'exagèrent le « naturalisme » de Diogène lui-même. Voir à ce propos L.-A. Dorion, « Antisthène et l'autarcie », 2014.

2. Cf. M.-O. Goulet-Cazé, *L'ascèse cynique*, 1986, p. 42-52, qui a montré que, dans la perspective cynique, les adversaires de l'homme sont le plaisir et la souffrance.

3. Diogène était apparemment bien conscient de l'ambivalence des capacités de l'homme : « Il disait aussi que, quand il voyait dans la vie des pilotes, des médecins et des philosophes, il trouvait que l'homme était le plus intelligent des êtres vivants, mais qu'en revanche, quand il voyait des interprètes des songes, des devins et ceux qui les écoutent, ou encore les gens gonflés d'orgueil au sujet de leurs richesses, il ne trouvait rien de plus vain qu'un homme » (D. L.VI 24).

4. Cf. (le Pseudo- ?) Lucien, *Le Cynique* 18. Dans ce passage le cynique s'en prend aux insensés qui critiquent son mode de vie *apparemment* malheureux et misérable, mais qui vivent eux-mêmes de façon mécanique et irréfléchie : « Après tout, vous voulez transformer et corriger notre mode de vie, vous qui délibérez mal parmi vous à propos de ce que nous faisons, alors que c'est vous-mêmes qui ne réfléchissez pas sur vos propres actions et qui ne faites rien avec discernement et raisonnement, mais par habitude et caprice ! » (κἄπειτα δὲ ἡμᾶς μετατίθεσθε καὶ ἐπανορθοῦτε τὰ ἡμέτερα, κακῶς βουλευομένοις πολλάκις περὶ ὧν πράττομεν, αὐτοὶ ἄσκεπτοι ὄντες περὶ τῶν ἰδίων καὶ μηδὲν αὐτῶν κρίσει καὶ λογισμῷ ποιοῦντες, ἀλλ' ἔθει καὶ ἐπιθυμίᾳ).

« naturel », mais qui le ferait retomber dans un mode de vie également irréfléchi et illogique[1]. C'est pourquoi, selon Diogène – nous l'avons vu chez Dion –, l'homme stupide et l'animal, tous les deux victimes d'un automatisme qui les empêche d'envisager d'autres modes d'existence et de s'adapter aux circonstances nouvelles qu'ils ne peuvent pas espérer contrôler, sont malheureux[2], mais l'homme stupide l'est encore d'avantage, car, à la différence des animaux, il aurait pu faire *autrement*[3].

Nous retrouvons cette même critique adressée aux comportements « automatisés » et irréfléchis communs aux animaux et aux hommes stupides au tout début de la longue invective que le Pseudo-Diogène adresse aux Grecs dans une lettre. Ici, l'adaptation aux circonstances n'est pas directement évoquée ; il s'agit plutôt

1. Je me permets de dire – ce que m'inspire une certaine intuition –, que le monde de la nature n'est probablement pas par lui-même la « machine » parfaite et bienfaisante à laquelle notre idéalisation quelque peu romantique souvent nous conduit : on connaît, par exemple, des espèces animales qui ont disparu en raison de leur propre voracité ou tout simplement du fait qu'elles n'ont pas su s'adapter à un changement climatique ou à un nouveau type de nourriture.

2. La logique de la comparaison reste la même : les animaux sont malheureux (ou heureux) dans la perspective de l'homme. Cf. S. Husson, *La* République *de Diogène*, 2011, p. 68. La question de l'exemple animal, je l'ai dit, m'a déjà occupé ailleurs (cf. O. Flores-Júnior, « Cratès, la fourmi et l'escarbot », 2005). Si elle revient ici avec insistance, c'est uniquement parce qu'il n'est pas facile de la dissocier des autres aspects du cynisme. Enfin, une précision se fait déjà nécessaire : en parlant de la nature et des animaux je n'ai nullement la prétention d'abandonner le terrain de l'histoire de la philosophie grecque pour m'aventurer dans des disciplines qui échappent entièrement à mes compétences. Mon discours n'a évidemment pas de valeur « biologique » et il se veut encore moins une incursion dans le domaine des sciences du comportement animal. En ce sens, je suis parfaitement conscient que ce que je viens d'identifier comme une manifestation du sens commun connaît, par le développement actuel du travail de recherche des sciences biologiques et des sciences du langage et de la cognition, des nuances, des précisions et même des remises en cause qui changent continuellement ce que nous savons (ou que nous croyons savoir) à propos des aptitudes intellectuelles et sociales des animaux. Sur ces thèmes, dans la perspective de l'Antiquité, voir par exemple U. Dierauer, *Tier und Mensch im Denken der Antike*, 1977 ; R. Sorabji, *Animal Minds and Human morals*, 1993 ; S. Castignone et G. Lanata (édit.), *Filosofi e animali nel mondo antico*, 1994 ; B. Cassin ; J.-L. Labarrière ; G. Romeyer Dherbey (édit.), *L'animal dans l'Antiquité*, 1997 ; J. Bouffartigue, « L'automédication des animaux chez les auteurs antiques », 2008 ; *id.*, « La notion d'animal vertueux dans l'Antiquité grecque », 2009 ; S. Husson, « 'Revêtir la vie des chiens' : l'animal comme modèle moral », 2013 ; M. Hotes, « Du chien au philosophe : l'analogie du chien chez Diogène et Platon », 2014 ; J.-F. Lhermitte, *L'animal vertueux dans la philosophie antique à l'époque impériale*, 2015.

3. Les deux capacités de l'homme à l'état de nature qui, selon J.-J. Rousseau, le différencient des autres animaux sont précisément la liberté (l'homme n'est pas obligé d'agir par instinct) et la perfectibilité (l'homme peut améliorer son existence et transmettre cette amélioration aux autres hommes). On pourrait tout de même se demander comment cette seconde capacité peut se concrétiser : si l'on admet que le langage, en tant que phénomène social, n'est pas présent chez les hommes à l'état de nature, comment peut-on envisager que les améliorations produites individuellement puissent être communiquées à d'autres individus ?

de blâmer chez les hommes insensés leurs contradictions et d'en rappeler les conséquences. L'auteur du texte accuse, au fond de ces contradictions, l'erreur qui consiste à substituer l'opinion, les idées reçues et les apparences à la « saine raison » dans le rôle de crible des événements et des situations qui s'imposent à l'individu. Ces hommes insensés, épris de l'opinion et de la réputation, même lorsqu'il leur arrive par accident de se bien porter, souffrent comme ceux qui sont à la torture s'ils deviennent la cible des moqueries des autres ; que la cause de ces moqueries soit l'ignorance et la stupidité, cela ne change rien à leur souffrance :

Ὑπάρχει δὲ τοῦθ' ὑμῖν, κἂν ἐγὼ μὴ λέγω· ὄντες γὰρ ταῖς μὲν ὄψεσιν ἄνθρωποι, ταῖς δὲ ψυχαῖς πίθηκοι, προσποιεῖσθαι μὲν πάντα, γινώσκετε δὲ οὐδὲν · τοιγάρτοι τιμωρεῖται ὑμᾶς ἡ φύσις. Νόμους γὰρ ὑμῖν αὐτοῖς μηχανησάμενοι μέγιστον καὶ πλεῖστον τῦφον ἐξ αὐτῶν διεκληρώσασθε, μάρτυρας τῆς ἐμπεφυσιωμένης κακίας λαβόντες. Καὶ οὐδέποτε ἐν εἰρήνῃ, ἀλλ' ἐν πολέμῳ τὸν ὅλον βίον καταγηρᾶτε, κακοὶ κακῶν ἐπιτήδειοι ὄντες, καὶ ἀλλήλοις φθονοῦντες, ἐὰν μικρῷ μαλακώτερον ἱμάτιον ἄλλον ἴδητε ἔχοντα ἢ κερμάτιον μικρῷ πλέον ἢ ἐν λόγῳ δριμύτερον ἢ μᾶλλον πεπαιδευμένον. Οὐδὲν γὰρ διακρίνετε ὑγιεῖ λόγῳ, ἀλλ' εἰς εἰκότα καὶ πιθανὰ καὶ ἔνδοξα κατολισθάνοντες πάντα μὲν αἰτιᾶσθε, οὐδὲν δὲ οἶδατε, οὔθ' οἱ πρόγονοι ὑμῶν οὔθ' ὑμεῖς, ἀλλὰ ὑπὸ ἀγνοίας καὶ ἀφροσύνης καταμωκώμενοι στρεβλοῦσθε, καλῶς ποιοῦντες. Μισεῖ δ' ὑμᾶς οὐ μόνον ὁ κύων, ἀλλὰ καὶ ἡ φύσις αὐτή.

Telle est votre situation, que je vous la dise ou non : hommes par l'apparence, mais singes par l'âme, vous mimez tout, vous ne comprenez rien : voilà pourquoi la nature vous châtie. Vous vous êtes fabriqué des lois, et vous n'en avez retiré qu'un immense et profond orgueil, en les faisant témoins de votre vice congénital. Jamais vous n'êtes en paix, mais c'est dans la guerre que vous consumez votre vie tout entière, car crapules, vous frayez avec des crapules, et êtes envieux les uns des autres, pour peu que vous voyiez qu'un autre possède un manteau un peu plus confortable, ou quelques misérables piécettes de plus que vous, ou s'exprime plus subtilement, ou jouit d'une plus grande culture. C'est que vous ne jugez rien avec la saine raison ; au contraire, vautrés dans les apparences, les croyances faciles et les opinions reçues, vous accusez tout, mais vous ne savez rien, ni vos ancêtres ni vous-mêmes : tout en agissant bien, ridiculisés par l'ignorance et par la stupidité, vous êtes à la torture ! Ce n'est pas seulement le Chien qui vous déteste, mais la nature elle-même[1] !

En donnant un ton ouvertement virulent à la lettre, la rhétorique de l'attaque se fonde sur des éléments essentiels de la pensée cynique : on y voit d'emblée l'assimilation de l'homme stupide à l'animal. Il faut pourtant noter que le texte n'évoque pas l'*homme* en tant que genre, ou *tous* les hommes ; il s'agit, en l'occurrence, des Grecs. En outre, l'animal mentionné est paradigmatique en raison de sa ressemblance avec l'homme : malgré les apparences, l'un et l'autre restent, pour ainsi dire, sous l'emprise des attitudes illogiques[2]. Pourtant, tandis que l'animal est « excusé » par sa propre « nature » qui a fait de lui « naturellement » un être ἄλογον, l'homme, au contraire, à partir du moment où il trahit sa nature, est puni par cette même nature qui le déteste, car mimer sans rien comprendre est le propre

1. Pseudo-Diogène, *Lettre XXVIII, aux soi-disant grecs* 1-2 (trad. de F. Junqua, modifiée).

2. Voir W. C. McDermott, *The ape in Antiquity*, 1938 ; K. Mackowiak, « Le singe miroir de l'homme ? », 2013.

des singes, non des hommes[1]. Le cynique reconnaît ainsi que la nature des hommes est en quelque sorte plus complexe que celle des animaux. Ceux-ci, en effet, ne peuvent qu'exécuter ce que leur instinct leur ordonne de faire ; c'est pourquoi ils ne sont sujets à aucun jugement moral[2]. Pour les hommes, en revanche, la nature doit être connue – ou plutôt cherchée continuellement – pour éviter qu'elle ne se retourne contre eux s'ils l'ignorent : c'est justement ici qu'intervient l'ascèse qui est l'instrument de la raison, mais que le Pseudo-Diogène ne mentionne pas de façon explicite.

Le contexte de cette lettre, dont nous ne citons que l'introduction, nous suggère que pour les cyniques, la nature humaine est, d'une certaine façon, double : elle *souffle* ou *fait naître naturellement* à l'intérieur de l'homme (cf. dans le texte le participe ἐμπεφυσιωμένης[3]) le vice (κακία), mais elle leur donne aussi la

1. Mimer, ce n'est pas tant le problème ; le plus grave, c'est de mimer sans rien comprendre, sans vouloir rien comprendre ou sans s'efforcer de comprendre ce que l'on mime : « À qui lui disait : 'tu ne sais rien et tu philosophes', il [Diogène] disait : 'même si je simule (προσποιοῦμαι) la sagesse, cela aussi c'est philosopher' " (D. L. VI 64). Le geste de Diogène peut être interprété au sens d'une dénonciation, par le biais d'une sorte d'inversion, d'une pratique philosophique qui a abandonné la réflexion personnelle au nom d'un répertoire de connaissances acquises passivement. M.-O. Goulet-Cazé (note *ad loc. cit.*) l'a très bien souligné : « Bel exemple de 'falsification de la monnaie' : contrefaire la philosophie traditionnelle, autrement dit philosopher sans revendiquer un savoir, est pour Diogène la seule pratique philosophique valable ».

2. Ainsi, à l'instar du recours aux animaux comme exemple positif de conduite pour l'homme, les reproches que les cyniques parfois adressent à l'encontre du comportement animal n'ont sans doute qu'une fonction rhétorique. À ce propos, voir nos conclusions dans O. Flores-Júnior, « Cratès, la fourmi et l'escarbot », 2005, p. 160-164.

3. Le vocabulaire utilisé fait la richesse du passage et, par là même, rend son interprétation délicate. L'auteur du texte semble jouer sur la polysémie du verbe ἐμφυσιόω, qui peut signifier (1) *faire naître dans* ou *disposer naturellement dans* et (2) *souffler dans*, *inspirer* ou, à la voix passive (c'est le cas dans le texte), *être gonflé* ou *rempli d'orgueil et de vanité*. Si le sens (1) évoque évidemment la nature de l'homme elle-même, le sens (2) renforce l'idée de l'« immense et profond orgueil » (μέγιστον καὶ πλεῖστον τῦφον) qui atteint l'homme insensé. Si l'on accepte que l'auteur de la lettre combine (1) et (2) dans la même affirmation, on doit conclure qu'il veut dire que l'homme est naturellement enclin à l'orgueil et que cette inclination, sans l'action de l'autre composant de sa nature, la « saine raison », devient un vice qui se concrétise dans les faits : emporté par l'envie issue de la *doxa*, l'homme insensé est incapable de vivre dans la paix et consume sa vie dans la guerre et les disputes qui, refermant le cercle, constituent le châtiment que la nature elle-même lui inflige. En outre, il est intéressant d'observer que, selon le cynique, les lois que l'homme s'invente (ὑμῖν αὐτοῖς μηχανησάμενοι), produites sans doute par la raison et qui n'existent pas dans le monde animal, peuvent être « annulées » par ce qui n'a aucun rapport avec la rationalité : les hommes s'inventent des lois pour, à partir d'elles, *tirer au sort* (cf. le verbe διεκληρώσασθε) leur « immense et profond orgueil ». Ainsi, obéissant à la *doxa*, les hommes s'égarent entre la raison et le hasard et, croyant agir rationnellement, ne font que mimer ce qu'ils ne comprennent pas. D'autre part leurs lois, qui devraient en principe être les garantes de la justice et du bonheur, finissent comme témoins du vice, de la détresse et de la corruption. L'incohérence des hommes est en effet la cible de cette lettre : la forme d'indication de ses destinataires – « aux soi-disant Grecs » – est déjà un symptôme de ce qu'elle veut dénon-

raison qui peut contrecarrer ce vice[1]. Lorsque l'homme refuse le côté rationnel de sa nature, il s'en remet entièrement à l'autre côté, d'où lui viennent les disputes et les guerres. Si l'on synthétise le projet philosophique des cyniques dans la proposition d'une « vie selon la nature », on risque de masquer la complexité de la nature humaine, une complexité que les cyniques eux-mêmes n'ont pas méconnue.

Par ailleurs, de même que le cynique accuse une certaine ambiguïté dans la nature de l'homme, il ne semble pas avoir un jugement purement négatif à propos des lois : le texte ne dit pas que l'institution – ou la « fabrication » – des lois est mauvaise par principe ; il dit en fait que lorsque les lois ne sont plus respectées, elles deviennent inutiles, car leur objectif principal, qui devrait justifier leur existence – c'est-à-dire : garder la paix et la justice en vue de promouvoir le bonheur – est raté. Mais le plus grave – et c'est ce qui prouve la contradiction des Grecs – c'est que les lois se convertissent en témoins des vices qu'elles étaient sensées combattre. Les lois entrent ainsi dans le long inventaire des « fabrications » et des « inventions » que l'esprit industrieux des hommes rend possible, mais dont ils mettent en danger la valeur à cause de leur comportement contradictoire et, finalement, insensé[2]. Nous pouvons alors conclure que les cyniques reconnaissent non seulement que la nature humaine est double, mais aussi que la raison, qui fait partie de cette nature et qui est à l'origine des lois, est elle-même en quelque sorte ambivalente : l'existence d'une « saine raison » (ὑγιὴς λόγος) laisse entendre qu'il existe, en opposition à celle-ci, une « raison maladive » responsable des inventions malfaisantes de l'homme[3]. Évidemment, l'inférence n'est pas nécessaire, mais il paraît clair que les cyniques n'ignorent pas que les ressources « intellectuelles » de l'homme ainsi que ses produits ne forment pas un ensemble monolithique qui puisse être jugé avant leur manifestation concrète.

cer. On reviendra plus loin sur l'hypothèse d'une « polysémie grammaticale » qui semble opérer dans certains messages cyniques.

1. On constatera, non sans surprise, que de ce point de vue le cynisme ancien paraît plus proche des idées de T. Hobbes que de celles de J.-J. Rousseau, chez qui on décèle souvent l'expression tardive d'une pensée – ou, plutôt, d'un comportement – « cynique ». Voir à ce propos H. Niehues-Pröbsting, « Der Kynismus-Rezeption der Moderne : Diogenes in der Aufklärung », 1993 (notamment les p. 537-538) ; L. Shea, *The Cynic Enlightenment*, 2010. Voir également K. Hayes, *Résurgence et transformation du cynisme au XVIII*e, 2016.

2. Cf. Dio Chrysostome, *Discours VI, Diogène ou Sur la tyrannie* 28 : « Mais l'habileté (τὴν πανουργίαν), l'aptitude à inventer (τὸ μηχανᾶσθαι) et à découvrir (τὸ εὑρίσκειν) beaucoup de choses pour la vie (πρὸς τὸν βίον) n'ont pas été tellement profitables aux générations subséquentes, car les hommes se sont servis de la sagesse (χρῆσθαι τῇ σοφίᾳ) non pour le courage ou pour la justice, mais pour le plaisir (πρὸς ἡδονήν). Ainsi, en cherchant le plaisir en toutes choses, ils vivent toujours de façon plus déplaisante (ἀηδέστερον) et plus pénible (ἐπιπονώτερον) ».

3. Responsable, par exemple, des « mets et des bains maléfiques » (σιτία πονηρὰ καὶ βαλανεῖα) que les hommes s'inventent (ἐπιμηχανῶνται) dans Dion Chrysostome, *Discours VI, Diogène ou Sur la tyrannie* 11.

Nous trouvons en outre, dans une autre lettre pseudépigraphe attribuée elle aussi à Diogène, un passage qui apparemment contredit l'idée d'une ambivalence de la nature humaine, mais qui en réalité confirme la distance qui existe entre le monde des hommes et le monde des animaux, une distance que le cynique ne pense pas effacer. Dans cette lettre, adressée à un certain Timomachos, « Diogène » raconte l'entretien qu'il a eu avec un citoyen de Cyzique. À un moment donné de cet entretien, l'interlocuteur de Diogène blâme la pauvreté comme un des pires maux qui peuvent accabler l'homme ; le cynique alors prend l'exemple des animaux que le citoyen de Cyzique ne comprend pas tout de suite :

– « (...) πενία δὲ πρὸς θεῶν κακὸν οὐκ ἔστιν ; » εἶπε.

– « Τί ποιοῦσαν αὐτήν » ἔφην « κακὸν λέγεις ; »

– « Λιμόν » εἶπε, « ψύχος, καταφρόνησιν ».

– « Ἀλλ' οὐδὲν γε τούτων ὧν φῄς πενία ἄρα οὔτε λιμός · πολλὰ γὰρ ἐν γῇ φύεται, δι' ὧν ὅ τε λιμὸς θεραπεύεται τό τε ψῦχος, ἐπει οὐδὲ τὰ ἄλογα γυμνὰ ὄντα αἰσθάνεται ψύχους ».

– « Ἀλλὰ τὰ μὲν ἄλογα οὕτως ἡ φύσις » εἶπεν « ἐποίησεν ».

– « Ἀνθρώπους δὲ ὁ λόγος οὕτως ποιεῖ », ἔφην, « ἀλλ' οὐ προσποιοῦνται πολλοὶ συνιέναι διὰ μαλακίαν. Ἀλλ' εἰσὶ καὶ ἐνθάδε ἐπικουροι αἵ τε δοραὶ τῶν ζῴων καὶ τὰ νάκη τῶν προβάτων καὶ οἱ τοῖχοι τῶν σπηλαίων καὶ τῶν οἴκων (...) ».

– « Par les dieux, la pauvreté n'est pas un mal ? » dit-il.

– « Et que produit-elle qui te la fasse dire un mal ? »

– « La faim », dit-il, « le froid, le mépris ».

– « Mais, voyons, la pauvreté ne crée rien de ce que tu dis, ni la faim, car beaucoup de choses poussent sur terre qui constituent un remède à la faim, ni le froid, puisque même les animaux, qui pourtant sont nus, ne ressentent pas le froid ».

– « Oui, mais les animaux, c'est la nature qui les a créés ainsi ».

– « Et les hommes, c'est la raison qui les crée ainsi », dis-je, « mais beaucoup ne font pas semblant de le comprendre, par mollesse. Mais il existe là aussi des protections : les peaux des bêtes, les toisons des moutons, les murs des cavernes et des maisons (...) »[1].

Ce passage est, d'un point de vue doctrinal, très riche[2]. D'abord il faut noter qu'ici il n'est plus question d'une « ambivalence naturelle » des capacités de

1. Pseudo-Diogène, *Lettre XXXVI, à Timomachos* 4-5. Traduction de F. Junqua, légèrement modifiée.

2. J'attire l'attention sur l'occurrence du verbe προσποιέω (cf. la forme προσποιοῦνται dans le texte) et j'avance, à titre de simple suggestion, l'hypothèse d'une lecture alternative du passage concerné. La plupart des traducteurs de cette lettre que j'ai pu consulter, pour rendre l'expression οὐ προσποιοῦνται πολλοὶ συνιέναι, font porter la négation οὐ sur l'infinitif συνιέναι. On aboutit alors à « *plurimi prae mollitie hoc se ignorare simulant* » (R. Hercher) ; à « many... pretend not to understand » (A. J. Malherbe) ; à « beaucoup... font semblant de ne pas le comprendre » (G. Rombi et D. Deleule) ; et à « beaucoup feignent de ne pas le comprendre » (F. Junqua). Avec « aber das wollen viele aufgrund ihrer Trägheit nicht einsehen (E. Müseler) », on garde mieux la syntaxe du texte original, mais on neutralise la spécificité sémantique du verbe προσποιοῦνται. En effet, quand il vient accompagné d'une négation, ce verbe admet un « accord logique » qui attache la négation à son régime : « ne pas feindre de faire » devient alors *logique-*

l'homme, mais il s'agit plus exactement de ranger les capacités de l'homme du côté de la raison et celles des animaux du côté de la nature. Ainsi, si les hommes sont capables d'endurer les mêmes choses que les animaux, ils y parviendront non par le moyen d'une vie κατὰ φύσιν, mais par le moyen d'une vie κατὰ λόγον. Dans le contexte de cette opposition que notre lettre met en évidence, le plus important est de percevoir que les hommes ne doivent pas exactement imiter les animaux. On pourrait certes, en défense de l'« animalité » que l'on attribue habituellement au cynisme, arguer que, même s'ils empruntent un chemin différent et s'ils utilisent des « instruments » différents, les cyniques cherchent bel et bien à (re)trouver la même vie « naturelle » que mènent les bêtes. Or, il n'en est rien. Nous avons vu que ce que l'« éthique du minimum » des cyniques établit comme méthode pour atteindre une vie facile et heureuse n'a pas beaucoup à voir avec la vie des animaux : d'abord, à travers l'ascèse, le cynique réduit le plus possible non seulement ses désirs, mais aussi les éléments nécessaires à leur satisfaction ; ainsi, il « manipule » ses besoins en vue de convertir en plaisir (ou en instrument du plaisir) ses carences ; enfin, comme résultat de cette stratégie, le cynique développe une capacité très puissante à s'adapter aux circonstances et à endurer les coups du hasard ou, pour le dire avec Julien, les « plaisanteries » (παιδιαί) et les soûleries (παροινίαι) de la fortune[1]. Force est de constater que, selon la doctrine de Diogène, la raison peut faire pour l'homme bien plus que ne peut faire la nature pour l'animal ou pour l'homme lui-même.

En ce sens, un détail du passage que je viens de citer me semble tout à fait significatif : l'auteur de la lettre écrit précisément que la nature *a créé* (ἐποίησεν)

ment « feindre de ne pas faire ». Mais en l'occurrence toujours est-il qu'on s'attendrait plutôt à un μή qu'à un οὐ comme adverbe de négation formant avec l'infinitif le complément de προσποιοῦνται, les seuls emplois d'un οὐ avec infinitif généralement admis par les grammairiens étant ceux dans une proposition dépendante dont la principale contient un verbe signifiant « dire » ou « croire » (ces sont les *infinitifs déclaratifs* : cf. A. Rijksbaron, *The syntax and semanctics of the verb in classical Greek*, 2002, p. 96-112). Même si l'on trouve des constructions similaires avec ce verbe chez d'autres auteurs (cf. par exemple Hérodien, *Ab excessu divi Marci* I 9, 5 ; II 9, 10), pour lesquelles on doit admettre l'« accord logique », dans la phrase en question, selon la forme transmise par les manuscrits, il faudrait peut-être faire porter la négation sur le verbe principal (et non sur son régime) et comprendre : « beaucoup ne font pas semblant de comprendre » ; ou : « beaucoup ne feignent pas de comprendre ». Pour défendre cette lecture, on pourrait y ajouter, à côté des raisons d'ordre grammatical (qui ne sont pas conclusives, comme on le voit bien), un argument philosophique : dans la perspective des cyniques, comme nous l'avons vu plus haut, la *décision consciente* de « faire semblant » ou de « feindre » acquiert une valeur positive (comme en D. L. VI 64), ce qui n'est pas le cas lorsqu'un singe, par exemple, *fait semblant*, mais sans rien comprendre à ce qu'il mime (comme le démontre le début de la *Lettre XXVIII* du Pseudo-Diogène). Dans cette perspective, affecter ce qui est moralement bon n'est pas une action malhonnête qui vise nécessairement à tromper autrui, mais c'est une action qui révèle, de la part de son sujet, d'abord une sorte de reconnaissance de ce qui est moralement bon, et ensuite un désir réel de s'y engager.

1. Julien, *Or.* IX [VI] 18, 201a (*SSR* V B 264).

le mode de vie des animaux et que la raison *crée* (ποιεῖ) le mode de vie des hommes. La différence des temps verbaux utilisés ici indique déjà la perspective de l'opposition[1] : en ce qui concerne les animaux, les ressources et les capacités sont préalablement définies une fois pour toutes par la nature qui les a créées et qui les oblige à répéter ou à *mimer* inexorablement ce qui peut avoir par moments l'apparence de la vertu (c'est d'ailleurs pourquoi les animaux peuvent servir d'exemple ou d'inspiration aux hommes) ou de l'intelligence, mais qui ne comporte aucun savoir et qui exprime encore moins un choix délibéré[2] ; en revanche, l'action de la raison de l'homme est marquée d'un caractère durable – *duratif*, si l'on veut prendre l'expression grammaticale – qui lui permet, tout en gardant sa liberté, de perfectionner de façon continuelle et progressive ses capacités. La raison donne à l'homme qui sait s'en servir une adaptabilité que la nature ne donne pas aux animaux. Mais Diogène rappelle en tout cas que la raison, justement parce qu'elle coexiste avec la liberté, n'impose pas une vie déterminée à l'homme, ou, pourrions-nous dire, qu'elle ne s'impose pas aux hommes (comme la nature aux animaux) ; c'est pourquoi beaucoup d'hommes (sans doute la plupart, selon les cyniques), ceux qui sont plus stupides et plus malheureux que les bêtes, ne s'en servent pas de la bonne façon. Sur ce point, le texte du Pseudo-Diogène rejoint le discours de Dion Chrysostome ; tous les deux montrent que pour les cyniques l'usage correct de la raison se confond, d'une certaine manière, avec la pratique de l'ascèse : c'est surtout par mollesse (διὰ μαλακίαν)[3] que les hommes n'assument pas le bon côté de leur raison. On voit donc que l'axe central du projet éthique du cynisme, celui autour duquel le bonheur et la vertu peuvent s'épanouir, n'est pas la « nature », mais le couple que forment ensemble la « saine raison » et l'ascèse. Ce projet éthique qui constitue enfin un projet éducatif que le cynique annonce par son propre exemple – un exemple qu'il donne dans la cité et

1. J'ai observé plus haut un recours similaire dans la *Lettre XVI, à Apolexis*, du Pseudo-Diogène. Ces détails nous suggèrent que, par leur degré d'élaboration, ces lettres pseudépigraphes de composition tardive gardent l'esprit original de la philosophie des premiers cyniques, comme l'a justement remarqué M.-O. Goulet-Cazé, *L'ascèse cynique*, 1986, p. 19, n. 8.

2. Ainsi, on ne saurait voir dans le mimétisme proprement dit de certains animaux l'expression d'une véritable délibération. Sur le sujet, voir les considérations de R. Caillois, *Le mimétisme animal*, 1963 ; *id., Les jeux et les hommes*, 1967 (surtout les p. 61-63, et, pour quelques exemples de *mimicry* animal, les p. 341-344), qui observe : « En effet, à une conduite libre de l'homme, versatile, arbitraire, imparfaite et qui surtout aboutit à une œuvre extérieure, correspond chez l'animal, et plus particulièrement chez l'insecte, une modification organique, fixe, absolue qui marque l'espèce et qu'on voit infiniment et exactement reproduire de génération en génération chez des milliards d'individus (…) » (p. 62).

3. Cf. Dion Chrysostome, *Discours, Diogène ou Sur la tyrannie VI* 21-22. Il s'agit sans doute d'un *topos* de la littérature cynicisante. Les *topoi*, dont on a souvent tendance à mépriser la valeur philosophique, en les rangeant plutôt du côté quelque peu « appauvri » des ressources rhétoriques ou littéraires, ont dans le cynisme une importance qui n'est pas négligeable. Ils témoignent de la cohérence de la doctrine et donnent à la tradition, pour ainsi dire, une solution de continuité.

au milieu de la place publique – s'exprime assez bien dans une lettre pseudépigraphe attribuée à Cratès :

Οὐ ποιεῖ ἀγρὸς σπουδαίους, οὐδὲ ἄστυ φαύλους, ἀλλ' αἱ σὺν τοῖς ἀγαθοῖς καὶ κακοῖς διατριβαί. Ὥστ' εἴ βούλει ἀγαθοὺς καὶ μὴ κακοὺς γενέσθαι σοι τοὺς παῖδας, πέμπε μὴ εἴς ἀγρόν, ἀλλ' εἰς φιλοσόφου, ἵνα καὶ αὐτοὶ βαδίζοντες τὰ καλὰ ἐμάθομεν. Ἀσκητὸν γὰρ ἀρετὴ και οὐκ αὐτόματος ἐμβαίνει τῇ ψυχῇ ὥσπερ κακία.

Ce qui rend les hommes vertueux, ce n'est pas la campagne, pas plus que la ville ne les rend mauvais, mas c'est la fréquentation des hommes de bien ou des scélérats. Aussi, si tu veux que tes fils deviennent des hommes de bien et non des scélérats, ne les envoie pas à la campagne, mais chez le philosophe, là où, nous rendant nous aussi, nous avons appris ce qui est beau. Car la vertu s'acquiert par l'exercice, elle n'entre pas dans l'âme d'elle-même, contrairement au vice[1].

Chez les cyniques, la vertu et le vice ne se décident pas entre la nature et la civilisation. Leur seul critère est la raison, « le plus grand bien pour les hommes » (μέγιστον ἀγαθὸν ἀνθρώποις)[2], qui, mis au service de l'ascèse philosophique, garantit une « vie facile » et conduit au bonheur.

La fin de notre citation de la *Lettre XXXVI* du Pseudo-Diogène exprime en ce sens une conclusion claire. Après avoir rappelé au citoyen de Cyzique que la raison peut produire l'endurance des hommes qui ne se plient pas à la mollesse, Diogène ajoute : « Mais il existe là aussi des protections : les peaux de bêtes, les toisons des moutons, les murs des cavernes et des maisons ». Dans ce contexte, la phrase a la force d'un slogan : l'adverbe ἐνθάδε montre la capacité du cynique à s'adapter, à se conformer à la situation présente, à ce que le destin lui impose ; c'est dans ce qui est là, à portée de main, qu'il trouve son bonheur. Et les éléments de ce bonheur sont présentés en deux séries parfaitement symétriques : d'un côté, une série renvoyant au vêtement, de l'autre, une série renvoyant au logement. Mais le plus intéressant à noter est que chaque série est constituée de deux éléments qui s'opposent – une opposition qui n'existe que pour être surpassée – tour à tour évoquant, le premier, la nature et, le second, la civilisation. En effet, tandis que les peaux des bêtes (αἱ δοραὶ τῶν ζῴων) rappellent la vie sauvage et nomade de l'homme primitif qui ne peut compter que sur la nature pour pourvoir à ses besoins, les toisons des moutons (τὰ νάκη τῶν προβάτων) s'inscrivent dans le domaine des communautés humaines « civilisées » dont le maintien dépend d'ores et déjà de l'élevage des animaux domestiques. Il en va de même pour la série suivante : les murs des cavernes (οἱ τοῖχοι τῶν σπηλαίων) correspondent, dans la nature, aux murs des maisons (τῶν οἴκων) que l'homme de la cité construit avec la technique prométhéenne. Enfin, le simple καί qui unit les éléments de chaque série ne laisse pas de doute que, pour l'homme qui sait mettre à profit la « saine raison », les secours (ἐπίκουροι) qui aident à mener une vie heureuse peuvent venir de la nature *et* des villes.

1. Pseudo-Cratès, *Lettre XII, à Orion* (trad. de F. Junqua).
2. Cf. Pseudo-Cratès, *Lettre XXXI, à Hipparchia.*

Enfin, ces considérations nous permettent peut-être d'envisager qu'il n'y aurait pas dans le cynisme une acceptation préalable et définitive des « choses de la nature » ni un refus systématique des « choses de la civilisation » ; en effet, dans ce contexte, l'acceptation et le refus ne peuvent pas être déterminés en dehors des situations concrètes qui s'imposent à l'individu, et le seul critère de cette détermination est la facilité (εὐτέλεια) ou les difficultés (πράγματα) qui sont en jeu à chaque prise de position[1]. Mais prendre le cynique pour un opportuniste indolent et hypocrite – une façon de voir qui sans doute a opéré la transformation moderne du sens du terme « cynisme », et que pourtant on peut voir se dessiner déjà dans l'Antiquité (par exemple dans les critiques de Lucien et de Julien)[2] – serait déconsidérer un aspect fondamental de la pensée diogénienne qui est l'ascèse : pour les cyniques mener une « vie facile » équivaut à mener une vie autarcique au plus haut degré possible. D'autre part, en raison de la rigueur même de cette ascèse, de l'autarcie qu'elle idéalise et de la rationalité qu'elle exige, lorsque les gestes et les attitudes du cynique semblent reproduire ceux d'un animal (qui peut sans doute incarner une *suggestion* ou fournir une *illustration* de la conduite que l'on veut adopter – mais aussi que l'on veut refuser), nous devons nous garder de l'erreur de prendre pour l'exécution méthodique d'un projet préalablement établi ce qui n'est plus qu'une coïncidence *apparente*.

6. Le cynique, les bêtes et les dieux : question de rhétorique

Le motif sur lequel s'ouvre ce bref entretien mis en scène par (le Pseudo- ?) Lucien est, comme je l'ai déjà souligné, l'apparence animalière (θηριώδη) que le cynique justifie et revendique face aux reproches de son interlocuteur. Il est intéressant de noter que c'est sur l'apparence des dieux que se clôt l'entretien :

Ἵνα δὲ μάθῃς περὶ τοῦ σχήματος, ὡς οὐκ ἀνδράσι μόνον ἀγαθοῖς, ἀλλὰ καὶ θεοῖς πρέποντος ἔπειτα καταγελᾷς αὐτοῦ, σκέψαι τὰ ἀγάλματα τῶν θεῶν, πότερά σοι δοκοῦσιν ὁμοίως ἔχειν ὑμῖν ἢ ἐμοί ; καὶ μὴ μόνον γε τῶν Ἑλλήνων, ἀλλὰ καὶ τῶν βαρβάρων τοὺς ναοὺς ἐπισκόπει περιιών, πότερον αὐτοί οἱ θεοὶ κωμῶσι καὶ γενειῶσιν ὡς ἐγὼ ἢ καθάπερ ὑμεῖς ἐξυρημένοι πλάττονται καὶ γράφονται. Καὶ μέντοι καὶ ἀχίτωνας ὄψει τοὺς πολλοὺς ὥσπερ ἐμέ. Τί ἂν οὖν ἔτι τολμῴης περὶ τούτου τοῦ σχήματος λέγειν ὡς φαῦλον, ὁπότε καὶ θεοῖς φαίνεται πρέπον ;

Afin que tu apprennes, avant de t'en moquer, que cette apparence extérieure convient non seulement aux hommes moralement bons, mais aussi aux dieux, regarde les statues des dieux. À

1. On pourrait en ce sens évoquer quelques paroles attribuées à Diogène à l'adresse d'Antipater : « J'entends rapporter que tu dis que je ne fais rien d'extraordinaire en portant un double *tribôn* et en suspendant une besace <à mon épaule> ; pour ma part, je reconnais qu'il n'y a rien d'admirable à cela, mais j'affirme que chacun de ces actes est beau quand sa pratique découle d'une disposition <de l'âme> » (Pseudo-Diogène, *Lettre XV, à Antipater* ; trad. de F. Junqua). Il ne serait donc pas exclu que pour le cynique l'acceptation et le refus des choses de la nature ainsi que de celles de la civilisation dépendent avant toute chose d'une certaine « disposition » (διαθέσεως) de l'âme.

2. Voir à ce propos D. Mazella, *The making of modern cynicism*, 2007.

ton avis, à qui ressemblent-elles, à vous ou à moi ? Fais un tour et observe bien les temples non seulement ceux des Grecs, mais aussi ceux des barbares pour voir si les dieux, eux, ont les cheveux longs et sont barbus comme moi ou s'ils sont modelés et peints rasés comme vous ? A vrai dire tu verras aussi que la plupart d'entre eux n'ont pas de tunique, comme moi. Oserais-tu donc encore dire que cette apparence extérieure est vile, quand elle semble convenir même aux dieux[1] ?

En unissant les deux points extrêmes du dialogue, son début et sa fin, la question de l'apparence extérieure du cynique occupe en fait le devant de la scène et sert à tisser les fondements de sa doctrine. Le cynique défend son mode de vie en montrant que l'apparence de la vertu est précisément celle qu'il exhibe, car elle est aussi l'apparence des dieux. On serait donc tenté d'interpréter l'identification qu'il opère, entre une apparence « animalière » et l'apparence des dieux comme la preuve que finalement le cynique reconnaît chez les animaux une forme de vertu que le sage devrait imiter. La conclusion serait alors : pour rapprocher le bonheur et la vertu des dieux, l'homme devrait prendre la voie de la vie « naturelle » des animaux ; autrement dit, ce serait en acceptant l'animal qu'il est et qu'il porte en lui, que l'homme pourrait être proche des dieux. Cette conclusion toutefois, en dehors du champ du discours, est fausse[2]. D'une part, l'apparence du cynique est la conséquence d'une autarcie que les animaux ne sont pas capables de pratiquer, car elle dépend du *logos* ; d'autre part, cette autarcie, même si elle est radicale et toujours en progrès, ne pourra jamais égaler celle qu'on prête aux dieux. Si le cynique accepte d'expliquer la logique de sa doctrine selon les catégories de l'animalité et du divin, cela ne signifie sans doute pas qu'il tombe dans la contradiction, et qu'il assume un discours qui ne correspond pas aux faits : son discours ne correspond pas *littéralement* aux faits parce qu'il adopte le point de vue de son interlocuteur. Le cynique *s'adapte* à son interlocuteur pour mieux le réfuter : c'est en fait la contradiction de celui-ci qu'il fait surgir. Tout comme il dénonce les maux et les vices de la cité *de l'intérieu*r, c'est « de l'intérieur » du discours des insensés, et avec leurs armes et leurs arguments, que le cynique dénonce leur égarement. En ce sens, on pourrait dire, au risque d'aller contre une idée couramment répandue, que les cyniques n'ont jamais revendiqué, de leur propre initiative et de leur propre choix, l'image du chien comme modèle de leur mode de vie ; ils ont simplement inversé en éloge le reproche dont ils étaient victimes. Ainsi, lorsqu'on demande à Diogène quel type de chien il est, l'opprobre est posé

1. (Pseudo- ?) Lucien, *Le cynique* 20.

2. C'est l'erreur que, me semble-t-il, commet A. N. M. Rich, « The Cynic conception of ΑΥΤΑΡΚΕΙΑ », 1956 (repris dans M. Billerbeck [édit.), *Die Kyniker in der modernen Forschung*, 1991, p. 233-239) : « So then, the practice of αὐτάρκεια gives rise to a curious paradox. The αὐτάρκης is sub-human in so far as he descends to the animal level, super-human in so far as he approximates to the divine » (p. 234). Cette conclusion ignore la valeur métaphorique des comparaisons en les prenant pour des principes doctrinaux en soi. Sur la rhétorique cynique, voir R. Bracht Branham, « Defacing the Currency : Diogenes' Rhetoric and the Invention of Cynicism », 1996.

d'avance ; le cynique ne fait que se l'approprier au bénéfice de son message[1]. Il expose la *doxa* équivoque de ses détracteurs en inversant la *doxa* dont il est l'objet[2]. C'est précisément la démarche que le cynique du (Pseudo- ?) Lucien adopte à l'égard de Lycinos. En fait, si l'inspiration avouée de Diogène, transmise par Théophraste dans son *Mégarique*, s'était imposée au cours de le tradition antique, on aurait aujourd'hui, à la place du cynisme, exactement la même philosophie, connue alors sous le nom de « myocisme », en référence à la souris évoquée par Théophraste[3]. Si c'est le chien qu'on évoque pour nommer la pensée de Diogène, c'est sans doute à cause de la place que cet animal a toujours occupée dans l'imaginaire des grecs, et, par conséquent, de ses multiples possibilités d'appropriation métaphorique.

Nous pourrions ainsi admettre que tout se joue dans le domaine de la rhétorique (aussi bien celle des cyniques eux-mêmes que celle des sources qui nous ont transmis leur pensée), car il faut tenir compte de la distinction très délicate entre exemple et modèle : pour montrer leur conception de la félicité, les cyniques prennent l'*exemple* des animaux, qui peuvent d'ailleurs inspirer leur action, comme dans l'anecdote transmise par Théophraste, mais les animaux ne sont pas des *modèles* destinés à être imités et la vie animale ne constitue pas un idéal de vie excellente[4], d'autant plus que l'idée d'une « vie animale » est une forme de généralisation qui pointe vers un idéalisme absolument étranger à la pensée cynique (ce qui ne serait pas le cas pour la « vie des dieux », les dieux étant déjà, en quelque sorte, une idéalisation de la culture et des mythes traditionnels)[5]. Ce que

1. Cf., par exemple, D. L. 46 ; 55 ; 61. Le cynique ne s'appelle pas lui-même « chien », ce sont les autres qui l'appellent ainsi : cf. D. L. VI 60. On remarquera également l'usage de la voix passive ἐκλήθησαν par deux commentateurs d'Aristote, Olympiodore et Élias, lorsqu'ils évoquent les raisons par lesquelles les cyniques étaient appelés ainsi : cf. Olympiodore, *In Aristotelis Categorias Prolegomena*, *C.A.G.* XII 1, p. 3, 21-28 Busse (*SSR* I H 9), et Élias, *In Aristotelis Categorias Prooemium*, *C.A.G.* XVIII 1, p. 111, 2-12 Busse (*SSR* I H 9).

2. À propos de la *chrie* dans *Papyr. Vindob. Gr.* 29946. col. V, 135-137 Gallo (*SSR* V B 143), selon laquelle Diogène affirmait ne pas vouloir passer pour (δοκεῖν) un chien mais l'être (εἶναι) vraiment, j'ai déjà écrit : « La véritable opposition que cette anecdote met en évidence n'est pas entre l'homme et l'animal, mais entre l'*être* et le *paraître* » (O. Flores-Júnior, « Cratès, la fourmi et l'escarbot », 2005, p. 163-164). Ce à quoi le cynique aspire, ce n'est pas d'imiter la vie d'un chien réel, mais de soumettre intégralement aux principes de sa philosophie la vie qu'il vit, cette vie qui, aux yeux des insensés, est une vie de chien.

3. Cf. D. L. VI 22.

4. J'ose à nouveau un exemple trivial : « 'Paul' – malgré son handicap, car il lui manque une jambe –, a l'air d'être toujours très content ; il est, dit-on, un *exemple* de personne heureuse ». On ne saurait pourtant considérer l'existence de 'Paul' comme un *modèle* d'existence heureuse (personne n'ira se faire couper une jambe pour être aussi heureux que 'Paul'…).

5. C'est pourquoi je ne suis pas sur tous les points S. Husson, *La République de Diogène*, 2011, lorsqu'elle affirme : « C'est donc l'animal que le sage doit imiter, lui qui ne manque de rien ou de presque rien, alors que la *doxa* creuse en l'homme un gouffre de désirs que rien ne saurait combler. Il ne s'agit pas, cependant, d'imiter aveuglément l'animal dans tout son compor-

les textes nous montrent, c'est que, toujours sur le plan de la rhétorique, le vrai modèle pour les cyniques ce sont les dieux, « qui sont les seuls, au dire d'Homère, à mener une existence facile » (ῥᾳδίως ζῆν)[1], mais qui donnent aussi à l'homme la possibilité de choisir une « vie facile » (βίος ῥᾴδιος)[2]. Certes, entre l'existence des dieux imaginée par la tradition et la « vie facile » accessible à l'homme, sur laquelle pèseront toujours les contingences de la finitude biologique, la distance est infranchissable. Mais, dans le discours du cynique, qui se sert des données de la culture de son époque, telles que la poésie et la mythologie traditionnelle, cette distance ne ramène pas l'homme du côté des animaux ; bien au contraire, à la différence des animaux, qui n'ont pas le choix et qui ne peuvent pas vivre autrement, l'homme peut accepter ou refuser le cadeau que la divinité lui a offert, c'est-à-dire la raison, pour s'approcher le plus possible ou pour s'éloigner d'une « vie facile » dont le modèle est constitué par les dieux eux-mêmes : « le propre des dieux (ἴδιον εἶναι) est de n'avoir besoin de rien, et le propre de ceux qui sont semblables aux dieux (τῶν δὲ θεοῖς ὁμοίων) est de n'avoir besoin que de très peu de choses »[3]. Les cyniques, parce qu'ils se considèrent comme des sages et des hommes moralement bons, sont des amis de dieux[4], non des animaux, même s'ils s'intègrent volontiers et sans complexe dans un monde qui comprend aussi les animaux ; de même, pour ceux qui savent regarder au-delà des apparences, les cyniques sont des images de dieux (θεῶν εἴκονας)[5], non des images des animaux.

tement ou tous les animaux dans tous leurs comportements : ce serait en soi contradictoire, ceux-ci étant des plus opposés. Mais il existe une constante éthique de l'animalité en général : son autarcie, que nulle *doxa* ne saurait abolir. Certains comportements animaux l'illustrent de façon privilégiée et un animal, le chien, plus que tout autre, la met en œuvre et ceci aux yeux de tous, contrairement aux bêtes sauvages qui ne vivent pas au milieu des hommes » (p. 51-52). En effet, les cyniques savaient très bien reconnaître les « vertus » de certaines espèces, tout comme ils reconnaissent le « vice » chez d'autres, mais l'idée d'une « constante éthique de l'animalité » ne semble pas trouver de confirmation satisfaisante dans les textes. À côté de l'idée d'une « éthique animale », en soi problématique, cette expression rapprocherait dangereusement les cyniques d'un type d'idéalisme, de facture platonicienne, auquel Diogène était explicitement réfractaire : concevoir une « animalité » unissant tous les animaux particuliers ne serait qu'étendre l'*idée* d'une « chevalité » qui surgit au-dessus de tous les chevaux qu'on peut voir et toucher (cf. D. L. VI 40 ; 53). Par rapport au chien, il serait tout de même contradictoire que les cyniques aient pu prendre *volontairement* comme modèle de vertu et de liberté un animal qui n'est entré dans le monde des hommes qu'au prix de la domestication totale et de l'obéissance. Selon moi, le nom du mouvement n'est qu'un produit de plus du principe de la « falsification de la monnaie » qui retourne en éloge des moqueries malveillantes et en trait positif les impressions équivoques. À ce sujet, voir mes considérations à propos de l'ouvrage de S. Husson dans O. Flores-Júnior, « Husson, Suzanne. *La* République *de Diogène. Une cité en quête de la nature*. Paris : Vrin, 2011 (Histoire des Doctrines de l'Antiquité Classique, 40) », 2011.

1. Cf. Dion Chrysostome, *Discours VI, Diogène ou Sur la tyrannie* 31.
2. Cf. D. L. VI 44.
3. D. L. VI 105 (traduction de M.-O. Goulet-Cazé, légèrement modifiée).
4. Cf. D. L. VI 37 : φίλοι δὲ οἱ σοφοὶ τοῖς θεοῖς ; 72 : φιλοὶ δὲ τοῖς σοφοῖς οἱ θεοί.
5. Cf. D. L. VI 51.

De la lecture conjointe du dialogue du (Pseudo- ?) Lucien et du discours de Dion nous pouvons conclure que si, sur le plan de la rhétorique, le cynique réaffirme la hiérarchie traditionnelle qui sépare les hommes des animaux et des dieux, sur le plan de sa philosophie mise en actes, il déjoue toutes les idées reçues. En effet l'autarcie qu'il pratique, dans la mesure où elle est le fruit d'une *décision*, le place évidemment au-dessus des animaux qui sont, eux, toujours figés dans leur comportement instinctif et donc incapables d'adaptation individuelle, c'est-à-dire, d'une adaptation opérée en dehors de l'espèce comme un tout. Cependant, et pour la même raison, le cynique dépasse aussi les dieux qui, pris irrémédiablement dans leur immortalité, semblent vider de tout sens l'idée même de liberté, cette valeur que les cyniques mettaient au-dessus de tout[1].

1. Cf. D. L. VI 71.

CHAPITRE III

FALSIFIER LA MONNAIE, FACILITER LA VIE :

LE PRAGMATISME LIBERTAIRE DES CYNIQUES

Jusqu'ici, pour exposer mon hypothèse selon laquelle l'ensemble du mouvement cynique pourrait être caractérisé comme la proposition d'une vie « selon la facilité », j'ai avancé deux idées solidaires et corrélatives l'une de l'autre : (1) que le cynisme tend, d'une façon générale, à refuser les dualismes, et (2) que les cyniques n'ont jamais prêché un « retour à la nature », ou, plus exactement, qu'on n'observe pas, dans le cynisme, la défense d'une vie « selon la nature » qui serait *en opposition* à une vie « selon le *nomos* ». J'ai adopté, surtout en ce qui concerne ce second point, une argumentation peut-être trop « hyperbolique ». Il faut à présent essayer de préciser ma position sur l'« anti-naturalisme » des cyniques afin de nuancer un peu les choses, de me prémunir contre des contradictions éventuelles et de réaffirmer certaines positions.

Tout d'abord, il faut souligner ce qui semble évident et qui doit être affirmé de façon catégorique : l'« anti-naturalisme » cynique ne signifie évidemment pas la *négation* de la nature ou un effort pour la supprimer (ou pour supprimer ses éléments constitutifs). Ce serait en principe absurde : le besoin de manger et de dormir ou le désir sexuel, par exemple, sont des contraintes de la nature que le cynique ne nie pas, qu'il ne peut pas nier et qu'il n'espère évidemment pas pouvoir abolir. Son attitude n'est donc pas différente de celle des autres hommes, y compris des hommes « de la cité ». En ce sens – et seulement en ce sens[1] – dire que les cyniques ont choisi de vivre « selon la nature » serait finalement une

1. Je suis parfaitement conscient que ce n'est pas en ce sens-ci que la plupart des savants (Goulet-Cazé, Moles, Husson) utilisent l'expression « selon la nature » (κατὰ φύσιν). Je veux simplement prendre en considération toutes les possibilités interprétatives pour mieux cerner la question et pour mieux présenter mon point de vue.

tautologie, puisque l'homme, en principe, ne peut pas ne pas vivre « selon la nature ». L'expression a forcément un autre sens. Parler d'une vie « selon la nature » serait alors faire allusion à une vie qui n'est vécue *que* « selon la nature », c'est-à-dire une vie débarrassée de toute contrainte qui ne soit pas « naturelle » et qui chercherait la satisfaction la plus « naturelle » possible des seuls besoins naturels et des seuls désirs « naturels ». Sous cet angle, la vie « selon la nature » s'opposerait à la vie « selon le *nomos* » et pourrait prendre pour modèle la vie des animaux ou la vie des hommes primitifs telle que l'on peut l'appréhender à partir de la mythologie traditionnelle ou d'une « anthropologie culturelle » plus ou moins hypothétique. Pourtant, caractériser le cynisme de cette façon, c'est-à-dire à partir de cette vision d'une « vie selon la nature », ne serait que le rattacher au fond commun de tous les courants de pensée de l'Antiquité, car tous sont, chacun à sa manière, des philosophies « naturalistes », qui reconnaissent toutes le caractère inéluctable des contraintes de la nature et qui prêchent toutes la maîtrise « rationnelle » de la satisfaction des besoins et des désirs naturels[1] : il s'agissait, pour chaque école, de répondre au clivage sophistique entre *nomos* et *phusis* et d'en promouvoir, chacune à sa façon, une forme de coalescence à partir de laquelle on pourrait fixer un critère sûr pour l'action morale de l'homme[2]. Mais il faut considérer que les cyniques ne se démarquent pas des philosophes d'autres confessions uniquement par le radicalisme avec lequel ils auraient appliqué le principe de « nature » : ce qui définit le cynisme n'est pas seulement une différence de degré par rapport aux autres types de naturalisme (même si les cyniques ont poussé la mise en pratique de leurs principes jusqu'à ses ultimes conséquences), mais une différence de perspective plus profonde.

En un sens, il serait légitime d'espérer qu'il y ait, sous-jacente à l'expression « selon la nature », comprise comme la base d'un projet éthique, une définition préalable et précise du concept de « nature » dans les gestes des cyniques. On trouve cette définition dans le stoïcisme qui concevait la nature comme une loi ou comme une raison universelle à laquelle le sage doit se soumettre[3]. On trouve

1. Voir sur ce sujet l'ouvrage de P. Hadot, *Le voile d'Isis*, 2004, qui, à part de très rares références à Diogène et à Cratès, ne prend pas en considération le cynisme (identifié d'ailleurs avec le primitivisme : cf. les p. 154-157). Pour un aperçu général sur le concept de φύσις on consultera A. Macé, « La naissance de la nature en Grèce ancienne », 2012. On verra aussi G. E. R. Lloyd, « The invention of nature », 1991.

2. Cf. P.-M. Morel, *Épicure*, 2009, p. 11-13.

3. Sur le thème de la « vie selon la nature » dans le stoïcisme, voir l'article de G. Romeyer Dherbey, « 'Vivre en accord avec la nature' ou 'vivre en accord avec Zénon' ? », 2005. En effet, à partir de la centralité de l'idée de « nature », les stoïciens ont développé une théorie de l'action extrêmement complexe : sur ce sujet, voir les études réunies par M.-O. Goulet-Cazé (édit.), *Études sur la théorie stoïcienne de l'action*, 2011. Spécifiquement sur la théorie de l'action politique, voir V. Laurand, *La politique stoïcienne*, 2005, p. 126-146. Pour une vision d'ensemble du problème de l'action humaine dans le stoïcisme, on consultera S. Bobzien, *Determinism and freedom in Stoic philosophy*, 1998, et R. Müller, *Les stoïciens*, 2012 (1re éd. 2006),

également chez les épicuriens une « science de la nature » de base atomiste, qui, tout en étant une condition nécessaire au bonheur du sage, se constitue en discours autonome[1]. Toute autre est la situation du cynisme. Nous savons que les cyniques n'ont jamais développé une réflexion systématique à propos du concept de nature : entièrement tournés vers l'éthique, les cyniques, d'une façon générale, ne se sont jamais occupés de la physique[2]. Et même pour ce qui relève de l'éthique, ils ont toujours privilégié l'action par rapport à la réflexion théorétique ou la pratique par rapport aux discours, et il ne semble pas vraisemblable que les ouvrages cyniques, aujourd'hui perdus, aient contenu le développement d'une *théorie* éthique au sein de laquelle on aurait trouvé une explication sur les fondements naturels de l'agir humain ; en tout cas, nous n'avons pas, dans l'état actuel de nos connaissances, une telle théorie. Par ailleurs, l'idée d'une vie « selon la nature », comme celle que l'on attribue généralement aux cyniques, dépendrait d'une ontologie de base nominaliste, alors que l'on sait aussi que les cyniques étaient fortement réfractaires à ce genre de spéculation[3] : Diogène n'aurait pas pu proposer à l'homme de vivre « selon la nature », tout simplement parce que, ne connaissant pas *l'homme*, il ne connaît pas ce qu'est la « nature » définissant *l'homme*, une nature qui serait valable pour tous les hommes ; il rencontre *des hommes*, qui doivent tous manger, boire et dormir, mais qui sont tous différents les uns des autres, dans des conditions différentes, soumis à des situations différentes et avec des possibilités d'action différentes. En outre, le cynique reconnaît que les contraintes de la

notamment les p. 187-213 et 255-271 ; et pour un développement moderne de la problématique ancienne, on verra J. Lachs, *Stoic pragmatism*, 2012. En tout cas, en ce qui concerne la vie « selon la nature », il n'est pas improbable que le cynisme ait exercé une influence importante sur la théorie stoïcienne. C'est peut-être ce que l'on doit conclure de la doctrine que Chrysippe, dans son traité *Sur les fins*, développe à partir de Zénon : « Car nos natures sont des parties de celle de l'Univers. C'est pourquoi la fin devient : vivre en suivant la nature, c'est-à-dire à la fois la sienne propre et celle de l'Univers, en ne faisant dans nos actions rien de ce qu'a coutume d'interdire la Loi commune, à savoir la Raison droite qui parcourt toutes choses, cette Raison identique à Zeus, qui est, lui, le chef du gouvernement des êtres. Et c'est en cela que consiste la vertu et la facilité de la vie heureuse, quand tout est accompli selon l'accord harmonieux du démon qui habite en chacun avec la volonté du gouverneur de l'Univers » (D. L. VII 87-88 ; trad. de R. Goulet). Les stoïciens voient donc dans la nature, soit celle de l'individu soit celle de l'univers, la constance qui permet qu'elle soit comprise comme une règle. En tout cas, l'expression « la vertu et la facilité de la vie heureuse » (τὴν τοῦ εὐδαίμονος ἀρετὴν καὶ εὔροιαν βίου), semble s'harmoniser avec ce que proposaient les cyniques. Si la physique stoïcienne est originale et ne semble rien devoir aux cyniques (qui n'ont pas, eux, développé une réflexion systématique sur la nature), il n'est pas exclu que la façon d'agir de ces derniers, selon un principe, non de Nature – dans le cynisme, il ne s'agit pas, comme je veux le démontrer, d'une « vie selon la nature » –, mais d'une certaine « naturalité » individuelle, coordonnée avec l'idée d'indifférence (ἀδιαφορία) et orientée vers la « facilité », ait inspiré le fondement physique de l'éthique stoïcienne.

1. Voir à ce sujet P.-M. Morel, *Épicure*, 2009, p. 29-70.
2. Cf. D. L. VI 103.
3. Cf. D. L. VI 40 ; 41 ; 53.

nature, que personne ne peut éviter – la faim, la soif, le désir sexuel, les maladies, la mort –, n'obéissent à aucun plan logique quand elles frappent les hommes : à la place du « destin » ou de la « providence » que beaucoup d'hommes essaient de prévoir et d'administrer à travers les artifices de la religion, des superstitions ou des calculs prétendument raisonnés, le cynique ne voit que l'action aveugle du hasard. L'équation est donc posée qui confronte deux sortes de variables : d'un côté, l'immense diversité des hommes, de l'autre côté, l'absolue imprévisibilité des événements qui peuvent les atteindre. La réponse du cynique est l'ascèse que les hommes doivent d'une certaine façon adapter à leurs conditions réelles d'existence (par exemple : si l'ascèse pratiquée par quelqu'un qui est malade est en principe la même que celle pratiquée par quelqu'un qui est en bonne santé – c'est-à-dire si dans les deux cas il faut réduire ses besoins et « simplifier » au maximum leur satisfaction –, elle ne produira pas exactement les mêmes résultats) ; c'est elle qui leur permettra de faire face aux tours joués par la Fortune. Par conséquent, ce qui distingue l'action du cynique, c'est la conscience qu'il a que tous les événements, y compris ceux qui sont relatifs à la « nature », doivent être affrontés non point à travers un effort préventif, d'anticipation, qui s'avère bien souvent inutile, mais au coup par coup, avec les moyens qui se présentent là où le malheur frappe : à l'imprévisible du monde le cynique répond avec l'improvisation qui est l'atout et le ressort de son ascèse, et qui lui permet d'être prêt à toutes les situations. Ainsi, à la limite, quand bien même le cynique pourrait chercher la nature sans l'avoir préalablement définie, ce n'est pas ce qu'il fait : homme d'action plus que de paroles, il compte toujours sur son expérience, et son expérience ne lui apprend pas ce qu'est *la* nature ; en revanche, elle lui montre ses effets ; pourtant, il ne répond pas à la nature avec la nature ; en fondant une forme originale de pragmatisme, il répond à la nature par l'ascèse qui, elle, pour paradoxal que cela puisse paraître, lui permettra de vivre une existence « facile ». Voyons maintenant quelques exemples de cette « facilité » cynique.

1. Une acceptation active des situations : autarcie et liberté

Le choix du minimum et de la facilité chez les cyniques s'applique non seulement aux besoins et aux désirs en soi, mais aussi à la façon de les satisfaire ; cela consiste à réduire les besoins au minimum et aussi à simplifier et à réduire le plus possible les éléments extérieurs au sujet qui sont nécessaires à la satisfaction de ces besoins (il s'agit de l'essence même de l'autarcie)[1]. En ce sens, le cynique suit toujours le principe de la proximité, comme nous l'avons vu chez (le Pseudo- ?) Lucien[2], ce qui signifie qu'il doit se contenter de ce qui est le plus proche de lui ; or, si l'on développe de façon progressive et graduelle ce que nous suggère l'idée

1. Cf. Pseudo-Diogène, *Lettre XVII, à Antalcide* ; *Lettre XXXVII, à Monime* 4 ; Pseudo-Cratès, *Lettre III, aux compagnons*.

2. Cf. (le Pseudo- ?) Lucien, *Le Cynique* 6 ; 8.

du « plus proche du sujet », nous aboutissons finalement au sujet lui-même : la « proximité » dans ce cas se résout dans une relation d'identité, au sein de laquelle tout contrôle des passions revient en principe à ce même sujet[1] ; on arrive donc à la conclusion que, pour le cynique, la satisfaction idéale d'un besoin est, en dernière analyse, l'autosatisfaction (pensons par exemple à la masturbation dont Diogène voulait faire valoir aussi le principe pour ses besoins alimentaires). Il est clair que cela correspond à un mode d'existence idéalement élaboré (et qui peut être métaphoriquement identifié à la vie que la tradition attribue aux dieux), mais qui, tout en étant inaccessible à l'homme, reste comme une sorte d'horizon qui inspire et régule un projet éthique réaliste et cohérent : dans les faits, le cynique suit ce principe idéalement établi en l'adaptant à ses possibilités réelles ; il se tourne alors vers ce qui est effectivement le plus proche de lui, mais qui, dans la plupart des cas, ne se confond pas avec lui-même. Ainsi, dans ces circonstances, ce qui est le plus proche de lui signifie en fait non un objet précis ou une « substance » déterminée (cela peut être n'importe quoi ; pour garder les images relevant de l'alimentation, chères à la littérature cynique, cela peut être, par exemple, une poignée d'olives ou un poulpe cru), mais un « niveau d'accessibilité » (le plus proche est forcément le plus facile d'accès, c'est ce qui se trouve à portée de main). Ce que le cynique désigne par l'expression τὰ πλησίον s'inscrit donc dans la variété et dans la diversité qui caractérisent le monde, et correspond, par conséquent, à ce que, à la rigueur, l'homme ne peut pas entièrement contrôler, à ce qu'il ne peut pas entièrement prévoir, à ce qui, enfin, est soumis à la contingence et au hasard : le cynique n'ignore pas que le monde dans lequel il vit est, pour ainsi dire, sous l'empire de la Τύχη. Il n'ignore pas non plus que le hasard et la contingence, œuvres de la Τύχη, non seulement configurent la diversité et la pluralité du monde mais qu'ils en sont aussi des éléments intégrants. C'est dans ce contexte que l'utilité de la philosophie découverte par les cyniques gagne toute sa signification :

> ἐρωτηθεὶς τί αὐτῷ περιγέγονεν ἐκ φιλοσοφίας, ἔφη, "καὶ εἰ μηδὲν ἄλλο, τὸ γοῦν πρὸς πᾶσαν τύχην παρεσκευάσθαι".
>
> Comme on lui demandait quel profit il avait retiré de la philosophie. il [Diogène] répondit : « à défaut d'autre chose, au moins celui d'être prêt à toute éventualité »[2].

Or, vouloir être prêt à toute éventualité signifie d'abord que l'on reconnaît l'éventualité elle-même comme un donné constitutif du réel, que l'on accepte la

1. On n'aurait peut-être pas tort si l'on voyait dans ce processus une sorte d'« ancêtre » de la théorie stoïcienne de l'*oikeiôsis*, telle qu'on l'a évoquée plus haut (cf. la n. 2, p. 119 *supra*). Sur ce thème, je renvoie encore une fois à V. Laurand, *La politique stoïcienne*, 2005 (notamment les p. 9-58), et à J. Klein, « The Stoic argument from *oikeiôsis* », 2016.

2. D. L. VI 63. Cf. Stobée II 8, 21 (*SSR* V B 148) : « Diogène disait qu'il croyait voir la Fortune s'écrier lorsqu'elle se lançait sur lui : 'ce chien enragé, je n'arrive pas à le toucher de mes traits !' » (Διογένης ἔφη νομίζειν ὁρᾶν τὴν Τύχην ἐνορούουσαν αὐτῷ καὶ λέγουσαν· « τοῦτον δ' οὐ δύναμαι βαλέειν κύνα λυσσητῆρα » [Homère, *Il.* VIII 299]).

possibilité du changement imprévu des choses et la subordination de l'existence à une mutabilité perpétuelle et impondérable qui produit pour les êtres mortels des cycles d'événements selon lesquels bonheur et malheur alternent de façon plus ou moins aléatoire :

'Εμοὶ τὸ μὲν ζῆν οὕτως ἐστιν ἀβέβαιον, ὡς μὴ πιστεύεσθαι παραμενεῖν ἕως τὴν ἐπιστολήν σοι γράφω· πήρα δὲ ἱκανὸν αὐτοῦ ταμιεῖον, τὰ δὲ τῶν νομιζομένων θεῶν μείζονα ἢ κατ' ἀνθρώπους. ἓν δὲ μόνον ἐμαυτῷ βέβαιον σύνοιδα, τὴν μετὰ τὴν γένεσιν φθοράν. Ταῦτ' ἐπιστάμενος αὐτός τε τὰς ἐλπίδας ἱπταμένας περὶ τὸ σωμάτιον ἀποφυσῶ, καὶ σοὶ παραγγέλλω μὴ πλέον ἀνθρώπου φρονεῖν.

Pour moi la vie est une chose si incertaine que je ne tiens pas pour assuré de la conserver le temps de t'écrire cette lettre. Une besace est pour elle un cellier suffisant. Mais les desseins des dieux consacrés dépassent l'entendement humain. La seule chose qui soit sûre dans la vie, c'est la dissolution qui suit la génération. Fort de ce savoir, pour ma part, je dissipe d'un souffle les creux espoirs qui volettent autour de mon misérable petit corps ; quant à toi, je te recommande de ne pas excéder dans tes pensées ta condition humaine[1].

Ainsi, dans la perspective du cynique, mutabilité, diversité et pluralité s'associent pour former l'image du monde comme phénomène : puisque nous ne trouvons rien dans la littérature cynique qui indique une conception de « monde » comme forme matérielle d'une « nature transcendante » régie par des lois univer-

1. Pseudo-Diogène, *Lettre XXII, à Agésilas* (trad. de F. Junqua). Il faut noter que, dans ce passage, l'expression τῶν νομιζομένων θεῶν suggère que le cynique ne prend pas parti en faveur de l'existence des dieux : il parle des dieux du culte traditionnel. En fait, croire aux dieux serait, d'une certaine façon, admettre la possibilité de « gérer » les événements futurs, à travers les prières et les sacrifices par exemple. Les dieux sont en ce sens un instrument rhétorique dont le cynique se sert pour faire passer son message : même si l'on accepte que les dieux existent, il faut savoir que leurs desseins sont insondables. Concernant le regard des cyniques sur les dieux et sur la religion, voir l'étude de M.-O. Goulet-Cazé, « Les premiers cyniques et la religion », 1993, et, pour une interprétation différente, H. Rahn, « Die Frömmigkeit der Kyniker », 1959-1961. C'est donc parce qu'il est absolument impossible de prévoir l'avenir et de « gérer » les événements futurs, que le cynique pratique l'ascèse. Il faut rappeler aussi que c'est parce qu'il accepte l'imprévisibilité des choses que le cynique peut choisir l'aumône comme moyen d'obtenir les ressources nécessaires pour vivre (et l'aumône n'existe, pourrions-nous ajouter, que dans des contextes « civilisés »). Je pense que, contrairement à ce qu'a affirmé R. Bracht Branham, « Defacing the Currency : Diogenes' Rhetoric and the Invention of Cynicism », 1996, l'aumône que le cynique pratique n'entre pas en contradiction avec son désir d'autarcie. À la différence du travail rémunéré ou des rapports de faveur, comme c'est le cas dans les cours de princes ou dans le cercle des riches, l'aumône que les cyniques pratiquent, parfois de façon assez rude, ce qui est plutôt paradoxal, mais qui montre qu'ils l'envisagent *autrement* (cf. D. L. VI 56 ; 59), n'engage pas l'obligeance de celui qui demande à l'égard de celui qui donne ; elle est en fait une façon radicale et libre d'accepter, à l'intérieur de la cité, l'instabilité de la vie. En un sens, si l'on enlève à l'aumône son caractère déshonorant, qui n'est plus qu'un effet de la *doxa* (cf., par exemple, dans D. L. VI 67, la répartie de Diogène à propos de Platon), nous pouvons admettre qu'elle représente, dans le contexte du monde civilisé, l'imprévisibilité de la nature elle-même, une imprévisibilité à laquelle le cynique s'entraîne : cf. D. L. VI 49, où Diogène demande l'aumône à une statue. Sur la mendicité dans l'Antiquité, on verra l'étude de É. Helmer, *Le dernier des hommes*, 2015 (pour la mendicité cynique, voir les p. 119-129). On reviendra sur ce sujet plus loin.

selles et permanentes, nous devons admettre que le seul « monde » que les cyniques prennent en compte est le monde des phénomènes immédiats, dont ils souffrent et reconnaissent les effets ; « monde », chez les cyniques, n'est pas un concept physique, mais plutôt un concept éthique[1], même s'ils le perçoivent « physiquement ». Pourtant, plutôt que de simplement reconnaître la mutabilité et la diversité du monde, le cynique met cette mutabilité et cette diversité à son service : tout comme il « instrumentalise » sa faim pour convertir un besoin en plaisir, il accepte la diversité du monde pour mieux s'y adapter. Autrement dit, en constatant la diversité du monde et l'instabilité propre à la vie de l'homme, le cynique, précisément parce qu'il reste toujours fidèle à son identité morale et à sa raison, se fait lui-même « divers » et « changeant » de façon à réellement *être prêt à toute éventualité,* à être heureux et vertueux, et à montrer aux autres le chemin du bonheur et de la vertu[2]. Ainsi Diogène est un critique des purifications rituelles[3] et il se veut lui-même un purificateur[4] ; il condamne ceux qui fréquentent les auberges[5], alors qu'il boit dans les tavernes[6] ; il embrasse les statues couvertes de neige[7] et se livre à la bonhommie insouciante des bains de soleil[8] ; il essaye de manger de la viande crue[9] – voire un poulpe[10] –, mais ne refuse pas les gâteaux de miel[11] ; sur le chapitre de l'amour, il peut se contenter de la première venue[12], mais il se sert aussi de la « main du berger »[13] ; il blâme les débauchés[14], mais

1. Pour une vision différente, voir M. Buora, « L'incontro tra Alessandro e Diogene : tradizione e significato », 1973-1974, justement critiquée par S. Husson, *La* République *de Diogène*, 2011, p. 161, n. 3.

2. « Car unique est la félicité (εὐδαιμονία) : être vraiment joyeux et ne jamais s'affliger, quels que soient la situation, l'endroit ou l'occasion dans lesquels on se trouve » (Stobée IV 39, 20 = *SSR* V B 301). Même si on ne peut parler avec certitude d'origine ou de développement doctrinal, la « mutabilité » qui permet au cynique d'être prêt à toutes les situations pourrait être rapprochée de l'éloge antisthénien d'Ulysse présenté comme « l'homme aux mille tours » (πολύτροπος) – bien que la figure d'Ulysse n'ait pas fait l'unanimité dans la tradition cynique : cf. Pseudo-Cratès, *Lettre XIX, à Patroclès* [ou *Métroclès*].

3. Cf. D. L. VI 42.

4. Cf. D. L. VI 61.

5. Cf. D. L. VI 34.

6. Cf. D. L. VI 66.

7. Cf. D. L. VI 23.

8. Cf. D. L. VI 38

9. Cf. D. L. VI 34.

10. Cf. Plutarque, *Sur la consommation des viandes* I 6, 995 c-d (*SSR* V B 93).

11. Cf. *Gnomologium Vaticanum* 743, n° 188 (*SSR* V B 189).

12. Sur ce point, l'attitude de Diogène ne semble pas être très différente de celle d'Antisthène : « Si j'éprouve en ma chair un désir amoureux, la première venue fait mon affaire ; aussi les femmes dont je m'approche me comblent-elles de caresses, parce que nul autre ne consent à aller avec elles » (Xénophon, *Banquet* IV 38 ; traduction de F. Ollier).

13. Cf. Pseudo-Diogène, *Lettre XLIV, à Métroclès* ; D. L. VI 46 ; 69.

14. Cf. Stobée III 6, 17 (*SSR* V B 317).

fréquente – gratuitement, il faut le préciser – Laïs[1] ; il critique ceux qui s'occupent de poésie[2], mais cite souvent les poètes[3]. Par conséquent, nous devons admettre que là où les historiens ne voient que les contradictions d'un homme et les philologues les défaillances de la transmission textuelle d'une littérature hétéroclite, il faut peut-être voir la cohérence et l'originalité d'une tradition philosophique. Il faut en outre admettre que dans cette perspective le Diogène « rigoriste » s'harmonise plutôt bien avec le Diogène « hédoniste ».

On voit alors que l'autarcie cynique implique non seulement une réduction des besoins (et des « instruments » pour les satisfaire) au strict minimum, mais aussi une *disponibilité maximale* afin de pouvoir accepter les circonstances et de s'adapter à elles en vue d'une vie facile et heureuse. L'adaptation aux circonstances, qui signifie, d'une certaine manière, ne pas fuir ce qu'on ne peut pas éviter, semble être véritablement un des principaux commandements de la philosophie de Diogène, qui apparaît avec insistance dans la littérature pseudépigraphe :

Τὸ μὲν σύντομον καὶ ἁρμοστὸν πρὸς πᾶσαν περίστασιν, ὦ τιμιώτατε Ἄπερ, ὁ τῶν ἀρχαίων χρησμὸς μὴ ἔφησε τὰ ἀναγκαῖα μὴ φεύγειν · τὸν γὰρ φεύγοντα τὰ ἄφυκτα ἀνάγκη δυστυχεῖν, καὶ τὸν ὀρεγόμενον τῶν ἀδυνάτων ἀνάγκη αὐτῶν ἀτυχεῖν. Ἴσως μὲ οὖν δόξω σοι ἀκαιρότερος εἶναι καὶ σχολαστικώτερος. Καὶ τοῦτο μὲν ἀπολογοῦμαι · ὅμως δέ, εἰ δοκεῖ, ἐμοῦ μὲν καταγίνωσκε, πρόσεχε δὲ τοῖς ἀρχαιοίς. Ἐγὼ γὰρ ἀπ' ἐμαυτοῦ τεκμαίρομαι, ὅτι τότε θλιβόμεθα ἄνθρωποι, ὅταν ἀπερίστατον βίον ζῆν ἐθέλωμεν. (2) Τοῦτο δέ ἐστι τῶν ἀμηχάνων· ἀνάγκη μὲν γὰρ ζῆν μετὰ σώματος, ἀνάγκη δὲ καὶ μετ' ἀνθρώπων, αἱ δὲ πλεῖσται περιστάσεις γένονται ἐκ τε τῆς ἀνοίας τῶν συμβιούντων καὶ πάλιν ἐκ τοῦ σώματος. Ἐὰν μὲν οὖν ἐπιστήμων τις ἐν τούτοις ἀναστρέφηται, οὗτος ἐστιν ἄλυπος καὶ ἀτάραχος, ὁ μακάριος ἀνήρ · ἐὰν δέ καὶ ταῦτα ἀγνοῇ, οὐ μήποτε παύσηται αἰωρούμενος κεναῖς ἐλπίσι καὶ ἐπιθυμίαις συνεχόμενος. Σὺ οὖν, εἰ μὲν ἀρέσκῃ τῷ τῶν πολλῶν βίῳ, ἐκείνοις συμβόλοις χρῶ, καὶ γάρ εἰσι τετριμμένοι μᾶλλον ἐν τούτοις · εἰ δέ σε ὁ Σωκράτους καὶ Διογένους ἀρέσκει βίος, τὰ τῶν τραγῳδῶν ἄλλοις παρεὶς σαυτὸν ἐπανηκε ἐπὶ τὸν ἐκείνων ζῆλον.

La maxime brève et adaptée à toute circonstance, très honorable Aper, l'oracle des anciens ne l'a peut-être pas dite : ne pas fuir la nécessité[4]. En effet, celui qui cherche à éviter l'inévitable, nécessairement est malheureux, et celui qui désire l'impossible, inévitablement ne peut l'obtenir. Peut-être vais-je te paraître trop inopportun et trop docte, et je ne m'en défends pas. Alors, si tu veux, blâme-moi et va prêter l'oreille aux anciens. Car, pour ma part, c'est en m'appuyant sur ma propre expérience que j'estime que nous autres, hommes, vivons dans l'accablement quand nous voulons vivre une vie qui ne soit pas soumise aux circonstances. (2) Voilà qui relève de l'impossible ! Car il faut nécessairement vivre avec un corps, nécessairement vivre avec les hommes, et la plupart des circonstances fâcheuses proviennent de la déraison de ceux qui vivent avec nous, ainsi que du corps. Si donc quelqu'un vit en sachant tout cela, il est sans chagrin et sans perturbation ; c'est lui l'homme heureux. Mais s'il ignore cela, il n'en finira jamais de vivre dans l'inquiétude et de nourrir en lui de vains espoirs et de vains désirs. Toi, donc, si la vie de la

1. Cf. Athénée XIII 588 C ; Clément de Rome, *Homélies* V 18, 147 ; Théophylacte, *Lettre LX* (*SSR* V B 213).
2. Cf. D. L. 27.
3. Voir les textes rassemblés par G. Giannantoni dans *SSR* V B 492-500.
4. Pour l'expression τὰ ἀναγκαῖα μὴ φεύγειν, cf. Épictète II 17, 17.

multitude te plaît, sers-toi de ces signes-là, car ils sont bien rodés dans ce genre de choses. Mais si c'est la vie de Socrate et de Diogène que tu trouves bonne, abandonne aux autres ces histoires propres aux tragédies, et fais-toi émule de ces hommes[1].

Ce texte suggère que l'éloge cynique de l'acceptation du destin et de l'adaptation aux circonstances (une attitude que l'auteur de la lettre reconnaît déjà chez

1. Pseudo-Cratès, *Lettre XXXV, à Aper*. Puisque mon interprétation de ce texte diverge considérablement de celle de la plupart de ses traducteurs, je tiens à préciser mes options de lecture qui expliquent, au moins en partie, ces divergences (cf. le texte et l'apparat critique dans *SSR* V H 122 [qui donne le texte édité par R. Hercher] ; E. Müseler, *Die Kynikerbriefe*, 1994, t. II, p. 112 ; et F. Junqua, *Lettres des cyniques*, 2000, t. II, p. 502 [qui donne aussi de ce texte une traduction [[t. II, p. 550-551]] et un commentaire textuel [[t. II, p. 608-609]]) : (1) je garde la leçon des manuscrits, χρησμὸς μή, et non celle que donne Hercher, χρησμός, sans la négation : un μὴ avec un temps à l'indicatif (ἔφησε) n'est pas impossible (cf., par exemple, Platon, *Euthydème* 290e) ; dans ce type de construction, il exprime normalement le doute ou une formulation hypothétique, en l'occurrence en donnant à l'affirmation un coloris ironique que j'ai essayé de rendre par l'expression « peut-être » ; (2) je garde la leçon des manuscrits, συμβόλοις, et non la correction proposée par Boissonade, συμβούλοις ; il s'agirait des signes que les oracles donnent aux hommes ; certes, dans la séquence, le verbe au pluriel (εἰσί) suggère plutôt un sujet personnel masculin ou féminin, cependant, si les constructions d'un sujet au neutre pluriel avec un verbe au pluriel sont rares, elles sont attestées (cf., par exemple, la fable 248 d'Ésope) ; en pareil cas, on considère normalement que l'intention de l'auteur est de souligner, contre l'idée d'un ensemble d'éléments plus ou moins indistincts propre au neutre pluriel, la multiplicité et la diversité de ces éléments ; l'auteur de notre lettre a peut-être voulu faire remarquer la variété des signes que les oracles indiquent à ceux qui les consultent. Autrement, on pourrait considérer que le sujet de ce verbe (εἰσί) est impliqué dans l'expression τῶν πολλῶν, c'est-à-dire la plupart des gens du peuple (ce qui ne changera pas l'interprétation que je propose). Le message de cette lettre s'inscrit ainsi dans le même genre de critique des oracles, des cultes religieux et des superstitions que nous trouvons dans le traité *Les charlatans démasqués* (*Γοητῶν φωρά*) du cynique Oinomaos de Gadara (cf. Eusèbe, *Préparation Évangélique* V 18, 6-36, 5 ; VI 6, 74-7, 43) et dans le *Discours X, Diogène ou Des domestiques* de Dion Chrysostome (cf. les paragraphes 23-32). Dans cette lettre pseudépigraphe, Cratès se plaint précisément de ce que les oracles *n'ont pas dit* de ne pas éviter ce que l'on ne peut pas éviter, alors que c'est cela qu'il fallait dire aux mortels. Au contraire, ils leur donnent des signes – des *symboles* – imprécis et incertains, qui jettent les hommes dans le malheur et dans l'affliction : puisque le cynique parle, à la fin de la lettre, des tragédies (où les oracles jouent toujours un rôle très important), il serait peut-être légitime de penser à l'exemple d'Œdipe, dont Diogène lui-même avait déploré les tribulations (cf. Dion Chrysostome, *Discours X* 24-25 ; 29-30). Pour Cratès, le problème est que la multitude (οἱ πολλοί) préfère suivre les oracles et ne pas pratiquer l'ascèse qui permet, elle, d'être prêt à toutes les situations, quelles qu'elles soient ; ainsi, tandis que la plupart des hommes essayent de prévoir et de changer les choses, le cynique, lui, « change » son « moi », c'est-à-dire qu'il s'adapte. Le recours aux oracles est devenu, semble-t-il, un point de discordance à l'intérieur du mouvement cynique lui-même (cf., par exemple, Julien, *Or.* VII 5, 209 a-b, qui critique Oinomaos et lui attribue un ouvrage intitulé *Κατὰ τῶν χρηστηρίων*), probablement à cause de la position apparemment ambiguë de Diogène en la matière : celui-ci avait critiqué les oracles, mais il s'en était lui-même servi. Nous pourrions, en tout cas, considérer que l'épisode de la consultation qu'a faite Diogène auprès de l'oracle à Delphes (cf. D. L. VI 20-21), où il a reçu la réponse concernant la falsification de la monnaie, doit aussi être interprété à la lumière de l'idée même de « falsification ».

Socrate) est, d'une certaine façon, incompatible avec les oracles, que l'on interroge généralement pour prévoir le futur en vue d'altérer le cours des événements au bénéfice de ses propres intentions. Or, puisqu'il est inutile d'essayer de prévoir le futur, car « les desseins des dieux consacrés dépassent l'entendement humain », comme on l'a vu plus haut[1], les oracles ne font qu'éloigner les hommes du chemin de l'ascèse, en nourrissant chez eux « de vains espoirs et de vains désirs ». Nous pouvons dès lors deviner la déraison que le cynique met en évidence : la plupart des hommes ont recours aux oracles parce qu'en raison de leur mollesse (διὰ μαλακίαν) ils sont incapables d'être prêts à faire face à l'adversité ; ils essayent ainsi non de s'adapter aux circonstances et aux revers du sort, mais de les prévoir et de les prévenir. Dans la perspective du cynique, ils manquent leur coup : puisque les desseins des dieux sont insondables, aucun oracle, aucune prédiction, aucune prévision ne saurait leur être utile. Par conséquent, le cynique reconnaît que l'avenir s'ouvre sur des possibilités infinies et impossibles à déterminer avec lesquelles il faudra tôt ou tard composer ; ainsi, dans l'impossibilité de changer vraiment les choses et les événements, il choisit une solution simple, mais efficace : il faut « travailler » sur soi-même pour s'adapter aux situations. En ce sens, nous devons nous garder de voir dans l'attitude du cynique une forme de conformisme ou d'acceptation passive de ce que le destin lui impose (un peu à la façon des chrétiens qui supportent les coups de la fortune dans *ce* monde, en attendant la rédemption dans un autre « monde »). L'amplitude du cosmos, la multiplicité de ses composants et l'imprévisibilité des événements qui s'y produisent obligent le

1. Chez le Pseudo-Diogène, *Lettre XXII, à Agésilas*. Il est intéressant de noter, encore une fois, que la critique de Diogène n'est pas une négation de l'existence des dieux ; son message n'est pas de dire que les oracles sont inutiles parce que les dieux n'existent pas. En fait, comme je l'ai dit plus haut, en citant les conclusions très justes de M.-O. Goulet-Cazé, que les dieux existent ou qu'ils n'existent pas, ce n'est pas le problème de Diogène : le cynique parle simplement la langue de tout le monde, tout en précisant qu'il s'agit des « dieux consacrés » (τῶν νομιζομένων θεῶν), c'est-à-dire, des dieux du culte traditionnel. Diogène critique la religion « de l'intérieur » : il « adhère » au discours traditionnel pour mieux montrer l'erreur de ceux qui le tiennent : *Vous croyez aux dieux, c'est très bien ! Mais ils ne sont pas des instruments pour votre déraison !*, telle semble être la véritable teneur des paroles de Diogène. Nous pouvons penser qu'il donne ainsi, par son propre geste, la démonstration d'une sorte d'adaptation aux circonstances : il n'essaie pas de changer ouvertement la croyance des Grecs aux dieux (il ne cherche pas l'impossible !) ; il s'adapte à elle pour y semer le trouble et exposer les contradictions de cette croyance. D'ailleurs, l'idée selon laquelle les desseins des dieux sont insondables est une idée déjà récurrente dans la poésie traditionnelle ; l'originalité du cynisme réside dans la solution qu'il donne à l'impasse issue de l'incapacité de l'homme à connaître par avance ce que les dieux lui réservent (comparer en ce sens la parodie de Solon par Cratès de Thèbes chez Julien, *Or.* VII 9, 213a-214a [*SSR* V H 84 = *Supplementum Hellenisticum* 359] avec son original solonien [fr. 13 West = fr. 1 Diehl]). Enfin, rappelons encore une fois que Diogène s'est lui-même servi de l'oracle pour « obtenir » son « permis » de « falsificateur », et que l'adaptation aux circonstances et la « falsification » sont, dans la perspective cynique, deux attitudes qui convergent dans l'adoption d'une vie facile et heureuse. Ces deux notions sont, pour ainsi dire – et pour garder la force de la métaphore que Diogène s'approprie –, deux faces de la même monnaie.

cynique à *agir*, mais son action ne porte pas sur les choses ou sur les événements eux-mêmes, mais plutôt sur sa propre personne. On trouve dans la biographie de Diogène un bel exemple de cette « acceptation active » des événements, un exemple qui relève précisément de la politique, car le philosophe prend position à l'égard de son exil :

Καὶ πάλιν εἰπόντος τινός· « Σινωπεῖς σου φυγὴν κατέγνωσαν ». « Ἐγὼ δέ γε », εἶπεν, « ἐκείνων μονήν ».

Quand, une autre fois, quelqu'un lui dit : « Les gens de Sinope t'ont condamné à l'exil », il répliqua : « Eh bien, moi, je les ai condamnés à rester chez eux »[1].

L'intérêt de l'anecdote ne se résume pas au rire qu'elle provoque. En effet, le renversement qui produit l'humour révèle la façon cynique de s'adapter aux circonstances. Diogène ne se rebelle pas contre son sort et ne conteste pas la décision qui lui a interdit sa ville natale ; il accepte le fait, mais il l'envisage autrement : il ne se voit pas comme un condamné, mais comme le juge qui condamne le peuple de Sinope à ne pas bouger. On retrouve exactement la même démarche lorsque, mis en vente comme un esclave, il affirme qu'il est un homme libre[2] ou encore qu'il sait, malgré ce statut, commander des hommes[3] ; de même lorsque, privé de maison, il passe la nuit dans les édifices publics d'Athènes et dit – et nous n'avons pas de raison de penser qu'il n'y croyait pas – que les Athéniens les avaient construits à son intention[4]. Nous sommes alors en face du plein exercice de la χρῆσις φαντασιῶν[5], de l'*usage des représentations*, qui permet au cynique de remplir le vide « épistémologique » laissé par la suppression de la *doxa*[6].

En outre, il faut noter que ce passage suit immédiatement celui qui fait de l'exil l'origine de la philosophie de Diogène. Or, si, dans l'opposition φυγή – μονή, le cynique a assigné au premier élément le champ de réalisation de la philosophie, nous pouvons peut-être y voir une confirmation de l'idée selon laquelle le cynisme, qui est pratiqué au niveau de l'individu, dépend d'une ouverture maximale sur le monde entier et du refus de limites préalablement définies : puisque l'exil, qui s'oppose à la citoyenneté, est, d'une certaine manière, toujours universel, l'exilé, qui est l'homme que l'on a exposé à tous les risques et à tous les dangers, ceux de la « nature » et ceux des cités – de *toutes* les cités –, une fois livré

1. D. L. VI 49 (trad. de M.-O. Goulet-Cazé, légèrement modifiée). Cf. Pseudo-Diogène, *Lettre I, aux habitants de Sinope*.

2. Cf. Lucien, *Philosophes à l'encan* 7.

3. Cf. Stobée III 3, 52 (*SSR* V B 75).

4. Cf. D. L. VI 22.

5. Cf. Épictète III 24, 67-69 (*SSR* V B 22).

6. On dirait que la célèbre phrase de W. James s'applique ici rétrospectivement : « The true is what is good in the way of the belief » (apud R. Rorty, *Consequences of Pragmatism*, 1982, p. 97), que R. Bracht Branham, « Defacing the Currency : Diogenes' Rhetoric and the *Invention* of Cynism », 1996, p. 89, suggère de réinterpréter dans le contexte de la pensée diogénienne comme « the truth is what works ».

à l'ampleur et à la multiplicité du monde, doit, pour ainsi dire, imprimer sur son mode de vie cette même ampleur et cette même multiplicité en vue d'assurer sa vie. Si l'exilé est, virtuellement, un cosmopolite, la seule philosophie valable est, dans la perspective de Diogène, celle qui peut être définie comme un « exercice de cosmopolitisme ». On comprend alors parfaitement le sens de l'inversion que fait Diogène : tandis que l'exil en lui ouvrant le monde entier a fait de l'exilé un philosophe, les citoyens de Sinope, réduits à leur « petit monde », sont condamnés à l'ignorance, au vice et au malheur[1].

Un autre texte semble confirmer cette interprétation. Voici ce que dit Télès dans son traité *Sur l'exil* à propos de la capacité d'adaptation du cynique qui, face aux difficultés tenant à la vie politique, n'abandonne pas le milieu civilisé :

Οὐδὲ εἰς τὸ γυμνάσιον ἐνίοτε ἐξουσίαν ἔχω, ἀλλ' ἀπελθὼν <ἂν> εἰς τὸ βαλανεῖον ἠλειψάμην τῇ αὐτῇ παλαιστρικῇ χρώμενος ᾗ καὶ πρὸ τοῦ ἐν τῷ γυμνασίῳ. Οὕτω καὶ δεῦρο ἄβατον ἡγησάμενος τὴν ἰδίαν μεταβὰς ἀλλαχοῦ κατοικῶ, δύναμαι δὲ μεταβὰς ὥσπερ ἐξ ἑτέρας νεὼς εἰς ἑτέραν ὁμοίως εὐπλοεῖν, οὕτως ἐξ ἑτέρας πόλεως εἰς ἑτέραν ὁμωίως εὐδαιμονεῖν.

Parfois je n'ai pas le droit d'entrer au gymnase : eh bien, dans ce cas, j'ai l'habitude de me rendre aux bains, de me frotter d'huile et de m'exercer au même art de la lutte que je pratiquais aussi auparavant au gymnase. De même ici, après avoir considéré mon pays comme inaccessible, j'ai changé de lieu et j'habite ailleurs. Et de même qu'en passant d'un bateau dans un autre, je puis faire une aussi bonne traversée, de même en passant d'une cité dans une autre je puis être tout aussi heureux[2].

On voit ici de façon très claire les aspects principaux du cosmopolitisme *pratiqué* par le cynique ; bien que ce terme n'y soit pas mentionné, le message ne fait guère de doute : le cynique peut vivre dans n'importe quelle ville. Ce passage, qui se termine précisément sur le verbe εὐδαιμονεῖν, montre d'abord que l'objectif du sage cynique est de vivre heureux ; en fait, tout le cadre décrit compose l'image d'une vie vraiment heureuse, d'une « vie facile ». Ensuite, on voit que son cosmopolitisme dépend entièrement d'une capacité d'adaptation ou, pourrions-nous dire, d'une capacité de *transformation de ce qui appartient en propre à la personne,* ou, à la limite, d'une capacité de transformation du « moi » : les deux occurrences du verbe μεταβαίνω sont en ce sens très significatives, notamment l'expression τὴν ἰδίαν μεταβάς qui exprime avec force la capacité d'auto-déter-

1. C'est la même idée qui reçoit un traitement « plus rhétorique » chez le Pseudo-Diogène, *Lettre I, aux habitants de Sinope* 1 : « Vous m'avez condamné à l'exil ; moi, je vous condamne à rester chez vous. Ainsi, vous habiterez Sinope, je vivrai, moi, à Athènes : vous vivrez avec les marchands, moi, avec Solon et ceux qui ont libéré la Grèce des Mèdes ; vous aurez pour voisins les Hénioques et les Achéens, hommes dont la race est honnie par tous les Grecs, moi, les habitants de Delphes et d'Élide, dont même les dieux sont les concitoyens » (traduction de F. Junqua). Il serait sans doute arbitraire de vouloir réduire l'attitude de Diogène à de la simple hypocrisie.

2. Télès, fr. III 25 Fuentes González (trad. de P. P. Fuentes González). Cf. Pseudo-Cratès, *Lettre XVIII, aux jeunes gens*, citée plus bas.

mination du cynique, une capacité étroitement liée à sa liberté. Enfin, on voit opérer ici, encore une fois, comme instrument de cette auto-détermination, le principe de la « falsification » à travers lequel, dans le cas en question, le cynique change à son gré l'usage spécifique des bâtiments publics[1]. Il est intéressant de noter que l'adaptation du cynique aux circonstances – qui n'est pas sans rapport avec la métaphore du bon acteur que Télès lui-même emprunte à Bion[2] –, établit un principe éthique assez paradoxal : c'est parce qu'il sait toujours s'adapter aux circonstances qu'il peut « falsifier » les choses et c'est parce qu'il sait « falsifier » les choses pour les adapter à son usage qu'il est prêt à toute éventualité ; « falsification » et auto-adaptation ne sont donc que deux aspects distincts (mais inséparables) d'une même attitude.

Cette perspective adoptée par le cynique dans ses rapports avec le monde semble d'ailleurs confirmée par le témoignage plus tardif de l'empereur Julien qui rapproche le précepte delphique adopté par Socrate du précepte adopté par Diogène dont l'origine remonte aussi à Apollon : c'est parce que le cynique se connaît soi-même qu'il peut falsifier la monnaie ou, autrement dit, c'est en vue de soi-même qu'il opère sa « falsification »[3]. Ainsi, en partant de soi-même, de l'expérience particulière que la Τύχη lui assigne, et de sa « nature » que son ascèse explore et, jusqu'à un certain point, contrôle et modifie, le cynique a, en quelque sorte, la capacité de modifier et de contrôler le monde ; en modifiant et en contrôlant le monde (nous sommes ici dans le registre de la « falsification »), il agit dans son propre intérêt et vit, par conséquent, une « vie facile » ; enfin, en garantissant pour soi-même une vie facile, il concède aussi aux autres la possibilité de vivre facilement. Centré sur une espèce de « subjectivation » de la réalité « objective » et accidentelle du monde phénoménal, le mouvement pendulaire que le cynique met en marche entre l'éthique et la politique, entre l'individuel et le collectif et entre la « nature » et les artifices de la civilisation finit par faire converger les pôles de ce mouvement[4]. Les cyniques semblent avoir compris, avec des siècles d'avance, une

1. À ce propos, à la suite du parallèle signalé par A. Barigazzi, *Favorino di Arelate : Opere,* 1966 (cf. également, *id.*, « Favorino di Arelate », 1993) entre ce passage de Télès et un passage de Favorinus dans son traité *De exilio*, P. P. Fuentes González, *Les diatribes de Télès*, 1998, p. 317, observe : « Télès utilise ici la corrélation existant entre le gymnase et les bains (du fait que dans ces deux établissements on se frotte avec de l'huile) dans le but de montrer l'indifférence du sage comme homme de ressources inépuisables à l'égard des lieux : (...) un exilé, bien qu'il quitte les gymnases, les temples, etc. de sa patrie, peut en trouver d'autres et s'en servir en toute satisfaction, pourvu qu'il sache le faire, n'importe où ».

2. Cf. Télès, fr. II 5 Fuentes González.

3. Cf. Julien, *Or.* VII, *Contre Héracleios le Cynique* 7, 211 b-d (cf. aussi *ibid.*, 4, 208 c-d ; *id., Discours* IX [VI], *Contre les cyniques ignorants* 8, 187 b – 188c).

4. Au risque d'une trop importante spéculation, on pourrait voir dans cet expédient un symptôme de plus du « pragmatisme » cynique, qui tend à dissoudre les dualismes, y compris ceux qui fondent les identités sociales et politiques. En fait, l'implication par l'ascèse du sujet éthique dans les conséquences de ses propres actions semble indiquer l'abandon (ou au moins la

des leçons majeures du pragmatisme : que certaines « lois » de la nature, tout comme celles des hommes, ne sont pas plus découvertes qu'elles ne sont inventées[1].

2. Le mode de vie comme un monde pour vivre : cosmopolitisme éthique et cosmopolitisme politique

Voilà pourquoi le cynique, à la différence des animaux (surtout les animaux sauvages, qui sont normalement très exigeants en ce qui concerne leur habitat), peut virtuellement vivre – vivre heureux et en sécurité[2] – n'importe où, car, en niant le superflu, il ne refuse pas la diversité[3] ; au contraire, il s'entraîne à l'accepter et à la mettre à son service : c'est parce qu'il peut se coucher sur la dure qu'il peut se coucher sur la terre entière ; c'est parce qu'il est capable de maîtriser sa faim et de contrôler les exigences de son ventre qu'il peut manger de tout (mais il

diminution) de la différentiation « ontologique » entre les différents sujets à l'intérieur d'un « monde commun » : voir en ce sens Lucien, *Vie de Démonax* 35. Ce passage suggère que dans le cadre d'une anarchie libertaire cautionnée par l'ascèse, la suppression des hiérarchies que le cynique propose pointe vers l'institution d'une forme de solidarité cosmique qui déborde non seulement la *polis* grecque mais le genre humain dans son ensemble.

1. Pour le pragmatisme contemporain, voir, par exemple, R. Rorty, *Philosophy and the Mirror of Nature*, 1979. Sur la contestation des dualismes dans la pensée pragmatique, on peut consulter aussi R. Rorty, *L'espoir au lieu du savoir*, 1995 (voir surtout la section « Un monde sans substances ni essences », p. 57-96).

2. « Quant à moi, concluait Diogène, je me promène de nuit où je veux (ὅποι βούλομαι), je déambule, le jour, tout seul, et j'ose (θαρρῶ), s'il le faut, traverser les rangs d'une armée, sans recourir au bâton du héraut, et j'irais même au milieu des brigands : car sur ma route, je n'ai ni ennemi ni adversaire (οὐδεὶς γὰρ ἐμοὶ πολέμιος οὐδὲ ἐχθρός ἐστι βαδίζοντι). Si tout l'or, tout l'argent, tout le cuivre du monde disparaissait, je n'en serais nullement affecté (…). Comment donc, en effet, pourrais-je être plus nu qu'à présent, comment pourrais-je être plus dépourvu de toit ? » (Dion Chrysostome, *Discours VI* 60-61 ; trad. de L. Paquet, légèrement modifiée). La même idée réapparaît chez le Pseudo-Diogène, *Lettre XXXIII, à Phanomachos* 3 : « Aussi ai-je pour alliées de ma pauvreté les sources de la terre, et aussi les grottes et les toisons des bêtes, et grâce à elle, aucune guerre n'est dirigée <contre moi>, pas une seule, ni sur terre ni sur mer (καὶ πολεμεῖται μὲν διὰ ταύτην οὐδὲ εἷς οὔτε ἐν γῇ οὔτε ἐν θαλασσῇ) » et chez le Pseudo-Diogène, *Lettre XLVI, au sage Platon* : « Quant à ma vie, je juge qu'elle est plus profitable que celle de tous les hommes, non seulement grâce à ce que je dis, mais aussi grâce au fait que je leur apparais ainsi. Qui donc s'attaquerait en ennemi à un homme si autarcique et si frugal ? » (traductions de F. Junqua). On comprend alors pourquoi, dans la perspective du cosmopolitisme cynique, les armes sont jugées inutiles : cf. Philodème, *Sur les stoïciens*, col. XVI 1-4 Dorandi (pour Diogène) ; D. L. VI 85 (pour Cratès).

3. « Habituez-vous à vous laver à l'eau froide, à boire de l'eau, à ne manger qu'après avoir sué, à vous vêtir d'un vieux manteau et à dormir, à même le sol : de la sorte, jamais pour vous les bains ne seront fermés, jamais les vignes ni le bétail ne seront stériles, et sur les marchés aux poissons et les marchés aux lits, jamais de pénurie comme c'est le cas pour ceux qui ont pris l'habitude de se laver à l'eau chaude, de boire du vin et de manger sans avoir peiné, de se vêtir d'habits de pourpre et de prendre leur repos sur un lit » (Pseudo-Cratès, *Lettre XVIII, aux jeunes gens* (traduction de F. Junqua).

ne mange pas *tout*[1] !) et qu'il peut manger à peu près n'importe quoi. Ainsi, on doit admettre que s'imposer une vie « selon la nature » par opposition à une vie « selon la loi de la civilisation » serait procéder à une forme d'exclusion sélective, ou, si l'on veut, ce serait s'adonner à une sorte de « raffinement » impropre – un véritable luxe – que le cynique, qui ne déserte jamais les cités, ne peut pas se permettre : s'il vit dans la cité, les choses les plus proches de lui sont forcément les choses de la cité.

On comprend alors la manière d'opérer de l'autarcie qui est à la base du cosmopolitisme cynique : d'un côté, en pratiquant l'ascèse, le moyen dont il se sert pour devenir le plus autarcique possible, le cynique se meut du particulier vers l'universel, du « plus petit » vers le « plus grand » et du « minimal » vers le « maximal » ; de l'autre côté, quand il s'ouvre au monde et quand il accepte la diversité du monde, c'est le monde lui-même qui travaille pour son bonheur individuel. Dans une certaine perspective, la pensée cynique fonctionne à l'inverse des idées de Platon et d'Aristote. En effet, ceux-ci voyaient dans l'autarcie de la cité le salut et la protection du citoyen qui vit dans cette cité et qui doit se soumettre à ses lois : dans ce cas, l'individu se plie à la cité qui le préserve[2]. À l'opposé, Diogène prônait l'autarcie individuelle comme façon de promouvoir non seulement le bonheur, la liberté et la sauvegarde de l'individu lui-même[3], mais aussi le bonheur, la liberté et la sauvegarde de toute la collectivité – non de la collectivité des hommes d'une cité particulière, mais de la collectivité universelle de tous les hommes (ou, comme nous l'avons suggéré, d'une collectivité qui semble parfois comprendre tous les êtres vivants) : dans le contexte du cosmopolitisme cynique, l'individu

1. Cf. (Pseudo- ?) Lucien, *Le Cynique* 6.

2. Si, comme l'a suggéré M.-O. Goulet-Cazé, *L'ascèse cynique*, 1986, p. 65, n. 157, Aristote pensait au philosophe cynique lorsqu'il a écrit que « celui qui n'est pas capable de vivre en communauté ou qui, à cause de son autarcie, n'en éprouve absolument pas le besoin, ne fait en rien partie d'une cité, de sorte qu'il est ou une bête sauvage ou un dieu » (*Politique* I 2, 1253a 26-29), nous sommes amené à conclure que le Stagirite éprouvait le même embarras que Lycinos, dans le dialogue de (du Pseudo- ?) Lucien, à l'égard du cynique : comment classer un homme qui, par son aspect extérieur, semble s'approcher des animaux, mais qui se réclame des dieux ?

3. D'où vient l'assurance de ne pas attendre la mise en place « institutionnelle » d'un nouvel ordre politique et de vivre déjà selon les règles de son cosmopolitisme qui évidemment annule l'opposition citoyen/étranger : « Tu m'annonces la bonne nouvelle que le roi des Macédoniens désire faire ma rencontre, et tu as bien fait de préciser : le roi des Macédoniens, car tu savais que, pour ce qui nous concerne, nous n'admettons aucun roi. Mais je refuse que quiconque veuille voir ma figure comme celle d'un étranger (τὸν ἐμὸν τύπον ὡς ξένον) ; si Alexandre veut prendre part à mon mode de vie et à mes paroles, dis-lui qu'il y a aussi loin d'Athènes en Macédoine que de Macédoine à Athènes » (Pseudo-Diogène, *Lettre XXIII, à Lacydès* ; traduction de F. Junqua ; l'auteur de la lettre semble volontairement jouer sur le double sens de l'expression τύπον ξένον, comme « type bizarre, étrange » et « étranger, quelqu'un qui n'est pas du pays »).

autarcique préserve le monde[1]. Il faut alors noter que la dynamique de cette autarcie est, pour ainsi dire, double : d'une part, puisqu'il pratique l'ascèse, cet entraînement individuel et continu que le sujet fait sur lui-même, le cynique

1. C'est ce qu'apparemment présente, comme conséquence du mode de vie cynique (assimilé dans ce cas à un « apprentissage de la mort »), une des lettres pseudépigraphes attribuées à Diogène : « En premier lieu, ta vie sera agréable (ἡδὺς ὁ βίος), car tu vivras libre, commandant et non pas commandé (ἐλεύθερος, ἄρχων καὶ οὐχ ἀρχόμενος), à peine distrait par ton corps (βραχὺ μὲν καὶ ὅσον τῷ σώματι περισπώμενος) – et cela en vue de l'harmonie de l'ensemble (εἰς τὴν τοῦ ὅλου ἁρμονίαν) –, observant, comme un roi silencieux, les choses que les dieux ont disposées pour les hommes mesurés (ἀνθρώποις τοῖς μετρίοις) qui se tiennent éloignés de la vie sauvage (τοῦ ἀγρίου βίου), dans laquelle on pille et on s'entretue, non pas pour de grandes causes ni pour des causes divines, mais pour des causes mesquines et vulgaires, *et non seulement contre des hommes, mais aussi contre les animaux* (οὐ πρὸς ἀνθρώπους μόνον, ἀλλὰ καὶ τὰ ἄλογα) » (Pseudo-Diogène, *Lettre XXXIX, à Monime* 4 [*SSR* V B 569] ; traduction de F. Junqua, modifiée). Ce passage est délicat à comprendre parce que, comme Hercher l'a signalé, il y a une lacune juste après le participe περισπώμενος. On se demande alors si l'expression εἰς τὴν τοῦ ὅλου ἁρμονίαν se réfère à l'ensemble « corps /âme » que la mort vient briser et qui est mentionné au début de la lettre (bien que dans le passage en question l'âme ne soit pas mentionnée) ou si elle désigne l'ensemble constitué par les hommes, les animaux et « les choses disposées par les dieux » (bien que l'adjectif ὅλος, au sens d'univers ou de « tout le monde » soit utilisé plutôt au pluriel). Quoi qu'il en soit, l'idée exprimée dans ce passage semble bien être celle d'une « harmonie cosmique » partagée par tous les êtres. Il est intéressant d'évoquer par ailleurs ce que raconte Lucien à propos de Démonax : « Il était une fois sur le point de s'embarquer en hiver et l'un de ses amis lui dit : 'Ne crains-tu pas de voir le bateau chavirer et d'être mangé par des poissons ?' – 'Je serais un ingrat', répondit-il, 'si je craignais d'être mis en pièces par des poissons, moi qui ai mangé tant de poissons !' » (Lucien, *Vie de Démonax* 35 ; traduction de J. Bompaire ; cf. également *ibid.*, 66). D'après cet apophtegme, on voit que chez les cyniques – et Démonax agit ici sans doute en cynique – l'effacement d'une distinction trop tranchée entre sujet et objet (comme nous l'avons affirmé plus haut) permet d'intégrer « cosmopolitiquement » tous les êtres vivants de l'univers qui, tout en étant différents les uns des autres, doivent vivre dans le même monde selon le principe d'une certaine réciprocité. Il s'agit sans doute d'un cosmopolitisme très élargi et très radical ouvrant la voie aux stoïciens qui essayent, eux, de donner à ce concept une portée physique, en principe étrangère au cynisme (même si Diogène a pu, dans des situations particulières, évoquer en ce sens les doctrines d'Anaxagore : cf. D. L. VI 73 et Anaxagore, fr. DK 59 B 4). La phrase de Démonax permet aussi de mieux interpréter ce que nous lisons dans D. L. VI 79 à propos des prescriptions testamentaires de Diogène de Sinope concernant sa mort : « Certains disent que Diogène mourant ordonna qu'on le jetât en terre sans sépulture afin que n'importe quelle bête sauvage pût prendre sa part, ou qu'on le poussait dans un trou et qu'on le recouvrît d'un peu de poussière (selon d'autres, il demanda qu'on le jetât dans l'Ilissos), afin qu'il fût utile à ses frères » (traduction de M.-O. Goulet-Cazé, qui observe [*ad loc.*] à propos de la partie finale de la phrase : « Cette subordonnée dépend de l'expression κόνιν ἐπαμῆσαι qui précède la parenthèse. Les frères en question sont certainement les chiens qui déterrent les cadavres pour les manger »). Ce passage pourrait être bien compris sans le recours aux parenthèses adoptées par H. S. Long (à la suite d'une correction proposée par Bochartus, *apud* Menagius : cf. l'apparat critique donné par G. Giannantoni en *SSR* V B 101) et acceptées par la plupart des éditeurs, des commentateurs et des traducteurs du texte : il est probable que dans la perspective de son cosmopolitisme, Diogène se considère comme un frère des chiens, certes, mais aussi comme un frère des poissons.

garantit son propre salut et collabore au salut de ses « cosmo-concitoyens » : c'est la façade proprement politique du cosmopolitisme. D'autre part, la même ascèse, en minimisant les besoins de l'homme, maximise ses possibilités de les satisfaire dans le cadre d'une économie des plaisirs très originale : c'est la façade éthique du cosmopolitisme.

Pour rendre justice au projet philosophique que Diogène le premier a conçu, nous devons cependant garder à l'esprit que l'image « analytique » du cosmopolitisme que nous venons d'esquisser n'a qu'une finalité méthodique : en fait, la caractéristique majeure du cosmopolitisme cynique est justement de faire converger, par le moyen de l'autarcie ascétique, le domaine de l'éthique et le domaine de la politique ; dans ce contexte, éthique et politique sont indissociables[1]. De même, on ne saurait parler de « cosmopolitisme positif » ou de « cosmopolitisme négatif » : dans la perspective du concept cynique de cosmopolitisme, la « positivité » et la « négativité » ne sont pas déterminées préalablement, car tout se joue, comme nous l'avons vu, selon les règles particulières de chaque circonstance et selon les conditions réelles d'existence de chaque individu. Enfin, il faut évoquer le dernier binôme que le cynisme brouille, celui qui oppose φύσις et νόμος, la nature et la loi de la cité : en refusant toute contrainte programmatique et tout système de valeurs figé, le cynique dissout l'un et l'autre au nom d'une « vie facile ». Or, il n'y a qu'un cosmos et dans ce cosmos unique la ville et la forêt forcément se touchent.

J. Moles, dans un article très stimulant, a soutenu, contre l'opinion de la plupart des savants, le caractère positif du cosmopolitisme cynique. À un certain moment de son argumentation, il écrit :

> Le cosmopolitisme cynique implique une attitude positive à l'égard du monde naturel et de toutes ses richesses (l'eau, l'ail, les lupins, etc.), par opposition au monde de la πόλις. Cette

1. Je crois d'ailleurs pouvoir apporter comme preuve de cette convergence entre éthique et politique ce que l'on pourrait considérer comme une évidence textuelle (même si dans un contexte de *chries* ce genre de données doit être manié avec précaution) : en D. L. VI 63, la phrase de Diogène, « je suis un citoyen du monde », suit immédiatement celle où le cynique explique quel profit il retire de la philosophie : « être prêt à toute éventualité ». Le biographe juxtapose ici une affirmation éthique et une affirmation politique. La question que l'on a posée à Diogène, à propos de l'utilité de la philosophie, avait été posée aussi à Antisthène, comme on le lit en D. L. VI 6. La réponse d'Antisthène, « être capable de vivre en compagnie de soi-même », suit immédiatement l'affirmation qu'il fait selon laquelle « dans la vie politique on n'écarte pas les scélérats ». Ici, l'ordre de la juxtaposition est inversé : on passe de la politique à l'éthique. Cette analogie nous suggère que, malgré la « composition anarchique » de l'ouvrage, il ne serait pas impossible de déceler dans les *Vies* de Diogène Laërce certains noyaux thématiques issus des sources qu'il avait compilées ou de ses propres annotations. On pourrait peut-être accepter qu'un « principe d'unité thématique » se manifeste dans l'œuvre, bien que de façon épisodique, sans vraiment constituer une méthode. Dans ce cas, on pourrait admettre aussi qu'il y avait chez les auteurs antiques une tendance à assimiler éthique et politique dans le contexte de la tradition cynique. Sur la composition du livre VI des *Vies* de Diogène Laërce, on consultera l'étude de M.-O. Goulet-Cazé, « Le livre VI de Diogène Laërce », 1992.

attitude positive peut s'étendre jusqu'aux corps célestes dans la mesure où ceux-ci jouent un rôle dans la vie du cynique sur terre (rappelons-nous le plaisir éprouvé par Diogène à s'étendre au soleil)[1].

Pour ma part, j'accepte volontiers l'idée selon laquelle le cosmopolitisme cynique implique une attitude positive à l'égard du monde naturel. En revanche, il nous paraît moins probable que cette attitude positive envers la nature et envers toutes les richesses qu'elle contient ait comme corollaire le refus de la civilisation et de ses produits. Dans le contexte du cosmopolitisme cynique l'eau, l'ail et les lupins côtoient pacifiquement les portiques et les temples[2], les gymnases et les bains publics[3], les places publiques[4], les tavernes et les barbiers[5], les statues[6], les tonneaux[7], les manteaux et les besaces[8], les horloges[9], les jeux Olympiques[10], les mariages[11], le vin des autres[12] (y compris celui venant de Platon[13]) et les gâteaux[14]. De même, si Diogène éprouvait du plaisir à s'étendre au soleil, il ne se privait point de se frotter, de temps en temps, le corps d'huile parfumée – plutôt les pieds que la tête, de façon à ce qu'il puisse mieux sentir les effluves montant dans l'air[15].

En face de ces données, on ne pourra que s'étonner – et s'étonner doublement : si le cynique, parce qu'il mène une « vie facile », est un cosmopolite et s'il a par conséquent le monde entier pour vivre, un monde qui englobe la « nature » et la cité, et qui n'exclut ni l'une ni l'autre, pourquoi donc a-t-on fixé son image comme celle de quelqu'un qui « s'est engagé sur la voie d'un retour à un état de nature originel » ? Et pourquoi cette vision moderne du cynisme est-elle devenue presque consensuelle, alors même que la littérature antique ne fait jamais état d'un cynique fréquentant des endroits sauvages ou fuyant les villes (à l'exception du Sostrate déjà mentionné), mais qu'elle le place toujours dans des milieux urbains et civilisés, aux prises avec la déraison des hommes et souvent en débat avec des hommes politiques ? Pour répondre à ces questions, on pourrait peut-être songer à

1. J. Moles, « Le cosmopolitisme cynique », 1993 (p. 268 pour la citation).
2. Cf. D. L. VI 22 ; 64.
3. Cf. Télès, fr. III 25 Fuentes González.
4. Cf. D. L. VI 69.
5. Cf. D. L. VI 66.
6. Cf. D. L. VI 23.
7. Cf. D. L. VI 23.
8. Cf. D. L. VI 22 ; 66.
9. Cf. D. L. VI 104.
10. Cf. D. L. VI 60.
11. Cf. D. L. VI 96.
12. Cf. D. L. VI 54.
13. Cf. D. L. VI 26.
14. Cf. D. L. VI 56.
15. Cf. D. L. VI 39 ; 81.

la difficulté – propre à la pensée moderne, mais qui a été héritée de l'Antiquité – de penser le monde sans avoir recours aux solutions binaires : bien qu'il ne soit pas certain que l'on puisse même *penser* sans faire usage de certaines oppositions, la philosophie occidentale a d'une certaine manière « exagéré » les dualismes théorétiques : apparence et réalité, essence et accident, forme et matière, substance et propriété, corps et âme, et ainsi de suite[1]. Or, puisque, d'un côté, les cyniques n'ont prêché aucune « suspension du jugement » et que, de l'autre côté, ils ont refusé toute connaissance « métaphysique », on les a pris pour des penseurs qui, par choix ou par incapacité[2], n'admettaient rien en dehors de la réalité sensible et immédiate. Sur ce point on avait raison. Mais puisque les cyniques ont en même temps remis en question toutes les idées reçues qui ressortent de la *doxa* – cette *doxa* qui, d'une certaine manière, est à la base des *nomoi* - et qu'ils ont mené une vie qui avait tout l'air d'être une « vie de chien », on les a soumis à l'opposition *nomos/phusis* qui dans la liste très vaste des dualismes philosophiques se prêtait bien au cas. On leur a par la suite adjugé leur champ.

Il reste pourtant la question suivante : étant donné la capacité du cynique, libre et autarcique, à vivre n'importe où, pourquoi la littérature antique a-t-elle insisté pour nous les présenter « infestant toutes les grandes villes », comme Lucien le fait dire à la Philosophie personnifiée qui se plaint de ceux qui s'inscrivent sous le nom d'Antisthène, de Diogène et de Cratès[3] ? La réponse à cette question peut être donnée sous la forme d'une comparaison avec l'opinion que le cynique se fait de la mort ou, plus exactement, avec l'opinion qu'il se fait de sa propre mort. En principe, le cynique, qui peut vivre heureux n'importe où, ne déserte pas les villes pour la même raison qu'il choisit de vivre alors qu'il considère que la mort n'est pas un mal[4] : puisqu'il n'y a pas plus de raisons pour mourir que pour vivre, il décide de vivre car, de toute façon, il est déjà vivant ; de même, puisqu'il est né dans la ville, il ne voit pas de problème à y demeurer. Néanmoins, s'il arrive que sa ville soit détruite – ce qui n'est pas à exclure[5] –, il ne voit pas non plus de raison pour la faire reconstruire[1].

1. Voir sur ce sujet le chapitre « Un monde sans substances ni essences » dans R. Rorty, *L'espoir au lieu du savoir*, 1995, déjà cité.

2. Pour Platon, par exemple, le refus de Diogène d'accepter la « tableté », c'est-à-dire l'idée de table, n'était pas une prise de position philosophique, mais tout simplement un manque d'intelligence : cf. D. L. VI 53.

3. Cf. Lucien, *Les fugitifs* 15-16.

4. Le cynique, tant qu'il est autarcique, ne voit aucun bien dans la mort (cf., pour l'idée en question, D. L. VI 4) ni aucun mal dans la vie qui puisse justifier de vouloir la quitter. Voir en ce sens le mot de Théodore de Cyrène sur le suicide chez Stobée IV 10, 77, auquel Diogène ne se serait sans doute pas opposé. Sur les points de contact entre la pensée diogénienne et celle de Théodore, voir M. Winiarczyk, « Theodoros ὁ Ἄθεος und Diogenes von Sinope », 1981.

5. Pour cette idée, cf. le mot de Favorinus chez Stobée IV 41, 62. Dans ce passage, Favorinus illustre l'imprévisibilité de la vie par la destruction inattendue des deux villes grecques, Hélike et Boura, non par la guerre, mais par l'action de la nature (cf. Hérodote I 145 ; Pausanias

Mais il y a encore une raison d'un autre ordre qui pousse le cynique à rester vivant et à vivre dans les cités :

Ἤλγει τὸν ὦμον Διογένης ἢ τρωθείς, οἶμαι, ἢ ἐξ ἄλλης τινὸς αἰτίας. ἐπεὶ δὲ ἐδόκει σφόδρα ἀλγεῖν, τῶν τις ἀχθομένων αὐτῷ κατεκέρτομει λέγων «τί οὖν οὐκ ἀποθνήσκεις, ὦ Διογενες, καὶ σαυτὸν ἀπαλλάττεις κακῶν;» ὃ δὲ εἶπε· «τοὺς εἰδότας, ἃ δεῖ πράττειν ἐν τῷ βίῳ καὶ ἃ δεῖ λέγειν, τούτους γε ζῆν προσήκει», ὧν καὶ αὐτὸς ὡμολόγει. «Σοι μὲν οὖν" ἔφη "οὐκ εἰδότι τὰ τε λεκτέα καὶ τὰ πρακτέα ἀποθανεῖν ἐν καλῷ ἐστιν· ἐμὲ δὲ τὸν ἐπιστήμονα ἐκείνων πρέπει ζῆν».

Diogène avait mal à l'épaule en raison, je pense, d'une blessure ou d'une autre cause. Et puisqu'il avait l'air d'avoir vraiment mal, un de ceux qui le supportaient avec peine lui adresse cette provocation : « pourquoi donc ne meurs-tu pas, Diogène, et ne te débarrasses-tu pas de tes maux ? ». Et lui de répondre : « ceux qui savent ce qu'il faut faire dans la vie et ce qu'il faut dire » – et il se comptait parmi ceux-là – « ceux-là il convient qu'ils vivent. Mais toi qui ne sais ni ce qu'il faut dire ni ce qu'il faut faire, c'est une belle chose que tu meures. En revanche, moi qui suis instruit en ces matières, il convient que je vive »[2].

C'est l'accomplissement de sa mission que Diogène évoque quand il s'agit de justifier qu'il reste en vie : il lui faut apprendre la vertu aux hommes. Et puisque l'accomplissement de sa mission se fonde sur le fait qu'il sait non seulement ce qu'il faut dire (ἃ δεῖ λέγειν), mais aussi ce qu'il faut faire dans la vie (ἃ δεῖ πράττειν ἐν τῷ βίῳ), car rien ne se résout uniquement avec des livres que l'on peut écrire dans la solitude et par la suite envoyer aux hommes comme témoins ou comme mémoire d'une vertu absente[3], c'est sa vie elle-même qu'il offre comme exemple à ceux qui l'observent. Il faut donc qu'il vive, et qu'il vive dans les cités, là où les hommes sont nombreux. Le cynique se voit en fait comme un médecin des passions (ἰατρὸς τῶν παθῶν)[4] : tout comme un bon médecin doit aller là où il y a le plus de malades, le sage doit s'établir là où il y a le plus d'insensés afin de corriger leur stupidité[5]. En partie, c'est en raison de sa philanthropie que le

VII 24). C'est pourquoi, dans une perspective très proche de celle des cyniques (Favorinus cite souvent Diogène comme exemple de vertu), il conseille aux hommes de ne pas essayer de prévoir le futur : Ἄνθρωπος ἐὼν μηδέποτε φῇς ὅ τι γίνεται αὔριον, μηδ' ἄνδρα ἰδὼν ὄλβιον, ὅσσον χρόνον ἔσσεται. Pour Favorinus, voir *DPhA*, t. III, 2000, *s.v.* « Favorinus d'Arles » F 10, p. 418-422 (S. Follet), et E. Amato, *Favorinos d'Arles. Œuvres*, t. I, 2005 ; t. III, 2010.

1. Cf. D. L. VI 93 et les autres textes rassemblés par G. Giannantoni dans *SSR* V H 31.

2. Élien, *Histoire variée* X 11 (*SSR* V B 81 ; traduit partiellement par M.-O. Goulet-Cazé, *L'ascèse cynique*, p. 150).

3. Cf. Pseudo-Diogène, *Lettre XVII, à Antalcide*.

4. Lucien, *Philosophes à l'encan* 10.

5. Cf. Dion Chrysostome, *Discours VIII, Sur la vertu* 5. La comparaison du philosophe avec un médecin est récurrente dans la littérature cynique : cf., par exemple, D. L. VI 6 ; 30 ; 36. Cette comparaison explique d'ailleurs la façon âpre dont, selon Diogène Laërce, Antisthène s'adressait à ses interlocuteurs : « Comme on lui demandait pourquoi il avait peu de disciples, il répondit : 'Parce que je les chasse avec un bâton d'argent'. Comme on lui avait demandé pourquoi il recourait pour corriger ses disciples à des recettes amères (πικρῶς), il répond : 'Les médecins en font autant avec leurs patients' » (D. L. VI 4). Cf. aussi D. L. VI 21 ; Élien, *Histoire Variée* X 16. De même, Cratès voulait être « utile à ses amis, non pas doux » (ὠφέλιμον φίλοις, μὴ γλυκερόν :

cynique, qui peut vivre n'importe où et dans le monde entier, ne vit que dans les cités. Et pour guérir les hommes de leurs maux, il ne leur conseille pas d'abandonner les villes, car son objectif est précisément qu'ils deviennent autarciques eux aussi et qu'ils soient capables eux aussi de vivre n'importe où et dans le monde entier. Or, les hommes que Diogène rencontre et qu'il admoneste sont tous, paraît-il, nés dans les cités ; alors il faut qu'ils y restent et qu'ils y soient heureux, car « d'une façon générale, un animal ne naît pas où il ne puisse pas vivre » (καθόλου δὲ ἐν μηδενὶ τόπῳ γίγνεσθαι ζῷον, ὃ μὴ δύναται ζῆν ἐν αὐτῷ)[1].

3. Le chien quémandeur : principes d'une économie ascétique (travail, richesse et plaisir face à la nature)

Si, comme je l'ai rappelé plus haut, la conception cynique de la « nature » diffère profondément de celle que l'on trouve dans le stoïcisme, en ce qui concerne la frugalité et la façon de voir le monde et les hommes, elle sépare aussi les cyniques des épicuriens qui pourtant « suivaient le régime de vie le plus frugal et le plus simple » (εὐτελέστατα καὶ λιτότατα) et qui « se satisfaisaient d'un cotyle de vin, mais qui, en général, buvaient de l'eau »[2]. Épicure lui-même disait qu'il pouvait avoir son content avec seulement de l'eau et du pain de froment, mais de temps en temps il demandait : « Envoie-moi un pot de fromage, afin que je puisse, quand je voudrai, faire grande chère » (ἵν' ὅταν βούλωμαι πολυτελεύσασθαι δύνωμαι)[3]. Le désir exceptionnel d'Épicure, qu'il annonce de façon plutôt ironique, montre que même quand on fait une concession au faste, il faut rester frugal, ce qui laisse entendre qu'il y a une sorte de « gradation » à l'intérieur même de sa frugalité. Le cynique, lui, *par principe*, ne désire pas « faire grande chère », il choisit toujours l'εὐτέλεια. Mais son ascèse, qui lui permet de se contenter

cf. Julien, *Or. VII* 9, 213a-214a = SSR V H 84). On pourrait soulever le problème suivant : si le cynique doit s'établir dans les cités parce que c'est dans les cités que sont les insensés et les pervers, doit-on conclure que c'est parce qu'ils vivent dans les cités qu'ils ont été corrompus ? Je ne le crois pas. Même si aux yeux du cynique la plupart des hommes des cités – ou des hommes tout court –, pour des raisons différentes, méritent des reproches, on doit admettre que la plupart des hommes ne sont pas la *totalité* des hommes ; le cynique n'adresse pas des reproches à tous les hommes qu'il rencontre : cf. D. L. VI 24 ; 56 ; 58 ; 64. Quoi qu'il en soit, à ma connaissance, les cyniques n'ont jamais *prescrit* le retrait des villes – même pas un séjour en campagne – comme remède aux maux des personnes. Rappelons, encore une fois, une autre raison, plus générale et plus « théorique », qui explique pourquoi le cynique n'abandonne pas la cité et qui a été signalée par S. Husson, « La *Politeia* de Diogène le Cynique », 2001 : « (...) la connaissance de sa propre valeur morale ne saurait être le fait d'une certitude solipsiste. La vertu, pour être connue, a besoin de sa manifestation pour autrui (...) » (p. 429).

1. Dion Chrysostome, *Discours VI, Diogène ou De la tyrannie*, 28. Je reviendrai sur ce passage plus loin.

2. D. L. X 11 (traduction de J.-F. Balaudé).

3. *Ibid.*, 11.

toujours du minimum, lui concède aussi le plein usage de ses représentations (χρῆσις φαντασιῶν)[1] qui, à son tour, lui permet d'envisager les choses autrement et de renverser – de *falsifier* – les *doxai* qui les entourent. Parmi les choses qu'il « falsifie », on compte d'abord les notions de souffrance, de plaisir, d'abondance et de carence. Le cynique convertit alors la privation en plaisir et peut, nous l'avons vu, « déguster sa faim ». Ainsi, à la différence d'Épicure, ce n'est pas de temps en temps que le cynique « fait grande chère », comme s'il s'agissait d'une accommodation, épisodique et raisonnée, d'un principe moral au nom d'un plaisir accru, mais, précisément parce qu'il pratique l'ascèse de façon continuelle et progressive, sa « grande chère » est permanente : pour l'homme de bien – c'est ce que disait Diogène – chaque jour est un jour de fête[2].

C'est alors parce qu'il s'accommode de l'instabilité du monde que le cynique peut pratiquer la mendicité, que d'ailleurs son autarcie ne désavoue pas ; bien au contraire, la mendicité cynique, libérée de tout déshonneur qui serait un fruit pervers de la *doxa*, constitue une des conséquences de l'autarcie, car seul l'homme autarcique (au sens que le cynique prête à cette autarcie), qui sait se contenter du minimum et qui est toujours prêt à tous les revers de la Fortune, peut vivre heureux en mendiant, rien n'étant plus incertain que le produit de l'aumône[3]. On sait que la πτωχεία cynique était fermement condamnée par les épicuriens et constituait un de points centraux de la polémique entre les deux écoles, qui relevait essentiellement du problème des χρηματιστικά[4]. Et cette polémique permet, dans la comparaison des deux perspectives, de mieux cerner la façon dont les cyniques envisageaient la « nature ».

On doit d'emblée admettre que la mendicité est un mode de subsistance éminemment citadin – et tout à fait légitime selon Diogène qui avait d'ailleurs consacré à ce sujet un de ses ouvrages (d'après le catalogue de Sotion)[5]. L'image du mendiant voyageur qui traverse des contrées désertes est sans doute bien connue, mais la mendicité proprement dite ne peut être pratiquée que dans la fréquentation des hommes et, surtout, dans la fréquentation des hommes sédentaires

1. Cf. Épictète III 24, 67-69 (*SSR* V B 22). Le vocabulaire est probablement de facture stoïcienne, mais l'idée elle-même n'est pas étrangère au cynisme.

2. Cf. Plutarque, *Sur la tranquillité de l'âme* 20, 477c (*SSR* V B 464).

3. Cf. D. L. VI 49 ; 56 ; 59 ; 67. Voir à ce propos P. P. Fuentes González. *Les diatribes de Télès*, 1998, p. 233-235 ; J. L. López Cruces, « La mendicidad de Diógenes y el tonel de Zeus », 2000 ; É. Helmer, *Le dernier des hommes*, 2015 (pour la mendicité cynique voir les p. 119-129) ; et les études rassemblées par É. Helmer (édit.), *Mendiants et mendicité en Grèce ancienne*, 2020. Sur la pauvreté dans l'Antiquité grecque en général, voir S. Coin-Longeray, « Πενία et πένης : travailler pour vivre ? », 2001 ; et les études rassemblées par E. Galbois et S. Rougier-Blanc (édit.), *La pauvreté en Grèce*, 2014.

4. Cf. D. L. X 119. Sur le sujet voir les analyses de M. Gigante, « Cinismo e Epicureismo », 1993 (voir surtout les p. 169-183).

5. Cf. D. L. VI 80.

qui sont normalement ceux qui disposent d'une provision supplémentaire de ressources pouvant être destinée à l'aumône. En outre, comme je l'ai déjà remarqué plus haut, la mendicité est un moyen de subsistance libre et parfaitement improductif: d'un côté, elle n'engage pas celui qui reçoit à l'égard de celui qui donne; elle n'est évidemment pas contractuelle et ne constitue pas non plus un échange symbolique parce que, justement, ce qui fait l'objet de l'aumône n'est pas de l'ordre du symbolique, mais de l'ordre de l'essentiel immédiat, et parce qu'elle ne fonde pas la réciprocité (comme dans le cas des dons d'hospitalité); le seul rapport qui subsiste est celui, imprécis et incertain, de la gratitude pure et simple, car l'inversion des rôles entre celui qui reçoit et celui qui donne n'est pas à prévoir, sauf en raison d'une crainte imaginée[1]. D'un autre côté, l'aumône ne produit rien, car elle ne comprend dans son processus ni travail ni effort; elle est simplement la cession d'un bien quelconque par celui qui le possède, en principe en surplus, à quelqu'un qui apparemment en a besoin, qui le demande, mais qui n'a pas pris directement part à sa production. C'est pourquoi l'aumône constitue une sorte d'instrument correcteur des inégalités entre les hommes à l'intérieur de la cité: sans faire croître la richesse, parce qu'elle n'est pas productive, l'aumône fait couler l'abondance vers la carence; ce faisant elle rétablit de façon épisodique un certain ordre « naturel » qui se manifeste, non selon un universalisme transcendant, mais au niveau des individus; autrement dit la mendicité milite en faveur de la santé du mendiant et de celle de la personne qu'il sollicite[2]. Dans la perspective cynique, demander l'aumône est, pour ceux qui vivent dans les cités, non seulement le moyen de vie « facile » par excellence, mais aussi un exercice de philanthropie. On pourrait alors peut-être admettre que, d'une certaine façon, le cynique transpose à l'intérieur de la cité le seul rapport que l'homme peut entretenir avec la « nature » lorsqu'il refuse le travail pour la « domestiquer » à son avantage.

Or, dans cet « âge de fer » où le cynique vit (et où, nous aussi, nous vivons), l'homme, malgré toute la technique qu'il a pu développer, reste entièrement dépendant de la nature; pourtant, cette nature, qui n'est plus celle d'une terre abondante produisant spontanément pour lui ses fruits (καρπὸν δ' ἔφερε ζείδωρος ἄρουρα αὐτομάτη πολλόν τε καὶ ἄφθονον)[3], exige, en échange de la vie qu'elle peut donner, son prix en labeurs et en souffrances; elle exige des πόνοι. L'homme alors doit *travailler* sur la « nature » afin d'obtenir d'elle ce qu'elle-même demande: il cultive la terre, il élève des animaux, il fabrique des vêtements,

1. Cf. D. L. VI 56: « Comme on lui demandait pourquoi les gens font l'aumône aux mendiants et non aux philosophes, il répondit: 'parce que s'ils craignent de devenir un jour boiteux et aveugles, jamais ils ne craignent de devenir philosophes' ».

2. Rappelons la brève rencontre entre Diogène et l'orateur Anaximène dans D. L. VI 57: Il [*scil.* Diogène] s'approcha de l'orateur Anaximène qui était obèse et lui dit: 'Donne-nous un morceau de ton ventre, à nous les mendiants. Toi, tu te sentiras plus léger et nous, tu nous rendras service' ».

3. Hésiode, *Les travaux et les jours* 117-118.

il bâtit des maisons, il invente des médicaments. Pourtant, malgré tout son effort, il n'élimine pas le caractère hasardeux et impondérable des œuvres de la nature : les pilules qu'il avale ne le guérissent pas systématiquement, tout comme les techniques agricoles les plus élaborées, pour bien rodées qu'elles soient, ne sont jamais la garantie d'une bonne récolte. En tant qu'effort de l'homme sur la nature, le travail technique s'approche ainsi de la « science » du devin en ce que l'un et l'autre essayent de contrôler l'incontrôlable[1]. Le cynique, lui, de même qu'il refuse la *prévision* des devins et des oracles[2], refuse la *provision* procurée par le travail ordinaire : ce n'est pas vers la « nature » qu'il dirige son effort, mais vers sa « propre nature » ; il ne travaille pas la terre et il ne prend pas part aux chaînes productives du monde civilisé, ce qui veut dire qu'il ne travaille pas sur ce qui lui est en quelque sorte extérieur ; le cynique « travaille » sur soi-même, c'est-à-dire qu'il pratique l'ascèse[3]. Nous pourrions peut-être considérer que la nature qui intéresse le cynique n'est pas la « nature objective », mais *sa* nature à lui, une « nature subjective ».

Sur ce point, il nous paraît utile de rappeler à nouveau ce qui semble dénoncer une différence importante (ou un développement) entre le cynisme diogénien et la pensée d'Antisthène. Dans son *Banquet*, Xénophon fait dire à Antisthène : « Ai-je en effet, le désir de me régaler, je n'achète pas au marché des denrées de premier choix, – cela revient trop cher (πολυτελῆ γὰρ γίγνεται) –, mais c'est dans mon appétit (ἐκ τῆς ψυχῆς) que je les trouve. Et mon plaisir est bien plus grand (πολὺ

1. Mais il faut noter que le cynique ne met pas sur un pied d'égalité les travaux techniques et les divinations de toutes sortes : cf. D. L. VI 24.

2. Cf. encore une fois les passages du traité *Les charlatans démasqués* (*Γοητῶν φωρά*) d'Oinomaos de Gadara, *apud* Eusèbe, *Préparation Évangélique* V 18, 6-36, 5 ; VI 6, 74-7, 43 ; et Dion Chrysostome, *Discours X, Diogène ou Des domestiques* 23-32.

3. Dans une certaine perspective on serait tenté de dire que le cynique agit pour un *retour à la vie primitive*, car si tous les hommes pratiquaient le cynisme, on aboutirait à l'extinction de la cité et de la vie civilisée. Ce n'est peut-être pas la meilleure lecture. Même s'il est indifférent à la chute de la cité et s'il peut se passer de cette cité, le cynique ne propose pas un « retour à la vie primitive » et il ne propose pas l'abandon de la cité ; son « plan » est tourné vers le présent (le principe de « proximité » – dans ce cas temporel – que j'ai esquissé plus haut reste toujours valable). C'est peut-être en ce sens qu'il faut comprendre la recommandation que Zénon avait consignée dans sa *République* : « il ne faut pas construire de temples, de tribunaux ou de gymnases dans les cités » (D. L. VII 33 ; trad. de R. Goulet). Si cette position radicale a pour origine la pensée de Diogène (peut-être dans sa *République* : voir en ce sens, les considérations de M.-O. Goulet-Cazé, *Les kynika du stoïcisme*, 2003, p. 40-44), nous ne devons pas en tirer des conclusions précipitées : dire qu'il ne faut pas construire de temples n'est pas la même chose que dire qu'il faut les détruire. On pourrait déduire de l'attitude de Diogène le message suivant : « il ne faut pas construire de temples, de tribunaux ou de gymnases dans les cités, mais puisqu'ils sont déjà là, on doit s'en servir ; nous pouvons, par exemple, y dormir ou y prendre nos repas ». De toute façon, le cynique semble bien conscient que tous les hommes ne pratiqueront pas le cynisme : cf., à ce propos, Pseudo-Diogène, *Lettre XLVII, à Zénon* ; Pseudo-Diogène, *Lettre XIV, à Antipater*.

πλέον διαφέρει πρὸς ἡδονήν) lorsque j'attends (ἀναμείνας) pour manger ou boire d'en éprouver le besoin (...)»[1]. Même si l'on voit ici se dessiner déjà l'ascèse, avec l'idée d'un plaisir accru en fonction de l'attente de sa satisfaction, on doit admettre que la frugalité d'Antisthène ressemble beaucoup à celle d'Épicure : toutes les deux reposent sur une économie des plaisirs « naturels » qui débouche sur l'économie tout court. Antisthène évite les denrées de premier choix, car elles sont trop chères (πολυτελῆ). Épicure, lui, lorsqu'il veut « faire grande chère » (πολυτελεύσασθαι), c'est-à-dire dépenser beaucoup, s'offre un pot de fromage (ce qui donne à πολυτελεύσασθαι un sens plutôt ironique). On pourrait même penser que l'occurrence du verbe πέμψον – Épicure probablement sollicite son fromage par lettre – nous suggère que son geste n'était pas si loin de la pratique des cyniques, mais la différence entre les deux perspectives est très frappante. Cette différence peut être résumée dans l'opposition que l'on décèle entre ἀναμείνας, chez Antisthène, et ὅταν βούλωμαι, chez Épicure : l'un attend pour avoir son plaisir qui vient de cette attente même (et donc du sujet lui-même), alors que l'autre projette le sien sur un objet qui lui est extérieur. Ainsi, la demande d'Épicure n'a rien à voir avec la sollicitation du cynique et c'est en cela que consiste la différence des χρηματιστικά des deux écoles, une différence qui marque deux genres de vie diamétralement opposés : Épicure, qui condamne le πτωχεύειν et, de façon plus générale, tout le κυνιεῖν[2], recommande comme mode de subsistance convenable au sage la constitution d'une « provision raisonnée de ressources en vue de l'avenir ». C'est ce que suggère un de ses préceptes : καὶ κτήσεως προνοήσεσθαι καὶ τοῦ μέλλοντος[3], qui, dans le contexte de la polémique contre le cynisme, doit être rapproché du précepte du φιλαγρήσειν, annoncé dans la suite immédiate du texte laërtien[4], et de l'idée d'une « richesse de la nature » (φυσικὸς πλοῦτος) et d'une « fin naturelle » (τὸ φυσικὸν τέλος) qui seraient la base d'une « belle vie » (καλῶς ζῆν), comme l'expliquait Métrodore dans son traité *Sur la richesse*[5]. La frugalité d'Épicure est alors pratiquée préférentiellement à la campagne, à l'écart de la ville et plus près de la « nature » : même si l'évasion d'Épicure n'est pas comparable à celle d'un *gentleman* anglais, comme le fait remarquer C. Bailey[6], il n'est peut-être pas sans intérêt de rappeler que le Jardin avait coûté au philosophe la somme, qui n'est pas très modique, de quatre-vingts mines, un détail que les biographes ont tenu à préciser[7].

1. Xénophon, *Banquet* IV, 41 (traduction de F. Ollier).

2. Cf. D. L. X 119.

3. D. L. X 120a.

4. D. L. X 120a.

5. Cf. Philodème, *Sur l'économie* (*Philodemi Περὶ οἰκονομίας, qui dicitur libellus*, éd. C. Jensen,1906), surtout les col. XII-XVI.

6. C. Bailey, *Epicurus*, 1926, p. 418, cité par M. Gigante, *op. cit.*, p. 174, n. 75.

7. Cf. D. L. X 11, qui donne ses sources : Apollodore et Dioclès, « dans le troisième livre de son *Répertoire cursif* (sous-entendu : des philosophes) » (trad. de J.-F. Balaudé).

Si l'on passe des propos d'Antisthène chez Xénophon à la pensée de Diogène, le fossé entre le cynisme et les épicuriens se creuse et rend plus nette la perspective du cynique. En effet, ce qui caractérise et fonde la mendicité comme mode de vie est en principe une forte disponibilité à accepter ce que l'on reçoit, à *s'adapter à toutes les circonstances*. C'est précisément cette disposition que l'autarcie assure au cynique : parce qu'il se contente du minimum que son ascèse – « naturelle » dans son origine, mais non pas « naturelle » dans sa finalité – essaye continuellement de réduire[1] –, il peut accepter tout ce qu'il reçoit, si bien qu'il peut accepter de ne rien recevoir. Il serait contradictoire que, dans ces circonstances, le cynique restreigne sa richesse à une « richesse de la nature ». Sa richesse s'étend en effet au monde entier[2]. Un passage de la littérature cynique pseudépigraphe (que j'ai déjà évoqué) semble confirmer cette interprétation dans des termes qui montrent la radicalité de l'ascèse diogénienne et qui suggèrent la définition de la frugalité cynique par contraste avec la pensée épicurienne (même si le personnage explicitement visé est Aristippe et non Épicure) :

Ἐγὼ δὲ ἄγαμαι, πῶς, ὦ μακάριε, τοῖς τὰ ἄξια ἐπαινοῦσι πενίαν κακίζεις, καὶ ταῦτα Σωκράτους κατακεκοώς, τοῦ τὸν αὐτὸν μὲν τρίβωνα χειμῶνος καὶ θέρους καὶ ἄλλοτε ἀμπεχομένου, τὸν αὐτὸν δὲ πρὸς τὰς γυναῖκας κοινὸν ἔχοντος, ὄψον δὲ οὐκ ἐκ τῶν κήπων φέροντος οὐδ' ἐκ τῶν μαγειρείων, ἀλλ' ἀπὸ τῶν γυμνασίων.

Pour ma part j'admire, bienheureux ami, la manière dont tu fais reproche de leur pauvreté à ceux qui font l'éloge des choses qui le méritent, alors même que tu as été un auditeur de Socrate, qui, en toutes circonstances, été comme hiver, portait le même manteau usagé, qu'il avait en

1. L'ascèse cynique prend son origine dans les besoins naturels, mais son horizon idéal n'est pas seulement l'accommodation « naturelle » à ces besoins : elle songe, sinon à les supprimer, du moins à rendre pleinement autarcique leur satisfaction.

2. En ce sens, je pense que Nietzsche n'a peut-être pas tout-à-fait raison lorsque, dans sa belle comparaison entre le philosophe épicurien et le philosophe cynique, il définit l'attitude de ce dernier comme exclusivement « négative » : « L'épicurien a le même point de vue que le cynique ; entre les deux il n'existe, en général, qu'une différence de tempérament. L'épicurien se sert de sa culture supérieure pour être indépendant des opinions communes ; il s'élève au-dessus d'elles, tandis que le cynique reste simplement dans la négation. Celui-là marche dans des sentiers à l'abri du vent, bien protégés, à demi obscurs, tandis qu'au-dessus de sa tête, dans le vent, les cimes des arbres bruissent et lui décèlent quelle violente agitation règne là-dehors de par le monde. Le cynique, au contraire, circule comme tout nu, dehors dans le souffle du vent, et s'endurcit jusqu'à perdre le sentiment » (cf. F. Nietzsche, *Menschliches, Allzumeschliches* I 275, cité partiellement par M.-O. Goulet-Cazé, « La contestation de la loi dans le cynisme ancien », 2007, p. 429 [annexe]). Pour ma part, tout comme je pense que le cynique ne reste pas dans la négation (peut-être reste-t-il dans la « falsification »), je pense également qu'il ne perd pas le sentiment ; il fonde un autre ordre. Enfin, si la suggestion du cadre « sauvage » – des sentiers où le vent secoue les cimes des arbres – dans lequel Nietzsche place les deux philosophes convient parfaitement à la description de l'épicurien, qui croit à la « richesse de la nature », il n'en va peut-être pas de même pour le cynique.

commun avec les femmes, et qui tirait ses apéritifs non pas des jardins ni des cuisines, mais de l'exercice physique[1].

L'auteur de cette lettre semble projeter rétrospectivement sur Socrate les principes du cynisme, la mention du τρίβων étant en ce sens significative. On voit d'emblée la nuance que « Diogène » introduit dans le raisonnement d'Antisthène : tandis que celui-ci tire son plaisir de son âme (ἐκ ψυχῆς), le Sinopéen, lui, tire (φέροντος) le sien des exercices physiques (ἀπὸ τῶν γυμνασίων)[2]. Bien que chez l'un et chez l'autre le plaisir qui s'associe à la vertu soit attaché à la raison et à l'expérience individuelle, et non à la *doxa* courante, la différence de perspective reste frappante. Pour Antisthène tout se joue sur la satisfaction mesurée des besoins selon une sorte d'« accord pacifique » avec la nature : pour assouvir correctement un besoin de façon à en tirer le véritable plaisir, sans céder à l'intempérance ou à l'excès, il faut juste *attendre naturellement* que ce besoin se manifeste. Chez Diogène, l'ascèse que les *gymnasia* évoquent ne se limite pas à être entraîné pour attendre un besoin naturel : il faut être capable de pousser le besoin plus loin, de retarder, de façon délibérée et « non naturelle », sa satisfaction ; il faut en quelque sorte *jouer* avec les besoins. Ainsi, alors qu'Antisthène prêche un accord avec la nature, Diogène, lui, qui songe à un homme « plus fort que la nature »[3], veut fustiger la nature, la défier même[4], au nom d'un plaisir tout à fait original : le cynique, nous l'avons vu plus haut, transforme en ὄψον sa faim. Force est de constater que, dans cette perspective, le Diogène qui prescrit la loi selon laquelle on fait bien « d'avoir faim, d'avoir soif, d'avoir froid et de coucher par terre »[5] et le Diogène qui considère que chaque jour est un jour de fête ne font qu'un[6] : chez les cyniques, grâce à leur façon de comprendre et de « traiter » la

1. Pseudo-Diogène, *Lettre XXXII, à Aristippe* 1 (traduction de F. Junqua, légèrement modifiée).

2. Je crois, comme F. Junqua, *op. cit.*, p. 521, que c'est la manière correcte de rendre l'expression ἀπὸ τῶν γυμνασίων : il s'agit sans doute des exercices physiques et non des gymnases, comme l'ont pensé A. J. Malherbe (*from the gymnasia*) et R. Hercher (*ex gymnasiis*).

3. Cf. M.-O. Goulet-Cazé, *L'ascèse cynique*, p. 66-71.

4. C'est précisément ce qui, aux yeux de Sénèque, distingue le cynisme d'autres courants philosophiques : « Nous pouvons discuter avec Socrate, douter avec Carnéade, vivre en repos avec Épicure, vaincre la nature humaine avec les stoïciens, la dépasser avec les cyniques (*hominis naturam cum stoicis vincere, cum cynicis excedere*) » (Sénèque, *De la brièveté de la vie* 14, 2 ; trad. de É. Bréhier). À propos de la perspective de Sénèque, voir l'article de M. Griffin, « Cynicism and the Romans : attraction and repulsion », 1996. Il serait certes plus prudent de caractériser le cynisme non comme un « anti-naturalisme », mais comme une philosophie qui pointe vers un hypothétique « au-delà de la nature ». Mais, en un sens, même la civilisation constitue un « au-delà de la nature » dans la mesure où la civilisation donne à l'homme plus que ce que sa « nature » demande. Le cynique, lui, « provoque » sa nature ; il voudrait *idéalement*, au nom de sa « vie facile », prendre le dessus sur la « nature » et, d'une certaine manière, lui donner moins que ce qu'elle demande.

5. Cf. Pseudo-Ménippe, *Lettre adressée à ceux qui n'ont qu'une besace* (Hercher, p. 400).

6. Cf. Plutarque, *Sur la tranquillité de l'âme* 20, 477c (*SSR* V B 464).

« nature », rigorisme et hédonisme ne sont pas deux extrêmes voués à l'auto-exclusion, mais deux composants de leur pensée parfaitement harmonieux et indissociables.

La lettre du Pseudo-Diogène nous en apprend encore davantage sur la manière dont le cynique répond à la nature. On a vu que le socle de son plaisir, qui découle d'un besoin naturel – en l'occurrence la faim – est l'ascèse. L'ascèse est l'instrument ou la méthode qu'il met toujours en œuvre pour tirer son plaisir de ses besoins et ici elle est identifiée aux exercices physiques : la satisfaction « retardée » et « manipulée » des besoins naturels dans laquelle le cynique trouve son plaisir vient de l'exercice physique (ἀπὸ τῶν γυμνασίων). Mais cet exercice physique en tant qu'instrument ou méthode pour obtenir du plaisir est choisi en excluant deux éléments contrastants, les jardins (τῶν κήπων) et les cuisines (μαγειρείων). Dans cette affirmation on peut d'abord déceler une confrontation entre un domaine du « subjectif » – les exercices que la personne elle-même pratique, une action du sujet sur lui-même, le propre de l'ascèse –, et un domaine de l'« objectif » – les jardins et les cuisines que le cynique refuse en même temps comme origine possible du plaisir (l'économie des prépositions ἐκ et ἀπό semble d'ailleurs renforcer cette confrontation). D'autre part, au risque d'une spéculation trop importante, nous pourrions admettre que les deux éléments « objectifs » forment à leur tour une paire antithétique qui suggère le binôme nature/civilisation : la mention du κῆπος, s'il s'agit réellement d'une allusion à l'école d'Épicure et donc aux « richesses de la nature », rappelle, sinon la nature sauvage, au moins un milieu plus « naturel » ou « campagnard », face à celui des cités ; les jardins représenteraient, en ce sens, un endroit ou une région plus ou moins à l'écart de la vie civilisée[1]. Le terme μαγειρεῖον, la cuisine, lieu de préparation des aliments, en particulier de leur cuisson, évoque le monde civilisé où l'alimentation nécessaire à la vie est modifiée par le feu et par la technique distinguant le mode d'existence des hommes de celui des animaux. Le cynique apparemment refuse et l'un et l'autre. Pourtant, prise littéralement, son attitude serait contradictoire, voire absurde. Or, si les jardins et les cuisines représentent respectivement la nature et la civilisation, les deux « sections » entre lesquelles se répartit le monde, les deux éléments – les jardins et les cuisines – représentent ensemble le monde entier, car en ce sens il n'y a rien dans le monde qui n'appartienne à l'une ou à l'autre de ces deux « sections ». Par voie de conséquence, si le cynique affirme que son plaisir et la satisfaction de ses besoins ne viennent *ni* des jardins *ni* des cuisines, il affirme qu'ils ne viennent de nulle part. Il faut alors expliquer son raisonnement autrement. En effet, ce qu'il veut de toute évidence montrer est que son plaisir n'est *conditionné* ni par la nature ni par la civilisation ; ce qui le détermine est précisé-

1. Cf., par exemple, Sophocle, fr. 24, 3 Radt.

ment l'ascèse[1]. Une fois qu'il est « filtré » par son ascèse, son plaisir peut venir indifféremment de la nature ou de la civilisation. Le cynique affirme ici sa disponibilité extrême qui lui permet de répondre facilement aux contraintes de la nature ; il peut ainsi boire de l'eau et du vin, manger un petit pain de froment ou le plus raffiné des gâteaux de miel. Encore une fois, puisqu'il réduit ses besoins au minimum et qu'il ouvre, en bon mendiant, ses possibilités au maximum – que ce soit en direction de la nature ou de la civilisation – s'adaptant à toutes les circonstances que la Τύχη, sans règle ni prévision possible, lui impose, nous pouvons conclure que la frugalité du cynique, à la différence de celle d'Épicure, qui voyait dans la nature la seule richesse vers laquelle le sage doit s'orienter (et en face de laquelle il doit constituer une provision pour le futur), n'est pas une frugalité « substantielle », mais plutôt une frugalité « quantitative »[2] : le cynique ne s'entraîne pas à manger certains aliments et à en refuser d'autres ; au nom d'une « vie facile », il s'entraîne à manger le moins possible ; mais lorsqu'il faut manger – et le moment où il faut manger arrive toujours – il mangera ce qui lui tombe sous la main.

4. Un problème textuel, un problème philosophique : l'individu entre nomos *et* phusis

Nous devons à présent faire intervenir brièvement dans le débat un autre passage de la littérature pseudépigraphe qui me semble très important, non seulement parce qu'il fournirait une preuve de plus du refus, de la part des cyniques, de l'opposition φύσις/νόμος en tant que fondement déterminant de leur orientation philosophique, mais surtout parce qu'il montre de façon assez nette que la vision du cynisme comme proposition d'une vie « selon la nature » par opposition à une vie « selon le *nomos* » a, d'une certaine façon, déterminé certains choix des éditeurs et des traducteurs des textes du *corpus* cynique. Il s'agit d'une phrase courte qui figure au début de la *Lettre XXXIX* du Pseudo-Diogène que je donne dans la forme sous laquelle elle figure dans l'édition préparée en 1873 par R. Hercher et dans le recueil plus récent de G. Giannantoni[3] :

1. Cf. Pseudo-Cratès, *Lettre XII, à Orion* : « Ce qui rend les hommes vertueux, ce n'est pas la campagne, pas plus que la ville ne les rend mauvais (...) » (trad. de F. Junqua).

2. Cf. R. Schottländer, « Kynisiert Epikur ? », 1954, qui décèle entre Épicure et les cyniques une opposition analogue à celle-ci en ce qui concerne l'idée de plaisir.

3. On notera en passant le caractère doctrinal hybride de cette lettre qui semble conjuguer des éléments proprement cyniques avec d'autres plus proches du platonisme. Au niveau de la structure, nous avons au début du texte l'emploi de l'expression εὖ πράττειν comme formule de salut (que l'on retrouve dans d'autres lettres du Pseudo-Diogène [dans la version du manuscrit *Palatinus gr. 398*] et dans la *Lettre XXXV, à Aper*, du Pseudo-Cratès), qui était considérée comme typiquement platonicienne (cf. Lucien, *Pro lapsu inter salutandum* 3-5 ; D. L. III 61 ; *Souda*, *s.v.* εὖ πράττειν, n° 3664), au lieu d'un simple χαίρειν, plus usuel dans la même fonction (cf. [Pseudo- ?]Platon, *Lettre III* 315 a-d). Concernant les aspects doctrinaux proprement dits,

Φιλοσόφει δὲ καὶ διασκέπτου, τί πρὸς σὲ οὐχ οὕτως καὶ τί κατὰ φύσιν καὶ τί κατὰ νόμον[1].

La traduction latine que donne Hercher est la suivante :

Philosophare autem et considera, mors quid ad te revera valeat, et quid secundum naturam, quidque secundum legem.

Par la suite, V. Emeljanow a proposé une modification dans le texte, en y introduisant des parenthèses et une interrogation[2] :

Φιλοσόφει δὲ καὶ διασκέπτου, τί πρὸς σὲ (οὐχ οὕτως καὶ τί κατὰ φύσιν καὶ τί κατὰ νόμον ;)

Cette modification a été adoptée par A. J. Malherbe qui traduit ce passage de la façon suivante[3] :

Examine methodically and consider well what death [le contexte parle de la nécessité de ne pas s'inquiéter à propos de la mort] means to you. (Don't we do the same when we ask what is according to nature and what according to convention ?)

Plus tard, E. Müseler accepte une correction de Boissonade (qui change οὐχ οὕτω en ὁ θάνατος) et établit ainsi le texte[4] :

Φιλοσόφει δὲ καὶ διασκέπτου, τί πρὸς σὲ ὁ θάνατος καὶ τί κατὰ φύσιν καὶ τί κατὰ νόμον.

Et en donne la traduction suivante :

Denke nach und prüfe, was der Tod dir bedeutet und was er in der Natur und was er nach der Konvention ist (...).

F. Junqua, à son tour, garde le texte de Hercher, qu'il comprend ainsi (sans traduire οὐχ οὕτω ni toutefois reprendre la référence à la mort)[5] :

(...) adonne-toi à la philosophie et à l'examen pour trouver ce qui te concerne réellement, ce qui est conforme à la nature et ce qui est conforme à la loi.

Face à ces données, il serait légitime de soupçonner qu'il y a dans la façon de traiter les textes une sorte d'inversion méthodologique : on ne forme pas l'interprétation d'après les textes, mais on (trans)forme les textes d'après une interprétation acquise d'avance. Autrement dit, on fait « plier » les textes à une expectative de lecture préalable. Ce qui est gênant dans le cas présent c'est que l'expression négative οὐχ οὕτως a été soit tout simplement supprimée (dans le cas des traductions : Hercher, Junqua), soit convertie en une interrogation rhétorique qui

l'idée de la séparation de l'âme et du corps, achevée par la mort, rappelle plutôt un socratisme de facture platonicienne.

1. Pseudo-Diogène, *Lettre XXXIX, à Monime* (Hercher, p. 254 ; *SSR* V B 569).
2. V. Emeljanow, *The letters of Diogenes*, 1968, p. 43-44.
3. A. Malherbe, *The Cynic epistles*, 1977, p. 164-165.
4. E. Müseler, *Die Kynikerbriefe*, 1994, t. II, p. 64-65.
5. F. Junqua, *op. cit.*, p. 530. Une autre traduction française, de G. Rombi et D. Deleule (*Les Cyniques Grecs. Lettres de Diogène et Cratès*, 1998) rend le texte à peu près de la même façon : « Réfléchis en philosophe et discerne bien ce qui te concerne véritablement, ce qui est selon la nature et ce qui est selon la loi (...) » (p. 78-79).

affirme ce qui originellement était nié (Emeljanow, Malherbe) ou encore remplacée par ὁ θάνατος (Boissonade, Hercher dans sa traduction, Müseler). En ce qui concerne cette dernière correction, on imagine mal qu'un copiste aurait pu commettre une faute pareille. En plus, même si l'altération semble aller dans le sens du contexte de la lettre – qui parle de la mort –, on ne comprend pas très bien comment la mort pourrait être envisagée dans la perspective de la loi ou de la convention d'une part et dans la perspective de la nature de l'autre. Faudrait-il comprendre que ceux qui prennent la mort *kata nomon* sont susceptibles de se soucier davantage de leur corps, ce que l'auteur de la lettre veut précisément désavouer ? Je ne le crois pas. Une autre possibilité d'interprétation serait de comprendre que dans la perspective de la convention, l'âme se lamente à l'idée de la mort, tandis que dans la perspective de la nature, elle accepterait la mort comme un phénomène naturel qui, en tant que tel, devrait être envisagé sans peine. Or, la conscience et l'acceptation des phénomènes naturels – la mort sans doute, mais aussi les maladies, la vieillesse, et même la faim ou la soif – ne suppriment pas automatiquement les souffrances que ces phénomènes peuvent générer. Ce qui peut réellement supprimer les souffrances que la nature nous impose, c'est la philosophie et l'examen que nous pratiquons en nous donnant nous-mêmes comme leur objet. Ainsi, en lisant ce passage, on a certes le sentiment que l'opposition évoquée, entre la nature et la coutume, n'a pas un rapport très évident avec l'ensemble du texte, mais renforcer ce rapport ne rend pas le contexte plus clair. Enfin, la suite du passage, en parlant de l'expérience issue des sens (la vision, l'audition, l'odorat et le goût) – tout ce que la mort supprime –, rappelle le domaine de l'individu, déjà évoqué par l'expression τί πρὸς σέ, qui n'est déterminé ni par la nature ni par la convention.

En ce qui concerne ces différentes manières de comprendre le passage, on aboutit à une affirmation contraire à ce que je crois être le véritable message de Diogène : on établit en fait une opposition bien tranchée entre φύσις et νόμος face à laquelle le commandement est de toute évidence de choisir toujours le côté de la φύσις qui va à son tour déterminer ce qui nous concerne (τί πρὸς σέ). Or, d'après le texte des manuscrits le conseil de Diogène semble être bien différent, s'harmonisant parfaitement avec ce que je veux prouver : selon Diogène, *il faut trouver ce qui nous concerne réellement, non pas tellement ce qui est conforme à la nature – ou une certaine idée de nature – et ce qui est conforme à la loi*. Diogène dissocie ainsi les choses qui nous concernent de l'opposition nature/loi qu'il était pourtant sans doute capable de comprendre. Dans sa façon de voir, trouver ce qui nous concerne dépend moins de ce qui est « selon la nature » ou de ce qui est « selon la loi ou la coutume »[1] que de l'ascèse. Autrement dit, c'est l'ascèse qui permet de

1. Rappelons les anecdotes suivantes : « Un jour qu'on lui reprochait d'avoir mangé sur la place publique, il dit : 'de fait, c'est sur la place publique que j'ai ressenti la faim » (D. L. VI 58) ;

trouver ce qui nous concerne *réellement*, et non la loi ou une idée préconçue de la nature, détachée de l'expérience de l'individu, qui, dans ce cas, puisqu'elle serait en quelque sorte imposée du dehors, ne vaudrait pas plus que la loi elle-même.

Il est évident que dans « ce qui nous concerne » il y a un élément « naturel », quelque chose qui est « selon la nature » : tous les hommes ont besoin de manger, même si le besoin de manger varie d'une personne à l'autre (un homme qui pèse 120 kilos n'a pas les mêmes besoins « naturels » qu'une femme qui en pèse 48). Il est également évident que tout homme connaît ses besoins et que tout homme en a l'expérience. Diogène serait alors bien naïf s'il conseillait aux hommes de chercher ce qui les concerne, s'il pensait que ce qui les concerne est à identifier à la « nature » de tous les hommes ; en effet, il est tout à fait invraisemblable que l'on ait besoin de « philosopher » et de « s'adonner à l'examen » pour trouver ce qu'on a déjà « trouvé » et qu'on connaît bien. En revanche, Diogène critique souvent les hommes intempérants qui mangent trop, mais il sait que si les hommes mangent trop ce n'est pas parce qu'ils ne connaissent pas leur « nature » qui les oblige à manger. Les hommes mangent trop parce qu'ils succombent à l'erreur qui consiste à croire que, puisque manger provoque du plaisir, il faut manger plus pour avoir plus de plaisir. Ainsi, la mission que le cynique se donne est d'apprendre aux hommes non la « nature » qui les pousse à manger, mais la façon, la *technique*, qui permet de « ne pas manger » (trop) et, qui plus est, d'y trouver du plaisir, un plaisir encore plus grand que ce qu'ils pensent obtenir à travers l'excès ; le cynique veut en fait apprendre aux hommes à « déguster leur faim ».

Nous devons donc admettre que, même si elle n'est pas explicitement mentionnée, c'est la notion d'ascèse qui est bel et bien derrière l'injonction du cynique. Alors, il faut donner à l'expression τί πρός σέ un sens compatible avec ce contexte. D'abord on doit accorder au pronom personnel une importance de premier ordre, car si le cynique avait voulu évoquer ce qui concerne la « nature commune » des hommes, il aurait plutôt dit (écrit) τί πρὸς τὸν ἄνθρωπον (dans une lettre, qui constitue en principe un discours direct, on peut parfaitement dire : « réfléchis, mon ami, à ce qui concerne l'homme », mais notre auteur a décidé de dire : « réfléchis, mon ami, à ce qui *te* concerne »). On doit donc conclure que c'est la dimension individuelle de la « nature » qu'il faut chercher et cette dimension individuelle de la « nature » oriente précisément vers l'ascèse dont le but est de promouvoir une endurance hors norme et de rendre possible un usage des représentations tout à fait novateur[1] ; il faut, par conséquent, nous adonner à la philosophie et à l'examen pour trouver – et pour réaliser – chez nous ce qui, dans nos conditions et dans nos situations particulières d'existence, nous permettra de faire

« Comme on lui reprochait de boire dans une taverne, il dit : 'de même que c'est chez le barbier que je me fais couper les cheveux' » (D. L. VI 66).

1. Cf., par exemple, l'opinion de Cratès : « Il faut, disait-il, philosopher jusqu'au point où les généraux nous apparaissent comme des meneurs d'ânes » (D. L. VI 92).

face aux contraintes de la nature et aux circonstances imprévisibles que le destin nous impose. Dans la perspective du cynique, cela veut dire trouver ce qui nous permettra de *jouer* avec nos besoins naturels et avec la Fortune[1]. Ce principe est valable spécialement pour la mort qui constitue le sujet de la lettre du Pseudo-Diogène[2], car la mort, que la science peut certes retarder, mais qu'elle ne pourra jamais prévoir ou annuler, est toujours suspendue au-dessus de la tête de l'homme dès sa naissance et peut s'abattre sur lui à tout moment[3]. En fait, la logique de l'ascèse philosophique que le cynique propose est valable non exactement pour la mort proprement dite – la mort proprement dite, c'est-à-dire sa propre mort, dès qu'elle est là, l'homme ne la perçoit pas[4] –, mais pour l'idée de la mort, qui inspire aux hommes des craintes puériles[5] : pour le cynique, puisque la vie est une fête, il faut mourir comme quelqu'un qui quitte une fête[6].

1. Parce qu'il ne fuit pas les épreuves, le cynique est aussi capable de ridiculiser l'adversité : « Ô Fortune, tu menaces de la pauvreté ? Métroclès se moque de toi ! » (Plutarque, *Si le vice suffit pour rendre l'homme malheureux* 3, 499b = *SSR* V L 3). La suite immédiate de ce passage est très intéressante pour ce que nous avançons ici : ὃς χειμῶνος ἐν τοῖς προβάτοις καθεύδων καὶ θέρους ἐν τοῖν προπυλαίοις τῶν ἱερῶν τὸν ἐν Βαβυλῶνι χειμάζοντα καὶ περὶ Μηδίαν θερίζοντα Περσῶν βασιλέα περὶ εὐδαιμονίας εἰς ἀγῶνα προυκαλεῖτο. « Celui-ci [*scil.* Métroclès], qui dormait l'hiver au milieu des moutons et l'été sous les portiques des temples, défiait sur le chapitre du bonheur le roi des Perses qui, lui, hivernait à Babylone et passait l'été du côté des Mèdes ». La *synkrisis* entre le train de vie de Métroclès et celui du Grand Roi est exactement la même que l'on trouve à propos de Diogène chez Dion Chrysostome (*Discours VI, Diogène ou la tyrannie*). Notons qu'ici la transition entre la « nature » (passer l'hiver au milieu des moutons) et la civilisation (se servir des portiques des temples pendant l'été), c'est ce qui caractérise le bonheur – et nous pourrions dire : la « vie facile » – du cynique. Il faut noter en outre que certaines corrections du texte de ce passage qui ont été proposées semblent, encore une fois, refléter la difficulté qu'il y a à voir dans le refus d'établir la valeur des choses et des attitudes de l'homme à partir de l'opposition nature/civilisation au nom d'une vie facile et heureuse une des idées centrales du cynisme. Ainsi, d'après ce qu'on lit dans l'apparat donné par G. Giannantoni (*SSR* V L 3), à la place de l'expression ἐν τοῖς προβάτοις des manuscrits, Usener propose de lire ἐν τοῖς πριβάτοις (i.e. *in balneis privatis*), tandis que S. A. Naber, « Observationes miscellaneae ad Plutarchi Moralia », *Mnemosyne* 28, 1900, p. 85-117 ; 129-156 ; 329-364 (voir les p. 147-148), suggère ἐν τοῖς προσβάτοις, « dans des endroits accessibles », c'est-à-dire, là où il pouvait entrer.

2. Diogène aurait écrit un ouvrage intitulé *Sur la mort* : cf. D. L. VI 80.

3. Cf. D. L. VI 5 ; Pseudo-Diogène, *Lettre XXII, à Agésilas*.

4. Cf. D. L. VI 68 : « Comme on lui demandait si la mort est un mal, il répondit : 'comment pourrait-elle être un mal, elle que nous ne sentons pas quand elle est là ?' ». Cf. aussi Cicéron, *Tusculanes* I 43, 104. Sur la mort des autres, particulièrement des êtres chers, voir Télès fr. VII 59-62 Fuentes González ; Lucien, *Vie de Démonax* 25.

5. Cf. Stobée III 8, 15 (*SSR* V B 305) ; Dion Chrysostome, *Discours VI, Diogène ou la tyrannie* 41-42.

6. Cf. Télès fr. II 15-18 Fuentes González. L'analogie de la mort avec le fait de quitter une fête, un banquet ou, comme pour un acteur, la scène (dans ce cas, elle serait le développement d'une autre analogie, celle du bon acteur qui sait bien jouer son rôle avec l'homme qui sait s'adapter aux circonstances) semble être un véritable *topos* dans la littérature moralisante de

Ainsi, nous pouvons conclure que la « nature » de l'homme, ce qui naît avec lui, et qui fait de lui un être mortel et soumis à des contingences qu'il n'est pas capable d'éliminer, n'intéresse pas beaucoup le cynique. Plus exactement, cette « nature » de l'homme ne l'intéresse que dans la mesure où elle représente le « terrain » sur lequel il s'entraîne ou l'« ennemi » contre lequel il combat et dont il doit expérimenter et mettre à l'épreuve les forces ; quoi qu'il en soit, la « nature » est pour lui en même temps quelque chose qui permet et qui exige l'ascèse. Dès lors, là où Épicure voit la source de toute richesse, vers laquelle le sage doit orienter préventivement son existence, le cynique devine plutôt la « Charybde qui engloutit la vie »[1] ; là où les stoïciens voient une règle et une raison universelle avec laquelle l'homme de valeur doit être en harmonie, le cynique ne voit que le hasard et l'accident. Sa seule richesse vient donc de son âme et se matérialise dans son corps (dont la force et la vigueur se lient intimement à une *apparence* animalière), une richesse qu'il augmente quotidiennement et continuellement grâce à l'ascèse. Ainsi, dans la perspective rhétorique de l'énonciation de ses principes, le cynique n'identifie pas la nature aux dieux ou à un « cadeau » des dieux : en fait, il répond aux πόνοι que la nature lui impose par la « vie facile » que les dieux ont donnée et donnent toujours aux hommes.

La « nature » du cynique est enfin celle de l'expérience immédiate que tous les hommes ont de la faim, de l'amour, des maladies et de la mort et qui, par conséquent, ne constitue pas en soi-même et par elle-même un objet philosophique, en dehors de la physique. Le cynique a sans doute une conscience aiguë des besoins de l'homme, mais son intention n'est pas simplement de s'en accommoder ; il veut dépasser ces besoins, non par leur réplétion « naturelle », mais par leur rétrécissement maximal qui, en partant de la nature, semble vouloir se retourner contre cette même nature. Dans une telle perspective on aboutit à un nouveau paradoxe (ce qui ne doit pas nous étonner) : la vie « selon la nature » des cyniques est en fait un « anti-naturalisme », tout comme, d'un point de vue « économique », sa richesse se fonde entièrement sur la pauvreté et sur le dépouillement[2].

Mais il y a encore un point sur lequel il faut insister : le rapport du cynique à la « nature » et, concrètement, aux besoins naturels est, d'une certaine manière, défini par son cosmopolitisme : limiter les besoins et les désirs et réduire au minimum les

l'Antiquité et A. Oltramare, *Les origines de la diatribe romaine*, 1926, en fait remonter l'origine à Bion. Outre Télès (et Bion), ce thème revient spécialement chez Épictète : cf., pour les passages, P. P. Fuentes González, *Les diatribes de Télès*, 1998, p. 242-247.

1. Cf. D. L. VI 51.

2. Sénèque lui-même n'a pas l'air de bien comprendre les principes du cynisme, étonné qu'il est à l'égard du radicalisme avec lequel le cynique les met en œuvre. Voici ce qu'il dit à propos de Démétrius : « cet homme énergique qui combat tous les besoins naturels, plus pauvre que tous les autres cyniques parce que ceux-ci s'interdisant de rien avoir, lui s'est interdit même de demander ! (...) ce n'est pas la doctrine de la vertu, c'est la doctrine de la pauvreté qu'il a professée » (Sénèque, *De la vie heureuse* 18, 3 ; traduction de É. Bréhier, modifiée).

instruments de leur satisfaction, c'est-à-dire développer l'ascèse au plus haut point, a pour le cynique une contrepartie immédiate, à savoir l'extension maximale de sa disponibilité, qui lui permet de s'adapter à toutes circonstances. Puisqu'il est cosmopolite et qu'il est toujours sur la voie d'une « vie facile », il serait illogique et contradictoire – et très restrictif – que le cynique circonscrive la satisfaction de ses besoins et de ses désirs naturels aux seuls éléments de la nature : si pour lui le monde est sans frontières, sa diététique – mais non son éthique – est sans restrictions. En ce sens, nous devons rappeler les paroles de Dion Chrysostome qui nous apprennent que Diogène ne dédaignait rien (παρέπεμπεν οὐδέν) de ce qui pouvait aider (ἐπικουρεῖν) son corps à supporter *facilement et sans tracas* (ῥᾳδίως καὶ ἀπραγμόνως) les contraintes de la nature[1].

Ainsi, en lisant la doxographie générale des cyniques que Diogène Laërce donne à la fin du livre VI de ses *Vies*, nous devons nous garder de l'erreur de faire dire au texte plus qu'il ne dit : *certains* (ἔνιοι) cyniques en fait se satisfont d'herbes et d'eau fraîche[2] ; cela ne veut pourtant pas dire que *tous* les cyniques font pareil et, encore moins, que manger des herbes et boire de l'eau fraîche avait la valeur d'un dogme. Il est sans doute plus facile, plus simple et moins cher de trouver quelques feuilles de laitue (de l'ail ou des lupins) et de l'eau fraîche (en tout cas en Grèce antique) que des mets raffinés et du vin, mais on sait – et nous l'avons vu – que Diogène lui-même ne s'interdisait pas les gâteaux de miel ou un bon petit vin, ni de manger dans une taverne, si l'occasion le lui permettait, pourvu que cela ne rendît pas sa vie plus difficile que celle donnée à tous les hommes par les dieux. Vivre frugalement (λιτῶς βιοῦν) et se contenter d'une nourriture qu'on peut se procurer soi-même et du seul manteau élimé (αὐτάρκεσι χρωμένοις σιτίοις καὶ τρίβωσι μόνοις) n'est pas la même chose que de vivre « selon la nature ». Enfin, Diogène, qui comparait les pilules au pain[3], n'appréciait pas beaucoup la fille de Tyndare qui versa dans le vin la drogue (φάρμακον) destinée à dissiper le chagrin : non pas à cause de la drogue, mais parce que (γάρ) il aurait fallu qu'on l'apportât sans vin[4].

5. Précis d'improvisation ou de la vie kat'euteleian *(la vaisselle des chiens I)*

Lorsqu'il s'agit d'illustrer la frugalité des cyniques, l'anecdote qui trouve la faveur des historiens est sans doute celle où Diogène jette son gobelet, son écuelle ou les deux après avoir constaté que les enfants n'y avaient pas recours. Cette

1. Cf. Dion Chrysostome, *Discours VI, Diogène ou la tyrannie* 30.

2. Cf. D. L. VI 105. On lit ἔνιοι dans le manuscrit F ; ἔνιοι τε dans BP, que Reiske propose de corriger en ἐνίοτε, forme adoptée par Dorandi. Cf. la note de M.-O. Goulet-Cazé, *ad loc.*, à sa traduction du livre VI de Diogène Laërce. L'idée de base du texte n'est pas altérée par ces différentes leçons.

3. Cf. Pseudo-Cratès, *Lettre XVII, aux compagnons.*

4. Cf. Pseudo-Diogène, *Lettre XVII, à Antalcide.*

anecdote a reçu, dans la littérature antique, pas moins de neuf versions plus ou moins différentes entre elles[1]. Je cite en premier celle qui semble être la plus complète[2], que donne Diogène Laërce :

Θεασάμενος ποτε παιδίον ταῖς χερσὶ πῖνον ἐξέρριψε τῆς πήρας τὴν κοτύλην, εἰπών, "παιδίον με νενίκησεν εὐτελείᾳ". Ἐξέβαλε δὲ καὶ τὸ τρυβλίον, ὁμοίως παιδίον θεασάμενος, ἐπειδὴ κατέαξε τὸ σκεῦος, τῷ κοίλῳ τοῦ ψωμίου τὴν φακῆν ὑποδεχόμενον.

Ayant vu un jour un jeune enfant qui buvait dans ses mains, il sortit son gobelet de sa besace et le jeta, en disant : « Un jeune enfant m'a battu sur le chapitre de la frugalité ». Il jeta également son écuelle, après avoir vu de la même façon un jeune enfant qui, parce qu'il avait brisé sa gamelle, recueillait ses lentilles dans le creux de son petit morceau de pain[3].

Observons brièvement quelques détails de cette scène. D'abord il faut noter qu'il s'agit en fait de deux scènes distinctes regroupées sous un motif unique ; ces deux scènes sont, d'une certaine manière, complémentaires, dans la mesure où elles portent sur deux besoins naturels de l'homme (et de tous les animaux), la première fait référence à la soif, la seconde à la faim. Le motif qui les regroupe est celui de la simplicité et de la frugalité que le cynique adopte pour satisfaire de tels besoins. Pourtant, dans le cas présent, la frugalité du cynique ne concerne pas, comme dans d'autres apophtegmes, la boisson et la nourriture proprement dites, mais les ustensiles dont l'homme normalement se sert pour les consommer. Étant donné, d'une part, que l'usage de ces ustensiles – en l'occurrence, le gobelet et l'écuelle – est propre non seulement à l'homme, mais à l'homme civilisé, que les premiers hommes, en théorie, ne les connaissent pas encore et que les animaux sont incapables de les fabriquer[4], et étant donné, d'autre part, que Diogène s'en

1. Sénèque, *Lettre à Lucilius 90*, 14 (*SSR* V B 159) ; Plutarque, *Comment s'apercevoir qu'on progresse dans la vertu* 8, 79e (*SSR* V B 158) ; D. L. VI 37 (*SSR* V B 158) ; *Gnomologium Vaticanum* 743, n° 185 (*SSR* V B 158) ; Jérôme, *Ad. Jovinianum* II 14 (*PL* 23, col. 305) ; Simplicius, *Commentaire sur le « Manuel d'Épictète »* 32 (*SSR* V B 160) ; Basile, *Lettre I* 4 (*SSR* V B 161) ; Pseudo-Diogène, *Lettre VI, à Cratès* (*SSR* V B 536) ; Pseudo-Diogène, *Lettre XIII, à Apolexis* (*SSR* V B 543). À cet ensemble, on pourrait ajouter la version de Nil d'Ancyre (*De voluntaria paupertate ad Magnum* = *PG* 79, col. 1017 B) qui pourtant ne parle pas de Diogène mais d'un philosophe cynique non identifié. Sur ces différentes versions, voir l'analyse détaillée de M.-O. Goulet-Cazé, « Le livre VI de Diogène Laërce », 1992, (voir surtout les p. 4029-4036), reprise dans *id.*, *Le Cynisme*, 2017, p. 41-193 (voir les p. 183-190).

2. Cf. M.-O. Goulet-Cazé, *op. cit.*, p. 4033.

3. D. L. VI 37.

4. On sait que certains animaux sont capables d'instrumentaliser de façon assez systématique quelques objets naturels en vue d'accomplir certaines tâches liées à l'obtention de leur nourriture : on a déjà vu, par exemple, des singes qui non seulement se servent de cailloux pour briser les noix, mais aussi qui apprennent l'expédient à leurs petits. Mais, à la différence des hommes, les animaux ne fabriquent pas leurs instruments. Enfin, on doit tenir compte de ce que certains de ces instruments, notamment ceux qui constituent la vaisselle, ont acquis chez les hommes une valeur qui dépasse leur simple fonctionnalité : les assiettes et les tasses ne sont pas uniquement des objets qui rendent l'absorption de la nourriture et des boissons plus facile ; ce sont des éléments qui composent, dans la vie quotidienne de l'homme civilisé, un certain code comportemental et qui symbolisent souvent le raffinement et le luxe.

débarrasse, on pourrait conclure, presque automatiquement, que le geste du cynique symbolise une rupture profonde et radicale avec le monde civilisé et qu'il exprime le désir d'un retour à une vie naturelle, proche de celle des animaux et de celle des premiers hommes.

Néanmoins, il faut tenir compte de certains détails qui sont présents dans cet apophtegme – et aussi des détails qui ne le sont pas. En premier lieu, rien ne nous oblige à placer la scène (ou les scènes) qu'il décrit en dehors de la cité, dans un cadre plus « rustique » ou plus « naturel » (ce qu'a fait, par exemple, Nicolas Poussin dans son célèbre tableau[1]). En supposant qu'il y a eu, à l'origine de toute la tradition littéraire qui s'est constituée autour de cet apophtegme (ou de ce récit, dans le cas des versions purement narratives), un noyau historique[2], on peut admettre qu'il est tout à fait vraisemblable que Diogène ait observé cet enfant au milieu de la ville, peut-être sur la place publique. D'autre part, il faut noter que le geste « théorique » (cf. le participe θεασάμενος utilisé à deux reprises) de Diogène n'est pas, pour ainsi dire, programmatique : la « théorie » du cynique se produit selon l'occasion (cf. l'adverbe ποτε, « une fois *par hasard* ») et à partir d'un événement particulier tout à fait imprévu, et elle est vite convertie en action. Alors, si la démarche cynique consistait réellement à adopter une vie « selon la nature » inspirée des animaux, on pourrait très bien se demander combien de fois Diogène aurait pu regarder, par exemple, un chien en train de boire ou de manger. Certes, on m'objectera que les chiens n'ont pas des mains pour en faire un creux avec lequel ils pourraient puiser de l'eau pour boire[3]. Mais cette objection n'en est pas vraiment une, car elle ne fait que confirmer l'idée selon laquelle le cynique ne prend pas systématiquement ses modèles de vertu du côté des animaux, mais aussi chez les hommes : à l'exception des témoignages plus vagues et moins précis de Plutarque (τὸν πίνοντα) et de Simplicius (τινα), toutes les autres versions de

1. Le tableau « Diogène jetant son écuelle » peint par Poussin en 1648 (aujourd'hui au Musée du Louvre) situe effectivement la scène dans un milieu plus « naturel » renforcé par le contraste avec la ville d'Athènes qu'on devine à peine au fond du paysage, derrière les deux personnages. Curieusement, ce tableau, qui montre le désir du cynique de se débarrasser de toute possession superflue et excessive, a été commandé à Poussin par un riche banquier suisse qui vivait à l'époque à Paris : cf. O. Flores-Júnior, « As artes do discurso e o 'naturalismo' cínico », 2015 (voir surtout les p. 38-45) ; pour un aperçu d'ensemble sur les représentations de Diogène dans les arts visuels, voir D. Clay, « Picturing Diogenes », 1996 (sur le tableau de Poussin, voir la p. 375, n. 19) ; pour plus détails sur ce tableau, on lira S. Kimura, « Études sur *Diogène jetant son écuelle* de Nicolas Poussin », 1982 ; et *id.*, « Autour de N. Poussin : notes iconographiques sur le thème de *Diogène jetant son écuelle* », 1983.

2. Cf. M.-O. Goulet-Cazé, *op. cit.*, p. 4036.

3. Ce que certaines versions de l'histoire précisent comme étant le geste du personnage que Diogène rencontre : Sénèque, *Lettre à Lucilius 90*, 14 (*cava manum bibentem aquam*) ; *Gnomologium Vaticanum* 743, n° 185 (ἀρυόμενον χερσὶ κοίλαις ἀπὸ τοῦ παραρρέοντος ὕδατος καὶ πίνον) ; Jérôme, *Ad. Jovinianum* II 14 (*manu concava bibere*) ; Basile, *Lettre I* 4 (κοίλαις ταῖς χερσὶν ἐπικύπτων πίνειν) ; Pseudo-Diogène, *Lettre VI, à Cratès* (συνάψας κοίλας τὰς χεῖρας ἠρύετο ἀπὸ τῆς κρήνης καὶ οὕτως ἔπινε).

l'épisode montrent que c'est un être humain qui suggère au cynique une vie plus « allégée ». Il faut d'ailleurs rappeler que, selon Diogène, les mains sont pour l'homme un atout à mettre sur le même plan que l'intelligence, formant avec cette dernière un ensemble qui rend possible le développement technique et qui, par conséquent, distingue le mode de vie des hommes de celui des animaux[1]. Pour le cynique, les mains constituent en fait un instrument très important dans le cadre de son projet de « faciliter » la vie (elles sont, par exemple, spécialement utiles lorsqu'il s'agit de simplifier la satisfaction de ses désirs sexuels[2]).

Le naturalisme du cynique consisterait alors à entrer en pleine possession de *sa propre* nature. En ce sens – puisque l'homme est la seule créature qui peut faire un usage « technique » de ses mains –, nous sommes amené à conclure que Diogène, de par son propre exemple, recommande aux hommes de vivre non exactement « selon la nature », mais plus précisément « selon la nature de l'homme » (ou, pour être encore plus précis, « selon *les natures des hommes* »), ce que confirment les phrases prêtées au cynique dans les versions du *Gnomologium Vaticanum* (χρησιμωτέρας τὰς χεῖρας φήσας ἑαυτὸν εἰληφέναι παρὰ τῆς φύσεως, « il disait qu'il avait reçu de la nature des mains plus utiles [que la coupe qu'il avait jetée] ») et de Jérôme (*nesciebam quod et natura haberet poculum*, « je ne savais pas que la nature elle aussi avait une coupe »)[3]. Mais s'il semble évident que Diogène recon-

1. C'est ce que nous transmet Dion Chrysostome, *Discours X, Diogène ou Des domestiques* 16 : (...) καίτοι οὔτε χεῖρας ἔχοντα οὔτε ἀνθρώπου διάνοιαν; ἀλλ' ὅμως ἀντὶ πάντων αὐτοῖς τῶν ἄλλων κακῶν ὑπάρχει μέγιστον ἀγαθόν, ὅτι ἀκτήμονά ἐστιν. « (...) Pourtant, ils [*scil.* les animaux] n'ont ni les mains ni l'intelligence de l'homme. Pour compenser ces défauts et tous les autres, ils ont un très grand avantage : ils ne possèdent rien » (traduction de M.-O. Goulet-Cazé, *L'ascèse cynique*, p. 65). Notons, par ailleurs qu'encore une fois (comparer D. L. VI 73 et Anaxagore, fr. DK 59 B 4), on peut rapprocher la pensée de Diogène de celle d'Anaxagore : celui-ci, selon le témoignage d'Aristote, disait en effet que les hommes se comportent de façon plus intelligente que les animaux simplement parce qu'ils ont des mains (cf. DK 59 A 102, cité par U. Dierauer, « Raison ou instinct ? le développement de la zoopsychologie antique », 1997, p. 5). Je crois avoir montré plus haut que, chez Dion (dans le *Discours VI*), Diogène ne place pas l'animal au-dessus de l'homme. Ici, dans ce passage du *Discours X*, cette interprétation semble se confirmer : d'une part il n'est pas obligatoire que l'expression « un très grand avantage » (μέγιστον ἀγαθόν) soit comprise comme l'affirmation de l'infériorité de l'homme, et, d'autre part, le fait de n'avoir rien (ἀκτήμονά ἐστιν) ne met pas les animaux au-dessus de *tous* les hommes – ou *l'animal* au-dessus de *l'homme* –, car les hommes peuvent eux aussi – et c'est ce que Diogène veut leur apprendre – se débarrasser de (presque) tout pour n'avoir rien ; pourtant, même dans ce cas ils auront toujours leurs mains et leur intelligence. En fait, le cynique s'étonne de ce que les hommes, qui peuvent, s'ils le veulent, vivre bien mieux que les animaux, vivent, en raison de leur propre stupidité et de leur propre mollesse, bien plus mal qu'eux. Enfin, si pour Diogène les hommes sont « naturellement » pires que les bêtes, à quoi bon ses admonestations ? Serait-ce uniquement pour en diminuer la distance, sans aucun espoir de renverser la hiérarchie ?

2. Cf. D. L. VI 46 ; 69 ; Dion Chrysostome, *Discours VI, Diogène ou la tyrannie* 19-20 ; Pseudo-Diogène, *Lettre XLII, à la sage Mélésippè* ; Pseudo-Diogène, *Lettre XLIV, à Métroclès.*

3. J'emprunte les traductions à M.-O. Goulet-Cazé, *op. cit.*, p. 4034 et 4035.

naît dans la raison un élément – certainement le principal (si ce n'est le seul) – de la « nature » de l'homme, à partir duquel il peut pratiquer l'ascèse, il n'en va pas de même pour les mains : certes, l'ascèse n'existe pas en dehors du domaine de la raison, mais le plein usage des mains ne peut pas être considéré comme une *condition* pour la pratique de l'ascèse, car celle-ci, comme on l'a vu plus haut, doit prendre en considération les situations concrètes des individus ; autrement dit, l'ascèse est un exercice individuel que la personne pratique en l'adaptant à ses conditions réelles d'existence et au moment présent qui est le sien. Nous pouvons alors poser la question suivante : un homme qui n'a pas le plein usage de ses mains (parce qu'il est malade ou parce qu'il est handicapé) serait-il *naturellement* incapable de pratiquer l'ascèse ?

Cette question serait sans doute trop insolite, si Diogène n'y avait pas apporté lui-même une réponse, encore une fois, sous forme de boutade : « Les estropiés (ἀναπήρους), disait-il, ce ne sont ni les sourds ni les aveugles, mais les gens qui n'ont pas de besace (τοὺς μὴ ἔχοντας πήραν) »[1]. L'effet risible du calembour ne doit pas nous éloigner de son message qui n'est pas dénué de sérieux. Si la besace est un des composants de l'accoutrement du cynique symbolisant son dépouillement et son mode de vie austère, nous pouvons considérer qu'elle évoque ici l'ascèse qui est justement le procédé permettant de réduire le nécessaire pour vivre à une besace et à un manteau plié en deux (si Diogène a choisi ici la besace, c'est évidement en fonction de son jeu de mots). Il faut alors comprendre que, dans la perspective du cynique, l'ascèse, c'est-à-dire le propre de la philosophie de Diogène, est plus importante et plus efficace que toutes les facultés de l'homme : ce qui peut faire l'excellence de l'homme ce ne sont ni ses yeux, ni ses oreilles, et, pourrions-nous ajouter, ni ses mains, ni d'ailleurs son intelligence (si elle n'est pas utilisée dans la bonne direction), mais la décision de pratiquer l'ascèse. En ce sens, l'ascèse peut compenser avantageusement n'importe quel handicap[2]. Ainsi, puisque les handicaps, dont les hommes peuvent à tout moment être affligés, sont, comme tout malheur, déterminés par la Fortune, toujours imprévisible et incontrôlable, l'idée qui revient est que l'ascèse n'est pas une méthode pour retrouver une nature « perdue », mais une arme pour combattre les tours joués par la Τύχη ; ce faisant, elle élimine les craintes concernant le futur et garantit le plaisir et le bonheur présents.

En outre, on pourrait considérer que l'histoire que raconte notre apophtegme opère à deux niveaux distincts : il y a, d'une part, ce que fait Diogène et, de

1. D. L. VI 33 (traduction de M.-O. Goulet-Cazé, légèrement modifiée).

2. Le cynique reproche aux hommes le fait d'ignorer la valeur de la philosophie, tout en étant conscients de la possibilité toujours imminente du malheur : « Comme on lui demandait pourquoi les gens font l'aumône aux mendiants et non aux philosophes, il répondit : 'parce que s'ils craignent de devenir un jour boiteux et aveugles, jamais ils ne craignent de devenir philosophes' » (D. L. VI 56).

l'autre, ce que fait l'enfant. Si l'on veut reconnaître dans le geste du cynique – comme le font généralement les interprétations traditionnelles du cynisme – un effort pour que l'homme récupère la *naturalité* du comportement animal, le premier niveau de notre apophtegme pose un problème délicat : en effet, Diogène *imite* ce qu'il a vu. En laissant de côté pour l'instant le fait qu'il imite un enfant, et non un animal – ce qui est déjà très significatif –, nous devons admettre que Diogène agit déjà en homme, car il *imite* quelqu'un et son imitation ne peut pas être comparée à la *mimicry*[1] des animaux précisément parce qu'elle est réfléchie et délibérée, en ce sens qu'elle calcule sa fin ; son imitation est en réalité le fruit d'une observation intentionnelle et raisonnée ; elle est, en dernière analyse, la conclusion d'une forme de « théorie ». D'une certaine manière, en *observant* l'enfant – et pas seulement en le regardant – et en l'imitant, Diogène « trahit » le comportement instinctif des animaux qui est inscrit dans la nature et qui « n'est pas le fruit d'une réflexion ou d'un plan, d'un apprentissage ou d'une imitation, ni non plus d'une expérience ou d'un essai propre »[2]. Alors, puisque l'imitation est le propre de l'homme, une capacité qui le distingue des autres animaux[3], si Diogène voulait reprendre, par l'exemple des animaux, la voie de retour à la nature, son geste serait déjà en contradiction avec son désir.

Si l'on passe au second niveau de cet apophtegme, la question qui s'impose est la suivante : est-ce que le geste de l'enfant est réellement naturel, dans le sens où il pourrait être inscrit dans un effort de retourner à la φύσις et de reproduire le comportement de l'animal ? Sans doute, il agit *naturellement*, c'est-à-dire *spontanément*, comme agissent tous les animaux – il n'y pense pas. D'autre part, il n'est pas, comme ne le sont pas non plus les animaux, contraint, par exemple, par un code de politesse conventionnelle – selon le *nomos* – qui dicterait qu'on ne doit pas boire dans ses mains. L'enfant avait soif et il boit en puisant l'eau avec ses mains ; c'est tout. Il n'imite rien ni personne et il ne délibère pas sur son attitude. Mais comment Diogène, lui, assiste-t-il à la scène ? Le fait qu'il jette son gobelet après avoir regardé l'enfant, qu'il réagit à la scène, suggère plutôt qu'il ne regarde pas cette scène d'un œil innocent : à la différence de tous les chiens qu'il a pu voir en train de boire par le passé, cette scène l'interpelle. Et nous pourrons dire que ce qu'il voit ce n'est pas exactement la naturalité, la spontanéité de l'enfant. Or, si

1. Ce terme est utilisé par R. Caillois, *Les jeux et les hommes*, 1967, qui écrit : « Je choisis de désigner ces manifestations par le terme de *mimicry*, qui nomme en anglais le mimétisme, notamment des insectes, afin de souligner l*a nature fondamentale et élémentaire, quasi organique, de l'impulsion qui les suscite* » (p. 61 ; les italiques son de mon fait).

2. U. Dierauer, « Raison ou instinct ? », 1997, p. 6.

3. Cf. Aristote, *Poétique* IV, 1448b 5-9 : « Dès l'enfance les hommes ont spontanément à la fois une tendance à imiter – et l'homme se différencie des autres animaux parce qu'il est particulièrement enclin à imiter et qu'il a recours à la représentation dans ses premiers apprentissages – et une tendance à trouver du plaisir aux imitations » (traduction de R. Dupont-Roc et J. Lallot, modifiée).

Diogène voulait être aussi « naturel » ou aussi « spontané » que l'enfant, au moment où il avait ressenti la soif, il aurait dû simplement sortir son gobelet de sa besace, qui était déjà là à cet effet, et boire tranquillement en se servant de lui pour puiser l'eau. C'est ainsi qu'il agirait « en animal », car la naturalité de l'animal consiste à réagir aux situations avec les moyens qui sont là, qui sont déjà dans sa possession et selon des besoins fixes qu'il n'altère pas volontairement : un animal n'est jamais prêt à renoncer à ses possessions, il n'est jamais prêt, par exemple, à partager une femelle (on voit bien que l'idéal cynique de la communauté des femmes n'est pas très « naturel »), à abandonner à d'autres son gibier ou à réduire son territoire. On retombe, encore une fois, sur le principe de l'ascèse.

Ainsi, ce que Diogène voit dans le geste de l'enfant ce n'est pas sa naturalité, mais sa frugalité ; plus exactement, il voit une attitude qui lui suggère un moyen de développer encore sa frugalité à lui ou, si l'on veut, d'augmenter sa « richesse régressive ». D'une certaine façon, l'enfant montre au cynique non pas la possibilité de boire sans un gobelet (ce que n'importe quel animal aurait pu lui montrer) ; l'enfant lui montre un *autre* « gobelet », plus simple et plus « facile », mais cet autre « gobelet » ne se manifeste que par le regard que Diogène lui-même porte sur la scène ; c'est lui qui imprime sur le geste de l'enfant, en soi-même naturel, spontané et autarcique, la marque du *nomos* à travers l'image d'un ustensile civilisé. C'est peut-être en ce sens que l'on doit comprendre la phrase que Jérôme, dans sa version de l'apophtegme, attribue à Diogène : « je ne savais pas que la nature elle aussi avait une coupe » (*nesciebam quod et natura haberet poculum*)[1]. Le cynique découvre la nature dans la cité en même temps qu'il découvre la cité dans la nature. Dans le vertige circulaire de cette double découverte, le cynisme nous montre qu'il n'y a qu'un monde, réel et présent, mais toujours instable, dans lequel les hommes doivent trouver un moyen de vivre, et où ils pourront même être heureux, à la condition d'accepter que l'opposition νόμος/φύσις ne soit qu'un mirage inutile – un véritable τῦφος – qu'il vaut mieux éliminer.

On pourrait alors admettre que ce n'est pas un rétablissement de la *phusis* qui est ici en cause : encore une fois, la démarche du cynique consiste à réduire – d'une façon qui n'est pas « naturelle », car la naturalité dont l'enfant fait preuve ne se reproduit dans le geste du cynique qu'en apparence – les éléments extérieurs à l'homme en vue de « faciliter » l'exécution des opérations qui lui permettent de vivre. Il met en œuvre l'ascèse qui conduit à la falsification, car ce qu'il voit dans les mains de l'enfant, c'est d'une certaine manière un gobelet « falsifié ».

L'attitude de l'enfant dans le second épisode de l'apophtegme ou, plus exactement, la façon dont Diogène comprend l'attitude de l'enfant rend encore plus claire cette perspective. Si, dans le premier cas, ce qui attire l'attention de Diogène est le fait que l'enfant « transforme » ses mains en un gobelet, dans le second, c'est

1. Jérôme, *Adversus Jovinianum* II 14.

la nourriture elle-même – son petit morceau de pain où il fait un creux (τῷ κοίλῳ τοῦ ψωμίου) – qu'il transforme en vaisselle avec laquelle il ramasse ses lentilles. À nouveau, le geste de l'enfant, spontané certes, n'est pas un geste *naturel*, un geste que l'on peut trouver dans la nature tel quel. Ce second épisode ajoute en effet un aspect important au geste qu'inspire Diogène : ici le biographe ne dit pas simplement qu'un enfant mangeait, comme un chien ou comme un autre animal quelconque, du pain avec des lentilles sans avoir recours à de la vaisselle, ni qu'il avait abandonné volontairement sa gamelle, mais qu'il l'avait brisée *accidentellement*, sans doute par un coup de malchance. Pourquoi donc cette précision ? Parce qu'à côté de la frugalité dont l'enfant avait déjà fait preuve dans le premier épisode, ce qui attire ici l'attention de Diogène c'est sans doute sa capacité à improviser (cf. la conjonction ἐπειδή qui enchaîne l'action et qui déclenche un nouvel état des choses auquel il faut s'adapter), et cette improvisation consiste non à refuser ou à condamner la gamelle, mais à la remplacer sur le champ. En suivant une analogie qui confère à l'apophtegme son unité, le geste spontané de l'enfant apprend au cynique non point l'inutilité de la gamelle, mais l'usage d'une *autre* gamelle – une gamelle « falsifiée » –, plus simple, plus « facile » et, en un sens, plus efficace que celle qu'il a abîmée. Ensuite, il faut observer quelque chose que je soupçonne et qui renforce l'idée que la démarche du cynique lorsqu'il imite l'enfant n'a rien à voir avec le monde « naturel » des animaux : un animal peut certes manger deux ou plusieurs aliments, l'un après l'autre (ou, peut-être, tous à la fois), mais il n'est pas capable de *combiner* les aliments de façon à avoir un ensemble plus ou moins homogène ou de façon à ce que l'un puisse faciliter l'absorption de l'autre : c'est précisément ce que fait l'enfant dans le second épisode de cette histoire ; il ramasse ou recueille (ὑποδεχόμενον) ses lentilles dans le creux de son petit morceau de pain pour les manger ensemble. Il y a donc, tout de même, un aspect technique dans l'improvisation qui simplifie et facilite son repas[1].

Nous pouvons donc conclure que dans la version que Diogène Laërce donne de cette rencontre entre Diogène et un enfant, ce n'est pas la *phusis* qui tient le devant de la scène. C'est un exercice intempestif de sagesse fondé sur la découverte soudaine d'un moyen simple et efficace de « faciliter la vie ». On notera que dans cet apophtegme tout se joue sous le signe du hasard, de l'accident, de l'imprévu et de l'improvisation : Diogène voit *par hasard* un enfant[2], qui *par hasard*

1. Si le terme ψωμίον doit être compris dans ce passage au sens d'un « petit morceau de pain », comme l'a fait M.-O. Goulet-Cazé dans sa traduction, et non au sens plus neutre et plus général de « petite bouchée » (qui pourrait être, par exemple, de viande), on aurait, avec la suggestion de cet élément « fabriqué » qui est le pain, une confirmation de plus du cadre civilisé à l'intérieur duquel le geste de l'enfant se déroule.

2. Puisque la philosophie de Diogène s'exerce dans les faits, il est intéressant de noter qu'elle est souvent déclenchée par l'observation accidentelle d'un événement qui se produit au hasard devant ses yeux. En ce sens, on notera que les apophtegmes sont souvent introduits par

avait brisé sa gamelle et qui en *improvise* une autre. Dans ce scénario il n'y a pas de place pour la réflexion préalable, pour un fondement théorique mûri et planifié ; il n'y a pas de place pour *la* « nature » universelle et immuable en tant que fondement et balise pour l'action vertueuse. Et c'est Diogène lui-même qui le dit, lorsqu'il définit la leçon qu'il tire de l'expérience vécue : « Un jeune enfant m'a battu sur le chapitre de la frugalité ». La phrase qui clôt ce bref récit – la morale de l'histoire – présente trois points qui résument de façon assez claire le message qu'il contient : (1) c'est un enfant – non un animal – qui « fait la leçon au cynique ». Si dans d'autres contextes c'est bel et bien l'exemple des animaux qui indique au cynique le chemin de la vertu, il faut considérer que l'opposition homme / animal n'est pas à la base de son action et qu'il ne se tourne pas systématiquement vers les animaux, en considérant que ces derniers représenteraient la « nature » à l'état brut ; il n'y aurait donc pas chez les cyniques un renversement de la hiérarchie traditionnelle des êtres : le cynique peut tirer ses exemples du monde animal aussi bien que du monde des hommes. En ce sens, le témoignage de Théophraste dans son *Mégarique*, selon lequel Diogène observe une souris et que l'on peut rapprocher de l'apophtegme de l'enfant[1], ne peut pas être évoqué comme une évidence textuelle qui, en projetant rétrospectivement sur les débuts philosophiques de Diogène un aspect de sa doctrine « achevée », prouverait une préférence ou une option « théorique ». Selon Théophraste, ce fut en observant une souris que Diogène trouva le remède à ses difficultés, mais ce fut en observant un enfant qu'il apprit encore la vertu : la mise en parallèle des deux récits, dans lesquels une même expression se répète presqu'à l'identique – θεασάμενός ποτε παιδίον (ensuite παιδίον θεασάμενος) > εὐτέλεια et μῦν θεασάμενος > πόρον τῆς περιστάσεως – montre en fait une sorte d'ouverture sur le monde entier permettant précisément de chercher (et de trouver) partout l'inspiration pour pratiquer la vertu qui facilite la vie.

Ensuite, (2) Diogène dit qu'il a été *battu* ou *vaincu*. C'est la logique du jeu (ou de l'*agôn*) que le cynique fait intervenir dans le domaine de la philosophie (j'y reviens plus loin). À la méthode traditionnelle qui consiste à faire passer, normale-

θεασάμενος. Ce n'est certainement pas une coïncidence que, parmi les vingt occurrences de cette forme verbale dans les *Vies* de Diogène Laërce, dix-sept se trouvent dans le livre VI (cf. aussi Dion Chrysostome, *Discours IX, Diogène ou le Discours isthmique* 22 qui présente une des deux uniques occurrences de θεασάμενος dans les discours de Dion). Cette forme verbale ne peut donc pas être prise pour une caractéristique formelle anodine des chries cyniques (voir à ce propos M.-O. Goulet-Cazé, *op. cit.*, p. 3983-3985 [= *ead.*, *Le cynisme,* 2017, p. 138-140]) ; elle suggère en effet que le cynisme est une philosophie entièrement tournée vers l'imprévisibilité de la « vraie vie » dont le philosophe assiste au spectacle et auquel il répond par une sorte d'improvisation, elle-même un autre « spectacle », ancrée sur l'ascèse.

1. Cf. D. L. VI 22 ; sur le rapprochement des deux anecdotes, voir M.-O. Goulet-Cazé, *op. cit.*, p. 4033-4034 (= *ead.*, *Le cynisme*, 2017, p. 187-188) ; spécifiquement sur l'anecdote de la souris, voir G. Steiner, « Diogenes' mouse and the Royal Dog : conformity in nonconformity », 1976.

ment d'un maître à un disciple, un corps plus ou moins cohérent de *mathemata*, sur lesquels il faut réfléchir longuement pour en trouver le sens, l'utilité ou, éventuellement les failles, Diogène substitue la « voie courte » pour atteindre le bonheur et la sagesse[1] ; et, pour pouvoir parcourir cette « voie courte », il érige en méthode la dispute avec soi-même et la confrontation volontaire avec l'adversité qui peut à tout moment accabler les hommes. Dans cette perspective, comme un athlète qui désire se surpasser, comme un joueur qui veut prouver son habilité (ou la faveur du sort) à relever des défis, ou comme un artiste qui vise au perfectionnement de sa prestation, Diogène s'entraîne, c'est-à-dire pratique l'ascèse. Mais l'ascèse philosophique de Diogène ne correspond pas exactement à l'entraînement sportif ou à la préparation d'un artiste, tout simplement parce qu'elle ne vise pas les Jeux ou la scène : sa « prestation » se déroule sur toute sa vie, sur chaque moment de son existence ; en prenant en compte le fondement majeur de la pensée cynique, on pourrait dire que Diogène *falsifie* le principe même de l'ascèse.

Enfin, (3) s'il est vrai que le choix des formes littéraires et du vocabulaire joue un rôle de premier ordre à l'intérieur de toute tradition philosophique, même dans celles qui, comme le cynisme, se fondent sur un ensemble de textes dont le trait principal est le caractère anecdotique et fragmentaire (on serait tenté de dire qu'en raison même de leur brièveté et de leur concision, les chries et les apophtegmes tendent à être, d'un point de vue terminologique, encore plus précis que les formes plus « explicatives » ou plus développées du discours philosophique), nous pouvons considérer que la façon dont Diogène lui-même raisonne sur l'enseignement qu'il tire du geste de l'enfant clôt la question de son prétendu naturalisme : il ne dit pas qu'il a été battu par l'enfant sur le chapitre de la *phusis*, mais il dit très clairement qu'il a été battu par l'enfant sur le chapitre de la *frugalité* (εὐτελείᾳ), et, comme nous l'avons vu, l'exercice de la frugalité et de la simplicité ne suppose pas nécessairement l'abandon de la cité ni le refus systématique du *nomos* au nom d'une « nature » transcendante et universelle.

Mais ce passage de la biographie de Diogène ne s'épuise pas avec le récit qu'en fait Diogène Laërce. C'est pourquoi il faut à présent examiner brièvement une autre version de ce même épisode qui semble y ajouter des éléments importants.

1. Sur l'idée de la « voie courte » des cyniques, qui figure dans la définition du cynisme donnée par le stoïcien Apollodore de Séleucie dans son *Éhique* (cf. D. L. VII 121), selon laquelle le cynisme serait « un raccourci vers la vertu » (σύντομον ἐπ' ἀρετὴν ὁδόν), voir les considérations de M.-O. Goulet-Cazé, *L'ascèse cynique*, 1986, p. 22-38 (principalement la note 22, p. 22-24), et *ead.*, *Les* kynika *du stoïcisme*, 2003, p. 154-161, qui développe la question.

6. Vie kat'euteleian et liberté : ni nature ni cité, ou les deux à la fois (la vaisselle des chiens II)

Une des lettres pseudépigraphes attribuées à Diogène donne une version plus descriptive de cet épisode où le cynique jette ses ustensiles. Il s'agirait, comme le suggère M.-O. Goulet-Cazé, d'une version sans doute plus tardive pour laquelle l'auteur s'est inspiré des apophtegmes qui circulaient à l'époque afin de composer, dans un texte suivi, une petite histoire circonstanciée que « Diogène » raconte à son correspondant[1]. Voici le texte de cette lettre que je donne d'après l'édition de E. Müseler, et ensuite une traduction :

Κράτητι.

Χωρισθέντος σου εἰς Θήβας ἀνέβαινον ἐκ Πειραιῶς ὑπὸ μέσην ἡμέραν, καὶ διὰ τοῦτο λαμβάνει με δίψος καρτέρον. Ὥρμησα οὖν ἐπὶ τὴν Πάνοπος κρήνην καὶ ἕως ἐγὼ τὸ ποτήριον ἐκ τῆς πήρας ἐξῄρουν, ἧκε τις [θέων] θεράψ τῶν τὴν χώραν ἐργαζομένων καὶ κοίλας τάς χεῖρας ἠρυετο ἀπὸ τῆς κρήνης καὶ οὕτως ἔπινε, καὶ ἐγὼ, δόξαν μοι ποτηρίου σοφώτερον εἶναι, οὐχ ᾐδέσθην διδασκάλῳ αὐτῷ τῶν καλῶν χρῄσασθαι. (2) Ἀπορρίψας οὖν τὸ ποτήριον ὃ εἶχον, καὶ σοὶ εὑρών τινας ἐπὶ Θηβῶν ἀνερχομένους τὸ σοφὸν τοῦτο ἐπέσταλκα, οὐδὲν βουλόμενος τῶν καλῶν δίχα σοῦ ἐπίστασθαι. ἀλλὰ καὶ σὺ διὰ τοῦτο πειρῶ εἰς τὴν ἀγορὰν ἑκάστοτε ἐμβάλλειν, ἵνα πολλοὶ διατρίβουσιν ἄνθρωποι. ἔσται γὰρ ἡμῖν οὕτω καὶ ἄλλα σοφὰ παρὰ τῶν κατὰ μέρος εὑρεῖν· πολλὴ γὰρ ἡ φύσις, ἥν ἐκβαλλομένην ὑπὸ τῆς δόξης ἐκ βίου ἐπὶ σωτηρίᾳ ἀνθρώπων κατάγομεν ἡμεῖς.

À Cratès.

Tandis que tu t'étais éloigné vers Thèbes, je remontais du Pirée à midi et à cause de l'heure une forte soif me tenaillait. Je me précipitai donc vers la source de Panope. Tandis que je tirais ma coupe de ma besace, un serviteur des gens qui travaillent la terre vint en courant, joignit ses mains pour former un creux, puisa à la source et but ainsi ; moi, comme cette façon de faire m'a semblé plus sage que de prendre une coupe, je n'eus point honte d'utiliser ce serviteur comme un maître en bonne conduite. Je jetai donc la coupe que j'avais et, comme j'ai trouvé des gens qui remontaient vers Thèbes dans ta direction, je t'envoie ce trait de sagesse, car je ne veux rien connaître de bien sans te le faire partager. Mais toi aussi, compte tenu de cette anecdote, essaie donc toujours de faire irruption sur l'agora, là où beaucoup d'hommes passent leur temps. De cette façon, nous aurons encore l'occasion de découvrir bien d'autres traits de sagesse chez ces gens pris individuellement. Variée est la nature, elle qui a été chassée de notre vie par l'opinion et que nous restaurons pour le salut des hommes[2].

S'il est vrai que l'auteur de ce texte a dû vouloir faire la propagande du cynisme sous une forme plus accessible et plus agréable auprès d'un public populaire peu soucieux de théories abstraites et plus perméable à des récits imagés[3], il n'est pas impossible qu'il ait aussi ajouté à son histoire certains éléments qui

1. Cf. M.-O. Goulet-Cazé, *op. cit.*, p. 4036 (= *ead.*, *Le cynisme, une philosophie antique*, 2017, p. 189-190).

2. Pseudo-Diogène, *Lettre VI, à Cratès* (traduction de M.-O. Goulet-Cazé, légèrement modifiée).

3. Cf. M.-O. Goulet-Cazé, *op. cit.*, p. 4036, qui d'ailleurs applique à son analyse des apophtegmes cyniques la méthode que Bultmann utilisa dans ses études sur les évangiles synoptiques.

faisaient partie du message original, en rendant plus explicite ce que les apophtegmes, en raison même de leur brièveté et de leur concision, laissent seulement sous-entendre[1]. Ainsi, le texte suivi de cette lettre serait, d'une certaine manière, le résultat d'une pédagogie associant un recours esthétique à une sorte d'exégèse philosophique.

Le premier élément à noter qui distingue la version présentée par cette lettre des autres versions est la localisation de l'épisode. Pratiquement absents des autres témoignages, notamment de celui de Diogène Laërce, les repères géographiques sont ici précis et abondants : Cratès, le destinataire de la lettre, part à Thèbes, tandis que Diogène, son expéditeur, remontant du Pirée vers Athènes, s'arrête pour boire à la fontaine de Panope, qui se situait tout près du mur de la ville[2]. Puisque l'auteur de la lettre aurait pu composer le cadre de son récit avec d'autres éléments, on doit se demander pourquoi il a choisi précisément ceux-ci. Autrement dit, il n'est pas vraisemblable que la seule raison qui explique la mention des noms des villes et le nom de la fontaine soit le désir de fournir une ambiance *quelconque* au récit : il n'est peut-être pas très prudent, au moment d'analyser un texte, de miser sur la gratuité de ses éléments (ce qui n'est pas la même chose que d'attribuer à son auteur une intentionnalité pleinement consciente et calculée). Quoi qu'il en soit on doit constater que la version de la lettre « remplit » le silence des autres versions de cet apophtegme (ou limite le sens d'une expression comme ἀπὸ τοῦ παραρρέοντος ὕδατος que l'on trouve dans le *Gnomologium Vaticanum*), un silence qui pourrait inviter à placer la scène dans un environnement plus campagnard ou plus « naturel » (comme l'a fait Poussin dans son tableau) : cette lettre, en présentant Diogène en train de remonter *vers la ville* d'Athènes, insiste sur le contexte urbain, pleinement civilisé, ce qui n'est pas sans importance et qui trouve un écho dans la seconde partie du texte.

Ensuite on doit noter le changement de l'identité du personnage que rencontre Diogène. Là où les apophtegmes mettent en scène un enfant, l'auteur de la lettre met en scène « un serviteur des gens qui travaillent la terre » (τις θεράψ τῶν τὴν χώραν ἐργαζομένων). Ce changement s'explique peut-être par un désir de renforcer la portée « sociale » du message cynique : à la place d'une image plus naïve et plus anodine d'une sagesse émanant de l'innocence enfantine, nous avons dans la lettre un renversement de l'opinion équivoque des gens qui confondent connaissance et sagesse d'une part, et, de l'autre, valeur et classe sociale[3]. On ne saurait

1. En effet, même si le cynisme a toujours refusé les théories abstraites, il n'y a pas de doute que le contenu des anecdotes et des apophtegmes devenait plus accessible à une audience populaire et hétérogène lors d'une exposition publique s'il était mis sous la forme d'un texte suivi auquel l'emploi de la première personne donnait encore un coloris plus vif et plus réaliste.

2. Cf. Platon, *Lysis* 203a.

3. Cf. ce que dit Sénèque, *Des bienfaits* VII 1, 3-7, à propos du cynique Démétrius ; et ce que Dion Chrysostome, *Discours IV, Sur la royauté* 26-31, met sur le compte de Diogène. Mais nous ne devons pas forcement conclure, à partir du geste de Diogène, que le cynisme serait une

donc déduire de l'expression τῶν τὴν χώραν ἐργαζομένων, une allusion quel conque à une vie plus rustique et, par conséquent, plus proche de la nature comme source de sagesse et de vertu (et qui pouvait cautionner quelque chose de comparable au φιλαγρήσειν d'Épicure). En fait c'est le statut social de celui qui « fait la leçon » à Diogène que l'auteur de la lettre souligne : il ne s'agit même pas des travailleurs de la terre, mais d'un serviteur de ces travailleurs (le génitif de la phrase équivaut sans doute à un adjectif et non à un génitif partitif)[1]. En rehaussant l'identité de ce personnage, Diogène rend plus expressive sa disposition à apprendre la vertu par tous les moyens possibles et à trouver partout des leçons de sagesse. Il oppose donc, à l'opinion commune, *sa propre opinion* (cf. l'expression δόξαν μοι, construite avec le participe), qui lui a permis justement de décider ce qui était le plus sage (σοφώτερον) et de ne pas avoir eu honte de faire d'un homme si humble aux yeux de la multitude son maître ès bonne conduite (οὐχ ᾐδέσθην διδασκάλῳ αὐτῷ τῶν καλῶν χρήσασθαι)[2].

« philosophie du prolétariat », comme l'a proposé C. W. Göttling, « Diogenes der Cyniker oder die Philosophie des griechischen Proletariats », 1851 (repris dans M. Billerbeck [édit.], *Die Kyniker in der modernen Forschung*, 1991, p. 31-57) : il suffirait de rappeler l'exemple de Cratès qui se débarrasse volontairement de sa richesse (cf. les textes rassemblés dans *SSR* V H 4-13). Voir enfin l'étude plus récente de Ph. Bosman, « Ancient Cynicism. For the elite or for the masses ? », 2017. Apparemment, I. M. Nachov propose lui aussi une lecture marxiste du cynisme. À mon grand regret, je n'ai pas pu acceder aux diverses études de cet auteur (la plupart en russe ou en polonais), publiées entre les années 1965 et 1981, sinon de façon indirecte et partielle, à travers les résumés que l'on trouve chez L. Navia, *The Philosophy of Cynicism*, 1995.

1. À ce propos, M.-O. Goulet-Cazé, *op. cit.*, p. 4036, observe : « Un trait comparable à ce qu'on rencontre dans les Évangiles est à souligner: celui dont la conduite sert de leçon à Diogène est un serviteur sans prétention aucune, un homme humble. Chez les Cyniques comme chez les Chrétiens, c'est du côté des pauvres et des défavorisés que se rencontrent les maîtres ès conduite ».

2. Pourrait-on formuler l'objection suivante (à laquelle je réponds aussi dans O. Flores-Júnior, « As artes do discurso e o naturalismo cínico », 2015, n. 42, p. 43-44) : le personnage qui joue le rôle du « professeur de sagesse » de Diogène est représenté, dans les différentes versions de cet épisode, par deux « figures » distinctes – un enfant et « un serviteur des gens qui travaillent la terre » – qui semblent évoquer une forme quelconque d'exclusion politique. Ne serait-ce pas là l'indice d'une préférence pour le domaine de la nature, dans la mesure où l'ordre politique de la cité s'oppose – au moins selon un certain sens commun – à l'ordre naturel ? Je ne le crois pas. D'abord, même si l'on admet qu'un enfant tend, surtout pour les plus jeunes, à se comporter de façon plus spontanée et « naturelle » et qu'il est plus ou moins « imperméable » aux injonctions du *nomos*, dans les textes originaux qui transmettent notre épisode, le vocabulaire qui désigne ce personnage – l'enfant ou le garçon – varie considérablement (comme on l'a déjà souligné plus haut) et il n'est pas aisé de déterminer avec précision le créneau d'âge que chaque terme désigne. De même, le terme θέραψ, rendu ici par « serviteur », n'est pas non plus univoque, il n'apparaît qu'en de très rares occurrences comme un synonyme de δοῦλος (cf. *LSJ*, s.v.) et n'indique pas nécessairement quelqu'un en marge de l'espace politique. Le trait qui probablement unit chacun de ses personnages et qui donne une cohérence et une certaine unité à toutes les versions de l'histoire semble effectivement être l'idée selon laquelle, différemment de ce que prescrit la *doxa*, la sagesse peut venir, pour un regard attentif, de n'importe où, même du plus simple et du

Mais c'est la seconde partie de la lettre qui présente l'aspect le plus intéressant du développement de notre apophtegme. Si dans les autres versions Diogène se limite à énoncer la leçon qu'il a apprise, ici il donne un conseil d'ordre général qu'il tire de son expérience particulière et que, dans le cadre dramatique de son récit, il adresse à Cratès : « toi aussi, compte tenu de cette anecdote, essaie donc toujours de faire irruption sur l'agora, là où beaucoup d'hommes passent leur temps ». Ce message est très clair : le cynique ne doit pas fuir les hommes ni la civilisation ; il doit au contraire vivre dans les cités et, à l'intérieur des cités, fréquenter les endroits où il y a la plus grande affluence d'hommes, c'est-à-dire l'*agora* qui est, pour ainsi dire, l'épicentre de la vie politique et, donc, de la vie civilisée. Le cynique fréquente la cité non seulement parce qu'il doit y exercer sa mission, qui consiste à admonester les gens, mais aussi parce qu'il peut y apprendre la vertu[1]. En outre, le conseil du cynique présente un détail qu'on ne doit pas négliger : s'il est vrai qu'en fréquentant la cité il peut acquérir la vertu « par contraste », en ce sens qu'il peut, en observant les agissements des autres, leurs vices et leur stupidité, former et affirmer sa propre vertu, dans cette lettre le message de Diogène, qui attire l'attention sur la scène à laquelle il vient d'assister (διὰ τοῦτο), montre une autre facette de son éducation, moins évidente sans doute (car il s'agit de l'éducation qu'il reçoit et non de celle qu'il donne), mais non point méprisable pour autant : « de cette façon, nous aurons encore l'occasion de découvrir bien d'autres traits de sagesse (ἄλλα σοφά) chez ces gens pris individuellement »[2]. On constate alors que les hommes de la cité ou que la civilisation elle-même seront aussi pour le cynique des sources de sagesse. C'est donc dans cette perspective que la dernière phrase du texte, qui s'ouvre d'ailleurs sur un véritable mot d'ordre, doit sans doute être comprise : « *variée est la nature* (πολλὴ ἡ φύσις), que l'opinion a bannie de la vie et que nous ramenons d'exil pour le salut des hommes ». Cette affirmation, faite à la clôture d'un récit qui vise à montrer les avantages qu'on obtient dans la fréquentation des hommes et des cités, semble confirmer que dans la perspective du cynique il n'y pas de « nature » pour l'homme en dehors de la cité et en dehors de la civilisation ou, au moins, que la

plus humble des êtres. En ce sens, il est opportun de rappeler la façon dont Nil d'Ancyre évoque cette anecdote (*De voluntaria paupertate ad Magnam*, *PG* 79, col. 1017). Dans ce passage, avant même de mentionner la leçon faite par quelqu'un qui buvait dans ses mains – en l'occurrence, « des enfants bergers » (ποιμενικοὺς παῖδας) –, Nil ajoute que chez les cyniques l'« observation des naïfs » (ἡ τῶν ματαίων θεωρία) peut déjà contenir « la pure compréhension » (τὴν κατάληψιν ἀκραιφνῆ) qui les met à l'abri des tribulations que la vie impose.

1. Cf. encore une fois ce que dit le Pseudo-Cratès, *Lettre XII, à Orion*.

2. Cf., par exemple, D. L. VI 47 : « D'un joueur de cithare costaud, déprécié par tous, il était le seul à faire l'éloge. Comme on lui en demandait la raison, il dit : 'parce que, tout en ayant cette corpulence, il joue de la cithare au lieu de faire le brigand' ». Ce joueur de cithare costaud – et le fait que Diogène ait pu faire l'éloge d'un joueur de cithare quelconque est très significatif – serait un autre exemple de sagesse trouvé à l'intérieur de la cité. On verra plus loin la spécificité de sa sagesse.

« nature » de l'homme se manifeste *dans* la civilisation et non loin d'elle. Par conséquent, dans le contexte du cynisme, il n'y aurait pas lieu de parler d'un « retour à la nature » ou d'une éthique fondée sur l'opposition νόμος/φύσις : chez les cyniques l'expression κατὰ φύσιν a, de toute évidence, une signification particulière, mais elle ne se définit pas nécessairement en opposition à une vie κατὰ νόμον.

En outre, on remarquera que l'emploi de l'adjectif πολλή pour caractériser la nature – et non μεγάλη, μείζων ou κρατερά – semble suggérer que la puissance de celle-ci découle précisément de sa diversité, de sa pluralité ; la « puissance » de la nature vient du fait qu'elle est *nombreuse*. C'est pourquoi je traduis « variée est la nature » (cf. « vieles nämlich vermag die Natur » chez E. Müseler). Cette diversité de la nature correspondrait donc à la diversité des hommes eux-mêmes qui peuvent donner des exemples de sagesse. Notons bien : Diogène affirme que les traits de sagesse viennent des *gens pris individuellement* (σοφὰ παρὰ τῶν κατὰ μέρος). Ce détail n'est pas sans importance : on aboutit encore une fois à l'idée selon laquelle il n'existerait pas une vertu qui puisse être établie « selon *la* nature » ; la vertu que le cynique veut mettre au service d'une « vie facile » repose en fait non sur une nature humaine unique et universellement valable, mais sur une « nature » individuelle, qui dans la perspective de l'ensemble des êtres est extrêmement variée. Cela explique aussi pourquoi le cynique conseille de *toujours* faire irruption sur l'agora, pourquoi il conseille de faire des irruptions *répétées, continuelles* (cf. l'adverbe ἑκάστοτε) sur l'agora[1] : puisque la nature est variée et qu'elle se manifeste chez les hommes pris individuellement, l'apprentissage des choses belles ne s'épuise pas pour ceux qui s'exposent sur la place publique. La répétition du geste, qui au bout du compte n'est jamais le même à chaque fois[2], renouvelle chez le cynique l'ouverture de sa compréhension sur la variabilité de l'univers et sur la multiplicité des natures de l'homme. Ainsi, l'exposition sur la place publique, visant à apprendre des choses belles, coïncide d'une certaine manière avec la pratique de l'ascèse qui, chez les cyniques, est aussi une forme d'exposition[3] : apprendre et enseigner la sagesse sont en fait deux actions convergentes et complémentaires qui enferment le cynique dans l'espace de la cité et de la vie des hommes civilisés.

La « nature » qui, dans la perspective du cynique, constitue une source inépuisable de sagesse et selon laquelle il faut vivre, n'est donc pas la « nature » d'Épicure ou celle des stoïciens. Émanant de l'individu dans des conditions tou-

1. Je souligne néanmoins que cet adverbe ne figure pas dans tous les manuscrits de cette lettre. Parmi les éditeurs modernes du texte, le seul qui l'a gardé est E. Müseler.

2. À propos du rapprochement entre le cynisme et la pensée d'Héraclite, voir J. F. Kindstrand, « The Cynics and Heraclitus », 1984.

3. Tout comme la *parrhesia* : à travers son discours, le cynique expose la sagesse et s'expose comme exemple de sagesse. À ce propos voir M. Foucault, *Le courage de la* vérité, 2009.

jours changeantes et imprévisibles, se manifestant souvent comme une réaction particulière, intempestive et improvisée aux situations que la Fortune, sans règle ni critère, impose aux hommes et, par conséquent, se transformant dans un ressort qui, « modelé » par l'ascèse, permet de s'adapter aux circonstances au nom d'une « vie facile », la « nature » des cyniques n'est ni le produit d'une théorie spéculative et abstraite ni la synthèse des phénomènes observés qui puisse former une règle générale universellement applicable à toute l'humanité. La « nature » conçue par les cyniques est un ensemble de phénomènes variés qui se produisent plus ou moins au hasard, qui restent comme des phénomènes produits plus ou moins au hasard et dont ils font l'expérience – non la théorie (au sens traditionnel du terme[1]) – sur la place publique (cf. le verbe πειρῶ, à la voix moyenne). Dans ce contexte, il revient au sage de pratiquer l'ascèse et de *découvrir* la « nature », non point une fois pour toutes, mais à chaque irruption qu'il fait sur l'agora ou à chaque moment de sa vie qu'il vit entièrement dans les cités, là-même où il passe son temps à regarder et à être regardé par les hommes. Cela signifie que l'action du cynique, qui apprend les « traits de sagesse » (soudain, il apprend l'inutilité de sa coupe) et qui enseigne la vertu en donnant sa propre vie comme exemple (il enseigne, par exemple, que pendant l'été la chaleur du sable est tout à fait supportable et qu'une petite galette d'orge est un repas aussi savoureux que le plus raffiné des mets), consiste à *dé-couvrir* la « nature » : celle des autres, qu'il intègre à sa propre vertu, si cela lui convient, ou qu'il corrige afin de les rendre meilleurs, et sa propre nature à lui. Dans un cas comme dans l'autre, il *se découvre* au beau milieu de la place publique[2].

Par ailleurs, nous pouvons rapprocher cette lettre – ainsi que l'apophtegme qu'elle développe – de la *Lettre XVI, à Apolexis*, attribuée également à Diogène (que j'ai commentée plus haut), et ce rapprochement semble confirmer l'idée d'une nature qui se manifeste à l'intérieur même de la civilisation. Nous avons vu qu'après avoir observé un limaçon, qui lui « suggère » de prendre le tonneau du Métroon comme maison, Diogène se réjouit d'*avoir découvert* ou d'*avoir mis au clair* la nature. Le parallélisme qui alors s'établit est remarquable. D'abord le geste « théorique » de Diogène : θεασάμενος παιδίον dans l'apophtegme de D. L. VI 37 (remplacé par un « serviteur des gens qui travaillent la terre » dans la *Lettre VI*) et θεασάμενος κοχλίαν dans la *Lettre XVI* ; ensuite le résultat immédiat de

1. La pratique cynique se fonde, comme nous l'avons vu, sur l'observation immédiate des phénomènes (θεασάμενός ποτε παιδίον ; θεασάμενος παιδίον ; μῦν θεασάμενος), dont on tire les conséquences sur le champ, non sur un schéma préalable pour lequel on s'attend à une confirmation par les faits, ni sur une « mise en forme » postérieure d'un ensemble des phénomènes observés en vue de la proposition de règles universellement valables.

2. Comme l'a bien montré M. Foucault, *op. cit.*, p. 161-176, le scandale de la nudité du cynique correspond au scandale de la vérité. En revanche, le rapprochement que fait cet auteur entre le comportement du cynique et l'animalité, encore que très stimulant, me paraît moins convaincant.

l'observation : la trouvaille d'un expédient plus sage (σοφώτερον) dans la *Lettre VI* et la découverte (cf. le verbe ηὗρον) de quelque chose qui « facilite la vie » (cf. l'expression ἀπολέλυσο τῆς ὑπηρεσίας ταύτης) dans la *Lettre XVI* ; enfin la conclusion finale de l'épisode exprimée dans un cas comme dans l'autre sous la forme d'une injonction morale adressée au destinataire de la lettre : la constatation du fait que la fréquentation des hommes – des individus – permet de découvrir des traits de sagesse, car la nature est « variée » (σοφὰ παρὰ τῶν κατὰ μέρος εὑρεῖν· πολλὴ γὰρ ἡ φύσις), dans la *Lettre VI*, et la manifestation de joie due à la découverte de la nature (σύγχαιρε ἡμῖν τὴν φύσιν ἀνευρίσκουσιν) – et j'attire l'attention sur l'emploi du participe ἀνευρίσκουσιν au temps présent – dans la *Lettre XVI*.

Ce parallèle nous permet de réaffirmer certaines conclusions. En premier lieu, la plus importante : la « nature » des cyniques ne s'oppose pas à la civilisation ; elle s'y manifeste et sa découverte, qui peut naître de l'observation de la vie animale (un limaçon, une souris) ainsi que du comportement des hommes (un enfant, un humble travailleur), n'amène pas le cynique hors de la cité, mais, bien au contraire, renforce son désir d'y rester. Dans ce contexte, la formule « retour à la nature » que la critique moderne prend comme slogan du cynisme ne vaut que si elle correspond au conseil de Diogène qui recommande aux gens de « toujours faire des irruptions sur l'agora » : l'homme pourrait « retourner » à la nature par la fréquentation intensive et continuelle des autres hommes à l'intérieur de l'espace civilisé. Un second point : la découverte de la nature n'est jamais une action achevée, ce qui serait au moins souhaitable dans le cas d'une vie « selon la nature ». Le geste *théorique* qui permet cette découverte doit être répété continuellement au long de toute la vie, parce que, justement, si en un sens la nature est donnée dès l'origine des êtres, elle n'est pas toujours manifeste ; pour le cynique, c'est l'ascèse qui la tire au clair dans la confrontation des circonstances et des situations concrètes de la vie.

Enfin, un troisième point : le caractère individuel, particulier et, jusqu'à un certain point, modifiable de la « nature » conçue par le cynique permet de mieux comprendre un détail de la *Lettre VI* du Pseudo-Diogène qui pourrait, au premier abord, être perçu comme une contradiction, mais qui n'en est pas une. En effet, après avoir assisté à la scène du travailleur qui buvait dans ses mains, Diogène conclut que cette façon de faire *lui a semblé plus sage* (δόξαν μοι σοφώτερον εἶναι). À la fin de la lettre, il célèbre la « nature variée » que le cynisme restaurera pour le salut des hommes, cette même nature qui a été chassée de la vie *par l'opinion* (ἐκβαλλομένην ὑπὸ τῆς δόξης ἐκ βίου). Ces deux phrases mettent en avant deux conceptions différentes – mais solidaires – de l'idée d'*opinion* données par deux mots liés par leur étymologie[1]. Dans la première, le verbe δοκέω (au

1. Cf. P. Chantraine, *Dictionnaire étymologique de la langue grecque*, 1999 (1re éd. 1968), p. 290-291.

participe aoriste neutre) prête à l'idée d'opinion une valeur plutôt positive (il s'agit de l'avis personnel auquel chacun a droit) : ce verbe évoque le jugement de Diogène concernant son expérience immédiate d'un phénomène ; c'est-à-dire la leçon qu'il tire d'une scène à laquelle il assiste lui-même directement. Dans la deuxième phrase, le substantif δόξα rappelle un type d'opinion évaluée de façon clairement négative. Cette contradiction apparente se défait si l'on comprend qu'il ne s'agit pas exactement du même concept dans un cas et dans l'autre. Dans la perspective du cynique l'opinion qu'il faut combattre est celle qui place la nature *en dehors de la vie* (ἐκ βίου), celle qui substitue, à la nature que l'on expérimente sur soi-même, jour après jour tout au long de la vie que l'on vit et qui, par conséquent, peut être « travaillée » par l'ascèse, une « nature » conçue d'avance dont la conséquence est, d'une certaine manière, d'inhiber la possibilité de l'ascèse et de l'auto-détermination et de favoriser la mollesse et le conformisme passif qui conduisent inévitablement au malheur : pour le cynique – et cela est un message que l'on voit (et nous l'avons vu) très clairement chez Dion – si l'on croit que l'homme n'est pas capable, *par nature*, de supporter l'adversité (le froid, la faim, les maladies, l'exil, les infortunes de tout ordre) sans s'y être exposé ou, au contraire, si l'on croit que l'homme doit, *par nature*, chercher toujours ce qui est sensé procurer du plaisir (la bonne chère, les richesses, les honneurs) sans l'avoir auparavant refusé, on ne sera jamais capable d'éprouver en même temps le vrai contentement, le vrai bonheur et la vraie liberté. En un sens, la φύσις qui se place en dehors de la vie elle-même ne vaudrait pas plus que le νόμος, dans ce qu'il peut avoir de contraignant et d'illusoire : en dehors de la personne, la « nature » est elle-aussi une convention. L'opinion négative, que le cynique combat et contre laquelle il s'élève, est celle qui se superpose à l'expérience que l'on peut avoir soi-même des phénomènes, mais aussi celle qui se substitue à l'épistème confirmée par l'observation objective ou par une argumentation raisonnée. Ainsi, ce que propose Diogène pour le salut des hommes est de remplacer la δόξα collective, déraisonnable, imprécise et défaillante qui exile la nature du seul espace qui lui confère un sens, c'est-à-dire l'individu soumis à la variété, à la mutabilité et à l'imprévisibilité du monde, par une δόξα « individuelle » et particulière issue de l'expérience subjective du monde, de la raison et de l'usage particulier des représentations, et finalement modelée par l'ascèse[1].

1. Chez le Pseudo-Diogène, *Lettre XXV, à Hippon*, nous lisons : (...) ἐγὼ δ' ἱκανὸν ἡγοῦμαι τὸ κατὰ ἀρετὴν καὶ φύσιν ζῆναι καὶ τοῦτ' ἐφ' ἡμῖν εἶναι (...). « (...) Pour moi, je considère comme suffisant de vivre selon la vertu et selon la nature, et que c'est cela qui dépend de nous (...) » (traduction de F. Junqua). Étant donnés les éléments que nous venons de repérer dans la *Lettre VI* du Pseudo-Diogène, j'incline à voir dans l'expression τοῦτ' ἐφ' ἡμῖν, « cela qui dépend de nous », non exactement la suggestion qu'il dépendrait de nous de vivre selon la vertu et la nature, mais plutôt « cela qui se joue chez nous et qui dépend de nos conditions à nous ». Le passage pourrait alors être paraphrasé de la façon suivante : « Je considère suffisant de vivre selon la vertu et selon la nature, et que c'est cela qui dépend de nous, que l'on décide chez nous,

Si sur le plan littéraire et historique, les lettres pseudépigraphes des cyniques grecs semblent constituer un *corpus* assez hétérogène et inégal, sur le plan philosophique, celui des principes de la pensée cynique, elles font preuve, dans l'ensemble, d'une cohérence plutôt remarquable, non seulement une cohérence interne, entre les lettres elles-mêmes, mais aussi une cohérence externe, relative aux autres sources de la tradition, telles que les chries et les apophtegmes conservés chez Diogène Laërce. Ainsi, dans le cadre dramatique de la *Lettre VI* du Pseudo-Diogène, que l'on vient de regarder de plus près, les conseils du cynique sont adressés à Cratès. Toujours dans la perspective de la mise en scène dramatique, nous pouvons considérer que ces conseils ont bien atteint leur but. Dans une autre lettre pseudépigraphe attribuée précisément à Cratès, celui-ci envoie à son épouse, la philosophe Hipparchia, le conseil suivant :

Ἱππαρχίᾳ

Οὐκ ἀπὸ τοῦ ἀδιαφορεῖν περὶ πάντα κυνικὴν τὴν φιλοσοφίαν ἡμῶν ἐκάλεσαν καὶ ἡμᾶς κύνας ἀλλ' ἀπὸ τοῦ σφοδρῶς ὑπομένειν τὰ ἄλλοις διὰ μαλακίαν ἢ δόξαν ἀνυπομόνητα, ὥστε διὰ τοῦτο καὶ οὐ διὰ τὰ πρῶτα κεκλήκασι κύνας ἡμᾶς. μένε οὖν καὶ συγκύνιζε (οὐ γὰρ ἔφυς χείρων ἡμῶν · οὐδὲ γὰρ αἱ κύνες τῶν κυνῶν), ἵνα σοι γένηται καὶ ἀπὸ τῆς φύσεως ἐλευθερωθῆναι, ὥστε ἀπὸ τοῦ νόμου ᾧ διὰ κακίαν πάντες δουλεύουσιν.

À Hipparchia

Ce n'est pas notre indifférence à l'égard de toutes choses qui a valu à notre philosophie le nom de « cynique », et à nous celui de « chiens », mais notre faculté d'endurer fermement ce qui est insupportable à d'autres, à cause de leur mollesse ou de l'opinion, de sorte que c'est à cause de cela et non à cause de ce que j'ai dit en premier qu'on nous a appelés « chiens ». Aussi résiste et partage notre vie de chien – car tu ne nous es pas inférieure par nature, pas plus que les chiennes ne sont inférieures aux chiens –, afin qu'il te soit donné *de te libérer de la nature comme de la coutume*, de laquelle tous, à cause de leur vice, sont esclaves[1].

que l'on détermine *sur nous*, selon nos propres conditions et selon les circonstances qui sont les nôtres ».

1. Pseudo-Cratès, *Lettre XXIX, à Hipparchia* (traduction de F. Junqua ; les italiques sont de mon fait). Ainsi, je suis partiellement d'accord avec F. de Luise et G. Farinetti, *Felicità socratica*, 1997, lorsqu'ils affirment : « La naturalità viene così rinvenuta attraverso un processo di riduzione e di semplificazione della complessità culturale dell'uomo e perciò, come risultato residuale, non costituisce un problema indagabile filosoficamente. I cinici non sono infatti impegnati in una costruzione positiva del concetto di *physis*, di un'idea di natura secondo ragione, come faranno poi gli stoici, ma piuttosto sembrano aspettarsi, comme risultato finale di una continua e fattiva opposizione ad ogni convenzione civile, di imbattersi nella natura più autentica che non può essere stata cancellata » (p. 91). S'il me semble correct de dire que les cyniques n'ont pas développé un concept « rationnel » de nature, et que la « naturalité » découle d'un processus de simplification, le fait d'associer le refus d'une nature « positive » à un refus systématique du *nomos* me paraît moins pertinent. Je ne crois pas que « la contrapposizione tra la *physis* et il *nomos* diventa il luogo centrale del pensiero di Diogene » (*op. cit.*, p. 91).

7. *À l'école des chiens ou le* nomos *contre la* phusis *: vers une pédagogie de l'érosion*

L'idée d'une « nature » individuelle que l'on découvre et que l'on met à l'épreuve au jour le jour d'après une expérience personnelle et du point de vue d'une « opinion subjective » formée sur le champ pourrait induire à penser que le cynisme défend finalement une sorte d'impulsion primaire, une version plus « rustique » et plus « primitive » de l'ὁρμή stoïcienne[1] : faire toujours *naturellement* ce qui, dicté par notre « nature » particulière nous vient à l'esprit sur le moment. Or, ce n'est pas le cas. Si le cynique conçoit et valorise une « nature » individuelle, plus proche en fait d'une « naturalité » ou d'une « spontanéité » qui pourrait cautionner la comparaison avec les comportements instinctifs qui commandent les animaux[2], il ne détache jamais de cette « nature » individuelle qui se manifeste au jour le jour la nécessité de la pratique continuelle et progressive de l'ascèse. Pour le cynique, comme nous l'avons vu dans les sections précédentes, la nature n'est pas nécessairement le but ou une sorte d'indicateur qui guide l'action du sage, et elle ne constitue pas une source inébranlable de richesse ; la « nature » selon le cynique est un « domaine de travail ».

Un apophtegme conservé par Diogène Laërce et déjà mentionné plus haut peut être évoqué comme preuve de la démarche cynique, mais, sans doute en raison de sa platitude apparente, il n'a guère attiré l'attention des commentateurs :

Παχέος κιθαρῳδοῦ πρὸς πάντων μεμφομένου αὐτὸς μόνος ἐπῄνει· ἐρωτηθεὶς δὲ διὰ τί, ἔφη· " Ὅτι τηλικοῦτος ὢν κιραρῳδεῖ καὶ οὐ ληστεύει".

D'un joueur de cithare costaud, déprécié par tous, il était le seul à faire l'éloge. Comme on lui en demandait la raison, il dit : "parce que, tout en ayant cette corpulence, il joue de la cithare au lieu de faire le brigand"[3].

L'attitude adoptée ici par Diogène montre clairement l'autonomie de l'individu qui fait prévaloir son impression personnelle sur celle de la multitude : le cynique est le seul (αὐτὸς μόνος) à faire l'éloge (sans doute avec un certain humour) de quelqu'un que tous (πρὸς πάντων) s'accordent à critiquer[4]. Il impose donc sa manière à lui de voir et d'expérimenter ce qui se produit devant ses yeux

1. Sur cette question, voir les contributions réunies par M.-O. Goulet-Cazé (édit.), *Études sur la théorie stoïcienne de l'action*, 2011, notamment F. Ildefonse, « La psychologie de l'action » (p. 1-71) ; M.-O. Goulet-Cazé, « A propos de l'assentiment stoïcien » (p. 73-236) ; et I. Koch, « Le destin et 'ce qui dépend de nous' : sur les causes de l'impulsion » (p. 367-472).

2. La perspective cynique pourrait encore une fois être opposée à la pensée stoïcienne. À propos de l'action de l'animal dans la perspective stoïcienne, voir W. Kühn, « L'attachement à soi et aux autres », 2011.

3. D. L. VI 47.

4. La comparaison avec Dion Chrysostome, *Discours X, Diogène ou Des domestiques* 19, n'est guère utile ici, car chez Dion, Diogène parle de quelqu'un qui ne s'y connaît pas en musique, un ἄμουσος. Chez Diogène Laërce, il est question d'un musicien, un κιθαρῳδός ; un mauvais musicien certes, mais un musicien tout de même.

(et devant ses oreilles) et fait remarquer sans crainte la leçon très particulière qu'il en tire et que, d'une certaine façon, il suggère aux autres. Ainsi, à l'exemple des gestes des enfants ou d'humbles travailleurs et à l'exemple aussi des comportements des animaux, même le plus banal des événements qui se produisent dans un monde très vaste peut être pour le cynique porteur de traits de sagesse.

En effet, ce joueur de cithare costaud – et le fait que Diogène ait pu faire l'éloge d'un joueur de cithare quelconque est déjà très significatif – serait un autre exemple de sagesse trouvé à l'intérieur de la cité, car il ne s'agit évidemment pas, comme dans ces représentations bucoliques, d'un musicien qui joue de son instrument dans la « nature », à l'écart des hommes et en harmonie avec le bruit du vent dans les arbres et avec le chant des oiseaux : il joue de sa cithare probablement sur l'*agora*, car son public est bien là, constitué d'hommes bien vivants qui d'ailleurs ne sont pas très réceptifs à sa prestation. Si l'on considère que le cynisme constitue un mouvement entièrement et inconditionnellement voué à la « nature », l'éloge de Diogène ne peut que nous étonner, car il approuve quelqu'un qui se sert de la musique, une activité κατὰ νόμον (le mot νόμος étant d'ailleurs un terme technique qui désigne chacun des cinq modes musicaux), pour contrecarrer une disposition « naturelle » inscrite, d'une certaine manière, sur son corps. On constate alors – non sans surprise, si l'on tient compte de la plupart des interprétations modernes du cynisme – que la sagesse que Diogène a devinée dans ce citharíste, c'est d'avoir su se servir du νόμος *contre* la φύσις[1].

Mais une objection pourrait tout de suite être soulevée à l'encontre de cette interprétation : le texte ne dit pas que le cithariste costaud se sert de la musique *pour* ne pas faire le brigand. Autrement dit, son geste n'est pas volontaire et il ne se sert pas de la musique en vue d'une finalité éthique ; il joue mal de son instrument et c'est tout. Pour répondre à cette objection je dirais, dans un premier temps, que ce n'est pas grave si le geste du cithariste n'est pas volontaire, car le résultat est bien là. Mais dans un second temps, j'ajouterais que cette objection ne fait que confirmer mon interprétation parce qu'elle montre en fait que c'est Diogène lui-même qui, face à un événement tout à fait banal – une mauvaise prestation musicale –, a soudain découvert l'utilité du νόμος. En renversant le jugement des gens (parce que le reproche se mue en éloge), l'opinion personnelle de Diogène déplace le focus du jeu et du chant du cithariste (car il s'agit d'un *citharoidos*, de quelqu'un qui devait chanter en s'accompagnant à la cithare) du domaine strictement musical au domaine de l'éthique et, en attirant l'attention sur

1. On pourrait rapprocher ce passage de celui que nous lisons dans D. L VI 50 : « Ayant vu un jour un jeune homme qui s'adonnait à la philosophie, il lui dit : 'c'est bien de tourner vers la beauté de ton âme les amants de ton corps' ». Notons en passant l'expression qui ouvre cet apophtegme : θεασάμενος μειράκιον. Même si la pratique de la philosophie (φιλοσοφοῦν), tout en étant une activité κατὰ λόγον, n'est pas à proprement parler une activité κατὰ νόμον, nous pouvons considérer que son rôle ici est de montrer que ce qui est *par nature* – la beauté du corps du jeune homme – doit être assorti d'une beauté qui vient de l'exercice.

une manifestation de sagesse qui n'est donc pas d'ordre musical, mais d'ordre moral, il fonde une certaine hiérarchie qui doit servir pour orienter l'action de l'homme.

C'est donc par l'inférence du cynique lui-même que l'idée d'un νόμος opposé à la φύσις fait irruption dans cet apophtegme. On pourrait toutefois insister encore sur le fait que la musique ou la prestation musicale qui représenterait le νόμος n'y est vraiment pour rien, car à peu près n'importe quelle autre occupation serait bonne pour détourner cet homme de ce à quoi la « nature » semble l'avoir destiné. Mais, dans ce cas, si l'objection emprunte ce chemin, ce sont les principes mêmes de l'analyse textuelle qui sont mis en cause : ce n'est pas une autre occupation qui figure dans ce passage, mais c'est bel et bien l'art de la cithare. Telle est la donnée, et pas une autre. Il faut alors l'expliquer : pourquoi cet apophtegme évoque la musique, un des arts libéraux de la cité et un des piliers de l'éducation traditionnelle des Grecs, qui faisait partie des « disciplines du cursus général », des ἐγκύκλια μαθήματα[1], et dont la pratique exigeait un entraînement spécifique, c'est-à-dire un type d'*ascèse* ? En effet, si l'on considère que Diogène a pu trouver, sous la forme de la musique, une utilité au νόμος, c'est le problème de l'utilité de la musique elle-même, dans le contexte du cynisme, que, de façon plus ponctuelle, cet apophtegme soulève.

Tout en constatant que l'ensemble des cyniques et vraisemblablement Diogène lui-même de façon particulière ont développé une activité littéraire[2] et en acceptant le fait apparemment paradoxal qu'ils recouraient souvent aux citations de poètes dans le cadre de leur pédagogie – la poésie étant intimement associée à la musique (ce sont les arts des Muses)[3] – on admet généralement que « d'un point de vue cynique, la musique n'est ni utile ni nécessaire, car elle ne contribue en rien à la progression de la vertu »[4]. Mais est-ce bien cela ? Est-ce qu'il s'agit vrai-

1. Sur le problème des ἐγκύκλια μαθήματα, on consultéra I. Hadot, *Arts libéraux et philosophie dans la pensée antique*, 2005.

2. Cf. M.-O. Goulet-Cazé, *Le Cynisme*, 2017, p. 240-241. Pour la production littéraire de Diogène, voir M.-O. Goulet-Cazé, *L'ascèse cynique*, p. 85-90 et, spécifiquement pour les tragédies qui lui sont attribuées, S. Husson, *La* République *de Diogène*, 2011, p. 185-189 ; et les divers articles de J. L. López Cruces listés dans la Bibliographie ci-dessous. J'ai consacré moi-même deux brèves études à l'activité littéraire des cyniques : O. Flores-Júnior, « Paradoxes cyniques », 2017 ; et, plus récemment, *id.*, « Lire et écrire dans les marges », 2020.

3. C'est ce qu'affirme Aristote au tout début de sa *Poétique*, en soulignant précisément qu'il s'agit d'une vision générale (τὸ σύνολον) et que le point de contact de ces arts est leur caractère imitatif : « L'épopée et la poésie tragique, comme aussi la comédie, l'art du dithyrambe, et, pour la plus grande partie, celui de la flûte et de la cithare (κιθαριστικῆς) ont tous ceci de commun qu'ils sont des imitations (μιμήσεις) » (Aristote, *Poétique* I, 1447a 13-16 ; traduction de R. Dupont-Roc et J. Lallot, *Aristote. La poétique*, 1980, légèrement modifiée).

4. S. Husson, *La* République *de Diogène*, 2011, p. 56. S. Husson, en s'appuyant sur D. L. VI 47 (le passage que nous venons de citer) ; D. L. 48 ; 73 ; 104 et Stobée III 5, 39, cherche à montrer (cf. les p. 56-57 de son ouvrage) que, dans le contexte des *politeiai*, la musique, rejetée

ment encore d'un paradoxe des cyniques, qui se servaient des Muses, d'un côté, mais qui les jugeaient inutiles d'un autre ?

En effet, si aux yeux des cyniques l'art des Muses n'était ni utile ni nécessaire, le travail de Diogène comme pédagogue chez Xéniade, selon le témoignage d'Eubule, ne peut que nous surprendre[1] :

Εὔβουλος δέ φησιν ἐν τῷ ἐπιγραφομένῳ Διογένους Πρᾶσις οὕτως ἄγειν τοὺς παῖδας τοὺς Ξενιάδου· μετὰ τὰ λοιπὰ μαθήματα ἱππεύειν, τοξεύειν, σφενδονᾶν, ἀκοντίζειν· ἔπειτα ἐν τῇ παλαίστρᾳ οὐκ ἐπέτρεπε τῷ παιδοτρίβῃ ἀθλητικῶς ἄγειν, ἀλλ' αὐτὸ ἐρυθήματος χάριν καὶ εὐεξίας.

Κατεῖχον δὲ οἱ παῖδες πολλὰ ποιητῶν καὶ συγγραφέων καὶ τῶν αὐτοῦ Διογένους, πᾶσάν τε ἔφοδον σύντομον πρὸς τὸ εὐμνημόνευτον ἐπήσκει. Ἐν οἴκῳ τε ἐδίδασκε διακονεῖσθαι λιτῇ τροφῇ χρωμένους καὶ ὕδωρ πίνοντας, ἐν χρῷ κουρίας τε καὶ ἀκαλλωπίστους εἰργάζετο καὶ ἀχίτωνας καὶ ἀνυποδήτους καὶ σιωπηλούς, καθ' αὑτοὺς βλέποντας ἐν ταῖς ὁδοῖς. Ἐξῆγε δ' αὐτοὺς ἐπὶ κυνηγέσια.

Eubule, dans son ouvrage intitulé *Vente de Diogène*, dit qu'il apprit aux enfants de Xéniade, après les autres disciplines, à monter à cheval, tirer à l'arc, lancer la fronde et le javelot. Puis, à la palestre, il ne permit pas au pédotribe de leur donner une formation d'athlètes, il le laissa seulement leur apprendre les exercices qui donnent des bonnes couleurs et une bonne santé.

Ces enfants retenaient par cœur maints passages de poètes, de prosateurs et des ouvrages de Diogène lui-même ; il les faisait s'exercer à tout procédé permettant de se souvenir vite et bien. À la maison, il leur apprenait à se servir eux-mêmes, à prendre une nourriture frugale et à boire de l'eau ; à son instigation, ils avaient les cheveux tondus au ras de la tête, ils allaient sans coquetterie, sans tunique, pieds nus et gardant le silence, marchant les yeux baissés dans la rue. Il les emmenait également à la chasse[2].

Ce passage, qui s'inscrit dans la tradition de la mise en vente de Diogène comme esclave, pose un certain nombre de problèmes que je ne traiterai pas tous ici[3]. Néanmoins, il faut d'abord tenir compte du fait que Diogène renverse le

par les cyniques comme inutile, serait un des points par lesquels Diogène, dans son projet de «radicaliser Platon» (cf. p. 105 et ss.), «répondait à une œuvre reconnue d'un philosophe reconnu et donnait ainsi sa propre interprétation de la condition philosophique» (p. 47). Je ne suis pas tout à fait persuadé par l'idée selon laquelle Diogène avait écrit sa *République* avec l'intention délibérée de répondre à l'œuvre homonyme de Platon (ou de répondre à Platon tout court) et j'en donne mes raisons dans un essai bibliographique autour de l'étude (par ailleurs excellente) de S. Husson : O. Flores-Júnior, «Husson, Suzanne. *La* République *de Diogène.*», 2011.

1. Cf. D. L. VI 30 ; 36.

2. D. L. VI 30-31.

3. Voir à ce sujet R. Höistad, *Cynic Hero and Cynic King*, 1948, p. 116-138, avec les réserves de M.-O. Goulet-Cazé, *L'ascèse cynique*, 1986, p. 77-84. Voir également M.-O. Goulet-Cazé, «Le livre VI de Diogène Laërce», 1992, p. 4008-4009 (= *id.*, *Le cynisme*, 2017, p. 162-164), et les considérations de G. Giannantoni, *SSR*, t. IV, p. 453-460. Même si je ne suis pas d'accord avec R. Höistad, lorsqu'il affirme que «the form given to the ἀσκήσις-motif in the doxographical and in Euboulus' version of the Xeniades story constitues a special type having hedonistic colouring» (*op. cit.*, p. 122) et que «the Euboulus pedagogy is a typical example of this eudaemonistic asceticism» (*op. ci.*, p. 134), je ne vois pas pourquoi ce passage ne serait pas «proprement cynique» (S. Husson, *op. cit.*, 57, n. 6), ni pourquoi il ne serait «pas teinté d'un

rapport maître-esclave[1], qui n'existe que *selon la loi*, mais qu'il ne le supprime pas vraiment : puisqu'il est fait esclave, il s'adapte – à sa manière – à cette circonstance. En fait, pour présenter sa façon de voir les choses, il fait intervenir une comparaison avec d'autres activités propres à la vie civilisée, celle du médecin et celle du pilote : « Il disait à Xéniade qui l'avait acheté, qu'il devait lui obéir, même s'il était son esclave. Car si c'étaient un médecin ou un pilote qui étaient esclaves, on leur obéirait »[2]. En effet, le monde de la navigation et le monde de la médecine fournissent une métaphore de l'activité du philosophe qui est devenue un véritable *topos* dans la littérature antique et qui revient avec une insistance particulière dans le *corpus* cynique[3]. Diogène lui-même atteste la dignité de ces deux métiers lorsqu'il les assimile à la philosophie : « Il disait aussi que, quand il voyait dans la vie des pilotes, de médecins et des philosophes, il trouvait que l'homme était le plus intelligent des êtres vivants (...) »[4]. On doit noter par ailleurs que la nature de ces métiers que Diogène évoque pour justifier le fait que, tout en étant un esclave, il doit être obéi, semble justifier aussi la pédagogie qu'il adoptera auprès des enfants de Xéniade : le pilotage et la médecine sont des métiers qui dépendent précisément d'une certaine *polytropie*. Ainsi, comme un pilote doit s'adapter ou adapter sa navigation aux conditions des vents et de la mer pour bien mener sa traversée, et comme un médecin doit adapter son traitement et ses prescriptions aux conditions et à l'état du malade, de même l'esclave philosophe, qui se trouve, par une conjoncture du destin, dans la situation d'avoir à faire aussi le pédagogue, doit adapter sa philosophie à la réalité de ses élèves. La comparaison que l'on trouve chez Porphyre, dans un passage où il se réfère aux commentaires d'Antisthène à propos du premier vers de l'*Odyssée*, plus précisément de l'épithète πολύτροπος, que le poète applique à Ulysse, est

cynisme franc » (M.-O. Goulet-Cazé, *L'ascèse cynique*, 1986, p. 84). Ce à quoi on assiste ici est une *adaptation aux circonstances* bien cynique, ce qu'a tout de même remarqué M.-O. Goulet-Cazé, *L'ascèse cynique*, 1986, p. 83, comme on le verra plus bas. Et en ce qui concerne l'« ascétisme eudémoniste » que, selon Höistad, ce passage prouverait, je me range à la conclusion de la même auteure, selon laquelle « chez Diogène, hédonisme et rigorisme pouvaient se côtoyer » (M.-O. Goulet-Cazé, *op. cit.*, p. 84). J'irais même plus loin : pour le cynique, le rigorisme est une forme d'hédonisme.

1. Cf. D. L. VI 29 ; 74 ; Plutarque, *Si le vice suffit pour rendre l'homme malheureux* 3, 499 b (*SSR* V B 72) ; *Souda, s.v.* Διογένης, n° 1143 (*SSR* V B 71) ; Philon, *Quod omnis probus liber sit* 123 (*SSR* V B 74) ; Stobée III 3, 52 (*SSR* V B 75), Aulu-Gelle, *Noctes atticae* II 18, 9-10 (= Macrobe, *Saturnalia* I 11, 42-43 ; *SSR* V B 77).

2. D. L. VI 30.

3. Pour la navigation, cf. par exemple Télès fr. II 9-10 Fuentes González (cf. aussi d'autres références et des indications bibliographiques dans P. P. Fuentes Gonzáles, *Les diatribes de Télès*, p. 205 et ss.). Pour la médecine, cf. D. L. VI 4 ; 6 ; 36 (où, encore une fois, Diogène explique à Xéniade le rôle particulier que jouera l'esclave qu'il vient d'acheter) ; Stobée III 13, 43 (*SSRV* B 281) ; Lucien, *Philosophes à l'encan* 8 ; Dion Chrysostome, *Discours VIII, Diogène ou De la vertu* 4-8 (sur ce sujet, cf. G. A. Gerhard, *Phoinix von Kolophon*, 1909, p. 12, n. 2).

4. D. L. VI 24.

tout à fait significative, d'autant plus qu'il s'agit d'une interprétation qui s'harmonise parfaitement avec le cynisme diogénien : « De fait, inventer le style (*tropos*) de sagesse qui convient à chacun est un signe de sagesse. À l'inverse c'est un signe d'inculture que d'user d'un discours au style (*tropos*) unique quand on s'adresse à des gens différents. La médecine exige aussi pareille attitude dans la réussite de son art, puisque la thérapie pratique l'attitude '*polytrop*e' en raison de la diversité des états des patients »[1]. Alors, si l'on accepte que l'adaptation du style du discours de la part de celui qui parle en fonction de celui qui l'écoute peut, d'une certaine manière, correspondre à une adaptation de la pédagogie de la part de celui qui enseigne en direction de celui qui apprend – ce qui me semble pertinent –, nous pouvons conclure que, chez Xéniade, Diogène dédouble sa capacité d'adaptation aux circonstances, en l'occurrence à la condition d'esclave, en faisant appel à un autre type d'adaptation qui relève précisément de l'activité qu'il doit exercer ; on pourrait dire que l'adaptation éthique propre au cynisme débouche dans ce cas sur une adaptation pédagogique des principes cyniques, une adaptation que M.-O. Goulet-Cazé a résumée dans ces termes : « Xéniade a confié à Diogène l'éducation de ses enfants. On peut donc légitimement s'attendre à ce que le philosophe observe des principes éducatifs qui ne soient point en contradiction avec ses vues cyniques. Mais il ne va pas de soi que Diogène ait asséné à ses élèves, probablement encore assez jeunes, l'entraînement cynique qu'il s'imposait à lui-même et qu'il devait préconiser pour ses disciples »[2].

On voit que la pédagogie que Diogène adopte pour les enfants de Xéniade est sans doute austère, fondée sur la plus rigoureuse simplicité, mais qu'elle n'oppose pas la nature à la loi (ce qui, selon mon point de vue, ne milite pas contre l'authenticité du passage) ; au contraire, le programme éducatif de Diogène, en considérant la situation réelle des enfants, combine certaines valeurs de la cité et de la civilisation, qui sont alors plutôt respectées et maintenues, avec certains éléments plus caractéristiques du cynisme : ainsi, par exemple, ils vont pieds nus et sans tunique (comme les cyniques), mais ils ont les cheveux tondus au ras de la tête. Il leur recommande des exercices physiques mais pas une formation d'athlète et il leur apprend l'autarcie, la frugalité, la simplicité des mœurs et la parcimonie. Quoi qu'il en soit, je ne crois pas que la façon dont Diogène accomplit sa tâche d'esclave pédagogue prouve qu'il ne pratique pas un cynisme franc ou que le témoignage d'Eubule provienne d'une source qui ne serait pas authentiquement cynique.

Mais le point spécifique du programme éducatif de Diogène qui semble être en désaccord avec les vues générales des cyniques (particulièrement avec les vues de Diogène lui-même) et qui, plutôt que d'être expliqué, a été normalement accepté comme une contradiction pure et simple, constitutive du cynisme, est celui qui

1. Porphyre, *Scholie sur l'*Odyssée I 1 (Antisthène, fr. 51 Caizzi ; *SSR* V A 187 ; traduction de M.-O. Goulet-Cazé, « L'*Ajax* et l'*Ulysse* d'Antisthène », 1992, p. 17).

2. M.-O. Goulet-Cazé, *L'ascèse cynique*, 1986, p. 83.

concerne la poésie : à côté des autres disciplines (μετὰ τὰ λοιπὰ μαθήματα)[1], Diogène faisait apprendre aux enfants de Xéniade l'œuvre des poètes, des prosateurs, ainsi que ses propres ouvrages, dont ils retenaient par cœur maints passages. Diogène enseignait – et pratiquait lui-même, puisqu'il avait composé certains de ces ouvrages écrits – ce que, selon d'autres sources, il condamnait comme inutile et non nécessaire. Je ne crois pas qu'en ayant appris la poésie et d'autres disciplines à ses élèves (et en composant lui-même des ouvrages écrits) il soit entré en contradiction avec ses vues « théoriques » en la matière, tout simplement parce que les passages évoqués pour prouver son refus des arts des Muses ne sont pas concluants ou plutôt parce que ces passages semblent aller dans un sens bien différent.

1. Fallait-il identifier ces « autres disciplines » aux disciplines du cursus général (τὰ ἐγκύκλια μαθήματα) ou voir dans les infinitifs ἱππεύειν, τοξεύειν, σφενδονᾶν, ἀκοντίζειν une apposition explicative de τὰ λοιπὰ μαθήματα ou encore une coordination simple (asyndétique) liée à cette même expression ? Si l'on adopte la seconde ou la troisième solution, pourrait-on comprendre que toute l'expression μετὰ τὰ λοιπὰ μαθήματα ἱππεύειν, τοξεύειν, σφενδονᾶν, ἀκοντίζει serait liée non au premier verbe ἄγειν (dont le seul complément serait l'accusatif παῖδας), mais au verbe ἐπέτρεπε ? En fait, le verbe ἄγειν a souvent le sens de « former » ou « éduquer » (un sens dérivé de son sens premier, « conduire ») et régit dans ce cas seulement l'accusatif de la personne formée ou éduquée : il n'est donc pas un synonyme d'« apprendre » qui se construit normalement avec un verbe à l'infinitif. On pourrait dans ce cas paraphraser ce passage de la façon suivante : « Eubule, dans son ouvrage intitulé *Vente de Diogène*, dit qu'il [Diogène] a été chargé de l'éducation des enfants de Xéniade : après leur avoir interdit d'autres disciplines, telles que [ou : y compris] monter à cheval, tirer à l'arc, lancer la fronde et le javelot, il a ensuite interdit au pédotribe de leur donner une formation d'athlète à la palestre ». La compréhension du passage dépend donc de la nature des quatre modalités en question (l'hippisme, le tir à l'arc, la fronde et le javelot) dans la perspective de Diogène lui-même ou de la source qui transmet sa pédagogie, c'est-à-dire Eubule (cf. à ce sujet, les informations donnés par H.-I. Marrou, *Histoire de l'éducation dans l'Antiquité*, 1965, p. 185-210 ; 370-372 ; et par I. Hadot, *Arts libéraux et philosophie dans la pensée antique*, 2005, p. 26-34) : si l'on considère qu'il s'agit d'activités essentiellement sportives, le passage, interprété de la façon habituelle devient répétitif et quelque peu ambigu : Diogène apprend aux enfants des techniques dont l'enseignement est normalement pris en charge par le pédotribe, auquel ces mêmes enfants seront confiés. S'il faut comprendre qu'il s'agit plutôt d'une formation pratique à caractère plutôt militaire (cf. Plutarque, *Vie de Caton le Censeur* 20), on pourrait légitimement se demander pourquoi Diogène aurait interdit aux enfants une formation d'athlète tout en leur permettant d'apprendre certaines techniques propres à la guerre, lui qui jugeait les armes inutiles ? Selon la lecture que nous proposons à titre hypothétique – qui d'un point de vue grammatical ne va pas de soi (de toute façon le passage est délicat à traduire) –, Eubule affirme que Diogène, bien en accord avec sa philosophie, prohiba pour ses élèves non seulement l'entraînement sportif ou proprement athlétique, mais aussi l'entraînement lié aux techniques militaires, propre d'ailleurs à l'aristocratie. Quoi qu'il en soit, en ce qui concerne l'entraînement physique, Diogène réserve aux enfants de Xéniade non pas l'ascèse cynique proprement dite (car ce n'était pas son rôle en tant qu'esclave pédagogue), mais des exercices qui « donnent de bonnes couleurs et une bonne santé » ; d'autre part, le cynique garde pour sa pédagogie un critère d'utilité morale en vue d'une vertu compatible avec le cynisme. Je pense enfin que le témoignage d'Eubule reste, dans son ensemble, fidèle à la pensée diogénienne.

Ainsi, en D. L. VI 104, un passage de la doxographie générale du cynisme, dans la phrase περιαιροῦσι [*scil. Cynici*] δὲ καὶ γεωμετρίαν και μουσικὴν και πάντα τὰ τοιαῦτα, le verbe περιαιρεῖν est normalement compris au sens de « rejeter » ou « refuser » : « ils rejettent également la géométrie, la musique et toutes les disciplines de ce type »[1]. Cette traduction, absolument correcte d'un point de vue grammatical, pourrait tout de même être nuancée : si l'on fait intervenir dans le débat d'autres occurrences du verbe en question, qui nous suggèrent une interprétation différente du passage, on aboutira probablement à un jugement moins péremptoire sur les arts en question.

En effet, ce verbe revient à deux reprises dans ce même passage (de la doxographie cynique générale), à la fin du livre VI de Diogène Laërce. Quelques lignes avant la phrase que nous venons de citer, le biographe et historien réaffirme, contre l'opinion de certains, son point de vue selon lequel la philosophie cynique est elle-aussi une école de pensée (αἵρεσιν) à part entière et pas seulement un mode de vie ; dans la suite immédiate du texte, il explique : « ils [les cyniques] soutiennent, qu'il faut rejeter (περιαιρεῖν) le lieu logique et le lieu physique, tout comme Ariston de Chios, et ne s'appliquer qu'au seul lieu éthique »[2]. Au premier abord, on dirait que le résumé des vues communes des cyniques, qui permet tout de même de parler du cynisme en tant qu'école philosophique, est présenté de façon préférentiellement négative, c'est-à-dire sous le signe du rejet : d'une certaine manière, l'école (αἵρεσις) des cyniques se caractériserait par le rejet (περιαίρεσις) des connaissances traditionnelles ; par conséquent, les cyniques refuseraient la logique et la physique, ainsi que la géométrie, la musique et les autres disciplines de ce type[3].

Comment alors comprendre le fait que Diogène, en rejetant la logique, ait pu se servir de certains raisonnements par syllogisme ? Ou qu'en rejetant la physique, il ait évoqué les doctrines physiques d'Anaxagore pour justifier l'adoption d'un régime alimentaire plus « universel »[4] ? Une fois de plus, d'une façon plutôt ironique ou sarcastique, Diogène a, à sa manière – la manière d'un *falsificateur* –, tiré un certain profit de la logique et de la physique. On a donc le sentiment que ce ne sont pas à proprement parler ces disciplines elles-mêmes que Diogène rejette, mais certains usages que l'on peut en faire. Dans cette perspective, il ne serait peut-être pas sans importance de noter que Diogène Laërce dit que les cyniques *rejettent* (περιαιρεῖν) la logique, la physique, la géométrie et la musique (et les autres disciplines de ce type), mais qu'ils *repoussent* (παραιτοῦνται) les disciplines du cursus général (τὰ ἐγκύκλια μαθήματα)[5]. En face de ce détail termino-

1. Traduction de M.-O. Goulet-Cazé.
2. D. L. VI 103 (traduction de M.-O. Goulet-Cazé).
3. Cf. O. Flores-Júnior, « Paradoxes cyniques », 2017.
4. Cf. D. L. VI 73.
5. Cf. D. L. VI 103.

logique et en assumant que les deux verbes en question ne sont pas des synonymes pouvant être interchangeables d'une phrase à l'autre sans en modifier substantiellement le sens, il faudrait peut-être comprendre que l'attitude des cyniques n'était pas la même à l'égard, d'un côté, de la logique, de la physique, de la géométrie et de la musique (et des autres disciplines similaires) et, de l'autre, à l'égard des ἐγκύκλια μαθήματα. Or, puisque les deux ensembles devraient se recouper sur certains aspects et étant donné que le verbe παραιτεῖσθαι semble être « plus péremptoire » que περιαιρεῖν, il ne serait peut-être pas illégitime de penser que les cyniques étaient réfractaires non point exactement à la matière des connaissances elles-mêmes – aux *mathemata* –, mais au caractère « orthodoxe », « conventionnel » et « institutionnel » de leur transmission, qui ne prenait pas suffisamment en considération les particularités des individus ou le genre de profit qu'on en tirait d'habitude[1]. Ce qui semble en fait gêner Diogène, c'est le caractère « circulaire » – les *enkuklia* – de la formation traditionnelle qui se voulait appliquée, à chaque fois de la même façon, à tous les jeunes sans distinction et sans reconnaître la réalité de leur « nature » individuelle, comme si l'acquisition de la vertu devait passer toujours par le même chemin. Le cynisme est certes un « raccourci vers la vertu »[2], mais il ne va pas de soi que ce raccourci soit le même pour tout le monde. Autrement dit, il n'y a qu'un type de méthode pour parvenir à la vertu, mais quant aux détails de cette méthode et aux moyens de l'appliquer

1. On trouve un parallèle intéressant sur la façon dont les cyniques comprenaient l'éducation à partir de ce que l'on peut dégager des conceptions pédagogiques de Zénon le Stoïcien. En effet, ce dernier soutenait un schéma rigoureux pour l'enseignement de la philosophie, qui devrait respecter la division en trois « lieux » bien démarqués, et dont la transmission devrait suivre un certain ordre (ce sur quoi les représentants de l'école n'étaient pas tous du même avis), en l'occurrence logique, physique et éthique : cf. D. L. VII 40 ; mais on sait en revanche que, dans sa *République*, il avait considéré le cursus des études générales (τὴν ἐγκύκλιον παιδείαν) comme inutile (ἄχρηστον) : cf. D. L. VII 32. Même si ce cursus des études générales ne peut pas être identifié aux *topoi* des études philosophiques, certains domaines de connaissances ou certaines disciplines devaient être communes à l'un et à l'autre programme. En outre, il n'est pas vraisemblable que Zénon ait été attentif à la pédagogie philosophique et totalement indifférent à une pédagogie générale : la question semble donc de déterminer le type d'enseignement que l'on réservait normalement aux jeunes. En tout cas, ce qui doit être souligné ici c'est d'une part le fait que Zénon semble avoir conçu un système pédagogique qui remplaçait la formation traditionnelle sans pourtant en éliminer toutes les disciplines. D'autre part, il faut rappeler que l'information selon laquelle Zénon jugeait inutile le cursus général provient de Cassius, un sceptique et un adversaire déclaré de la Stoa. Son témoignage est certes en accord avec la *République* de Diogène – ce qui porte à croire qu'il est vrai –, mais Cassius a pu simplement « forcer le trait » sur le jugement de Zénon. Quoi qu'il en soit, le refus de ce programme général de formation n'était pas perçu comme entrant en contradiction avec une division systématique des parties de la philosophie (il n'y a par exemple aucune trace de ce débat dans le traité de Plutarque, *Sur les contradictions des stoïciens*).

2. Cf. D. L. VI 104 ; VII 121. À ce propos, voir les considérations de M.-O. Goulet-Cazé, *L'ascèse cynique*, 1986, p. 22- 28 (surtout la n. 22, p. 22-24).

chacun doit les adapter à sa réalité présente. Diogène a donné le ton plus haut ; à nous de trouver le ton qui nous convient[1].

Une autre occurrence du verbe περιαιρεῖν, mais concernant cette fois Antisthène, aide à rendre la perspective de Diogène plus compréhensible : « Comme on lui avait demandé quelle est la connaissance la plus indispensable, il [Antisthène] répondit : 'celle qui évite de désapprendre (τὸ περιαιρεῖν τὸ ἀπομανθάνειν)' »[2]. L'interprétation que donne M.-O. Goulet-Cazé de cet apophtegme me semble tout à fait adéquate pour expliquer la position de Diogène à l'égard des connaissances en général et à l'égard des arts tels que la musique : « Antisthène recommande à l'individu une formation qui lui permette de discerner ce qu'il importe d'apprendre pour bien vivre et ce qui, étant sans intérêt pour la conduite morale, n'a pas à

1. Cf. D. L. VI 35 : « Il [Diogène] disait qu'il imitait les maîtres de chœur. Ceux-ci en effet donnent le ton plus haut afin que les autres trouvent le ton convenable » (traduction de M.-O. Goulet-Cazé, légèrement modifiée). Dans un chœur il faut que tout le monde chante juste, sur un même ton (ou, dans le cas de l'Antiquité grecque, sur le même mode) ce qui, dans le contexte de la métaphore, suppose qu'à l'intérieur de la cité et d'un point de vue éthique toutes les personnes agissent pareillement. Mais, justement, dans un chœur la beauté du chant vient de l'harmonie des différentes voix. Or, puisqu'une même note peut être entonnée à diverses hauteurs, dans l'ensemble du chœur chacun doit chanter selon sa propre « nature » (une « nature » qui peut d'ailleurs changer ou être expressément altérée : les enfants ou les *castrati* n'ont pas la même voix que les hommes adultes, tout comme les femmes ont aussi tendance à chanter plus aigu). Évidemment, la métaphore a ses limites, et même la légitimité technique qu'elle évoque inspire des réserves, surtout si l'on pense aux pratiques musicales modernes : puisque les maîtres de chœur sont censés « rappeler » aux chanteurs la note d'attaque de chaque morceau, il est invraisemblable qu'il la donne « un ton plus haut ». Faudrait-il donc raisonner en termes de volume ? Dans ce cas, le maître donnerait la note de départ en la chantant plus fort afin que chaque chanteur l'écoute bien ; les chanteurs doivent pourtant savoir qu'ils ne chanteront pas si fort et qu'ils devront trouver « le ton – c'est-à-dire le volume – juste », adéquat à leur prestation. Quoi qu'il en soit, ce que le cynique suggère c'est que chacun doit trouver le ton convenable dans la perspective de l'ascèse : chacun doit la pratiquer selon ses conditions « naturelles ». En ce sens, le plus important ce n'est pas le « point d'arrivée » (comparable à l'unisson d'une note unique) absolu et objectif, mais l'effort maximal qui fait passer le sujet continuellement d'un stage initial d'une plus grande « mollesse » à un stage ascétique supérieur, un processus dont la fin est de donner à la personne l'*autarkeia* à son plus haut niveau possible. Autrement dit, il faut comprendre que l'expression προσήκοντος τόνου indique non le ton juste pris objectivement et absolument, mais, plus exactement, le « ton convenable », qui revient en propre à chaque personne : cf., par exemple, Platon, *République* I, 332 d.

2. D. L. VI 7 (traduction de M.-O. Goulet-Cazé). Ce passage de Diogène Laërce, que G. Giannantoni (cf. *SSR* V A 87), à la différence de F. D. Caizzi (cf. son fr. 174), identifie comme un fragment du *Cyrus* d'Antisthène et dont les manuscrits présentent des variantes plus ou moins importantes, serait à rapprocher d'autres textes, comme par exemple, D. L. VI 11 ; 103 ; Arsenius, *Violetum* p. 502, 13-14 ; Stobée II 31, 31 ; *id.*, 31,34 ; *Florilegium Ἄριστον καὶ πρῶτον μάθημα* n° 1. On remarquera dans la littérature antisthénienne le même paradoxe qu'on a décelé chez Diogène : un refus apparent des connaissances et de l'écriture elle-même qui coexiste avec une activité littéraire très importante ; cf. F. D. Caizzi, *Antisthenis fragmenta*, 1966, p. 111, n. 66.

être appris. Cette interprétation nous semble moins banale et plus adaptée à la philosophie que celle de M. Gigante : 'quella di non dimenticare ciò che si appreso', qui réduit la philosophie à une aide pour ne pas oublier ce qu'on a appris, donc pour renforcer la mémoire »[1]. Or, en ce qui concerne une formation philosophique, la capacité d'oublier et de désapprendre (τὸ ἀπομανθάνειν) a sans doute une valeur morale plutôt ambivalente, car s'il faut d'une part « oublier » ou « désapprendre » le vice, on doit, de l'autre, être capable de ne pas oublier ou de ne pas désapprendre les préceptes de sagesse et de retenir tout ce qui a trait à la vertu. Mais on voit tout de suite que cette ambivalence relève de l'ambivalence de la sagesse elle-même, car la sagesse consiste précisément à savoir bien se servir de la capacité d'oublier ou de désapprendre : il y a de choses que nous ne devons jamais oublier et d'autres que nous ne devons jamais apprendre ou, à la limite, que nous devons absolument abandonner, au cas où, par malchance, elles nous aient été d'une façon ou d'une autre inculquées. On doit alors conclure que dans ce contexte le verbe περιαιρεῖν n'a pas une portée exclusivement négative, avec pour seul sens « rejeter ». En partant de ce que son étymologie nous suggère, on pourrait lui prêter une signification plus nuancée, quelque chose comme « creuser autour », « enlever ce qui entoure ou qui enveloppe, qui couvre ou qui cache », « débarrasser de ce qui est excessif ou de ce qui abonde », « décortiquer » ou « ouvrir (à la compréhension) pour exposer le vrai contenu », voire « dégonfler ». Autrement dit, dans un sens « abstrait »[2], ce verbe semble d'une certaine manière évoquer l'ambivalence de son objet et invite à faire le partage des choses, à séparer le bon grain de l'ivraie : à prendre – ou à *apprendre* – ce qui est *à prendre* et à désapprendre et à abandonner ce qui est à désapprendre et ce qui est à abandonner.

Comparons, en guise d'illustration, la traduction que donne M.-O. Goulet-Cazé des deux passages à la fin du livre VI, où figure le verbe en question – « ils

1. M.-O. Goulet-Cazé, dans Diogène Laërce, *Vies et doctrines des philosophes illustre*, p. 686, n. 1. Selon Eubule, Diogène stimulait les enfants de Xéniade pour qu'ils étudient les poètes et les prosateurs et « il les faisait s'exercer à tout procédé permettant de se souvenir vite et bien (πᾶσαν τε ἔφοδον σύντομον πρὸς τὸ εὐμνημόνευτον ἐπήσκει) », mais son programme pédagogique ne se limitait pas à des procédés mnémotechniques.

2. Ce n'est donc pas le cas en D. L. IV 59. Dans ses emplois concrets exprimant l'idée d'« extraction », d'« enlèvement » ou de « soustraction », le verbe περιαιρέω tend à présenter un double régime : débarrasser ou retirer *quelque chose (à l'accusatif) de quelqu'un ou de quelque chose (au génitif)* : cf., par exemple, Platon, *Politique* 288 e. Le passage en D. L. VI 10, où ce verbe a un seul régime (à l'accusatif), ne semble pas en contradiction avec ce principe, car même si le sens du verbe est bien concret – son objet, ce sont les parures (τὸν κόσμον) d'une femme –, l'apophtegme ne présente pas un jugement péremptoire et absolu sur les parures considérées comme quelque chose qu'il faut enlever en toutes circonstances, sans aucune nuance possible : selon Antisthène, qui s'exprime sans doute sur un ton ironique, une femme peut porter des parures pourvu que son mari ait de quoi la défendre, ce qui nous suggère que les parures qu'une femme peut porter doivent être proportionnelles aux armes et aux chevaux (c'est-à-dire aux instruments de guerre) que son mari possède.

soutiennent qu'il faut *rejeter* (περιαιρεῖν) le lieu logique et le lieu physique... » (D. L. VI 103) et « ils *rejettent* (περιαιροῦσι) également la géométrie, la musique... » (D. L. VI 104) –, avec celle que donne M. Narcy d'un passage concernant Démétrios de Phalère en D. L. V 82 : « Des hommes à la superbe exagérée il disait qu'il faut *prendre* (περιαιρεῖν) la grandeur, mais laisser (καταλείπειν) leur esprit » (τῶν τετυφωμένων ἀνδρῶν ἔφη τὸ μὲν ὕψος δεῖν περιαιρεῖν, τὸ δὲ φρόνημα καταλείπειν). On voit que le même verbe, construit toujours avec l'accusatif, est traduit dans un cas (les deux passages du livre VI) et dans l'autre (le passage du livre V) par deux antonymes en apparence, « rejeter » et « prendre », respectivement (encore que ces verbes français puissent, tous les deux, recouvrir un champ sémantique commun au sens d'« enlever » ou « ôter »). En effet, la phrase en D. L. V 82 est délicate à comprendre plutôt en raison du verbe καταλείπειν dont les nuances sémantiques peuvent aller d'une connotation « négative », au sens de « laisser derrière soi » ou « délaisser » (*left behind* et *abandon*, selon le LSJ), jusqu'à une connotation « positive », au sens de « laisser restant », « épargner », « laisser en place » (*leave remaining*, selon le LSJ). Si l'on admet que le fait d'être τετυφώμενος est un « défaut » d'esprit (φρόνημα) de l'homme, on doit conclure qu'ici le verbe apparaît dans son sens « négatif ». Cela dit, il est en fait tentant de comprendre que, dans la phrase en question, les deux verbes à l'infinitif, περιαιρεῖν et καταλείπειν, coordonnés par le couplet μὲν/δὲ, forment une opposition, mais le contexte nous autorise une autre lecture qui ne serait pas fondée sur une opposition tranchée. On pourrait alors trouver dans la phrase en D. L. V 82 un sens qui éclaire ma perspective concernant la position cynique à l'égard des arts et des savoirs : Démétrios ne dit pas exactement que chez les hommes à la superbe exagérée on doit prendre la grandeur et laisser leur esprit ; son message, bien plus nuancé, serait plutôt de dire qu'en face de ces hommes on doit certes laisser (c'est-à-dire ne pas approuver) leur esprit, mais quant à leur grandeur, il faut la *dépouiller*, la *débarrasser* de ce qui l'encombre, *creuser autour* d'elle pour voir au juste ce qu'il en est, ce qu'elle est en fait et non ce que la *doxa* lui attribue ; il faut, pour ainsi dire, ouvrir, exposer et tirer au clair la grandeur de ces gens pour trouver leur vérité. Il faut donc, en dernière analyse, *dégonfler* la grandeur de ceux qui manifestent une superbe exagérée. Par ailleurs, l'idée *d'enlever ce qui entoure ou qui enveloppe* est le sens que l'on doit sans doute attribuer à ce verbe dans Hérodote III 128, 5-11 : « (...) il [*scil.* Bagaios] écrivit un grand nombre de lettres sur différents sujets, les scella du sceau de Darius (σφρηγῖδά σφι ἐπέβαλε τὴν Δαρείου) et partit avec elles pour Sardes. Arrivé là, quand il fut devant Oroitès, il remit les lettres l'une après l'autre, *en brisant le cordon* (περιαιρεόμενος), au Secrétaire Royal, afin qu'il en donnât lecture »[1]. Encore une fois nous sommes en face d'un geste qui expose, qui ouvre un objet en enlevant ce qui cache ou enferme la « vérité » de son intérieur.

1. Traduction de A. Barguet.

Cette façon de comprendre le verbe περιαιρεῖν me semble convenir aussi à la lecture de deux passages chez Diogène Laërce concernant les stoïciens, en D. L. VII 41 et 131. Ce dernier passage, en 131, puisqu'il évoque certains fondements de la *République* de Zénon qui sont explicitement rapprochés de la pensée diogénienne, mérite d'être cité et regardé de plus près. Diogène Laërce tire des propositions de Zénon concernant la communauté des femmes et des enfants la conclusion suivante : « nous aimerons tous les enfants d'égale façon comme si nous en étions le père et la jalousie qui survient à cause de l'adultère sera supprimée (περιαιρεθήσεται) »[1]. Or, il n'est peut-être pas impossible que le contexte parle non pas exactement d'une suppression totale de la jalousie des adultères mais que les jalousies, puisqu'elles ne découleraient plus de la transgression d'un contrat civil, seraient réduites aux jalousies propres aux couples et à celles propres aux rapports humains fondés sur une forme quelconque d'affectivité. Si l'on considère que Zénon voulait que ses contemporains adoptent ses propositions[2] et que, par conséquent, elles devaient s'appliquer à ceux qui ne sont pas encore des sages, il n'est pas vraisemblable que Zénon ait espéré que la jalousie entre les hommes et les femmes (ou entre les personnes en général) soit tout d'un coup supprimée par la simple institution de la communauté. Ce que Zénon (ou Diogène Laërce qui conclut à partir des idées de Zénon) prévoit comme conséquence immédiate de la communauté des femmes, ce serait une sorte de « dégonflement » des problèmes relatifs aux jalousies des couples.

Pour mieux cerner le problème, il nous paraît opportun de rappeler une occurrence du substantif déverbal περιαίρεσις dans un tout autre contexte, mais toujours chez Diogène Laërce, qui renforce la même idée. Il s'agit d'un passage de la *Lettre à Hérodote* d'Épicure : « De fait, dans ce qui près de nous *change de configuration par l'érosion de la périphérie*, on saisit que la forme est inhérente, alors que les qualités de ce qui change ne sont pas inhérentes (à la façon dont se maintient cette forme), mais périssent en quittant le corps tout entier »[3]. Sans entrer dans la complexité de la physique épicurienne, je veux simplement attirer l'attention sur le sens de περιαίρεσις comme une « érosion de la périphérie » qui peut justement changer la configuration des choses, sans forcément les supprimer. Je pense que c'est précisément cela l'attitude des cyniques à l'égard des arts, des sciences et des techniques diverses, une attitude qui pourrait être étendue à toute action et à toute entreprise humaine. Ce que de façon plus générale le cynique propose aux hommes est de *(re)trouver*, par le moyen d'une *érosion de la périphérie*, la vraie valeur (qui, dans la perspective de la falsification, pourra être une nouvelle valeur) de tout ce qui les entoure, soit par l'action des hommes eux-

1. Traduction de R. Goulet.
2. Cf. Philodème, *Sur les stoïciens* col. XIII 2-8 Dorandi.
3. D. L. X 55 (traduction de J.-F. Balaudé ; les italiques sont de mon fait).

mêmes ou par l'action de ce qui les dépasse, c'est-à-dire par l'action de la « nature »[1].

Si l'on reprend la doxographie générale des cyniques à la fin du livre VI de Diogène Laërce, on pourrait alors conclure que le cynisme est une *école philosophique* (αἵρεσις) dont la pensée est orientée par l'idée d'une sorte d'*érosion* (περιαίρεσις) et par une sorte de *falsification* (παραχάραξις) – et non par la simple destruction ou par le simple rejet – des valeurs communément acceptées, largement répandues et, le plus souvent, transmises d'une génération à l'autre de façon automatique et irréfléchie. L'objectif de la démarche cynique serait enfin non pas exactement (au moins pas dans un premier temps) la reconfiguration du monde, mais plutôt le changement du regard que l'homme porte sur ce monde et sur soi-même. Chez les cyniques, l'*érosion des périphéries* et la *falsification de la monnaie* seraient deux procédés solidaires et complémentaires pour *dé-couvrir*, sinon la vérité des choses, au moins leur utilité en vue d'une « vie facile ».

Cette digression terminologique que l'on vient d'accomplir nous permet d'avoir une autre compréhension du rejet cynique de la logique et de la physique : il ne s'agit pas de rejeter inconditionnellement ces disciplines, mais plus précisément de les ramener à un bon usage, et puisque les cyniques ne s'appliquaient vraiment qu'au seul lieu éthique (μόνῳ προσέχειν τῷ ἠθικῷ)[2], il faut comprendre que ramener la logique et la physique à un bon usage ne serait pas autre chose que de leur trouver une application éthique (et pratique)[3]. Dans cette perspective, on pourrait conclure que si Diogène est très critique envers la παιδεία traditionnelle, il ne la refuse pas en bloc de façon radicale et aveugle : « Puisqu'on lui demandait [*scil.* à Diogène] ce que la terre supportait de plus lourd, il dit : 'un homme sans éducation (ἄνθρωπον ἀπαίδευτον)' »[4]. On doit par ailleurs s'attendre à ce que ce critère d'utilité ou de finalité éthique réduise – ou, du moins, réoriente – drastiquement et inévitablement l'usage (et donc l'étude) de la logique, de la physique et des arts des Muses. À ce propos, on pourrait rappeler le propos du cynique Démétrius :

1. Cf., en sens, le Pseudo-Diogène, *Lettre XXIX, à Denys* 2 où l'on trouve encore une occurrence du verbe περιαιρεῖν qui semble pouvoir être interprétée de la même façon.

2. D. L. VI 103.

3. Dans ce passage, comme nous l'avons vu, Diogène Laërce fait intervenir un rappel du stoïcien Ariston de Chios, qui est mentionné aussi plus loin, en D. L. VI 105, et qui était le principal tenant de la doctrine des « indifférents » (ἀδιάφορα) : cf. D. L. VII 160. On serait donc tenté, sous l'influence de cette citation et à partir de l'interprétation que je propose, de comprendre que pour les cyniques la logique et la physique (ainsi que la géométrie, la musique et les autres disciplines de ce type) étaient, d'une certaine manière, des « indifférents ». En effet, un « indifférent » est ce qui ne contribue pas *en soi* au bonheur ; c'est l'attitude intérieure de celui qui use de l'indifférent dans une situation déterminée qui peut orienter cet indifférent vers la vertu ou vers le vice. Dans cette perspective, les disciplines en question ne seraient pas en principe rejetées, précisément parce que l'usage que l'on peut en faire détermine leur valeur.

4. Stobée II 31, 75 (*SSR* V B 377).

Il est plus profitable de connaître un petit nombre de sages préceptes à sa portée et à son usage, que d'en apprendre beaucoup qu'on n'a pas sous la main. Un bon lutteur (*magnus luctator*) n'est pas celui qui a appris à fond toutes les poses et toutes les complications de mouvements dont l'usage est rare dans le combat, mais celui qui, après s'être exercé longuement et avec soin (*bene et diligenter exercuit*) à une ou deux d'entre elles, épie attentivement (*intentus exspectat*) l'occasion de les appliquer ; car il ne lui importe pas de savoir beaucoup, pourvu qu'il sache assez pour vaincre. De même, dans cette étude (*in hoc studio*) [*scil.* dans la philosophie], il y a beaucoup de choses qui plaisent, peu qui assurent la victoire. Tu peux ignorer quelle cause soulève l'océan et le rappelle dans son lit, pourquoi chaque septième année imprime un nouveau caractère à la vie de l'homme (...) [suivent d'autres exemples de connaissances dont, dans la perspective du cynique, l'utilité n'est pas immédiatement avérée]. Tu ne perdras pas beaucoup, si tu ne t'adonnes pas aux choses dont la connaissance n'est ni accessible ni utile (*quae nec licet scire nec prodest*). L'obscure vérité se cache dans un abîme (*involuta veritas in alto latet*). Et nous ne pouvons accuser la malveillance de la nature, car il n'y a de difficile à découvrir que les choses dont la découverte ne rapporte d'autres fruits que la découverte même, et tout ce qui peut nous rendre meilleurs ou heureux, elle l'a placé sous nos yeux et à portée de main (*aut in aperto aut in proximo*). Si l'homme est fortifié contre les hasards, il s'est élevé au-dessus de la crainte. Si, dans l'avidité de son espoir, il n'embrasse pas l'infini, mais apprend à chercher ses richesses en lui-même ; s'il a rejeté la terreur des dieux et des hommes, persuadé qu'il a peu à craindre de l'homme, et rien à craindre des dieux ; si, méprisant tout ce qui fait aussi bien le tourment que l'ornement de la vie, il est parvenu à comprendre que la mort ne produit aucun mal et en termine beaucoup ; s'il a dévoué son âme à la vertu, et trouve facile (*planum putat*) le chemin pour aller là où elle l'appelle ; si, animal sociable et né pour vivre en communauté, il voit le monde entier comme la seule demeure de tous les êtres (*mundum ut unam omnium domum spectat*) ; s'il a ouvert sa conscience aux dieux et vit toujours comme en public ; alors, se respectant plus que les autres, ayant échappé aux tempêtes, il s'est fixé dans un calme inaltérable ; alors il a rassemblé en lui toute la science utile et nécessaire (*scientiam utilem atque necessariam*) : le reste n'est que l'amusement du loisir. Car il est permis à une âme déjà retirée à l'abri de s'égarer quelquefois dans ces spéculations qui servent à orner l'esprit plutôt qu'à le fortifier[1].

On ne saura donc coller à la philosophie de Diogène l'étiquette du primitivisme ou de l'animalisme simplement parce qu'elle enseigne à reconnaître à chaque chose sa place et son poids, et à chaque effort son but propre ; et parce qu'elle apprend aux hommes que, tout comme le bonheur ne découle pas de la richesse, l'éclat de la culture ne vient pas forcément d'un amas de connaissances, mais peut venir du geste précis qui les érode pour mieux les faire briller.

1. Sénèque, *Des bienfaits* VII 1, 3-7 (traduction de L. Paquet, modifiée). Notons que Démétrius se sert ici d'une métaphore relative aux combats : l'homme sage est comparé à un soldat qui doit vaincre avec l'arme de la vertu dans les combats contre les adversités imposées par la Fortune. C'est donc la dimension pratique de la vertu qui est mise en relief. On voit dans cette page, sous la plume d'un stoïcien, qui est censé rapporter les propos d'un cynique, les fondements principaux du cynisme : l'autarcie, le cosmopolitisme, l'exercice « politique » de l'individualisme, le principe de facilité et le critère d'utilité pratique à finalité éthique pour juger de la valeur des connaissances. Mais en ce qui concerne ce dernier point, il faut observer que la fin du passage laisse clairement apparaître que les sciences, même en dehors d'un usage pratique et même si elles servent plus à orner qu'à fortifier l'esprit, ne sont pas proprement à rejeter de façon absolue et radicale. Sur le cynisme de Démétrius voir M. Billerbeck, *Der Kyniker Demetrius*, 1979 ; J. F. Kindstrand, « Demetrius the Cynic », 1980 ; cf. *DPhA*, t. II, 1994, *s.v.* « Démétrius » D 43, p. 622-623 (M. Billerbeck).

8. *Un chien chez les Muses : la valeur éthique de la poésie et des savoirs*

Il semble alors bien établi que, s'il y a un critère d'utilité morale et d'applicabilité pratique pour l'étude de certaines disciplines, cela signifie que ces disciplines ne doivent pas être rejetées d'emblée. L'exemple du cithariste costaud examiné plus haut nous suggère d'ailleurs que ce critère, qui pouvait fonder une espèce de hiérarchie universelle des connaissances, n'est pas rigide : tout comme l'ascèse elle-même doit être adaptée aux conditions réelles d'existence de chaque individu, l'étude et la pratique des sciences et des arts conviendraient à chaque personne selon une forme d'adaptation dont les règles, pragmatiques certes, ne sont pour autant pas imposées du dehors. Le principe de liberté individuelle, qui est à la base du cynisme et qui n'exclut pas les formes de sa pédagogie, interdit par exemple toute imposition d'ordre politique qui, fondée sur l'origine ou sur les appartenances sociales, adjugerait à chaque citoyen un répertoire de connaissances déterminé d'avance.

Ainsi, dans la perspective cynique, il n'y aurait pas une *paideia* unique valable à égalité pour l'ensemble des hommes. Pareillement, elle n'aura pas la même valeur pour tout le monde : « 'La culture (παιδείαν)', dit-il [Diogène], 'est pour les jeunes un facteur de modération (σωφροσύνην), pour les vieux une consolation (παραθυμίαν), pour les pauvres une richesse (πλοῦτον) et pour les riches un ornement (κόσμον)' »[1]. Derrière cette affirmation plutôt banale, on voit qu'aux yeux du cynique la culture, dont les ressorts sont ici représentés par la modération, la consolation, la richesse et l'ornement (que l'on doit comprendre au sens d'un certain ordre, c'est-à-dire d'une vertu qui embellit, différente de la simple parure[2]), est un instrument à utilité variable qui peut offrir un certain équilibre à l'individu soumis aux forces de la nature (en l'occurrence, la jeunesse, la vieillesse) ainsi qu'aux accidents de la vie civilisée (en l'occurrence, la richesse, la pauvreté). Et c'est par le biais de cette utilité individuelle et variable de la culture que l'on peut éventuellement expliquer un autre passage de la littérature antique que l'on évoque souvent pour appuyer la thèse du refus cynique des connaissances traditionnelles :

Μουσικῆς τε καὶ γεωμετρικῆς καὶ ἀστρολογίας καὶ τῶν τοιούτων ἀμελεῖν, ὡς ἀχρήστων καὶ οὐκ ἀναγκαίων.

Ce dernier [*scil.* Diogène] négligeait la musique, la géométrie, l'astronomie et les autres sciences du même ordre, qu'il jugeait inutiles et non nécessaires[3].

Cette phrase est peut-être plus délicate à comprendre qu'elle ne le semble au premier abord. Déjà, il faut observer qu'en l'absence d'un verbe à un temps fini, nous sommes obligés de supposer un verbe *dicendi* auquel l'infinitif ἀμελεῖν doit

1. D. L. VI 68.

2. D. L. VI 47 : « 'L'ignorant (ἀμαθῆ), s'il est riche, est', disait-il [Diogène], 'un mouton à toison d'or' ».

3. D. L. VI 73.

être attaché comme complément. En effet, ce verbe *dicendi*, compte tenu de la syntaxe du passage, ne semble pas revenir à Favorinus, dans son ouvrage *Histoire Vraie*, que Diogène Laërce mentionne dans la phrase qui précède la citation en vue et qu'il donne comme sa source pour certaines informations concernant la production littéraire de Diogène, particulièrement les tragédies qui lui sont attribuées. La phrase concernant Favorinus serait donc une incise introduisant une sorte de digression à laquelle naturellement donnait lieu la mention de la tragédie *Thyeste*, où Diogène aurait ratifié le recours à la physique d'Anaxagore pour refuser l'interdiction de l'anthropophagie. Après cette incise, le biographe semble reprendre le récit doxographique initié au paragraphe 70 et dont le verbe principal est l'imparfait ἔλεγε qui, répété plusieurs fois, sert à introduire les opinions du cynique: «Diogène disait (ἔλεγε)...». C'est à ce verbe *dicendi* qu'il faut selon toute vraisemblance rattacher l'infinitif ἀμελεῖν de notre phrase[1]. Toutefois, étant donné qu'il n'y a pas d'autre infinitif lié à ἔλεγε dont ἀμελεῖν pourrait être le complément (par exemple, δεῖν, comme à la fin du paragraphe 72 – ἔλεγε εἶναι δεῖν [...], «il disait qu'il faut être [...] –, ce qui donnerait ἔλεγε ἀμελεῖν δεῖν [...], «il disait qu'il faut négliger [...]») et que le verbe qui commande toute cette section doxographique est bien l'imparfait ἔλεγε (et non, par exemple, le présent ἀρέσκει, comme c'est le cas dans la doxographie cynique générale, dans D. L. VI 103-105), nous pouvons considérer que le sujet d'ἀμελεῖν est Diogène lui-même et que cette phrase ne pose pas vraiment un point de doctrine comme celles qui la précèdent. Ce changement, qui n'est pas anodin, marque en effet le passage de la section doxographique de la vie de Diogène à celle de ses apophtegmes biographiques. Ainsi, cette dernière phrase du paragraphe 73 n'exprimerait pas le *jugement* général de Diogène à propos des disciplines en question, mais plutôt son *rapport personnel* à ces disciplines. En effet, le verbe ἀμελεῖν n'indiquerait pas une condamnation des objets auxquels il se réfère, c'est-à-dire la musique, la géométrie, l'astronomie et les autres sciences du même type, mais plus exactement – et c'est le sens précis du préfixe indiquant privation ou négation – le fait de *ne pas s'adonner* à la pratique de ces disciplines, de *ne pas les cultiver (suffisamment?)*, ce qui n'est pas la même chose que de dire qu'*il ne faut pas* les cultiver. Le verbe ἀμελεῖν ici semble donc traduire un rapport plus «subjectif» du sujet à son objet

1. Le participe λέγων qui apparaît quelques lignes plus haut, formant une proposition adverbiale, exprime en réalité une opinion «secondaire» ou «accessoire» de Diogène, parmi laquelle il prouve ou renforce son opinion «principale»: (...) καὶ τῷ ὀρθῷ λόγῳ πάντ' ἐν πᾶσι καὶ διὰ πάντων εἶναι λέγων, «(...) *en disant* aussi que selon la droite raison tout est à la fois dans tout et partout». De même à la fin du paragraphe 72: εὐγενείας δὲ καὶ δόξας καὶ τὰ τοιαῦτα πάντα διέπαιζε, προκοσμήματα κακίας εἶναι λέγων, «il se gaussait de la noblesse de naissance, de la gloire et de toutes les choses du même ordre, *en disant* qu'elles étaient des parures du vice». Et ensuite, la même structure avec le verbe νομίζω: ἔλεγε δὲ καὶ κοινὰς εἶναι δεῖν τὰς γυναῖκας, γάμον μηδένα νομίζων, ἀλλὰ τὸν πείσαντα τῇ πεισθείσῃ συνεῖναι, «[Diogène] disait que les femmes doivent être communes, *ne considérant* aucun mariage, sauf celui qui unit l'homme qui séduit à la femme qui est séduite».

et non un jugement général valable pour tous les hommes. Dans cette perspective, Diogène aurait considéré qu'il pouvait négliger les disciplines en question à titre personnel et que ces disciplines n'étaient pas spécialement nécessaires *à lui-même.* Le passage pourrait alors être interprété de la façon suivante: *Diogène Laërce disait que Diogène Cynique ne s'adonnait pas à la musique, à la géométrie, à l'astronomie et aux autres sciences du même type, dans la mesure où elles étaient inutiles et non nécessaires à lui.* Puisque le cynique sait ce qu'il faut dire dans chaque occasion[1] et qu'il sait, par conséquent, commander des hommes[2], il n'est pas invraisemblable qu'il se voyait comme quelqu'un dont la formation morale était déjà accomplie et qui, de ce fait, n'avait plus besoin de ce que certaines disciplines pourraient lui apporter[3]. Or, puisque le critère fondamental pour attester l'utilité d'une connaissance quelconque est en principe sa valeur éthique, c'est-à-dire sa valeur comme instrument de formation du caractère et comme vecteur de la vertu, il va de soi que le sage, précisément parce qu'il est parvenu à la sagesse, n'aura plus besoin de ces connaissances. Ainsi, à la différence de notre cithariste costaud, Diogène ne voyait pas beaucoup d'utilité à retirer pour lui-même de la pratique de la musique, mais il ne se priva pas de citer les poètes (ou de recourir – encore qu'en les détournant – aux syllogismes et à certaines théories physiques) pour conseiller les gens ou de se servir de la poésie comme instrument pédagogique pour apprendre la vertu, par exemple aux enfants de Xéniade[4]. Nous avons vu qu'en bon maître, pour transmettre sa sagesse, Diogène savait qu'il devait adapter sa méthode à ses élèves et leur faire parcourir un chemin qu'il n'avait pas forcément lui-même parcouru (en tout cas, pas de la même façon). Si l'on accepte cette lecture du passage, force est de conclure que l'avis de Diogène à propos des savoirs et des connaissances rejoint de près ce que Xénophon attribue au caractère de Socrate[5].

1. Cf. Élien, *Histoire Variée* X 11 (*SSR* V B 81).

2. Cf. Stobée III 3, 52 (*SSR* V B 75).

3. Le cynique a une conscience aiguë de son propre parcours dans l'acquisition de la vertu et de la distance qui le sépare de la plupart des hommes: « Comme quelqu'un lui reprochait un jour d'avoir falsifié la monnaie, il répliqua: 'il fut un temps où j'étais tel que tu es maintenant; mais tel que je suis maintenant, toi tu ne le seras jamais'. Et à un autre qui lui avait reproché le même forfait, il dit: 'en effet avant je pissais au lit; mais maintenant ce n'est plus le cas' » (D. L. VI 56).

4. En tout cas, puisque Diogène n'était pas, comme nous l'avons vu chez Dion, insensible à la beauté de l'architecture des édifices publics d'Athènes (et même à la beauté de la monnaie !), encore que ce genre de chose n'avait pas à ses yeux une importance capitale, nous pouvons considérer qu'il n'était pas non plus insensible à la beauté des prestations musicales, même si sa façon de les apprécier pouvait différer beaucoup de celle de la plupart des gens.

5. Cf. Xénophon, *Mémorables* IV, 7, 1-10. Pour quelqu'un qui admirait les pilotes – au même titre d'ailleurs que les médecins et les philosophes – et, par voie de conséquence, l'art du pilotage, il n'est pas concevable que Diogène ait pu condamner radicalement la pratique de l'astronomie: « Il disait aussi que, quand il voyait dans la vie des pilotes, des médecins et des

Cependant un problème persiste. Comment concilier le fait que Diogène ne s'adonnait pas aux études musicales avec le fait qu'il avait lui-même composé des tragédies ? Si l'on reprend l'ensemble du passage en D. L. VI 73, on voit que Diogène Laërce, qui informe que le cynique disait lui-même qu'il « négligeait » la musique, rappelle d'abord l'opinion de Favorinus selon lequel les tragédies attribuées normalement à Diogène avaient été composées en réalité par Pasiphon l'Érétriaque, qui avait, lui, la réputation d'être un faussaire professionnel[1]. Ainsi, la mention de l'« aveu » de Diogène à propos de sa « négligence musicale » semble logique à la suite de l'incise concernant Favorinus et sa thèse sur l'inauthenticité des tragédies qui circulaient sous le nom du sinopéen et dont nous n'avons que de maigres vestiges[2]. Pourtant, malgré ce témoignage, qui d'ailleurs s'accorde partiellement avec celui de Sosicrate, avec celui de Satyros (à cette différence près que ce dernier attribue les tragédies à Philiscos et non à Pasiphon comme l'avait fait Favorinus) et avec celui de Sotion, qui exclut les tragédies, ainsi que d'autres ouvrages, du catalogue des écrits de Diogène[3], la critique moderne tend plutôt à accepter l'authenticité de ces pièces, en considérant généralement, au moins depuis K. von Fritz, que leur exclusion, opérée par ces auteurs, correspond à l'intérêt qu'avaient certains stoïciens à se débarrasser du poids encombrant des thèses diogéniennes les plus polémiques, tout en gardant le cynisme comme un

philosophes, il trouvait que l'homme était le plus intelligent des êtres vivants, mais qu'en revanche, quand il voyait des interprètes des songes, des devins et ceux qui les écoutent, ou encore les gens gonflés d'orgueil au sujet des leurs richesses, il ne trouvait rien de plus vain qu'un homme » (D. L. VI 24 : Ἔλεγε δὲ καὶ ὡς ὅταν μὲν ἴδῃ κυβερνήτας ἐν τῷ βίῳ καὶ ἰατροὺς καὶ φιλοσόφους, συνετώτατον τῶν ζῴων νομίζειν τὸν ἄνθρωπον· ὅταν δὲ πάλιν ὀνειροκρίτας καὶ μάντεις καὶ τοὺς προσέχοντας τούτοις ἢ τοὺς ἐπὶ δόξῃ καὶ πλούτῳ πεφυσημένους, οὐδὲν ματαιότερον νομίζειν ἀνθρώπου). Dans cette phrase, la portée pratique que Diogène (tout comme Socrate chez Xénophon) en principe exige des connaissances est rehaussée par l'expression ἐν τῷ βίῳ. En ce sens, cf. Stobée II 31, 118 (*SSR* V B 373) et D. L. VI 104 (*SSR* V B 369). De même, ce qu'on lit chez Stobée II 1, 23 (*SSR* V B 372) et chez D. L. VI 27-28 (*SSR* V B 374) ; VI 39 (*SSR* V B 371) ne prouve point un refus radical des sciences de la part du cynique.

1. Cf. D. L. II 61 et comparer D. L. II 105 avec Plutarque, *Nicias* 4. Voir à ce propos les précisions de M.-O. Goulet-Cazé, dans Diogène Laërce, *Vies et doctrines des philosophes illustres*, p. 362, n. 5, qui renvoie à A. Dyroff, *Die Ethik der alten Stoa*, 1897, p. 350. Sur ce Pasiphon, voir aussi M.-O. Goulet-Cazé, *L'ascèse cynique*, 1986, p. 86-87, n. 12 ; *ead.*, « Les titres des œuvres d'Eschine chez Diogène Laërce », 1997 ; *DPhA*, t. V A, 2012, *s.v.* « Pasiphon » P 51, p. 173-177 (M.-O. Goulet-Cazé).

2. Cf. *SSR* V B 128-136. À ce propos, voir J. L. López Cruces, « Diógenes y sus tragedias a la luz de la comedia », 2003 ; *id.*, « Une *Antiope* cynique ? », 2003 ; *id.*, « Sófocles, Diógenes y Cércidas », 2004 ; *id.*, « El *Aquiles* de Diógenes o la negación de la bella morte », 2008 ; *id.*, « Une tragédie perdue : l'*Héraclès* de Diogène le Cynique », 2010 ; G. Ventrella, « L'*Edipo* di Diogene et l'utopia cinica nel teatro greco : a proposito di Dione Crisostomo, *or.* X 29-32 », 2011.

3. Cf. D. L. VI 80.

pont qui, dans l'esprit des διαδοχαί, lie le stoïcisme à la tradition socratique[1]. La question serait alors d'expliquer ce qui avait tout l'air d'être une contradiction, c'est-à-dire de savoir s'il est impossible que Diogène, même sans s'être spécialement occupé de la musique, ait pu composer des tragédies.

Une première donnée qu'il faut prendre en considération dans ce débat consiste dans le fait que nous n'avons aucune source témoignant d'une mise en scène effective des tragédies attribuées à Diogène. À partir de cette constatation, on pourrait supposer qu'en réalité Diogène ne les avait pas écrites pour être jouées et que son intention aurait été en fait de remettre en cause la morale que supposent les thèmes évoqués par les titres de ces tragédies qui sont toutes fondées sur le répertoire des mythes traditionnels. Le cynique reprend donc à son compte la discussion autour de sujets tabous, tels que l'anthropophagie (*Thyeste,* qui serait à identifier à la tragédie *Atrée* mentionnée par Philodème[2]) ou encore le parricide et l'inceste (*Œdipe*). Cependant, pour aborder philosophiquement ces thèmes, il adopte un procédé tout à fait original : il ne les examine pas de façon « théorique », « de loin » ou « du dehors » des mythes eux-mêmes (ce qu'il aurait très bien pu faire en écrivant des traités philosophiques sur l'anthropophagie et sur l'inceste[3]) ; il critique la perspective et le traitement donné à ces matières par les mythes, pour ainsi dire, « de l'intérieur » : il ne condamne pas les mythes, il ne les refuse pas ; il se les approprie pour donner sa vision personnelle de certains thèmes que ces mêmes mythes évoquent. Diogène ne s'oppose donc pas à la tradition : en même temps qu'il revendique sa participation à une longue lignée de dramaturges et de poètes, il détourne cette tradition au bénéfice de sa propre pensée. Autrement dit, il bâtit sa philosophie absolument novatrice à partir du – et sur le – corps même de la tradition. Pareillement, en ce qui concerne le choix de la forme de la tragédie, nous pouvons considérer que si Diogène utilise la charpente d'un genre littéraire

1. Cf. K. von Fritz, *Quellen-Untersuchungen zu Leben und Philosophie des Diogenes von Sinope*, 1926, p. 55-60. À ce propos, voir M.-O. Goulet-Cazé, *L'ascèse cynique*, 1986, p. 85-90 ; G. Giannantoni, *SSR*, t. IV, p. 475-484, qui répertorie les principaux ouvrages soutenant l'authenticité des tragédies de Diogène ; et, tout récemment, S. Husson, *La* République *de Diogène*, 2011, p. 185-189. G. Giannantoni, *SSR*, t. IV, p. 476, n. 53, écrit : « Non comprendo per quali motivi T. Dorandi, *Cronache Ercolanesi*, XII (1982) p. 122 neghi che il passo di Filodemo possa essere addotto a conferma dell'autenticità delle tragedie ». Pour ma part, je dirais que le témoignage de Philodème n'est pas fiable tout simplement parce que, dans le cadre de sa polémique contre le stoïcisme, il avait tout intérêt à affirmer l'authenticité des tragédies de Diogène, exactement comme certains stoïciens avaient intérêt à la nier. Contre l'authenticité de ces tragédies, voir M. Winiarczyk, « Zur Frage der Authorschaft der Schriften des Diogenes von Sinope », 2005.

2. Cf. Philodème, *Sur les stoïciens* coll. XVI 30-31 Dorandi. Voir T. Dorandi, « Filodemo. Gli Stoici (PHerc. 155 e 339) », 1982, p. 122, n. 195.

3. En fait ce qui semble intéresser Diogène n'est pas l'inceste ou l'anthropophagie en soi, mais en tant que phénomènes qui, parce qu'interdits, servent à conditionner la vie des hommes. Le cynique sape tout ce qui plus tard servira à fonder la théorie psychanalytique.

spécifique, qui a ses règles et sa diction propres, son intention n'est pas proprement esthétique, mais plutôt éthique[1] : d'une façon générale, si Diogène, Cratès et la plupart des autres cyniques ont vraiment écrit des poèmes, ils ont agi plutôt en philosophes qu'en poètes (*non tam poetas egisse quam philosophos*)[2].

Sans avoir à relancer l'hypothèse selon laquelle les tragédies cyniques auraient été composées en prose[3] – ce que les quelques fragments préservés ne suffisent pas à mettre en question[4] –, nous pouvons peut-être supposer que le côté proprement musical, c'est-à-dire la partie mélodique et rythmique des tragédies de Diogène était, pour ainsi dire, secondaire par rapport au message qu'elles voulaient faire passer (et c'est d'ailleurs toujours en raison de ce message que ces tragédies sont mentionnées par les sources antiques, et non en raison de leurs qualités musicales et artistiques intrinsèques), même si dans ce cas (comme il arrive normalement), forme et contenu sont, d'une certaine manière, indissociables. La production théâtrale du cynique serait alors parfaitement compatible avec quelqu'un qui, en tant que philosophe, était capable de mettre en vers quelques aspects de sa pensée, mais qui en même temps ne s'adonnait pas – ou qui ne s'adonnait plus – à la pratique régulière et systématique de la musique.

En ce sens, il est intéressant d'observer qu'outre le thème apparemment étranger au cynisme, c'est la forme trop élaborée, le vocabulaire recherché et la

1. Spéculons un peu : pourquoi ne connaissons-nous aucune comédie cynique, alors même que nous savons que le rire jouait un rôle de premier ordre dans la pédagogie des cyniques et que Diogène, selon toute vraisemblance, présentait les thèmes de ses tragédies de façon plutôt comique ? La réponse à cette question peut être donnée à deux niveaux. D'une part, à un premier niveau, nous devons considérer que l'intention de Diogène était de remettre en cause la morale traditionnelle et les idées reçues que les mythes aidaient à perpétuer. Or, on sait que ce sont les tragédies qui préférentiellement mettent en scène les mythes (parmi les tragédies conservées les seules dont l'argument reposent sur un fait de l'histoire plus ou moins récente des Grecs, et non sur la mythologie, sont probablement *Les Perses* d'Eschyle et *La prise de Milet* de Phrynichos, cette dernière étant perdue), tandis que les comédies, en ce qui concerne la trame principale, mettent en scène l'actualité sociale : pour ce que visaient les cyniques la tradition des tragédies était donc plus appropriée. D'autre part, à un second niveau, l'effet comique est sans doute plus déconcertant et plus efficace pour secouer les idées reçues là où on ne l'attend pas, c'est-à-dire dans le contexte d'une tragédie : on sait en effet qu'une des caractéristiques majeures du *kynikos tropos* était le mélange de genres et le *spoudogeloion*. On pourrait enfin ajouter que le principe de la *paracharaxis* pouvait s'appliquer plus facilement aux tragédies qu'aux comédies.

2. C'est ce qu'observe A. Nauck dans son édition des fragments des tragédies grecques : *easdem numquam in scena exibitas esse ex ipsarum indole, qualis ab Iuliano et Clemente Alexandrino describitur, recte concludit Meineke facile apparet Diogenem, Cratetem, alios, sicubi tragoedias scriberent, non tam poetas egisse quam philosophos, qui placita sua versibus decantata exponerent et in utramque partem disputando confirmare studerent* (passage cité *dans* G. Giannantoni, *SSR*, t. IV, p. 478). Sous cet angle, la situation de Cratès est particulière : en effet, ses parodies d'Homère et de Solon témoignent d'une habileté poétique assez développée.

3. Cf. E. Rohde, *Der griechische Roman und seine Vorläufer*, 1914 (1re éd. 1876), p. 377-378, n. 1.

4. Cf. G. A. Gerhard, *Phoinix von Kolophon*, 1909, p. 236, n. 3.

structure particulièrement riche d'un fragment de tragédie qui mettent au clair la confusion faite par la *Souda* entre Diogène, le philosophe de Sinope, et son homonyme[1], poète athénien qui n'a probablement écrit qu'une seule tragédie, celle-ci étant intitulée *Sémélé*[2] : ce titre a été vraisemblablement ajouté aux titres des tragédies du cynique, qui sont attestés par d'autres sources, en raison de l'identité du nom de leurs auteurs[3]. S'il est vrai que personne n'a jamais considéré que le seul fragment conservé de cette pièce, cité par Athénée[4], pouvait être attribué à Diogène de Sinope, un passage chez Plutarque mentionnant l'avis d'un certain Mélanthios « au sujet de la tragédie de Diogène » a été inclus parmi les *testimonia* des tragédies diogéniennes par B. Snell, dans son édition des *Tragicorum Graecorum Fragmenta* et par G. Giannantoni, dans son *Socratis et Socraticorum Reliquiae*. Voici ce texte et sa traduction :

Ὡς γὰρ τῶν ὑπ' αὐλοῖς ᾀδόντων αἱ πολλαὶ τοὺς ἀκούοντας ἁμαρτίαι διαφεύγουσιν, οὕτω περιττὴ καὶ σοβαρὰ λέξις ἀντιλάμπει τῷ ἀκροατῇ πρὸς τὸ δηλούμενον. Ὁ μὲν γὰρ Μελάνθιος, ὡς ἔοικε, περὶ τῆς Διογένους τραγῳδίας ἐρωτηθεὶς οὐκ ἔφη κατιδεῖν αὐτὴν ὑπὸ τῶν ὀνομάτων ἐπιπροσθουμένην.

En effet, de même que les nombreuses fautes des chanteurs accompagnés par la flûte échappent aux auditeurs, de même un style brillant et impétueux éblouit le spectateur au détriment de ce qui est dit. En effet, Mélanthios, à ce qu'il semble, alors qu'on le questionnait au sujet de la tragédie de Diogène, dit qu'il ne pouvait l'apercevoir, cachée qu'elle était sous les mots[5].

S. Husson a sans doute raison lorsque, contrairement à l'avis de B. Snell et de G. Giannantoni, elle reconnaît dans le Diogène mentionné dans ce passage non pas le cynique, mais le poète tragique athénien[6]. En effet, s'appuyant sur la comparaison des vers de la pièce *Sémélé* cités par Athénée, qui sont d'une « grande richesse poétique », mais « d'une attitude littéraire et religieuse tout à fait étrangère au cynisme », avec un fragment, « d'inspiration authentiquement cynique » et « *beaucoup plus sobre* », d'une tragédie non identifiée attribuée à Diogène le Cynique, que cite Clément d'Alexandrie[7], son argument consiste, en partie, à montrer que les tragédies cyniques ne devaient pas se caractériser par un « style [ou une diction] brillant et impétueux » (περιττὴ καὶ σοβαρὰ λέξις)[8]. Nous pouvons ainsi considérer que Diogène n'avait aucun intérêt à revêtir ses tragédies, puisqu'elles étaient le véhicule de sa philosophie, d'un style trop recherché ou

1. Ce Diogène ne figure pas dans la liste donnée en D. L. VI 81.
2. Cf. *Souda*, *s.v.* Διογένης, n° 1142 (*SSR* V B 130).
3. Cf. Giannantoni, *SSR*, t. IV, p. 476-477.
4. Cf. Athénée, *Deipnosophistes* XIV 636 A.
5. Plutarque, *Comment écouter* 7, 41 c-d (*SSR* V B 129 ; fr. T 4 Snell). Trad. de S. Husson.
6. S. Husson, *La* République *de Diogène*, 2011, p. 188-189.
7. Clément d'Alexandrie, *Stromates* II 20, 119, 5-6 (*SSR* V B 135).
8. Il va sans dire que tous les cyniques n'ont pas manifesté la même verve poétique ; Cratès, par exemple, était particulièrement doué pour les parodies : cf. les textes dans *SSR* V H 67-70 ; 84. Mais rien ne nous autorise à parler de la recherche d'une « virtuosité musicale » chez les cyniques.

d'une quelconque virtuosité musicale qui pouvait éblouir son spectateur – un spectateur idéal, certes – et compromettre la compréhension du message qu'elles contenaient. Ainsi, par leur sobriété et leur relative simplicité, les tragédies cyniques ne seraient pas incompatibles avec une certaine « négligence » dans la pratique et dans l'étude des arts des Muses.

Le contexte de ce débat nous conduit enfin à prendre en compte un autre fragment de tragédie qui, même s'il ne présente aucune référence explicite au cynisme, a pu être regardé comme un extrait d'une pièce de Diogène. Il s'agit d'un ensemble de douze vers en trimètres iambiques figurant dans trois manuscrits de Stobée (S, M, A), où il fait immédiatement suite, sans aucune indication de lemme, à un morceau d'une tragédie non identifiée d'Euripide (fr. 285 Nauck). Après avoir été, dans un premier moment, considéré comme un autre fragment d'Euripide, ces vers ont été acceptés comme un fragment possible d'une tragédie cynique et rangés par B. Snell parmi les *dubia* de Diogène. M.-O. Goulet-Cazé, qui tend à accepter cette identification, y voit une illustration parfaite de la conception diogénienne de l'ascèse[1]. Voici ce texte et sa traduction :

Ἐγὼ γάρ, εἰ νοῦν εἶχ' ἔμ' ὁ σπείρας πατήρ,
ἠπιστάμην ἂν μουσικὴν παρεὶς πονεῖν,
ὡς εὐτυχήσων καὶ κακῶς πράξων ποτέ.
Πρῶτον μέν, ἐξ ὧν πάντα γίγνεται βροτοῖς,
εὔογκος εἶναι γαστρὶ μὴ πληρουμένῃ
στέργειν θ' ὑδρηροῖς ὥστε θὴρ ἀεὶ ποτοῖς,
χειμῶνί τ' ἀσκεῖν σῶμα θερμά θ' ἡλίου
τοξεύματ' αἰνεῖν μὴ σκιατραφούμενος.
Νῦν δ' οὐκ ἐθισθεὶς ταῦτ' ἐπίσταμαι μὲν οὔ,
φέρειν δ' ἀνάγκη · τὸν γὰρ Ὀρφέα λαβὼν
αὐτῶν τε Μουσῶν ἐννεάφθογγον μέλος,
οὐκ ἂν πίθοιμι γαστέρ', ἀλλὰ δεῖ βίου.

Moi, si le père qui m'a engendré avait eu de la raison,
je saurais, en ayant laissé de côté l'art des Muses, souffrir
pour être heureux, quand bien même le malheur devrait un jour me frapper.
En premier lieu, <je saurais que> tout ce qui est donné aux mortels
constitue une bonne ration pour un ventre qui n'est pas rempli,
<je saurais> me contenter de ne boire toujours, telle une bête sauvage, que de l'eau,
exercer mon corps en hiver et accueillir du soleil
les chaudes flèches sans me mettre à l'ombre.
Mais maintenant, en raison de mon manque d'entraînement,
je n'ai point ces aptitudes, et pourtant nécessité m'est faite de supporter.
Car ce n'est pas avec Orphée et tout le chant aux neuf sons des Muses
que je saurais convaincre mon ventre, mais il me faut de quoi vivre[2].

1. Cf. M.-O. Goulet-Cazé, *L'ascèse cynique*, 1986, p. 220-222, qui résume l'histoire de l'identification de ce fragment.

2. Stobée IV 33, 17 (= B. Snell, *Tr.G.F.*, Diogène de Sinope, fr. 88, 7). Traduction de M.-O. Goulet-Cazé, *L'ascèse cynique*, 1986, p. 221, légèrement modifiée. À propos de ce fragment de tragédie, voir J. L. López Cruces, « Une *Antiope* cynique ? », 2003.

Admettons que nous sommes en face d'un fragment d'une tragédie de Diogène de Sinope[1]. La question qu'on doit se poser alors est la suivante : qu'est-ce que

1. Pourtant, certains éléments du texte nous invitent à la prudence en ce qui concerne cette attribution. D'abord, on sait que, parmi les tragiques, Euripide avait la faveur de Diogène : en effet, Euripide et Homère sont les deux seuls poètes identifiables cités pas Diogène. Il serait légitime de supposer que le cynique nourrissait une certaine sympathie pour les tragédies d'Euripide, ce qui pourrait s'expliquer par le fait que quelques-unes de ces tragédies, sans être évidemment des pièces d'inspiration « cynique », contenaient des idées chères au cynisme. En ce sens on doit rappeler un vers du *Protésilaos*, cité par Clément d'Alexandrie (*Stromates* VI 2, 24, 5-6 = fr. 653 Nauck = fr. 655 Dindorf), où Euripide fait allusion à la communauté des femmes (κοινὸν γὰρ εἶναι χρῆν γυναιεῖν λέχος [λέχος : γένος Dindorf]). D'autre part, en D. L. VI 104, Diogène cite, en les adaptant et sans les identifier, deux vers d'Euripide : γνώμαις γὰρ ἀνδρῶν εὖ μὲν οἰκοῦνται πόλεις | εὖ δ' οἶκος, οὐ ψαλμοῖσι καὶ τερετίσμασιν, « ce sont les pensées des hommes qui permettent de bien administrer les cités et la maison, | non les mélodies de la lyre ou les trilles de la flûte ». Ces vers, qui appartiennent à la tragédie *Antiope*, sont cités dans leur forme originale par Stobée IV 13, 3 (= fr. 200 Nauck) : γνώμῃ γὰρ ἀνδρὸς εὖ μὲν οἰκοῦνται πόλεις | εὖ δ' οἶκος, εἴς τ' αὖ πόλεμον ἰσχύει μέγα. | σοφὸν γὰρ ἓν βούλευμα τὰς πολλὰς χέρας | νικᾷ· σὺν ὄχλῳ δ' ἀμαθία πλέον κακὸν, « Par la pensée d'un homme cités et maison sont bien administrées, et, pour aller à la guerre, cette pensée a une force puissante, car un seul conseil sage remporte la victoire sur de nombreuses mains. En revanche, associée à la multitude, l'ignorance est un mal particulièrement grand ». Il s'agirait donc ici d'un procédé littéraire typique des cyniques : en suivant le principe de la parodie, Diogène greffe sur les vers d'Euripide sa propre pensée. Alors, si l'on considère que le vocabulaire des vers cités en Stobée IV 33, 17 peut être mis en relation avec celui d'autres tragédies d'Euripide (cf., par exemple, pour l'expression κακῶς πράξων, *Alceste* 961, et, pour le terme εὐόγνος, le fr. 688 Nauck ; notons encore que la forme poétique ὑδρηροῖς est plutôt rare ; et, enfin, que le verbe ἐθίζειν, encore qu'il puisse être rapproché d'ἀσκεῖν, n'est pas fréquent dans le corpus cynique : il ne figure, par exemple, qu'une seule fois dans le livre VI de Diogène Laërce, dans un passage, qui, comme l'a démontré M.-O. Goulet-Cazé, *L'ascèse cynique*, 1986, p. 217-220, est marqué par l'influence stoïcienne : cf. D. L. VI 71) et que ce morceau suit un autre, explicitement identifié comme étant d'Euripide (ce qui a amené Gesner à supposer que l'indication du même lemme avait été omise en tête du fragment), on devrait conclure, en acceptant la paternité diogénienne, que le cynique avait procédé de façon analogue à celle de la citation en D. L. VI 104 : c'est donc dans un style euripidien que Diogène aurait composé ces vers. Cependant, leur contenu, qui évoque l'ascèse et qui fournit le principal argument en faveur de la paternité cynique, n'est guère dirimant : or, si la notion d'ascèse qu'on y trouve est tout à fait *compatible* avec le cynisme, elle n'en est pourtant pas *exclusivement caractéristique* ; en fait, l'endurance à l'égard des rigueurs des saisons (ainsi qu'une certaine frugalité concernant la nourriture et la boisson) était une vertu dont l'exercice faisait partie de l'idéal pédagogique dans certains milieux athéniens (peut-être sous influence de l'éducation des enfants chez les Spartiates ou même chez les Perses) : cf., par exemple, Xénophon, *Cyropédie* II 1, 5 ; *id., Mémorables* II 1, 1 ; Aristote, *Politique* VII 17, 1336a 20-24 (voir à ce propos, H. Dressler, *The usage of* askeo *and its cognates in Greek documents to 100 A. D.*, 1947 [voir surtout les p. 22-35]). Cf. aussi Plutarque, *Vie de Caton le Censeur* 20, 6 : la pédagogie que Caton adopte pour éduquer son fils – qui devait, entre autres activités, lancer le javelot, pratiquer le pugilat, monter à cheval, traverser à la nage un courant impétueux et supporter le froid et la chaleur – semble influencée par la tradition grecque ; il loue, par exemple, l'attitude de Socrate à l'égard de son épouse et de ses fils. On pourrait sans doute arguer que cette pédagogie, en ce qui concerne l'éducation physique visait, au fond, à développer les habiletés guerrières (chez Xénophon, *Économique* VII 22-24, l'endurance aux intempéries,

peut bien vouloir dire quelqu'un qui, *en chantant*, dit qu'*il ne faut pas chanter*? Devons-nous ranger le message de ce fragment parmi les paradoxes du cynisme et nous contenter de cette solution ? Ce n'est peut-être pas nécessaire.

En effet, si à une première lecture ce texte semble présenter une condamnation sans appel des arts des Muses, une analyse plus détaillée de ses éléments montre un contexte plus nuancé et, par conséquent, plus complexe. En premier lieu, l'expression qui, placée au début du passage, résume cette condamnation n'est pas exempte d'ambiguïté : μουσικὴν παρεὶς peut certes être rendue par « en ayant laissé de côté la musique »[1], mais le verbe παρίημι, construit avec l'accusatif, admet aussi d'autres possibilités de traduction, telles que « laisser entrer » ou « laisser pénétrer »[2] (dans ce cas on a souvent l'indication du lieu donné par εἰς), « laisser passer »[3], « accepter », « admettre », ou « laisser entrer quelque chose (dans l'âme, par exemple) »[4]. On relève encore les sens d'« abandonner » ou de

en tant que vertu guerrière, fournit la principale distinction sociale entre l'homme et la femme, le corps – mais aussi l'âme – de l'homme étant naturellement plus adapté aux épreuves d'une expédition militaire), alors que le but de l'ascèse cynique est exclusivement moral. Ainsi, le fait que dans le contexte du fragment de tragédie cité par Stobée l'entraînement évoqué n'ait apparemment qu'une finalité morale va plutôt dans le sens de la paternité diogénienne. Mais force est de reconnaître que si le cynique vit au rythme des saisons, dont il peut supporter sans peine les effets les plus aigus (cf. Dion Chrysostome, *Discours VI, Diogène ou la Tyrannie* 9) – ce qui signifie qu'il exerce son corps en hiver et qu'il peut, pendant l'été, accueillir les rayons chauds du soleil sans se mettre à l'ombre –, le trait distinctif de son ascèse est sa décision volontaire d'embrasser les statues couvertes de neige en hiver et de se rouler sur le sable brûlant en été (cf. D. L. VI 23). L'ascèse diogénienne semble dépasser, de façon apparemment déraisonnable, l'entraînement traditionnel permettant de résister aux rigueurs des saisons. Enfin, il est intéressant de noter que J. L. López Cruces, « Une *Antiope* cynique ? », 2003, clôt son article, dans lequel il soutient la paternité cynique du fragment chez Stobée, en en reconstruisant l'argument de fond, par la citation de la « morale de l'histoire » d'une fable d'Ésope (Fable 114 1b). Or, à moins d'accepter la thèse de F. R. Adrados (contestée fermement par C. Lévy, « L'influence cynique sur les fables : réalité ou mythe ? », 2011), selon laquelle la fable était un genre très influencé par le cynisme, ce rapprochement implicite suggère plutôt que le fragment de tragédie en question est teint d'un lieu commun philosophique ou d'un aspect de la moralité populaire, où le trait proprement cynique fait défaut. Dans cette perspective, un autre fragment de tragédie anonyme, cité également par Stobée (III 17, 5) et rangé par Snell (fr. 6) parmi les *dubia* de Diogène, serait de facture cynique à plus forte raison : il y est question, comme règle de vie, de la maîtrise du ventre (τῷ βίῳ γαστρὸς κρατεῖν), et de prendre la facilité (ἡ εὐτέλεια) comme le professeur des meilleures et des plus sages décisions (comparer avec D. L. VI 37). Cf. M.-O. Goulet-Cazé, *L'ascèse cynique*, 1986, p. 222, n. 77 ; et J. L. López Cruces, « Une *Antiope* cynique ? », 2003, p. 26-27.

1. Dans l'apodose de la période conditionnelle constituée par les deux premiers vers, la particule ἄν place toute la proposition sous le signe de l'irréel.

2. Cf., par exemple, Hérodote III 72 ; IV 146 ; Euripide, *Les suppliantes* 468.

3. Cf. Sophocle, *Électre* 732. Dans son commentaire de cette pièce, J. H. Kells, dans *id.*, *Sophocles. Electra*, 1973, p. 146, note le sens littéral pour le participe παρείς (la même forme que l'on trouve dans notre fragment) : « having let slip by him ».

4. Cf. Platon, *République* VIII, 561b ; *id.*, *Phédon* 90e.

« céder » quelque chose (dans certains cas, à quelqu'un d'autre), c'est-à-dire de laisser tomber ou laisser de côté quelque chose en raison des circonstances et non pas forcément parce qu'on juge cette chose inutile, de mince valeur ou blâmable. Si l'on considère d'autre part que ce verbe, lorsqu'il signifie « négliger », au sens abstrait, est normalement employé à la voix moyenne[1], on doit conclure que le jugement du personnage qui parle dans ce fragment (s'agit-il de l'opinion de Diogène lui-même ?) à propos de la musique n'est pas si catégorique qu'on le supposait au départ. Il est donc probable que nous sommes ici en face non point d'un rejet systématique de la musique mais d'une relativisation de son utilité[2]. Ce dont se plaint réellement notre personnage ce n'est pas d'avoir pratiqué la musique, mais plus exactement de ne pas avoir pratiqué l'ascèse, les deux regrets ne pouvant évidemment pas être réduits l'un à l'autre. Son erreur a consisté à négliger l'ascèse à finalité morale et, probablement sous l'emprise du plaisir que procure la musique ou de la *doxa* qui entoure les musiciens et les poètes, à ignorer la réalité des choses : il a ignoré, d'une part, que l'homme est toujours sujet aux caprices de la Fortune et, d'autre part, que la musique n'est guère utile (ou n'est pas immédiatement utile) à quelqu'un qui a faim. La fin du fragment est claire : « ce n'est pas avec Orphée et tout le chant aux neuf sons des Muses » que l'on peut convaincre un ventre qui n'est pas rempli. Mais nous devons nous garder de l'erreur qui consiste à déduire des paroles de quelqu'un qui avoue ne pas avoir compris la réelle signification des choses une condamnation totale de ces mêmes choses : reconnaître la valeur de l'ascèse n'implique pas le rejet de la musique.

Ainsi, nous pensons que pour le cynique la musique en soi n'est pas blâmable ; ni en tant qu'instrument pédagogique ni en tant que ressource pour le perfectionnement moral, elle n'est à rejeter : l'art des Muses peut, par exemple, « corriger » certaines « tendances ou dispositions naturelles » (c'est le cas du cithariste costaud dont Diogène fait l'éloge) et faciliter la communication des conseils de vertu (c'est l'usage qu'en font notamment Diogène et Cratès qui véhiculent, à travers les formes traditionnelles du langage poétique, qu'ils détournent – ou *falsifient* –, un nouvel ordre moral[3]), dont un exemple probable serait ce fragment de tragédie

1. C'est ce qu'indiquent LSJ renvoyant à Euripide, *Héraclès* 772 : νόμον παρέμενος et à Dion Cassius, *Histoire Romaine* 51, 5 : τὸν δῆμον παρέμενος.

2. C'est ce même principe qui oriente la vision de Diogène concernant l'écriture : le fait qu'il ait écrit des ouvrages, dont une *République* et un *Traité d'éthique* (cf. D. L. VI 80 ; sur ce dernier ouvrage, voir les considérations de M.-O. Goulet-Cazé, *L'ascèse cynique*, 1986, p. 217), n'entre pas en contradiction avec le conseil qu'il donne à Hégésias en D. L. VI 48.

3. Concernant l'usage de la poésie, le cynisme ne constitue pas un mouvement monolithique : si Diogène et Cratès sont plutôt « traditionalistes », dans la mesure où ils se sont servis de la poésie traditionnelle – ils citent, adaptent et parodient les poètes traditionnels – pour critiquer la morale de cette même tradition, Ménippe, lui, un « acharné railleur de l'humanité » (cf. Marc-Aurèle, *Pensées* VI 47), critique aussi les valeurs de la tradition, mais il a également innové sur le plan littéraire. Bien que le fait soit contesté dans l'Antiquité, Ménippe a été apparemment l'auteur d'une œuvre vaste, aujourd'hui perdue, qui, en présentant un mélange de

préservé par Stobée, qui met en garde précisément contre l'erreur consistant à prendre la musique pour ce qu'elle n'est pas ou à se consacrer à son étude en vue uniquement des avantages illusoires que l'on peut en tirer (un plaisir qui ramollit l'homme) ou la réputation dont sont souvent gratifiés les musiciens et les poètes, par exemple. Autrement dit, en ce qui concerne l'éducation musicale, la faute majeure qu'un individu peut commettre serait de se laisser égarer par Orphée et par le chant aux neuf sons des Muses en oubliant l'ascèse qui est le chemin le plus sûr pour parvenir à la vertu et au bonheur. La « méta-critique » que ce fragment de tragédie présente ne vise pas la poésie ou la musique en elles-mêmes ; la critique vise, pour ainsi dire, le mauvais usage que l'on peut faire des arts musicaux.

Dans cette perspective, quand Diogène s'étonne « de voir les grammairiens faire des recherches sur les malheurs d'Ulysse, tout en ignorant les leurs propres » ou « de voir les musiciens accorder les cordes de leur lyre, mais laisser désaccordées les dispositions de leur âme », ou encore « les mathématiciens fixer leurs regards sur le soleil et la lune, mais ne pas remarquer ce qui se passe à leurs pieds ; les orateurs mettre tout leur zèle à parler de la justice, mais ne point du tout la pratiquer »[1], l'objet de son étonnement – et donc de sa critique – n'est pas la grammaire, la musique, la mathématique ou l'art oratoire en tant que disciplines

genres, en combinant prose et poésie, rire et sérieux (Strabon XVI 2, 29 parle de Μένιππος ὁ σπουδογέλοιος), a exercé une forte influence dans l'histoire de la littérature : on parle, en effet, d'une véritable « tradition ménippéenne » qui passe par son contemporain Méléagre, par Varron, Sénèque, Lucien (et ce que l'on appelle la « tradition lucianique » est sans doute redevable de l'influence de Ménippe), Pétrone et Apulée, pour atteindre les temps modernes avec des noms tels que Rabelais, Érasme, Cervantes, Swift, Fielding, Sterne et Machado de Assis (de nos jours, on pourrait y ajouter le nom du romancier néerlandais Cees Nooteboom) : sur ce sujet, voir R. Helm, *Lucian und Menipp*, 1906 ; D. R. Dudley, *A History of Cynicism*, 1937 (cf. les p. 69-74) ; E. P. Kirk, *Menippean Satire : an annotated catalogue of texts and critics*, 1980 ; E. de Sá Rego, *O Calundu e a panacéia*, 1989 ; J. C. Relihan, *Ancient Menippean Satire*, 1993 ; M. A. Rose, *Parody : ancient, modern and post-modern*, 1993. Si l'on accepte que la satire ménippée puise ses origines dans les parodies de Cratès (celles-ci étant déjà une évolution des procédés poétiques de Diogène), dont Ménippe avait été l'élève (cf. D. L. VI 95), on pourrait affirmer que cette parenté littéraire est le seul véritable lien – à côté de la critique mordante des occupations humaines – qui unit le cynisme de Ménippe à celui de Cratès et Diogène. En effet, d'un point de vue strictement philosophique, et à en croire le portrait dessiné par Diogène Laërce, Ménippe s'est donné la mort, « sans réfléchir à ce qu'est la nature d'un chien » (D. L. VI 100). Ainsi, l'existence même d'un style poétique qui fournit un des liens permettant d'établir une certaine continuité dans l'école cynique suggère déjà que l'on doive mettre en perspective la « négligence » musicale de Diogène ou son « refus » des arts des Muses.

1. D. L. VI 27. En D. L. VI 47, Diogène surnomme les orateurs « hommes trois fois hommes » (τρισανθρώπους), pour signifier qu'ils étaient « trois fois malheureux » (τρισαθλίους). Notons que le cynique met en cause non l'art oratoire, mais les orateurs (ῥήτορας). La différence est importante, et semble confirmée par la suite du passage : Diogène critique les orateurs « et tous ceux qui cherchent la gloire dans l'éloquence » (καὶ πάντας τοὺς ἐνδοξολογοῦντας). À ses yeux, la véritable erreur consiste à chercher la gloire et, dans ce cas, à mettre l'éloquence au service de cette recherche.

sur lesquelles l'esprit de l'homme peut s'exercer ; ce qu'il déplore en fait c'est la façon incohérente de les pratiquer : les hommes ont tort lorsqu'ils n'accordent pas la vie qu'ils vivent avec les idées ou la « théorie » qu'ils professent, ou – ce qui revient au même – lorsqu'ils ne font pas converger les disciplines dont ils s'occupent vers la vertu et vers l'excellence morale ; ce faisant, ils rendent leur science et leur art inutiles ou carrément pernicieux. À vrai dire, encore que Diogène ait tendance à toujours faire passer au crible de l'utilité les occupations humaines, ce qui semble gêner le plus le cynique ce n'est pas tant le fait que les hommes s'occupent de choses inutiles – des choses *moralement* inutiles – mais le fait qu'ils prêtent à certaines choses une utilité qu'elles n'ont pas, ou une importance qu'elles ne devraient pas avoir et qu'elles n'auraient pas pour quelqu'un qui cherche la vertu réelle et qui pratique l'ascèse.

En effet, si l'on comprend qu'il y a dans ce passage une réprobation des disciplines en question *en elles-mêmes*, la logique de l'énoncé nous obligerait à comprendre que même la philosophie serait à rejeter, car dans la suite du passage on lit : « [et il s'étonnait de voir] encore les philosophes blâmer l'argent, mais le chérir par-dessus tout »[1]. Puisque Diogène ne pouvait pas s'en prendre à la philosophie (ce qui ne signifie pas qu'il approuvait toutes ses formes – et cela revient à dire que ce qu'il réprouve, c'est la façon dont certains soi-disant philosophes la pratiquent), je pense qu'il n'était pas non plus opposé à la grammaire, à la musique, à la mathématique ou à l'art oratoire : Diogène s'attaque en fait à certains grammairiens, à certains musiciens, à certains mathématiciens et à certains orateurs, de même qu'il s'attaque tout autant à certains philosophes. Pour le cynique, les arts des Muses sont un terrain d'action où la déraison des hommes peut se manifester et où elle se manifeste souvent ; mais il ne s'ensuit pas qu'il y voyait une preuve de la déraison des hommes et qu'il prêchait, par principe, leur interdiction ou leur suppression.

En revenant maintenant à l'affirmation en D. L. VI 104, selon laquelle les cyniques « rejetaient » la géométrie, la musique et toutes disciplines de ce type, on comprend peut-être mieux la nature de ce « rejet » : il faut « excaver autour » ou

1. D. L. VI 28. Cet argument n'a de sens que si l'on accepte la suggestion de M. Patillon (suivie par M.-O. Goulet-Cazé : voir note *ad loc.*) qui propose de corriger la forme φιλαργύρους des manuscrits (en B) en φιλοσόφους. La justification de cette correction, raisonnable sans doute, serait que la mention des avares romprait la liste des spécialistes (grammairiens, musiciens, mathématiciens et orateurs) et ne ferait pas de sens dans le passage. Force est de constater toutefois que ce genre de coupure ne serait pas totalement impossible dans un ouvrage comme celui de Diogène Laërce. De toute façon, la cible de Diogène ne se situe pas dans les spécialités qu'il évoque, mais principalement dans l'incohérence des hommes, ce que prouve la suite du texte qui mentionne non pas des spécialistes, mais « les gens qui louent les justes de ce qu'ils sont au-dessus des richesses, mais qui envient les gens fortunés » et les gens qui « sacrifiaient aux dieux pour leur santé et qui, au cours même du sacrifice, mangeaient au détriment de cette même santé ». Quoi qu'il en soit, on ne peut pas dégager de ce passage un jugement négatif sur les disciplines et les connaissances évoquées.

« dégonfler » les connaissances et les techniques de l'homme pour trouver leur réelle utilité ou leur réelle signification ; il faut découvrir ce qu'elles peuvent réellement faire pour la vertu et pour le bonheur des gens. La suite du passage confirme de façon lumineuse la perspective du cynique. Juste après avoir rappelé le « rejet » des arts des Muses par les cyniques, le biographe ajoute : « en fait (γοῦν), Diogène dit à quelqu'un qui lui montrait une horloge : 'l'instrument est utile (χρήσιμον) pour ne pas être en retard aux repas ». Toujours sous forme de boutade, le cynique, en « dégonflant » la machine qui permet de mesurer et, d'une certaine manière, de contrôler le temps et en retrouvant ce à quoi elle peut éventuellement servir, dénonce l'orgueil et la suffisance dont les hommes, trop fiers de leurs propres capacités, enveloppent le produit de leur art. Ainsi, le cynique ne s'insurge pas vraiment contre les inventions et les techniques des hommes, mais plutôt contre le fait que ces inventions et ces techniques ne sont pas toujours utiles pour la vie (πρὸς τὸν βίον οὐ πάνυ τι συνενεγκεῖν)[1]. Vidé d'une utilité morale pratique, tout ce que le génie de l'homme est capable d'inventer peut devenir un ἄχρηστος πόνος qui agit contre la « vie facile ». C'est ce même raisonnement qu'il adopte envers celui « qui faisait étalage devant lui de son habilité musicale ». Diogène dénonce l'infatuation – celle-ci vraiment inutile – de son interlocuteur et lui rappelle ce qui est obvie : « ce sont les pensées des hommes qui permettent de bien administrer les cités et les maisons, non les mélodies de la lyre ou les trilles de la flûte »[2]. Que les mélodies de la lyre ou les trilles de la flûte ne servent pas à l'administration des cités et des maisons est une évidence pour le cynique, mais cela ne les rend pas inutiles pour tout le reste ou ne les transforme pas simplement en quelque chose qui doit en soi et par principe être rejeté[3].

1. Cf. Dion Chrysostome, *Discours VI, Diogène ou la tyrannie* 29.

2. D. L. VI 104.

3. Dans cette perspective, ce qui distinguait la pédagogie de Diogène de celle de Platon ne serait pas l'exclusion de la musique et des autres disciplines théoriques de la formation des hommes (pour un avis différent sur ce problème, voir les considérations de S. Husson, *La* République *de Diogène*, 2011, p. 53-62). En fait, à la différence de Platon, qui plaçait ces disciplines (avec l'exclusion polémique de la poésie imitative) au cœur même de la formation philosophique des gardiens de sa cité idéale (cf. *République* VII, 521c-531d), Diogène subordonne ces mêmes disciplines – sans pourtant les exclure préalablement – à l'ascèse (selon la compréhension qu'il en avait) : or, puisque l'ascèse diogénienne doit être adaptée à la « nature » de chaque individu, l'utilité (ou l'inutilité) des arts de Muses serait aussi définie en fonction des individus. D'un point de vue cynique, l'idée même d'une « formation circulaire », valable à égalité pour tous les hommes, serait déjà en contradiction avec l'« anarchie libertaire » (l'expression est utilisée par M.-O. Goulet-Cazé, *Les Kynika du stoïcisme*, 2003, p. 28) que proposait Diogène dans sa *République*. Dans la perspective de mon hypothèse, selon laquelle le cynisme s'oppose à tout dogmatisme (à l'exception du dogme d'une « vie facile », s'il est vrai que la recherche d'une « vie facile » peut être considérée comme un dogme pour le sage cynique) et, par conséquent, ne refuse pas systématiquement tous les produits de la civilisation, le refus systématique des arts et des techniques serait déjà un « dogme » à refuser au même titre que l'idée d'une éducation unique et universelle.

Il faut alors comprendre que dans la perspective du cynique l'étude et la pratique des arts des Muses constituent un recours pédagogique légitime et un adjuvant acceptable dans la formation de l'individu. Pourtant – et c'est un point très important – ces disciplines, ainsi que chacun de leurs produits (comme d'ailleurs tous les produits issus de la technique) ne pourront en aucun cas se substituer à l'ascèse qui reste l'axe principal de la pédagogie et de l'action cyniques. Dès lors, si l'attitude du cynique vis-à-vis de la musique ne peut pas être définie en termes de rejet ou de refus, elle se doit en revanche d'entreprendre une sorte d'« érosion de la périphérie » (περιαίρεσις) des arts musicaux, ce qui veut dire que le cynique doit « débarrasser » la musique de ce que la déraison des hommes lui a attribué : Diogène, qui sans doute ne désirait pas épater le public de ses tragédies (si elles étaient réellement jouées) par une quelconque virtuosité musicale et qui mettait les gens en garde contre les éblouissements provoqués par le chant des autres poètes, était aussi capable de reconnaître, comme une manifestation de la vertu, l'effort de ceux qui ont trouvé dans le jeu de la flûte ou de la lyre le remède contre une « nature mauvaise ».

Enfin, il faut comprendre aussi que de la nécessité de ne pas succomber aux charmes de la musique (ou à ce que la *doxa* lui attribue) ne découle aucun rejet ni aucun refus absolu de la musique en soi. Le cynique fait la part des choses et en ce faisant il définit une forme ou une « règle » de jouissance des arts. Ainsi, l'interprétation du jugement des cyniques concernant les produits de la civilisation – et la musique en fait partie – doit retrouver l'équilibre des énoncés si l'on veut vraiment comprendre la réelle radicalité des idées philosophiques qui y sont impliquées : encore une fois, nous ne devons pas nous laisser tromper – comme c'est arrivé à Lycinos, le personnage de Lucien – par l'aspect « animal » du cynique et, à partir de là, en déduire qu'il a un esprit rude ; la force de caractère et l'endurance sont d'un tout autre ordre et n'ont pas comme condition de réalisation un esprit rude ou grossier, ou une sensibilité artistique émoussée. De même que, sans se soucier beaucoup de ces choses (οὐ πολὺ μέλειν τῶν τοιούτων), Diogène était capable, comme on l'a vu, d'admirer la beauté des édifices d'Athènes, son architecture, ses statues, ses peintures et même sa monnaie[1], il n'est pas improbable qu'il fût aussi capable, tout en se méfiant du rôle qu'on veut leur faire jouer dans l'administration des villes et des maisons, de se laisser émouvoir par « les mélodies de la lyre et les trilles de la flûte ». Car, comme l'a rappelé Démétrius le Cynique, il est permis à une âme déjà retirée à l'abri de s'égarer un peu dans des occupations qui servent à orner l'esprit plutôt qu'à le fortifier[2]. Et

1. Cf. Dion Chrysostome, *Discours VI, Diogène ou la tyrannie* 3-5.
2. Cf. Sénèque, *Des bienfaits* VII 1, 3-7.

Diogène lui-même, qui ne se priva pas d'écrire des vers, entrait aussi au théâtre, mais par la porte de sortie[1].

9. À la table des chiens :
une cuisine sans sacrifice (éthique et diététique cyniques)

Si l'on parcourt la littérature cynique, même si c'est de façon distraite, une évidence immédiatement s'impose, qui permettrait d'ailleurs d'appliquer au cynisme une affirmation de F. Nietzsche prouvant une fois de plus sa sympathie pour la pensée de Diogène : « Une autre question m'intéresse bien davantage et le salut de l'humanité en dépend bien plus que d'une quelconque curiosité pour théologiens, c'est la question de la *nutrition*. On peut la formuler ainsi pour l'usage ordinaire : 'Comment faut-il que tu te nourrisses, toi, pour atteindre ton maximum de force, de *virtù*, dans le sens que la Renaissance donne à ce mot, de vertu, libre de *moraline* ?' »[2]. En effet, dans le *corpus* cynique la présence massive de passages mettant en scène le besoin alimentaire ou la nourriture elle-même saute aux yeux. En fait cette constatation ne doit pas nous surprendre, car, dans le contexte du cynisme, éthique et diététique s'associent pour constituer un tout cohérent et indivisible. Si l'on admet qu'il y a chez les cyniques la proposition d'une « éthique du minimum », on comprend que pour ces philosophes l'alimentation, en tant que fondement ultime de la vie même, constitue le noyau à partir duquel la vertu doit être pensée et, avant tout, pratiquée. Autrement dit, l'éthique cynique, lorsqu'elle propose, selon la définition d'Apollodore de Séleucie, « un raccourci vers la vertu », se tourne entièrement vers la pratique et, comme l'enseignait déjà Antisthène, laissant au second plan les longs discours et les digressions théoriques[3], elle se fonde sur une *diète* (δίαιτα), terme qui désigne à proprement

1. Cf. D. L. VI 64, où on lit précisément : « Il [Diogène] entrait au théâtre à contre-courant des gens qui sortaient. Comme on lui en avait demandé la raison, il disait : 'tout au long de ma vie c'est ce que je m'efforce de faire' ». Faut-il comprendre que si les gens sortaient c'est que la représentation était déjà finie ? Diogène entrait-il au théâtre *pour ne pas regarder* le spectacle ? Selon Stobée III 4, 83 (SSR V B 267), Diogène avait l'habitude de se promener à reculons sous le portique. Cela semble prouver que ce que Diogène faisait tout au long de sa vie était (comme nous l'avons vu plus haut) de dénoncer les actions irréfléchies des hommes et non de condamner les représentations théâtrales. Enfin, il est peut-être opportun de citer le tout début d'une des lettres pseudépigraphes attribuées à Diogène : « J'étais assis au théâtre, en train de coller les pages d'un petit livre, quand arriva Alexandre, le fils de Philippe, qui, s'étant arrêté juste en face de moi, tout près, me déroba le soleil. Moi, comme je ne pouvais plus distinguer d'aucune manière les séparations entre les pages, je levai les yeux et je reconnus alors celui qui se trouvait là. » (Pseudo-Diogène, *Lettre XXXIII, à Phanomachos* ; traduction de F. Junqua légèrement modifiée). Le cadre de ce bref récit évoque à la fois – et apparemment de façon positive – l'art des musiciens et des poètes, ainsi que celui des grammairiens. Je commente ce passage dans O. Flores-Júnior, « Lire et écrire dans les marges », 2020.

2. Traduction d'Henri Albert. F. Nietzsche, *Ecce homo* dans *Sämtliche Werke*, 1999, Bd. 6, p. 279.

3. Cf. D. L. VI 11.

parler la manière dont on vit ou un certain genre de vie à l'intérieur duquel les modes de nutrition occupent sans doute une position centrale.

Dans cette perspective, la diète que les cyniques semblent préconiser a servi d'argument pour prouver leur « croisade » contre la civilisation[1]. On a cru que, placée sous le signe de l'omophagie qui, dans le contexte alimentaire, représenterait le refus du feu de Prométhée, elle s'opposait au sacrifice définissant le statut de l'homme à l'égard des dieux et des animaux et que, dans une perspective politique, elle désavouait les rites et le codes sur lesquels la cité se fonde. De plus, l'omophagie des cyniques semblait aussi actualiser l'ambiguïté d'un primitivisme que le mythe situe dans un Âge d'Or révolu ou sous le règne de Cronos[2]. Les cyniques auraient donc oscillé entre un végétarisme inoffensif et bienfaisant, et l'*allélophagie* sauvage. Cette oscillation a pu être présentée de façon progressive[3] : on passe de la consommation d'herbes fraîches à la manducation de viande crue, ensuite au cannibalisme, pour arriver finalement à l'« endocannibalisme » (ou à une improbable « autonécrophagie »[4]). Pour la première étape, on pourrait citer la doxographie générale des cyniques à la fin du livre VI de Diogène Laërce :

'Αρέσκει δ' αὐτοῖς καὶ λιτῶς βιοῦν, αὐτάρκεσι χρωμένοις σιτίοις καὶ τρίβωσι μόνοις, πλούτου καὶ δόξης καὶ εὐγενείας καταφρονοῦσιν. Ἔνιοι γοῦν καὶ βοτάναις καὶ παντάπασιν ὕδατι χρῶνται ψυχρῷ σκέπαις τε ταῖς τυχούσαις καὶ πίθοις, καθάπερ Διογένης (...).

Ils soutiennent encore qu'il faut vivre frugalement, en se contentant de la nourriture qu'on peut se procurer soi-même et du seul manteau élimé, en méprisant richesse, réputation et bonne naissance. En tout cas il y en a parmi eux qui se satisfont d'herbes, d'eau fraîche et d'abris de fortune ou de tonneaux comme Diogène (...)[5].

Concernant les viandes crues, on a décelé chez Diogène une véritable faiblesse pour le poulpe dont nous parlent Diogène Laërce[6] et Plutarque[7]. Du poulpe on passe à la suppression de tout interdit alimentaire[8], y compris l'interdit de l'anthropophagie[9] – que d'ailleurs Diogène justifie par la physique d'Anaxagore[10] –, pour aboutir au dernier niveau de la « déshumanisation », qui dans le témoignage

1. Cf. M. Detienne, « Ronger la tête de ses parents », 1988 (1re éd. 1977).

2. Cf. Pseudo-Diogène, *Lettre XXXII, à Aristippe*. Sur le sujet, voir P. Vidal-Naquet, « Plato's myth of the *Statesman* : the Ambiguities of the Golden Age and of History », 1978.

3. Cf. M. Detienne, *op. cit.*, p. 154 : « On entre dans la sauvagerie à reculons, on y descend progressivement, par paliers successifs ».

4. Les sources rapportent cette « autonécrophagie » aussi aux stoïciens, mais elle peut sans doute se compter parmi les *kynika* du stoïcisme : cf. Sextus Empiricus, *Adversus Mathematicos* XI 192 (*SVF* III748) ; 194 (*SVF* 752) ; *id., Hypotyposes pyrrhoniennes* III 207-208. Voir sur ce sujet M.-O. Goulet-Cazé, *Les* kynika *du stoïcisme*, 2003, p. 54-56.

5. D. L. VI 105.

6. Cf. D. L. VI 76-77.

7. Plutarque, *Sur la consommation des viandes* I 6, 995d (*SSR* V B 93).

8. Cf. D. L. VI 61.

9. Cf. D. L. VI 73 ; Philodème, *Sur les stoïciens* XVI 21 Dorandi.

10. Cf. DK 59 B 4.

de Théophile d'Antioche, que l'on pourrait rapprocher de celui de Philodème dans son *Sur les stoïciens*, combine cannibalisme et meurtre des parents :

'Επειδὴ οὖν πολλὰ ἀνέγνως, τί σοι ἔδοξεν τὰ Ζήνωνος ἢ τὰ Διογένους καὶ Κλεάνθους ὁπόσα περιέχουσιν αἱ βίβλιοι αὐτῶν, διδάσκουσαι ἀνθρωποβορίας, πατέρας μὲν ὑπὸ ἰδίων τέκνων ἕψεσθαι καὶ βιβρώσκεσθαι, καὶ εἴ τις οὐ βούλοιτο ἢ μέλος τι τῆς μυσερᾶς τροφῆς ἀπορρίζειν, αὐτὸν κατεσθίεσθαι τὸν μὴ φαγόντα ; πρὸς τούτοις ἀθεωτέρα τις φωνὴ εὑρίσκεται, ἡ τοῦ Διογένους, διδάσκοντος τὰ τέκνα τοὺς ἑαυτῶν γονεῖς εἰς θυσίαν ἄγειν καὶ τούτους κατεσθίειν.

Toi qui as beaucoup lu, qu'as-tu pensé des idées contenues dans les livres de Zénon, dans ceux de Diogène ou de Cléanthe, qui enseignent l'anthropophagie : que les pères soient cuits et dévorés par leurs propres enfants et si l'on ne voulait pas ou si l'on repoussait une partie de cette nourriture abominable, dans ce cas que celui qui n'a pas mangé soit lui-même dévoré ? On trouve d'ailleurs une voix encore plus impie, celle de Diogène, qui enseigne que les enfants mènent leurs propres parents au sacrifice et les dévorent[1].

Des études récentes ont montré de façon tout à fait convaincante le caractère tendancieux de témoignages comme ceux de Philodème et de Théophile qui, voués entièrement à la polémique et marqués par le sectarisme, ont délibérément altéré le véritable message de Diogène[2]. Leur démarche consiste, d'une façon générale, à transformer une concession épisodique en dogme – Philodème parle littéralement du « dogme de l'anthropophagie » (ἀνθρωποφαγίας δόγμα) de la *République* de Diogène, une information qu'il affirme avoir trouvé dans le traité *Sur la justice* de Chrysippe –, un dogme qui devrait être enseigné (cf. les expressions διδάσκουσαι ἀνθρωποβορίας et Διογένους διδάσκοντος chez Théophile) et intégré aux rites de la cité (cf. l'expression εἰς θυσίαν ἄγειν, toujours chez Théophile). Ainsi, on observe une modulation symptomatique dans la manière dont l'anthropophagie cynique est présentée : la manducation éventuelle de la chair humaine, déterminée par une conjoncture particulière quelconque, dont parle Diogène Laërce lorsqu'il traite des paradoxes du sage stoïcien – « il cynicisera, car le cynisme est un chemin raccourci vers la vertu (…). Il mangera aussi des chairs humaines *en certaines circonstances* (κατὰ περίστασιν) »[3] – devient une prescription morale. Les détracteurs du cynisme corrompent donc la capacité du cynique à s'adapter aux situations et à être prêt à toute éventualité (τὸ πρὸς πᾶσαν τύχην παρεσκευάσθαι)[4] – ce qui serait le cas s'il pratiquait l'anthropophagie sous la contrainte –, en l'inscrivant dans le registre de l'ordre et en transformant en un devoir moral ce qui devrait être déterminé κατὰ περίστασιν, *selon* ou *par les circonstances*. Toujours est-il que nous n'avons aujourd'hui

1. Théophile d'Antioche, *Ad Autolycum* III 5 (*SVF* I 254). Traduction de M.-O. Goulet-Cazé.

2. Cf. M.-O. Goulet-Cazé, *Les* kynika *du stoïcisme*, 2003, p. 28-72 ; S. Husson, *La* République *de Diogène*, 2011, p. 33-40 ; 136-138.

3. D. L. VII 121. Traduction de R. Goulet (les italiques sont de mon fait).

4. D. L. VI 63. Cf. également Julien, *Or.* IX [VI], *Contre les cyniques ignorants* 18, 201a (*SSR* V B 264) ; Stobée II 8, 21 (*SSR* V B 148) ; IV 44, 71 (*SSR* V B 351).

aucun témoignage qui ferait état de Diogène en train de manger de la chair humaine, même si, à en croire Aristote, certaines peuplades du Pont étaient facilement portées au meurtre et à l'anthropophagie[1].

De même que l'anthropophagie n'est pas un dogme pour les cyniques, le végétarisme n'est pas un *programme*. J'avais déjà attiré l'attention sur un détail du passage de Diogène Laërce cité plus haut (D. L. VI 105), et je le fais à nouveau ici : *certains* (ἔνιοι) cyniques se contentaient d'herbes, ce qui ne signifie point que *tous* les cyniques ne mangeaient que des herbes. En effet, les cyniques n'ont jamais prêché un régime exclusivement végétarien – en fait, ils n'ont jamais prêché un régime restrictif, quelle qui soit la restriction –, mais ils ont constaté dans la consommation d'herbes et de légumes une plus grande *facilité* en ce qui concerne les activités essentielles relatives au maintien de la vie. Le végétarisme ne présuppose pas, par exemple, l'effort de la chasse ou de l'élevage du bétail, tandis que les formes urbaines de la cueillette – par exemple, la récolte des fruits des arbres qui poussent dans la cité – peuvent parfaitement remplacer le travail d'une culture quelconque. Il ne s'agit donc pas de reconnaître dans les végétaux des propriétés nutritives spéciales ou des bénéfices particuliers liés à une quelconque dimension religieuse ou spirituelle (qui serait d'ailleurs la démarche propre aux pythagoriciens) ; il s'agit seulement de préparer – mieux : d'*improviser* – un menu à partir de la facilité à obtenir ses ingrédients. Le cynique peut donc manger un poulpe cru de la même façon qu'il peut se contenter d'un χορτός, d'un fourrage, un aliment suffisant qui lui rend la vie simple (λιτὸν ἔθηκε βίον) et qui constitue une richesse facile à trouver (εὔκτητον) et facile à porter (εὔφορον)[2] : τροφὴν δὲ αἱρεῖσθαι τὴν ῥᾴστην πορισθῆναι, tel est, comme nous l'avons vu, le commandement du cynique chez (le Pseudo- ?) Lucien[3]. Dès lors, on doit conclure que l'anthropophagie et le végétarisme cyniques ne sont pas des étapes d'un projet visant à « ensauvager la vie » (ἀποθηριοῦν τὸν βίον) – l'expression de Plutarque est sans doute chargée d'ironie –, mais des *accidents* d'une « vie facile », que l'individu improvise selon les circonstances.

Si, en regardant la diète des cyniques, on attribue au cynisme le projet d'une « croisade contre la civilisation », c'est parce qu'on reste fixé sur la *typologie* des aliments qu'il consomme, alors que c'est la *méthode* qu'il emploie pour satisfaire ses besoins alimentaires qui est le plus important. En mangeant de la viande crue, ou de simples herbes, le cynique n'imite pas les animaux et ne songe pas à un primitivisme plus sain. Peut-être est-ce banal, mais il convient de rappeler que les

1. Cf. Aristote, *Politique* VIII 4, 1338b.

2. Cf. Julien, *Or.* VII 9, 213a-214a ; *id. Or.* IX [VI] 17, 199c-200b (= Crates Thebanus 359 *Supplementum Hellenisticum* ; *SSR* V H 84 ; 10 Diels ; 1 Diehl).

3. (Pseudo- ?) Lucien, *Le cynique* 15. Cf. également l'opposition εὐτελής/πολυτελής et εὐπόριστος/δυσπόριστος (*ibid.* 8).

cyniques avaient l'habitude de laver les légumes qu'ils consommaient[1], ce que les animaux ne font pas; preuve d'ailleurs que les cyniques n'étaient pas négligents à l'égard de leurs corps, comme on pourrait le croire[2]. De même, lorsque Diogène Laërce nous apprend que le Sinopéen « entreprit même de manger la viande crue, mais ne la digéra point »[3], c'est toute l'information que l'on doit prendre en compte : il est important de savoir que le cynique a essayé de manger de la viande crue, mais il est également important, voire plus, de savoir qu'il n'a pas pu la digérer ; encore une fois, il n'agit pas en animal, car aucun animal n'essaye délibérément de transgresser le régime alimentaire qui, *par nature*, lui a été assigné. L'ascèse que le cynique met en œuvre et qu'il essaye constamment de pousser plus loin indique en réalité sa volonté d'aller *au-delà de la nature* – de sa nature « personnelle » – au nom d'une autarcie radicale qui est la condition de possibilité d'une vie libre et vraiment facile. Ainsi, le fait de ne pas avoir pu digérer un morceau de viande crue ne fait que rehausser l'effort qui consiste à l'avoir tenté. Si son geste a échoué, Diogène n'a pourtant pas raté son coup, car il a réussi à faire passer son message : c'est toujours sur soi-même que l'on doit expérimenter les formes nouvelles de libération. Ce qui n'a pas marché pour Diogène peut marcher pour d'autres.

10. La liberté des chiens : la phusis *en tant que* nomos.

La relecture d'ensemble du cynisme ancien que j'ai entreprise jusqu'ici, qui remet en cause l'idée d'une opposition *nomos-phusis* tranchée chez Diogène et ses disciples (conception au sein de laquelle la *phusis* prendrait systématiquement le dessus), et qui *a contrario* postule chez les cyniques une sorte de dissolution des dichotomies traditionnelles, y compris celle d'un ordre naturel face aux valeurs de la civilisation (comme on l'a vu dans les sections précédentes), apparemment butte sur un élément textuel important. En effet, une phrase courte à la fin d'un passage doxographique chez Diogène Laërce semble désavouer cette hypothèse. Voici cette phrase et sa traduction en deux versions différentes, selon la façon dont elle est normalement comprise :

Τοιαῦτα διελέγετο καὶ ποιῶν ἐφαίνετο, ὄντως νόμισμα παραχαράττων, μηδὲν οὕτω τοῖς κατὰ νόμον ὡς τοῖς κατὰ φύσιν διδούς.

This was the gist of his conversation ; and it was plain that he acted accordingly, adulterating currency in very truth, allowing convention no such authority as he allowed to natural right, (…).

Tel était le langage que tenait Diogène et de toute évidence il y conformait ses actes, falsifiant réellement la monnaie, n'accordant point du tout la même valeur aux prescriptions de la loi qu'à celles de la nature (…)[4].

1. Cf. D. L. II 68 ; 102 ; VI 58 ; 69.
2. Cf. Dion Chrysostome, *Discours VI, Diogène ou De la tyrannie* 8.
3. D. L. VI 34.
4. D. L. VI 71. Traductions respectives de R. D. Hicks et de M.-O. Goulet-Cazé.

À première vue, il n'y a pas de place pour un doute raisonnable : selon un accord parfait entre *logos* et *ergon*, Diogène se laisserait toujours guider par la *phusis* au détriment du *nomos*, et la falsification de la monnaie, c'est-à-dire du *nomisma*, serait la forme emblématique de son choix. Néanmoins, à la regarder de près, cette phrase (d'ailleurs assez sûre du point de vue de l'établissement du texte) semble, par sa syntaxe même, plus complexe qu'elle n'en a l'air. Au premier abord, compte tenu des traductions proposées, on constate que la locution adverbiale οὕτω… ὡς, avec la négation, suggère qu'il s'agit d'une comparaison établissant une sorte d'échelle ou de hiérarchie dans l'engagement philosophique de Diogène : il suit *plutôt* la nature que la loi. Or, la façon dont cette phrase est construite, en ce qui concerne l'ordre de ses termes, semble ne pas trouver de parallèle exact dans la littérature ancienne. En effet, pour qu'elle ait le sens qu'on lui prête d'habitude (comme on le voit dans les deux traductions citées), on s'attendrait plutôt à lire « (…) μηδὲν οὕτω τοῖς κατὰ νόμον διδούς ὡς τοῖς κατὰ φύσιν »[1] ; on aurait ainsi une séquence de deux propositions avec le même verbe (le participe διδούς, dont la signification précise, dans ce passage, pose aussi un certain nombre de problèmes que l'on évoquera plus loin) et le même sujet (mais avec des compléments différents), l'une au contenu négatif (*Diogène ne suivait pas la loi* ou *Diogène ne se pliait pas à la loi*) et l'autre au contenu positif (*Diogène suivait la nature* ou *Diogène se pliait à la nature*), mises dans une corrélation comparative par le jeu des adverbes, étant donné que le verbe de la deuxième proposition serait sous-entendu. Et pourtant la forme de l'énoncé que l'on retrouve chez Diogène Laërce est effectivement autre. La question alors est de savoir si l'ordre des termes de la phrase transmise par les manuscrits, que l'on admet avoir été choisi par l'auteur du texte lui-même, a un impact quelconque sur le sens, qui le rend différent du sens que l'on attribue normalement au type de construction plus « orthodoxe »[2].

Je propose de raisonner à partir d'une phrase recueillie dans la *Cyropédie* de Xénophon (Cyrus parle à Cambyse) : ὡς πρὸς φίλους μοι ὄντας τοὺς θεοὺς οὕτω διάκειμαι[3]. Malgré l'inversion du relatif et du corrélatif (toujours possible et assez fréquente), la construction de cette phrase rappelle celle de notre passage chez Diogène Laërce, à quelques exceptions près : elle ne contient pas l'élément

1. Comparer par exemple avec Xénophon, *Hiéron* VI 11 ; Isocrate, *Archidamus* 59 ; Plutarque, *Comment il faut écouter les poètes* 16A 8 ; D. L. II 88 ; VII 23. Sur ce point grammatical, voir J. Humbert, *Syntaxe Grecque*, 1960, p. 209-210.

2. Je tiens à m'excuser auprès de mon lecteur si je présente ici des hypothèses de lecture à propos desquelles je ne suis pas moi-même parfaitement convaincu. En ce sens, je redis encore l'avertissement mis au début de cette étude : il ne s'agit pas de substituer du vrai au faux, ce que ne recommandent pas des sujets aussi complexes que celui dont nous nous occupons, où les points de repère sûrs sont peu nombreux et où les doutes ne s'effacent pas facilement. Mon intention n'est autre que d'enrichir la réflexion et d'élargir le débat.

3. Xénophon, *Cyropédie* I 6, 4.

négatif et son verbe (διάκειμαι) n'a qu'un seul régime explicite. En outre, l'absence de l'article devant φίλους (alors qu'il y en a un devant les deux compléments du verbe chez Diogène Laërce) permet que l'on considère le syntagme φίλους μοι ὄντας comme un attribut de τοὺς θεούς. Quoi qu'il en soit l'emploi de la corrélation adverbiale ὡς… οὕτω garantit la teneur comparative de la phrase (autrement, son auteur aurait pu dire tout simplement « διάκειμαι πρὸς τοὺς θεοὺς ὡς φίλους μοι ὄντας »). Nous pourrions la traduire de la façon suivante : « je suis disposé envers les dieux comme s'ils étaient pour moi des amis », ou « je suis disposé envers les dieux comme s'ils étaient des amis à moi », ou (sans faire intervenir le « si » du français) « je suis disposé envers les dieux comme étant pour moi des amis [ou : des amis à moi] », ou encore « je considère les dieux comme des amis pour moi » (Chambry). S'il n'est pas tout à fait juste (en raison de l'absence de l'article devant φίλους) de traduire la phrase en prêtant à Cyrus, qui suit le conseil de Cambyse, une comparaison entre sa façon de traiter les dieux et sa façon de traiter ses amis[1], il faut admettre que c'est bien de cela dont il s'agit, comme le prouve incontestablement l'ensemble du passage. Ce détour par le texte de Xénophon nous permet d'envisager que cet arrangement grammatical exprime une sorte comparaison d'où ressort une forme d'égalité ou d'équilibre entre les termes comparés et qui peut peut-être éclairer, selon moi, la doxographie cynique chez Diogène Laërce.

Reprenons donc le texte du biographe.

On sait qu'en raison du système de flexion morphologique des noms l'ordre des mots dans la phrase grecque (un thème grammatical assez complexe[2]) est plus flexible, par exemple, que dans la plupart des langues modernes. Il n'est pourtant ni aléatoire ni absolument arbitraire parce que l'usage crée une certaine expectative dont la rupture apparaît comme une option de style. Ainsi on considère normalement que le début de la phrase, en tant que « point d'attaque » de la proposition, est une position « forte » qui, si elle n'est pas occupée par des éléments de cohésion textuelle invariables (par exemple des éléments de coordination ou des éléments de subordination), met « en vedette » le terme ou le syntagme qui s'y trouve. Au contraire, la fin de la phrase, position pour laquelle on s'attendrait aussi à une mise en relief de ses termes constitutifs, selon l'idée d'une « impression durable » laissée dans l'esprit, n'est pas toujours spécialement significative, *sauf dans les cas de forte disjonction d'éléments ordinairement groupés*[3]. Il

1. Cette phrase est citée par E. Crespo ; L. Conti ; H. Maquieira, *Sintaxis del griego clásico*, 2003, p. 424 (dans le chapitre consacré aux propositions comparatives, p. 421-427), qui en donnent la traduction suivante : « tengo hacia los dioses la misma disposición que hacia los que son amigos míos ». Cette façon de traduire la phrase, même si elle manque de précision, rend l'idée d'une « comparaison à égalité » qui me semble fidèle à l'esprit du passage.

2. Cf. J. Humbert, *op. cit.*, p. 92-99.

3. Cf. J. Humbert, *op. cit.*, p. 93.

semble bien que ce soit le cas de la phrase en question chez Diogène Laërce : le pronom indéfini négatif au neutre, μηδὲν, mis en tête de la subordonnée, est le complément à l'accusatif du participe (ou un accusatif de relation) qui, lui, clôt cette même subordonnée ; entre ces pôles, le jeu des adverbes met en corrélation les deux autres compléments du verbe, au datif. L'idée serait donc de faire porter la teneur négative de la proposition sur tout ce qui est compris entre le pronom et le verbe dont ce pronom est le régime, pour composer non point une sorte de hiérarchie – Diogène ne donne pas la même valeur à la loi qu'il donne à la nature, ce qui revient à dire qu'il pense que la nature vaut plus que la loi –, mais plutôt une « négation à égalité ». Ce serait donc le mode négatif du type de phrase dont le mode affirmatif est exemplifié par le passage de Xénophon que l'on vient d'analyser. En attribuant au verbe δίδωμι le sens de « livrer », « concéder », « permettre », ou « accorder », presque comme « rendre quelque chose à quelqu'un à titre d'hommage ou de tribut », « se plier à », on pourrait alors comprendre notre passage de la façon suivante : « Tel était le langage que tenait Diogène et de toute évidence il y conformait ses actes, falsifiant réellement la monnaie et *n'accordant rien aux choses qui concernent la loi et n'accordant rien aux choses qui concernent la nature* [c'est-à-dire : *Diogène ne se pliait pas à la loi et il ne se pliait pas non plus à la nature*]. On décèlerait donc chez le cynique le principe idéal d'un double refus, un refus du *nomos* et *également* un refus de la *phusis*. Il faut à présent tirer les conséquences philosophiques de cette façon de lire le texte, qui n'est pas, on l'a vu, consensuelle et qui ne va pas non plus de soi.

D'abord une question s'impose : un homme peut certes se dérober aux lois de l'homme, c'est-à-dire au *nomos* ; mais pourra-t-il en faire autant par rapport à la *phusis* ? Serait-il possible de *refuser* une loi de la nature ? De toute évidence, non, car une loi qui peut être contrariée n'est pas une loi *naturelle* et tout effort pour contrarier une loi naturelle ne serait qu'un moyen d'en prouver les limites. Certes, il y a des techniques – d'une certaine manière, l'ascèse cynique voudrait en être une – qui permettent de contourner les effets d'une loi naturelle en utilisant d'autres lois naturelles, mais il n'est pas possible de nier ou d'éliminer simplement une loi naturelle : on peut réduire beaucoup le besoin alimentaire d'un être vivant, mais on ne pourra jamais supprimer entièrement ce besoin. La lecture que je fais de ce texte semble donc pâtir d'une absurdité, dans la mesure où elle attribue à Diogène l'idée apparemment absurde selon laquelle il serait possible à l'homme de refuser la nature[1]. Mais c'est précisément là où réside l'originalité de la démarche cynique : de même qu'il n'accepte pas le *nomos* tout prêt de l'homme civilisé, sans le soumettre au crible d'une raison implacable, Diogène n'accepte

1. Si cette interprétation du texte pâtit d'une absurdité, la façon courante de le lire tombe dans le truisme : dans ce cas de figure, Diogène ne ferait que constater ce que tout homme en principe sait déjà, à savoir que l'on peut effectivement s'opposer à la loi contractuelle, mais qu'il est impossible d'échapper à la nature.

pas tout bonnement ce que lui impose une certaine *idée de nature* forgée par l'inertie des habitudes et étrangère à l'expérience individuelle effective, et que pourtant on s'obstine à considérer comme *la* Nature. Pour le cynique, tout comme il n'y aura pas de loi valable sans la raison qui la valide, il n'y aura pas de « nature » en dehors du sensible immédiat, d'autant plus que chez l'homme raison et sensibilité (celle du corps) doivent composer un alliage pour fabriquer la seule arme qui permet de combattre le bon combat, dont le prix à gagner est le bonheur d'une « vie facile ». On comprend alors pourquoi, chez les cyniques, la dichotomie *nomos-phusis* tend à s'effacer : c'est parce que, dans leur perspective, la « nature » est elle aussi un produit de la culture et, en tant que tel, elle n'est qu'une manifestation (particulièrement nocive) du *nomos*. Songeant, comme on l'a vu, à un homme plus fort que la « nature »[1], Diogène en réalité s'insurge contre une sorte de « naturalisation » de ce qui n'est rien d'autre que le fruit d'un accord aveuglément partagé[2]. En ce sens, si l'on accepte que le cynisme incarne la proposition d'une vie *kata phusin*, on doit comprendre que vivre selon la nature, signifie *se mettre méthodiquement à l'épreuve de la nature* : puisqu'il ne connaît pas par avance sa nature, il faut d'abord en explorer les limites. En jouant un peu sur les mots, je prendrais le risque de dire que le cynique ne suit pas la nature ; il la *poursuit*[3].

Dans ce contexte, la place de l'ascèse reste parfaitement justifiée. Lorsque, sous la chaleur de l'été, Diogène se roule sur le sable brûlant, et qu'il étreint les

1. Cf. encore une fois M.-O. Goulet-Cazé, *L'ascèse cynique*, 1986, p. 66-71.

2. Sur ce point, mes vues s'approchent de celles de S. Husson lorsqu'elle affirme : « En bâtissant une conception cohérente de la nature fondée sur le rejet des normes qui nous apparaissent comme incontestables et donc naturelle, les cyniques nous montrent qu'elles ne sont que des normes instituées et nous rendent de ce fait plus lucides » (S. Husson, *La* République *de Diogène*, 2011, p. 182).

3. Il est intéressant de rappeler que la préposition κατά, construite avec l'accusatif, outre le sens de « conformité », exprime aussi (parmi d'autres sens possibles), sinon la franche hostilité (en ce sens, on s'attendrait plutôt à l'emploi du génitif), une sorte d'*affrontement*, de *contestation* ou de *mise en question*. Dans cette perspective, si l'on veut définir le cynisme à partir d'un calque grec, comme on le fait si souvent, on pourrait éventuellement songer à une lecture alternative : en proposant aux hommes une vie κατὰ φύσιν, le cynique ne les invite pas à vivre *selon la nature*, d'autant plus qu'il ne connaît pas d'avance ce qu'est la nature ; il les invite à *affronter* la nature ou, plus exactement, à *mettre en question* la nature en se mettant eux-mêmes à l'épreuve. Son intention serait donc d'amener les hommes à *contester* l'idée de nature qu'on leur a inculquée, car c'est au sein de cette *contestation* singulière, mise en œuvre de façon continue par l'ascèse, que chaque homme pourra connaître ce qu'est sa vraie nature. En outre, la préposition κατά, toujours construite avec l'accusatif, a un autre sens qui justifierait également une lecture alternative de l'expression en vue : l'*extension* dans l'espace (et dans le temps), pour marquer une idée de distribution ou de répartition. Chez les cyniques l'expression κατὰ φύσιν poserait donc la nature comme un « domaine de lutte », tel qu'on l'a suggéré plus haut. Quoi qu'il en soit, cette spéculation terminologique ne se justifie qu'en face de la littérature moderne, car on ne trouve pas, dans les sources antiques, cette définition du cynisme, clairement formulée, comme la proposition d'un vie *kata phusin*.

statues couvertes de neige pendant l'hiver[1], il ne s'entraîne probablement pas en vue des rigueurs hypothétiques des saisons futures ; ce n'est pas exactement l'avenir qu'il regarde parce que, justement, il sait que l'avenir « repose sur les genoux des dieux »[2] et l'effort pour le prévoir compterait, à ses yeux, parmi les πόνοι ἄχρηστοι. Son intention serait plutôt de se prouver à soi-même – et aux autres, dans la mesure où son geste a quelque chose de spectaculaire, au sens d'une performance pédagogique[3] –, *dans le présent*, que l'homme peut plus que ce que l'on croit d'ordinaire. L'entraînement du cynique ne viserait donc pas, dans l'immédiat de son action, à le rendre plus endurant vis-à-vis des phénomènes naturels et des accidents, qu'il peut certes imaginer et qui peuvent effectivement se produire (mais qui peuvent également ne pas se produire) : il n'y aurait pas dans son geste un effort délibéré d'anticipation. Ce qui se dessine dans l'horizon de son entraînement est la connaissance *actualisée* – au sens d'une mise à jour, ainsi que d'une *mise en acte* – de sa propre nature, une connaissance qui peut certes lui servir dans le futur, mais qui se tourne au premier chef vers le présent. Le principe selon lequel il faut « endurer afin de ne pas endurer » (πονεῖν ἵνα μὴ πονεῖν)[4] se voit alors échapper à la logique de la simple récompense (ou à la logique du *détour*, qui enseigne à reculer pour mieux sauter) qui, dans ce cas, ne fait que décaler dans le temps le même type de souffrance[5]. En réalité, entre les deux ordres de *ponoi* que le cynique conçoit – les *ponoi* utiles et les *ponoi* inutiles[6] –, il y a une différence d'objectif qui est *substantielle* : tandis que ces derniers visent à combler une expectative formée à l'extérieur du sujet qui, trompé par la *doxa*, internalise cette expectative en la transformant dans des obligations, des nécessités

1. Cf. D. L. VI 23 ; 34. Pour une interprétation différente de l'ascèse cynique concernant précisément ces deux passages, voir M.-O. Goulet-Cazé, « Le cynisme est-il une philosophie ? », 1993, (repris dans M.-O. Goulet-Cazé, *Le cynisme*, 2017, p. 387-419) ; voir surtout les p. 304-310 (= p. 412-417).

2. Cf. D. L. VI 67 ; voir, par exemple, Homère, *Iliade* XVII 514 ; XX 435. Cf. également Pseudo-Diogène, *Lettre XXII, à Agésilas*.

3. Rappelons que Diogène « donnait le ton un ton plus haut afin que les autres trouvent le ton juste » : cf. D. L. VI 35.

4. Cf. Stobée IV 36, 10 (*SSR* V B 486) ; Pseudo-Cratès, *Lettre XXXIII, à Hipparchia* 1 ; *id.*, *Lettre IV, à Hermaïscus*.

5. D'ailleurs, on voit mal pourquoi Diogène aurait conseillé à quelqu'un (un de ses parents) qui souffrait *actuellement*, dans son corps même, des effets d'une maladie déjà installée, un exercice dont le bénéfice serait à venir. Voir Stobée IV 36, 10 (*SSR* V B 486), mentionné ci-dessus : Διογένης πρός τινα τῶν συνήθων τὸ σῶμα βεβλαμμένον καὶ ποτνιώμενον, 'εὖ,' ἔφη, 'φίλος, ὅτι πονεῖς, ἵνα μὴ πονῇς'. L'entraînement qui consiste à « endurer pour ne pas endurer » sert à déterminer la nature de la personne, mais appelle en même temps, pour son efficacité maximale, comme on le verra plus loin, à l'« usage des représentations » (χρῆσις τῶν φαντασιῶν). L'entraînement actuel est sans doute utile pour tout entraînement futur, mais ce qui compte, ce n'est pas tant ce sur quoi porte cet entraînement que le fait même de s'entraîner (je dois à M.-O. Goulet-Cazé cette formulation du problème).

6. Cf. D. L. VI 71.

et des désirs « naturels » (que ce soient ceux du corps ou ceux de l'âme) que tout un chacun a nécessairement, les *ponoi* utiles, qui sont les véritables objets de la sagesse, prennent pour cible le noyau même de toute subjectivité, c'est-à-dire la nature de la personne, dont la connaissance est seule à pouvoir garantir une vie heureuse. Vu au prisme des traditions socratiques, le cynisme substitue l'ascèse à la dialectique pour, tout en prenant l'*elenchos* sur son propre corps, tirer au clair la prétendue « nature » de l'homme. Avec ce « Socrate devenu fou »[1], dont la vie *kata phusin* est elle aussi une « falsification de la monnaie », le précepte delphique du « connais-toi toi-même », mis au service de la plus grande liberté possible, est placé sur des bases nouvelles[2].

En outre, cette façon de lire la phrase en question jette une lumière nouvelle à la fois sur ce qui s'ensuit et sur ce qui la précède, en rendant plus clair son contexte et la remarquable cohérence doctrinale du passage doxographique dans lequel elle s'insère. Ainsi, dans la suite immédiate du texte, on apprend que Diogène disait « qu'il menait précisément le même genre de vie qu'Héraclès, en mettant la liberté au-dessus de tout » (τὸν αὐτὸν χαρακτῆρα τοῦ βίου λέγων διεξάγειν ὅνπερ καὶ Ἡρακλῆς, μηδὲν ἐλευθερίας προκρίνων)[3]. Or, dans la perspective du cynique, la liberté est la fin ultime d'une « éthique du minimum » qui dépend entièrement de l'ascèse et dont le but précis est la capacité de réduire les désirs (et par là même les plaisirs) au nécessaire et le nécessaire au minimum, ce que seule la compréhension profonde de soi peut mener à achèvement. Il serait donc malaisé de concevoir cette quête de liberté extrême sans une « lutte » contre les forces de la nature, une lutte qui a une valeur *épistémologique* dans la mesure où elle montre le point de rupture entre le nécessaire et le superflu, dont la connaissance est la condition même de la vie libre. Au nom de cette liberté – ou de cette *libération*[4] – le cynique résiste aux contraintes de la loi tout comme il fait des efforts pour résister, jusqu'aux limites du possible – un « possible » qu'il ne connaît pas d'avance –, aux contraintes que sa nature lui impose. La mention d'Héraclès, à la fin du passage, tombe particulièrement à point et ne fait que confirmer cette interprétation : selon les mythes qui l'évoquent, ce héros bénévole, *doulos* et *basileus* à la fois, vainqueur des *ponoi* et qui devient le « saint patron »

1. Cf. D. L. VI 54 ; Élien, *Histoire variée* XIV 33.

2. Avec une approche différente, S. Husson, *La République de Diogène*, 2011 (voir surtout les p. 62-74), considère le *ponos* comme un élément distinctif du « socratisme cynique ».

3. D. L. VI 71 (fin).

4. Cf. R. Bracht Branham et M.-O. Goulet-Cazé, « Introduction » dans *id.* (édit.), *The Cynics*, 1996 (voir surtout les p. 8-9), qui renvoient à l'ouvrage de I. Berlin, *Four Essays on Liberty*, 1979.

des cyniques[1], est aussi celui dont la fonction civilisatrice consiste précisément dans le dépassement de l'opposition *nomos-phusis*[2].

11. La liberté des chiennes : le nomos *en tant que* phusis

L'essai d'interprétation du passage doxographique dans D. L. VI 71, proposé dans la section précédente, ne s'impose pas aisément. En effet, la syntaxe particulière de la phrase, ainsi que sa valeur doxographique[3], empêche toute certitude. En désespoir de cause et sans vouloir s'accommoder simplement de la lecture « traditionnelle », on y verrait volontiers une formulation ambiguë que l'on pourrait rendre de la façon suivante : « Diogène ne cédait en rien à la loi de la façon dont il cédait à la nature ». Ce serait à la limite une affirmation à message « ouvert » où chaque lecteur trouverait le sens qui lui convient : ou bien Diogène ne cédait en rien à la loi comme il cédait effectivement à la nature, ou bien il ne cédait en rien à la loi de la même façon qu'il (ne) cédait (en rien) à la nature ; dans ce cas la « nature » mise en cause ne serait qu'une sorte de simulacre de la nature, un simulacre imposé par la *doxa* que l'ascèse cynique dénonce. Tout l'enjeu résiderait dans la manière de comprendre l'arrangement des termes de la phrase et d'en établir les liaisons. La question vient alors de soi : est-ce qu'on pourrait reconnaître dans cette énonciation ambiguë relevant en plus de l'axe doctrinal de l'école une démarche délibérée qui remonterait à Diogène lui-même et qui aurait été préservée par la tradition textuelle ?

Pour essayer de répondre à cette question, ou d'y apporter quelques éléments de réflexion, il serait opportun de rappeler, encore une fois, la *Lettre XXIX, à Hipparchia* du Pseudo-Cratès. Si, comme je l'ai suggéré plus haut, on accepte que les lettres cyniques pseudépigraphes ne soient pas de simples exercices scolaires pour l'étude de la rhétorique, qu'elles soient en réalité, à côté des *chries*, un instrument de la propagande cynique à l'époque impériale et que, à ce titre, elles « expliquent » ou renforcent les principes de la pensée originelle de Diogène, celle dont nous nous occupons semble éclaircir la formulation laërtienne dans D. L. VI 71 d'une lumière très suggestive (pour ne pas dire surprenante). Reprenons-la d'abord intégralement dans la traduction de F. Junqua (qui suit le texte grec de l'édition de E. Müseler, lequel je reproduis en indiquant quelques éléments de son apparat critique), et ensuite on verra, pour la partie qui nous intéresse le plus ici – la dernière phrase –, quelques interprétations divergentes.

1. Cf. M.-O. Goulet-Cazé, *L'ascèse cynique*, 1986, p. 208-210.

2. Cf. A. O. de O. Dourado Lopes, « Héracles na *Ilíada* », 2003/2004, qui écrit : « Com essa comparação [*entre certaines figures mythiques mésopotamiennes et Héraclès*] se enfatiza a dimensão civilizadora do herói cujas contradições revelam-se como a expressão de um vasto projeto de superação da oposição entre natureza e cultura » (p. 19). Voir à ce propos W. Burkert, « Herakles and the Master of Animals », 1979.

3. L'ensemble du passage dans D. L. VI 70-71 a pu subir une forte influence stoïcienne, comme l'a soutenu M.-O. Goulet-Cazé, *L'ascèse cynique*, 1986, p. 195-227.

Ιππαρχίᾳ

Οὐκ ἀπὸ τοῦ ἀδιαφορεῖν περὶ πάντα κυνικὴν τὴν φιλοσοφίαν ἡμῶν ἐκάλεσαν |2| καὶ ἡμᾶς κύνας ἀλλ᾽ ἀπὸ τοῦ σφοδρῶς ὑπομένειν τὰ ἄλλοις διὰ μαλακίαν ἢ δόξαν ἀνυπομόνητα, |3| ὥστε διὰ τοῦτο καὶ οὐ διὰ τὰ πρῶτα κεκλήκασι κύνας ἡμᾶς. |4| Μένε οὖν καὶ συγκύνιζε (οὐ γὰρ ἔφυς χείρων ἡμῶν· οὐδὲ γὰρ αἱ κύνες τῶν κυνῶν), |5| ἵνα σοι γένηται καὶ ἀπὸ τῆς φύσεως ἐλευθερωθῆναι, ὥστε ἀπὸ τοῦ νόμου, |6| ᾧ διὰ κακίαν πάντες δουλεύουσιν.

|| |5| ὥς γε dubitanter Hercher : ὥσπερ malit Müseler || |6| ᾧ Müseler : ἢ codd.||

À Hipparchia

Ce n'est pas notre indifférence à l'égard de toutes choses qui a valu à notre philosophie le nom de « cynique », et à nous celui de « chiens », mais notre faculté d'endurer fermement ce qui est insupportable à d'autres, à cause de leur mollesse ou de l'opinion, de sorte que c'est à cause de cela et non à cause de ce que j'ai dit en premier qu'on nous a appelés « chiens ». Aussi résiste et partage notre vie de chien – car tu ne nous es pas inférieure par nature, pas plus que les chiennes ne sont inférieures aux chiens –, afin qu'il te soit donné de te libérer de la nature comme de la coutume, de laquelle tous, à cause de leur vice, sont esclaves[1].

Outre ses choix textuels, F. Junqua partage avec E. Müseler la même compréhension du texte. Müseler rend la dernière phrase de la façon suivante :

(…) Halte nur aus mit uns in der kynischen Philosophie – du bist ja nicht von Natur aus schwächer als wir, ebensowenig wie die Hündinnen schwächer sind als Rüden –, damit es dir gelingt, dich auch von der Natur ebenso zu befreien wie vom Gesetz, dessen Knechte alle sind aus Schlechtigkeit.

Selon ces deux traductions, le cynique recommanderait de se libérer et de la nature et de la loi, alors que tous les hommes, à cause de leur vice, seraient des esclaves de la loi (non de la nature).

Dans le volume organisé par A. Malherbe, R. F. Hock, qui ne corrige pas le texte du passage, en donne la version suivante :

(…) Stand fast, therefore, and live the Cynic life with us (for you are not by nature inferior to us, for female dogs are not by nature inferior to male dogs), in order that you might be freed even from nature, since all are slaves either by law or through wickedness[2].

Dans ce cas, celui qui embrasse le cynisme se doit de se libérer *même* (« even ») de la nature, la libération par rapport à la loi, qui n'est pas clairement affirmée, restant implicite. Ici, en raison de l'élément disjonctif ἢ présent dans les manuscrits, que le traducteur préserve, et différemment des autres traductions citées (qui considèrent que tous les hommes sont des esclaves de la loi à cause de leur vice), les hommes seraient tous des esclaves par la loi *ou* (« or ») à cause de leur vice. Notons en passant que, dans ce cas, attribuer à ὥστε le rôle de conjonction et le rendre par « since » ne vas pas sans surprendre.

Tout autre est le sens de la traduction latine de Hercher :

1. Pseudo-Cratès, *Lettre XXIX, à Hipparchia* (traduction de F. Junqua). Cf. E. Müseler, *Die Kynikerbriefe*, 1994, t. II, p. 104-105.

2. A. J. Malherbe, *The Cynic Epistles*, 1977, p. 79.

(…) Perdura igitur et nobiscum canem age (non enim natura nobis es deterior, ut nec feminae canes maribus), quo tibi contingat, natura duce liberari, dum ex lege aut propter pravitatem omnes serviunt[1].

Selon Hercher, le texte n'évoque pas une liberté *de* la nature, au sens d'une « mise à l'écart » ou d'une forme quelconque de *libération de* la nature ; au contraire, la nature est l'agent responsable de la libération (*natura duce liberari*), ce qui voudrait dire que le fait de suivre ou de s'adapter à la nature est le moyen qui permettra au cynique d'atteindre la liberté. Il s'agirait donc d'une forme plus générale (ou absolue) et non spécifique de liberté, puisque rien n'est dit sur ce dont on sera libéré. Il faut souligner en plus que Hercher glisse dans le texte le terme *duce* (à l'ablatif, formant l'expression *natura duce*, « en ayant la nature comme guide »[2]), qui n'est pas explicite dans le texte grec et qui va justement gommer tout ambiguïté possible.

On retrouvera cette même interprétation dans la traduction proposée par G. Rombi et D. Deleule :

(…) Donc tiens bon et rallie-toi au cynisme (car tu ne nous es point, par nature, inférieure, pas plus que les chiennes ne sont inférieures aux chiens) afin d'obtenir la libération que donne la nature, cependant que tout le monde est en esclavage à cause de la coutume ou par l'effet du vice[3].

Encore une fois, on tranche et on met la nature comme voie ou comme instrument pour conquérir la liberté : il faut suivre la nature pour être libre.

Or, les divergences plus ou moins importantes que l'on décèle dans ces traductions montrent à quel point le texte original est difficile à comprendre. En effet, chaque traducteur ou éditeur de cette lettre, apparemment motivé par une vision d'ensemble du mouvement cynique, propose une solution différente pour surmonter une difficulté grammaticale bien établie matériellement. Cette difficulté, qui a d'ailleurs déterminé les corrections des manuscrits suggérées par le passé, consiste à déterminer sur quel verbe nous devons faire porter l'expression ἀπὸ τῆς φύσεως : est-ce sur γένηται, ou bien sur l'infinitif passif ἐλευθερωθῆναι ? Ce n'est pas un mince détail. D'un choix à l'autre, on change profondément – au moins en apparence – le message du conseil que « Cratès » donne à « Hipparchia » et que nous pouvons considérer, par la façon dont il est énoncé dans la lettre, comme exprimant l'essence même de la doctrine cynique : ou bien c'est la nature qui donne la liberté (si on lit ensemble γένηται ἀπὸ τῆς φύσεως), ou bien il faut se libérer même de la nature (si l'on isole ἀπὸ τῆς φύσεως ἐλευθερωθῆναι).

Pour ma part, j'incline à voir dans ce passage une *polysémie syntaxico-sémantique* qui serait en fait un élément constitutif du texte et qui ferait écho au passage dans D. L. VI 71, jouant sur la même ambivalence. La lettre du Pseudo-Cratès

1. R. Hercher, *Epistolographi Graeci*, 1873, p. 214.
2. Cf. chez Cicéron, *De officiis* I 7, 22, l'expression « naturam ducem sequi ».
3. G. Rombi et D. Deleule, *Les cyniques grecs. Lettres de Diogène et Cratès*, 1998, p. 26.

laisse entrevoir que la nature (φύσις) est effectivement une notion importante dans le cynisme et que l'ascèse que le cynique pratique vise en dernière analyse la découverte de *sa nature à lui*. Mais cette lettre montre également que la nature à découvrir n'est pensable que par contraste avec une certaine idée de nature que l'opinion a inculquée dans l'esprit des hommes. Une fois admise la double portée du terme *nature*[1], le message devient assez clair : pour qu'Hipparchia « fasse la chienne » suivant sa propre nature, elle doit d'abord se débarrasser de cette « nature » dictée par la fausse opinion selon laquelle les chiennes seraient inférieures aux chiens, de la même façon que, dit-on, les femmes seraient inférieures aux hommes[2]. On passe alors d'une idée de nature, dont la force – et par là-même la faiblesse – réside dans l'opinion partagée qui s'impose hors de toute expérience, à une autre idée de nature que seule la perception personnelle pourra bâtir, étant donné que le « pont » qui fait passer d'une nature à l'autre, c'est l'ascèse. Sous ce prisme, nous pouvons considérer que les deux lectures du texte de cette lettre sont légitimes et que, même si cela implique une sorte de calembour grammatical, elles se laissent lire à l'unisson, sous la forme d'un paradoxe qui n'est circulaire qu'en apparence : l'homme doit se débarrasser de la « nature » pour atteindre la liberté que donne la nature. C'est à la fin la même méthode de décapage – ou d'« érosion » – que l'on a vue plus haut qui est mise en œuvre ici sous une formulation apparemment illogique et circulaire : il faut creuser autour de l'idée de nature que la culture nous a fabriquée pour retrouver la *vraie* nature, celle qui devra indexer l'action morale de l'homme vraiment libre ; de même, le geste posé selon cette nature mise à jour par l'ascèse sera validé comme s'il était

1. Il en va de même pour l'ascèse. Diogène reconnaît qu'il y a une ascèse « peinte » (γραπτή), que l'on peut trouver dans les livres, et la *véritable ascèse* (ἡ ἀληθινή) : cf. D. L. VI 48.

2. On lit pourtant dans D. L. VI 65 : « Ayant vu un jour un jeune homme qui prenait des airs efféminés, il [*scil.* Diogène] lui dit : 'N'as-tu pas honte de décider pour toi-même une condition pire que celle qui t'a été octroyée par la Nature (χείρονα τῆς φύσεως) ? Car elle, elle a fait de toi un homme et toi, tu te contrains à être une femme » (traduction de M.-O. Goulet-Cazé qui annote *ad loc.* : « On voit par ce mot que l'égalité théorique des hommes et des femmes que prônent les cyniques reste très relative »). La contradiction est peut-être bien là, mais il faut rappeler que la critique cynique de la culture se fait de l'intérieur et que, en ce sens, Diogène ne se privait jamais de parler la langue de tout le monde pour admonester les gens. Ce qui a pu gêner Diogène dans cet épisode, c'est l'effort de changement sans une raison valable pour l'expliquer. Derrière l'âpreté, propre à la *parrhesia* cynique, qui recouvre la question posée à ce jeune homme (οὐκ αἰσχύνῃ ;), plutôt que de la censure, je verrais volontiers de la provocation, dont le but chez les cyniques est toujours de *demander la raison de soi*. Par ailleurs, l'idée de l'égalité entre homme et femme que l'on trouve dans le cynisme s'exprime déjà chez Antisthène pour qui « à l'homme et à la femme appartient la même vertu » (D. L. VI 12 ; traduction de M.-O. Goulet-Cazé qui observe, dans une note *ad loc.*, que cette phrase correspond au libellé d'un titre qui se trouve dans le catalogue des œuvres de Cléanthe en D. L. VII 175), et elle remonte plus loin à Socrate (cf. Xénophon, *Banquet* II 9-10). La vie d'Hipparchia (y compris son mariage avec Cratès, sur lequel on reviendra plus bas) chez Diogène Laërce met aussi en évidence l'égalité entre les genres pratiquée par les cyniques : cf. D. L. VI 96-98.

en accord avec une loi, comme s'il *venait de la loi* ou comme s'il venait *au même titre qu'une loi* (ὥστε ἀπὸ τοῦ νόμου) à laquelle le sage donne son accord. Autrement dit, dans la perspective des cyniques, la *phusis* définie par la *doxa*, n'étant plus qu'une inflexion du *nomos*, doit elle aussi être « falsifiée » par l'ascèse avant d'avoir « cours légal ». Il reste pourtant que la nature, en tant que principe de liberté, au même titre que la *pauvreté infinie*[1], dont elle est le corollaire, n'est pas un point fixe à l'horizon ; il s'agit d'un idéal que l'ascèse repousse toujours par l'acte même de le rechercher, et cet acte consiste précisément dans un double mouvement, de refus et d'affirmation à la fois[2].

Si l'on accepte la polysémie de cette phrase comme un donné intrinsèque du message qu'elle contient, on pourrait également se passer de toute correction matérielle du texte et garder ainsi la leçon des manuscrits. Les « ajustements » dans la lecture au niveau de la syntaxe de l'énoncé, que ses éléments de coordination une fois préservés imposent, ne seront peut-être pas plus graves ou plus contestables qu'une interférence directe sur les choix unanimes des copistes, ce qui reviendrait à adopter une solution au fond toujours risquée, d'autant plus qu'elle est souvent arbitraire. Le passage en question pourrait alors être traduit de la façon suivante (même s'il est très difficile de rendre en français l'ambivalence de la construction originale) :

(...) Μένε οὖν καὶ συγκύνιζε (οὐ γὰρ ἔφυς χείρων ἡμῶν · οὐδὲ γὰρ αἱ κύνες τῶν κυνῶν), ἵνα σοι γένηται καὶ ἀπὸ τῆς φύσεως ἐλευθερωθῆναι, ὥστε ἀπὸ τοῦ νόμου, ἢ διὰ κακίαν πάντες δουλεύουσιν.

(...) Aussi résiste et partage notre vie de chien – car tu n'es pas née inférieure à nous, pas plus que les chiennes ne le sont par rapport aux chiens –, afin que pour toi vienne aussi la liberté de la nature, comme de la coutume [c'est-à-dire : comme si venant de la loi] ; ou alors [c'est-à-dire : en dehors de ça] tous, à cause de leur lâcheté, sont des esclaves.

À retenir cette hypothèse d'interprétation, qui évidement ne va pas de soi (mais qui essaye tout de même de rendre compte du fait que deux textes importants relatifs au cynisme, sans aucune divergence entre les manuscrits, présentent une sorte d'ambiguïté grammaticale portant sur le même aspect décisif de la

1. L'expression est de M. Foucault : « (...) la pauvreté cynique est une pauvreté infinie. Elle est réelle, elle est active et elle est infinie, ou indéfinie, en ce sens qu'elle ne s'arrête pas à un stade considéré comme satisfaisant, parce que, à ce moment-là, on pourrait considérer qu'on est en somme libre de tout ce qui est superflu. Elle recherche encore et toujours des dépouillements possibles » (M. Foucault, *Le courage de la vérité*, 2009, p. 238).

2. Cela permet de nuancer ce qu'on lit dans D. L. VI 38 (traduction de M.-O. Goulet-Cazé) : « Il [*scil.* Diogène] affirmait opposer à la fortune la hardiesse, à la loi la nature, à la passion la raison » (ἔφασκε δ' ἀντιτιθέναι τύχῃ μὲν θάρσος, νόμῳ δὲ φύσιν, πάθει δὲ λόγον). Le cynique songe à un schéma de « poids et contrepoids », mais il n'espère pas pouvoir supprimer radicalement l'ordre de ce à quoi il faut s'opposer : de même que l'homme ne peut pas échapper entièrement à la fortune, ni aux passions – c'est-à-dire à ce qui, d'une façon ou d'une autre, le touche –, de même il ne saurait vivre totalement en marge des lois de la cité. L'idéal cynique est donc celui d'un équilibre raisonné et pragmatique.

doctrine), force serait de reconnaître que la littérature cynique s'inscrit, à sa façon, dans une tradition littéraire de base sapientielle à large histoire dans l'Antiquité. En effet, ce genre de composition fondée sur des jeux de mots, aussi bien au niveau syntaxique qu'au niveau sémantique (opposant, par exemple, sens littéral et sens figuré des mots et des expressions[1]), n'est pas étranger à l'esprit grec, depuis ses origines[2]. L'ambivalence et la polysémie, à l'exemple de celles des oracles, qui normalement réclament un effort de déchiffrage avant de livrer le contenu correct de leur message[3], seraient donc des éléments constitutifs d'une sagesse dont la propédeutique ne se résume pas à la transmission unilatérale d'un savoir « objectif » qui passerait simplement de celui qui sait à celui qui ignore. Il s'agirait en fait d'une sagesse « interactive » qui, après avoir provoqué un moment d'impasse ou d'hésitation réflexive, invite à une prise de position personnelle qui se doit de combiner une condition essentielle et une situation particulière et conjoncturelle avec un engagement d'ordre général, conduisant ainsi à l'action moralement justifiée. Sur le plan des rapports scolaires à l'intérieur des traditions philosophiques, cela détermine un schéma pédagogique où la parole du maître ne peut conduire efficacement le disciple que si celui-ci la prend à son compte. On pourrait alors parler d'une sorte d'*obéissance active* dont le ressort est d'actualiser tout enseignement selon une perspective particulière propre à celui qui reçoit ou, plutôt, qui s'expose à cet enseignement, une sorte d'obéissance qui se substitue à l'*obéissance passive* suivant laquelle le disciple ne fait qu'adhérer à une expérience qui n'est pas la sienne. Sur le plan plus spécifique de la tradition socratique, le précepte delphique du « connais-toi toi-même », qui recommande justement la connaissance de soi *par soi-même* ou *chez soi-même* (ce qui n'a rien d'un simple

1. Il s'agit d'un procédé analogue à la mécanique qui est derrière la devinette traditionnelle (*Rätsel*), selon l'étude de A. Jolles, *Einfache Formen*, 1968 (1re éd. 1930), p. 126-149 : la formulation à déchiffrer (*Verrätselung*) viendrait de l'ambiguïté provoquée par le choc entre un « langage courant » (*Gemeinsprache*) et un « langage spécial » (*Sondersprache*) : « (...) wenn ich vom Fuße des Berges rede, so ist das Sondersprache, aber kein Rätsel ; ein Rätsel wird es, wenn ich frage : Wer hat einen Fuß und kann doch nicht gehen ? » (p. 144).

2. Voir, à titre d'exemple, A. Bagordo, « Zum *anósteos* bei Hesiod (*Erga* 524) : griechische Zoologie, indogermanische Dichtersprache oder etwas anderes ? », 2009 ; P. Hummel, « Polysyntaxe et polysémie dans la poésie de Pindare », 2001. Parmi les philosophes, en ce qui concerne les jeux de mots et les paradoxes, le cas d'Héraclite reste paradigmatique : cf., par exemple, le fr. DK 22 B 12. À ce propos, on lira M. Mackenzie, « Heraclitus and the art of Paradox », 1988 ; M. Garin, « Tropes et polysémie dans les fragments d'Héraclite : du feu dans le monde aux feux dans les mots », 2013. Sur la réception de la pensée héraclitéenne chez les cyniques, on lira J. F. Kindstrand, « The Cynics and Heraclitus », 1984. Les jeux de mots récurrents (cf. par exemple D. L. VI 24 ; 51 ; 52 ; 58 ; 59 ; 61 ; 62), les parodies (cf. D. L. VI 85) ainsi que l'invention (ou le développement) du *spoudogeloion* (cf. Strabon XVI 2, 29) seraient déjà des preuves du goût des cyniques pour ce genre d'artifice.

3. Cf. Hérodote I 53 ; 90-91. Ainsi, la mission philosophique de Socrate n'est que son engagement personnel pour déchiffrer l'oracle rendu à Chéréphon lors de la visite de celui-ci à Delphes : cf. Platon, *Apologie* 20d-23b.

solipsisme), répond à la même injonction pédagogique : la méthode dialectique de base inductive que Socrate met en marche dans ses conversations, dont le but est de parvenir aux définitions nécessaires et préalables à l'action morale, doit d'abord prendre appui sur l'assentiment de son interlocuteur (d'où l'importance de la *parrhesia*[1]), ce que revêt la forme de son adhésion personnelle à l'enquête[2]. Par conséquent, il n'y a pas de recherche de l'universel qui ne soit ancrée dans le particulier ; pourtant, poussée à ses limites ultimes, cette quête de définition finit par tomber dans le paradoxe, car la réalité des universels reste toujours menacée par la multiplicité des particuliers qui en théorie postulent son existence. Au final, c'est la connaissance de soi qui, en dernière instance, prête du sens à ce paradoxe, qui le légitime et qui maintient, malgré tout, l'urgence de l'entreprise philosophique en la démarquant du pur relativisme sophistique[3]. Chez les cyniques enfin, le commandement du « falsifie la monnaie »[4], auquel on vient de faire allusion, introduit dans le « connais-toi toi-même » delphique, que Socrate s'approprie, la dimension sociale de l'individu, dans la mesure où il rappelle le monde des conventions et de la *doxa* que l'homme habite (et qui, d'une certaine façon, habite en lui)[5]. Les deux commandements, le « connais-toi toi-même » et le « falsifie la monnaie », composent donc les deux versants de la bannière du cynique, définissant son rapport avec soi-même et avec autrui, et lui permettant de franchir la route vers la plus grande liberté possible. Insistons pourtant : la falsification de la monnaie, c'est-à-dire du *nomisma* – qui est, pour ainsi dire, avec l'importance accrue donnée à l'ascèse, la contribution véritablement originale du cynisme à la tradition socratique – n'a pas pour contrepartie automatique l'alignement sur la nature. La polysémie qui recouvre le terme *nomisma*, « monnaie » et « convention instituée » à la fois, sans laquelle la valeur axiomatique de la *falsification* disparaîtrait, rappelle implicitement et en contrepoint la polysémie ontologique de la nature, que la *doxa* tend à masquer : à défaut de toute définition, la nature doit être elle aussi continuellement « falsifiée » par la pratique assidue de l'ascèse[6]. Pour

1. Cf. Platon, *Laques* 187d-189b.

2. À ce propos, voir F. Wolf, « Être disciple de Socrate », 1997.

3. Cf. M.-O. Goulet-Cazé, *L'ascèse cynique*, 1986, p. 103-105.

4. Cf. D. L. VI 20-21. Encore une fois, c'est Apollo, le dieu de Delphes, qui, dans la perspective des mythes fondateurs, est à l'origine d'une tradition philosophique.

5. On lit chez Julien, *Or. VII, Contre Héracleios le Cynique* 4, 208d-209a : (…) ἐκεῖνο γὰρ ἀφίημι τέως ὅτι τῷ κυνικῷ « τὸ νόμισμα παραχαράττοντι » τῇ συνηθείᾳ προσέχειν οὐδαμῶς προσήκει, τῷ λόγῳ δὲ αὐτῷ μόνῳ, καὶ τὸ ποιητέον εὑρίσκειν οἴκοθεν, ἀλλ' οὐ μανθάνειν ἔξωθεν (« (…) Pour l'instant, je n'ai que cela à dire : pour le cynique qui 'falsifie la monnaie' il ne sied point du tout de s'attacher à la coutume, mais il sied de s'attacher à la seule raison, et de trouver chez soi ce qu'il faut faire, sans l'apprendre du dehors »). Cf. également *ibid.*, 7, 211b-d ; *id.*, *Or. IX*, *Contre les cyniques ignorants* 8, 188a-c.

6. Diogène tirait parti de toute occasion pour s'entraîner : « (…) πανταχόθεν ἑαυτὸν συνασκῶν » (D. L. VI 23).

rappeler ce principe, le cynique, fidèle à sa propre méthode, procède, à côté de l'action qu'il pose, à une véritable « falsification du langage »[1].

Face à cela, nous pouvons considérer qu'il n'est pas improbable que la *Lettre XXIX* du Pseudo-Cratès et le passage de D. L. VI 71 aient préservé, parmi l'arrangement syntaxique ambivalent de leurs textes respectifs, le caractère apparemment paradoxal du message cynique. Diogène Laërce peut avoir tout simplement reproduit sa source, qu'il ne mentionne pas. Concernant le Pseudo-Cratès, il faut savoir que les lettres pseudépigraphes, à cause de la fin qu'elles visent probablement, c'est-à-dire la propagande et la divulgation du cynisme auprès d'une audience, pour la plupart, à peine moyennement cultivée, ne peuvent pas être comptées simplement comme des spécimens d'un genre de composition populaire, du moins si l'on comprend l'expression « genre populaire » comme une catégorie rassemblant des produits de basse extraction, sans aucun raffinement. On ne saurait considérer ces lettres comme de la littérature « populaire » uniquement du côté de leur réception, car du côté de leur production, c'est-à-dire de la technique qui est derrière leur écriture, elles doivent être évaluées autrement. En effet, les auteurs anonymes qui les ont composées font preuve d'une grande habileté littéraire ; certaines de leurs lettres présentent une charpente rhétorique et narrative assez sophistiquée[2], si bien qu'elles ont pu être prises – à tort, me semble-t-il – pour des essais d'école, un genre qui, lui, penche normalement vers une langue d'avantage recherchée. Selon toute vraisemblance, ces auteurs se donnaient la tâche difficile de « traduire » et d'expliquer la littérature anecdotique du cynisme – les *chreiai* et les *apomnemoneumata* – ayant pour but non la simple illustration ou la diversion érudite de son public, mais sa conversion, ou, à la limite, pour ceux qui étaient déjà convertis, le renforcement de cette conversion. Revêtus de l'autorité des fondateurs de l'école, qui s'adressent à leurs disciples ou à d'autres figures illustres de l'histoire, et en adoptant un genre littéraire plus « léger » que les traités théoriques et plus proche du *modus operandi* de la pédagogie cynique, fondée sur l'exemple personnel du philosophe, ces *ghost writers* devaient faire l'apologie du cynisme en empruntant à des épisodes de la vie « réelle », quotidienne, et pour y parvenir ils étaient censés choisir une expression suffisamment claire afin de convaincre tout en restant fidèles à la pensée et au style de Diogène. Leur défi était alors d'ajouter à la clarté du message la touche de provocation philosophiquement orientée propre au *kynikos tropos*.

Ainsi, il n'est pas non plus improbable que le caractère paradoxal de la doctrine cynique, que ces textes traduisent dans une forme stylisée, en usant des détours de la grammaire grecque, ait une finalité pédagogique bien définie, car ils

1. Cf. I. Chouinard, « Cynisme et falsification du langage : à propos de Diogène cherchant un homme », 2016.

2. Voir par exemple la *Lettre XXXIII, à Phanomachos* du Pseudo-Diogène, dont je commente une partie dans O. Flores-Júnior, « Lire et écrire dans le marges », 2020.

semblent reproduire, à leur façon, les exigences d'une prise de position « subjective » et d'un engagement intégral du disciple à l'égard de la voie que lui ouvrent la parole et l'exemple du maître[1]. Par ces multiples possibilités de lecture, légitimes et justifiables, qui se confondent et qui s'interpénètrent, ces textes – à la manière d'un *teaser* – interpellent leur lecteur (ou leur auditeur) en le conduisant volontairement à l'embarras et à une aporie que seuls son effort, son dévouement et son engagement personnel pourront délier. Autrement dit, ils provoquent chez leur public – des cyniques « potentiels » ou des cyniques avérés – une sorte d'*hésitation*, le laps de temps qui prépare la décision, nécessaire pour que le disciple trouve le ton qui lui convient face au ton que lui avait montré le maître[2].

12. L'éloge cynique de l'hésitation

Il se trouve dans le *corpus* cynique au moins un passage que l'on pourrait caractériser comme un véritable *éloge de l'hésitation*, ce qui semble conforter les hypothèses de lecture avancées dans les sections précédentes. Encore une fois, nous sommes en face d'un texte délicat à comprendre et, par conséquent, difficile à traduire sans gommer la subtilité de son message. Il s'agit d'un témoignage

1. Ce qu'on lit en D. L. VI 36 va dans le même sens : « Quelqu'un désirait philosopher avec lui. Diogène lui donna un saperde [un poisson salé du Pont Euxin] et lui demanda de le suivre. L'autre, pris de honte, jeta le saperde et s'éloigna. À quelque temps de là, Diogène le rencontra et lui dit en riant : 'l'amitié que nous avions l'un pour l'autre, un saperde l'a rompue'. Mais voici la version de Dioclès. Quelqu'un lui ayant dit : 'donne-nous tes ordres, Diogène !', il entraîna l'homme et lui donna à porter un fromage d'une demi-obole. Devant son refus, Diogène dit : 'l'amitié que nous avions l'un pour l'autre, un petit fromage d'une demi-obole l'a rompue' ». Cf. également D. L. VII 3.

2. Cf. D. L. VI 35. On pourrait m'objecter que l'hypothèse d'une polysémie syntaxico-sémantique *volontaire*, qui serait présente dans certains énoncés cyniques, butte sur un autre élément bien connu du *kynikos tropos*, à savoir la *parrhesia*, que Diogène considérait comme ce qu'il y a de plus beau au monde (τί κάλλιστον ἐν ἀνθρώποις : D. L. VI 69). Or, ce n'est pas le cas. La *parrhesia*, la franchise ou le franc-parler qui prescrit l'usage de tous les mots, sans rien cacher au nom d'une convenance quelconque, ne se confond pas avec la clarté grammaticale des phrases ni avec l'emploi exclusif d'un langage dénotatif. En fait, la *parrhesia*, les paradoxes et les jeux de mots, y compris l'ambiguïté ou la polysémie, sont tous des instruments pédagogiques que le cynique met au service de sa mission qui consiste à provoquer et, pour ainsi dire, à réveiller les gens de la torpeur que la *doxa* leur a inoculée afin qu'ils puissent parvenir à l'*atuphia* et à la liberté *de la nature*. Voici des propos de M.-O. Goulet-Cazé qui semblent confirmer ce point de vue : « On comprend mieux alors pourquoi Diogène, quand on lui demandait : 'Qu'y a-t-il de plus beau au monde ?', répondait ; 'Le franc-parler [D. L. VI 69]', et pourquoi il considérait la remontrance comme 'un bien qui nous vient d'autrui [Stobée III 13, 42 = *SSR* V B 307]'. *Le second aspect de son art pédagogique est d'amener l'interlocuteur à réfléchir en lui ouvrant les yeux, en lui montrant que ce qui paraît aller de soi en fait ne va pas nécessairement de soi.* C'est ainsi que les valeurs couramment admises s'envolent en fumée dès que Diogène les a passées au crible de son esprit critique » (M.-O. Goulet-Cazé, « Le livre VI de Diogène Laërce », 1992 ; p. 3993 pour la citation (repris dans *ead. Le cynisme,* 2017, p. 41-193 ; p. 148 pour la citation). Les italiques sont de mon fait.

doxographique transmis par Diogène Laërce, que je donne dans l'édition de T. Dorandi, dont je reproduis quelques éléments de l'apparat critique :

Ἐπῄνει τοὺς μέλλοντας γαμεῖν καὶ μὴ γαμεῖν, καὶ τοὺς μέλλοντας καταπλεῖν καὶ μὴ καταπλεῖν, καὶ τοὺς μέλλοντας πολιτεύεσθαι καὶ μὴ πολιτεύεσθαι, καὶ τοὺς παιδοτροφεῖν καὶ μὴ παιδοτροφεῖν, καὶ τοὺς παρασκευαζομένους συμβιοῦν τοῖς δυνάσταις καὶ μὴ προσιόντας[1].

|| pro γαμεῖν² πλεῖν πολιτεύεσθαι² παιδοτροφεῖν² coni. γαμοῦντας καταπλέοντας πολιτευομένους παιδοτροφοῦντας Turneb., Adv. III (1573) 121 et Kuehn, an recte ? Vid. Russell 175 || καταπλεῖν BP : πλεῖν F πλεῖν BP¹ : κατα- FP⁴ ||

Et voici quelques traductions qui ont été proposées pour ce passage :

Laudabat eos qui uxores ductori fuissent et non ducerent, et qui navigaturi non navigarent, quique accessuri ad rempublicam minime accederent, et qui pueros alituri non alerent, et qui se componerent ad convivendum regibus, neque tamen accederent[2].

Er lobte die, welche heiraten wollen und nicht heiraten, die, welche absegeln wollen und nicht absegeln, die, welche staatsmännische tätig sein wollen und es unterlassen, die Kinder aufziehen wollen und es nicht tun, die sich fertig machen, in den Dienst der Fürsten zu treten und davon abstehen[3].

He would praise those who were about to marry and refrained, those who intending to go a voyage never set sail, those who thinking to engage in politics do no such thing, those also who purposing to rear a family do not do so, and those who make ready to live with potentates, yet never come near them after all[4].

Lodava quelli che stavano per sposare e non sposavano, quelli che stavano per intraprendere un viaggio marittimo e vi rinunciavano, quelli che stavano per dedicarsi alla vita politica e no vi si dedicavano, quelli che volevano crearsi una famiglia e non si la creavano, e quelli che s'accingevano a vivere insieme con i potenti e poi se ne astenevano[5].

Diógenes elogiava os que estavam na iminência de casar [*sic*] mas não casavam [*sic*], os que estavam a ponto de realizar uma viagem porém não viajavam, os que pensavam em dedicar-se à política mas não se dedicavam, os que desejavam constituir uma família e não a constituíam, os que se preparavam para conviver com os poderosos mas não se aproximavam deles[6].

Il louait les gens qui, sur le point de se marier, ne se mariaient point ; qui, sur le point de faire une traversée, ne la faisaient point ; qui, sur le point de s'occuper de politique, ne s'en occupaient point et d'élever des enfants n'en élevaient point ; il louait également ceux qui s'apprêtaient à vivre dans la compagnie des princes et qui ne s'en approchaient point[7].

1. D. L. VI 29.

2. Traduction de C. G. Cobet, *Diogenis Laertii De clarorum philosophorum vitis dogmatibus et apophthegmatibus libri decem*, Paris : Firmin Didot, 1862, p. 140.

3. Traduction de O. Apelt, *Diogenes Laertius. Leben und Meinungen Berühmter Philosophen*, 1921, t. I., p. 271.

4. Traduction de R. D. Hicks, *Diogenes Laertius. Lives of eminent philosophers*, 1991 (1re éd. 1925), t. II, p. 31.

5. Traduction de M. Gigante, *Diogene Laerzio. Vita dei filosofi*, 1962, p. 256.

6. Traduction de M. da Gama Kury, *Diôgenes Laêrtios. Vidas e doutrinas dos filósofos ilustres*, 1987, p. 159.

7. Traduction de M.-O. Goulet-Cazé, *Diogène Laërce. Vies et doctrines des philosophes illustres*, 1999, p. 710.

Elogiaba a los que se disponían a casarse y no se casaban, a los que iban a hacerse a la mar y no zarpaban, a los que iban a entrar en política y no lo hacían, a los que iban a criar a sus hijos y no los criaban, y a los que estaban preparados para servir de consejeros a los poderosos y no se acercaban a ellos[1].

Tel qu'il a été traduit, ce texte montre une séquence assez régulière d'énoncés qui opposent tour à tour une action envisagée à sa négation effective : être sur le point de faire ceci et finalement ne pas le faire. Même si elles présentent des différences de détail plus ou moins importantes, ces traductions se rejoignent toutes sur un point précis, à savoir l'idée selon laquelle le cynique porterait un regard toujours négatif sur tout ce qui relève de l'engagement social que l'on attend d'un citoyen, c'est-à-dire d'un homme civilisé : se marier (γαμεῖν) et élever des enfants (παιδοτροφεῖν), faire des voyages (καταπλεῖν) – des voyages d'affaire, il faut le supposer –, s'occuper de la politique (πολιτεύεσθαι) et fréquenter ceux qui ont le pouvoir (συμβιοῦν τοῖς δυνάσταις), ce qui dénote l'ambition « naturelle » et légitime (mais pas toujours avouée) d'un honnête homme des cités. D'après cette compréhension du texte, apparemment unanime, qui semble exprimer la perception du cynisme comme une doctrine caractérisée par un naturalisme intransigeant, Diogène louerait ceux qui disent toujours « non » au *nomos*. Et pourtant, le point sur lequel se rejoignent ces traductions demeure, d'une certaine manière, en dehors du texte qu'elles traduisent. Au fond, tous les traducteurs acceptent tacitement la correction (voir l'apparat critique ci-dessus) qui consiste à remplacer le deuxième infinitif de chaque énoncé de la séquence par le participe correspondent, une correction sur laquelle T. Dorandi lui-même reste dubitatif (*an recte ?*), si bien qu'il garde la forme des manuscrits dans son édition, en suivant le principe général de privilégier toujours la lettre-même du texte laërtien plutôt que de reconstruire la doctrine des philosophes. Les raisons qui justifieraient la correction de ce passage (proposée d'abord par Turnèbe et par Kuehn), telles que les avance D. A. Russell dans son compte rendu de l'édition de 1964 de H. S. Long, sont en réalité le symptôme d'une lecture du texte original pour le moins biaisée :

(…) *μὴ γαμεῖν… μὴ καταπλεῖν… μὴ πολιτεύεσθαι… μὴ παιδοτροφεῖν* : 'To be on the point both of marrying and not marrying' is not very good sense ; we expect 'to be on the point of marrying, but not in fact doing it'. So replace the infinitives by participles : *γαμοῦντας… καπλέοντας… πολιτευόμενους… παιδοτροφοῦντας*. The clauses then become parallel with what follows in 259, 25 - 260, 1 [il s'agit de la dernière séquence : καὶ τοὺς παρασκευαζομένους συμβιοῦν τοῖς δυνάσταις καὶ μὴ προσιόντας]. For the error, cf. 398, 6 [D. L. VIII 12] : *σωμασκούντων* BP^{ac}, *σωμασκεῖν* FP^{pc}. Once one participle had been corrupted, the others would be assimilated to it[2].

1. Traduction de C. García Gual, *Diógenes Laercio. Vidas y opiniones de los filósofos ilustres*, 2007, p. 292.

2. D. A. Russell, « A new text of Diogenes Laertius [compte rendu de H. S. Long, *Diogenis Laertii Vitae Philosophorum*, OCT, Oxford : Clarendon Press, 1964] », 1965 (cf. la p. 175 pour la citation).

Les arguments de Russell ne sont pas suffisants. D'abord, en s'appuyant sur un parallélisme prétendument souhaitable qui devrait commander tout le passage de façon à ce que la même structure se répète à l'identique dans toute la séquence, et en prenant le dernier énoncé – le seul où, d'après les manuscrits, figure explicitement un participe dans la deuxième phrase – comme « modèle » pour les autres, il n'envisage pas la possibilité que ce dernier énoncé, en raison même de la place qu'il occupe dans la séquence et de sa syntaxe « différenciée », soit justement un point de rupture ou une sorte de « résolution » thématique du raisonnement de Diogène (j'y reviendrai plus loin). Ensuite, supposer qu'il y a eu une erreur du copiste dans un passage tout simplement parce que le même type d'erreur a été commis ailleurs dans le texte~~, ce~~ n'est pas très convaincant, d'autant plus que, dans le passage cité comme exemple – D. L. VIII 12 –, on constate une divergence matérielle entre les principaux manuscrits, alors que pour D. L. VI 29 les manuscrits sont, sur ce point, univoques. Le fait est que Russell défend cette correction (proposée par d'autres avant lui) tout simplement parce que le texte des manuscrits déjoue une *expectative* (le « we expect » de son analyse en dit long) formée en dehors du texte lui-même ; alors, on « corrige » pour substituer ce à quoi on s'attend et que l'on peut comprendre à ce que l'on ne comprend pas. Apparemment, il s'agit de la même inversion méthodologique déjà mentionnée selon laquelle on fait plier les textes pour les accorder à une interprétation acquise d'avance au lieu de la former à la lumière du matériau disponible tel qu'il a été transmis par nos sources. Certes, les corrections sont un procédé philologique légitime et souvent nécessaire, mais il ne doit intervenir qu'en étant le dernier recours pour assurer l'intelligibilité textuelle. Ce passage dans D. L. VI 29, sous la forme conservée par les manuscrits, est, me semble-t-il, non seulement parfaitement compréhensible mais aussi philosophiquement très riche.

Ce texte où Diogène manifeste son approbation d'un certain type de comportement fait suite à un autre passage, également doxographique, où il est question des comportements qui attiraient son étonnement ou sa réprobation : Diogène s'étonnait (ἐθαύμαζε) de voir les grammairiens faire des recherches sur les malheurs d'Ulysse tout en méconnaissant les leurs propres ; les musiciens accorder les cordes de leur lyre mais ne pas accorder les dispositions de leur âme[1] ; les mathématiciens porter leur attention vers le soleil et la lune tout en négligeant ce qui se passe à leurs pieds[2] ; les orateurs mettre tout leur zèle à discourir sur la justice mais sans la pratiquer ; les avares (ou les philosophes, si l'on accepte une correction du texte souvent adoptée) médire sur l'argent alors qu'ils le chérissent par-dessus tout ; et il condamnait (κατεγίνωσκε) ceux qui font l'éloge des justes,

1. De même dans D. L. VI 65 : « A la vue d'un insensé qui accordait une harpe, il [*scil.* Diogène] dit : 'N'as-tu pas honte d'ajuster harmonieusement les sons pour l'instrument en bois et de ne pas accorder harmonieusement ton âme quand il s'agit de ta vie ?' ».

2. Comparer à Stobée II 1, 23 (*SSR* V B 372).

parce qu'ils seraient au-dessus des possessions, tout en enviant eux-mêmes les grands propriétaires. Le biographe ferme le paragraphe en rappelant que les gens qui sacrifiaient aux dieux pour leur santé et qui, au cours même du sacrifice, mangeaient au détriment de cette même santé mettaient Diogène hors de lui (ἐκίνει αὐτὸν)[1], mais que celui-ci restait très admiratif (ἄγασθαι) des esclaves qui, en voyant leurs maîtres manger avidement, ne volaient rien de ce que ceux-ci mangeaient[2].

Ce témoignage doxographique qui va de la fin du paragraphe 27 jusqu'à la fin du paragraphe 28 du livre VI de Diogène Laërce forme un tout assez cohérent, présentant une progression remarquable : on passe de ce en face de quoi Diogène s'étonnait (ἐθαύμαζε) à ce qu'il condamnait (κατεγίνωσκε ; ἐκίνει αὐτὸν) et, ensuite, on passe de ce qu'il admirait (ἄγασθαι) à ce qu'il louait (ἐπῄνει) ouvertement. Et le thème qui traverse tout cet ensemble doxographique et qui relève d'une sorte de « morale des délibérations » est la cohérence (ou plutôt l'incohérence) des hommes. Cela étant, on ne saurait dégager de ce texte des arguments pour dire que Diogène censurait ou méprisait en elles-mêmes les activités qu'il énumère[3] : son étonnement ne vient pas de ce que l'on puisse se consacrer à la grammaire, aux arts musicaux et aux mathématiques (ou à l'astronomie) ; ni même de ce que les gens sacrifient aux dieux pour obtenir d'eux un bénéfice quelconque, encore que les cyniques en général aient regardé les faits religieux d'un œil critique[4]. Son étonnement ne vient pas non plus – ce serait en soi un peu absurde – de ce que les gens louent la justice et les justes, ni, à proprement parler, du fait qu'il y ait des avares dans le monde, même si l'on sait que les cyniques considéraient l'avarice comme la métropole de tous les maux[5]. Ici, la cible de Diogène est vraisemblablement l'incohérence des hommes qui, sans doute sous l'effet combiné de la *doxa* et du *tuphos*, sont incapables de s'accorder intérieurement avec eux-mêmes et qui, par conséquent, ne parviennent pas à harmoniser de façon cohérente leur âme, leur expérience du monde et leurs agissements ; ils s'égarent alors dans des comportements contradictoires et insensés. Ainsi, par exemple, ce n'est pas parce qu'ils se consacrent à l'étude des errances d'Ulysse que les grammairiens errent eux aussi, et que, de ce fait, ils deviennent l'objet de la critique de Diogène ; c'est parce qu'ils ne passent pas de leurs connaissances « théoriques » à des actions pratiques. Le jugement de Diogène, que le doxographe exprime par le verbe θαυμάζειν, ne porte point sur la grammaire ou sur la critique

1. Comparer à Stobée III 6, 35 et Clément d'Alexandrie, *Stromates* VII 4, 25, 5 (*SSR* V B 345).

2. D. L. VI 27-28.

3. Pour un avis différent, voir S. Husson, *La* République *de Diogène*, *cit.*, p. 56-62.

4. Voir sur ce sujet H. Rahn, « Die Frömmigkeit der Kyniker », 1959-1961 ; et, pour une interprétation différente, M.-O. Goulet-Cazé, « Les premiers cyniques et la religion », 1993 (repris dans *ead.*, *Le cynisme*, 2017, p. 421-455).

5. Cf. Stobée III 10, 37.

littéraire en elles-même : son étonnement vient en réalité du fait qu'un expert des malheurs d'Ulysse ne fasse pas meilleur usage de ce qu'il sait en faveur de ce qu'il vit[1]. Aucune connaissance, aucune science n'est blâmable par principe ; ce serait manquer la cible. De même que l'on ne doit pas blâmer le facteur en raison des lettres qui nous apportent des mauvaises nouvelles, il serait illogique de proscrire les savoirs à cause des mauvais savants. Pour le cynique, les sciences et les connaissances ne deviennent objets de blâme que lorsqu'elles ne sont pas intégrées dans la *vie* au sens large et qu'elles restent au contraire comme l'apanage de l'orgueil et de la déraison des hommes[2]. Cela veut dire aussi que ce principe de validation « biographique » des connaissances ne peut pas être assimilé à un utilitarisme vulgaire, selon lequel tout ce que l'homme pense et tout ce à quoi il exerce son esprit doivent trouver une application concrète et immédiate[3]. Pour Diogène, l'homme doit non seulement poursuivre sa propre nature à travers l'ascèse, mais il doit aussi trouver l'accord dans son âme, de façon à ce que l'ordre moral de sa pensée et l'ordre moral de son action ne fasse qu'un. Sans cela, il perd son intégrité et se perd dans des contradictions[4]. Voilà l'incohérence qui provoque l'étonnement de Diogène et que sans doute il condamne.

Le changement de perspective que l'on constate dans le passage des paragraphes 27-28 au paragraphe 29 est susceptible de déconcerter le lecteur, et, par là

1. Ce serait peut-être trop spéculer, mais je ne peux pas m'empêcher de considérer que le cynisme propose ce passage de la théorie à la pratique comme une sorte de « voie à double sens ». Dans cette perspective, Diogène, qui a toujours vécu, agi et philosophé au vu et au su de tout le monde – qui a vécu une vie *scandaleuse*, pour parler avec Foucault – avait une raison de plus pour se méfier des « intellectuels de cabinet » et des « savants de bibliothèque », comme le prouve son échange avec Hégésias (cf. D. L. VI 48) : celui qui ne s'expose pas suffisamment et qui ne vit pas sa propre vie ne sera pas à même de bien comprendre la vie qu'a vécue Ulysse.

2. Cf. D. L. VI 104.

3. Comme on l'a vu, Diogène lui-même n'était pas indifférent à la beauté de l'architecture, des édifices et de la monnaie d'Athènes, même si c'étaient là des choses dont il ne se souciait pas beaucoup, probablement à cause de la mission qu'il s'était octroyée (cf. Dion Chrysostome, *Discours VI, Diogène ou De la tyrannie* 4-5 [*SSR* V B 583]). En outre, il n'est pas très vraisemblable qu'il ait lu les poètes – que d'ailleurs il enseigne aux fils de Xéniade (cf. D. L. VI 31) – uniquement pour développer sa mémoire et pour pouvoir les citer au bon moment. À mon avis, l'image du cynique représenté comme un personnage grossier, presque un abruti, et un ennemi de la culture ne vas pas de soi. Je dirais même qu'il y a une sorte de sophistication très originale dans sa démarche. À ce propos, S. Husson, *La* République *de Diogène*, 2011, p. 181, écrit : « Le cynisme ne se situe pas en deçà ou au-delà de la civilisation, mais en est un produit particulièrement raffiné, même s'il ne correspond pas aux règles courantes du 'raffinement' philosophique ».

4. Cet accord intérieur de l'âme auquel songe Diogène est sans doute une condition préalable pour quelqu'un qui veut « vivre en compagnie de soi-même », le plus grand profit que, selon Antisthène, on pourrait retirer de la philosophie (cf. D. L. VI 6). C'est le même idée qui est derrière le souhait de Diogène lorsqu'il songe à ce que les joueurs de flûte et les athlètes reportaient leur ascèse spécifique aussi sur leur âme : cf. D. L. VI 70 (on reviendra sur ce passage).

même, de le provoquer et d'exiger de lui une attention redoublée. On vient de voir que Diogène s'étonnait devant l'attitude paradoxale des hommes et on arrive ensuite à un témoignage qui, au premier abord, laisse entendre qu'il approuve ceux qui semblent agir à contre-courant de leurs propres désirs et intentions : être sur le point de se marier et ne pas se marier, être sur le point de faire un voyage et ne pas le faire, et ainsi de suite. On se demande alors si ce n'est pas Diogène lui-même qui paradoxalement tombe dans la contradiction. Comme on l'a vu, les sept traductions citées ci-dessus donnent du sens à ce paradoxe en prêtant à chacune des dénégations la valeur d'un changement d'avis subit qui vient empêcher à la dernière minute l'accomplissement d'une action qui s'annonçait comme étant déjà presque accomplie : on était sur le point de faire quelque chose mais, finalement, on a décidé de ne pas faire cette chose. Et puisque chaque action mentionnée rappelle des engagements sociaux, l'éloge de Diogène irait vers ceux qui ont le courage de rompre avec l'ordre du *nomos*. On échange contre la prétendue contradiction de Diogène le prétendu négativisme de la pensée cynique[1].

Néanmoins, ce texte, dans sa lettre même, telle qu'elle a été préservée unanimement par tous les manuscrits, résiste à l'interprétation que les traductions disponibles ont façonnée. Cette interprétation exige, d'abord, que l'on donne une valeur adversative à la particule de coordination καί, la seule qui est employée pour lier les deux propositions formant l'objet de l'éloge du cynique dans chaque phrase de la séquence : Diogène louait les gens qui sont sur le point de se marier, *mais* (καί) qui ne se marient pas ; et [il louait] les gens qui sont sur le point de faire une traversée, *mais* (καί) qui ne la faisaient point, etc. Certes, la particule καί peut fonctionner comme une conjonction adversative « faible » – à l'instar de ce qui se passe souvent avec le copulatif « et » du français : « Paul avait dit qu'il viendrait *et* il n'est pas venu » pour « Paul avait dit qu'il viendrait, *mais* [ou : *pourtant*] il n'est pas venu » –, mais, en raison de la nature même de telles propositions, qui expriment clairement une rupture, on s'attendrait ici à une adversative « forte », comme par exemple ἀλλά. Ce détail devient d'autant plus parlant si l'on considère que Diogène Laërce (ou sa source) a structuré tout l'ensemble de la première partie de ce texte (la fin du paragraphe 27 jusqu'à la fin du paragraphe 28), où il y a vraiment une opposition marquant l'incohérence entre deux actions, autour de la paire μέν/δέ, normalement employée dans les énoncés parataxiques à teneur adversative : « Diogène s'étonnait de voir les grammairiens qui, *d'un côté* (μέν), font des recherches sur les malheurs d'Ulysse, *mais* qui, *d'un autre côté* (δέ), ignorent les leurs propres ». La même syntaxe se répète dans les autres propositions de

1. Si, différemment de ce que j'ai essayé de démontrer, on tient à l'idée selon laquelle Diogène réellement refuse l'utilité de certaines disciplines, telles que la grammaire, la musique, les mathématiques et l'astronomie, cette façon de résoudre ce paradoxe donnerait une cohésion supplémentaire à l'ensemble des paragraphes 27 à 29. En guise d'illustration du soi-disant caractère négatif de la pensée cynique, on pourrait rappeler encore une fois l'avis de M. I. Finley, « Diogenes the Cynic », 1968, qui touche au paroxysme (voir les p. 95-96 ;100-101).

cette première partie. Il y a donc une évidente symétrie – encore une –, une symétrie « par contraste », dans l'économie des particules de coordination mise en œuvre dans les deux blocs d'affirmations composant ce texte, et cette symétrie a l'air de n'être ni accidentelle, ni fortuite, ni anodine ; elle doit correspondre à un critère d'expression. Un deuxième point qui mérite d'être souligné à propos de la structure syntaxique de ce texte est l'emploi de l'adverbe de négation qui accompagne la seconde moitié de chaque proposition. Pour arriver au sens d'un refus effectif – *on était sur le point de se marier mais effectivement on ne s'est pas marié* – il aurait fallu avoir plutôt οὐ à la place de μή. En effet, si, à en croire D. A. Russell, on remplace les infinitifs par des participes, on devrait remplacer aussi l'adverbe de négation. L'hypothèse de la faute à corriger s'affaiblit parce qu'il faudrait comprendre que les copistes se sont trompés non sur un mot, mais sur deux, à moins que l'on considère qu'ils ont voulu délibérément réinterpréter ce qu'ils copiaient.

Si du côté de la grammaire tout autant que du côté de la philologie, la lecture « négativiste » de ce passage ne va pas de soi, du côté proprement philosophique ainsi que du côté biographique – et ces deux aspects, vie et philosophie, se présentent particulièrement soudés dans le cynisme –, d'autres objections peuvent être soulevées dès que l'on rapproche ce texte d'autres témoignages que l'on trouve dans le *corpus* cynique. Concernant le mariage, par exemple, ce que l'on lit dans D. L. VI 54 – « Comme on demandait à Diogène quel est le moment opportun pour se marier, il dit : 'quand on est jeune, c'est trop tôt ; quand on est vieux c'est trop tard' »[1] – n'est pas dirimant. La réponse de Diogène n'est pas de condamner ouvertement et résolument le mariage. Sans doute peut-on penser que pour lui on est toujours soit trop jeune soit trop vieux pour se marier, ce qui veut dire au bout du compte que l'on ne doit jamais se marier. Pourtant, il ne donne pas une réponse directe, objective, à partir de laquelle on pourrait déterminer clairement son avis sur la matière. Ce qu'il dit prend la forme d'une boutade dont le but est sans doute celui de provoquer son interlocuteur, de le faire bouger. En jouant sur les mots, il montre que trouver le bon moment pour se marier est aussi difficile – difficile certes, mais non impossible – que de préciser la période qui, dans le cours d'une existence particulière, n'est ni jeunesse ni vieillesse. Il donne à son interlocuteur une piste, mais il lui laisse le dernier mot. Nous sommes donc, encore une fois, face à une sorte de *pédagogie philosophique interactive* (à l'origine socratique, sans doute), selon laquelle tout ce que l'on apprend (au sens actif et passif) est au fond le fruit d'un *partage*.

1. D. L. VI 54 : ἐρωτηθεὶς ποίῳ καιρῷ δεῖ γαμεῖν, ἔφη, 'τοὺς μὲν νέους μηδέπω, τοὺς δὲ πρεσβυτέρους μηδεπώποτε'. Ce passage fait écho à celui concernant Antisthène : « A qui lui demandait quelle sorte de femme il faut épouser, il [*scil*. Antisthène] répondit : 'épouse une belle, tu la partageras ; épouse une laide, tu en pâtiras' » (D. L. VI 3).

On sait par ailleurs que, selon Antisthène, « [le sage] se mariera afin de procréer, en s'unissant aux femmes douées du meilleur naturel (εὐφυεστάταις) »[1] ; mais on ne connaît à Antisthène ni femme ni enfant. De même, Diogène ne s'est jamais marié et n'a pas eu d'enfant non plus ; il disait ironiquement pour s'en disculper qu'il laisserait derrière lui des victoires olympiques[2] ; de fait, celui-ci ne parlait même pas de mariage, mais d'accouplement d'un homme qui séduit avec une femme qui se laisse séduire, et il prônait la communauté des enfants[3] ; en revanche, il ne manquait pas de conseiller aux maris d'exposer chaque jour leurs secrets à leurs épouses[4]. On sait également que le disciple le plus important de Diogène, Cratès de Thèbes, après avoir essayé de se dérober, a finalement épousé Hipparchia qui embrassa à son tour le cynisme[5]. D'Hipparchia, Cratès eut au moins deux enfants[6] : Pasiclès, à qui il conseille d'épouser une prostituée[7], et une fille (dont on ne connaît pas le nom) qu'il donne en mariage, à l'essai pour trente jours[8]. Enfin, preuve majeure du statut paradoxal du mariage chez les cyniques, le couple Cratès-Hipparchia avait coutume de faire l'amour en public – pour le plus grand désarroi de Zénon, disciple de Cratès et futur fondateur du stoïcisme, qui, étant trop pudique pour accepter intégralement le scandale cynique[9], se hâtait de cacher les amoureux aux regards des gens en les couvrant avec son manteau[10] –, mais ils ne se privaient pas pour autant de fréquenter ensemble les dîners et les banquets de la cité[11]. On pourrait alors considérer que ces données font état de mariages « pas comme les autres », mais de mariages tout de même – et cela vaut aussi pour l'éducation des enfants. Si l'on en tient compte, on ne saurait dégager de D. L. VI 29 un conseil péremptoire et systématique ni contre le mariage ni contre la procréation avec les devoirs et les obligations morales qu'elle entraîne[12].

1. D. L. VI 11.

2. Cf. *Florilegium Monacense* n° 156 (*apud* Paquet, *Les cyniques grecs*, 1988, p. 62 [n. 42]).

3. Cf. D. L. VI 72.

4. Cf. *Florilegium Monacense* n° 159 (*apud* Paquet, *op. cit.*, p. 82, n° 123).

5. Cf. D. L. VI 96-97.

6. Cf. D. L. VI 88.

7. Cf. D. L. VI 88-89.

8. Cf. D. L. VI 93.

9. Cf. D. L. VII 3.

10. Cf. Apulée, *Floride* 14. Il faut d'ailleurs rappeler que, selon les stoïciens, « le sage prendra part à la politique, si rien ne l'en empêche, comme le dit Chrysippe dans le premier livre de son traité *Sur les genres de vie*. Il contiendra en effet le vice et incitera à la vertu. Et il se mariera, comme le dit Zénon dans sa *République*, et il engendrera des enfants » (D. L. VII 121 ; traduction de R. Goulet).

11. Cf. D. L. VI 97. Sur ce sujet, on verra M.-O. Goulet-Cazé, « Le cynisme ancien et la sexualité », 2005 (repris dans *ead.*, *Le cynisme*, 2017, p. 471-483.

12. Diogène n'était d'ailleurs pas insensible aux liens qui doivent se tisser entre parents et enfants : cf., par exemple, D. L. VI 65 ; Stobée IV 26, 23 (*SSR* V B 394) ; *id.*, IV 24a, 9 (*apud*

Il en va de même pour les autres sujets évoqués par Diogène. Ainsi il serait étrange que Diogène déconseille tout simplement les traversées, alors qu'il en avait lui-même fait quelques-unes, y compris celle vers Égine, au cours de laquelle il avait été capturé et vendu comme esclave (à moins que l'on considère que son conseil découlait justement de cette mauvaise expérience)[1]. Sur la participation aux affaires politiques (πολιτεύεσθαι), il serait peut-être opportun de rappeler la réponse d'Antisthène à quelqu'un qui l'avait interrogé sur la bonne façon de se situer par rapport à la politique (πολιτείᾳ) : « comme avec du feu : pas trop près pour ne pas se brûler, pas trop loin pour ne pas geler »[2]. Diogène probablement ne s'y opposerait pas, lui qui s'entretenait souvent avec des hommes politiques (ἄνδρες πολιτικοί)[3], mais qui ne fréquenta jamais la cour des tyrans (τυράννων αὐλὰς θεραπεύειν)[4]. Conscients de cette « juste mesure » ou de cette « distance idéale » que suggère Antisthène, les cyniques pratiquent, au dire d'Épictète, la « plus haute politique » (μείζων πολιτεία)[5], comme on l'a vu plus haut.

La dernière proposition de la séquence – « [Diogène louait aussi] τοὺς παρασκευαζομένους συμβιοῦν τοῖς δυνάσταις καὶ μὴ προσιόντας » – diffère sensiblement des précédentes, soit par sa syntaxe soit par le type de message qu'elle transmet. Ici, il ne s'agit plus de louer ceux qui sont sur le point de faire quelque chose ; il s'agit en réalité de louer ceux qui *font* déjà quelque chose, qui sont déjà *en train de faire* quelque chose ou qui ont l'habitude de le faire. Encore une fois, on doit accepter que le καί qui coordonne les deux complétives, en harmonie avec

Paquet, *op. cit.*, p. 96, n° 205). Ce qu'on lit dans Épictète III 22, 72 ; 77 ne le désavoue pas. Épictète, qui tend à tirer le cynisme plutôt du côté du stoïcisme, justifie le célibat de Diogène et le fait que celui-ci n'ait pas eu d'enfant en évoquant la mission que le cynique s'était donnée : le fait de ne pas avoir de famille lui donnerait le loisir nécessaire pour se consacrer à sa mission. Toutefois, cette mission consistait à rapprocher les hommes de leur véritable humanité, non forcément à les transformer tous en cyniques comme lui. Si le cynisme est, d'une certaine manière, une philosophie de l'adaptation, sa pédagogie ne l'est pas moins, comme l'a prouvé Diogène lui-même chez Xéniade (cf. D. L VI 30-31 ; voir ci-dessus). Encore une fois, il faut rappeler que Diogène disait qu'il imitait les maîtres du chœur : ceux-ci donnent le ton un ton plus haut pour que les autres trouvent le ton qui leur convient (cf. D. L, VI 35).

1. L'histoire de la vente de Diogène, qui s'inscrit dans un *topos* littéraire bien connu, celui du philosophe devenu esclave, a fait couler beaucoup d'encre dans l'Antiquité. À ce propos, voir les textes rassemblés dans *SSR* V B 70-80 et les commentaires dans *SSR*, t. VI, p. 453-460.

2. Stobée III 4, 28 (*SSR* V A 70) : Ἀντισθένης ἐρωτηθείς. Πῶς ἄν τις προσέλθοι πολιτείᾳ, εἶπε 'καθάπερ πυρί, μήτε λίαν ἐγγύς, ἵνα μὴ καῇς, μήτε πόρρω, ἵνα μὴ ῥιγώσῃς'. Cela s'harmonise parfaitement avec une autre opinion d'Antisthène : « le sage réglera sa vie de citoyen (πολιτεύσεσθαι), non point selon les lois établies, mais selon la loi de la vertu » (D. L. VI 11), ce qui n'implique pas un refus systématique de la loi en soi, car, d'une façon ou d'une autre, le sage effectivement *réglera sa vie de citoyen.*

3. Cf. D. L. VI 76.

4. Cf. D. L. II 68 ; VI 58.

5. Cf. Épictète III 22, 83.

son emploi dans les phrases antérieures, n'ait pas de valeur adversative ; on doit également accepter que, dans ce cas, remplissant le rôle d'un simple copulatif, il ne fasse pas non plus la connexion logique entre deux actions *consécutives*. Puisqu'il met sur le même plan syntaxique les deux participes, tous les deux au présent (παρασκευαζομένους et προσιόντας), on pourrait aussi accepter que les deux actions exprimées par ces participes soient coextensives dans le temps, c'est-à-dire *simultanées*. Par conséquent, Diogène ne loue pas ceux qui se préparent pour vivre avec les puissants, *mais* qui, une fois préparés, ne s'en approchent pas ; plus précisément, il loue ceux qui se préparent – *qui sont en train de se préparer* (c'est une action *durative*) – pour vivre avec les puissants, et qui *sont également en train de ne pas les approcher* (c'est aussi une action *durative*). Dit de façon plus claire, Diogène loue ceux qui se préparent pour vivre avec les puissants *sans les approcher*. Sur le plan interprétatif, le premier point à souligner dans cette phrase, c'est que Diogène vraisemblablement fait l'éloge des hommes qui habitent les cités, c'est-à-dire des citoyens. Ceux qui sont censés se préparer pour vivre avec les puissants sont normalement les mêmes qui vivent déjà dans une communauté humaine soumise à un certain ordre politique à partir duquel la notion de pouvoir elle-même peut être conçue. Puisque le cynique ne parle pas à des sauvages ou à des hommes détachés de toute sociabilité, et qu'il ne prêche aucune forme d'anachorèse politique – en effet, à quoi bon se préparer pour vivre avec les puissants si l'on compte abandonner la cité ? –, son éloge revêt en réalité une leçon de citoyenneté, toujours sous la forme apparente d'un paradoxe : en conseillant aux hommes de se préparer pour vivre avec les puissants – et tous ceux qui vivent dans des cités sont obligés de vivre avec les hommes qui exercent le pouvoir, même si c'est indirectement, car on est toujours exposé, d'une façon ou d'une autre, au pouvoir exercé par d'autres –, sans pour autant les approcher, Diogène donne un nouveau ressort à la « juste mesure » ou à la « distance idéale » que prescrivait Antisthène au sujet des affaires politiques. D'une certaine manière, savoir vivre avec les puissants sans les approcher, c'est comprendre la nature même du pouvoir. Derrière l'éloge de Diogène apparaît en fait une invitation à la pratique de sa philosophie qui, visant à l'*autarkeia* maximale du philosophe, enseigne à mépriser la compagnie des puissants dont la fréquentation risque toujours de corrompre ; ce faisant, Diogène enseigne aussi à reconnaître ce en quoi consiste le véritable pouvoir. Tout en rendant ses adeptes indifférents aussi bien aux exactions qu'aux charmes des puissants, la doctrine cynique, dont la clef de voûte est justement l'ascèse intransigeante qui conduit à une *autarkeia* possible, permettra, à partir d'une critique rigoureuse des « raisons pratiques » du pouvoir, de démarquer la « plus haute politique » face à la politique corrompue des hommes politiques ordinaires.

L'idéal que l'éloge de Diogène dévoile est d'ailleurs bien illustré par une des lettres pseudépigraphes du *corpus* cynique – encore une lettre qui semble fonctionner comme un *récit d'explication* du matériau doxographique. Il s'agit de la *Lettre XXXIII, à Phanomachos*, du Pseudo-Diogène, qui intègre le vaste répertoire de textes faisant le récit des rencontres entre Diogène et Alexandre le Grand (ou Philippe de Macédoine)[1], dans lesquels, il faut le souligner, c'est toujours le souverain qui vient voir Diogène, jamais le contraire. Dans cette lettre, on assiste au spectacle du cynique, fort de son assurance et de son indépendance à l'égard des mandarins institués, donnant une leçon de politique au roi Alexandre – qui était bien entendu l'homme le plus puissant de son temps –, et lui montrant que le pouvoir que donnent les armes et les richesses n'est que fumée de l'orgueil. À la fin, à en croire « Diogène », l'auteur de la lettre, c'est Alexandre lui-même qui traduit l'opposition parfaitement symétrique, mais inconciliable, entre les deux types de pouvoir, le vrai, qui siège dans l'âme, et celui qui n'en est qu'un pâle simulacre fabriqué par la *doxa* : il s'agit en fait d'une opposition « ontologique », parce que l'un ne peut pas être l'autre, tout comme Alexandre qui, en dépit de son désir, ne pourra jamais être Diogène. Et sans tergiverser, « Diogène » réaffirme à Phanomachos, le destinataire de la lettre, son refus de prendre part au cortège des princes, pour le plus grand regret d'Alexandre :

> Ταῦτ' ἐμοῦ πολλῷ παραστήματι διεξερχομένου πολλή τις αἰδὼς τὸν Ἀλέξανδρον εἰσῆλθε, καὶ ἀποκλίνας πρὸς ἕνα τῶν ἑταίρων εἶπεν « ἀλλ' εἰ μὴ ἔφθην Ἀλέξανδρος γενέσθαι, Διογένης ἂν ἐγενόμην. » καὶ ἐξαναστήσας με ἀπῆγεν σὺν ἑαυτῷ, παρακαλῶν συστρατεύεσθαι, καὶ μόλις ἀφῆκεν.
>
> Tandis que j'exposais cela avec une grande exaltation, une profonde honte s'empara d'Alexandre, qui, en se tournant vers l'un de ses compagnons, déclara : « Ah ! Si je n'avais pas été d'abord Alexandre, j'aurais été Diogène » ; puis, m'ayant fait lever, il voulait m'emmener avec lui, m'exhortant à faire campagne à ses côtés, et ce n'est qu'à contrecœur qu'il me laissa partir[2].

Comme on l'a suggéré plus haut, la dernière phrase de la séquence d'actions louées par Diogène dans D. L. VI 29 est, d'une certaine manière, la « résolution thématique » du passage, ce qui semble être confirmé par sa structure syntactique différenciée. En effet, en évoquant l'équilibre nécessaire à la vie politique – ni trop loin au point d'ignorer le pouvoir, ni trop près au point de se laisser corrompre par lui –, le cynique étend cette même perspective aux affirmations précédentes : puisque les actions délibérées de l'homme ont souvent au fond une portée politique, il faut bien comprendre la nature de ce qui meut la politique pour prendre une décision autonome et pour agir consciemment. Comme on l'a déjà dit, chez les cyniques les rapports entre l'individu et la collectivité sont en réalité une voie à double sens. Pour paradoxal que cela puisse paraître, la pensée politique du cynisme promeut une sorte de coalescence entre égoïsme et philanthropie, deux

1. Cf. les textes rassemblés par G. Giannantoni dans *SSR* V B 25-49, et la note 43 dans G. Giannantoni, *SSR* t. IV, p. 443-451. Voir également, M. Buora, « L'incontro tra Alessandro e Diogene : tradizione e significato », 1973-1974 ; R. Di Virgilio, « Alessandro Magno vs Diogene : filigrana di un grande sketch », 2004.

2. Pseudo-Diogène, *Lettre XXXIII, à Phanomachos* 4. Traduction de F. Junqua.

notions apparemment opposées qui trouvent dans l'action même du cynique un point de convergence.

Pris ensemble, tous ces éléments que l'on vient d'examiner nous amènent à conclure que la teneur du témoignage dans D. L. VI 29 est bel et bien celle que D. A. Russell n'espérait pas, qui lui paraissait ne pas faire bon sens, et que, selon lui, H. S. Long avait eu tort de ne pas corriger en retouchant le texte laërtien. Néanmoins, là où tous les éditeurs des *Vies* – y compris T. Dorandi, le dernier éditeur en date – n'ont pas vraiment voulu intervenir, les traducteurs du texte n'ont pas hésité à le faire, en réaffirmant ainsi le soi-disant caractère négatif de la pensée cynique[1]. Sur le plan grammatical, on l'a bien vu, ce texte, tel qu'il a été préservé par la totalité des manuscrits, ne pose vraiment aucun problème, à condition d'accepter qu'il nous rende une autre image de Diogène et des cyniques, qui, compte tenu de toute une tradition interprétative, n'est pas exactement celle à laquelle on s'attendait, et qui peut certes étonner. Il ne s'agit donc pas de recourir au principe de la *lectio difficilior potior* – on l'a dit, les manuscrits ne divergent pas sur ce point –, mais, bien au contraire, de simplement se plier à la lettre du texte et à l'inflexion *philosophique* dont elle est porteuse, et de remettre sur le métier nos convictions à propos de la pensée diogénienne. Ainsi, dans ce cas précis, bien qu'apparemment paradoxal, l'approbation de la part de Diogène ne va pas vers une *négation* systématique ; elle va justement vers ceux qui sont sur le point de se marier *et* de ne pas se marier, sur le point de faire une traversée *et* de ne pas la faire, sur le point de s'occuper de politique *et* de ne pas s'en occuper, sur le point d'élever des enfants *et* de ne pas les élever. Bref, le cynique loue ceux qui *hésitent*, ceux qui se laissent prendre pour un moment entre deux actions contradictoires et antithétiques, l'une qui remplit l'expectative de la coutume instituée, c'est-à-dire celle qui répond positivement à l'injonction du *nomos*, et l'autre qui la refuse. Or, celui qui hésite réfléchit, et c'est précisément ce pouvoir de réflexion et de calcul qui intéresse Diogène, lui qui « ne cessait de répéter que, si l'on veut être équipé pour vivre, il faut de la raison (λόγος) ou une corde »[2]. Son éloge est en fait la forme *positive* que prend le refus des actions automatiques, celles qui peuvent venir comme réponse toute prête aux situations de la vie ordinaire, et

1. On a souscrit ainsi, sur un deuxième plan, aux prétendues deux faces de la bannière cynique, selon l'interprétation dominante : l'*anomisme* d'un côté, et le *naturalisme*, avec ces deux versions, l'animalisme et le primitivisme, de l'autre. D'une certaine façon, on adhère, encore une fois, à l'idée selon laquelle le cynisme serait un *courant antiprométhéen*, une idée qui fait surface dans d'autres formulations très influentes de M. Detienne : « La déconstruction de la société est poussée jusqu'à la terre vierge, là où le cynisme ne trouve plus que l'individu à l'état pur, avant la société, en deçà de toute vie en groupe » (M. Detienne, « Ronger la tête de ses parents », 1988 [1re éd. 1977], p. 154).

2. D. L. VI 24 : συνεχές τε ἔλεγεν εἰς τὸν βίον παρεσκευάσθαι δεῖν λόγον ἢ βρόχον. Cf. Plutarque, *Sur les contradictions des stoïciens* 14, 1039e-1040a (*SSR* V A 105 ; *SVF* III 167 ; fr. 67 Caizzi), pour Antisthène ; et D. L. VI 86 ; *Gnomologium Vaticanum* 743, n° 386 (*SSR* V H 79), pour Cratès. Cf. également Pseudo-Diogène, *Lettre XXVIII, aux soi-disant Grecs* 6.

auxquelles induisent aussi bien la « nature », sous le couvert de l'instinct et des gestes reflexes *naturalisés* par l'opinion, que la loi et le corps social qui échangent de la bonne réputation et de la renommée contre l'obéissance civile[1]. L'hésitation louée par Diogène n'est donc que le temps nécessaire à l'exercice de la réflexion, un temps qui, symbolisé par le vide ouvert devant un choix binaire, mais telle une page blanche paradoxalement remplie de toutes les possibilités, permet l'existence pleine du sujet autarcique par le fait de son autodétermination portée au degré maximal. L'éloge de Diogène, qui enchaîne des exemples de décisions auxquelles tout un chacun doit faire face, est, pour ainsi dire, bien au-delà de toute dénégation, le chant de la liberté absolue : ni « oui » ni « non », mais « oui » et « non » à la fois, aussi bien à la *nature* qu'à la *loi*, au seuil même de la suppression des binarismes contraignants. Le cynique, qui sait qu'il doit s'adapter et qui, réfractaire aux conformismes faciles, sait s'adapter *activement*, sans se plier candide aux situations, reconnaît pourtant que cette liberté absolue ne reste qu'en tant que désir à l'horizon de son ascèse : quoi que l'on fasse, la faim ne cesse pas si l'on se frotte l'estomac, tout comme le fait de ne pas approcher les princes ne fait pas qu'ils disparaissent. Il n'empêche, c'est cet idéal de liberté absolue qui permet d'indexer l'action morale sur la liberté tangible, une liberté dont le cynique est le paradigme vivant sur la terre[2].

L'hésitation louée par Diogène, en tant que méthode ou principe philosophique, rejoint ainsi, sur le plan des *formulations littéraires*, la polysémie syntaxico-sémantique que certains textes de la tradition cynique ont préservée. Parmi ces deux instances pédagogiques, qui s'allient à leur tour à d'autres composants du *kynikos tropos* (la parodie, le calembour, la *parrhesia*, le *spoudogeloion*)[3], le cynique interpelle et séduit son public, que ce soient ses disciples et son audience directe, ou ceux qui, comme nous les modernes, n'ont d'accès qu'à sa seule mémoire écrite. Et c'est là que la méthode de Diogène fait la preuve de son efficacité durable : sa provocation déroutante, ses jeux de mots corrosifs et ses réparties intempestives, qui pour un instant figeaient dans la perplexité et dans l'indétermination ceux qui l'observaient de près dans les rues d'Athènes ou de Corinthe, ont trouvé le style et l'expression propres à agir même sur ceux qui les lisent sur du papier. Dans un cas comme dans l'autre, la solution de l'impasse suppose toujours un certain engagement personnel, une décision « subjective » qui

1. Selon Antisthène, l'*adoxia* est un bien : cf. D. L. VI 11.

2. En référence explicite à ce passage (D. L. VI 29), R. Bracht Branham, « Defacing the currency : Diogenes' rhetoric and the *invention* of Cynicism », 1996, suggère que Diogène agit comme Bartleby, le Scribe, le célèbre personnage de la nouvelle de Herman Melville : Diogène *préférerait ne pas* (« Like Bartleby the Scrivener, Diogenes 'preferred not to' », p. 96, n. 50). La mise en parallèle de ces deux « figures de pensée », que personne, à ma connaissance, à part Branham, n'a proposée, peut être très féconde, mais ce n'est pas ici le lieu de l'approfondir.

3. Voir J. Roca Ferrer, *Kunikos tropos. Cinismo y subversión literaria en la antigüedad*, 1974.

n'est pas sans subir l'influence du maître mais qui ne se résout pas uniquement à l'ombre de ses paroles. Enfin, l'hésitation à laquelle invite la provocation cynique – une sorte de « doute méthodique » avant la lettre – permet de nouer et d'équilibrer d'un seul mouvement de l'âme la connaissance de soi et la « falsification de la monnaie ». Cette hésitation louable, qui n'est ni apathie ni passivité, et qui est, au contraire, le signe d'un réveil lucide, saura faire la part des choses : elle nous apprend que, à condition de ne pas prendre les unes pour les autres, comme l'avait fait Hégésias poussé par sa fidélité naïve, toutes les figues comptent, les réelles et les peintes, chacune à leur manière, lorsqu'il s'agit d'atteindre le bonheur et la plus grand liberté possible[1].

13. Contre nomos *et* phusis, askesis *et* phantasia

La phrase tout à la fin de D. L. VI 71, que l'on a analysée en détail plus haut, évoque la façon dont Diogène réglait son discours et son action par rapport à la nature et à la loi. Si l'on accepte le « flou » grammatical de cette phrase, tel que j'ai essayé de le démontrer, on doit aussi accepter qu'elle jette une lumière nouvelle sur l'ensemble doxographique compris par les paragraphes 70-71. Il est donc important de reprendre ce texte capital qui traite justement de l'axe de la doctrine cynique, c'est-à-dire l'ascèse[2]. Il ne s'agit pourtant pas de le reprendre dans tous ses aspects, mais seulement de soulever quelques possibilités de lecture et d'interprétation qui s'harmonisent avec – ou qui découlent de – l'hypothèse selon laquelle Diogène, loin d'établir un clivage entre *nomos* et *phusis*, voulait en fait effacer cette dichotomie traditionnelle bien sédimentée dans l'esprit grec, surtout à partir des sophistes, au nom d'un pragmatisme moral capable de rendre le bonheur à l'individu et, du même coup, d'ouvrir la voie au salut politique des communautés humaines. Ainsi, selon cette hypothèse, Diogène ne suit pas automatiquement la nature tout comme il ne se rebelle pas automatiquement contre l'ordre du *nomos* ; ce qu'il refuse, qu'il combat et qu'il apprend à combattre, ce sont précisément les comportements automatiques et l'éthique des idées reçues que la culture instille chez l'homme. Redisons, encore une fois, les deux points cardinaux de l'argument : *primo*, le cynique ne suit pas la nature tout simplement parce qu'il ne sait pas par avance ce qu'est la nature ; il peut agir *naturellement*, c'est-à-dire *spontanément* – bien que sa spontanéité ne soit jamais accidentelle, car elle est toujours raisonnée –, mais il ne *suit* pas la nature, en ce sens où la nature serait un modèle ou un critère d'action élu préalablement et où il faudrait toujours choisir, dans tous les domaines, ce qui ne participe, ou qui participe au moindre degré possible, aux techniques et aux conventions humaines. *Secundo*, le cynique ne rompt pas radicalement avec les lois de la cité, tout simplement parce

1. Cf. D. L. VI 48.

2. L'étude de référence sur ce passage reste celle de M.-O. Goulet-Cazé, *L'ascèse* cynique, 1986 (voir surtout les p. 193-230).

qu'il vit dans la cité et qu'il ne l'abandonne jamais[1]. On pourrait dire – sans que cela implique une quelconque forme d'hypocrisie ou de couardise – que le cynique, d'une certaine manière, *compose* avec le *nomos*, sans se soumettre entièrement à lui. Ces deux points rappellent à leur tour les deux principaux axes qui soutiennent l'édifice de la doctrine et qui marquent son originalité : l'ascèse et la « falsification de la monnaie ». Le premier axe, l'ascèse, est celui qui prête à l'expression *kata phusin* une portée particulière dans le cynisme. Puisque la conscience de la nature n'est pas donnée avec la nature, le cynique doit *découvrir* ce qu'est sa nature à lui : le cynique ne suit pas la nature, il la *poursuit*, on l'a dit, et il la *défie* de façon à ce qu'elle se dévoile, elle qui *aime à se cacher*[2]. La nature est alors quelque chose que l'on découvre *chemin faisant*, et ce chemin – c'est-à-dire la seule méthode pour y parvenir[3] –, c'est l'ascèse ; c'est l'ascèse qui peut, de façon continue, tirer au clair la nature de chaque homme[4]. Le deuxième axe, la « falsification de la monnaie », est le principe qui demande non l'abolition du *nomos*, mais sa reconfiguration. Dans ce contexte, rendre le terme παραχάραξις par « falsification » (ou le verbe παραχαράσσω par « je falsifie », le substantif étant rare et d'usage tardif) serait peut-être abusif et ne se justifie que par le parfum de transgression qu'il pose sur le geste cynique. De fait, il ne s'agirait pas, à proprement parler, de *fabriquer* de la fausse monnaie – le vocabulaire technique du grec pour la numismatique est assez riche, et d'autres mots semblent mieux

1. Tout en gardant l'idée selon laquelle le cynique conçoit positivement des « normes de la nature » ainsi que l'idée selon laquelle la nature serait un « choix d'existence », S. Husson, *La* République *de Diogène*, 2011, p. 177-178, s'exprime sur ce point de la façon suivante : « Or, le propre de la contestation cynique des valeurs est de produire un autre de la cité, situé non pas dans un ailleurs, mais au cœur de la cité même, puisque le cynique prétend vivre, ici et maintenant, selon les normes de la nature, tout en demeurant dans un milieu urbain. La nature n'est ni fondatrice de l'ordre social, ni détruite par lui, mais demeure un choix d'existence au sein de l'ordre social, dans ses marges et malgré lui. De même qu'Émile était pour Rousseau un 'sauvage fait pour habiter les villes', le cynique est un sauvage de l'intérieur ».

2. C'est en ce sens qu'il faut sans doute comprendre la définition du cynisme donnée par le Pseudo-Diogène, *Lettre XLII, à la sage Mélésippè*, où il est question justement de l'idéal cynique de satisfaire les besoins de la façon la plus facile (ἀποπλήρωσιν εὐποριστοτέραν εὑρῆσθαι) : ὁ κυνισμός φύσεώς ἐστιν ἀναζήτησις.

3. À ce propos, voir M.-O. Goulet-Cazé, « Le cynisme est-il une philosophie», 1993, p. 301-310 (repris dans *ead.*, *Le cynisme*, 2017, 387-419 [voir les p. 410-417]).

4. S. Husson, *op. cit.*, p. 181 écrit encore : « La prétention cynique à vivre de façon naturelle est donc fondamentalement illusoire. L'homme ne parviendra jamais à rejoindre la nature quand bien même il en projetterait une image en se la donnant pour modèle moral ». On pourrait pourtant se demander si « vivre de façon naturelle » est un choix donné à l'homme et si l'homme, en tant qu'être « naturel », a pu, même une seule fois, se séparer de sa nature, ou la nier. En un sens, le seul choix que l'homme peut faire – et c'est le choix du cynique –, c'est de vivre une *vie facile*. On voit bien que le nœud du problème consiste dans ce que l'on entend par « nature », si c'est un concept qui correspond à quelque chose qui est essentiel aux êtres dits « naturels » ou si ce n'est qu'un critère pour une taxinomie ontologique.

exprimer l'idée de falsification, tels que κιβδηλεύειν[1], παραποιεῖν, παρακόπτειν –, mais de frapper la monnaie existante d'une autre effigie, ou plus précisément, de la *démarquer*[2]. Dans sa valeur symbolique, la démarche cynique donne alors cours « légal » à une *monnaie autre* face à la monnaie officielle, au même titre qu'elle propose une *vie autre*, dans cette vie, *hic et nunc*. Ces deux axes composent alors un troisième axe, à savoir l'usage des représentations (χρῆσις φαντασιῶν)[3], et les trois, ensemble, dans le cadre d'une « éthique du minimum », conduisent enfin à la plus grande liberté possible du philosophe.

Voyons maintenant comment tous ces éléments s'articulent dans D. L. VI 70-71. Voici le texte de ce passage dans l'édition de T. Dorandi (dont je reproduis quelques données de l'apparat critique) et ensuite dans la traduction de M.-O. Goulet-Cazé :

70 [li. 575 Dorandi] Διττὴν δὲ ἔλεγε εἶναι τὴν ἄσκησιν, τὴν μὲν ψυχικήν, τὴν δὲ σωματικήν· ταύτην καθ' ἣν ἐν γυμνασίᾳ συνεχεῖ γινόμεναι φαντασίαι εὐλυσίαν πρὸς τὰ τῆς ἀρετῆς ἔργα παρέχονται. Εἶναι δὲ ἀτελῆ τὴν ἑτέραν χωρὶς τῆς ἑτέρας, οὐδὲν ἧττον εὐεξίας καὶ ἰσχύος ἐν τοῖς προσήκουσι γενομένης, ὡς περὶ τὴν ψυχὴν καὶ περὶ τὸ σῶμα. [580] Παρετίθετο δὲ τεκμήρια τοῦ ῥᾳδίως ἀπὸ τῆς γυμνασίας ἐν τῇ ἀρετῇ καταγίνεσθαι· ὁρᾶν τε γὰρ ἔν τε ταῖς τέχναις βαναύσοις καὶ ταῖς ἄλλαις οὐ τὴν τυχοῦσαν ὀξυχειρίαν τοὺς τεχνίτας ἀπὸ τῆς μελέτης πεποιημένους τούς τε ἀθλητὰς [585] καὶ τοὺς αὐλητὰς ὅσον ὑπερφέρουσιν ἑκάτεροι τῇ ἰδίᾳ πονήσει τῇ συνεχεῖ, καὶ ὡς οὗτοι εἰ μετήνεγκαν τὴν ἄσκησιν καὶ ἐπὶ τὴν ψυχήν, οὐκ ἂν ἀνωφελῶς καὶ ἀτελῶς ἐμόχθουν.

71 Οὐδέν γε μὴν ἔλεγε τὸ παράπαν ἐν τῷ βίῳ χωρὶς ἀσκήσεως κατορθοῦσθαι, δυνατὴν δὲ ταύτην πᾶν [590] ἐκνικῆσαι. Δέον οὖν ἀντὶ τῶν ἀχρήστων πόνων τοὺς κατὰ φύσιν ἑλομένους ζῆν εὐδαιμόνως, παρὰ τὴν ἄνοιαν κακοδαιμονοῦσι. Καὶ γὰρ αὐτῆς τῆς ἡδονῆς ἡ καταφρόνησις ἡδυτάτη προμελετηθεῖσα, καὶ ὥσπερ οἱ συνεθισθέντες ἡδέως ζῆν, ἀηδῶς ἐπὶ [595] τοὐναντίον μετίασιν, οὕτως οἱ τοὐναντίον ἀσκηθέντες ἥδιον αὐτῶν τῶν ἡδονῶν καταφρονοῦσι.

‖ 576 συνεχεῖ Kuehen et Reiske 314 'et delenda distinctio ante ταύτην' (cf. infra 586) : -εῖς BPF, 'fort. recte' Mansfeld, CR 38 (1988) 162-163 ‖ 577 γινόμεναι BP : γε- B, 'an recte ?' V. d. Muehll ‖ 593 μελετηθεῖσα F ‖

[70] L'ascèse, disait Diogène, est double, l'ascèse psychique d'une part, et d'autre part cette ascèse corporelle, au cours de laquelle des représentations, qui se produisent dans un exercice

1. Cf. D. L. VI 20. Quelques lignes plus bas, dans D. L. VI 21, on trouve aussi διαφθείρειν.

2. Par ailleurs, le verbe παραχαράσσειν peut aussi exprimer le geste de marquer les mauvaises monnaies, celles qui, en raison d'une altération quelconque (pondérale par exemple), ne correspondaient pas à la monnaie officielle. Ce serait donc une action visant à protéger la monnaie de la cité, ce qui cadre mal avec la perspective du cynisme. Toutefois, on peut très bien imaginer que ces monnaies « défectueuses » avaient toujours un cours « marginal », car le geste même de les marquer d'une frappe distinctive signifie qu'elles n'étaient pas simplement éliminées. Quoi qu'il en soit, la distance que sépare l'histoire (dans ce cas très obscure) de sa valeur symbolique (comme métaphore d'une philosophie) ne peut pas être minorée. Sur ce sujet, on lira G. Giannantoni, *SSR*, t. VI, p. 423-433 ; R. S. Stroud, « Law on Silver Coinage », 1974. On verra aussi M.-O. Goulet-Cazé, « Les cyniques et la falsification de la monnaie », 1992 ; *ead.*, « Le cynisme est-il une philosophie ? », 1993 (voir les p. 296-301).

3. Cf. Épictète III 24, 67-69 (*SSR* V B 290).

constant, donnent de la facilité pour les œuvres de la vertu. Mais l'une est incomplète sans l'autre, car vigueur et force sont au nombre des qualités qu'il convient de rechercher tout autant pour le corps que pour l'âme.

Et il avançait des preuves de ce qu'il est facile à partir de l'exercice de s'établir dans la vertu ; il voyait en effet que, dans les arts manuels et les autres, les artisans possèdent, grâce à la pratique, une habileté manuelle hors du commun, combien aussi les joueurs de flûte et les athlètes, grâce au labeur approprié et constant, excellent dans leur domaine respectif, et comment, s'ils avaient reporté leur ascèse aussi sur leur âme, la peine qu'ils prennent ne serait ni inutile ni incomplète.

[71] Rien, absolument rien, disait-il, ne réussit dans la vie sans ascèse ; celle-ci est capable, en revanche, de triompher de tout. Par conséquent, alors qu'ils devraient vivre heureux en ayant choisi, au lieu des labeurs inutiles ceux qui sont conformes à la nature, les gens, à cause de leur folie, sont malheureux. Et de fait, du plaisir lui-même le mépris est des plus doux, à condition de s'y être exercé au préalable. Tout comme les gens qui se sont accoutumés à une vie de plaisir trouvent déplaisant de passer au style de vie opposé, de même ceux qui se sont exercés au style de vie opposé, éprouvent à mépriser les plaisirs un plaisir plus grand que ces plaisirs eux-mêmes[1].

Pour l'interprétation de l'ensemble de ce passage, je prends appui sur l'analyse de M.-O. Goulet-Cazé. Mon intention n'est que de signaler quelques détails du texte qui peuvent éventuellement admettre d'autres possibilités de lecture, ou nuancer certaines conclusions concernant la pensée cynique en général. Avant de les évoquer, un premier point est à souligner : le vif débat autour de l'authenticité de ce témoignage, qui a partagé les savants en deux groupes principaux, étant donné que la dispute se concentre particulièrement sur le vocabulaire utilisé dans le passage[2]. Il y a ceux qui ont considéré ce texte comme authentique (Dudley, Höistad) et ceux pour qui il serait de facture stoïcienne (Von Fritz ; Goulet-Cazé). Sans vouloir reprendre intégralement ce débat, je penche pour y voir la confluence de deux ordres distincts de raisonnement : d'une part, on raisonne sur ce que j'appellerais l'*authenticité formelle* du passage, c'est-à-dire la rédaction du texte ou sa compilation finale ; et, d'autre part, on raisonne sur ce que j'appellerais son *authenticité philosophique*, c'est-à-dire son substrat doctrinal d'origine. Ces deux ordres de raisonnement tendent à se brouiller surtout lorsqu'on met en cause le vocabulaire du passage, car, en ce qui concerne la terminologie philosophique, il n'est pas facile de séparer ce qui était spécifique à chaque école et à elle seule, et qui était resté comme tel dans le temps, de ce qui était ou qui était devenu commun à l'ambiance intellectuelle de l'époque. Alors, si l'on tient compte de ces deux types d'authenticité, on pourra peut-être concilier les avis divergents à propos de ce texte décisif du *corpus* cynique : s'il a reçu sa formulation finale

1. Traduction de M.-O. Goulet-Cazé, *Diogène Laërce. Vies et doctrines des philosophes illustres*, 1999, p. 736-737.

2. Cf. K. von Fritz, *Quellen-Untersuchungen zu Leben und Philosophie des Diogenes von Sinope*, 1926, p. 58-59 ; D. R. Dudley, *A History of Cynicism*, 1937, p. 216-220 ; R. Höistad, *Cynic Hero and Cynic King*, 1948, p. 41-47 ; M.-O. Goulet-Cazé, *L'ascèse cynique*, 1988, p. 210-222.

d'une main stoïcienne – en effet, on imagine mal que Diogène ait composé un texte « théorique » dans un style pareil, même s'il a écrit un *Traité d'éthique*[1]–, son contenu semble être légitimement cynique. Autrement dit, ce texte ne serait pas authentique si l'on considère son authenticité formelle ; en revanche, il serait authentique, si l'on considère son authenticité philosophique. Ainsi, concernés par le rôle que le cynisme a joué dans la formation de leur école, les stoïciens ont essayé d'expliquer, à leur façon et avec les moyens discursifs dont ils disposaient, un point fondamental de la doctrine cynique. Certes, dans ce genre de processus, où un philosophe d'une certaine confession s'exprime sur une tradition philosophique qui n'est pas – ou qui n'est plus – la sienne, il n'est pas rare qu'il y ait des déformations et des gauchissements de tout genre ; en l'occurrence, ce risque est d'autant plus grave que cynisme et stoïcisme ont effectivement une parenté historique réelle, et que celle-ci était très disputée parmi les stoïciens eux-mêmes et parmi les anciens historiens de la philosophie[2]. Néanmoins, dans ce cas précis, il me semble que le témoignage transmis par Diogène Laërce est assez fidèle à la pensée cynique originale[3].

En ce qui concerne son contenu, disons-le tout de suite : tout en ayant recours à la *diairesis*, une « sorte de tic doxographique que l'on retrouve fréquemment »[4], qui pourrait provenir d'une réélaboration stoïcienne, ce texte veut vraisemblablement affirmer l'*unité* de l'ascèse cynique. En la divisant, selon une

1. Cf. D. L. VI 80.

2. Sur ce thème, je renvoie encore une fois à l'étude très détaillée de M.-O. Goulet-Cazé, *Les* kynika *du stoïcisme*, 2003.

3. Comme l'a signalé M.-O. Goulet-Cazé, *L'ascèse cynique*, 1986, p. 213-217, ce passage dans D. L. VI 70-71 trouve un parallèle important chez Musonius Rufus (cf. *Diatribe VI* dans O. Hense, *C. Musonii Rufi Reliquiae*, 1905 ; voir aussi C. E. Lutz, *Musonius Rufus, 'The Roman Socrates'*, New Haven : Yale University, 1947). La question serait alors de savoir si Diogène Laërce présente un cynisme stoïcisé, probablement à travers Musonius, ou si c'est plutôt Musonius qui a adhéré, même si c'est en les adaptant au vocabulaire stoïcien, aux vues originales de Diogène. Dans ce contexte, il faut rappeler qu'Eunape (ainsi que les scholies sur Lucien, *De morte Peregrini* 18 [p. 221 H. Rabe]) présente Musonius comme un philosophe cynique (cf. Eunape de Sardes, *Vitae Sophistarum* II 1, 5, p. 3, 10-13 Giangrande ; *DPhA*, t. IV, 2005, *s.v.* « Musonius Rufus » M 198, p. 555-572 [M.-O. Goulet-Cazé]). Par ailleurs, il est intéressant de rappeler aussi que dans sa *Diatribe V*, Musonius évoque l'opposition entre « théorie » (λόγος) et « pratique » ou « habitude » (ἔθος), qui, d'une certaine manière, dédouble l'opposition âme-corps. Et Musonius de conclure : « Sans doute la théorie collabore à la pratique, car elle enseigne comment il faut agir et elle précède l'habitude dans l'ordre des temps : car il n'est pas possible d'avoir bonne habitude si l'habitude ne se conforme pas à la théorie. En valeur cependant, l'habitude l'emporte sur la théorie, parce qu'elle a plus d'autorité que la théorie pour mener l'homme à la pratique » (*Diatribe V* 6, traduction de A.-J. Festugière, *Deux prédicateurs de l'Antiquité. Télès et Musonius*, 1978, p. 68). La conclusion de Musonius souligne l'indissociabilité chez le sage des deux termes comparés. En ce sens, si l'habitude a plus de valeur, c'est uniquement parce que, pour ainsi dire, elle rend la théorie visible, tout comme le corps donne une existence sensible aux vertus de l'âme.

4. M. O Goulet-Cazé, *L'ascèse cynique*, 1986, p. 195, n. 2.

perspective assez banale, en deux parties, une partie psychique (ψυχική) et une partie corporelle (σωματική), que l'on considère normalement comme des parties très différentes l'une de l'autre, et, à la limite, opposées – rappelons à nouveau que nous lisons très probablement un compte rendu stoïcien de la pensée diogénienne –, l'auteur de ce texte ne fait qu'insister sur son caractère totalisant chez Diogène, où ces deux parties sont indissociablement soudées. Ce faisant, il souligne l'originalité de la démarche diogénienne qui consiste à montrer que la véritable ascèse est simultanément un exercice de l'âme et un exercice du corps et que l'un sans l'autre ne peut aboutir qu'à un résultat incomplet et défaillant[1]. Or, on sait, surtout après les études de P. Hadot, qu'en Grèce Antique les philosophies, d'une façon générale, non seulement étaient des *modes de vie*, mais qu'elles comprenaient souvent des *exercices spirituels* dont le but était essentiellement de faire converger connaissance théorique et sagesse pratique[2]. La contribution du cynisme dans ce contexte, acceptée au moins en partie par les stoïciens, qui ont d'ailleurs théorisé la démarche, a été d'attirer l'attention sur l'importance du corps pour l'acquisition de la vertu : le corps ne serait plus seulement le vecteur de réalisation ou d'*actualisation* de la vertu, c'est-à-dire ce qui rend celle-ci visible et sensiblement efficace, mais il serait aussi un instrument nécessaire à son acquisition. Notons pourtant qu'il ne s'agit point de substituer à l'exercice de l'âme l'exercice du corps, mais d'intégrer l'un à l'autre pour rendre plus complète et plus « opérationnelle » l'ascèse philosophique. En effet, si l'ascèse cynique a une finalité morale, si elle vise à la vertu, à la liberté et donc au bonheur, elle doit nécessairement impliquer une « raison de l'âme » qui la justifie

1. M.-O. Goulet-Cazé, *L'ascèse cynique*, 1986, explique différemment ce texte. Il convient de citer intégralement le point central de son argument : « Dans les trois premiers paragraphes se trouve exposée une conception de l'*askèsis* morale qui, s'appuyant sur une anthropologie dualiste, préconise des exercices moraux propres et à l'âme et au corps. Si l'on essaie de préciser le point de vue adopté par l'auteur de ces lignes, on constate que pour lui l'*askèsis* de l'âme va de soi et que c'est la présence d'une *askesis* de nature corporelle qu'il convient de justifier. En premier lieu, de fait, il mentionne celle de l'âme puis, quand il en vient à citer celle du corps, il éprouve le besoin d'ajouter une phrase d'explication : 'L'ascèse corporelle, [entendons] cette ascèse au cours de laquelle des représentations nées dans un exercice constant permettent de se tourner avec aisance vers les œuvres de la vertu'. Une telle précision est là pour éviter toute ambiguïté. L'auteur ne songe pas à l'ascèse physique telle qu'on la conçoit d'ordinaire, c'est-à-dire à une ascèse de type sportif qui viserait la seule vigueur corporelle, mais à une ascèse qui, si elle est corporelle dans sa modalité, n'a de finalité que morale. Ensuite, comme s'il voulait répondre à l'éventuelle objection de qui prétendrait qu'à elle seule l'ascèse de l'âme suffit pour atteindre la vertu, il rappelle qu'elle serait incomplète sans celle du corps. Les deux vont de pair » (p. 210-211). Quoi qu'il en soit, c'est précisément la mention des « représentations » (φαντασίαι) nées au cours de l'entraînement qui, à mon avis, rend moins plausible que cette phrase d'explication porte sur la seule partie corporelle de l'ascèse.

2. Cf. P. Hadot, *Exercices spirituels et philosophie antique*, 2002 ; *id.*, *Qu'est-ce que la philosophie antique ?*, 1995. On s'étonnera légitiment de ce que P. Hadot ait fait si peu de place au cynisme dans ses travaux.

et qu'il faut également soumettre à un entraînement méthodique de façon à ce que l'action de l'homme soit élevée au-dessus de simples réponses physiques, préalablement préparées, aux stimulus extérieurs. Autrement dit, l'ascèse cynique ne se résume pas à un pur conditionnement corporel, ce qui la distingue de l'entraînement militaire et de l'entraînement sportif, mais qui la rapproche de l'entraînement musical[1]. D'ailleurs, l'inclusion, parmi les artisans et les athlètes, des joueurs de flûte – desquels on attend non seulement la dextérité manuelle mais aussi le discernement auditif et la connaissance des dispositions de l'âme afin d'y ajuster les modes et les rythmes de la musique dans chaque occasion[2] – prouve bien que Diogène envisageait une *ascèse intégrale* associant le travail du corps et le travail de l'âme dans le même mouvement. C'est sans doute cette ascèse intégrale, capable de relier les connaissances et les savoirs à la vie, qui est en cause lorsque le cynique déplore le fait que les personnes qui exercent des métiers naturellement « ascétiques » ne fassent pas plus souvent porter les fruits de cette ascèse professionnelle sur l'*éthos* de leur existence, ce qui reviendrait à les appliquer aussi sur leur âme. Au fond, c'est ce même principe qui est à l'origine de la critique adressée aux grammairiens qui connaissent bien les malheurs d'Ulysse tout en ignorant les leurs propres, ou aux musiciens qui accordent les cordes de leur lyre en laissant désaccordées les dispositions de leurs âmes[3].

Reprenons maintenant le passage de Diogène Laërce en détail. Pour confirmer cette vue d'ensemble, j'attire l'attention sur deux éléments textuels très délicats à comprendre, les seuls où ma lecture s'écarte plus drastiquement de celle de M.-O. Goulet-Cazé. D'abord le pronom ταύτην qui ouvre la deuxième phrase du passage : tout en sachant qu'il est pertinemment possible de le rattacher à l'antécédent syntactique le plus proche, c'est-à-dire σωματικήν, je propose de le rattacher, en tant que démonstratif anaphorique, au sujet de la proposition objective, c'est-à-dire (διττὴν) τὴν ἄσκησιν, compris comme l'antécédent sémantique du démonstratif. Le rôle de ce démonstratif serait ainsi de reprendre le sujet de l'énoncé atribué à Diogène après l'apposition τὴν μὲν ψυχικήν, τὴν δὲ σωματικήν qui constituerait une sorte de parenthèse à l'intérieur de la phrase[4] : « Diogène disait que l'ascèse est double (psychique et corporelle), celle [c'est-à-dire, cette ascèse qui est double] (...) ». Cette façon de comprendre la syntaxe du texte renforce l'idée de l'unité de l'ascèse. Selon le cynique, il n'y aurait pas deux formes d'ascèse, mais une seule ascèse valable, celle qui engage nécessairement l'âme et le corps à la fois. Il faut pourtant rester prudent : il est probable que ce

1. Rappelons qu'en tant qu'esclave pédagogue chez Xéniade, Diogène ne permettait pas que les fils de celui-ci reçoivent une formation d'athlète (ni, vraisemblablement, une formation militaire), alors qu'il leur apprenait la poésie : cf. D. L. VI 30-31.

2. Cf. M.-O. Goulet-Cazé, *L'ascèse cynique*, 1986, p. 196, n. 4.

3. Cf. D. L. VI 27.

4. Cf. LSJ, *s.v.* οὗτος, αὕτη, τοῦτο, B, p. 1276.

dualisme explicite, qui divise l'homme en deux instances distinctes, ne soit pas un fait de Diogène lui-même, mais qu'il revienne à l'expression que l'auteur du texte a trouvée pour « traduire » la pensée diogénienne originale.

Le deuxième point à signaler concerne l'adjectif συνεχῆς dans sa première occurrence dans le passage. Suivant le principe déjà mentionné (qui pourtant ne doit pas être absolu), de privilégier toujours la lettre des manuscrits et de garder ce principe jusqu'à la limite de l'intelligibilité textuelle, j'incline à rejeter la correction proposée par Kühn et par Reiske, qui lisent συνεχεῖ au lieu de συνεχεῖς (voir l'apparat critique ci-dessus). Or, le sens que donnerait le syntagme ἐν γυμνασίᾳ συνεχεῖ, que l'on obtient après cette correction, encore que parfaitement compréhensible, ne semble pas offrir une information nécessaire ; je dirais même que, à la limite, ce syntagme pèche par la redondance, différemment de τῇ ἰδίᾳ πονήσει τῇ συνεχεῖ que l'on retrouve quelques lignes plus bas. En effet, on peut très bien comprendre qu'un effort ou une fatigue (πόνησις) quelconque soit épisodique ou un fait isolé, et qu'il faille le préciser lorsqu'il s'agit d'une action qui se répète sur une longue durée, comme c'est le cas de l'effort des athlètes et des musiciens : il faut s'adonner à un travail *constant* pour obtenir les meilleurs résultats. Il n'en va pas de même avec l'entraînement (γυμνασία) qui suppose, par définition, une pratique continue. Autrement dit, l'idée exprimée par l'adjectif συνεχῆς serait déjà sous-entendue dans le substantif γυμνασία lui-même. Évidemment, ce genre de redondance est tout à fait acceptable en tant que recours rhétorique ou effet de style, mais, dans ce cas, l'effet n'est obtenu qu'au prix d'une intervention matérielle sur le texte, d'une part, et, d'autre part, au prix de l'abandon d'une lecture alternative philosophiquement plus riche. Si l'on garde le texte des manuscrits – et je mets aussi le point en haut avant ταύτην – on lit ταύτην καθ' ἣν ἐν γυμνασίᾳ συνεχεῖς γινόμεναι φαντασίαι εὐλυσίαν πρὸς τὰ τῆς ἀρετῆς ἔργα παρέχονται, une phrase que je propose de comprendre de la façon suivante : « (…) celle [cette ascèse à double tranchant, un du côté de l'âme et l'autre du côté du corps], selon laquelle, au cours d'un entraînement, des *représentations qui deviennent*[1] *constantes* donnent de l'aisance pour les œuvres de la vertu ».

L'idée des « représentations constantes (ou durables) » (συνεχεῖς φαντασίαι) me semble particulièrement intéressante. Ces sont en effet les représentations devenues durables (ou encore *persistantes* et, d'une certaine manière, *stables*) qui vont distinguer le pragmatisme libertaire des cyniques de la simple casuistique ou de l'opportunisme vulgaire. Si le cynisme enseigne à être prêt à toute éventualité

1. D'après l'apparat cité ci-dessus, on constate que von der Muehll, sans être absolument sûr (*an recte ?*), considérait la possibilité de lire en B γενόμεναι au lieu de γινόμεναι. Outre la statistique des leçons (qui n'est guère dirimante), je trouve que le présent exprime mieux que le parfait l'idée de processus continuel ou *duratif* de l'ascèse cynique.

et si, par conséquent, le cynique sait s'adapter à toute situation[1], ce n'est pas à cause d'une morale «élastique» ou à cause de «vertus d'occasion» qui, à l'intention des désirs ordinaires, fabriquent des images au gré des circonstances, à l'insu des réalités sensibles. La pensée diogénienne n'est, en aucun cas, un habit philosophique pour le comportement du renard des fables, qui juge encore verts les raisins mûrs d'une grappe placée trop haut[2]. Ainsi, «l'usage des représentations» (χρῆσις φαντασιῶν), une idée impliquée déjà dans la démarche cynique originale, mais qui probablement n'a été conceptualisée que plus tard, dans certains cercles stoïciens[3], n'est pas une sorte de *self-delusion* que l'on adopte au besoin et qui, finalement, «sauve les apparences» de celui qui s'en sert. À comprendre le texte de cette façon, force serait de reconnaître que le geste cynique substitue une *doxa* propre, variable selon les circonstances, à la *doxa* commune, plus répandue, inculquée aux hommes par la culture. Or, chez les cyniques l'usage des représentations vise, au contraire, à «décaper» les phénomènes de tout ce avec quoi la *doxa* les encombre[4]: il ne s'agit donc pas de masquer la vérité sensible pour la rendre plus conforme au goût du moment ou pour lui prêter un ordre compréhensible; il s'agit en fait de mettre la vérité à nu et d'en faire un soudain *scandale*. C'est sans doute en ce sens qu'il faut interpréter la conclusion qu'Épictète met dans la bouche de Diogène à propos de l'usage des représentations: «Concernant cela, il [*scil.* Antisthène] m'a montré que je suis libre et sans contrainte; personne ne peut m'embarrasser, personne ne peut me forcer à en faire un autre usage que celui que je ne veux». Cela veut dire que personne ni aucun jugement préalable ne s'interpose entre le cynique et la vérité que son ascèse dévoile. Ainsi, parmi l'usage autonome des représentations que cette ascèse assure, il pose sur la vérité des phénomènes l'échelle de valeurs qui lui convient et qui fonde sa *vie facile*. Un nouveau paradoxe, qui joue sur l'étymologie des mots,

1. Cf. D. L. VI 63.

2. En extrapolant un peu le sujet précis qui nous occupe ici, je dirais que c'est, au moins en partie, par le détournement de ce principe – que l'on pourrait appeler *principe de l'honnêteté morale intime* – que s'est opéré, au cours de l'histoire, le changement de sens du substantif «cynisme» et de l'adjectif «cynique». Voir à ce propos D. Mazella, *The Making of Modern Cynicism*, 2007. Voir également L. Shea, *The Cynic Enlightenment*, 2010; K, Hayes, *Résurgence et transformation du cynisme au XVIII*[e] *siècle*, 2016.

3. Épictète III 24, 67-69: «(…) Voilà ce qu'est la liberté. Aussi disait-il [*scil.* Diogène]: 'Depuis qu'Antisthène m'a délivré, je ne suis plus un esclave' Comment l'a-t-il délivré? Écoute ce qu'il dit: 'Il m'a appris ce qui était à moi et ce qui n'est pas à moi; ma fortune n'est pas à moi; parents, proches, amis, réputation, résidence habituelle, occupation, rien de tout cela n'est à moi'. Qu'est-ce qui donc est à moi? L'usage des représentations. Concernant cela, il m'a montré que je suis indépendant et sans contrainte; personne ne peut m'embarrasser, personne ne peut me forcer à en faire un autre usage que je ne veux». Traduction de É. Bréhier, modifiée. Cf. Musonius, fr. 38 Hense (= Stobée II 8, 30).

4. Ce processus est analogue à celui qui, comme on l'a vu plus haut, s'exprime dans le verbe περιαιρεῖν que les sources emploient pour parler des vues de Diogène concernant les éléments de la culture.

peut alors résumer le projet ascétique de Diogène : la « fantaisie » est un chemin de vérité qui mène au bonheur.

L'*usage des représentations* permet de mieux comprendre plusieurs gestes et dits des cyniques. À titre d'exemple, on reprendra brièvement l'apophtegme, déjà commenté, selon lequel Diogène répond à quelqu'un qui lui reprochait son exil, qu'en fait c'est lui-même qui a condamné les gens de Sinope à rester chez eux[1]. Le renversement suggéré par Diogène, qui déjoue la logique interne de la conversation et qui rompt soudainement l'expectative automatique de son interlocuteur (et qui, d'une certaine manière, rompt aussi notre automatisme à nous qui lisons l'anecdote) – et d'où vient son effet comique –, n'est que la confrontation de deux représentations différentes d'un même fait[2]. Pourtant, le but de cette confrontation n'est pas exactement de faire prévaloir une représentation sur l'autre – celle du cynique, en soi absurde, sur celle de son interlocuteur, apparemment mieux ancrée dans le « monde réel » par l'effet d'un consensus d'opinion. Cela reviendrait à souscrire aux valeurs qui soutiennent la censure dont le cynique était la cible. Il s'agit au contraire de faire en sorte que, pour un instant, une représentation annule l'autre. En donnant un poids égal à deux *phantasiai* opposées, Diogène révèle l'indifférence objective du phénomène qui les fonde[3] : puisque l'exil en tant que phénomène « pur » n'est que le fait de déménager de chez soi et de vivre ailleurs et que, par conséquent, il n'est moralement « rien » pour celui qui pratique l'ascèse, on pourrait considérer qu'en principe, l'exil « accepte » n'importe quelle représentation que l'on en donne ; celle de Diogène ne vaut pas moins (ni plus) que celle de son interlocuteur. D'une certaine manière, le cynique dénonce l'absurde par l'absurde. En maniant les représentations « de surface », il révèle les *représentations constantes* que son ascèse intégrale, portant sur le corps et sur l'âme, fait naître, celles qui sont le rempart de sa liberté et de son bonheur. Puisque les représentations « de surface » ne sont que des récits qui s'accrochent aux phénomènes qu'ils décrivent et qui leur apposent les valeurs de la *doxa*, sans nécessairement exprimer leur vérité, le cynique peut, à chaque situation, adhérer *rhétoriquement* à celles qui favorisent sa pédagogie. Encore une fois, il n'est pas question d'opportunisme, car dans tous les cas, à travers son ascèse pratiquée au vu et au su de

1. Cf. D. L. VI 49 ; Pseudo-Diogène, *Lettre I, aux habitants de Sinope*. Cette lettre pseudépigraphe développe et « explique » l'anecdote. Son auteur, sous l'autorité de Diogène, montre que, une fois atteinte la vérité des phénomènes par l'usage des représentations, ces phénomènes ne seront plus un obstacle au bonheur du sage. Dès lors, l'usage des représentations fondé sur l'ascèse est aussi un instrument pour parvenir à l'*atuphia*.

2. Cela veut dire que le cynique met au profit de sa « falsification » l'usage de *toutes* les représentations, les siennes et celles d'autrui, ce que cache la traduction du passage d'Épictète (III 24, 69) donnée par Bréhier : « Qu'est-ce donc qui est à moi ? L'usage de *mes* représentations ». L'adjectif possessif qu'il glisse dans le texte n'est pas dans l'original grec.

3. Sur le concept d'indifférence chez les cyniques, voir le chapitre « Le concept d'indifférence est-il un concept cynique ? » dans M.-O. Goulet-Cazé, *Les* kynika *du stoïcisme*, 2003, p. 112-132.

tous, il expose l'inanité des valeurs courantes et souligne le chemin à emprunter pour s'en débarrasser.

Le thème des représentations permet en outre de mieux cerner ce que Diogène comprenait par « labeurs (ou efforts) inutiles » et par « labeurs (ou efforts) *kata phusin* », lorsqu'il conseille aux hommes, s'ils veulent vivre heureux, de choisir ceux-ci au lieu de ceux-là. Si l'on accepte que pour Diogène le bonheur est indissociable de la liberté, nous pouvons considérer que, dans sa perspective, les « labeurs inutiles » (ἄχρηστοι πόνοι) sont ceux qui ne servent pas à rapprocher l'homme de soi-même par le simple fait qu'ils éludent sa propre nature, dont la connaissance est une condition incontournable pour atteindre la plus grande liberté possible. Les labeurs inutiles sont donc tous les labeurs auxquels les hommes aveuglément – et souvent en étant fiers d'eux-mêmes – se consacrent au nom de la *doxa*, en nourrissant leur *tuphos*. Sans prendre en compte – suffisamment ou pas du tout – leur propre nature, les hommes transigent sur leur autarcie et s'asservissent volontairement à ce qui leur est extérieur (richesse, pouvoir politique, renommée, etc.). Les labeurs inutiles sont, pour ainsi dire, ceux qui ne peuvent amener qu'à un bonheur sous-traité, dans la mesure où ce bonheur dépend toujours d'autrui. Pourtant, je ne pense pas que l'on puisse les assimiler, par contraste, directement à l'ordre du *nomos*, comme s'ils étaient identiques à tout ce qui relève de la civilisation, comme si la civilisation était en elle-même inutile, même s'il est évident que pour Diogène richesse, pouvoir et renommée étaient des acquis inutiles qui ne valent pas l'effort pour les obtenir[1]. Au contraire, ce texte peut très bien s'accommoder de l'hypothèse du refus cynique de l'opposition trop tranchée entre *nomos* et *phusis* (en face de laquelle le bon choix serait toujours du côté de la *phusis*, et l'option pour la *phusis* aboutirait à son tour à la négation systématique du *nomos*) parce que, justement, il n'est pas explicite : ce texte parle de l'opposition ἄχρηστοι πόνοι *vs* πόνοι κατὰ φύσιν, tandis que l'opposition πόνοι κατὰ φύσιν *vs* πόνοι κατὰ νόμον en est une inférence qui n'est pas obligatoire. C'est sans doute en raison de l'omniprésence tacite du binôme *nomos-phusis*, qui joue le rôle d'une sorte de « schéma mental » dans la culture de l'occident (de base européenne, bien entendu), que l'on serait tenté ici de rapprocher les labeurs inutiles des valeurs de la civilisation. Pour faire plus clair, posons les choses ainsi : aller habiter dans le bois et se coucher dans le creux d'un arbre au lieu de rester en ville serait sans doute refuser la civilisation et suivre la nature, mais, pour le cynique, cela resterait toujours un effort inutile, car, fort d'un usage des représentations libéré de la *doxa*, il peut en toute tranquillité prendre pour résidence un *pithos* placé au beau milieu de l'*agora*. Voilà sa réponse *naturelle* au besoin d'habitation. La conclusion semble inévitable : chez les cyniques, le refus du *nomos* ne vaut pas en soi, tandis que la nature est une valeur en soi en tant que

1. Pour un avis différent, cf. M.-O. Goulet-Cazé, *L'ascèse cynique*, 1986, p. 197, n. 5.

vecteur de liberté, et c'est l'ascèse qui, en rendant effectif l'usage des représentations, met la nature au clair.

Il semble donc que l'on ne peut pas établir l'équation « labeurs inutiles = soumission au *nomos* », tout comme on ne doit pas non plus dégager de l'expression *ponoi kata phusin* un concept positif de nature qui pourrait ainsi orienter l'action : accepter les *ponoi kata phusin* – et en ce sens l'inférence marche sans doute mieux : les labeurs *kata phusin* sont effectivement des « labeurs utiles » – ne signifie pas faire des efforts pour suivre la nature. Encore une fois, il faut considérer que le cynique ne sait pas au juste ce qu'est la nature ou, mieux, ce qu'est *sa nature à lui*, celle qui l'intéresse au premier chef ; ainsi, puisqu'il ne connaît pas sa nature par avance, il ne peut pas la suivre simplement ; il doit d'abord la découvrir, la rechercher. Dans cette perspective, les *ponoi kata phusin* seraient les efforts que l'on fait non pour *suivre* la nature ou pour *se conformer* à une idée de nature conçue préalablement, mais pour trouver la vraie nature, qui aime à se cacher, cachée derrière une certaine *idée de nature* ou derrière une certaine *opinion concernant la nature*. Ces efforts sont utiles, car, plus on conteste les *doxai* concernant la « nature », plus on s'approche de la réalisation de la plus grande liberté possible. C'est donc en ce sens, et en ce sens seulement – parce que les *doxai* concernant la nature (et celles-ci sont particulièrement néfastes) intègrent et composent l'ordre du *nomos* – que nous devons considérer que les cyniques mènent un combat contre l'état civilisé. Autrement dit, le cynique enseigne que ce qui menace la liberté de l'homme et son plus complet épanouissement, ce n'est pas tant la vie en société qui, érigée autour du *nomos*, contraint et séduit à la fois, que le *nomos* lorsqu'il revêt le masque de la *phusis*. Insistons enfin : pour Diogène, la nature est un « champ de bataille ». On peut alors comprendre, sous la lettre stoïcienne qui traduit tant bien que mal sa pensée, que la préposition *kata* dans l'expression *ponoi kata phusin* définit moins une conformité qu'elle ne démarque un terrain d'actuation, c'est-à-dire un domaine de labeur : pour vivre heureux (ζῆν εὐδαιμόνως) les hommes doivent savoir concentrer leurs efforts là où ils peuvent découvrir ce que peut un homme dans ce monde pour être libre et autarcique.

La suite du passage renforce l'importance capitale des *représentations constantes* (συνεχεῖς φαντασίαι) dans la démarche cynique. À ce point du texte, sans soulever la moindre polémique directe avec d'autres écoles, le doxographe montre que la pensée diogénienne prend implicitement, de façon subreptice et sans évidemment le nommer, le contre-pied de l'argument dit « argument des berceaux », à propos duquel, chacun à sa manière, se sont prononcés et épicuriens et stoïciens ; cet argument veut que « les animaux, dès leur naissance, se complaisent au plaisir, et s'emportent contre la douleur, par nature et sans raisonnement »[1]. Je

1. D. L. X 137 : (…) τὰ ζῷα ἅμα τῷ γεννηθῆναι τῇ μὲν εὐαρεστεῖσθαι, τῷ δὲ πόνῳ προσκρούειν φυσικῶς καὶ χωρὶς λόγου. Traduction de J.-F. Balaudé. Cf. aussi Cicéron, *De*

dis que Diogène « prend le contre-pied de cet argument » parce qu'il ne conteste pas la propension naturelle des animaux au plaisir, mais il suggère, par sa pratique quotidienne et par le genre de vie qu'il mène lui-même (ce que, dans ce passage, le texte laërtien met en théorie selon les codes de la philosophie « orthodoxe »), que chez les hommes les choses peuvent se passer autrement. Au bénéfice d'une *vie facile* durant laquelle, même dans l'adversité (selon l'opinion de la foule), chaque jour est un jour de fête[1], Diogène déplace le problème, en prenant appui sur le silence du fameux argument qui n'explique pas pourquoi, lorsqu'il s'agit de rechercher *naturellement* le plaisir, nous ne nous portons pas tous vers les mêmes objets, ni pourquoi, lorsqu'il s'agit de fuir la douleur, les mêmes souffrances n'effraient pas tous de la même manière ni au même degré[2]. Dans la perspective du cynique, s'il est dans la nature des animaux et des enfants nouveau-nés de rechercher le plaisir et de fuir la souffrance – ce que Diogène ne conteste ni n'affirme (et qui au fond ne l'intéresse pas vraiment) –, il est en revanche dans le pouvoir de l'homme adulte[3] de décider et de choisir, par sa seule raison et par sa seule volonté autonome – et jusqu'à un certain point qui n'est pas donné d'avance –, ce qui pour lui compte comme du plaisir et ce qui pour lui compte comme de la souffrance. Il bat ainsi en brèche l'observation d'un fait mis sur le compte de la « nature » en rappelant un autre fait observable de façon tout aussi objective : le fait que, quand on s'y est habitué, soit à l'un soit à l'autre, passer du déplaisir au plaisir est aussi déplaisant que passer du plaisir au déplaisir. Évidemment, ce contre-argument du cynique n'échappe à l'absurde que si l'on accepte une certaine « mobilité » de l'idée de plaisir et de l'idée de déplaisir ; en effet, un consensus absolu, librement établi, concernant les objets du plaisir ainsi que les objets du déplaisir est très improbable, sinon carrément impossible. Il y a donc dans la détermination de l'économie des plaisirs et des souffrances une dose décisive de subjectivité que le cynique compte manipuler à sa guise à travers l'ascèse, et donc

finibus II 31-33. Voir sur ce sujet, J. Brunschwig, « L'argument des berceaux chez les Épicuriens et chez les Stoïciens », 1995 ; J. M. Cooper, « Epicurus, pleasure and desire », 1999, p. 485-514 (voir surtout les p. 594-598) ; P.-M. Morel, *Épicure,* 2009 (voir le chapitre VIII, « Le plaisir et le calcul pratique », p. 184-206).

1. Cf. Plutarque, *Sur la tranquillité de l'âme* 20, 477c (*SSR* V B 464).

2. Em ce sens, le domaine de l'alimentation, si cher aux cyniques, illustre bien le problème : nous désirons tous combler le besoin de manger lorsque ce besoin se manifeste. Cependant, pour ce qui est du plaisir, à chacun son plat favori.

3. La précision est importante parce que l'« argument des berceaux » soutient que cette tendance *naturelle* à rechercher le plaisir et, par conséquent, à fuir la douleur est propre non seulement aux animaux irrationnels mais aussi aux enfants nouveau-nés (cf. Cicéron, *De finibus* I 71). Diogène semble toutefois bien conscient de la nécessaire et constante évolution de l'homme depuis sa naissance : cf. D. L. VI 56. On se souviendra d'ailleurs que Diogène arrive même à assimiler les enfants et les fous, sans doute pour signifier que les hommes qui devienent adultes mais qui continuent à agir et à raisonner comme des enfants sont en réalité des malades : cf. Philodème, *Sur les stoïciens,* col. XIX 7-9 Dorandi.

à travers *l'usage des représentations*. Puisque dans l'explication donnée il est question non des plaisirs et des déplaisirs isolés ou épisodiques, mais de *vivre agréablement* (ἡδέως ζῆν) ou de *vivre désagréablement* (ἀηδῶς ζῆν), on comprend mieux la nécessité ressentie par Diogène Laërce (ou par sa source) de préciser que la double ascèse cynique finit pour composer des représentations qui deviennent constantes, les seules capables d'orienter de façon consistante un *mode de vie*.

Néanmoins, le tour de force de ce témoignage, qui conclut l'argument préparant le contre-exemple à l'« argument des berceaux », évoqué implicitement, rappelle le paradoxe majeur du cynisme, à savoir la proposition d'une *vie facile* que l'on n'obtient qu'au prix d'une ascèse rigoureuse, pratiquée en même temps sur l'âme et sur le corps, consistant à accomplir des efforts et des labeurs apparemment fort difficiles et déplaisants, et parfois même sans une motivation apparente. Ce tour de force est donné par l'affirmation selon laquelle *le mépris du plaisir est plus plaisant que le plaisir lui-même*. Encore une fois, l'usage des représentations perce le barrage des opinions communes pour renforcer l'idée d'un « hédonisme alternatif » fondé sur la force et sur la détermination autonome de l'individu : le cynique méprise les plaisirs conventionnels au nom d'un autre type de plaisir, un plaisir qu'il peut seul contrôler ; par le même mouvement, il peut encore contrecarrer les effets des souffrances en se les représentant autrement. L'ascèse cynique et l'usage des représentations permettent en réalité d'appliquer le principe de la « falsification de la monnaie » à l'économie des plaisirs.

À nouveau, un détail relatif à l'établissement du texte doit nous retenir un moment. Les éditeurs de l'œuvre laërtienne (y compris T. Dorandi), dans ce passage, donnent tous normalement la phrase suivante : καὶ γὰρ αὐτῆς τῆς ἡδονῆς ἡ καταφρόνησις ἡδυτάτη *προμελετηθεῖσα*, « et de fait, du plaisir lui-même le mépris est des plus doux, à condition de s'y être exercé *au préalable* ». Et pourtant le manuscrit F a μελετηθεῖσα au lieu de προμελετηθεῖσα[1]. Cette leçon, sans doute minoritaire, ne doit pas, me semble-t-il, être abandonnée trop vite. En effet, le préfixe *pro-* prête au verbe une idée de *préparation* et d'*anticipation* – dans la mesure où il implique un « avant » qui suppose un point fixe quelconque qui justement détermine cet « avant » – qui serait, en principe, étrangère à la démarche cynique[2] : la forme προμελετηθεῖσα suggère en effet que l'on prévoit en quelque sorte (ou que l'on voit effectivement) ce qui nous attend, et que nous pouvons par conséquent nous y préparer objectivement de façon convenable. Le

1. Cf. l'apparat critique donné plus haut. Au point de vue de la paléographie, il est plausible que les préfixes verbaux tombent au cours de la tradition manuscrite, mais il est moins plausible qu'on les ait rajoutés s'ils n'étaient pas là. On pourrait tout de même se demander si la chute de ce type d'élément textuel est toujours due à la négligence des copistes ou si elle peut être le fruit d'un choix.

2. Cf. Pseudo-Diogène, *Lettre XXII, à Agésilas*.

mépris du plaisir (αὐτῆς τῆς ἡδονῆς ἡ καταφρόνησις) serait donc pratiqué comme une sorte de préparation (προμελετηθεῖσα, au participe et à la voix passive) au moment, déjà ressenti, où il va falloir mépriser le plaisir, probablement parce que de toute façon on ne l'obtiendra pas (ce qui, encore une fois, suggère l'usage d'une représentation « d'occasion »). D'une certaine manière, le verbe προμελετᾶν colle sur l'image du cynique l'idée d'un « ressentiment futur » contre lequel il s'invente d'avance une protection ou une excuse. En revanche, si l'on adopte la forme μελετηθεῖσα, on supprime l'idée de prévention et on comprend dans ce cas que l'exercice a sa fin en soi et qu'il n'est pas conditionné par un événement futur. Le verbe μελετᾶν semble effectivement mieux exprimer la portée d'une ascèse quotidienne sans objet défini, qui mène à des représentations constantes et qui a toujours une finalité morale. C'est un type d'ascèse, on l'a dit, où l'objet sur lequel porte l'entraînement est moins important que le fait même de s'entraîner. Cela veut dire que le fruit de l'entraînement n'est pas placé dans un futur qui est finalement incertain, mais que l'on cueille ce fruit au cours même de l'entraînement. Ainsi, différente, par exemple, de l'ascèse de type sportif, selon laquelle on doit s'exercer *préalablement* visant une compétition dont on connaît bien les règles à partir desquelles on peut plus ou moins prévoir les mouvements des adversaires – et dont le prix à gagner (par exemple, la célébrité et le prestige social) n'est que de la « fumée d'orgueil » – l'ascèse cynique, en tant qu'axe d'un projet éthique original, se donne pour but quelque chose de bien plus vaste, encore que bien plus indéfini : le bonheur de *vivre agréablement*.

En guise d'illustration de cet aspect du cynisme, on reviendra sur un des témoignages les plus emblématiques concernant le type d'ascèse dont il est question ici, à savoir celui qui raconte que « l'été, il [*scil.* Diogène] se roulait sur du sable brûlant, tandis que l'hiver, il étreignait des statues couvertes de neige, tirant ainsi profit de tout pour s'exercer » (καὶ θέρους μὲν ἐπὶ ψάμμου ζεστῆς ἐκυλινδεῖτο, χειμῶνος δ'ἀνδριάντας κεχιονισμένους περιελάμβανε, πανταχόθεν ἑαυτὸν συνασκῶν)[1]. Encore une fois, on constate que l'ascèse pratiquée par Diogène diverge profondément de l'ascèse conventionnelle que l'on retrouve dans le domaine sportif, militaire ou artistique. Déjà, l'ascèse du cynique ne s'exerce pas dans un lieu spécifique, par exemple un gymnase, une palestre ou l'enclos d'une école[2] : le cynique s'entraîne partout (πανταχόθεν), sans lieu et – nous pouvons en déduire – sans horaire défini ; toute la ville et tous les moments sont bons pour son entraînement. La performance de Diogène – et il s'agit bien d'une performance, car le geste cynique a toujours une valeur pédagogique – répond à un raisonnement impeccable : si l'ascèse est la recherche d'une vertu quotidiennement utile, elle ne doit pas être confinée à certains locaux et interdite dans d'autres ; c'est pourquoi le cynique infuse son entraînement dans la vie courante,

1. D. L. VI 23. Cf. D. L. VI 34.
2. Cf. S. Husson, *La* République *de Diogène*, 2011, p. 55-56.

tout comme, réciproquement, il récupère dans cette même vie les faits qui informent son entraînement et, finalement, sa sagesse[1]. Ce mouvement circulaire dessiné par la pratique de Diogène démontre que chez lui vie ordinaire et ascèse ne sont pas des domaines distincts d'une même existence, séparés par des règles et des contraintes propres à l'un et à l'autre ; puisque vie et ascèse s'interpénètrent et qu'elles se vérifient et se valident mutuellement, elles ne font qu'un seul fait moral fondé sur un usage unifié des représentations. On remarquera par ailleurs que le texte donne la forme composée συνασκῶν, au lieu d'un simple ἀσκῶν. Il n'est pas aisé de justifier exactement ce choix de l'auteur. La préposition *sun-*, employée comme préfixe verbal, peut se référer aussi bien au complément qu'au sujet du verbe en question, indiquant en général toute sorte de connexion, de participation et de concomitance (y compris les idées de compagnie et d'instrument) ; mais elle peut également évoquer la complétude de l'action, en renforçant sa portée[2]. Ainsi, dans notre phrase, on peut considérer que le participe συνασκῶν rappelle l'intégralité et l'indivisibilité de l'ascèse diogénienne, dont la pratique, en dépit des apparences, engage la personne tout entière, son corps et son âme à la fois.

Pourtant, ce sont les questions que soulève le type d'exercice décrit par ce témoignage qui servent à mettre en évidence l'originalité de la proposition cynique : en se roulant sur du sable brûlant et en étreignant les statues couvertes de neige, à quoi Diogène s'entraîne-t-il ? Que vise cette *ascèse intégrale* ? Dans un premier temps, étant exclu dès le départ tout objectif militaire – il est invraisemblable que le cynique ait le moindre intérêt à améliorer sa capacité physique pour, le moment venu, être un meilleur combattant, lui qui jugeait les armes inutiles[3] –, on pourrait penser que Diogène se prépare aux rigueurs des saisons, qui joueraient alors le rôle d'un « ennemi extérieur » prenant la place des concurrents dans une compétition sportive ou des guerriers du champ adversaire (ou même des conditions difficiles de survie) dans le cas d'une guerre. En effet, pour celui qui vit au jour le jour, qui refuse les domiciles fixes, qui possède comme seul vêtement un manteau élimé, allant toujours pieds nus, et qui éventuellement s'abrite à l'intérieur d'une jarre abandonnée au milieu de l'*agora*, l'endurance vis-à-vis du climat est un atout important. Mais à suivre ce raisonnement, on retomberait dans le problème de l'effort de prévision que le cynique semble au fond refuser : se préparer aux saisons signifie que l'on prévoit en quelque sorte des saisons futures encore plus inclémentes et, qui plus est, que l'on mise sur sa propre survie jusqu'au prochain hiver ou au prochain été. Le cynique est pourtant parfaitement et foncièrement conscient que l'état des choses projeté dans l'un et l'autre cas

1. Je renvoie encore une fois au Pseudo-Diogène, *Lettre VI, à Cratès*.

2. Cf. LSJ, *s.v.* σύν (voir la section D), p. 1690-1691.

3. Cf. Philodème, *Sur les stoïciens,* col. XV 31-XVI 4 Dorandi ; D. L. VI 85. À propos de D. L. VI 30-31, voir le commentaire ci-dessus.

n'est point une certitude. À ses yeux, on l'a vu plus haut, tout effort de prévision et toute action visant un avenir hypothétique sont à compter parmi les *labeurs inutiles*. On se souviendra encore une fois de la *Lettre XXII, à Agésilas*, du Pseudo-Diogène, dont l'ouverture a le poids de tout un programme philosophique et existentiel : « Pour moi la vie est une chose si incertaine que je ne tiens pas pour assuré de la conserver le temps de t'écrire cette lettre »[1]. Alors, si le cynique ne règle pas son action sur un futur possible, ou même probable, mais qui ne reste pas moins incertain, à quoi prétend-il au juste ? Qu'est-ce qui donne du sens à son geste ? Un geste qui semble d'ailleurs conforter l'avis de Platon sur le type d'homme qu'était Diogène – un « Socrate devenu fou » (Σωκράτης μαινόμενος), disait-il[2].

14. Le jeu des chiens

Je propose de découvrir derrière l'ascèse cynique la *logique du jeu* que Diogène s'approprie dans le domaine de la philosophie selon une perspective nouvelle et tout à fait originale[3] : si, « sous l'angle de la forme, on peut [...] définir le jeu comme une action libre, sentie comme fictive et située en dehors de la vie courante [...] ; une action dénuée [...] de toute utilité ; qui s'accomplit en un temps et dans un espace expressément circonscrits »[4], chez Diogène le jeu, tourné en instrument, retrouve son utilité parce que, justement, il ne se situe pas en dehors de la vie courante, il la compose en devenant méthode philosophique pour atteindre l'autarcie et la plus grande liberté possible. Son ascèse, on l'a dit, n'est pas un exercice préparatoire dont l'objectif est placé dans le futur ; il s'agit en réalité de s'imposer volontairement des *ponoi utiles*, ceux qui se réalisent sur le champ de la nature et dont l'utilité vient s'inscrire justement sous le signe de l'*exploration* et de l'*exploit*[5] : à travers son ascèse, le cynique se met à l'épreuve

1. Traduction de F. Junqua.

2. Cf. VI 54. Il faut savoir que cette fameuse définition donnée par Platon ne se trouve pas dans les meilleures sources de l'œuvre laërtienne ; c'est pourquoi T. Dorandi l'exclut du texte de son édition, se limitant à signaler dans l'apparat critique la tradition manuscrite plus récente qui la donne. En tout cas, on la retrouve chez Élien, *Histoire variée* XIV 33. Par ailleurs, il faut rappeler que Socrate faisait aussi preuve d'une endurance hors norme à l'égard des rigueurs du climat, mais à la différence de ce qu'accomplissait Diogène, Socrate était réellement à la guerre : cf. Platon, *Le Banquet* 220b-221c.

3. Sur le rôle des jeux dans l'expérience humaine en général, on lira J. Huizinga, Homo Ludens. *Essai sur la fonction sociale du jeu*, 1951 (1re éd. néerlandaise, 1938) ; et R. Caillois, *Les jeux et les hommes*, 1967.

4. J. Huizinga, *op. cit.*, p. 34.

5. Malgré leur caractère volontaire, les *ponoi* diogéniens s'approchent des *athla* accomplis par Héraclès, le saint patron des cyniques. Sur le rôle du mythe d'Héraclès dans le cynisme, voir R. Höistad, *Cynic hero and Cynic king*, 1948, p. 22-73 ; et M.-O. Goulet-Cazé, « Le cynisme est-il une philosophie », 1993, p. 300-301, qui attire aussi l'attention sur le rôle qu'y joua la figure de Télèphe, le fils d'Héraclès.

par libre décision et de son propre mouvement afin d'explorer ses capacités et de tester ses limites, et, puisqu'il pratique cette ascèse ouvertement et aux yeux de tous – il s'agit, de plein droit, d'un acte *politique* –, il fait de son exploit public la preuve vivante d'un dépassement possible, d'une *vie autre dans cette vie* [1].

L'exploit cynique est donc un point d'inflexion qui repousse la prétendue nature de l'homme en dehors du cercle que lui assigne la *doxa*. En l'occurrence, Diogène démontre par son exemple personnel concret que l'homme peut davantage, face aux éléments, que ce que l'on croit d'habitude. C'est sans doute en ce sens qu'il faut comprendre le dire du même Diogène prononcé à l'intention de quelqu'un qui se vantait de ses propres victoires aux jeux Pythiques : « C'est moi qui vaincs des hommes ; toi, tu vaincs des esclaves »[2]. Dans son « jeu », porté à une échelle supérieure, Diogène *vainc* les hommes parce que, en élargissant le champ des possibilités et des capacités de l'homme, il redessine la conception même d'humanité, tandis que son interlocuteur, de toute évidence un athlète professionnel, n'évolue et ne se démarque qu'à l'intérieur du petit monde des idées reçues qu'habitent la plupart des hommes, des hommes qui, comme des esclaves, n'agissent pas vraiment de leur propre volonté, et se laissent guider par des règles figées qui au fond leur sont imposées du dehors. Le cynique, en bon médecin[3], adopte alors un principe « homéopathique » pour guérir la folie des hommes, tout en passant lui-même pour un fou aux yeux de la foule : son ascèse, puisqu'elle lui permet d'altérer le schéma des représentations, sert à dénoncer les comportements et les agissements que les hommes prennent au sérieux mais qui ne sont que de simples jeux dont les règles sont aussi arbitraires que celles de n'importe quel jeu d'enfant. Diogène comprend bien que la racine profonde de la folie des hommes s'implante précisément dans le processus de naturalisation de ce qui n'est plus que le résultat d'une convention, d'un accord à la rigueur arbitraire. Il dresse alors la mise-en-scène de son jeu contre le « jeu » que les hommes jouent sans en avoir conscience : en proposant constamment d'altérer les règles qui régissent les choix moraux de ses concitoyens, et d'en déplacer les repères, le cynique prouve finalement que ces règles sont altérables, sans pour autant éluder le fait que nous vivons tous, dans un cas comme dans l'autre, sous l'empire des *phantasiai*. Néanmoins,

1. Face à l'affirmation de J. Huizinga, *op. cit.*, p. 35, selon laquelle les règles des jeux « s'entourent volontiers de mystère » et « accentuent par le déguisement leur étrangeté vis-à-vis du monde habituel », R. Caillois, *op. cit.*, p. 33, énonce la correction suivante : « Il est méritoire et fécond d'avoir saisi l'affinité qui existe entre le jeu et le secret ou le mystère, mais cette connivence ne saurait toutefois rentrer dans une définition du jeu, lequel est presque toujours spectaculaire, sinon ostentatoire. Sans doute, le secret, le mystère, le travesti enfin, se prêtent à une activité de jeu, mais il convient d'ajouter aussitôt que cette activité s'exerce nécessairement au détriment du secret et du mystère. Elle l'expose, le publie, et, en quelque sorte, le *dépense* » (l'italique est de l'auteur).

2. Cf. D. L. VI 33.

3. Cf. Lucien, *Philosophes à l'encan* 8 ; Dion Chrysostome, *Or. VIII (7), Diogène ou De la vertu* 4-8 ; Stobée III 13, 43 (*SSR* V B 281).

la différence entre ces deux modes « ludiques » d'agir dans le monde, que l'ascèse et l'usage des représentations cyniques mettent en évidence, est frappante : alors que Diogène, au nom de la plus grande liberté possible et d'une *vie facile*, expose et dénonce la *doxa*, la plupart des hommes s'y engouffrent en nourrissant par des efforts volontaires leur propre malheur ; à leur désavantage, on l'a dit, ils « jouent » contre eux-mêmes sans en avoir conscience.

Notons en outre que l'« exploit exploratoire » que Diogène mène sous l'apparence d'un jeu a la propriété d'interpeller son « public » d'une façon particulière. Dans le spectacle de son ascèse, qui a l'allure d'un jeu immiscé dans la vie ordinaire, le cynique ne prétend pas montrer le caractère exceptionnel de ce que fait le spécialiste (soldat, athlète ou musicien) dont le cadre d'évolution (arène ou théâtre) lui prête une aura hors-norme[1] : la scène sépare le professionnel du commun des hommes, tandis que le « ton plus haut » donné par Diogène transcende le simple objet de contemplation – ou « de culte » – pour devenir, sous la forme d'un paradigme directement accessible, une invitation et un avertissement[2]. Ainsi, étalés partout, sans se restreindre à aucune démarcation préalable de temps et d'espace, comme c'est le cas pour les jeux traditionnels[3], les exploits de Diogène ne revendiquent ni l'honneur du guerrier ni la renommée de l'athlète ni la perfection de l'artiste ni, encore moins, d'autres gains auxquels peuvent prétendre ceux qui pratiquent l'ascèse professionnelle. Par son geste, Diogène ne revendique que la valeur morale de l'exploit, celle qu'il veut apprendre à ses concitoyens. L'effet de ce type de « jeu » descendu sur la place du marché (où défilent et se mêlent le nécessaire et le superflu) – s'il n'est pas neutralisé par le choc même qu'il provoque et qui revêt souvent la forme du rire et de la moquerie par lesquels on conjure le malaise que suscite la présence des fous et des originaux – compose alors sérieusement la pantomime par laquelle le cynique convoque et défie les hommes à remettre en cause les convictions qui sont les leurs à propos de leur propre existence et de leur propre nature.

La portée ludique de l'ascèse diogénienne fait surface aussi dans ce que l'exploit qui lui est propre déplace et subvertit les notions communes de plaisir et de souffrance : sans le moindre vestige de masochisme ou de mortification volontaire au nom d'une forme quelconque d'élévation de l'esprit (comme c'est le cas dans certains courants orientaux), le cynique « joue » à raccourcir la distance qui sépare les deux types extrêmes – le plaisir et la douleur – de réponse aux stimulus extérieurs ; il « brouille » en quelque sorte leur opposition. Les exploits de Diogène

1. Rappelons que, comme le démontre Platon dans le *Lachès*, même les arts militaires pouvaient faire l'objet d'un spectacle.

2. Cf. D. L. VI 35.

3. « En effet, le jeu est essentiellement une occupation séparée, soigneusement isolée du reste de l'existence, et accomplie en général dans des limites précises de temps et de lieu » (R. Caillois, *op. cit.*, p. 37).

cadrent alors avec l'idée d'*agôn*, selon la taxonomie des jeux proposée par R. Caillois : « Bientôt naît le goût d'inventer des règles et de s'y plier obstinément, quoi qu'il en coûte ; l'enfant tient alors avec lui-même ou avec ses camarades toutes sortes de paris, qui sont, comme on l'a vu, les formes élémentaires de l'*agôn*, il marche à cloche-pied, à reculons, en fermant les yeux, joue à qui, le plus longtemps, regardera le soleil, supportera une douleur ou demeurera dans une position pénible »[1]. Le cynique joue à repousser les prétendues règles de la nature, y compris celles relatives au plaisir et à la douleur, pour en trouver d'autres qui pourront à leur tour être aussi repoussées. C'est donc le plaisir des jeux et de l'autodépassement continuel qui prête à l'ascèse son soutien psychologique ; c'est aussi ce qui permet que rigorisme et hédonisme ne fassent qu'une seule méthode de perfectionnement moral, chaque jour vécu dans une vie rigoureusement ascétique devenant un jour de fête.

Enfin, l'esprit de jeu qui se cache derrière cette ascèse exploratoire, combiné au libre usage des représentations, compose un autre versant de la psychologie éthique des cyniques. En se soumettant délibérément, par sa seule décision, à ce à quoi normalement les hommes ne se soumettent qu'à contrecœur, victimes des coups de malchance et accablés sous le poids des injonctions de la Fortune, le cynique a le sentiment de prendre son essor au-dessus de la Fortune elle-même. D'une certaine façon, sa liberté d'agir, qu'il exerce sur soi-même, défie à son avantage les causes de l'expérience par la suppression symbolique du clivage entre intention et hasard. Puisqu'il amène sa volonté souveraine à s'avancer sur ce qui apparemment est du ressort exclusif du destin, avec son lot de peines et de souffrances, le sage cynique, en véritable « ami des dieux »[2], *souffre sans souffrir*[3], s'échappant de la souffrance par la porte du plaisir de l'auto-détermination. L'ascèse cynique, pratiquée à la façon d'un jeu, permet ainsi de déjouer sans peine (ἀποσχεῖν τοῦ δυσκόλως ἐνεγκεῖν) toute menace du destin, son jeu et sa soûlerie (πᾶσαν ἀπειλὴν τύχης καὶ εἴτε παιδιὰν εἴτε παροινίαν) à la fois[4]. C'est pourquoi « Diogène disait qu'il croyait voir la Fortune s'écrier lorsqu'elle se lançait sur lui : 'ce chien enragé, je n'arrive pas à le toucher de mes traits !' »[5].

15. Astragales

Adopter la perspective du jeu dans l'analyse de la démarche cynique ouvre une possibilité nouvelle pour l'interprétation d'un aspect très « énigmatique » du projet politique de Diogène, à savoir la loi qui met sur un pied d'égalité l'argent

1. R. Caillois, *op. cit.*, p. 78-79.

2. Cf. D. L. VI 37 ; 72.

3. Cf. Stobée IV 36, 10 (*SSR* V B 486).

4. Cf. Julien, *Or. IX [IV]*, *Contre les cyniques ignorants* 18, 201a (*SSR* V B 264).

5. Stobée II 8, 21 (*SSR* V B 148) : Διογένης ἔφη νομίζειν ὁρᾶν τὴν Τύχην ἐνορούουσαν αὐτῷ καὶ λέγουσαν [Hom. Θ 299] · 'Τοῦτον δ' οὐ δύναμαι βαλέειν κύνα λυσσητῆρα'.

ou, plus précisément, les monnaies en pièces métalliques, et les astragales, c'est-à-dire des osselets qui pourraient donc, à première vue, avoir cours légal (notons en passant que les auteurs antiques donnent Diogène pour sujet du verbe νομοθετεῖν)[1] :

Κἀν [τῶ]ι Πε|ρὶ τῶν [μὴ] δι' αὑτὰ αἱρ[ετῶ]ν φη|σιν ἐν τῆι Πολιτείαι νο[μ]οθε|τεῖν τὸν Διογένην [περὶ] τοῦ | δεῖν ἀστραγάλοις νομ[ιτε]ύεσθαι.

Dans son traité *Sur les choses qui ne sont pas choisies pour elles-mêmes*, il [*scil.* Chrysippe] dit que Diogène, dans sa *République*, établit une loi à propos de ce qu'il faut donner cours légal aux osselets[2].

Διογένης δ' ἐν τῇ ἑαυτοῦ Πολιτείᾳ νόμισμα εἶναι νομοθετεῖ ἀστραγάλους.

Diogène, dans sa *République*, décrète être la monnaie des osselets[3].

Tout d'abord, il faut considérer que la monnaie métallique que les cités adoptent comme un instrument pour faciliter les échanges commerciaux a une valeur symbolique conventionnée qui, par son usage et diffusion, ne coïncide pas avec la valeur pondérale du matériau dont elle est faite et qui, par conséquent, en tant qu'étalon marchand, finit pour accommoder le décalage entre le prix et la valeur des marchandises. Aux yeux de Diogène et des cyniques en général[4], la monnaie serait en quelque sorte la forme matérielle et palpable de la *doxa* ; en tant que telle, elle donnerait libre cours aux erreurs de perception de la réalité sensible et ferait notamment succomber au *tuphos* les notions de nécessaire et de superflu[5] : « 'Ce qui a beaucoup de valeur', disait-il [*scil.* Diogène], 'se vend pour rien et inversement. En tout cas une statue se vend trois mille drachmes alors que pour deux sous de cuivre on a une chénice de farine' » (τὰ πολλοῦ ἄξια τοῦ μηδενὸς ἔλεγε πιπράσκεσθαι καὶ ἔμπαλιν· ἀνδριάντα γοῦν τρισχιλίων πιπράσκεσθαι, χοίνικα δ' ἀλφιτῶν δύο χαλκῶν)[6]. En outre, la monnaie métallique conduit à la

1. À ce propos, voir M.-O. Goulet-Cazé, *Les* kynika *du stoïcisme*, 2003, p. 35-36.

2. Philodème, *Sur les stoïciens,* col. XVI 4-9 Dorandi.

3. Athénée, *Deipnosophistes* IV 159 C (*SSR* V B 125).

4. Les cyniques étaient des critiques féroces des richesses, surtout des richesses monétarisées : pour Diogène, voir les textes rassemblés dans *SSR* V B 220-246 ; pour Cratès, voir par exemple D. L. VI 85-88 ; pour Monime, voir D. L. VI 82 (au sujet de ce philosophe, voir *DPhA*, t. IV, 2005, *s.v.* « Monime de Syracuse » M 190, p. 549-552 [M.-O. Goulet-Cazé]). Dans ce contexte, Ménippe, qui, selon Hermippe, était un « préteur à la journée » (ἡμεροδανειστής), semble faire figure d'exception : cf. D. L. VI 99 (sur ce riche personnage, voir *DPhA*, t. IV, 2005, *s.v.* « Ménippe de Gadara » M 129, p. 467-475 [M.-O. Goulet-Cazé]). À ce propos, voir É. Helmer, *Diogène, le Cynique*, 2017, p. 145-155, où on lit : « Attaquer ainsi l'instrument de l'échange marchand et l'étalon économique de la prétendue valeur des choses sous la forme de leur prix, c'est dénoncer la fausse 'mesure' de la démesure sociale, abusivement institutionnalisée sous la forme d'une convention passant pour naturelle aux yeux de la plupart des hommes » (p. 145).

5. Ces deux notions font l'objet du dialogue *Le Cynique* attribué à Lucien de Samosate, que j'ai analysé plus haut, dans la deuxième partie de cette étude.

6. D. L. VI 35. Cf. Télès, fr. II Fuentes González (p.133-143 ; pour le commentaire voir les p. 144-272).

thésaurisation, c'est-à-dire à l'accumulation de richesses avec de moindres risques et à moindres coûts de manutention et d'entretien, à la différence, par exemple, de la possession de troupeaux ou de terres, ou du stockage des biens de consommation (grains, huiles, tissus, etc.)[1]. La monnaie favorise justement cela même que, comme on l'a déjà vu, les cyniques critiquaient avec force : la pratique de l'approvisionnement des ressources qui dépassent la juste mesure pour une vie *éphémère* (au sens étymologique du terme), vécue selon une *éthique du minimum*. La richesse monétarisée, qui ne se périme ni par l'action du temps ni par corruption naturelle, devient alors facteur de spéculation financière. De plus en plus distanciée de l'*oikonomia* originaire, cette richesse prend, aux yeux de ses critiques, la forme d'un jeu qui, d'une certaine façon, se fonde sur l'effort de prévoir le futur et de le manier à son avantage[2].

La proposition de Diogène est donc vraisemblablement ironique[3], car les astragales (ἀστράγαλοι) prêtent aussi leur nom à une grande variété de jeux particulièrement prisés dans l'Antiquité par les enfants (mais joués aussi par des adultes), dont la caractéristique était précisément de se servir de petits osselets prélevés sur certains animaux (le plus souvent le mouton, la chèvre ou le cochon), ou de pièces métalliques façonnées à leur apparence, qui les remplaçaient ; on s'en servait soit à la façon de dés, soit comme des pièces à lancer dans le cadre d'une compétition d'adresse et de dextérité. Dans tous les cas, le but était de confronter l'habileté et le sort des joueurs au hasard des lancements[4]. En outre, selon le même imaginaire, les astragales étaient aussi les instruments d'un type d'art divinatoire pratiqué par les ἀστραγαλομάντεις dont nous parle Artémidore[5]. Ainsi, sans s'attaquer directement aux opérations financières auxquelles les hommes se livrent en visant leur propre enrichissement, Diogène s'en prend à l'instrument qui leur sert dans cette entreprise. Encore une fois, suivant toujours une stratégie « homéopathique » et le libre usage des représentations, Diogène dénonce l'absur-

1. Bien que, sous un autre prisme, elle ait pu également promouvoir un meilleur partage des ressources économiques, comme le soutient par exemple M. Trundle, « Coinage and democracy : economic redistribution as the basis of democratic Athens », 2017.

2. Pour un aperçu des aspects financiers de l'économie en Grèce antique, on lira V. Chankowski, « Les places financières dans le monde grec classique et hellénistique des cités », 2007.

3. Pour un avis différent, voir C. Doyen, « Les astragales de Diogène ». Cette étude prend appui sur la fonction métrologique des astragales, bien attestée par les sources anciennes (cf. la similarité entre les termes latins *talus* et *talentum* [τάλαντον] ; à ce propos : M. Alinei, « L'astragalo e il talento. Contributo alla ricerche sull'origine delle unità di peso », 1960-1961).

4. Sur ce thème, voir G. Rohlfs, « L'antico giuoco degli astragali », 1964 ; P. Amandry, « Os et coquilles », 1984 ; W. Fasnacht, « Das Astragalus : eines der ältesten Spielzeuge », 1997.

5. Cf. Artémidore II 69. Les astragales étaient également utilisés dans le cadre de rites funéraires : cf. G. H. Gilmour, « The nature and function of astragalus bones from archaeological contexts in the Levant and eastern Mediterranean », 1997 ; J. De Grosse Mazzorin et C. Minniti, « Ancient use of knuckle-bones for ritual and gaming piece », 2013.

de par l'absurde, l'égal par son égal apparent : or, puisque les hommes s'adonnent à un jeu qu'ils masquent d'une opération économique nécessaire, mais qui au fond n'est point nécessaire, autant jouer, comme des enfants, à un jeu dont la victoire et l'échec sont explicitement réglés par un accord arbitraire et non nécessaire. Autrement dit, sa suggestion de mettre sur un pied d'égalité la monnaie et les osselets bâtit une représentation alternative d'une procédure économique, qui la met en doute et qui déstabilise son bien-fondé : d'une certaine façon le cynique promeut le « décapage » des mécanismes avec lesquels les hommes croient assurer leur survie et leur prospérité ; plutôt que de montrer la chose dans ce qu'elle est, il la montre dans ce qu'elle *peut être* en toute légitimité.

Il semble alors évident qu'il ne s'agit pas, à proprement parler, d'une condamnation de la monnaie en elle-même, mais d'un redressement de ses fonctions et de sa valeur symbolique. En ce sens, à regarder de près les deux textes (cités ci-dessus) qui sont nos principales sources d'information à ce sujet, on devrait accepter que la proposition de Diogène ne consiste pas exactement à donner cours légal aux astragales comme argent comptant à la place de la monnaie *pour de vrai*, comme on le comprend généralement (souvent avec l'argument qui affirme que les osselets seraient une monnaie « naturelle », corps physique d'une économie *kata phusin*). Certes, le témoignage de Philodème va dans cette direction, mais son intention polémique est évidente. En procédant toujours par accumulation[1], dont le symptôme dans ce cas serait l'emploi séquencé des verbes νομοθετεῖν et νομιτεύεσθαι, Philodème force le trait sur le caractère normatif de la proposition de Diogène qu'il puise dans l'ouvrage de Chrysippe. L'épicurien s'évertue à choquer et à indisposer son lecteur contre les stoïciens en montrant que ceux-ci ont non seulement donné leur assentiment au prétendu abus des cyniques, mais qu'ils ont donné leur assentiment à ce que cet abus devienne une loi politique, en conformité avec l'initiative de Diogène lui-même (il en va d'ailleurs de même pour l'anthropophagie et pour l'inceste) : au nom de sa polémique, Philodème transforme en prescription légale la comparaison rhétorique proposée par Diogène dont le but était plutôt de secouer les hommes de leur inertie irréfléchie concernant, en l'occurrence, leurs agissements en matière d'économie.

La phrase chez Athénée, parce que dénuée de toute intention polémique et sans un véritable engagement philosophique, semble être plus fidèle à la pensée diogénienne. Tout d'abord, on notera que dans la syntaxe d'Athénée ce que Diogène institue (νομοθετεῖ) par la loi est donné sous la forme d'une phrase nominale, avec le verbe à l'infinitif (εἶναι), en suivant l'usage commun pour ce type de proposition complétive. On comprend normalement que Diogène décrète que *les astragales soient la monnaie*, c'est-à-dire que les astragales prennent la place de la monnaie, que l'on *substitue* à la monnaie des astragales. Pourtant, rien n'empêche que l'ordre et la fonction des termes – le sujet et son attribut – soient inversés, ce

1. Cf. S. Husson, *La* République *de Diogène*, 2011, p. 43.

qui prêterait à l'affirmation une nuance sensiblement différente : Diogène institue par la loi que *la monnaie soit des astragales*, non pour faire des astragales la monnaie légale de sa république, mais pour signifier que, selon sa loi, on devrait prendre la monnaie pour de simples astragales, les mêmes que les enfants utilisent pour jouer. En assimilant la monnaie aux astragales, Diogène assimile l'économie monétarisée des hommes aux jeux des enfants[1]. On voit par là que le raisonnement politique de Diogène est moins prescriptif qu'il n'est critique. En effet, sa *République* ne constitue pas un projet utopique ou un idéal devant être mis en place dans un futur imprécis une fois remplies préalablement certaines conditions, mais, tout comme le traité homonyme attribué à Zénon de Citium, elle avait été conçue pour le temps et pour le lieu où vivait Diogène, à valoir sur le champ[2].

Par ailleurs, le jeu des astragales est un élément très important dans le contexte d'un mythe bien connu des Grecs, à savoir celui de Patrocle, le compagnon d'Achille, dont la mort provoque un renversement décisif dans la guerre de Troie, selon l'*Iliade* d'Homère : Patrocle, fils de Ménétios, le roi d'Oponte, quand il était encore un jeune enfant, est amené chez Achille, en Phthie, après avoir été exilé de son pays parce qu'il y avait tué son cousin Clitonyme, le fils d'Amphidamas, suite à une dispute autour d'un jeu d'astragales (περὶ ἀστραγάλων παίζων)[3]. Même si nous n'avons aucune référence explicite en ce sens, il n'est pas exclu que Diogène, en bon connaisseur de la poésie homérique[4], ait pensé à ce mythe lorsqu'il institue sa « loi » dont le but était aussi vraisemblablement de dénoncer l'animosité, croissante dans les cités, qu'entraînaient certaines inégalités sociales produites par les processus d'enrichissement monétarisés. Son parallèle entre la monnaie et les astragales acquiert alors un coloris plus sombre : il ne manque rien aux jeux pour qu'ils soient un double révélateur de l'esprit de l'économie que les hommes s'accordent à pratiquer, même pas la violence et le meurtre.

Comme dernier mot sur le problème des astragales, qui d'une certaine manière pose la démarche cynique *in totum*, j'ajouterais que comprendre la proposition de Diogène dans le sens d'une *substitution*, un geste qui finalement ferait surgir un argent nouveau, introduit une note de contradiction dans son projet philosophique. En effet, le cynique recommande de *falsifier la monnaie*, comme une sorte de reconfiguration, non d'en créer une autre, fût-elle de petits osselets, des objets de la « nature » que tout un chacun peut trouver n'importe où. À travers l'ascèse et le libre usage des représentations, le cynisme enseigne que la *vie facile* ne dépend pas du remplacement de la réalité présente et de l'état de choses en vigueur, mais

1. À en croire Philodème, Diogène, dans sa critique généralisée de la culture, proposait que l'on considérât tous les hommes (ἅπαντας) comme de jeunes enfants (παιδάρια) et comme des fous (μαινομένους) : cf. Philodème, *Sur les stoïciens,* col. XX 6-9 Dorandi.

2. Cf. Philodème, *Sur les stoïciens,* col. XII 1-11 Dorandi.

3. Cf. Homère, *Iliade* XXIII 82-88 ; Pseudo-Apollodore, *Bibliotheca* III 176.

4. Cf. les textes rassemblés dans *SSR* V B 492-500.

de la décision de coller sur la réalité *qui est* ce que son dévoilement lui permet de devenir : dans la *politeia* conçue – et vécue – par Diogène, la monnaie circulait toujours, ayant pourtant, frappée sur son effigie officielle, la marque profonde d'une morsure.

EN GUISE DE CONCLUSION

LA VIE FACILE DES CYNIQUES : UNE MORALE (PRESQUE) SANS OBLIGATION NI SANCTION

J'ai mis en exergue de ces pages une citation du philosophe J.-M. Guyau qui exprime, avec la concision d'un aphorisme – ou d'une *chrie* –, ce que l'ensemble de mon étude a posé comme une des notions fondamentales du cynisme diogénien. Qu'il me soit permis maintenant d'entamer les derniers pas de ce parcours en rappelant un très bref récit raconté par ce même philosophe :

> Récemment une petite fille à qui sa mère avait confié un sou pour faire quelque emplette, se trouva écrasée dans la rue. Elle ne lâcha pas ce sou ; sortant d'un évanouissement, mourante, elle rouvrit sa main bien fermée et tendit à sa mère l'humble sou dont elle ne se figurait pas le peu de valeur, en lui disant : « je ne l'ai pas perdu ».

En dépit des sentiments légitimes que cette scène peut susciter – ou peut-être en raison même de ces sentiments –, l'auteur de ces lignes a voulu illustrer l'inanité d'une « loi morale certaine, absolue, apodictique et impérative » et, à la fois, avec plus de raison, les inconvénients d'une moralité « exclusivement formelle, détachée de tout », une moralité qui est enfin une « chose *démoralisante* », comparable au « travail qu'on fait accomplir aux prisonniers dans les prisons anglaises, et qui est sans but : tourner une manivelle pour la tourner ». Toujours à propos du geste de la petite fille, Guyau ajoute : « c'est là un enfantillage sublime : pour cette petite la vie avait moins d'importance que ce sou qui lui avait été confié. Eh bien, quel que soit le mérite moral qu'un stoïcien ou un kantien peut découvrir avec raison dans ce trait, il sera absolument incapable de l'imiter, lui philosophe et connaissant la valeur d'une obole : la foi lui manquera, – non pas peut-être la foi dans son mérite possible, mais la foi dans le sou »[1].

1. J.-M. Guyau, *Esquisses d'une morale sans obligation ni sanction*, 1921, p. 59-60. Connaissant bien la philosophie antique – il fut l'auteur d'une traduction du *Manuel* d'Épictète, précédée d'une étude sur la philosophie d'Épictète (1875) et de *La morale d'Épicure et ses*

Je pense que le cynisme pourrait être lui aussi caractérisé à partir de cette scène. Non point en vue d'une quelconque parenté – avérée par l'histoire ou fabriquée par elle – avec la doctrine des stoïciens ou, encore moins, avec celle des kantiens, car dans l'horizon de la morale cynique aucune contradiction ne doit séparer la conduite subjective de l'homme de son devoir et de ses engagements objectifs : pour Diogène, le véritable impératif tient à un double accord où tout intellectualisme est soumis à un critère de réalité sensible et immédiate[1] : l'accord avec soi-même et l'accord absolu entre l'action que l'on pratique et le discours que l'on tient[2]. Mais cette cohérence, quand bien même elle serait un impératif pour le cynique, ne peut pas à elle seule tout sauver : c'est le but vers lequel action et discours convergent qui peut garantir la légitimité de ce que j'appellerais un *discours-action*.

Aux yeux d'un cynique de l'Antiquité, ce qu'a fait la malheureuse petite fille de ce récit, exprime bien ce que font la plupart des hommes, avec cette différence que les hommes, eux, sont déjà grands et en pleine possession de ce qu'ils appellent « la raison » : ils s'acharnent à sauver la *monnaie* et à la garder indemne. Et que la valeur exacte de cette monnaie puisse ne pas résister au crible de la raison, ne change absolument rien à la donne : de toute façon, les hommes s'acharnent à sauver cette monnaie, non seulement au prix de leur vie – et, dans ce cas, ce ne serait pas trop cher payer, car la mort n'est pas en soi un mal[3] –, mais – et c'est beaucoup plus grave – au prix d'une vie qu'ils perdent de vue et qui devrait, par la

rapports avec les doctrines contemporaines (1878) – Guyau ne s'est vraisemblablement jamais consacré à une étude systématique du cynisme ancien. D'un point de vue strictement historique, ses positions concernant la pensée antique invitent à la prudence. Ainsi, son affirmation, selon laquelle « l'antique doctrine d'Ariston [un stoïcien proche des cyniques], par exemple, n'admettait aucune différence de valeur, aucun degré entre les choses » (*Esquisses d'une morale sans obligation ni sanction,* 1921, p. 59), manque de précision, surtout si on l'extrait de son contexte ; en fait, ce qui gêne Guyau c'est la possibilité même d'une *action* indifférente. Toutefois, la pensée de Guyau, notamment celle qu'il expose dans *Esquisses d'une morale sans obligation ni sanction*, présente, sur plusieurs points, des similitudes avec la philosophie de Diogène. En ce sens, ce n'est peut-être pas un hasard si Nietzsche, dont l'admiration pour les cyniques est bien connue et qui est souvent considéré comme un « néo-cynique », a été fortement impressionné par l'œuvre de Guyau (qu'il n'a pas personnellement rencontré, même si les deux hommes ont passé l'hiver de 1887 à Nice et s'ils achetaient leurs livres chez le même libraire), ce que prouvent les exemplaires des livres de Guyau en sa possession – l'*Esquisse* ainsi que l'*Irréligion de l'avenir* (1886) –, couverts de notes de la main même du philosophe allemand, qui en parle d'ailleurs dans son *Ecce homo*. Sur ces questions, voir la préface de A. Fouillée à la seconde édition d'*Esquisse,* et *id., Nietzsche et l'immoralisme*, 1902 (voir surtout le « Livre troisième. Les jugements de Nietzsche sur Guyau, d'après des documents inédits », p. 151-179). Pour un aperçu d'ensemble sur la pensée de Guyau, on lira A. Contini, *Jean-Marie Guyau. Una filosofia della vita et l'estetica*, 1995.

1. Cf. D. L. VI 39.
2. Cf. D. L. VI 28 ; 64 ; 71.
3. Cf. D. L. VI 68.

grâce des dieux, être facile[1]. En la circonstance, dirait notre cynique, il ne s'agit plus d'un enfantillage sublime, mais d'un enfantillage tout court[2]. L'abnégation innocente cède le pas à l'ignorance, à la stupidité et à une sorte d'automatisme irréfléchi : renoncer à une *vie facile* pour suivre le *nomos*, ce n'est pas la même chose que, dans une prison, tourner une manivelle pour la tourner ; c'est bien pire, car les hommes, libres qu'ils sont de faire autrement, choisissent *librement* de continuer à tourner leur manivelle, et qui plus est, ils la tournent en étant fiers d'eux-mêmes[3].

Cependant, affirmer simplement que le cynisme représente une contestation de la valeur du *nomos* – ou, si l'on veut garder la force de la métaphore (devrons-nous dire de la métonymie ?), de la valeur du *nomisma* –, reviendrait uniquement à réaffirmer une évidence bien établie par la littérature antique et fréquemment soulignée par les auteurs modernes. C'est précisément sur ce point que j'ai ancré mon enquête, en montrant que cette évidence a posé, aux yeux de bien des interprètes du cynisme, un corollaire qui leur a semblé parfait, dans la mesure où il correspondait à un des binômes fondamentaux de toute réflexion éthique, à savoir celui qui oppose la loi et la nature[4] : contre la sécurité et le confort apparents d'une vie régie par les lois de la civilisation, des lois qui manifestement sont incapables, dans leur ensemble, d'assurer le vrai bonheur des hommes, et qui de surcroît entraînent pour ceux-ci bien des maux, les cyniques auraient élu la nature comme le garant d'une existence humaine juste et bonne. Autrement dit, à la place d'une vie κατὰ νόμον, qui distingue historiquement l'homme des autres êtres vivants, ils auraient proposé, en donnant comme preuve de possibilité l'exemple de leur propre existence, l'idéal d'une vie κατὰ φύσιν. Dans ce cadre on aboutit à une conception du cynisme comme l'une de plus hautes expressions – si ce n'est la

1. Cf. D. L. VI 35 ; 44.

2. Selon Philodème, *Sur les stoïciens,* col. XX 7 Dorandi, Diogène (et Zénon) considérai(en)t les hommes comme des enfants (παιδάρια). Voir aussi Maxime de Tyr, *Dissertation* XXXVI 5.

3. Cf. le portrait du tyran dessiné par Dion Chrysostome, *Discours VI, Diogène ou Sur la tyrannie*, et l'argument de Lycinos chez (le Pseudo- ?) Lucien, *Le Cynique* 5 et *ss*., réfuté par le Cynique.

4. Je soutiens donc que les cyniques ont d'une certaine manière anticipé la remise en cause du « bon sens » qui voit la différence entre nature et culture comme une évidence. C'est cette « évidence » qui, pendant des siècles et à la suite de l'Antiquité elle-même, a emballé les principaux courants des sciences humaines, et qui, plus récemment a été contestée surtout par l'anthropologie. On consultera à ce propos (les œuvres de É. Durkheim et C. Lévi-Strauss allant de soi), par exemple, E. Viveiros de Castro, *From the Enemy's point of view. Humanity and Divinity in an Amazonian Society*, 1992 ; *id., A inconstância da alma selvagem, e outros ensaios de antropologia*, 2002 ; Ph. Descola, *Par-delà nature et culture*, 2005 ; M. Sahlins, *The Western illusion of human nature*, 2008 ; P. Charbonnier, *La fin d'un grand partage. Nature et société, de Durkheim à Descola*, 2015 ; et, finalement, les articles réunis par S. Haber et A. Macé (édit.), *Anciens et modernes par-delà nature et société*, 2012.

plus haute – et la plus radicale, d'une philosophie naturaliste (ou d'un primitivisme), où la vie des animaux, en consonance avec le nom même de l'école, a été érigée en modèle concret. Toutes les idées-forces de la morale cynique allaient alors vers un seul commandement : suivre la nature. C'est ainsi que Diogène, l'exilé de Sinope, celui qui le premier a proposé ce mode de vie, est par conséquent devenu un « ennemi » de la civilisation, et c'est ainsi que le cynisme tout entier s'est imposé dans l'histoire de la philosophie comme un courant *anti-prométhéen.*

Le but de mon étude était, comme je l'avais annoncé au départ, de mettre à l'épreuve des textes cette conception du cynisme. À l'origine de mes recherches, une constatation très simple, banale presque, qui pourtant rend perplexe : si tout le cynisme est fondé sur l'exemple et sur l'accord très étroit entre l'action du philosophe et son discours, comment pourrait-on comprendre que le cynique lui-même, tout en prêchant un « retour à la nature » n'ait jamais déserté, ne serait-ce que momentanément, la cité et les espaces civilisés ? qu'il ne se soit même pas retiré dans un jardin de banlieue ? et qu'il n'ait pas entièrement refusé ce que seul le feu de Prométhée peut produire ? En fait, malgré son apparence « animalière », le cynique va toujours vêtu – mal vêtu, dira-t-on, vêtu autrement, dira-t-il, mais vêtu tout de même – et, en guise de demeure, ce n'est jamais le repaire lointain des bêtes sauvages qu'il choisit, mais le cœur même de la cité, qu'il s'agisse d'un temple somptueux ou d'une simple jarre de bonne taille qui est passée obligatoirement par le four des potiers, ceux-là mêmes que les grecs appelaient « les prométhées »[1]. Enfin, en matière d'alimentation, ce besoin naturel qui unit tous les mortels, le cynique peut certes se contenter d'herbes fraîches qui poussent partout ou, éventuellement, d'un morceau de viande crue (prélevé sur un autre homme ? sur ses parents ?), mais, réfractaire qu'il est à tout régime restrictif, il ne se prive pas, si l'occasion se présente, du goût exquis des gâteaux de miel : le cynique est toujours, pour le dire dans la langue d'Hésiode, un « mangeur de pain », et le pain est l'aliment que l'homme s'est inventé depuis que les dieux lui ont caché le *bios* spontané – et que ce pain puisse, dans certains cas, ne pas être cuit, importe peu : ne poussant pas dans des arbres, il reste la base alimentaire de l'homme « dénaturalisé ».

Pour répondre à cette contradiction apparente incarnée par ce « tartuffe qui prêche la retraite au milieu de la foule »[2], on a évoqué avec raison le côté pédagogique du cynisme : il faut toujours être au plus près possible des hommes si l'on veut leur enseigner la vertu par l'exemple ; et on a également argué que le contact avec autrui est en soi une condition nécessaire pour la manifestation et pour

1. Cf. Lucien, *Prometheus* 2.

2. C'est la comparaison que propose Th. Beaupère, *Lucien. Philosophes à l'encan*, 1967 (cf. le t. II, p. 52, n. 100).

l'existence même de la vertu[1]. Il s'agit certes de deux aspects importants du problème, qui pourtant, s'ils aident à justifier la contradiction, ne l'éliminent pas : le philosophe cynique resterait encore celui qui suggérerait aux hommes un mode de vie qu'au bout du compte il ne pratiquerait pas lui-même.

En acceptant qu'il y ait dans le cynisme un paradoxe – mais non, à proprement parler, une contradiction – et que ce paradoxe constitue en effet une démarche très originale, j'ai essayé de poser la question dans d'autres termes[2] : le cynique, n'abandonnant jamais la cité, montre – ou plutôt *démontre*, puisqu'il donne son propre exemple comme preuve – la possibilité d'une autre cité ou d'une *vie autre* à l'intérieur de la cité même[3]. Et l'axe de sa démonstration serait la *découverte* de la nature : *le cynique découvre la nature au milieu de la civilisation*[4]. Sa proposition consisterait alors à *vivre selon la nature dans la cité*. Je précise donc la formule : chez les cyniques, vivre κατὰ φύσιν signifierait vivre *selon* la nature, mais non *dans* la nature.

Mais quelle est cette « nature » selon laquelle le cynique prétendrait vivre ? Comment définir le principe qui guide la vie du sage ? Comment doit-on comprendre l'idée cynique d'un *retour à la nature* qui ne se fait pas par l'abandon ou par

1. Cf. M.-O. Goulet-Cazé, *L'ascèse cynique*, 1986, p. 229-230 ; S. Husson, « La *politeia* de Diogène le Cynique », 2001 (voir surtout les p. 428-429).

2. J'avais donc considéré que l'hétérogénéité bien connue du *corpus* cynique n'empêche pas qu'il y ait en lui des lignes de continuité qui confèrent au mouvement une certaine unité, même si l'on peut trouver, d'un philosophe à l'autre, des différences d'orientation spécifiques plus ou moins importantes. En fait, cette relative diversité doctrinale peut s'expliquer, au moins en partie, par le fait que le cynisme est un courant philosophique marqué par un fort individualisme – il s'agirait d'une pensée très « personnaliste » –, ce qui explique que le tempérament des hommes qui l'ont adopté ait laissé des traces profondes dans l'histoire de l'école. Ce problème peut recevoir une formulation simplifiée : il y a dans le domaine de la philosophie antique « quelque chose » que l'on appelle « cynisme » ; cette appellation commune désigne, malgré les différentes manifestations de la chose désignée, un phénomène d'ensemble. Il ne serait donc pas impossible de déceler derrière la diversité de ces manifestations particulières une certaine unité effective et raisonnable, reconnue déjà par les auteurs antiques. Enfin, si l'idée que j'avance est bonne – l'idée selon laquelle la pensée cynique propose l'adaptation de la nature individuelle (que seule une ascèse rigoureuse et constante, fondée sur une sorte d'improvisation, peut déterminer) aux circonstances –, cette diversité ne serait autre chose que la preuve historique de sa cohérence. Pour une autre approche de ce problème voir les considérations de I. Gugliermina, *Diogène Laërce et le Cynisme*, 2006.

3. C'est pour l'essentiel ce que M. Foucault a exposé de façon très éloquente dans son dernier cours au Collège de France : cf. M. Foucault, *Le courage de la vérité*, 2009.

4. Nos conclusions rejoignent, en partie, celles de S. Husson, *La* République *de Diogène*, 2011, qui, pour sa part, observe : « Or, le propre de la contestation cynique des valeurs est de produire un autre de la cité, situé non pas dans un ailleurs, mais au cœur de la cité même, puisque le cynique prétend vivre, ici et maintenant, selon les normes de la nature, tout en demeurant dans un milieu urbain. La nature n'est ni fondatrice de l'ordre social, ni détruite par lui, mais demeure un choix d'existence au sein de l'ordre social, dans ses marges et malgré lui. De même qu'Émile était pour Rousseau un 'sauvage fait pour habiter les villes' » (p. 177-178).

le refus de la cité ? On pourrait légitimement espérer savoir ce qu'est au juste cette nature selon laquelle le cynique prétend vivre et qu'il conseille aux hommes de prendre comme le seul chemin pour parvenir au bonheur et à la sagesse. Pourtant, l'ensemble des textes vient décevoir cette attente : nous n'avons pas, dans la littérature antique, une définition claire, précise ou suffisamment objective de ce que les cyniques comprenaient comme étant la nature des hommes ou la Nature elle-même. Avec les cyniques nous sommes, sur cet aspect particulier, très éloignés de la doctrine stoïcienne, selon laquelle la fin est de vivre selon « une » Nature qui est définie positivement comme l'ensemble des lois immuables régissant l'Univers et émanant du *Logos* divin.

Les cyniques, comme on le sait, ne se sont jamais intéressés de façon *systématique* ni à la logique ni à la physique (ce qui ne signifie pas, comme nous l'avons vu, qu'ils ont condamné radicalement ces disciplines[1]), et ils ne se sont guère engagés dans des spéculations théoriques[2]. Leur domaine – moins de réflexion « pure » que d'*action*, une action fondée pourtant sur une pensée rigoureuse – était au tout premier chef l'éthique[3]. Ainsi, en ce qui concerne la physique, tandis que les stoïciens, d'une certaine manière, ont fait converger les notions de dieu et de nature, chez les cyniques la conception de nature serait analogue à celle des dieux : que les dieux existent ou qu'ils n'existent pas, ce n'est pas leur problème et ils ne s'y intéressent pas au-delà d'un usage rhétorique, ce qui veut dire que s'ils parlent de « dieux » c'est pour parler la langue de tout le monde et pour mettre au service de leur pédagogie le « sens commun » et les croyances des gens, tout ce qu'en même temps ils ne cessaient pas de déranger[4]. Sur le chapitre de la religion, les cyniques ont en fait professé un agnosticisme de bon aloi[5]. Il en va de même pour la nature : le cynique, comme tout être mortel, est soumis à un certain nombre de contraintes auxquelles il ne peut pas échapper et qui lui sont données dès sa naissance : les besoins alimentaires, la probabilité bien réelle des maladies, la vieillesse et, finalement, la mort. C'est le lot commun des vivants, que chaque

1. Sur ce point précis, je ne peux qu'être en désaccord – et je crois en avoir donné les raisons – avec I. Hadot, *Arts Libéraux et philosophie dans la pensée antique*, 2005, lorsqu'elle affirme de façon trop tranchée : « Pour autant qu'on puisse se fier à la doxographie, c'est chez certains disciples de Socrate, tel Antisthène, considéré comme un des fondateurs de la secte des cyniques, qu'on rencontre pour la première fois cette attitude [un refus global de toute espèce de recherche scientifique et de connaissances en affirmant qu'elles ne contribuent en rien à l'acquisition de la vertu], qui va aussi bien à l'encontre des convictions d'Aristote que de celles de Platon. *L'hostilité des cyniques eux-mêmes envers la culture, la* paideia, *ne peut pas être mise en doute* » (p. 24 ; les italiques sont de mon fait).

2. Cf., par exemple, D. L. VI 38-40 ; 53.

3. Cf. D. L. VI 103 ; Dion Chrysostome, *Discours IV, sur la Royauté* 26 et ss.

4. Cf., par exemple, D. L. VI 37, et pour un usage « pédagogique » des croyances populaires et des superstitions, D. L. VI 61.

5. Sur ce thème, voir M.-O. Goulet-Cazé, « Les premiers cyniques et la religion », 1993 (repris dans *ead.*, *Le cynisme*, 2017, p. 421-455).

homme connaît et dont chaque homme fit, fait ou fera l'expérience – qu'il appelle ce lot l'ordre de la « nature » ou qu'il l'appelle la volonté des dieux. Pourtant, dans la perspective cynique, reconnaître l'ensemble de ces contraintes n'est pas suffisant pour établir les fondements d'une morale ni, par conséquent, le *telos* d'une philosophie.

Or, si pour le cynique la « nature » n'est pas plus qu'un ensemble de contraintes qui atteint immanquablement *tous* les êtres vivants et *a fortiori* tous les hommes, vivre « selon la nature » n'est pas un choix, mais le lot qui leur est imposé de façon inéluctable : à la limite, les hommes ne peuvent pas vivre παρὰ φύσιν ; en fait, il ne leur est pas possible de s'opposer aux lois de la nature[1].

Par ailleurs, si le cynique est capable de constater un certain nombre de *lois générales* auxquelles tous les êtres vivants sont involontairement soumis, il constate également que la manifestation particulière de ces lois varie non seulement d'un individu à l'autre, mais aussi dans la durée de la vie d'un unique individu, surtout parce que ces lois peuvent se croiser les unes avec les autres renforçant ou minimisant leurs effets respectifs. Nous avons tous (ou presque tous) un estomac qui n'est pourtant pas le *même* estomac : une masse déterminée d'aliments, qui convient parfaitement pour tel individu, peut avoir un effet dévastateur sur celui qui souffre de la dyspepsie, et la nécessité de manger n'est pas la même chez un vieillard malade que chez un jeune homme en pleine santé et au sommet de ses activités. En effet, seule la diversité chaotique de la « nature » peut, en principe, expliquer la résistance « hors norme » que Socrate manifestait à l'égard des effets de l'alcool (et si dans ce cas un « entraînement » quelconque – une sorte d'*ascèse* – est envisageable, il ne s'exercera qu'à l'intérieur de certaines limites qu'on découvrira au fur et à mesure). Enfin ce qui intéresse le cynique, c'est ce qui peut être vérifié dans la pratique, par l'expérience, et qui conduit à la conclusion suivante : il y a autant de « natures » qu'il y a d'individus. En ce sens, lorsque Diogène dit que « de même que les maisons où les victuailles abondent abritent beaucoup de fouines et beaucoup de belettes, de même les corps que l'on

1. Encore une fois, il serait utile de rappeler les considérations de J.-M. Guyau : « (...) on ne viole pas une loi naturelle, ou alors ce ne serait plus une loi naturelle ; la prétendue *violation* d'une loi de la nature n'en est jamais qu'une *vérification*, une démonstration visible. La nature est un grand mécanisme qui marche toujours et que le vouloir de l'individu ne saurait un instant entraver : elle broie tranquillement celui qui tombe dans ses engrenages ; être ou ne pas être, elle ne connaît guère d'autre châtiment ni d'autre récompense. Si l'on prétend violer la loi de la pesanteur en se penchant trop par-dessus la tour Saint-Jacques, on sera réduit aussitôt à présenter la vérification sensible de cette loi en se brisant sur le sol. Si l'on veut, comme certain personnage d'un romancier moderne, arrêter une locomotive lancée à toute vitesse en lui présentant une lance de fer, on prouvera à ses propres dépens l'infériorité de la force humaine sur celle de la vapeur » (J.-M. Guyau, *Esquisse d'une morale sans obligation ni sanction*, 1921, p. 182-183 ; ces lignes font partie d'une section publiée séparément avant sa parution en livre : J.-M. Guyau, « Critique de l'idée de sanction », 1883).

gave de nourriture attirent bien des maladies »[1], il tire une loi secondaire de la loi générale de la « nature » qui soumet les hommes au besoin de manger. Mais derrière la conclusion de ces lois, il faut sans doute comprendre que, puisque les corps ne sont jamais les mêmes, « gaver un corps de nourriture » est certes l'expression des dangers de l'excès, mais cela ne suppose l'existence d'aucune mesure objective à partir de laquelle on pourrait établir une nutrition idéale : si l'on mange trop, on risque de tomber malade, mais manger trop – la « cause » apparente de la maladie – n'est pas un donné objectif. Force est donc de constater que la « nature », telle que l'ont comprise les cyniques, impose à l'homme une équation à mathématique variable[2].

Par conséquent, si l'on veut affirmer que le cynisme consiste essentiellement dans la proposition d'une vie « selon la nature » ou d'un « retour à la nature », il faudrait peut-être ajouter que la « nature » selon laquelle il prétend vivre et à laquelle il veut retourner n'est pas une nature transcendante. Dans la perspective cynique, si l'homme doit vivre κατὰ φυσιν, cela signifie qu'il doit vivre selon *sa* « nature » à lui, particulière, individuelle et « subjective ». On s'orienterait alors

1. Cf. Stobée III 6, 37 (*SSR* V B 195).

2. En prenant le risque d'une vision trop spéculative, nous pourrions déduire de la conception cynique de la nature une forme d'« épistémologie » originale : chez les cyniques, en dernière analyse, le savoir et les connaissances ne peuvent pas se fonder uniquement sur l'observation objective des phénomènes ou sur la déduction logique d'une série de propositions vraies, mais ils seront toujours la synthèse subjective des expériences. Pourtant, ce serait une erreur de vouloir reconnaître chez les cyniques une forme quelconque de scepticisme : dans la proposition « Paul est tombé malade parce qu'il a trop mangé », un sceptique (empiriste) accepterait les deux phénomènes observables – Paul est tombé malade *et* Paul a trop mangé –, mais il refuserait le *parce que* comme expression d'un rapport de causalité. Pour un cynique le sujet serait l'espace de vérification de la véracité de la proposition. Dans une perspective linguistique, et à titre de simple illustration, on dirait que si les Grecs, de façon générale, comprenaient le savoir par excellence comme le résultat présent de l'action de voir (on sait parce qu'on a vu : cf. le verbe οἶδα) – et si ce qu'on voit, à en croire la réalité du monde sensible, c'est toujours un phénomène objectif (à l'exclusion évidemment des produits des hallucinations) –, pour le cynique, dans le domaine de l'éthique, le seul qui vraiment les intéresse, le savoir serait en fait le résultat de ce qu'on a pu goûter soi-même, de ce qu'on a *savouré* (cf. la paire savoir/saveur). Ce n'est sans doute pas un hasard, comme on l'a vu, si une bonne partie de la littérature cynique est dominée par ce qui relève de l'alimentation : l'éthique qui s'exprime dans le cynisme est dans cette perspective une *diététique*. On pourrait d'ailleurs rappeler que l'idée de nature qu'on déduit de l'action du cynique – qui rapproche souvent l'activité du philosophe de celle du médecin (cf. D. L. VI 4 ; 6 ; 24 ; 30 ; 36), lequel se voit lui-même comme un médecin (cf. Lucien, *Philosophes à l'encan* 8) – trouve un écho troublant dans l'ancienne médecine, elle aussi très concernée par la diététique. Cf. par exemple *De prisca medicina* 20, 1-17 traduit par A.-J. Festugière, *Hippocrate. De l'ancienne médecine*, 1948, que cite P. Hadot, « Remarques sur les notions de *phusis* et de *nature* », 1998, p. 78). Au sujet de ce passage, P. Hadot conclut : « En effet, l'auteur nous dit que, à son avis, la médecine est la seule source précise de la connaissance de la nature, car elle nous fait connaître avec précision les différentes constitutions (*phuseis*) des hommes, l'influence que tel aliment ou tel exercice peut avoir sur telle ou telle constitution » (*op. cit.*, p. 79).

vers l'idée d'une « nature immanente ». Mais puisque les lois « naturelles » se manifestent différemment dans des individus différents, ainsi que dans le cours de la vie d'un seul individu, la « nature » des cyniques acquiert un caractère *accidentel* qui menace l'idée même qu'on se fait d'habitude à propos du concept de nature : on considère normalement que la nature d'un être ou d'un groupe d'êtres est l'ensemble constant, nécessaire et commun de leurs caractéristiques immanentes qui vont déterminer leur processus de création, d'évolution et de corruption. En fait, si la nature de l'homme – ou, plus exactement, la nature de chaque homme –, joue un rôle dans le domaine de la morale, elle n'intéresse le cynique qu'à partir du moment où elle fait son irruption dans la réalité sensible et dans l'expérience. Aussi, pouvons-nous admettre qu'elle, la « nature » des cyniques, n'est pas un donné préalable des êtres, mais plutôt un donné conjoncturel de la vie des êtres : la nature d'un être est son *actualité*. Autrement dit, si c'est *par conjoncture* que la nature se fait une réalité sensible, vivre selon la nature sera forcement vivre *selon la conjoncture*[1].

Le raisonnement alors se boucle sur le concept qui est la clé de voûte de la pensée cynique, à savoir l'*ascèse*. En effet, si l'homme ne peut pas échapper à sa « nature » et si cette nature est, jusqu'à un certain point, déterminée et mise en évidence par les circonstances réelles auxquelles il est soumis, il s'ensuit que l'homme doit obligatoirement vivre κατὰ φύσιν et κατὰ περίστασιν[2], deux principes contraignants qui sont en réalité convergents et solidaires. Il revient donc au sage de faire l'accord entre *sa* nature et les circonstances que le hasard lui réserve, ce qui veut dire qu'il lui faut « travailler » celle-là pour transformer (ou, si on veut, *falsifier*) celles-ci. En bref, tout se résume à apprendre, de façon positive et souveraine, la leçon que jadis Diogène a apprise d'une souris (non d'un chien) : πόρον ἐξευρεῖν τῆς περιστάσεως[3]. Dans ce cadre, la méthode que le cynique propose, en la mettant en œuvre lui-même et sur soi-même, de façon à ce qu'il soit l'exemple palpable de sa propre « théorie » – une théorie qui fonde, comme on l'a

1. « La nature cherche donc à réaliser le meilleur en fonction des circonstances. En présence de possibles, elle s'efforce toujours de réaliser le meilleur » (P. Hadot, *op. cit.*, p. 89). P. Hadot parle ici de l'idée de nature chez Plotin (qu'il confronte aux « maximes de la nature » d'Aristote), dont la pensée et la conception de la philosophie, pourrions-nous dire, est aux antipodes du cynisme. La conception de la nature qu'on dégage de la pratique cynique n'est peut-être pas en soi originale. Son originalité réside dans la façon dont les cyniques sont parvenus à cette conception et surtout dans ce qu'ils en ont fait : si un homme ne peut pas changer « sa » nature, tout comme il ne peut pas savoir d'avance les circonstances de son avenir, dans la perspective cynique il peut en revanche s'efforcer de la connaître en la mettant à l'épreuve de façon raisonnée.

2. Pour l'emploi de cette expression, cf. D. L. VII 121-122, où il est question des paradoxes du sage selon Zénon. Certains éléments de ce passage – y compris l'affirmation selon laquelle le sage cynicisera (κυνιεῖν) et la définition du cynisme comme un chemin raccourci vers la vertu, donnée par Apollodore de Séleucie – suggèrent une forte influence cynique sur les idées qu'il présente.

3. Cf. D. L. VI 22.

vu, le théâtre de sa *performance* –, c'est l'ascèse, qui constitue par conséquent la vérification *en acte* de sa pensée. Toutefois l'ascèse prônée par le cynique est d'un type très particulier, parce qu'en visant l'âme (et, bien sûr, le rôle moral de celle-ci), elle n'écarte jamais le corps ; bien au contraire, c'est de préférence sur le corps qu'elle va opérer, à même de brouiller les distinctions systématiques entre l'âme et le corps. Or, si le cynique prétend, d'une certaine manière, façonner sa nature individuelle d'homme et si cette nature est constituée d'un ensemble indissociable âme-corps, c'est bien sur cet ensemble qu'il raisonne et agit. En outre, puisque le corps est la matière visible de la nature de l'homme, dans le sens où c'est lui qui donne de la visibilité à son action morale, l'ascèse cynique apporte un nouvel élan à la propédeutique de la philosophie : en récupérant de façon originale la portée étymologique du terme « théorie » (qu'il détourne du *theorein* au *theasthai* : le cynique d'abord *contemple* [cf. le participe θεασάμενος qui assez souvent ouvre les *chries* cyniques], pour ensuite *se faire contempler*), le cynique offre à son « public », qui rassemble aussi bien les hommes d'antan qui ont pu le voir *jouer*, que ceux qui, comme nous, n'ont accès à son message que par le biais littéraire de l'anecdote, le spectacle de l'*ergon* raisonné qui se substitue au *logos* raisonnant. Il est en plus question d'une ascèse qui suit, comme on l'a aussi vu, la logique du jeu de l'exploit et de l'improvisation, par laquelle l'ascète explore sur le tas les limites et les ressources de sa propre nature individuelle et par laquelle il bâtit de façon toujours continue et progressive les chemins de son autarcie, qu'on dira *infinie* parce qu'elle ne reconnaît d'avance aucun point d'arrêt idéal. Et parce qu'elle dépend d'une « nature » individuelle et circonstanciée, cette ascèse sera en propre un *chemin*, une *méthode*, non point un dogme, ce qui d'ailleurs explique le caractère personnaliste et, pour une partie, « subjectif » de tout le cynisme.

Nous sommes par conséquent en mesure de réaffirmer la constatation selon laquelle il serait illogique que la doctrine cynique propose aux hommes de les ramener à un état qui leur est déjà donné comme nécessaire : à la rigueur, l'homme ne peut pas ne pas vivre selon la nature *et* selon les circonstances. Et nous pouvons affirmer aussi que l'originalité du cynisme consiste précisément à appuyer toute une doctrine morale sur cette constatation en principe très simple : le cynique, dont la pensée n'est point déterministe[1], veut apprendre aux hommes

1. Comme pouvait l'être celle des stoïciens. Voir à ce sujet, J. M. Rist, « Fate and necessity », dans *id.*, *Stoic philosophy*, 1969, p. 112-132 ; S. Bobzien, *Determinism and freedom in Stoic philosophy*, 1998 ; T. Brennan, *The Stoic Life*, 2005, notamment les p. 235-303 ; R. Müller, *Les stoïciens*, 2006, notamment les p. 255-271. D'autre part, nous avons vu plus haut que dans le domaine de l'éthique le cynisme apparemment rejoint la tradition épicurienne sur bien des points. Or les distinctions vont plus loin que ce qu'une simple différence de degré dans la mise en œuvre de certains principes laisse entrevoir. Ainsi, malgré les apparences que, dans certains contextes, peut donner le rigorisme radical des cyniques, il est probable que Diogène ne fut pas entièrement hostile à l'importance du plaisir du sage tel que le dépeint Épicure ; la différence des deux perspectives n'est pourtant pas mince : elle résiderait dans le fait que pour le cynique la constitution du plaisir – ce qui dans la pratique peut être un plaisir – n'est pas une donnée

comment vivre selon la nature et selon les circonstances qui leur sont imposées par *la* Nature (ou, pour ceux qui y croient, par les dieux) afin qu'ils puissent atteindre le bonheur individuel et la justice collective, qui sont, comme j'ai essayé de le montrer dans les sections précédentes, deux notions également convergentes et solidaires. Ainsi, on comprend mieux la base de la critique mordante que le cynique adresse à la plupart des hommes qui, en essayant de nier ce à quoi ils ne peuvent pas échapper et de contrôler ce qui, à l'inverse, leur échappe entièrement, se livrent à des actions contradictoires et à des efforts inutiles.

L'homme est, parmi tous les vivants, le seul être qui ne peut pas ignorer sa « nature » : la conscience qu'il a de sa propre finitude lui assigne une place d'exception dans l'univers[1]. Les autres animaux – ceux qu'on appelle des *aloga* – feront tous, tôt ou tard, l'expérience de la mort ; pourtant ils ne *connaissent* pas la mort. Les dieux, à leur tour, puisqu'en principe ils connaissent toutes choses, connaissent aussi la mort, mais ils ne peuvent pas en faire l'expérience et ils ne connaîtront jamais leur propre mort. De même, la Nature, qui contient en elle la mort, survit toujours aux êtres qu'elle broie dans ses engrenages. En revanche, l'homme – et lui seul – souffre de sa mort par avance[2] : il est mortel et il se sait mortel. Dans cette perspective, l'homme est, par sa propre nature, irrémédiablement placé entre le dieu et l'animal et quoi qu'il fasse – même s'il embrasse le cynisme de toutes ses forces, en acceptant chacun des préceptes de cette philosophie – il ne sera jamais capable d'inverser une hiérarchie qui finalement le dépasse. Le cynique peut certes vouloir être semblable aux dieux ou songer à ce que ses pieds soient aussi forts et aussi résistants que les sabots des chevaux, ou encore s'inspirer de l'insouciance apparente d'une souris, néanmoins la divinité et l'animalité restent pour lui, sur le plan moral, comme des catégories rhétoriques

objective de la Nature : si le sage épicurien tient son plaisir d'un « accord » avec la Nature, le cynique, lui, construit le sien en « défiant » sa nature ou ce que la *doxa* prend pour *la* Nature. En ce sens, tandis que le « physicalisme éthique » des épicuriens, notamment à travers la théorie du *clinamen* des atomes, fait effort pour « sauver » la liberté qui fonde et soutient le plaisir du sage d'un déterminisme figé, les cyniques eux ont trouvé dans l'ascèse elle-même l'exercice plein de leur liberté. Sur les problèmes que pose la notion de nature et celle de liberté chez Épicure, voir P.-M. Morel, *Épicure*, 2009, notamment les p. 162-208.

1. J'adopte donc un point de vue différent de celui adopté par S. Husson qui, dans l'introduction de son étude, écrit : « Contrairement aux autres êtres vivants, l'homme peut vivre dans l'ignorance ou le refus de sa propre nature (…) » (*La* République *de Diogène*, 2011, p. 10) ; et, plus loin, elle conclut : « L'être humain ne peut pas vivre selon des normes qu'il n'aurait pas lui-même construites mais qui lui auraient été données par la nature, il peut toujours cependant chercher à effacer ce travail d'institution en le présentant comme une redécouverte d'une loi naturelle qui existerait déjà et qu'il suffirait de retrouver » (p. 181). Mais, il faut accepter que tout le problème se joue sur la façon dont on comprend la notion de nature que nous attribuons au projet cynique : « Vivre en homme de façon intégralement naturelle est donc, en soi, un mirage, par lequel on participe à la construction culturellement déterminée d'une certaine représentation de la nature » (*ibid.*, p. 181).

2. Cf. Dion Chrysostome, *Discours VI, Diogène ou la tyrannie* 41-42.

et, par conséquent, comme des instruments de sa pédagogie ; en tant que modèle de perfectibilité (en ce qui concerne les dieux) et en tant qu'exemples partiels des qualités que l'on peut apprécier (en ce qui concerne les animaux), ces catégories n'offrent vraisemblablement que des idéaux plus ou moins abstraits et impossibles à atteindre. Ainsi, lorsqu'on cherche les bases du soi-disant naturalisme des cyniques, on doit se garder de l'erreur naïve qui consiste à prendre la valeur rhétorique d'un exemple pour le but véritable vers lequel doivent tendre les efforts du sage. Nous avions déjà noté – et nous le réaffirmons ici – que, sur le plan du discours et des exemples à valeur moralisante, les animaux, échappant entièrement à tout jugement moral, peuvent incarner indifféremment le vice et la vertu[1]. En outre, il faut insister sur le fait que les sources anciennes nous montrent que chez les cyniques les qualités apparentes des animaux sont normalement prises séparément : les sabots des chevaux, l'insouciance de la souris, l'indifférence des chiens,

1. « La vie naturelle ne constitue pas un idéal moral pour l'animal mais un simple fait ; elle ne se transforme en idéal que pour l'homme capable d'en poser la valeur, et de se faire l'exégète de cette sagesse que l'animal ne peut qu'indiquer. Aussi retrouvons-nous, dans la croyance en l'exemplarité morale de l'animal, une part de foi, puisque, de l'état intérieur de l'animal, nous ne pouvons rien savoir » (S. Husson, *La* République *de Diogène*, 2011, p. 71). J'ajouterais simplement qu'à la rigueur, dans la perspective que je crois être celle de Diogène et des cyniques, un homme ne peut rien savoir non plus de l'état intérieur d'un autre homme. J'ai publié moi-même une brève étude sur le problème de l'exemple animal dans le cynisme (cf. O. Flores-Júnior, « Cratès, la fourmi et l'escarbot », 2005 ; cf. également *id.*, « *Khortos gasteri* ou le bonheur est dans le pré », 2006) dans lequel j'ai essayé de démontrer que l'usage de l'exemple animal chez les cyniques – y compris le chien – n'est pas univoque, car dans le *corpus* cynique l'animal peut illustrer la vertu et les qualités que l'homme doit imiter aussi bien que les vices qu'il faut éviter, tels la convoitise et la dépravation. Ainsi, par exemple, la même souris qui, selon Théophraste, avait inspiré à Diogène son mode de vie, apparaît à d'autres moments comme la représentation du parasitisme (cf. D. L. VI 22 ; 40 ; Stobée III 6, 37 [*SSR* V B 195]). Même si, dans ses lignes générales, ma démonstration a pu convaincre, je me sens obligé de revenir ici sur la perspective qu'à ce moment-là, je jugeais justifiée, mais à laquelle, par la suite, à la lumière de nouvelles réflexions, je n'ai plus souscrit, à savoir la conception selon laquelle le cynisme serait une « philosophie fondée sur un *naturalisme radical* » (O. Flores-Júnior, « Cratès, la fourmi et l'escarbot », 2005, p. 139 ; j'ajoute les italiques maintenant). Dans la conclusion de cette étude, j'ai écrit : « La vie *kata phusin* que prônent les cyniques ne se résume donc pas à imiter aveuglement l'animal, quel qu'il soit, mais à réaliser en soi-même et à développer dans toute sa dimension et toutes ses conséquences la vraie nature de l'homme ; l'exemple animal n'est pas le but du chemin qui conduit à la vertu et au bonheur ; il en est un point de passage » (*op. cit.*, p. 163). Même si dans l'ensemble cet énoncé peut être maintenu en raison des nuances qu'il admet, l'idée du cynisme comme proposition d'une vie *kata phusin* ou comme *retour à la nature* par la voie de l'animalité (ou du primitivisme) ne me semble plus souhaitable. En effet, en relisant ces pages avec le recul du temps, j'ai le sentiment que toute l'argumentation qu'elles exposent va dans le sens contraire de la proposition qui leur a servi de base, et dont l'acceptation et la permanence dans ce contexte-là s'expliquent par la force d'une tradition interprétative bien enracinée dans l'esprit de la critique moderne à laquelle j'ai d'abord adhéré. En tout cas, la question est complexe et le dossier n'est pas clos. On retrouvera cette même mise au point dans la première partie de mon essai bibliographique autour du livre de S. Husson sur la *République* de Diogène : cf. O. Flores-Júnior, « Husson, Suzanne. *La* République *de Diogène* », 2011.

l'endurance au froid des grenouilles, la force du lion, la frugalité des bêtes des pâturages (cela pour les qualités positives ; pour les négatives, on pourrait citer l'avarice des fourmis et des escarbots, et le parasitisme néfaste de la belette, de la fouine et de la souris qui réapparaît du côté des vices). Malheureusement, l'animal que le cynique voudrait bien imiter n'existe pas dans la nature (ni d'ailleurs dans les cités). Dès lors, on pourrait évoquer le contre-argument suivant : il ne s'agit pas simplement pour le cynique d'imiter les comportements des animaux, ceux-ci étant des plus variés ; ce serait même contradictoire ; en fait, ce que le cynique érige comme modèle pour guider la vie du sage c'est une *certaine idée d'animalité*. Mais ce contre-argument, me semble-t-il, serait encore plus dangereux que l'objection qu'il veut surmonter, car il rapproche le cynisme d'un idéalisme d'allure platonicienne auquel, comme on sait, Diogène était allergique[1] : pour le cynique une idée d'animalité détachée des animaux réels qu'on voit et qu'on peut toucher serait une bien jolie chimère. Alors, à titre d'un dernier effort en vue de « sauver » l'animalisme des cyniques, on pourrait tout de même ajouter une précision à la proposition antérieure : il ne s'agit pas vraiment de l'idée d'animalité, mais d'un trait commun que l'on peut relever dans tous les animaux sensibles[2] : les animaux sont tous déjà « naturellement » en possession de leur nature ; l'homme « dénaturalisé » qui veut se réapproprier la sienne pourrait donc prendre comme paradigme la vie des animaux. On relance là une difficulté déjà évoquée : si la « nature » est en quelque sorte la partie qu'on ne peut extirper des êtres, il ne fait guère de sens d'affirmer que, pour être heureux, l'homme doit rentrer en possession de ce qu'il n'a pas perdu, tout simplement parce que, quoi qu'il fasse, il ne peut pas le perdre. Et nous pourrions dire que, tout comme les sabots pour les chevaux ou la peau pœcilotherme pour les grenouilles, la raison est pour l'homme un outil « naturel » : il n'est donc pas question de se le réapproprier, mais d'en faire un bon usage[3].

En vivant *autrement* leur vie, aux yeux de tous et en pleine place publique – ἐν τῷ μέσῳ –, ce que les cyniques dénoncent c'est précisément le mauvais usage que

1. Cf. D. L. VI 40 ; 53.

2. Cf. S. Husson, *La* République *de Diogène*, 2011, parle d'une « constante éthique de l'animalité en général » (p. 51 ; cf. également les p. 10-11).

3. On pourrait arguer que nous sommes en présence ici d'une contradiction dans les termes, car un « mauvais usage » de la raison relèverait en fait de la « déraison ». Mais l'argument consiste à reconnaître dans la raison un élément constitutif de la « nature » humaine au même titre que le besoin de manger : tous les hommes ont besoin de manger, mais ils peuvent manger de la « bonne » ou de la « mauvaise » façon. De même, puisque certaines personnes ont besoin de manger plus que d'autres (en fonction de leurs conditions particulières, de la taille de leurs corps, etc.), on pourrait dire que certaines personnes ont aussi « plus » de raison que d'autres. La simple observation montre combien la Nature peut être inégale dans la distribution de ses ressources : en fait, Prométhée n'a pas été capable de corriger le piètre (selon Prométhée lui-même) travail accompli par son frère. L'« usage de la raison » est un problème posé aussi chez les stoïciens (cf. Th. Bénatouïl, *Faire usage : la pratique du stoïcisme*, 2006, notamment les p. 65-143).

la plupart des hommes, de façon presque systématique et apparemment atavique, font de leur raison.

Forts, malgré eux, de la conscience de leur propre condition, de leur finitude et de leur vulnérabilité d'êtres vivants, les hommes souffrent de cette situation. La mort est certaine, mais le « quand » et le « comment » ne le sont pas (sauf peut-être pour les suicidés qui n'ont pas raté leur coup) et dans le temps qui mène de la naissance à la disparition, la probabilité des maladies et des souffrances de tout ordre est bien réelle, mais rien n'est clair et tout semble échapper à la compréhension, comme de la fumée entre les doigts dès qu'on essaie, à l'exemple de ce qu'avait fait la petite fille avec son sou, de la saisir en fermant la main. Le regard que l'homme pose sur son propre destin est toujours un mélange de clairvoyance et de myopie, car l'homme lui-même est le produit symétrique du travail des deux frères titans, dont les caractéristiques, déjà inscrites sur leur nom, sont opposées et complémentaires : l'existence des hommes est donc tracée à mi-chemin entre la sagesse quelque peu fourbe du prévoyant Prométhée et l'esprit – ralenti et stupide dira-t-on – d'Épiméthée, qui ne réagit aux faits qu'après qu'ils se sont déjà produits. Cette ambiguïté est en fait un motif récurrent du mythe : l'histoire de Prométhée nous apprend aussi que l'aventure humaine est gouvernée par Elpis. C'est elle qui reste au fond de la jarre que Pandore amena parmi les hommes et dont elle leva le couvercle, rien que pour le remettre à sa place tout de suite après. Elpis y est resté, mais « des maux et des peines cruelles » ont échappé pour sévir toujours et partout dans le monde, de leur propre mouvement (αὐτόματοι), subreptices et en silence (σιγῇ), sans donner un signe sûr de leur arrivée, car Zeus leur avait enlevé la voix[1]. L'homme est donc condamné à l'attente de ce qu'il ne peut connaître que de façon imparfaite, de ce dont il ne voit qu'une ombre imprécise et dont il n'entend qu'un bruit confus. La condition humaine est ainsi placée sous le signe de cette attente ou, si l'on veut de l'*expectation*, un terme qui désigne, dans le vocabulaire médical, l'abstention de tout traitement lorsque les manifestations de la maladie ne sont pas suffisamment précises. Nous, les hommes, comme des Vladimirs ou des Estragons, nous attendons toujours Godot.

Tout en considérant que l'effort de libération de cette « maladie de l'attente » est légitime, car la survie même, non de l'espèce, qui l'intéresse peu[2], mais de chaque homme en dépend, le cynique sait que la méthode indiquée par la *doxa* pour y parvenir n'est pas la bonne. En mettant en œuvre leur génie et leur raison pour contrecarrer leur angoisse existentielle, et pour, d'une certaine manière, compenser les incertitudes de leur vie, les hommes se trompent tout simplement parce qu'ils prennent le problème du mauvais côté.

1. Cf. Hésiode, *Les travaux et les jours* 100-105.
2. Cf. Pseudo-Diogène, *Lettre XLVII, à Zénon*.

La stratégie de la raison que l'homme met d'habitude en marche pour assurer ce qu'il croit être son bonheur est double. D'une part, sous l'emprise de la peur de la mort et des souffrances, il essaie de les prévoir, de les anticiper afin de les éviter ou, au pire, de les minimiser (et le pire, en l'occurrence, est aussi le plus probable). D'autre part, la conscience de sa propre mortalité connaît chez l'homme un autre développement qui est encore plus curieux et contre lequel le cynisme est particulièrement implacable : l'homme entrevoit à l'horizon nébuleux de son existence, à côté des malheurs certains et des malheurs probables, la répétition perpétuelle de ses besoins. En effet, pour l'animal « irrationnel », enfermé dans son instinct, la faim est en quelque sorte un *besoin présent*, qui commence avec la fin d'un processus physiologique et qui ne dure que jusqu'au moment précis de l'ingestion de l'aliment ; ce même besoin, dont les instruments d'assouvissement ne varient pas beaucoup chez lui, reprend alors plus tard presqu'à l'identique. Il s'agirait donc d'une chaîne formée par la répétition d'un même épisode, que seule la mort vient briser. Chez l'homme, en revanche, la faim est aussi un *besoin futur* et chaque repas est d'une certaine manière le souvenir du prochain repas ; en anticipant son désir, l'homme s'en fait un plaisir qui dépasse le simple assouvissement d'une nécessité naturelle, et il peut, lui seul parmi toutes les créatures vivantes, se demander : « qu'est-ce qu'on mange ce soir ? ».

L'erreur de l'homme consiste en fait, aux yeux du cynique, à penser pouvoir faire de cette attente infuse dans son être, qui n'est qu'expectative sourde et aveugle, un espoir de bonheur. La peur des souffrances et l'envie du plaisir ont ainsi dans la prévoyance – une prévoyance « handicapée » – leur origine commune, et par l'œuvre de la raison cette prévoyance fabrique chez l'homme une « seconde nature ». L'homme alors s'invente le monde civilisé. Ainsi, l'ensemble des lois, en projetant l'injustice future à partir de son expérience présente de l'injustice, établit des obligations et des sanctions[1]. De même, la science, plutôt que d'incarner le savoir désintéressé, produit en fait les techniques qui donnent à l'homme le sentiment de pouvoir soumettre à son gré le monde auquel il est soumis et de déjouer les coups d'un destin qu'il peut à peine s'imaginer[2]. Enfin, le plaisir qu'il machine emprunte ce même chemin : en entrevoyant à l'horizon ses besoins, il prépare de quoi les agrémenter de façon à ce qu'à son goût, qui n'est pas vraiment le sien, mais celui qui vient des idées reçues, leur satisfaction soit la plus agréable possible.

1. C'est ce qu'on doit sans doute reconnaître, dans le mythe raconté par Protagoras, comme l'aboutissement de l'excellence politique (πολιτικὴ ἀρετή) fondée sur la pudeur (αἰδώς) et la justice (δίκη) qu'Hermès, suivant l'ordre de Zeus, amena dans les cités afin que la race des hommes ne fût pas détruite : cf. Platon, *Protagoras* 320c-322d.

2. Cf. Eschyle, *Prométhée enchaîné* 436-506. Notons, en passant, que chez Eschyle les techniques et les savoirs que Prométhée apprend aux mortels incluent aussi « mille formes de l'art divinatoire » (τρόπους πολλοὺς μαντικῆς ; v. 484 ; trad. de P. Mazon).

Sur ce chemin, l'homme tombe dans le piège de la contradiction. Et la voix et la présence du cynique, qui la dénonce, se font troublantes précisément parce qu'elles ne viennent pas de la « nature », d'un « dehors » idéalisé et imprécis, mais parce qu'elles s'élèvent à l'intérieur de la cité même que la (dé)raison de l'homme a construite. Le cynique montre, avec des exemples à la place des arguments – par le moyen d'une *parrhesia* qui est geste et parole à la fois, et qui s'inscrit entièrement sur son corps[1] – que les hommes, à force de vouloir voir plus clair dans l'horizon de leur existence, pour en extraire protection et plaisir, entourent leur vie présente d'un brumeux *tuphos*, et c'est cela qui les expose à tous les dangers : les hommes, par leurs propres attitudes, amoindrissent jusqu'à l'anéantissement la seule arme qui peut garantir leur bonheur, à savoir l'autarcie qui est, à son tour, la condition *sine qua non* de la liberté, la valeur que Diogène lui-même mettait au-dessus de toute chose[2]. Courant après ce qu'ils ne peuvent pas saisir et fuyant ce qui « par nature » les atteint déjà, les hommes s'entortillent confusément entre conscience et désir, entre nécessaire et accessoire. La peur des souffrances devient alors plus douloureuse que les souffrances elles-mêmes, et les plaisirs, pour qu'ils soient continus, sont transformés en besoins : en s'imposant plus de contraintes que ne lui en impose la Nature, l'homme dissipe son indépendance et s'affaiblit[3]. Le diagnostic du malheur n'est pas différent : prévision et provision sont des ressorts qui appartiennent au titan visionnaire, mais chez l'homme ils deviennent un effort pour *gouverner* ce qui le dépasse ; comme le chantait Homère, le poète que les cyniques aimaient citer, « tout repose sur les genoux des dieux »[4] et, puisque les desseins de Zeus et le cours de la Fortune sont insondables, cet effort est non seulement inutile, mais néfaste.

Parce que tout espoir est illusion et mirage, la condition de l'homme semble *désespérée*. Le cynique, qui la met au clair, serait alors un pessimiste incorrigible et taciturne – ou un nihiliste. Ce n'est pas le cas[5]. À moins d'accepter qu'il incarne une forme originale de pessimisme, un pessimisme gai, car en constatant la précarité de l'existence humaine, il s'en félicite[6]. En fait, pour le cynique, chaque jour vécu dans ce monde, un monde toujours changeant et dont les changements sont imprévisibles, est un jour de fête[7]. Et il sait que c'est justement parce que les fêtes

1. Voir encore les analyses de M. Foucault dans *Le courage de la vérité*, 2009.

2. Cf. D. L. VI 71.

3. Dion Chrysostome, *Discours VI, Diogène ou La tyrannie*, résume bien la perspective cynique. En effet, le tyran dont Dion dresse le tableau incarne de façon hyperbolique le comportement des hommes en général.

4. Cf. D. L. VI 67.

5. L'opinion quelque peu radicale de Monime de Syracuse, selon laquelle *tout* est *tuphos*, reste en quelque sorte marginale : cf. D. L. VI 83.

6. Cf. Stobée IV 36, 10 (*SSR* V B 486) ; Pseudo-Cratès, *Lettre XXXIII, à Hipparchia*.

7. Cf. Plutarque, *Sur la tranquillité de l'âme* 20, 477c (*SSR* V B 464) ; Télès, fr. II 15-18 Fuentes González.

ont toutes une fin, que l'on peut en profiter. C'est logique : tout plaisir continuel et ininterrompu se dissout dans l'ennui et dans le dégoût[1]. D'une certaine manière la souffrance est un élément constitutif du plaisir, et, dans le cours de la vie humaine, finie et fragile *par nature*, plutôt que d'alterner, ils se définissent mutuellement[2].

Le cynique serait donc un pessimiste gai et ricaneur, perspicace et insensible à la fois, qui se fait un plaisir de se moquer des souffrances et des malheurs – les siens y compris – qui ne peuvent pas être guéris[3]. C'est en partie vrai. On connaît bien la valeur parénétique qu'avait le rire dans le cynisme ; en tournant en dérision la déraison des gens, le cynique les réveille de leur torpeur morale et de leurs comportements automatisés ; le cynique est, au dire de Lucien, un chien qui mord en même temps qu'il rit (γελῶν ἅμα ἔδακεν)[4]. Le cynique met donc en œuvre une moquerie sérieuse que le grec traduit par le terme *spoudogeloion* et qui est une des marques du *kynikos tropos*. Il serait donc faux de penser que le rire des cyniques est uniquement destructeur. Comprise de cette façon, leur moquerie ne serait que le symptôme le plus évident – et le plus audible – d'une philosophie *négative*. C'est sans doute ce qu'a pensé un célèbre historien qui, il y a quelques années, comparait Diogène à Héraclès, celui que les cyniques eux-mêmes considéraient comme leur saint et qui nettoyait les écuries d'Augias, mais qui n'a pas trouvé bon de mettre rien de nouveau à la place du fumier[5]. La comparaison n'est pas bonne (on ne voit pas très bien ce qu'on devrait mettre à la place du fumier dans des écu-

1. Cf. Dion Chrysostome, *Discours VI, Diogène ou La tyrannie* 11-12. De même, une souffrance qui ne connaît pas de terme sape la vie. C'est pour cette raison que l'idéal d'un bonheur ou d'une souffrance éternels, « vécus » dans le Ciel et dans l'Enfer, n'ont de sens qu'en dehors de la vie même. Sans se rendre compte de l'incompatibilité logique entre une vie éternelle et un certain « état d'esprit » continu, les gens se font un idéal. Cet idéal, administré socialement, devient alors un instrument utile pour le contrôle de la vie des vivants, comme une sorte d'appui métaphysique des obligations et des sanctions. En ce sens, il est intéressant de rappeler que dans ses *Dialogues des morts*, Lucien utilise assez souvent des voix cyniques pour dénoncer les vices communs aux mortels. Ce qui rend possible cette critique placée dans l'« au-delà », c'est le fait que les types humains critiqués, déjà morts, mais pris dans cette incohérence, s'acharnent encore à entretenir leurs passions terriennes. Les cyniques dénonçaient en fait – et Lucien semble l'avoir bien compris – le *tuphos* par rapport à la vie mais aussi le *tuphos* par rapport à la mort : cf. D. L. VI 6. Le cynisme est un éloge du corps et de la vie mortelle. Ce seul point serait déjà suffisant pour inspirer de la prudence à l'égard des thèses qui, en vue de certaines coïncidences plutôt superficielles, veulent le rapprocher du premier christianisme (sur ce point précis, voir l'étude de M.-O. Goulet-Cazé, *Cynisme et christianisme dans l'Antiquité*, 2014).

2. On pourrait certes arguer que la douleur et le plaisir sont, dans le contexte d'une vie particulière, des épisodes qui se produisent au long d'un parcours neutre. Pourtant, si, dans une perspective strictement « naturelle », la douleur et le plaisir correspondent respectivement au désir (ou au besoin) et à la satisfaction (ou à l'assouvissement), ils restent comme des concepts dépendants l'un de l'autre.

3. C'est bien l'image du cynisme que l'on dégage des Ménippe, des Cratès et des Diogène que Lucien met en scène dans ses *Dialogues des morts*.

4. Cf. Lucien, *Double accusation* 33.

5. Cf. M. I. Finley, « Diogenes the Cynic », 1968.

ries qu'on vient de nettoyer), et ce qu'elle suggère est, à mon avis, faux. Diogène – et cela vaut pour l'ensemble du mouvement qu'il a fondé – a une conscience aiguë des malheurs qui menacent l'humanité et, puisqu'il se voit comme un libérateur des hommes et comme le médecin de leurs affections (ἐλευθερωτὴς τῶν ἀνθρώπων καὶ ἰατρὸς τῶν παθῶν)[1], il ne s'arrête pas au niveau du diagnostic. En fait, puisque ce diagnostic est posé par l'exemple, il contient déjà en lui-même le remède : la vie autre que le cynique vit au vu et au su de tous est, en soi-même, l'affirmation d'une doctrine morale positive, du moins pour ceux qui, contrairement à Lycinos, ont le courage de regarder au-delà de la surface des apparences.

Ce que le cynisme propose à l'homme, par l'exemple de ses adeptes, c'est une *vie facile*. Pour être plus précis, il faudrait dire que le cynique propose à l'homme d'accepter et d'entrer en possession de la *vie facile* que les dieux lui donnent. Notons bien : que les dieux lui *donnent* ; par conséquent, il ne s'agit pas d'un don fait dans un temps passé, révolu à jamais, mais d'un don toujours présent, toujours à portée de main. La « vie facile » des cyniques n'est donc pas l'expression d'un désir nostalgique d'un Âge d'or ancestral, d'une forme quelconque de primitivisme, et elle ne se définit ni contre le *nomos*, ni du côté de la *physis*, comme on l'a souvent pensé à tort. Pour le dire brièvement, adopter la « vie facile » – *kat'euteleian* – dont parle le cynique, signifie pour le sujet parvenir à réaliser la fin des actions qui lui sont nécessaires en choisissant, selon sa situation présente et selon la configuration actuelle des événements qui le concernent, les moyens les plus faciles et les plus simples. Selon cette définition, on pourrait être tenté de dire que le « cynisme » est au mieux l'autre nom du relativisme moral ou, au pire, de l'opportunisme vulgaire. Ce serait vrai, si la base du programme ne supposait l'effort et l'engagement intégral de ses adeptes : le cynisme est un raccourci vers la vertu (et vers le bonheur), mais le chemin est escarpé. Le cynisme serait en ce sens une forme anticipée de pragmatisme.

Ainsi, la démarche du cynisme, tout en étant fondée sur l'effort, s'annonce sans difficulté, car elle touche à l'origine du problème que pose la condition humaine, mais du bon côté : les malheurs des hommes découlent des mauvais choix et des labeurs inutiles dont la réalisation dissipe leurs forces, et qui de façon générale les amènent à vouloir gouverner, à maîtriser ce qui les dépasse. Il faut donc revenir aux seules choses que l'on peut réellement maîtriser dans ce monde : soi-même et l'usage des représentations. Il s'agit, pour l'homme, avant tout, d'entrer en possession de ce qui lui appartient en propre. Telle est la règle d'or de Diogène, le célèbre faux-monnayeur de Sinope : si l'on veut être heureux – et pour être heureux il faut être libre, dans le sens de la plus grande *libération* possible –, on doit cultiver son autarcie, une autarcie qui sera, autant que faire se peut, absolue et radicale, ce que seule l'ascèse donne en rassemblant dans un tout indissoluble l'âme et le corps. La raison pragmatique qui invite à *falsifier la monnaie* se

1. Cf. Lucien, *Philosophes à l'encan* 8.

teint alors d'un paradoxe original, car l'ascèse cynique, en poursuivant sans cesse la nature qui se cache dans chaque homme et dans chaque femme, est la méthode à la portée de tous pour arriver à une *vie facile*, mais cette *vie facile* n'est pas le prix que l'on obtient au bout du chemin ; elle est le fruit que l'on cueille chemin faisant, *hic et nunc*.

BIBLIOGRAPHIE

ADRADOS, F. R., *Filosofía cínica en las fabulas esópicas*, Buenos Aires, Centro de Estudios Filosóficos, 1986.

—, « Política cínica en las fabulas esópicas », dans *Filologia e forme letterarie. Studi offerti a F. Della Corte*, Urbino, Università degli Studi di Urbino, 1987, p. 413-426.

ALINEI, M., « L'astragalo e il talento. Contributo alla ricerche sull'origine delle unità di peso », *Annali dell'Istituto Italiano di Numismatica* 7-8, 1960-1961, p. 9-23.

AMANDRY, P., « Os et coquilles », *Bulletin de Correspondance Hellénique*, Suppl. 9, *L'antre corycien II*, 1984, p. 347-380.

AMATO, E., *Favorinos d'Arles. Œuvres*, Paris, Les Belles Lettres, t. I (texte établi et commenté par E. Amato ; traduit par Y. Julien), 2005 ; t. III (texte établi et traduit par E. Amato), 2010.

APELT, O., *Diogenes Laertius. Leben und Meinungen Berühmter Philosophen*, Leipzig, Felix Meiner, 1921, 2 vol.

ARNIM, H. von, *Leben und Werke des Dio von Prusa* ; mit einer Einleitung : *Sophistik, Rhetorik, Philosophie in ihrem Kampf um die Jugendbildung*, Hildesheim, Weidmann, 2004 (1re éd. Berlin, 1898).

—, *Stoicorum Veterum Fragmenta*, collegit Ioannes ab Arnim, Leipzig, Teubner, 4 vol. (vol. I-III, 1903-1905 ; vol. IV, 1924) ; réimpr. 1964 [*SVF*].

ARNOULD, D., *Le rire et les larmes dans la littérature grecque d'Homère à Platon*, Paris, Les Belles Lettres, 1990.

ASSUNÇÃO, T. R., « Nota sobre o γαστήρ funesto e ultra-cão na *Odisseia* », *Kléos* 7/8, 2003/2004, p. 55-69.

BAGORDO, A., « Zum *anósteos* bei Hesiod (*Erga* 524) : griechische Zoologie, indogermanische Dichtersprache oder etwas anderes ? », *Glotta* 85, 2009, p. 31-58.

BARIGAZZI, A., *Favorino di Arelate : Opere,* introduzione, testo critico e commento, Firenze, Le Monnier, 1966.

—, « Favorino di Arelate », dans *ANRW* II, 34, 1, 1993, p. 556-581.

BAILEY, C., *Epicurus : the extand remains*, with short critical apparatus, translation and notes by C. B., Oxford, Clarendon Press, 1926.

BALDRY, H. C., *The Unity of Mankind in Greek Thought*, Cambridge, Cambridge University Press, 1965.

BEATRICE, P. F., *Anonymi Monophysitae Theosophia. An attempt at reconstruction*, Leiden, Brill, 2001.

BEAUPÈRE, Th., *Lucien. Philosophes à l'encan*, Paris, Les Belles Lettres, 1967, 2 vol.

BEES, R., *Zenons* Politeia, Leiden, Brill, 2011.

BÉNATOUÏL, Th., *Faire usage : la pratique du stoïcisme,* Paris, Vrin, 2006.

BERGSON, H., *Le rire*, Paris, P.U.F., 1993 (1re éd. Paris, Félix Alcan, 1900).

BERLIN, I., « Two concepts of Liberty », dans *id., Four essays on liberty*, Oxford, Oxford University Press, 1969, p. 118-172.

BERNAYS, J., *Lucian und die Kyniker*, Berlin, Wilhem Harts, 1879.

BERNINI, L. (édit.), *Michel Foucault, gli antichi e i moderni. Parrhesia, Aufklärung, ontologia dell'atualità*, Pisa, ETS, 2011.

BIELER, J., *Über die Echtheit des Lucianischen Dialogs Cynicus*, Hildesheim, Gerstenberg, 1891.

BILLERBECK, M., *Epiktet : vom Kynismus,* Leiden, Brill, 1978.

—, *Der Kyniker Demetrius. Ein Beitrag zur Geschichte der frühkaiserzeitlichen Popularphilosophie*, Leiden, Brill, 1979.

—, « Le cynisme idéalisé d'Épictète à Julien », dans M.-O. Goulet-Cazé et R. Goulet (édit.), *Le cynisme ancien et ses prolongements*, Paris, P.U.F., 1993, p. 319-338.

BILLERBECK, M. (édit.), *Die Kyniker in der modern Forschung*, Amsterdam, Grüner, 1991.

BISHOP, P. (édit.), *Nietzsche and Antiquity. His reaction and response to the Classical Tradition*, Rochester (New York), Camden House, 2004.

BLUMENBERG, H., *Arbeit am Mythos*, Frankfurt am Main, Suhrkamp, 1979.

BOBZIEN, S., *Determinism and freedom in Stoic philosophy*, Oxford, Oxford University Press, 1998.

BOMPAIRE, J., *Lucien écrivain. Imitation et création*, Paris, Boccard, 1958.

—, *Lucien. Œuvres.* Tomes I-IV (opuscules 1-29), Paris, Les Belles Lettres, 1993-2008.

BOSMAN, Ph., « Selling Cynicism : The Pragmatics of Diogenes' Comic Performances », *The Classical Quarterly* 56, 2006, p. 93-104.

—, « Citizenship of the world – the Cynic way », *Phronimon* 8, 2007, p. 25-38.

—, « Ancient Cynicism. For the elite or for the masses ? », dans R. Evans (édit.), *Mass and Elite in the Greek and Roman Worlds. From Sparta to Late Antiquity*, London, Routledge, 2017, p. 34-48.

BOUFFARTIGUE, J., « L'automédication des animaux chez les auteurs antiques », dans I. Boehm et P. Luccioni (édit.), *Le médecin initié par l'animal : animaux et médecins dans l'Antiquité grecque et latine*, Lyon, Maison de l'Orient et de la Méditerranée, 2008, p. 79-96.

—, « La notion d'animal vertueux dans l'Antiquité grecque », *Shedae* 1, 2009, p. 1-14.

BRANCACCI, A., « Le orazioni diogeniane di Dione Crisostomo », dans G. Giannantoni (édit.), *Scuole Socratiche minori e filosofia ellenistica*, Bologna, Il Mulino, 1977, p. 141-171.

—, « Tradizione cinica e problemi de datazione nelle orazioni diogeniane di Dione di Prusa », *Elenchos* 1, 1980, p. 92-122.

—, *Retorica philosophousa : Dione Crisostomo nella cultura antica e bizantina*, Napoli, Bibliopolis, 1985.

—, « I κοινῇ ἀρέσκοντα dei Cinici e la κοινωνία tra cinismo e stoicismo nel libro VI (103-105) delle *Vite* di Diogene Laerzio », dans *ANRW* II 36, 6, Berlin-New York, W. De Gruyter, 1992, p. 4049-4075.

—, « Le modèle animal chez Antisthène » dans B. Cassin ; J.-L. Labarrière ; G. Romeyer-Dherbey (édit.), *L'animal dans l'Antiquité*, Paris, Vrin, 1997, p. 207-225.

—, « Dio, Socrates, and Cynicism », dans S. Swain (édit.), *Dio Chrysostom : politics, letters and philosophy*, Oxford, Oxford University Press, 2000, p. 240-260.

BRANDÃO, J. L., « A sombra do asno : a filosofia e os filósofos em Luciano de Samósata », *Kléos* 1, 1997, p. 231-252.

—, *A poética do Hipocentauro. Literatura, sociedade e discurso ficcional em Luciano de Samósata*, Belo Horizonte, Editora da UFMG, 2001.

—, *Luciano de Samósata. Como se deve escrever a história*, tradução e ensaio de J. L. Brandão, Belo Horizonte, Tessitura, 2009.

BRANHAM, R. B., « Defacing the Currency : Diogenes' Rhetoric and the Invention of Cynicism », dans R. Bracht Branham et M.-O. Goulet-Cazé (édit.), *The Cynics. The Cynic Movement in Antiquity and its Legacy*, Berkeley, University of California Press, 1996, p. 81-104.

—, « Nietzsche's Cynicism : uppercase or lowercase ? », dans P. Bishop (édit.), *Nietzsche and Antiquity. His reaction and response to the Classical Tradition*, Rochester (New York), Camden House, 2004, p. 170-181.

—, « Exile on Main Street : Citizen Diogenes », dans J. F. Gaertner (édit.), *Writing Exile : The Discourse of Displacement in Greco-Roman Antiquity and Beyond*, Leiden, Brill, 2007, p. 71-85.

BRANHAM, R. B. et GOULET-CAZÉ, M.-O. (édit.), *The Cynics. The Cynic Movement in Antiquity and its Legacy*, Berkeley, University of California Press, 1996.

BRENK, F., « Dio on the simple and self-sufficient life », dans S. Swain (édit.), *Dio Chrysostom. Politics, Letters, and Philosophy*, Oxford, Oxford University Press, 2000, p. 261-278.

BRENNAN, T., *The Stoic Life. Emotions, duties, and fate*. Oxford, Oxford University Press, 2005.

BRIDGE, J., « On authorship of the *Cynicus* of Lucian », *Transactions of the American Philological Association* 19, 1888, p. 33-39.

BRISSON, L., *Platon. Phèdre*, traduction, introduction et notes par L. Brisson, Paris, GF Flammarion, 1989.

—, « Le cynisme », dans M. Canto-Sperber (édit.), *Philosophie Grecque*, Paris, P.U.F., 1998, p. 165-174.

BROWN, T. S., *Onesicritus. A Study on Hellenistic Historiography*, Berkeley, University of California Press, 1949.

BROWN, E., *Stoic Cosmopolitanism and the Political Life*, Chicago, University of Chicago, 1997 [thèse].

—, « The Emergence of Natural Law and Cosmopolis », dans S. Salkever (édit.), *The Cambridge Companion to Ancient Greek Political Thought, Cambridge*, Cambridge University Press, 2009, p. 331-363.

—, « Cynics », dans J. Warren et F. Sheffield (édit.), *The Routledge Companion to Ancient Philosophy*, New York, Routledge, 2014, p. 399-408.

—, *Stoic Cosmopolitanism*, Cambridge, Cambridge University Press, 2020 [sous presse].

BRUNSCHWIG, J., « L'argument des berceaux chez les Épicuriens et chez les Stoïciens », dans *id.*, *Études sur les philosophies hellénistiques. Épicurisme, stoïcisme, scepticisme*, Paris, P.U.F., 1995, p. 69-112 (reprise de *id.*, « The Cradle Argument in Epicureanism and Stoicism », dans M. Schofield et G. Striker [édit.], *The Norms of Nature. Studies in Hellenistic Ethics*, Cambridge, Cambridge University Press, 1986, p. 113-144).

BUORA, M., « L'incontro tra Alessandro e Diogene : tradizione e significato », *Atti dell'Istituto Veneto di Scienze, Lettere ed Arti* 132, 1973-1974, p. 243-264.

BURESCH, K., *Klaros. Untersuchungen zum Orakelwesen des späteren Altertums. Nebst einem Anhange*, das Χρησμοὶ τῶν Ἑλληνικῶν θεῶν enthaltend, Leipzig, Teubner, 1889.

BURKERT, W., « Herakles and the Master of Animals », dans *id.*, *Structure and history in Greek mythology and ritual*, Berkeley, University of California Press, 1979, p. 78-98.

CAILLOIS, R., *Le mimétisme animal*, Paris, Hachette, 1963.

—, *Les jeux et les hommes. Le masque et le vertige*. Édition revue et augmentée, Paris, Gallimard, 1967 (édition revue et augmentée ; 1re édition, Paris, Gallimard, 1958).

CAMEROTTO, A., « Parrhesia. Una parola per i 'Classici contro' », *Atene e Roma* 6 (Nuova Serie Seconda), 2012, p. 51-63.

CASSIN, B., LABARRIÈRE, J.-L. et ROMEYER DHERBEY, G. (édit.), *L'animal dans l'Antiquité*, Paris, Vrin, 1997.

CASTER, M., *Lucien et la pensée religieuse de son temps*, Paris, Les Belles Lettres, 1937.

CASTIGNONE, S. et LANATA, G. (édit.), *Filosofi e animali nel mondo antico*, Genova, Centro di Bioetica, 1994.

CHANTRAINE, P., *Dictionnaire étymologique de la langue grecque. Histoire des mots*, Paris, Klincksieck, 1999 (1re édition 1968).

CHEAH, Ph. et ROBBINS, B. (édit.), *Cosmopolitics. Thinking and Feeling Beyond the Nation*, Minneapolis, University of Minnesota Press, 1998.

CIORAN, E. M., *Exercices d'admiration*, Paris, Gallimard, 1986.

CHANKOWSKI, V., « Les places financières dans le monde grec classique et hellénistique des cités », *Pallas* 74, 2007, p. 93-112.

CHARBONNIER, P., *La fin d'un grand partage. Nature et société, de Durkheim à Descola*, Paris, CNRS Éditions, 2015.

CHASE, M., CLARK, S. R. L. et MCGHEE, M. (édit.), *Philosophy as way of life : ancients and moderns. Essays in honor of Pierre Hadot*, Hoboken, Wiley-Blackwell, 2013.

CHOUINARD, I., « Cynisme et falsification du langage : à propos de Diogène cherchant un homme », dans O. Laliberté et V. Darveau-St-Pierre (édit.), *Qu'est-ce que le « dire » philosophique ?*, Montréal, Les Cahiers d'Ithaque, 2016, p. 19-33.

CLAY, D., « Lucian of Samosata : four philosophical lives. Nigrinus, Demonax, Peregrinus, Alexander Pseudomantis », dans *ANRW* II 36, 5, Berlin-New York, W. De Gruyter 1990, p. 3406-3450.

—, « Picturing Diogenes », dans M.-O. Goulet-Cazé et R. Bracht Branham (édit.), *The Cynics. The Cynic Movement in Antiquity and its Legacy*, Berkeley, University of California Press, 1996, p. 366-387.

CLÉMENT, M., *Le cynisme à la Renaissance d'Érasme à Montaigne*, suivi de « Les Epistres de Diogenes » (1546), Genève, Droz, 2005.

COBET, C. G., *Diogenis Laertii De clarorum philosophorum vitis dogamatibus et apophthegmatibus libri decem*, Paris, Firmin Didot, 1862.

COHOON, J. W., *Dio Chrysostom. Discourses* 1-11, with an English translation, Cambridge (Mass.)/London, Harvard University Press, 2002.

COIN-LONGERAY, S., « Πενία et πένης : travailler pour vivre ? », *Revue de philologie, de littérature et d'histoire anciennes* 75, 2001, p. 249-256.

CONTERNO, M., *Temistio Orientale. Orazioni temistiane in traditione siriaca e araba*, Brescia, Paideia, 2014.

CONTINI, A., *Jean-Marie Guyau. Una filosofia della vita et l'estetica*, Bologna, Clueb, 1995 (traduction française par Ph. Audegean : *Jean-Marie Guyau. Esthétique et philosophie de la vie*, Paris, L'Harmattan, 2001).

COOPER, J. M., « Epicurus, pleasure and desire », dans *id.*, *Reason and emotion : essays on ancient moral psychology and ethical theory*, Princeton, Princeton University Press, 1999, p. 485-514.

COULMAS, P., *Weltbürger : Geschichte einer Menschheitssehnsucht*, 1990 (trad. française par J. Étoré : *Les citoyens du monde. Histoire du cosmopolitisme*, Paris, Albin Michel, 1995).

CRESPO, E. ; CONTI, L. ; MAQUIEIRA, H., *Sintaxis del griego clásico*, Madrid, Gredos, 2003.

DE GROSSE MAZZORIN, J. et MINNITI, C., « Ancient use of knuckle-bones for ritual and gaming piece », *Anthropozoologica* 48, 2013, p. 371-380.

DECLEVA CAIZZI, F., *Antisthenis fragmenta*, Milano, Cisalpino, 1966.

—, « Τῦφος : contributo alla storia di un concetto », *Sandalion* 3, 1980, p. 53-66.

DECLOS, M.-L. (édit.), *Le rire des Grecs. Anthropologie du rire en Grèce ancienne*, Paris, Jerôme Millon, 2000.

DESCOLA, Ph., *Par-delà nature et société*, Paris, Gallimard, 2005.

DESIDERI, P., *Dione di Prusa. Un intellettuale greco nell'impero romano*, Firenze, G. D'Anna, 1978.

DESMOND, W. D., *The Greek Praise of Poverty. Origins of Ancient Cynicism*, Notre Dame (Indiana), University of Notre Dame Press, 2006.

—, *Cynics*, Berkeley, University of California Press, 2008 (1re éd. Stocksfield, Acumen, 2006).

DETIENNE, M., « Ronger la tête de ses parents », dans *id.*, *Dionysos mis à mort*, Paris, Gallimard, 1988 (1re éd. 1977), p. 133-160.

—, « Pratiques culinaires et esprit de sacrifice », dans M. Detienne, J.-P. Vernant *et al.*, *La cuisine du sacrifice en pays Grec*, Paris, Gallimard, 1979, p. 7-35.

DETIENNE, M. et VERNANT, J.-P., *La cuisine du sacrifice en pays grec*, avec les contributions de J.-L. Durand, S. Georgoudi, F. Hartog et J. Svenbro, Paris, Gallimard, 1979.

DIERAUER, U., *Tier und Mensch im Denken der Antike : Studien zur Tierpsychologie, Anthropologie und Ethik*, Amsterdam, Grüner, 1977.

—, « Raison ou instinct ? le développement de la zoopsychologie antique », dans B. Cassin et J.-L. Labarrière (édit.), *L'animal dans l'Antiquité*, Paris, Vrin, 1997, p. 3-30.

DI VIRGILIO, R., « Alessandro Magno vs Diogene : filigrana di un grande sketch », *Kleos : estemporaneo di studi e testi sulla fortuna dell'antico* 9, 2004, p. 153-166.

DILLON, J. M. et LONG, A. A. (édit.), *The Question of « Eclecticism ». Studies in Later Greek Philosophy*, Berkeley, University of California Press, 1988.

DORANDI, T., « Filodemo. *Gli Stoici* (PHerc. 155 e 339) », *Cronache Ercolanesi* 12, 1982, p. 91-133.

—, « La *Politeia* de Diogène de Sinope et quelques remarques sur sa pensée politique », dans M.-O. Goulet-Cazé et R. Goulet (édit.), *Le cynisme ancien et ses prolongements*, Paris, P.U.F., 1993, p. 57-68.

—, *Le stylet et la tablette. Dans le secret des auteurs antiques*, Paris, Les Belles Lettres, 2000.

—, *Diogenes Laertius. Lives of Eminent Philosophers*, edited with introduction by Tiziano Dorandi, Cambridge, Cambridge University Press, 2013.

DORION, L.-A., « Antisthène et l'autarcie », dans V. Suvák (édit.), *Antisthenica Cynica Socratica*, Praha, OIKOYMENH, 2014, p. 282-307.

DORIVAL, G., « L'image des cyniques chez les pères Grecs », dans M.-O. Goulet-Cazé et R. Goulet (édit.), *Le Cynisme ancien et ses prolongements*, Paris, P.U.F., 1993, p. 419-443.

DOURADO LOPES, A. O. de O., « Héracles na *Ilíada* », *Kléos* 7/8, 2003/2004, p. 11- 54.

DOVER, K. J., *Greek Popular Morality in the time of Plato and Aristotle*, Cambridge, Hackett, 1994 (1re éd. Oxford, Blackwell, 1974).

DOYEN, C., « Les astragales de Diogène », *Les Études Classiques* [sous presse].

DRESSLER, H., *The usage of* askeo *and its cognates in Greek documents to 100 A. D.*, Washington, The Catholic University of America Press, 1947.

DUDLEY, D. R., *A History of Cynicism. From Diogenes to the 6th Century A. D.*, London, Methuen, 1937.

DUPONT-ROC, R. et LALLOT, J., *Aristote. La poétique*, texte, traduction et notes, Paris, Seuil, 1980.

DYROFF, A., *Die Ethik der alten Stoa*, Berlin, S. Calvary, 1897.

EMELJANOW, V., « A note on the Cynic short-cut to happiness », *Mnemosyne* 18, 1965, p. 182-184.

—, *The letters of Diogenes*, Palo Alto, Stanford University, 1968 (thèse dactylographiée).

ERBSE, H., (édit), *Theosophorum Graecorum fragmenta*, Stuttgart, Teubner, 1995 [1re éd. : *Fragmente griechischer Theosophien*, Hamburg, Hansischer Gildenverlag, 1941].

FASNACHT, W., « Das Astragalus : eines der ältesten Spielzeuge », *Helvetia Archaeologica* 28, 1997, p. 65-70.

FESTUGIÈRE, A.-J., *Hippocrate. De l'ancienne médecine*, édition, traduction et commentaire, Paris, Klincksieck, 1948.

—, *La vie spirituelle en Grèce à l'époque hellénistique ou Les besoins de l'esprit dans un monde raffiné*, Paris, A. et J. Piccard, 1977.

—, *Deux prédicateurs de l'Antiquité. Télès et Musonius*, Paris, Vrin, 1978

FICHTE, J. G., *Œuvres choisies de philosophie première. Doctrine de la science (1794-1797)*, traduction par A. Philonenko, Paris, Vrin, 1990.

FINLEY, M. I., « Diogenes, the Cynic » dans, *id., Aspects of Antiquity*, London, Chatto & Windus, 1968, p. 89-101.

FISCH, M. H., « Alexander and the Stoics », *American Journal of Philology* 58, 1937, p. 59-82 ; 129-151.

FLORES-JÚNIOR, O., « Luciano. *O Cínico* », *Kléos. Revista de Filosofia Antiga* (Rio de Janeiro), 1, 1997, p. 254-275

—, « Em torno d'*O cínico* » : nota sobre as relações de Luciano com o cinismo », *Kléos* 2/3, 1998/1999, p. 122-133.

—, « Cratès, la fourmi et l'escarbot : les cyniques et l'exemple animal », *Philosophie Antique* 5, 2005, p. 135-171.

—, « *Khortos gasteri* ou le bonheur est dans le pré : éthique et politique cyniques dans un poème de Cratès de Thèbes », *Dialogue. Revue Canadienne de Philosophie* 45, 2006, p. 647-677.

—, « Tersites esquecido (nota sobre a parrésia segundo Michel Foucault) », *Kléos* 13-14, 2009-2010, p. 91-108.

—, « Husson, Suzanne. *La* République *de Diogène. Une cité en quête de la nature*. Paris, Vrin, 2011 (Histoire des Doctrines de l'Antiquité Classique, 40) », *Kléos* 15, 2011, p. 141-198.

—, « Luciano e o cinismo : o caso Alcidamas », *Nuntius Antiquus* 9, 2013, p. 141-182.

—, « As artes do discurso e o 'naturalismo' cínico : tema e variações de uma anedota filosófica », *Kléos* 19, 2015, p. 17-48.

—, « Paradoxes cyniques : l'activité littéraire d'Antisthène et de Diogène de Sinope », *Nuntius Antiquus* 13, 2017, p. 117-136.

—, « Lire et écrire dans les marges. Activité littéraire et mendicité chez les cyniques grecs », dans É. Helmer (édit.), *Mendiants et mendicité en Grèce ancienne*, Paris, Garnier, 2020, p. 235-273.

FONTENAY, É. DE, « La philanthropie à l'épreuve des bêtes », dans B. Cassin ; J.-L. Labarrière ; G. Romeyer Dherbey (édit.), *L'animal dans l'Antiquité*, Paris, Vrin, 1997, p. 281-298.

FOUCAULT, M., *Le courage de la vérité. Le gouvernement de soi et des autres II*. Cours au Collège de France, 1983-1984, Paris, Gallimard/Seuil, 2009.

—, *Discourse and truth : the problematization of parrhesia*. Evanston, Northwestern University, 1985.

—, *Fearless Speech*, Los Angeles, CA, Semiotext(e), 2001.

FOUILLÉE, A., *Nietzsche et l'immoralisme*, Paris, Félix Alcan, 1902 (2e édition).

FRANÇOIS, L., *Essai sur Dion Chrysostome*, Paris, Librairie Delagrave, 1921.

FREDOUILLE, J.-C. *et al.* (édit.), *Titres et articulations du texte dans les œuvres antiques*, Paris, Institut d'Études Augustiniennes, 1997.

FRITZ, K. VON, *Quellen-Untersuchungen zu Leben und Philosophie des Diogenes von Sinope*, coll. « Philologus », Suppl. Bd. 18, 2, Leipzig, Dietrich, 1926.

FUENTES GONZÁLEZ, P. P., *Les diatribes de Télès*, Paris, Vrin, 1998.

—, « ¿Necesitaban de un amigo los cínicos antiguos ? », *biTarte. Revista Cuatrimestral de Humanidades* (Donostia) 31, 2003, p. 51-72.

—, « Le *Démonax* de Lucien entre réalité et fiction », *Prometheus* 35, 2009, p. 139-158.

—, « Cyniques et autres 'philosophes populaires' chez Stobée », dans G. J. Reydams-Schils (édit.), *Thinking through excerpts : Studies on Stobaeus*, Turnhout, Brepols, 2011, p. 387-439.

—, « En defensa del encuentro entre dos *Perros*, Antístenes y Diógenes : historia de una tensa amistad », *CFC : Estudios griegos e indoeuropeos* 23, 2013, p. 225-267 (repris avec des modifications dans V. Suvák [édit.], *Antisthenica Cynica Socratica*, Praha, OIKOYMENH, 2014, p. 11-71).

—, « La diatribe est-elle une notion utile pour l'histoire de la philosophie et de la littérature antiques ? », dans B. Cassin (édit.), *La rhétorique au miroir de la philosophie : définitions philosophiques de la rhétorique et définitions rhétoriques de la philosophie*, Paris, Vrin, 2015, p. 127-173.

GALBOIS, E. et ROUGIER-BLANC, S. (édit.), *La pauvreté en Grèce ancienne : formes, représentations, enjeux*, Bordeaux, Ausonius, 2014.

GAMA KURY, M. da, *Diôgenes Laêrtios. Vidas e doutrinas dos filósofos ilustres*, Brasília, Editora Universidade de Brasília, 1987.

GARCÍA BLANCO, J., *Juliano. Discursos VI-XII*, introducciones, traducción y notas de José García Blanco, Madrid, Gredos, 1982.

GARCÍA GONZÁLEZ, J., « Diógenes y el esclavo », *Sodalitas* 2, 1981, p. 49-68.

GARCÍA GUAL, C., *Diógenes Laercio. Vidas y opiniones de los filósofos ilustres*, Madrid, Alianza, 2007.

GARIN, M., « Tropes et polysémie dans les fragments d'Héraclite : du feu dans le monde aux feux dans les mots », *Methodos : savoir et textes* [en ligne] 13, 2013, p. 1-28 [disponible dans http://journals.openedition.org/methodos/3171].

GERHARD, G. A., *Phoinix von Kolophon*, Leipzig, Teubner, 1909.

—, « Zur Legende vom Kyniker Diogenes », *Archiv für Religionswissenschaft* 15, 1912, p. 388-408 (repris dans M. Billerbeck [édit.], *Die Kyniker in der modernen Forschung*, Amsterdam, Grüner, 1991, p. 89-106).

GIANGRANDE, G., « Cercidas, fr. 1 Powell », *Revue des Études Anciennes* 86, 1984, p. 213-216.

—, « Cercidas et le suicide de Diogène », *L'Antiquité Classique* 64, 1995, p. 191-193.

GIANGRANDE, L., *The Use of* Spoudaiogeloion *in Greek and Roman Literature*, Den Haag, Mouton, 1972.

GIANNANTONI, G. (édit.), *Scuole Socratiche minori e filosofia ellenistica*, Bologna, Il Mulino, 1977.

—, *Socratis et Socraticorum Reliquiae*, collegit, disposuit, apparatibus notisque instruxit Gabriele Giannantoni, Napoli, Bibliopolis, 1990, 4 vols. [*SSR*]

—, « Antistene fondatore della scuola cinica ? », dans M.-O. Goulet-Cazé et R. Goulet (édit.), *Le cynisme ancien et ses prolongements*, Paris, P.U.F., 1993, p. 15-34.

GIANNANTONI, G. et NARCY, M. (édit.), *Lezioni socratiche*, Napoli, Bibliopolis, 1997.

GIANNATTASIO ANDRIA, R., « Diogene Cinico nei papiri ercolanesi », *Cronache Ercolanesi* 10, 1980, p. 129-151.

—, « Diogene cinico e il furto della coppa : nota a D. L. 6.45 », *Orpheus : rivista di umanità classica e cristiana* 17, 1996, p. 390-395.

GIGANTE, M., *Diogene Laerzio. Vita dei filosofi*, Bari, Laterza, 1962.

—, « Philodème : Sur la liberté de parole », dans *Actes du VIII*^{e} *Congrès (1968), Association Guillaume Budé,* Paris, Les Belles Lettres, 1969, p. 196-217.

—, *La bibliothèque de Philodème et l'épicurisme romain,* Paris, Les Belles Lettres, 1987.

—, « Œuvres morales de Philodème : *La liberté de parole* », dans *id.*, *La bibliothèque de Philodème et l'épicurisme romain*, Paris, Les Belles Lettres, 1987, p. 41-47.

—, *Cinismo e Epicureismo*, Napoli, Bibliopolis, 1992.

—, « Cinismo e Epicureismo », dans M.-O. Goulet-Cazé et R. Goulet (édit.), *Le cynisme ancien et ses prolongements*, Paris, P.U.F., 1993, p. 159-223.

GILL, J. E. « Theriophily in Antiquity : a supplementary account », *The Journal of the History of Ideas* 30, 1969, p. 401-412.

GILMOUR, G. H., « The nature and function of astragalus bones from archaeological contexts in the Levant and eastern Mediterranean », *Oxford Journal of Archaeology* 16, 1997, p. 167-175.

GÖTTLING, C. W., « Diogenes der Cyniker oder die Philosophie des griechischen Proletariats », *Gesammelte Abhandlungen aus dem classischen Alterthume* I, Halle, 1851, p. 251-277.

GOULET, R., *Études sur les Vies des philosophes de l'Antiquité tardive*, Paris, Vrin, 2001.

—, « Des sages parmi les philosophes », dans M.-O. Goulet-Cazé, G. Madec et D. O'Brien (édit.), *ΣΟΦΙΗΣ ΜΑΙΗΤΟΡΕΣ. Chercheurs de sagesse. Hommage à Jean Pépin*, Paris, Institut d'Études Augustiniennes, 1992, p. 167-178 (repris dans *id.*, *Études sur les Vies des philosophes de l'Antiquité tardive*, Paris, Vrin, 2001, p. 67-77).

—, « La méthode allégorique chez les stoïciens », dans G. Romeyer Dherbey et J.-B. Gourinat (édit.), *Les stoïciens*, Paris, Vrin, 2005, p. 93-119.

GOULET, R. (édit), *Dictionnaire des philosophes antiques*, Paris, Éditions du CNRS, 1989-2018, 8 vols. + Suppl.

GOULET-CAZÉ, M.-O., « Un syllogisme stoïcien sur la loi dans la doxographie de Diogène le Cynique. À propos de Diogène Laërce VI 72 », *Rheinisches Museum* 125, 1982, p. 214-240.

—, *L'ascèse cynique. Un commentaire de Diogène Laërce VI 70-71*, Paris, Vrin, 1986 (2e éd. revue et augmentée : Paris, Vrin, 2001).

—, « Les cyniques et la 'falsification de la monnaie' », Avant-propos à L. Paquet, *Les cyniques grecs. Fragments et témoignages*, Paris, Le Livre de Poche, 1992, p. 5-29.

—, « Le cynisme à l'époque impériale », dans *ANRW* II 36, 4, Berlin-New York, W. De Gruyter, 1990, p. 2720-2833.

—, « Le livre VI de Diogène Laërce : analyse de sa structure et réflexions méthodologiques », dans *ANRW* II 36, 6, Berlin-New York, W. De Gruyter, 1992, p. 3880-4048.

—, « L'*Ajax* et l'*Ulysse* d'Antisthène », dans M.-O. Goulet-Cazé, G. Madec et D. O'Brien (édit.), *ΣΟΦΙΗΣ ΜΑΙΗΤΟΡΕΣ. Chercheurs de sagesse. Hommage à Jean Pépin*, Paris, Institut d'Études Augustiniennes, 1992, p. 5-36.

—, « Le cynisme est-il une philosophie ? », dans M. Dixsaut (édit.), *Contre Platon*, t. I : *Le platonisme dévoilé*, Paris, Vrin, 1993, p. 273-313.

—, « Les premiers cyniques et la religion », dans M.-O. Goulet-Cazé et R. Goulet (édit.), *Le cynisme ancien et ses prolongements*, Paris, P.U.F., 1993, p. 117-158.

—, « Who was the first Dog ? », dans R. B. Branham et M.-O. Goulet-Cazé (édit.), *The Cynics. The Cynic Movement in Antiquity and its Legacy*, Berkeley, University of California Press, 1996, p. 414-415.

—, « Cynisme », dans J. Brunschwig et G. Lloyd (édit.), *Le savoir grec*, Paris, Flammarion, 1996, p. 906-920.

—, « Les titres des œuvres d'Eschine chez Diogène Laërce », dans J.-C. Fredouille *et al.* (édit.), *Titres et articulations du texte dans les œuvres antiques*, Paris, Institut d'Études Augustiniennes, 1997, p. 167-190.

—, *Les* kynika *du stoïcisme*, Stuttgart, Franz Steiner, 2003.

—, « Le cynisme ancien et la sexualité », dans *Utopies sexuelles = Clio. Histoire, Femmes et Sociétés* 22, 2005, p. 17-35.

—, « La contestation de la loi dans le cynisme ancien », dans M. Aouad (édit.), *Les doctrines de la loi dans la philosophie de langue arabe et leurs contextes grecs et musulmans = Mélanges de l'Université Saint-Joseph - Dar El Machreq* 61, 2008, p. 405-433.

—, « A propos de l'assentiment stoïcien » dans *ead.* (édit.), *Études sur la théorie stoïcienne de l'action*, Paris, Vrin, 2011, p. 73-236.

—, « Michel Foucault et sa vision du cynisme dans *Le courage de la vérité* », dans D. Lorenzini ; A. Revel ; A. Sforzini (édit.), *Michel Foucault : éthique et vérité (1980-1984)*, Paris, Vrin, 2013, p. 105-124

—, *Cynisme et Christianisme dans l'Antiquité*, Paris, Vrin, 2014.

—, « Le cynisme ancien : entre authenticité et contrefaçon », *Aitia* 5, 2015, p. 1-14.

—, *Le cynisme, une philosophie antique*, Paris, Vrin, 2017.

—, « Les origines du mouvement cynique », dans *ead.*, *Le cynisme, une philosophie antique*, Paris, Vrin, 2017, p. 607-630.

GOULET-CAZÉ, M.-O. (édit.), *Diogène Laërce. Vies et doctrines des philosophes illustres*, traduction française sous la direction de Marie-Odile Goulet-Cazé ; introductions, traductions et notes de J.-F. Balaudé, L. Brisson, J. Brunschwig, T. Dorandi, M.-O. Goulet-Cazé, R. Goulet, M. Narcy ; avec la collaboration de Michel Patillon, Paris, Le Livre de Poche, 1999.

—, *Études sur la théorie stoïcienne de l'action*, Paris, Vrin, 2011.

GOULET-CAZÉ, M.-O. et GOULET, R. (édit.), *Le cynisme ancien et ses prolongements*, Paris, P.U.F., 1993.

GRIFFIN, M., « Cynicism and the Romans : attraction and repulsion », dans R. Bracht Branham et M.-O. Goulet-Cazé (édit.), *The Cynics. The Cynic Movement in Antiquity and its Legacy*, Berkeley, University of California Press, 1996, p. 190-204.

GROS, F., « Platon et les cyniques chez Foucault. Du souci de soi au gouvernement du monde » dans L. Bernini (édit.), *Michel Foucault, gli antichi e i moderni. Parrhesia, Aufklärung, ontologia dell'atualità*, Pisa, ETS, 2011, p. 65-73.

GROTE, G., *Plato and Other Companions of Sokrates*, London, John Murray, 1865, 3 vols. (2e éd. : 1867 ; 3e éd., en 4 vol. : 1885).

GUGLIERMINA, I., *Diogène Laërce et le Cynisme*, Villeneuve d'Ascq, Presses Universitaire du Septentrion, 2006.

GUTAS, D., « Sayings by Diogenes Preserved in Arabic », dans M.-O. Goulet-Cazé et R. Goulet (édit.), *Le cynisme ancien et ses prolongements*, Paris, P.U.F., 1993, p. 475-518.

GUYAU, J.-M., « Critique de l'idée de sanction », *Revue philosophique de la France et de l'étranger* 15, 1883, p. 243-281.

—, *Esquisses d'une morale sans obligation ni sanction*, Paris, Félix Alcan, 1921 (1re éd. 1885).

HABER, S. et MACÉ, A. (édit.), *Anciens et Modernes par-delà nature et société*, Besançon, Presses Universitaires de Franche-Comté, 2012.

HADAS, M., « From nationalism to cosmopolitanism in the Graeco-Roman world », *Journal of the History of Ideas* 4, 1943, p. 105-111.

HADOT, I., *Arts libéraux et philosophie dans la pensée antique. Contribution à l'histoire de l'éducation et de la culture dans l'Antiquité*, seconde édition revue et considérablement augmentée, Paris, Vrin, 2005 (1re éd. *Arts libéraux et philosophie dans la pensée antique*, Paris, Études Augustiniennes, 1984).

HADOT, P., *Exercices spirituels et philosophie antique*, Paris, Albin Michel, 2002 (1re édition : Paris, Institut d'Études Augustiniennes, 1993).

—, *Qu'est-ce que la philosophie antique ?* Paris, Gallimard, 1995.

—, *Études de philosophie ancienne,* Paris, Les Belles Lettres, 1998.

—, « Remarques sur les notions de *phusis* et de *nature* », dans *id.*, *Études de Philosophie Ancienne*, Paris, Les Belles Lettres, 1998, p. 77-92.

—, « Réflexions sur la culture de soi », *Michel Foucault philosophe*, Rencontre Internationale, Paris, 9, 10, 11 janvier 1988, Paris, Seuil, 1989, p. 261-270.

—, *La philosophie comme manière de vivre*. Entretiens avec J. Carlier et J. I. Davidson, Paris, Albin Michel, 2001.

—, « Un dialogue interrompu avec Michel Foucault. Convergences et divergences », dans *id.*, Exercices spirituels et philosophie antique, Paris, Albin Michel, 2002, p. 305-311.

—, *Le voile d'Isis. Essai sur l'histoire de l'idée de Nature*, Paris, Gallimard, 2004.

HAYES, K., *Résurgence et transformation du cynisme au XVIIIe siècle : la réception de Diogène dans les Lumières françaises*, Montréal, Université de Montréal, 2016 [thèse].

HELM, R., « Lucian und die Philosophenschulen », *Neue Jahrbücher für das klassiche Altertum* 9, 1902, p. 188-213 ; 351-369.

—, *Lucian und Menipp*, Leipzig, Teubner, 1906 (réimpression : Hildesheim, Olms, 1967).

HELMER, É., *Le dernier des hommes. Figures du mendiant en Grèce anicienne*, Paris, Éditions du Félin, 2015.

—, *Diogène le cynique*, Paris, Les Belles Lettres, 2017.

—, « L'autarcie à l'épreuve de la mendicité cynique », dans *id.* (edit.), *Mendiants et mendicité en Grèce ancienne*, Paris, Garnier, 2020, p. 209-233.

HELMER, É. (édit.), *Mendiants et mendicité en Grèce ancienne*, Paris, Garnier, 2020.

HENSE, O., *C. Musonii Rufi Reliquiae*, Leipzig, Teubner, 1905.

HERCHER, R., *Epistolographi Graeci*, Paris, Didot, 1873.

HICKS, R. D., *Diogenes Laertius. Lives of eminent philosophers*, Cambridge, Mass., Harvard University Press, 1991 (1re éd. 1925), 2 vol.

HOCK, R. F. et O'NEILL, E. N. (édit.), *The* Chreia *in Ancient Rhetoric*, t. 1 : *The Progymnasmata*, Atlanta, Scholars Press, 1986.

—, (édit.), *The* Chreia *and Ancient Rhetoric* : *Classroom exercises*, Leiden, Brill, 2002.

HÖISTAD, R., *Cynic Hero and Cynic King. Studies in the Cynic conception of Man*, Uppsala, 1948 (édition de l'auteur).

HORNSBY, H. M., « The cynicism of Peregrinus Proteus », dans M. Billerbeck (édit.), *Die Kyniker in der modernen Forschung*, Amsterdam, Grüner, 1991, p. 167-181.

HOTES, M., « Du chien au philosophe : l'analogie du chien chez Diogène et Platon », *Revue de Philosophie Ancienne* 32, 2014, p. 3-33.

HUIZINGA, J., Homo Ludens. *Essai sur la fonction sociale du jeu*, traduction française par C. Seresia, Paris, Gallimard, 1951 (1re édition néerlandaise, 1938).

HULIN, M., « Doctrines et comportements 'cyniques' dans certaines sectes hindoues, anciennes et contemporaines », dans M.-O. Goulet-Cazé et R. Goulet (édit.), *Le cynisme ancien et ses prolongements*, Paris, P.U.F., 1993, p. 557-570.

HUMBERT, J., *Syntaxe grecque*, Paris, Klincksieck, 1960.

HUMMEL, P., « Polysyntaxe et polysémie dans la poésie de Pindare », *Quaderni Urbinati di Cultura Classica* 68, 2001, p. 41-48.

HUSSON, S., « La *Politeia* de Diogène le Cynique », dans G. Romeyer Dherbey et J.-B. Gourinat (édit.), *Socrate et les socratiques*, Paris, Vrin, 2001, p. 411-430.

—, *La* République *de Diogène. Une cité en quête de la nature*, Paris, Vrin, 2011.

—, « 'Revêtir la vie des chiens' : l'animal comme modèle moral », *Archai : as origens do pensamento ocidental* 11, 2013, p. 69-78.

ILDEFONSE, F., « La psychologie de l'action » dans M.-O. Goulet-Cazé (édit.), *Études sur la théorie stoïcienne de l'action*, Paris, Vrin, 2011, p. 1-71.

JENSEN, A. K., « Nietzsche's unpublished fragments on Ancient Cynicism : the first night of Diogenes », dans P. Bishop (édit.), *Nietzsche and Antiquity. His reaction and response to the Classical Tradition*, Rochester (New York), Camden House, 2004, p. 82-191.

JENSEN, C. (édit.), *Philodemi Περὶ οἰκονομίας, qui dicitur libellus*, éd. C. Jensen, Lipsiae 1906.

JERPHAGNON, L., « Les mille et une morts des philosophes antiques : essai de typologie », *Revue Belge de Philologie et d'Histoire* 59, 1981, p. 17-28.

JOLLES, A., *Einfache Formen*, Tübingen, Max Niemeyer, 1968 (1re éd. 1930).

JONES, C. P., *Culture and society in Lucian*, Cambridge, Mass., Harvard University Press, 1986.

—, « Cynisme et sagesse barbare : le cas de Pérégrinus Proteus », dans M.-O. Goulet-Cazé et R. Goulet (édit.), *Le cynisme ancien et ses prolongements*, Paris, P.U.F., 1993, p. 305-317.

JOUAN, F., « Le Diogène de Dion Chrysostome », dans M.-O. Goulet-Cazé et R. Goulet (édit.), *Le Cynisme ancien et ses prolongements,* Paris, P.U.F., 1993, p. 381-397.

JUNQUA, F., *Lettres de cyniques : étude des correspondances apocryphes de Diogène de Sinope et Cratès de Thèbes*, Paris, Institut d'Études Grecques, Université de Paris IV – Sorbonne, 2000, 2 vols. [thèse].

—, « Les correspondances apocryphes de Diogène et Cratès de Thèbes », dans L. Nadjo et E. Gavoille (édit.), *Epistulae antiquae* 3 : Actes du IIIe Colloque International « L'épistolaire antique et ses prolongements européens » (Université François Rabelais, Tours, 25-27 Septembre 2002), Louvain, Peeters, 2004, p. 271-285.

—, « Homère et le *kunikos tropos* », *Gaia* 18, 2015, p. 325-340.

KALOUCHE, F. « The Cynic Way of Life », *Ancient Philosophy* 23, 2003, p. 181-194.

KELLS, J. H., *Sophocles. Electra*, Cambridge, Cambridge University Press, 1973.

KIMURA, S., « Études sur *Diogène jetant son écuelle* de Nicolas Poussin », *Chichûkaigaku kenkyû. Mediterraneus : annual report of the Collegium Mediterranistarum* 5, 1982, p. 51-62.

—, « Autour de N. Poussin : notes iconographiques sur le thème de *Diogène jetant son écuelle* », *Bulletin de la Société Franco-Japonaise d'Art et d'Archéologie* 3, 1983, p. 39-54.

KINDSTRAND, J. F., « Demetrius the Cynic », *Philologus* 124, 1980, p. 83-98.

—, « The Cynics and Heraclitus », *Eranos* 82, 1984, p. 149-178.

—, « Diogenes Laertius and the *chreia* tradition », dans *Diogene Laerzio, storico del pensiero antico = Elenchos* 7, 1986, p. 217-243.

KIRK, E. P., *Menippean Satire : an annotated catalogue of texts and critics*, NewYork, Garland Press, 1980.

KLEIN, J., « The Stoic argument from *oikeiôsis* », *Oxford Studies in Ancient Philosophy* 50, 2016, p. 143-200.

KOCH, I., « Le destin et 'ce qui dépend de nous' : sur les causes de l'impulsion » dans M.-O. Goulet-Cazé (édit.), *Études sur la théorie stoïcienne de l'action*, Paris, Vrin, 2011, p. 367-472.

KÖNIG, J., « The Cynic and Christian lives of Lucian's *Peregrinus* », dans B. C. McGing ; J. M. Mossman ; E. L. Bowie (édit.), *The limits of ancient biography*, Swansea, Classical Press of Wales, 2006, p. 227-254.

KONSTAN, D. *et al.*, *Philodemus. On frank criticism*, introduction, translation and notes, Atlanta (Georgia), Scholars Press, 1998.

KRISTEVA, J. ; MILNER, J.-C. ; RUWET, N. (édit), *Langue, discours, société. Pour Émile Benveniste*, Paris, Éditions du Seuil, 1975, p. 347-391.

KÜHN, W., « L'attachement à soi et aux autres », dans M.-O. Goulet-Cazé (édit.), *Études sur la théorie stoïcienne de l'action*, Paris, Vrin, 2011, p. 237-365.

LACHS, J., *Stoic pragmatism*, Bloomington, Indiana University Press, 2012.

LAKS, A. et SCHOFIELD, M. (édit.), *Justice and Generosity : studies in Hellenistic social and political philosophy*, Cambridge, Cambridge University Press, 1995.

LAPINI, W., « Ipparchia desnuda », dans *id.*, *Studi di filologia filosofica greca*, Firenze, Leo S. Olschki, 2003, p. 217-230.

LAURAND, V., *La politique stoïcienne*, Paris, P.U.F., 2005.

LÉVY, C., « Foucault et la parrhesia » dans L. Bernini (édit.), *Michel Foucault, gli antichi e i moderni. Parrhesia, Aufklärung, ontologia dell'atualità*, Pisa, ETS, 2011, p. 47-64.

—, « L'influence cynique sur les fables : réalité ou mythe ? », dans J.-M. Boivin ; J. Cerquiglini-Toulet ; L. Harf-Lancner (édit.), *Les fables avant La Fontaine*, Genève, Droz, 2011, p. 59-72.

LHERMITTE, J.-F., *L'animal vertueux dans la philosophie antique à l'époque impériale*, Paris, Garnier, 2015.

LIVREA, E., « La morte di Diogene cinico », dans *AAVV*, *Filologia e forme letteraria. Studi offerti a F. Della Corte*, Urbino, Università degli Studi di Urbino, 1987, t. I, p. 427-433.

LLOYD, G. E. R., « The invention of nature », dans *id.*, *Methods and problems in Greek science : selected papers*, Cambridge, Cambridge University Press, 1991, p. 417-434.

LONG, H. S., *Diogenis Laertii Vitae Philosophorum* recognovit brevique adnotatione critica instruxit H. S. L., Oxford, Clarendon Press, 1964.

LONG, A. A., « The Socratic Tradition : Diogenes, Crates, and Hellenistic Ethics », dans R. B. Branham et M.-O. Goulet-Cazé (édit.), *The Cynics. The Cynic Movement in Antiquity and its Legacy*, Berkeley, University of California Press, 1996, p. 28-46.

LONG, A. A. ; Sedley, D. N., *The Hellenistic Philosophers*, Cambridge, Cambridge Unversity Press, 1987, 2 vols.

LÓPEZ CRUCES, J. L., *Les* Méliambes *de Cercidas de Mégalopolis*, Amsterdam, Hakkert, 1995.

—, « La mendicidad de Diógenes y el tonel de Zeus (Ath. Ep. t. 2.2, p. 56, 12-16) », *Praesentia* 2, 2000, p. 157-165.

—, « Diógenes y sus tragedias a la luz de la comedia », *Ítaca* 19, 2003, p. 47-69.

—, « Une *Antiope* cynique ? », *Prometheus* 29, 2003, p. 17-36.

—, « Sófocles, Diógenes y Cércidas », dans A. Pérez Jiménez, C. Alcalde Martín et R. Sánchez Caballero (édit.), *Sófocles el hombre, Sófocles el poeta : actas del congreso internacional con motivo del XXV centenário del nacimiento de Sófocles (497/6 a. C. - 2003/4),* Málaga, Charta Antiqua, 2004, p. 245-257.

—, « El *Aquiles* de Diógenes o la negación de la bella morte », dans : J. V. Bañuls, F. de Martino et C. Morenilla (édit.), *El teatro clásico en el marco de la cultura griega y su pervivencia en la cultura ocidental XI. Teatro y sociedad en la Antigüedad clásica : las relaciones de poder en época de crisis*, Bari, Levante, 2008, p. 189-217.

—, « Une tragédie perdue : l'*Héraclès* de Diogène le Cynique », *Les Études Classiques* 78, 2010, p. 3-24.

LORENZINI, D., « Foucault, il cinismo et la 'vera vita' » dans L. Bernini (édit.), *Michel Foucault, gli antichi e i moderni. Parrhesia, Aufklärung, ontologia dell'atualità*, Pisa, ETS, 2011, p. 75-99.

LOVEJOY, A. O. et BOAS, G. B., *Primitivism and related ideas in Antiquity*, Baltimore, The Johns Hopkins Press, 1935.

LUISE, F. DE et FARINETTI, G., *Felicità socratica : immagini di Socrate e modelli antropologici ideali nella filsofoia antica,* Hildesheim, Olms, 1997.

LUTZ, C. E., *Musonius Rufus, 'The Roman Socrates'*, New Haven, Yale University, 1947.

MACÉ, A., « La naissance de la nature en Grèce ancienne », dans S. Haber et A. Macé (édit.), *Anciens et Modernes par-delà nature et société*, Besançon, Presses Universitaires de Franche-Comté, 2012, p. 47-84.

MACKENZIE, M., « Heraclitus and the art of Paradox », *Oxford Studies in Ancient Philosophy* 6, 1988, p. 1-37.

MACKOWIAK, K., « Le singe miroir de l'homme ? », *Revue de l'Histoire des Religions* 230, 2013, p. 5-36.

MACLEOD, M. D., *Lucian*, t. VIII, Cambridge (Mass.), Harvard University Press, 2001 (1re éd. 1967).

MALHERBE, A. J., *The Cynic Epistles. A Study Edition*, Missoula, Montana, Scholars Press for The Society of Biblical Literature, 1977.

MARCOVICH, M., *Diogenis Laertii Vitae philosophorum*, Stuttgart, Teubner, 1999, 2 vol.

MARTIN, T. W., « The Chronos Myth in Cynic Philosophy », *Greek, Roman and Byzantine Studies* 38, 1997, p. 85-108.

MARTÍNEZ GARCÍA, F., « Los cinicos en Luciano de Samosata », *Archivo de Historia de la Filosofía* 2, 1907, p. 48-61.

MAZELLA, D., *The Making of Modern Cynicism*, Charlottesville, University of Virginia Press, 2007.

MCCARTHY, B. P., « Lucian and Menippus », *Yale Classical Studies* 4, 1934, p. 3-55.

MCDERMOTT, W. C., *The ape in Antiquity*, Baltimore, The Johns Hopkins Press, 1938.

MIQUEL, P., « Parrhèsia (παρρησία) », dans *Dictionnaire de spiritualité ascétique et mystique. Doctrine et histoire*. Paris, Beauchesne, 1983, t. XII, col. 260-266.

MINOIS, G., *L'histoire du rire et de la dérision*, Paris, Fayard, 2000.

MOLES, J., « The career and conversion of Dio Chrysostom », *Journal of Hellenic Studies* 98, 1978, p. 79-100.

—, « The woman and the river. Diogenes' apophthegm from Herculaneum and some popular misconceptions about Cynicism », *Apeiron* 17, 1983, p. 125-130.

—, « Le cosmopolitisme cynique », dans M.-O. Goulet-Cazé et R. Goulet (édit.), *Le cynisme ancien et ses prolongements*, Paris, P.U.F., 1993, p. 259-280.

—, « The Cynics and politics », dans A. Laks et M. Schofield (édit.), *Justice and Generosity : studies in Hellenistic social and political philosophy*, Cambridge, Cambridge University Press, 1995, p. 129-158.

MOMIGLIANO, A., « Freedom of speech in Antiquity », dans P. P. Wiener (édit.), *Dictionary of the History of Ideas : studies of selected pivotal ideas*, New York, Charles Scribner's Sons, 1973-1974, t. II, p. 253-263.

MOREL, P.-M., *Épicure. La nature et la raison*, Paris, Vrin, 2009.

MUCKENSTURM, C., « Les gymnosophistes étaient-ils des cyniques modèles ? », dans M.-O. Goulet-Cazé et R. Goulet (édit.), *Le cynisme ancien et ses prolongements*, Paris, P.U.F., 1993, p. 225-239.

MÜLLER, R., *Les stoïciens. La liberté et l'ordre du monde*, Paris, Vrin, 2012 (1re éd. : 2006).

MÜSELER, E., *Die Kynikerbriefe*, Paderborn, F. Schöningh, 1994, 2 vol.

NABER, S. A., « Observationes miscellaneae ad Plutarchi *Moralia* », *Mnemosyne* 28, 1900, p. 85-117 ; 129-156 ; 329-364.

NAVIA, L. E., *The Philosophy of Cynicism. An annotated bibliography*, Westport (Connecticut), Greenwood Press, 1995.

—, *Classical Cynicism. A Critical Study*, Westport (Connecticut), Greenwood Press, 1996.

—, *Diogenes of Sinope. The Man in the Tub*, Westport (Connecticut), Greenwood Press, 1998.

—, *Diogenes the Cynic. The War Against the World*, Amherst (New York), Humanity Books, 2005.

NEHAMAS, A., *The Art of Living. Socratic Reflections from Plato to Foucault*, Berkeley: University of California Press, 1998.

NESSELRATH, H. G., « Lucien et le cynisme », *L'Antiquité Classique* 67, 1998, p. 121-135.

NIEHUES-PRÖBSTING, H., *Der Kynismus des Diogenes und der Begriff des Zynismus*, München, Wilhelm Fink, 1979.

—, « Der 'kurze Weg' : Nietzches 'Cynismus' », *Archiv für Begriffsgeschichte* 24, 1980, p. 102-122.

—, « Anekdote als Philosophiegeschichtliches Medium », *Nietzsche-Studien* 12, 1983, p. 255-286.

—, « Die Kynismus-Rezeption der Moderne : Diogenes in der Aufklärung », dans M.-O. Goulet-Cazé et R. Goulet (édit.), *Le cynisme ancien et ses prolongements*, Paris, P.U.F., 1993, p. 519-555.

—, « The Modern Reception of Cynicism : Diogenes in the Enlightenment », dans R. Bracht Branham et M.-O. Goulet-Cazé (édit.), *The Cynics. The Cynic movement in Antiquity and its legacy*, Berkeley, University of California Press, 1996, p. 329-365.

NIETZSCHE, F., *Œuvres Complètes*, édit. K. Schlechta, trad. H. Albert, Paris, Garnier Flammarion, 1988.

—, *Sämtliche Werke*, édit. G. Colli et M. Montinari, München, dtv/De Gruyter, 1999, 15 vol.

NOTARIO, F., « Food and Counter-cultural Identity in Ancient Cynicism », *Greek, Roman and Byzantine Studies* 55, 2015, p. 583-607.

NUSSBAUM, M. C. *et al.*, *For Love of Country ?*, edited by J. Cohen for *Boston Review*, Boston, Beacon Press, 1996.

OLIVIERI, A. (édit.), *Philodemi Περὶ παρρησίας libellus*, coll. « Bibliotheca Teubneriana », Leipzig, Teubner, 1914.

OLLIER, F., *Xénophon. Banquet*, suivi de *Apologie de Socrate*, textes établis et traduits par F. Ollier ; présentations par L. Strauss, traduites de l'anglais par O. Sedeyn, Paris, Gallimard, 1994.

OLTRAMARE, A., *Les origines de la diatribe romaine*, Genève, Imprimeries Populaires, 1926.

ONFRAY, M., *Le ventre des philosophes. Critique de la raison diététique*, Paris, Grasset, 1989.

—, *Cynismes. Portrait du philosophe en chien*, Paris, Grasset, 1990.

—, *La sculpture de soi. La morale esthétique*, Paris, Grasset, 1993.

OVERWIEN, O., *Die Sprüche des Kynikers Diogenes in der griechschen und arabischen Überlieferung*, Stuttgart, Franz Steiner, 2005.

PAQUET, L., *Les cyniques grecs. Fragments et témoignages*, Ottawa, Les Presses de l'Université d'Ottawa, 1988 (1re éd. : 1975).

—, *Les cyniques grecs. Fragments et témoignages*, Paris, Le Livre de Poche, 1992.

PATZER, A., *Antisthenes der Sokratiker. Das literarische Werk und die Philosophie dargestellt am Katalog der Schriften,* Heidelberg, 1970 (diss.).

PÉPIN, J., « Aspects de la lecture antisthénienne d'Homère », dans M.-O. Goulet-Cazé et R. Goulet (édit.), *Le cynisme ancien et ses prolongements*, Paris, P.U.F., 1993, p. 1-13.

PONS OLIVARES, D., « D. L. VI 93 : Crates 'ciudadano de Diógenes' : una revisión del cosmopolitismo cínico », dans J. F. González Castro ; J. Siles Ruiz ; J. de Vila Polo (édit.), *Perfiles de Grecia y Roma*, Madrid, Sociedad Española de Estudios Clásicos, 2009, p. 575-582.

—, « Los primeros filósofos cínicos frente a algunas creencias órficas y un proverbio pitagórico », dans J. de la Vila Polo ; P. Cañizares Ferriz ; E. Falque Rey (édit.), Ianua classicorum : *temas y formas del mundo clásico*, Madrid, Sociedad Española de Estudios Clásicos, 2015, p. 285-292.

PRINCE, S., « Socrates, Antisthenes and the Cynics », dans S. Ahbel-Rappe et R. Kamtekar (édit.), *A companion to Socrates*, Malden (Mass.), Blackwell, 2006, p. 75-92.

—, *Antisthenes of Athens : texts, translations and commentary*, Ann Arbor, Michigan University Press, 2015.

RADIN, M., « Freedom of speech in Ancient Athens », *American Journal of Philology* 48, 1927, p. 215-230.

RAHN, H., « Die Frömmigkeit der Kyniker », *Paideuma* 7, 1959-1961, p. 280-292.

RANKIN, H. D., *Sophists, Socratics and Cynics*, London, Croom Helm, 1983.

REGO, E. DE SÁ, *O Calundu e a panacéia. Machado de Assis, a sátira menipéia e a tradição luciânica*, Rio de Janeiro, Forense, 1989.

RELIHAN, J. C., *Ancient Menippean satire*, Baltimore, The Johns Hopkins University Press, 1993.

—, « Menippus in antiquity and the Renaissance », dans R. Bracht Branham et M.-O. Goulet-Cazé (édit.), *The Cynics. The Cynic movement in Antiquity and its legacy*, Berkeley, University of California Press, 1996, p. 265-293.

RICH, A. N. M., « The Cynic conception of ΑΥΤΑΡΚΕΙΑ », *Mnemosyne* 9, 1956, p. 23-29 (repris dans M. Billerbeck [édit.], *Die Kyniker in der modernen Forschung*, Amsterdam, Grüner, 1991, p. 233-239.

RIIKONEN, H. K., *Menippean satire as a literary genre with special reference to Seneca's* Apocolocyntosis, Helsinki, Fennica, 1987.

RIJKSBARON, A., *The syntax and semantics of the verb in classical Greek : an introduction*, Amsterdam, J. B. Gieben, 2002.

RIST, J. M., *Stoic philosophy*, Cambridge, Cambridge University Press, 1969.

ROCA FERRER, J., *Kunikos tropos. Cinismo y subversión literaria en la antigüedad = Boletín del Instituto de Estudios Helénicos* 8, 1974.

ROCHEFORT, G., *L'Empereur Julien. Œuvres complètes* 2. 1, *Discours de Julien Empereur (VI-IX)*, texte établi et traduit par G. Rochefort, Paris, Les Belles Lettres, 1963.

ROHDE, E., *Der griechische Roman und seine Vorläufer*, Leipzig, Breitkopf und Härtel, 1914 (1re éd. : 1876).

ROHLFS, G., « L'antico giuoco degli astragali », *Lares* 30, 1964, p. 1-13.

ROMBI, G. et DELEULE, D., *Les cyniques grecs. Lettres de Diogène et Cratès*, traduit du grec ancien ; lecture de Didier Deleule, Arles, Actes Sud, 1998.

ROMEYER DHERBEY, G., « 'Vivre en accord avec la nature' ou 'vivre en accord avec Zénon' ? », *Philosophie Antique* 5, 2005, p. 49-64.

ROMEYER DHERBEY, G. et GOURINAT, J.-B. (édit.), *Socrate et les socratiques*, Paris, Vrin, 2001.

RORTY, R., *Philosophy and the Mirror of Nature*, Princeton, Princeton University Press, 1979.

—, *Conséquences of Pragmatism*, Minneapolis, University of Minnesota Press, 1982.

—, *L'espoir au lieu du savoir : introduction au pragmatisme*, édition française établie par C. Cowan et J. Poulain, Paris, Albin Michel, 1995.

ROSE, M. A., *Parody : ancient, modern and post-modern*, Cambridge, Cambridge University Press, 1993.

ROSEN, R. M. et SLUITER, I. (édit.), *Free Speech in Classical Antiquity*, Leiden, Brill, 2004.

RUDBERG, G., « Zum Diogenes-Typus », *Symbolae Osloenses* 15-16, 1936, p. 1-18.

RUSSELL, D. A., « A new text of Diogenes Laertius [compte rendu de l'édition de H. S. Long, *Diogenis Laertii Vitae Philosophorum*, coll. *OCT*, Oxford, Clarendon Press, 1964], *The Classical Review* 15, 1965, p. 174-176.

SAHLINS, M., *The Western illusion of human nature*, Chicago (Illinois), Prickly Paradigm, 2008.

SAXONHOUSE, A. W., *Free Speech and Democracy in Ancient Athens*, Cambridge, Cambridge University Press, 2006.

SAYRE, F., *Diogenes of Sinope : A Study of Greek Cynicism*, Baltimore, J. H. Furst, 1938.

—, « Greek Cynicism », *The Journal of the History of Ideas* 6, 1945, p. 113-118.

—, « Antisthenes the Socratic », *Classical Journal* 43, 1948, p. 237-244.

—, *Greek Cynicism and the Sources of Cynicism*, Baltimore, J. H. Furst, 1948.

—, *The Greek Cynics*, Baltimore, J. H. Furst, 1948.

SCARPAT, G., *Parrhesia : storia del termine e delle sue traduzioni in latino*, Brescia, Paideia, 1964.

—, *Parrhesia greca, parrhesia cristiana*, Brescia, Paideia, 2001.

SCHOFIELD, M., *The Stoic idea of the city*, Cambridge, Cambridge University Press, 1991.

SCHOTTLÄNDER, R., « Kynisiert Epikur ? », *Hermes* 82, 1954, p. 444-450.

SCHUHL, P.-M. (édit.), *Les stoïciens*, textes traduits par Émile Bréhier, édités sous la direction de Pierre-Maxime Schuhl, Paris, Gallimard, 1997, 2 vol. (1ère éd. dans la « Bibliothèque de la Pléiade, n° 156, Paris, Gallimard, 1962, 1 vol.).

SCHULTZ-FALKENTHAL, H., « Die Kyniker und ihre Erkenntnistheorie », *Klio* 58, 1976, p. 535-542.

—, « Kyniker. Zur inhaltlichen Deutung des Namens », *Wissenschaftliche Zeitschrift der Martin-Luther-Universität Halle-Wittenberg* 26, 1977, p. 41-49.

—, « *Kata phusin*. Bemerkungen zum Ideal des naturgemässen Lebens bei den älteren Kynikern », *Wissenschaftliche Zeitschrift der Martin-Luther-Universität Halle-Wittenberg* 26, 1977, p. 51-60.

—, « Zur Bewertung der älteren Kyniker », *Das Altertum* 24, 1978, p. 160-166.

—, « Ich bin ein Weltbürger. Zum Kosmopolitismus in der Antike », *Wissenschaftliche Zeitschrift der Martin-Luther-Universität Halle-Wittenberg* 28, 1979, p. 29-39.

—, « Zum Arbeitsethos der Kyniker », *Wissenschaftliche Zeitschrift der Martin-Luther-Universität Halle-Wittenberg* 29, 1980, p. 91-101.

—, « Zur Denk- und Lebensart der älteren Kyniker ; eine Rechtfertigung », *Wissenschaftliche Zeitschrift der Martin-Luther-Universität Halle-Wittenberg* 30, 1981, p. 99-105.

SEARBY, D. M., « The Fossilized Meaning of *Chreia* as Anecdote », *Mnemosyne* 72, 2019, p. 197-228.

SÉCHAN, L., *Le mythe de Prométhée*, Paris, P.U.F., 1985 (1re éd. 1951).

SHEA, L., *The Cynic Enlightenment. Diogenes in the Salon*, Baltimore (Maryland), The Johns Hopkins University Press, 2010.

SHMUELI, E., « Modern hippies and ancient Cynics : a comparison of philosophiecal and political developments and its lessons », *Cahiers d'histoire mondiale* 12, 1970, p. 490-514.

SIMMS, R. C., « The missing bones of Thersites : a note on *Iliad* 2.212-19 », *American Journal of Philology* 126, 2005, p. 33-40.

SLOTERDIJK, P., *Kritik der zynischen Vernunft*, Frankfurt, Suhrkamp, 1983, 2 vol.

SLUITER, I., « Communicating Cynicism : Diogenes'gangsta rap », dans D. Frede et B. Inwood (édit.), *Language and Learning : Philosophy of Language in the Hellenistic Age*, Cambridge, Cambridge University Press, 2005, p. 139-163.

SORABJI, R., *Animal Minds and Human morals. The Origins of the Western Debate*, Ithaca (N.Y.), Cornell University Press, 1993.

STEINER, G., « Diogenes' mouse and the Royal Dog : conformity in nonconformity », *Classical Journal* 72, 1976, p. 36-46.

STROUD, R. S., « Law on Silver Coinage », *Hesperia : The Journal of the American School of Classical Studies at Athens* 43, 1974, p. 157-188.

SUVÁK, V. (édit.), *Antisthenica Cynica Socratica*, Praha, OIKOYMENH, 2014.

—, « Antisthenes between Diogenes and Socrates », dans *id.* (édit.), *Antisthenica Cynica Socratica*, Praha, OIKOYMENH, 2014, p. 72-120.

SWAIN, S. (édit.), *Dio Chrysostom : politics, letters and philosophy*, Oxford, Oxford University Press, 2000.

TARN, W. W., *Alexander the Great and the Unity of Mankind*, London, Milford, 1933.

TELFER, E., *Food for Thought : Philosophy and Food*, London, Routledge, 1996.

TASSIN, É., *Un monde commun. Pour une cosmo-politique des conflits*, Paris, Seuil, 2003.

TRÉDÉ, M. et HOFFMANN, Ph. (édit.), *Le rire des anciens*, Paris, Presses de l'École Normale Supérieure, 1998.

TRUNDLE, M., « Coinage and democracy : economic redistribution as the basis of democratic Athens », dans R. Evans (édit.), *Mass and Elite in the Greek and Roman Worlds. From Sparta to Late Antiquity*, London, Routledge, 2017, p. 11-20.

TURNER, Ch., « Cosmopolis : towards a positive conception of Cynic political philosophy », *Yearbook in Cosmopolitan Studies* 2, 2015, p. 1-52

UCCIANI, L., *Ironie et dérision : de l'ironie socratique à la dérision cynique (éléments pour une critique par les formes exclues)*, Besançon, Annales Littéraires de l'Université de Besançon/Les Belles Lettres, 1993.

VENTRELLA, G., « L'*Edipo* di Diogene et l'utopia cinica nel teatro greco : a proposito di Dione Crisostomo, *or. X* 29-32 », *L'Antiquité Classique* 80, 2011, p. 53-71.

VERNANT, J.-P., « À la table des hommes. Mythe de fondation du sacrifice chez Hésiode », dans M. Detienne, J.-P. Vernant *et al.*, *La cuisine du sacrifice en pays grec*, Paris, Gallimard, 1979, p. 37-132.

—, *Mythe et pensée chez les Grecs*, Paris, La Découverte, 1988.

VIDAL-NAQUET, P., « Plato's myth of the *Statesman* : the Ambiguities of the Golden Age and of History », *The Journal of Hellenic Studies* 98, 1978, p. 132-141.

VISCHER, R. *Das einfache Lebe. Wort- und motivgeschichtliche Untersuchungen zu einem Wertbegriff der antiken Literatur*, Göttingen, Vandenhoeck und Ruprecht, 1965.

VIVEIROS DE CASTRO, E., *From the Enemy's point of view. Humanity and Divinity in an Amazonian Society*, Chicago (Illinois), University of Chicago Press, 1992.

—, *A inconstância da alma selvagem, e outros ensaios de antropologia*, São Paulo, Cosac & Naify, 2002.

VLASTOS, G., « On Plato's oral doctrine », dans *id.*, *Platonic studies*, Princeton (New Jersey), Princeton University Press, 1981 (2e éd.), p. 379-398.

WEBER, E., « De Dione Chrysostomo cynicorum sectatore », *Leipziger Studien* 10, 1887, p. 77-268.

WILBERDING, J., TROMPETER, J. et RIGOLIO, A. (édit.), *Michel of Ephesus : On Aristotle's Nichomachean Ethics 10. Themistius : On Virtue*, London, Bloomsbury Academic, 2019.

WINIARCZYK, M., « Theodoros ὁ Ἄθεος und Diogenes von Sinope », *Eos* 69, 1981, p. 37-42.

—, « Zur Frage der Authorschaft der Schriften des Diogenes von Sinope », *Eos* 92, 2005, p. 29-43.

WOLF, F., « Être disciple de Socrate », dans G. Giannantoni et M. Narcy (édit.), *Lezioni socratiche*, Napoli, Bibliopolis, 1997, p. 29-79.

ZELLER, E. *Grundriss der Geschichte der griechischen Philosophie,* Leipzig, Reisland, 1883 (in neuer Bearbeitung von W. Nestle, 14. Auflage, Aalen, Scientia Verlag, 1971).

—, *The Stoics, Epicureans and Sceptics*, translated by O. J. Reichel, New York, Russel & Russel, 1962.

INDICES

INDEX LOCORUM

INDEX NOMINUM

INDEX RERUM

TABLE DES MATIÈRES

CHAPITRE III

EN GUISE DE CONCLUSION

ACHEVÉ D'IMPRIMER
EN OCTOBRE 2021
SUR LES PRESSES
DE
L'IMPRIMERIE F. PAILLART
À ABBEVILLE

DÉPÔT LÉGAL : 4e TRIMESTRE 2021
N°. IMP. 16884